क्रान्ति की राह में...

क्रान्ति की राह में...

नागभूषण पटनायक

अनुवाद

अवधेश कुमार सिंह

वाणी प्रकाशन

वाणी प्रकाशन
4695, 21-ए, दरियागंज, नयी दिल्ली 110 002
शाखा
अशोक राजपथ, पटना 800 004
फ़ोन: +91 11 23273167 फ़ैक्स: +91 11 23275710
www.vaniprakashan.in
vaniprakashan@gmail.com
sales@vaniprakashan.in

KRANTI KI RAAH MEIN...
by Nagbhushan Patnaik
Translated by Awadhesh Kumar Singh

ISBN : 978-93-5072-833-8
Social Science

प्रथम संस्करण

मूल्य : ₹ 950

सिटी प्रेस, दिल्ली-110 095 में मुद्रित

वाणी प्रकाशन का लोगो मक़बूल फ़िदा हुसेन की कूची से

क्रान्ति की राह में...

अनुक्रम

नागभूषण पटनायक और भारतीय क्रान्ति

इस दस्तावेज़ की प्रासंगिकता

एक राजनीतिक बन्दी द्वारा चालीस वर्ष पूर्व सेशन कोर्ट विशाखापत्तनम में प्रस्तुत किये गये दस्तावेज़ को आज प्रकाशित करने की क्या आवश्यकता है? इसे प्रकाशित करने के तीन मुख्य कारण हैं। सर्वप्रथम इस दस्तावेज़ में 'देशद्रोह' और 'राष्ट्रवाद' ऐसे ज्वलन्त विषयों पर विचार किया गया है जिनकी गूँज आज पूरे देश में व्याप्त है। इसके साथ-साथ हमें बेचैन करने वाली देश में निरन्तर बढ़ती बेरोजगारी, असमानता और गम्भीर आर्थिक संकट को जन्म देने वाली नीतियाँ, किसानों की आत्महत्या और चारों तरफ गाँवों से लोगों का पलायन तथा आम किसानों को तबाह करने वाली वैश्विक पूँजीवाद की सेवक वर्तमान नवउदारवादी नीतियों पर विस्तार से चर्चा की गयी है। अपने साथियों के बीच एनबी के नाम से लोकप्रिय नागभूषण पटनायक ने अपने इस दस्तावेज़ में इन विषयों तथा औपनिवेशिक काल के आधुनिक भारत के इतिहास तथा भारत की गणतांत्रिक व्यवस्था के प्रथम तीस वर्षों का विश्लेषण प्रस्तुत किया है।

यह दस्तावेज़, 1967 में घटित नक्सलबाड़ी किसान विद्रोह के बाद, कम्युनिस्ट आन्दोलन के एक नेतृत्वकारी सदस्य द्वारा, भारतीय क्रान्तिकारी आन्दोलन पर लिखा गया विस्तृत दस्तावेज़ है। इसमें भारतीय अर्थव्यवस्था, राजनीति और इतिहास का विश्लेषण है तथा भारतीय क्रान्ति की रणनीति और कार्यनीति पर भी विचार किया गया है। यह दस्तावेज़ उस समय लिखा गया जब 1972 के बाद भारत के माओवादी आन्दोलन के प्रथम दौर के तमाम नेताओं और कम्युनिस्ट क्रान्तिकारी ग्रुपों ने अपने अनुभवों का पुनर्मूल्यांकन प्रारम्भ कर दिया था। संघर्ष के रूपों के बीच तालमेल और सामाजिक, राजनीतिक, आर्थिक आन्दोलनों को सशस्त्र संघर्षों से समन्वित करने जैसे महत्त्वपूर्ण विषयों पर मूल्यांकन जारी था। इन सब बहसों और पुनर्मूल्यांकन के केन्द्र में वर्ग संघर्ष की राजनीति को जाति, नृजातीयता, नस्ली और लिंग भेद के संघर्षों के साथ जोड़ने और क्रान्तिकारी

राजनीति में संस्कृति की भूमिका को समझने के लिए प्रमुखता से उठाया गया है। उस समय क्रान्तिकारियों के बीच यह विषय राजनीतिक और रणनीतिक लाइन के निर्धारण व सूत्रीकरण में बहस के मुद्दे बने हुए थे। इस दस्तावेज़ के प्रकाशन का यह दूसरा कारण है। तीसरा यह कि जिस प्रकार अन्तोनियो ग्राम्शी की जेल डायरी (प्रिजन नोट बुक) और टी. नाग्गी रेड्डी द्वारा रिवोल्यूशन इन इंडिया ऐसे दो सुचिंतित दस्तावेज़ बन्दी जीवन के दौरान ही लिखे गये, उसी प्रकार यह दस्तावेज़ भी गहन अध्ययन, ऐतिहासिक व्यवहार और नागभूषण के अपने क्रान्तिकारी जीवन के अनुभवों की गहरी अभिव्यक्ति पर आधारित एक सुविचारित महत्त्वपूर्ण दस्तावेज़ है जिसे उन्होंने अपने बन्दी जीवन की यातनाओं और कोर्ट की आवाजाही के दौरान ही लिखा।

उक्त तीन कारणों से यह दस्तावेज़ न सिर्फ कम्युनिस्ट आन्दोलन से जुड़े समस्त लोगों, रेडिकल डेमोक्रेटों, आधुनिक भारत के इतिहास के शोध छात्रों के लिए ही बहुमूल्य है बल्कि सामान्य नागरिक भी जो भारत की सामाजिक, राजनीतिक व्यवस्था, भारतीय जनता के जीवन अनुभव और इस व्यवस्था परिवर्तन के लिए जारी भारतीय जनता के राजनीतिक-सामाजिक संघर्षों को जानना समझना चाहते हैं उनके लिए भी यह दस्तोवज अति महत्त्वपूर्ण है।

नागभूषण पटनायक : कम्युनिस्ट क्रान्तिकारी नागभूषण पटनायक बनारस हिन्दू विश्वविद्यालय (बी.एच.यू.) में गणित विषय के छात्र रहे और बाद में उन्होंने मधुसूदन लॉ कॉलेज, कटक (उड़ीसा) से कानून की शिक्षा पूरी की। वह अपने छात्र जीवन से ही आल इंडिया स्टूडेण्ट फेडरेशन (ए.आई.एस.एफ.) में सक्रिय थे। सन् 1961 में उन्होंने भारत की कम्युनिस्ट पार्टी (सी.पी.आई.) की सदस्यता ग्रहण की और 1964 में वह भारत की कम्युनिस्ट पार्टी (मार्क्सवादी) सी. पी. आई. (एम) के सदस्य बने। उन्होंने कोरापुट के बाली मेला प्रोजेक्ट में काम कर रहे मज़दूरों तथा दक्षिण उड़ीसा के मलकानगिरि क्षेत्र में किसानों को सक्रियतापूर्वक संगठित किया और उनके जुझारू आन्दोलनों का नेतृत्व किया। 1967 में नक्सलबाड़ी के किसान विद्रोह की घटना के समय वह गुनूपुर में वकालत कर रहे थे। आदिवासी और गरीब किसानों के मुकदमों की कोर्ट में वकालत करते हुए उन्होंने जनता के वकील की ख्याति अर्जित की। उन्होंने कोलकाता में आयोजित 'ऑल इंडिया कोआर्डीनेशन कमेटी आफ कम्युनिस्ट रिवोल्यूशनरीज' की मीटिंग में भागीदारी की। सन् 1968-69 का समय था जब वह कोरापुट (उड़ीसा) के सीमावर्ती ज़िले श्रीकाकुलम (आन्ध्र प्रदेश) में चल रहे गिरिजनों (आदिवासियों) के भूमि आन्दोलन में कूद पड़े। 1969 में गठित, भारत की कम्युनिस्ट पार्टी (मार्क्सवादी-लेनिनवादी)

के वह संस्थापक सदस्य थे। किसान आन्दोलन के सम्बन्ध में उनको जुलाई 1969 में गिरफ्तार किया गया परन्तु वह विशाखापत्तनम जेल से भाग निकले परन्तु शीघ्र ही उनको अक्टूबर 1969 में पुनः गिरफ्तार कर लिया गया। उन पर 'देशद्रोह' और 'राज्य के खिलाफ विद्रोह भड़काने' जैसे अनेक गम्भीर आरोप लगे। 'देशद्रोह' और 'राज्य के खिलाफ साजिश' (कांस्पिरेसी) के मुकदमों में उनको फँसाया गया। इन मुकदमों में सर्वाधिक चर्चित केस 'पार्वतीपुरम् कांस्पिरेसी केस' था। इस केस में वह मुख्य अभियुक्त थे और उनको दिसम्बर 1970 में सेशन कोर्ट ने मृत्युदण्ड की सजा सुनाई। इस केस में 1971 में अन्तिम फैसला भी सुनाया गया। हालाँकि उन्होंने सरकार से क्षमा याचना का विरोध किया परन्तु इसके बावजूद, मृत्युदण्ड के निर्णय के खिलाफ, तमाम देशभक्त, जनवादी क्रान्तिकारी शक्तियों ने देशव्यापी अभियान संचालित किया और राष्ट्रपति के समक्ष मृत्युदण्ड समाप्त करने की माँग की। नागभूषण पटनायक को मृत्युदण्ड से मुक्ति के लिए उड़ीसा के पूर्व मुख्यमन्त्री नवकृष्ण चौधरी और सर्वोदयी नेता मालती चौधरी द्वारा तत्कालीन प्रधानमंत्री इन्दिरा गांधी के समक्ष व्यक्तिगत रूप से भी जुलाई 1971 में एक याचिका प्रस्तुत की गयी। इन सब प्रयासों से राष्ट्रपति ने उनकी मृत्युदण्ड की सज़ा आजीवन कारावास में परिवर्तित कर दी। इन्हीं आरोपों के तहत 1 दिसम्बर 1975 को दो आदिवासी क्रान्तिकारी जे. भूमैया और किस्ता गौड को फाँसी दे दी गयी। जब कोर्ट में नागभूषण पटनायक और उनके अनेक साथियों पर कांस्पिरेसी (षड्यन्त्र) केस चलाए जा रहे थे तभी नागभूषण पटनायक ने 'कांस्पिरेसी...? नो, रिवोल्यूशन...? यस' शीर्षक से जनवरी 1976 में विशाखापत्तनम सेशन कोर्ट के समक्ष अंग्रेजी में यह दस्तावेज़ प्रस्तुत किया।

नागभूषण के खराब स्वास्थ्य को ध्यान में रखते हुए सुप्रीम कोर्ट ने 1981 में उनको जमानत पर रिहा किया। अपने अत्यधिक खराब स्वास्थ्य के बावजूद उन्होंने सी.पी.आई. (एम-एल) के झण्डे तले गुनूपुर के आदिवासियों और किसानों के संघर्षों में पुनः भागीदारी शुरू कर दी। सन् 1982 में साम्राज्यवाद और सामन्तवाद विरोधी संघर्षों में व्यापक जन गोलबन्दी के उद्देश्य से सी.पी.आई. (एम-एल) ने इंडियन पीपुल्स फ्रण्ट (आई. पी. एफ.) का गठन किया। सन् 1984 में नागभूषण सर्व सम्मति से आई. पी. एफ. के राष्ट्रीय अध्यक्ष चुने गये, वह सी.पी.आई. (एम-एल) (लिबरेशन) के पॉलित ब्यूरो सदस्य भी रहे। डाइबिटीज और ब्लड प्रेशर जैसी अनेक गम्भीर बीमारियों से ग्रसित नागभूषण ने अपने शरीर की परवाह किये बगैर, आई. पी. एफ. के अध्यक्ष और सी.पी.आई. (एम-एल) के नेता के रूप में पूरे देश में किसानों, मजदूरों, आदिवासियों और युवाओं के आन्दोलनों को नेतृत्व

प्रदान किया। सितम्बर 1998 में जब वह चेन्नई में आयोजित, सी.पी.आई. की 17 वीं कांग्रेस को सम्बोधित करने गये तो वहाँ से निकलने के बाद गम्भीर बीमारी की अवस्था में उनको 19 सितम्बर 1998 को निजी नर्सिंग होम में भर्ती कराया गया जहाँ 9 अक्टूबर 1998 को उन्होंने अन्तिम साँस ली।

नागभूषण पटनायक का सम्पूर्ण जीवन, संघर्ष की एक मिसाल है। मजदूरों-किसानों पर हो रहे निरंकुश दमन के खिलाफ जन-अभियान संचालित करने से लेकर, ज़मींदारों-सामन्तों के खिलाफ जुझारू आन्दोलन का नेतृत्व करने और कोर्ट में मुकदमा लड़ने तक उनके संघर्ष की स्पष्ट छाप इस दस्तावेज़ में देखने को मिलती है। नागभूषण ने शास्त्रीय मार्क्सवाद, समाजशास्त्र और अर्थशास्त्र सम्बन्धी महत्त्वपूर्ण अध्ययन, अपने साथियों और कामरेडों के साथ तीखी बहसों और अपने व्यावहारिक अनुभवों पर आधारित गम्भीर बहसों में भागीदारी कर, भारतीय कम्युनिस्ट आन्दोलन की प्रकृति और लक्ष्य के बारे में अपनी समझ विकसित की थी।

चीनी क्रान्ति और विशेष रूप से चीन की सर्वहारा सांस्कृतिक क्रान्ति के दौरान हुई बहसों का प्रभाव इस दस्तावेज़ में स्पष्ट दिखाई देता है। 1972 का समय आते-आते भारतीय क्रान्ति के अनेक प्रश्नों से जूझते हुए नागभूषण सहित भारत के मार्क्सवादी-लेनिनवादी अग्रजों का अपना मौलिक चिन्तन इस दस्तावेज़ में स्पष्ट नजर आता है। इस दस्तावेज़ में सृजनात्मक चिन्तन के नये स्तर को अभिव्यक्त करते हुए कई सूत्रीकरण हैं। इस विषय में भारतीय समाज, भारत में पूँजीवादी विकास का अद्वितीय पहलू, जाति, धर्म, राष्ट्रीयता, नृजातीयता और भारतीय सामाजिक संरचना पर ब्रिटिश उपनिवेशवाद के प्रभाव पर की गयी चर्चा निश्चय ही चिन्तन के क्षेत्र में एक नये आयाम को दर्शाती है। बाद के वर्षों में एम-एल आन्दोलन की विभिन्न धाराओं के कामरेडों को उक्त विषयों पर चल रही बहसों और वाद-विवाद में उलझे हुए देखा गया। इन बहसों ने जहाँ एक तरफ संगठन को सुदृढ़ और संगठित किया वहीं दूसरी तरफ विभाजन और फूट भी देखने को मिली। परन्तु उस समय इन विषयों को तथ्यगत और खुले रूप में उठाना भी विशेष महत्त्व रखता है।

नागभूषण ने इस दस्तावेज़ में आधुनिक भारत के इतिहास के पुनर्मूल्यांकन के लिए एक नया परिप्रेक्ष्य प्रस्तुत किया है। भारत के विभिन्न भागों में हुए विद्रोह को उजागर करते हुए नागभूषण ने इसे रेखांकित किया और भारत के उपनिवेशवाद विरोधी, साम्राज्यवाद विरोधी आन्दोलन के पुनः लेखन की आवश्यकता पर जोर दिया है। नागभूषण भारतीय सामाजिक-आर्थिक और राजनीतिक सच्चाई पर

अपनी स्पष्ट व्याख्या और प्रतिक्रिया व्यक्त करते हैं तथा भारतीय राज्य की प्रकृति, कानून और संविधान की विकास प्रक्रिया का विश्लेषण करते हुए उनका दृष्टिकोण भारतीय क्रान्ति की रणनीति का सूत्रीकरण करता है।

आधुनिक भारत के इतिहास पर, विशेष रूप से औपनिवेशिक काल के इतिहास पर लिखते हुए पटनायक बहुत सन्तुलित तरीके से साम्राज्यवादियों और राष्ट्रवादियों की इतिहास लेखन की सीमाओं से बाहर जाकर इतिहास लेखन की प्रक्रिया विकसित करते हैं। मार्क्स और अन्य विद्वानों के लेखन को उद्धृत करते हुए नागभूषण दर्शाते हैं कि भारतीय किसान पहले से ही सामन्तवाद के ख़िलाफ संघर्षरत थे, जब ''औद्योगीकरण के एक अनुकूल आधार को ब्रिटिश व्यापारिक साम्राज्यवाद ने सेना के बल पर नष्ट कर दिया और उसे औपनिवेशिक, अर्द्ध-सामन्ती मार्ग पर मोड़ दिया।'' वह जोर देकर स्पष्ट करते हैं कि औपनिवेशिक आंर्थिक नीतियों ने किस प्रकार भारतीय शिल्पकारों औंर देशी (भारतीय) उद्योगों को ब्रिटिश उत्पादों से मुकाबला करने के अयोग्य बनाया। ब्रिटिश साम्राज्यवादियों द्वारा भारतीय उद्योगों का विनाश और अधिग्रहण करने की प्रकृति और प्रक्रिया का इस दस्तावेज़ में विस्तृत विवरण मौजूद है। रियासतों और भूमि पर सम्पत्ति का अधिकार लागू करने के तरीके और सामन्ती संस्थाओं को कानूनी जामा पहनाने और इस प्रकार कृषि को विध्वंस करने, किसानों की तबाही और दरिद्रीकरण का भी विश्लेषण प्रस्तुत किया गया है। औपनिवेशिक काल की विभाजनकारी सामाजिक नीतियों ने भारतीय जाति व्यवस्था का इस्तेमाल किया, धार्मिक पहचान को मजबूत किया, और राजाओं, रियासतों, सामन्तों और व्यापारियों को साथ लेकर भारतीय जनता के निर्मम दमन के लिए एक दमनात्मक सत्ता की संरचना तैयार की। इस दस्तावेज़ में नागभूषण इस ऐतिहासिक अनुभव को प्रस्तुत करते हुए भारत में पूँजीवादी विकास की प्रक्रिया में इस 'विकृत' 'बिचौलिए' वर्ण संकर (हाइब्रीड) सामाजिक संरचना की उत्पत्ति और विकास प्रक्रिया का विवरण पेश करते हैं। पूँजीवाद की अनुकूल स्थिति के बगैर पूँजीवादी विकास की यह प्रक्रिया किस प्रकार पूरी हुई इसके लिए वह मार्क्स को उद्धृत करते हैं। भारत की वर्तमान राजनीतिक अर्थव्यवस्था को समझने के लिए यह एक महत्त्वपूर्ण पूर्वाधार है। वह उदाहरण पेश करते हैं : ''इस प्रकार औपनिवेशिक अर्थव्यवस्था बहुत जटिल थी, यह एक ही समय छोटे स्तर के व्यापारिक, सूदखोर पूँजीवाद से, कोलकाता, मुम्बई में स्थापित नियोजक एजेन्सियों के सट्टेबाज वाणिज्यिक पूँजीवाद से और क्लासिकल पेट्टी बुर्जुआ चरित्र के छोटे माल उत्पादन से और एक आदिम पेट्टी बुर्जुआ कृषक पूँजीवाद से घिरी हुई थी।'' इसके साथ ही साथ

सूचना क्रान्ति के युग में बँधुआ मजदूरी, जातीय उत्पीड़न, पितृसत्तात्मक प्रभुत्व और धार्मिक कट्टरता के साथ आधुनिक और यहाँ तक कि विकसित पूँजीवाद भी अस्तित्वमान है। यहाँ इक्कीसवीं सदी के समकालीन भारतीय समाज का विरोधाभास भी हमारे समक्ष है।

नागभूषण द्वारा वर्णित भारत का उपनिवेशवाद विरोधी संघर्ष, प्रतिरोध आन्दोलनों और कार्यवाहियों के व्यापक क्षेत्र की ओर ध्यान आकर्षित करता है और इस प्रकार वह सब-अल्टर्न इतिहासकारों द्वारा निर्धारित सीमाओं को तोड़ते हुए बहुत आगे निकल जाते हैं हालाँकि इस सन्दर्भ में उन्होंने भारत के विभिन्न भागों से संघर्ष के कुछ ही उदाहरण पेश किये हैं परन्तु वह उपनिवेशवाद विरोधी संघर्षों को एक विस्तृत आधार पर देखने की दृष्टि और पद्धति प्रदान करते हैं। वह याद दिलाते हैं कि यह विद्रोह, 1817 में उड़ीसा में हुए 'पैका विद्रोह' या गुजरात के खानदेश में 1818 से 1852 के बीच अनेक बार घटित हुए भीलों के सशस्त्र विद्रोह मात्र नहीं थे, बल्कि विभिन्न प्रकार के मुद्दों पर ज़मींदारों के खिलाफ संचालित अभियान भी इस संघर्ष का हिस्सा थे। बंगाल में 1810 से 1830 के बीच ज़मींदारों के खिलाफ संचालित फराजियों का संघर्ष किसानों तथा शिल्पकारों के अनेक प्रकार के संघर्ष, बुनकरों, नील उत्पादक किसानों, नमक उत्पादकों, अफीम उत्पादक किसानों ने भी शासकों के खिलाफ अनेक बार विद्रोह किया। इसी के साथ भारत के विभिन्न भागों में संचालित किये गये अनेक सांस्कृतिक व समाज-सुधार के आदोलन भी इस साम्राज्यवाद व उपनिवेशवाद विरोधी संघर्ष की मजबूत कड़ियाँ हैं।

पटनायक द्वारा इस दृष्टिकोण से प्रस्तुत अनेक प्रकार के शोषण-दमन और उत्पीड़न की विभिन्न घटनाओं के बीच घनिष्ठ सम्बन्ध स्थापित करना और इसे उजागर करना उनके वैज्ञानिक दृष्टिकोण का ही परिणाम है। एक ऐसे वातावरण में जहाँ ब्रिटिश समर्थक ज़मींदारों के संगठन और सिविल सर्वेण्ट वातावरण में हावी थे और कुछ भी करने के लिए वही सामने आते थे; ऐसी परिस्थितियों में इन विद्रोहों और संघर्षों के परिणामस्वरूप ही जनता में उपनिवेशवाद विरोधी चेतना जाग्रत हो सकी। अपने तथ्यपरक उद्धरणों और तर्कों के आधार पर वह दर्शाते हैं कि कांग्रेसी नेतृत्व का उद्भव और विस्तार किस प्रकार हुआ और उसने जन-आन्दोलन के मुद्दे और माँगों का अनादर कैसे किया। वह कांग्रेस द्वारा ब्रिटिश शासकों से किये गये आग्रह का दस्तावेज़ी प्रमाण देते हुए मिलीभगत से भारतीयों को किये गये 'सत्ता-हस्तान्तरण' की कहानी बताते हैं।

भारतीय संविधान में अनेक वायदे किये गये हैं। वह उनमें से केवल एक

सर्वाधिक महत्त्वपूर्ण बिन्दु सामाजिक-आर्थिक एजेण्डे को पूरा करने की ओर ध्यान आकर्षित करते हैं। वह कहते हैं कि यह स्वतन्त्रता आन्दोलन का एजेण्डा था और राज्य की नीतियों के लिए बने नीति निर्देशक सिद्धान्तों में यह एक है परन्तु राज्य के लिए इसे लागू करने की अनिवार्यता नहीं है। हाल के दशकों में नागभूषण के कामरेडों और जनता के अन्य वर्गों, तबकों के संगठनों द्वारा संचालित जल, जंगल, जमीन के आन्दोलनों सहित अनेक आन्दोलन साधुवाद के पात्र हैं, जिनके प्रयासों से इस नीति निर्देशक सिद्धान्त को निर्णायक महत्त्व मिला है और इसे मौलिक अधिकारों के साथ पढ़ा गया जिससे भारत के सर्वोच्च न्यायालय के अनेक फैसले भी सुनने को मिले। एक वकील और क्रान्तिकारी अगुआ नागभूषण, भारत के कानून पर भी एक ठोस विचार प्रस्तुत करते हैं और अन्त में चूँकि यह दस्तावेज़ कोर्ट के समक्ष ही पेश किया गया था इसलिए यह चर्चा भी अति आवश्यक और महत्त्वपूर्ण है। कानून के विद्यार्थियों को इस दस्तावेज़ में भारतीय न्याय व्यवस्था की गतिविधियों के बारे में एक अन्तर्दृष्टि मिलेगी। इस दस्तावेज़ को कोर्ट में पेश किये जाने के बाद, कई दशकों में इस क्रान्तिकारी द्वारा प्रस्तुत कई पूर्वानुमान सही साबित हुए हैं।

नागभूषण भारत के वर्गीय समाज और इन वर्गों द्वारा अपने वर्गीय स्वार्थ में जातीयता, नृजातीयता, धर्म, और लिंगभेद के इस्तेमाल की ओर ध्यान आकर्षित करते हैं। वह इस तथ्य पर जोर देते हैं कि जातीय व्यवस्था ने ही भारत में पदानुक्रमिक वर्ण व्यवस्था का ढाँचा स्थापित किया है परन्तु इसका भौतिक आधार भारत के भूमि सम्बन्धों में मौजूद है। सामान्य रूप से देखा जाए तो 'निम्न जातियों' के लोग अधिकांशतः भूमिहीन, गरीब किसान और बटाईदार हैं। वह कहते हैं कि किसान विद्रोह में जातीय संरचना कभी बाधा नहीं उत्पन्न कर सकी। हम देखते हैं कि जाति, धर्म और नस्ल के भेद को तोड़ते हुए अनेक बड़े-बड़े वर्ग-संघर्ष संचालित हुए हैं, परन्तु वह "उत्पीड़ित जातियों के असन्तोष और आन्दोलनों को भारतीय क्रान्ति की मुख्य धारा में लाने के महत्त्वपूर्ण कार्य" और चुनौती की ओर भी हमारा ध्यान आकर्षित करते हैं। वह पुलिस, न्यायालयों और अन्य सरकारी नौकरियों में अनुसूचित जाति/जनजाति के लोगों के अत्यल्प प्रतिनिधित्व की ओर हमारा ध्यान खींचते हुए विस्तार से उनकी दुर्दशा का वर्णन करते हैं। दलितों और 'निम्नजातियों' के अधिकारों के आन्दोलनों को नेतृत्व प्रदान करना वामपन्थी आन्दोलन के समक्ष आज भी बड़ी चुनौती है।

इस दस्तावेज़ में महिला विषय को भी काफी स्थान दिया गया है और लेखक ने इस मुद्दे पर विस्तार से चर्चा की है। इस चर्चा में माओत्सेतुंग के इस नारे

को कि "महिलाएँ आधे आसमान की अधिकारी हैं" को प्रमुखता से चिन्हित किया गया है। लेखक ने अपने विश्लेषण में वर्ग, जाति और महिला प्रश्न को बड़ी निपुणता के साथ एक-दूसरे से जोड़ा है। भारत में हिन्दू परम्परा हो या चीन का कन्फ्यूशियस धर्म या मध्य कालीन यूरोप का ईसाई धर्म हो सभी परम्पराओं और पूजा पद्धतियों में सैद्धान्तिक और धार्मिक रूप से महिलाओं को परिवार की सीमाओं में रहना ही उचित बताया गया है परन्तु आज इन सिद्धान्तों को चुनौती देने की आवश्यकता है।

नागभूषण के तर्क का आधार है कि इस वर्गीय समाज ने ही महिला को पुरुष के अधीन बनाया है। इस सन्दर्भ में एंगेल्स की एक प्रसिद्ध उक्ति प्रासंगिक है कि "परिवार में महिला और पुरुष के बीच अन्तर्विरोध, सर्वहारा और बुर्जुआ के अन्तर्विरोध की ही तरह है"। गाँधी द्वारा सूत्रीकृत भारतीय स्त्रीत्व के मॉडल की वह तीव्र आलोचना करते हैं और भारतीय स्वतन्त्रता आन्दोलन में महिलाओं की भागीदारी को तथ्यगत रूप से प्रस्तुत करते हैं। इन्दिरा गांधी का भारत के प्रधान मंत्री पद पर आसीन होना, महिला मुक्ति का संकेत नहीं है; यह केवल वर्गीय और जातीय सामाजिक व्यवस्था में उसकी पारिवारिक स्थिति का ही परिणाम है। महिला मुक्ति का प्रश्न मानव मुक्ति के बड़े संघर्ष का अभिन्न हिस्सा है। श्रीकाकुलम के संघर्ष में शहीद हुई महिला कामरेड पंचाद्री निर्मला का उल्लेख करते हुए नागभूषण पटनायक पंचाद्री को 'भारतीय महिलाओं के संघर्ष में ध्रुवतारा' कहते हैं। चालीस वर्ष पूर्व नागभूषण द्वारा वर्ग संघर्ष के केन्द्र में उठाया गया महिला प्रश्न भारत के सम्पूर्ण क्रान्तिकारी आन्दोलन और भारतीय समाज के सम्पूर्ण फलक में आज भी विद्यमान है। इस दस्तावेज़ में नागभूषण पटनायक ने मार्क्सवादी दृष्टिकोण से धर्म, शिक्षा और भाषा के मुद्दों का विश्लेषण प्रस्तुत किया है, आज इसके विस्तृत वर्णन की आवश्यकता है।

यूरोप और अमेरिका से प्रारम्भ हुई उत्तर-आधुनिकता की चर्चाओं, बहसों ने भारतीयों के मन-मस्तिष्क को भी इतनी बुरी तरह से घेर लिया है कि इस चर्चा में वास्तविक जीवन के बुनियादी मुद्दे ही लुप्त होते जा रहे हैं। धर्म और संस्कृति, सत्ता संघर्ष के क्षेत्र हैं और वर्गीय हितों की पूर्ति और सत्ता कायम रखने के लिए शासक वर्ग धर्म का इस्तेमाल करते हैं। उत्पीड़ित जनता द्वारा संचालित अनेक संघर्षों के कारण आज शासक वर्ग आसानी से इस क्षेत्र में अपना प्रभुत्व स्थापित नहीं कर सकता। औपनिवेशिक विचारधारा को अमरत्व प्रदान करने के लिए शिक्षा को वास्तव में एक औजार के रूप में प्रयोग किया गया। आज भी इसे समय-समय पर 'नयी शिक्षा नीति' के नाम पर शासक वर्ग के एजेण्डे को

लागू करने के लिए प्रयोग किया जा रहा है। परन्तु शिक्षा और संस्कृति के क्षेत्र में जनवादीकरण के लिए निरन्तर संघर्ष जारी है।

राष्ट्रीयताओं को आत्मनिर्णय के अधिकार सहित भारत में राष्ट्रवाद और राष्ट्रीयता के विषय पर आज भी गहरी बहस चल रही है। आज जब उत्तर-पूर्वी राज्यों और कश्मीर में राष्ट्रीयता ज्वलन्त प्रश्न बना है तब जिस प्रकार हिन्दूवादी शक्तियाँ राष्ट्रवाद के संकीर्ण स्वरूप को भारतीय जनता पर थोपने का प्रयास कर रही हैं तो इस सन्दर्भ में इस दस्तावेज़ में प्रस्तुत राष्ट्रीयता पर विचार और भी प्रासंगिक हैं। नागभूषण एक साधारण भाषा में सर्वाधिक स्वीकार्य परिभाषा प्रस्तुत करते हुए लिखते हैं : ''राष्ट्र ऐतिहासिक रूप से जनता के एक समुदाय द्वारा निर्मित है''।

बुर्जुआ के प्रारम्भिक काल में इसकी विशिष्ट चारित्रिक विशेषताएँ होती हैं और उपनिवेशवाद विरोधी संघर्ष के दौरान खास ऐतिहासिक परिस्थितियों में यह अपना चरित्र ग्रहण करता है। वह इस तथ्य पर जोर देते हैं कि राष्ट्रीयताओं को जिस वर्ग संघर्ष और दमन का सामाना करना पड़ता है वही उनका चरित्र निर्धारण करता है। वह लिखते हैं : ''सर्वहारा की जिम्मेदारी है कि वह न सिर्फ सभी प्रकार के राष्ट्रीय दमन के खिलाफ संघर्ष करे बल्कि राष्ट्र के खिलाफ राष्ट्र को खड़ा करने की शरारतपूर्ण कार्यवाही के खिलाफ भी उसे लड़ना होगा।'' उन्होंने राष्ट्रीयता के संघर्षों को समन्वित करते हुए व्यापक कृषि क्रान्ति को जारी रखने पर जोर दिया। आज भी क्रान्तिकारियों के समक्ष यह गम्भीर चुनौती है।

इस दस्तावेज़ के अन्तिम भाग में कम्युनिस्ट आन्दोलन और विशेष रूप से सी.पी.आई. (एम-एल) के प्रारम्भिक वर्षों की रणनीति प्रस्तुत करते हुए नागभूषण ने एक तरफ भारत की तत्कालीन राजनीतिक अर्थव्यवस्था पर अपना दृष्टिकोण प्रस्तुत किया है वहीं दूसरी तरफ तत्कालीन सी.पी.आई. (एम-एल) की लाइन प्रस्तुत की है। तब से अब तक एम-एल आन्दोलन के अन्दर और बाहर बहुत बहसें हुई हैं। कार्यकर्ताओं के समक्ष आज भी तीन चुनौतियाँ खड़ी हैं। प्रथम वैश्वीकरण के अधीन पूँजीवाद का चरित्र। भारत के प्रमुख पूँजीवादी घराने अब वैश्विक पूँजीपति हो गये हैं और वैश्विक पूँजी का सामाजिक आधार अब पश्चिम तक ही सीमित नहीं है भारत जैसे देश में उद्योगपति वर्ग और बड़ी संख्या में मध्यवर्ग वैश्विक पूँजीवाद का आधार निर्मित करते हैं। दलाल पूँजीवाद पर नागभूषण द्वारा उठाई गयी बहस में इस नये पहलू को भी संज्ञान में लेना चाहिए। हालाँकि उन्होंने ऐतिहासिक परिस्थितियों के सन्दर्भ से कई विचार प्रस्तुत किये हैं। दूसरी बात यह है कि वर्तमान राज्य सत्ता दमन के लिए अत्याधुनिक हथियारों, मशीनों तथा आधुनिक संचार माध्यम, शिक्षा और संस्कृति के विशाल नेटवर्क का प्रयोग करती है जो

वैश्विक स्तर पर भी भली प्रकार जुड़ा हुआ है। इसका प्रारम्भ 1970 के दशक में ही हुआ था परन्तु आज यह अनेक संस्थाओं और मानसिक प्रक्रिया पर प्रचुर मात्रा में नियन्त्रण करने में सक्षम है। तीसरा यह कि क्रान्तिकारी संघर्ष के रूपों को अनेक नयी चुनौतियों का सामना करना पड़ रहा है। परम्परागत हथियार बन्द संघर्ष और चुनावों में भागीदारी और ट्रेड यूनियन आन्दोलनों से इतर, जनवाद और समाजवाद के लिए संघर्षों का राजनीतिक दायरा काफी विस्तृत हुआ है और इस प्रकार संघर्ष के लिए नये आयाम और नये तरीकों का विकास और विस्तार हुआ है।

सम्पूर्ण रूप में कहा जाए तो इन तमाम विषयों के अतिरिक्त नागभूषण पटनायक ने भारत की नवजनवादी क्रान्ति और उसके भविष्य के लिए दस्तावेज़ प्रस्तुत किया है। इस राजनीतिक बन्दी की दृढ़तापूर्ण राजनीतिक भाषा या बातों की पुनरावृत्ति से पाठक कभी-कभी उलझन महसूस कर सकते हैं और उनको इस दस्तावेज़ में बौद्धिक वार्तालाप की सुन्दरता की कमी महसूस हो सकती है। इस दस्तावेज़ में 'षड्यन्त्र' (कांस्पिरेसी) के रूप में वर्णित भारत की 'स्वतन्त्रता' ऐसे कई मुद्दों से आप असहमत हो सकते हैं; परन्तु हमें यह ध्यान रखना चाहिए कि यह दस्तावेज़ नागभूषण पटनायक पर आरोपित 'कांस्पिरेसी' केस के सन्दर्भ में ही कोर्ट में प्रस्तुत किया गया था। सम्पूर्ण रूप से कहा जाए तो भारत के क्रान्तिकारी इतिहास में एक नेतृत्वकारी कामरेड द्वारा प्रस्तुत यह एक गम्भीर और सुचिन्तित दस्तावेज़ है, जिसका महत्त्व समय की कसौटी के साथ बना रहेगा।

मनोरंजन महान्ति
प्रोफेसर (सेवानिवृत्त)
राजनीतिक शास्त्र विभाग
दिल्ली विश्वविद्यालय, दिल्ली
शहीद दिवस, 23.03.2016

शहीदों को लाल सलाम

शहीद कामरेड जे. भूमैया और किस्ता गौड को लाल सलाम

देश में सत्तासीन वर्तमान फासिस्ट शासकों और उनके गुण्डों द्वारा हमारे सैकड़ों प्रिय कामरेडों की ठंडे दिमाग से हत्या की गयी है और इन पाशविक हत्याओं का सिलसिला आज भी जारी है।

सन् 1975 की 30 नवम्बर और 1 दिसम्बर की रात्रि के अन्तिम पहर में क्रूर फासिस्ट इन्दिरा सरकार ने, घृणित नाजी तानाशाह हिटलर की तरह ही जनता पर कहर बरपा किया।

इन्दिरा गाँधी की जंगली-बर्बर हत्या करने की मूल प्रवृत्ति शोधनीय है। वह अपने जल्लादों को मध्य उम्र के दो देशभक्त क्रान्तिकारी किसानों को फाँसी लगाने का आदेश देकर बिल्कुल निश्चिन्त है। हमारे दो प्रिय कामरेड जे. भूमैया और किस्ता गौड, इन्दिरा गाँधी का शिकार हैं। 'लोकतंत्र' की स्वघोषित अवतार इन्दिरा गाँधी ने पलक झपकाते ही एक मतवाले जंगली हाथी की तरह भारतीय जनता की समस्त लोकतांत्रिक इच्छाओं को अपने पैरों तले रौंद डाला। राष्ट्रीय और अन्तर्राष्ट्रीय स्तर पर जनता अपनी जान बचा रही है।

अन्तर्राष्ट्रीय महिला दिवस के अवसर पर, 'महिलाओं की मुक्ति' और 'नारीत्व' की शानदार विजय को बलि चढ़ाते हुए इन्दिरा गाँधी ने अपने को फासिस्ट प्रभा-मण्डल से मुक्त करने का प्रयास किया है।

जनता के हित में अपने प्राणों की आहुति देने की प्रबल इच्छाशक्ति रखने वाले क्रान्तिकारियों को फाँसी पर चढ़ाने का इन्दिरा गाँधी का दाँव व्यर्थ साबित होगा। क्रान्तिकारियों को मालूम है कि एक न एक दिन हर व्यक्ति की मृत्यु होगी, परन्तु क्रान्तिकारी जनता के हित में अपने प्राणों को न्योछावर कर देते हैं, इसलिए उनकी मौत शानदार मौत होती है।

जनता के इन महान शहीदों का खून व्यर्थ नहीं जाएगा।

जनता उनकी मौत का बदला लेगी। यही इतिहास की शिक्षा है। हम अपने

प्रिय शहीदों को श्रद्धांजलि अर्पित करते हैं, और गाते हैं–

ओ शहीदो!
ओ शहीद, ओ शहीद
वे जश्न मना रहे हैं कि तुम मारे गये
एक सशस्त्र मुठभेड़ में
कितने मूर्ख हैं वे
कितने नादान
उनकी सत्ता को खत्म करने
जनता को उसका हक दिलाने के लिए
सशस्त्र संघर्ष किया तुमने
टकराए मदान्ध ताकत से
यही तुम्हारी ख़्वाहिश थी
ओ शहीद
अब तुम नहीं हो
फिर भी इतने हो
जितने तुम कभी नहीं थे
जीवन में तुम कभी अकेले नहीं रहे
मौत में हो गये लाखों
तुम शहीद की मौत मरे
पर शहादत भी क्या मरती है?
तुम्हारी महक है बसी अभी भी यहाँ
तुम्हारा होना जोड़ता है सबको अभी भी
युवा, किसान, कामगार सभी को
तुमने खड़ा किया है जिन्हें
सत्ताधारी ताकत के खिलाफ
ओ शहीद
तुम्हारी मौत ने दिया है जन्म
बलिदान को
ओ शहीद
तुम्हारी अमर मौत ने
भर दिये हैं नव-प्राण मुर्दा जिन्दगियों में
हाँ, शहीद

तुम्हारी बलिदानी इच्छा ने
जगमगा दिया है सबसे अँधेरे कोने को भी
शहादत की मशाल की चमचमाती रोशनी से
ओ शहीद
तुम्हारी मौत का बदला
लिया जा रहा है, पूरी दुनिया में
रूस में गिराया गया जार
चीन ने अपने तानाशाह को बाहर किया
वियतनाम में हारा पश्चिम का साम्राज्य
तीसरी दुनिया में छिड़े हैं कई संघर्ष
ऐसे हो रहा है तुम्हारा प्रतिशोध
हर जगह, ओ शहीद
ओ शहीद
मेरी पावन धरती पर
तुम्हें भेद रहा है खूनी डालर
छलनी कर रहा है रूबल
छेद रहे हैं इनकी गुलामी करने वाले
अपने लोग
तुम लहूलुहान हो
लाल खून बह रहा है
गुस्से से लाल लोग लेंगे
बदला तुम्हारा
यहाँ भी
ओ शहीद
तुम्हारे खून का हर कतरा
इतिहास का अनमोल मोती
बर्बाद नहीं जाएगा
हर बूँद बनेगी क्रान्ति की मशाल
जिन्होंने बोया है श्वेत आतंक
लाल आतंक की फसल काटेंगे
ओ शहीद
मेरी पावन धरती पर

उगेगी पीपुल्सवार की फसल
जिसे बीज मिला है तुमसे
और सींच रही है माओ की सोच
उखाड़ दिये जाएँगे दुश्मन
जैसे खरपतवार
जीत, यही होगी हमारी फसल
वादा है मेरा तुमसे
लाल सलाम
ओ अमर शहीद!

(नागभूषण)
अंग्रेजी से हिन्दी अनुवाद–संजय कुंदन

षड्यन्त्र की असली संरचना

अतिरिक्त सेशन न्यायाधीश, विशाखापत्तनम के न्यायालय में 23 जनवरी 1976 को नागभूषण पटनायक द्वारा पढ़ा गया और प्रस्तुत किया गया बयान।

[16-17 जनवरी 1976 को अभियोजन पक्ष (सरकार) द्वारा नागभूषण पटनायक पर लगाये गये अभियोगों का विवरण पेश किया गया और 17 से 23 जनवरी 1976 तक नागभूषण पटनायक ने अपना पक्ष प्रस्तुत किया]–

सरकार द्वारा हम लोगों पर शासक सत्ता के खिलाफ षड्यन्त्र करने, शासकों की सत्ता को उखाड़ फेंकने और इस उद्देश्य के लिए युद्ध संचालित करने का अभियोग लगाया गया है। इस प्रक्रिया में हमारे द्वारा अनेक 'अपराध' करने का अभियोग भी लगाया गया है।

मेरा बयान, वास्तविक षड्यन्त्रकारियों, षड्यन्त्र के लक्षणों, षड्यन्त्र करने वाले वास्तविक अपराधियों और षड्यन्त्र की इस असली संरचना को सिद्ध करेगा। यह बयान वर्तमान शासक वर्गों द्वारा भारतीय जनता पर आपराधिक तरीके से सत्ता स्थापित करने की भी स्पष्ट व्याख्या करेगा।

इसके अतिरिक्त हम अपने बयान में यह भी सिद्ध करेंगे कि आज भी भारतीय जनता के खिलाफ शासक वर्गों का यह षड्यन्त्र किस प्रकार जारी है।

देशभक्तों और क्रान्तिकारियों के खिलाफ षड्यन्त्र की योजना बनाना साम्राज्यवादियों की पुरानी परम्परा है।

कम्युनिस्टों को दृढ़ विश्वास है कि जनता की आजादी, देशों की स्वतन्त्रता, और राष्ट्रों की मुक्ति किसी भी प्रकार के षड्यन्त्र या षड्यन्त्रकारी तरीके से नहीं बल्कि उत्पीड़क सशस्त्र शासन सत्ता के खिलाफ जनता के हथियारबन्द संघर्ष से ही प्राप्त की जा सकती है।

हम अपने लक्ष्यों व उद्देश्यों को छिपाते नहीं हैं। महान विचारक मार्क्स और एंगेल्स ने 1847 में कम्युनिस्ट घोषणा-पत्र में लिखा : "कम्युनिस्ट अपने विचारों और उद्देश्यों को छिपाने से घृणा करते हैं। वे स्पष्ट घोषणा करते हैं

कि उनके उद्देश्यों की पूर्ति केवल वर्तमान सामाजिक स्थितियों को सम्पूर्णतः बलपूर्वक उखाड़ फेंकने से ही सम्भव है।"

आल इंडिया कोआर्डीनेशन कमेटी ऑफ कम्युनिस्ट रिवोल्यूशनरीज़ की मई 1968 में सम्पन्न मीटिंग की घोषणा ('लिबरेशन' के वाल्यूम नं. 1, 8 जून 1968 में प्रकाशित) में कहा गया है, "यदि भारतीय जनता के शत्रुओं को उखाड़ फेंकना है तो षड्यन्त्रकारी तरीकों को नहीं बल्कि केवल जनकार्यवाही वाले तरीकों को ही अपनाना होगा।"

हम समाज का पुनर्निर्माण करने के लिए षड्यन्त्रकारी तरीकों को नहीं अपनाते न ऐसी कोई योजना बनाते हैं। महान क्रान्तिकारी लेनिन ने अपने लेख 'हमारा कार्यक्रम' में घोषित किया, "यह स्पष्ट कर देना चाहिए कि रिवोल्यूशनरी सोशलिस्ट पार्टी का वास्तविक कार्य समाज के पुनर्निर्माण के लिए किसी योजना की खोज करना कोई षड्यन्त्र करना नहीं बल्कि सर्वहारा के वर्गसंघर्ष का उद्देश्य समाजवादी सत्ता को गठित करना है।"

(*मार्क्स-एंगेल्स मार्क्सवाद*—लेनिन, पृ. 129)

हमारा संघर्ष राजनीतिक संघर्ष है। हम अपने राजनीतिक संघर्ष को षड्यन्त्र के स्तर तक संकीर्ण बनाने से घृणा करते हैं। सभी प्रकार के संशोधनवादियों और शासकों की सत्ता द्वारा हमारे ऊपर षड्यन्त्रकारी तरीकों का प्रयोग करने, षड्यन्त्रकारी संगठन का निर्माण करने का आरोप लगाया जाता है। हमारे ऊपर, संशोधनवादियों द्वारा सबसे अभद्र और निर्लज्जतापूर्वक लगाया गया आरोप नरोदन्या वोल्या लाइन का प्रचार करना है। इसे हम उनके द्वारा किया गया गाली-गलौज ही कह सकते हैं।

"सरकार और मालिकों के खिलाफ आर्थिक संघर्ष संचालित करने" और 'चरणबद्ध' संघर्ष के सिद्धान्त के प्रवक्ताओं पी. एल. लेवराव और रावोचियो दियालो के बी. एल. क्रिश्चेवस्की द्वारा महान क्रान्तिकारी लेनिन की सोशल डिमोक्रेटिक पार्टी की इसी प्रकार आलोचना की गयी थी और उन पर भी ऐसे ही आरोप लगाये गये थे।

लेनिन ने अपने लेख 'क्या करें?' में ऐसी आलोचनाओं का मुँहतोड़ जवाब देते हुए (रावोचिया दियलो, पं. 10, पृ. 18 में) लिखा : बी. क्रिश्चेवस्की सहित अनेक लोग, सोशल डेमोक्रेट्स द्वारा 'षड्यन्त्रकारी' विचार के खिलाफ संचालित शास्त्रार्थ को गलत समझते हैं। हम लोगों ने वास्तव में राजनीतिक संघर्ष को षड्यन्त्र तक सीमित करने के खिलाफ हमेशा प्रतिवाद किया है और भविष्य में भी इसके खिलाफ हमारा प्रतिवाद जारी रहेगा। परन्तु इसका अर्थ एक सुदृढ़

क्रान्तिकारी संगठन की आवश्यकता से इनकार करना नहीं है।"

एक अर्द्धऔपनिवेशिक, अर्द्धसामन्ती राज्यसत्ता में दलाल, नौकरशाह, पूँजीवाद और बड़े भूस्वामियों के खिलाफ एक ध्वंसात्मक प्रहार करने के लिए एक सुदृढ़ क्रान्तिकारी संगठन की आवश्यकता है और इसे बर्बर राज्य सत्ता के दमन के बावजूद मजबूती से बने रहने योग्य संगठित करना होगा। इस प्रकार के संगठन को किसी के द्वारा भी षड्यन्त्रकारी संगठन कहना गलत है। किसी के द्वारा भी हमारे ऊपर लगाये गये ऐसे आरोपों से हम कभी भी भयभीत नहीं होते।

कामरेड लेनिन ने अपने लेख 'क्या करें?' में बिल्कुल स्पष्ट घोषणा की है कि "सोशल डेमोक्रेटों पर षड्यन्त्रकारी संगठन बनाने के आरोप से डरना वास्तव में एक नादानी होगी। अर्थवाद का विरोध करने वाले हर व्यक्ति पर यह आरोप वैसा ही है जैसे नरोदन्या बोल्या की लाइन का अनुसरण करने का आरोप।"

शासक वर्गों द्वारा जनता के खिलाफ षड्यन्त्र करने की परम्परा अति प्राचीन है और यह साम्यवाद (कम्युनिज्म) की स्थापना तक जारी रहेगी। भारत में, क्रान्तिकारियों और देश भक्तों के खिलाफ षड्यन्त्र का आरोप लगाना साम्राज्यवादियों की परम्परा है।

क्रान्तिकारियों और देशभक्तों के खिलाफ आरोपित षड्यन्त्र के मुकदमों के काले इतिहास पर जब हम नजर डालते हैं तो हम देखते हैं कि 1757 से 1857 के काल में घृणित ब्रिटिश औपनिवेशिक शासन के खिलाफ पूरब, पश्चिम, उत्तर-दक्षिण, पूरे देश को अपने आगोश में लेने वाले आदिवासी विद्रोहों और किसान विद्रोह के नायकों को कठोर दण्ड दिये गये, आजीवन कारावास और देश निकाला दिया गया, कोड़े लगाये गये और उनके अंग भंग किये गये। इसी अवधि में 1764 में पटना के सिपाही विद्रोह और 1852 में 38 वीं बटालियन द्वारा विद्रोह कर बर्मा की ओर कूच करने वाली सैनिक विद्रोह की घटनाएँ घटित हुईं। घृणित औपनिवेशिक ब्रिटिश शासन द्वारा, इन सैनिक विद्रोहों का बर्बरतापूर्ण दमन किया गया, इनके विद्रोही नायकों को फाँसी पर लटकाया गया और कठोर से कठोर दण्ड दिये गये।

सम्पूर्ण भारतवर्ष में फैले बहाबी सशस्त्र संघर्ष (1820-1900) के देशभक्तों ने उन्नत हथियारों से लैस ब्रिटिश औपनिवेशिक सैन्यबल के बर्बर दमन का सामना किया और अपने संघर्ष को जारी रखा, परन्तु अनेक बहाबी नेताओं को 1864 में अम्बाला में मुकदमा चलाकर मृत्युदण्ड दिया गया। 1865 में पटना में चलाये गये मुकदमे में भी इसी प्रकार क्रान्तिकारी देशभक्तों को मृत्यु दण्ड और आजीवन करावास की सजा दी गयी। इसी प्रकार 1870 में मालदा और

राजमहल के मुकदमों और 1871 के कोलकाता में चलाये गये मुकदमों में अनेक देशभक्तों को फाँसी और आजीवन कारावास की सजा दी गयी।

इसी अवधि में मजदूर वर्ग के अनेक संघर्ष हुए और अनेक पेटी बुर्जुआ क्रान्तिकारी संगठनों का उदय हुआ।

बाम्बे (मुम्बई) के क्रान्तिकारी ग्रुप का महाराष्ट्र, मैसूर और मध्य प्रदेश में विस्तार हो रहा था। इस ग्रुप के क्रान्तिकारियों पर नासिक कांस्पिरेसी केस का अभियोग लगाया गया।

बंगाल के क्रान्तिकारी ग्रुप 1907 में बिहार और उड़ीसा की तरफ विस्तार कर रहे थे। उनकी बढ़ती हुई गतिविधियों ने ब्रिटिश शासकों को अपना मुख्यालय कोलकाता (कलकत्ता) से दिल्ली ले जाने को मजबूर कर दिया। इनमें अधिकांश क्रान्तिकारियों पर अलीपुर कांस्पिरेसी केस (1909-1910) चलाया गया। इस मुकदमे में भी अनेक क्रान्तिकारी देशभक्तों को मृत्यु दण्ड और आजीवन कारावास की सजा दी गगी।

गदर पार्टी के क्रान्तिकारी 1915 में कामागाटामारु नामक जापानी जलपोत में भारत आ रहे थे, ब्रिटिश औपनिवेशक सैनिक टुकड़ियों ने कोलकाता में इस जहाज को घेर लिया, अनेक क्रान्तिकारियों की हत्या कर दी और जीवित बचे लोगों पर किंग (ब्रिटिश राज) के खिलाफ युद्ध संचालित करने और षड्यन्त्र करने के तीन मुकदमे चले। इन तीन मुकदमों को लाहौर कांस्पिरेसी केस एक, दो और तीन के नाम से चलाया गया। इन मुकदमों में अनेक क्रान्तिकारियों को मृत्यु दण्ड दिया गया और बाकी लोगों को आजीवन कारावास की सजा दी गयी।

जनरल डायर द्वारा जलियाँवाला बाग (पंजाब) में निहत्थे भारतीयों पर गोलियाँ बरसाकर जनसंहार किया गया। इस विकराल जनसंहार के खिलाफ पूरे देश में जन प्रतिरोध की बाढ़ आ गयी। अहमदाबाद में प्रदर्शनकारियों की बीभत्स हत्याएँ की गयीं और पंजाब में मार्शल ला लागू कर, विशेष ट्रिब्यूनल में मुकदमा चला कर सन् 1919 में क्रान्तिकारियों को असाधारण सजा दी गयी।

कानपुर उ.प्र. में 1924 में क्रान्तिकारियों के एक अखिल भारतीय संगठन 'हिन्दुस्तान सोशलिस्ट रिपब्लिकन आर्मी' की स्थापना हुई, बाद में इसका नाम 'हिन्दुस्तान सोशलिस्ट रिपब्लिकन एसोसिएशन' कर दिया गया। ब्रिटिश सरकार ने इस संगठन के कई क्रान्तिकारियों को 1925 में काकोरी कांस्पिरेसी केस में बन्दी बनाया और उन पर षड्यन्त्र का मुकदमा चलाया।

इस 'हिन्दुस्तान सोशलिस्ट रिपब्लिकन आर्मी' के तीन क्रान्तिकारियों भगत सिंह, राजगुरु और सुखदेव पर 1928 में कई अन्य लोगों के साथ लाहौर

कांस्पिरेसी केस (1928-29) चलाया गया और 23 मार्च 1931 को इन तीनों क्रान्तिकारियों को फाँसी दी गयी और अन्य क्रान्तिकारियों को आजीवन कारावास की सजा दी गयी।

अक्टूबर समाजवादी क्रान्ति की सफलता के बाद 1920-25 के दौरान भारत और विदेशों में गठित हुए अनेक कम्युनिस्ट ग्रुपों को, कम्युनिस्ट इंटरनेशनल की मदद से 1929 में कम्युनिस्ट पार्टी आफ इंडिया के रूप में संगठित किया गया। इससे आतंकित ब्रिटिश साम्राज्यवाद ने सन् 1924 में कम्युनिस्टों पर कानपुर कांस्पिरेसी केस लगा दिया।

1928 में जनता के क्रान्तिकारी संघर्षों के नये उभार के साथ ही ब्रिटिश साम्राज्यवादियों ने अपने दमनकारी ढाँचे को और मजबूत बनाने का काम शुरू कर दिया और इसी क्रम में 1929 में कम्युनिस्टों को मेरठ कांस्पिरेसी केस में फँसाया गया और उनको जेल में ठूँस दिया गया।

भारतीय क्रान्तिकारियों के खिलाफ 1931 में सेकेंड लाहौर कांस्पिरेसी केस और न्यूदिल्ली कांस्पिरेसी केस का अभियोग लगाया गया।

ब्रिटिश शासकों ने 1932 में चटगाँव रिपब्लिकन आर्मी के लगभग सभी नेताओं को गिरफ्तार करने के बाद, उनमें से कुछ को मृत्यु दण्ड और अन्य को आजीवन कारावास की सजा दी।

यह ऊपर वर्णित कुछ प्रसिद्ध मामले हैं इसके अतिरिक्त अनेक ऐसे अज्ञात मामले हैं जिनमें अनेक क्रान्तिकारियों को फँसाया और दण्डित किया गया है, जिनका कोई रिकार्ड उपलब्ध नहीं है।

यह सब घटनाएँ शासक वर्ग द्वारा जनता और क्रान्तिकारियों पर थोपे गये मुकदमों और उनकी काली करतूतों का एक अनोखा चित्र प्रस्तुत करती हैं। इस सम्बन्ध में अन्तर्राष्ट्रीय परिदृश्य भी कम हास्यास्पद नहीं है।

मार्क्स जिस अखबार के प्रधान सम्पादक थे और जर्मनी में वह अखबार स्वतन्त्रता और न्याय के पक्ष में निर्भीकता और दृढ़ता से आलेख छापता था, सन् 1849 में जर्मनी की सरकार ने उस अखबार...को अर्थात् विपक्ष की आवाज को क्रूरतापूर्वक दबाने का प्रयास किया। इस अखबार के खिलाफ 7 फरवरी 1849 और 18 मई 1849 को दो मुकदमे दायर किये गये। मार्क्स और एंगेल्स पर "एक लेख में सशस्त्र पुलिस के इंचार्ज और राज्यपाल पर अपनी ड्यूटी को सही अंजाम न देने का समाचार लिख कर उनकी बेइज्जती करने" का आरोप लगाया गया।

राज्यपाल—सरकारी मुख्तार और अटार्नी के वक्तव्यों के बाद खचाखच भीड़

से भरी अदालत में मार्क्स ने एक घंटे तक अपना वक्तव्य दिया। मार्क्स ने जब "तानाशाही में जन्मे, शिक्षित हुए, बड़े हुए और उसकी ही सेवा में बूढ़े हो गये राज्यपाल (सरकारी मुखिया) के खिलााफ सम्मानपूर्वक, तर्कसंगत और निरन्तर मजबूत कानूनी तर्कों के साथ आक्रमण किया तो पूरे कोर्ट में सन्नाटा छा गया" *(रिमिनेंसेज आफ मार्क्स एंड एंगेल्स,* पृ. 157) इस अखबार की आवाज बन्द करने के लिए इसके विरुद्ध एक दर्जन से अधिक अन्य मुकदमे कायम किये गये, मार्क्स को पहले प्रशिया और फिर कलोन से निष्कासित कर दिया गया।

1851 में प्रसिद्ध कलोजी कम्युनिस्ट ट्रायल हुआ था। मार्क्स ने अपने निर्वासन के स्थान लन्दन से, कलोजी कम्युनिस्ट लीग के अभियुक्त बनाये गये सदस्यों के पक्ष में यथासम्भव जाँच-पड़ताल की और सहयोग की कोशिश की परन्तु उनके और उनके मित्रों द्वारा किये गये प्रयासों को पुलिस कमिश्नर और अन्य 'राज्य के रक्षकों' द्वारा शपथपत्र प्रस्तुत कर विरोध किया गया और वर्गीय पूर्वग्रह से परिपूर्ण न्यायाधीश ने भी सरकार का ही पक्ष लिया।

क्रान्तिकारी दिमित्रो के खिलाफ गढ़ा गया और उन पर थोपा गया फायर केस का लेपजिंग ट्रायल विश्व प्रसिद्ध है। इसे विश्व भर में एक भयंकर कांस्पिरेसी केस के रूप में जाना जाता है।

रोजनबर्ग पर राजद्रोह का अभियोग लगाकर चलाया गया मुकदमा और उनकी हत्या वास्तव में साम्राज्यवादियों द्वारा मुकदमा चलाने की आड़ में सत्य, न्याय और निर्दोषों की हत्या करने की परम्परा की स्पष्ट मिसाल है।

अन्तर्राष्ट्रीय परिदृश्य में क्रान्तिकारियों और देशभक्तों के खिलाफ उस देश के शासक वर्गों द्वारा लगाये गये असंख्य अभियोगों में से ये कुछ घटनाएँ उदाहरण मात्र हैं।

आज हमारे देश के विभिन्न प्रान्तों में भारत के क्रान्तिकारियों पर अनेक कांस्पिरेसी केस लगाये गये हैं और वे इन अभियोगों का सामना कर रहे हैं। इससे ज्ञात होता है कि प्रतिक्रियावादी भारत सरकार ने कांस्पिरेसी केस का अपना लक्ष्य पूरा करने के लिए क्रान्तिकारियों के खिलाफ कांस्पिरेसी केस (षड्यन्त्र के मुकदमे) लगाने की योजना को कई गुना बढ़ा दिया है।

इस काम में आन्ध्र प्रदेश की प्रतिक्रियावादी सरकार भी पीछे नहीं है। यह कांस्पिरेसी केसों की काली सूची में एक रिकार्ड कायम करना चाहती है। इस प्रकार के कांस्पिरेसी केसों में, आन्ध्र की सरकार ने, पार्वतीपुरम नक्सलाइट कांस्पिरेसी केस, और अन्य मुकदमे जैसे सिकन्दराबाद कांस्पिरेसी केस, राजामुंद्री कांस्पिरेसी केस और नागिरेड्डी कांस्पिरेसी केस जैसे अनेक मुकदमों

में क्रान्तिकारियों को अभियुक्त बनाया है। हमें इस कांस्पिरेसी केस और अन्य अभियोगों में फँसाने और इनका सामना करने में कोई आश्चर्य नहीं है। आन्ध्र प्रदेश की प्रतिक्रियावादी सरकार ने क्रान्तिकारियों की बड़ी संख्या के खिलाफ मुकदमों का जाल बिछाने, उन मुकदमों के समर्थन में गवाह एकत्र करने और सुव्यवस्थित तरीके से हजारों गवाहों को तैयार करने में सारे रिकार्ड तोड़ दिये हैं। इन मुकदमों की कार्यवाही शुरू होने से पहले 57 महीनों का समय लगा कर हजारों पेज के दस्तावेज़ी सबूत जुटाने में अनेक घृणित कार्य किये गये हैं और मुकदमों का विवरण एकत्र किया किया गया है।

हमारे खिलाफ षड्यन्त्र किया गया है परन्तु हमारे ऊपर ही कांस्पिरेसी केस लगाया गया है। हम षड्यन्त्र से घृणा करते हैं, हम उसका तिरस्कार करते हैं और दूसरों द्वारा (सरकार द्वारा) हमारे खिलाफ लगाये गये षड्यन्त्र के अभियोग पर खेद प्रकट करते हैं।

समाज विकास की प्रक्रिया

सामाजिक विकास का इतिहास यह प्रमाणित करता है कि पुराने शोषित और उत्पीड़ित वर्ग, विकास के एक खास चरण में, अपने शोषक वर्गों को उखाड़ फेंकने में नेतृत्वकारी क्रान्तिकारी भूमिका पूरी करते हैं। इस प्रकार समाज का इतिहास सारतः जनता द्वारा अपने शत्रुओं के विरुद्ध क्रान्तिकारी वर्ग संघर्ष का इतिहास है। इसी प्रकार के क्रान्तिकारी संघर्षों के परिणामस्वरूप इतिहास में मौजूद विभिन्न प्रकार के समाजों का उदय हुआ है।

नयी और पुरानी वर्ग शक्तियों के बीच होने वाले वर्ग संघर्ष की पराकाष्ठा सामाजिक क्रान्ति के रूप में होती है और बदले में अपरिहार्य रूप से राज्यसत्ता का बुनियादी विषय सामने आता है, क्योंकि राज्यसत्ता, सामाजिक रूपान्तरण को गति प्रदान करने वाला मुख्य संचालक केन्द्र है।

जब भी समाज में नये वर्गों का उदय होता है, तो नये वर्गीय अन्तर्विरोधों के परिणामस्वरूप, वर्ग संघर्ष को नयी गति प्रदान करने वाली शक्ति प्राप्त होती है। नये वर्गों के प्रादुर्भाव से नये सामाजिक व्यवहार (सम्बन्ध) अस्तित्व में आते हैं जो पुराने शासक वर्गों और पुरानी शासन-व्यवस्था के स्थान पर नयी सामाजिक व्यवस्था और नयी वर्गीय सत्ता स्थापित करने में जुट जाते हैं।

राज्यसत्ता, सम्पूर्ण सामाजिक रूपान्तरण की मेरुदण्ड होती है, इसलिए इसके खिलाफ पूरी शक्ति से सम्पूर्ण राजनीतिक, वैचारिक और सैनिक संसाधनों से संघर्ष होता है। नये और पुराने वर्गों के बीच दीर्घकालीन संघर्ष की प्रक्रिया चलती है, दोनों प्रमुख विरोधी वर्ग एक-दूसरे के खिलाफ दोषारोपण करते हैं, आक्षेप लगाते हैं और अन्त में नयी वर्ग शक्तियाँ सम्पूर्ण पुरानी व्यवस्था को उखाड़ फेंकती हैं। नयी शक्तियों में अन्तर्निहित अजेय शक्ति सम्पूर्ण पुरानी वर्ग शक्तियों का तख्ता पलट देती हैं। परिणामस्वरूप सम्पूर्ण पुरानी सामाजिक व्यवस्था का स्थान नयी व्यवस्था ले लेती है।

इस सिद्धान्त से लैस जनता इस पुराने समाज और संसार को नये रूप में परिवर्तित करने के लिए सचेतन प्रयास कर रही है। आज मार्क्सवाद-लेनिनवाद

के नेतृत्व में शोषित, उत्पीड़ित जन समुदाय इस पुरानी दुनिया को उखाड़ फेंकने और नये समाज का निर्माण करने के लिए उठ खड़ा हुआ है। यह जनता द्वारा अपने शत्रुओं के खिलाफ संचालित क्रान्तिकारी वर्ग संघर्ष है और यह जनता की प्रमुख और बुनियादी कार्यवाही है।

इतिहास इसका साक्षी है कि जब से समाज वर्गों में विभाजित हुआ है तब से शोषक और शोषित वर्ग, एक-दूसरे के खिलाफ निरन्तर वर्ग संघर्ष संचालित कर रहे हैं। यह वर्ग संघर्ष कभी आमने-सामने खुले रूप में और कभी गुप्त रूप से, कभी गैर-हथियारबन्द और कभी हथियारबन्द रूप में जारी रहते हैं। इससे सामाजिक क्षेत्र का कोई भी पहलू अछूता नहीं है और इसलिए पुरानी प्रतिगामी और पिछड़ी शक्तियों के स्थान पर नयी शक्तियों को लाने और सामाजिक विकास में इसकी प्रमुख और केन्द्रीय भूमिका है। इस प्रकार समाज एक उच्च स्तर से आगे बढ़ते हुए निरन्तर उच्चतर स्तर की ओर प्रगति करता है।

सामाजिक विकास के सन्दर्भ में अब तक जो कुछ कहा गया, वही ऐतिहासिक भौतिकवाद है। शोषित वर्ग शोषक वर्गों के खिलाफ संघर्षरत हैं। शोषितों द्वारा शोषकों की सत्ता उखाड़ फेंकने के सचेतन प्रयासों को कांस्पिरेसी (षड्यन्त्र के मुकदमे) आरोपित कर रोका नहीं जा सकता। शोषक वर्ग अपनी राज्यसत्ता को कायम रखने के लिए गुप्त योजना बनाने, कुचक्र रचने और षड्यन्त्र करने में रत्ती-भर नहीं झिझकते। इसके विपरीत अपने खिलाफ किये जा रहे सभी प्रतिक्रान्तिकारी उपायों को खोज कर समाप्त करने के लिए शोषित वर्ग प्रयत्नशील हैं।

भारत के ताजा सामाजिक विकास पर एक नजर डालने से यह स्पष्ट हो जाएगा कि भारत के पुरातन वर्ग संघर्ष के इतिहास में कौन कपटी, धोखेबाज, गद्दार, षड्यन्त्रकारी और कूड़ा-कचरा है।

भारतीय समाज के विकास पर एक दृष्टि : भारतीय समाज के विकास पर विचार करने के लिए भारत भूमि पर ब्रिटिश के आगमन के समय से विश्लेषण करना सर्वथा उचित है। यह भारतीय समाज के विकास की एक ऐतिहासिक अवस्था है। सामाजिक विकास एक प्रक्रिया है, विकास की यह प्रक्रिया विभिन्न अवस्थाओं से होकर आगे बढ़ती है। सामाजिक विकास प्रक्रिया की एकता अविवादित है परन्तु इस प्रक्रिया को विभिन्न ऐतिहासिक अवस्थाओं में विभाजित करना आवश्यक है।

ऐतिहासिक अवस्था की यह अवधारणा, एक विशेष समाज को चिन्हित करती है अर्थात् यह मनुष्यों के एक समूह की, विशेष जीवन पद्धति और चिन्तन

को दर्शाता है। मनुष्य की जीवन और चिन्तन पद्धति तीन विशेष घटकों से नियंत्रित होती है। यह तीन घटक (1) उत्पादक शक्तियाँ अर्थात् अपने औजारों और उपकरणों के साथ मनुष्य (2) उत्पादन सम्बन्ध जो मनुष्यों के बीच सम्बन्धों को दर्शाता है और (3) एक ऊपरी संरचना जो विचारों की अभिव्यक्ति और तदनुरूप उनकी संस्थाओं को दर्शाती है। अपनी सम्पूर्णता में इस ऐतिहासिक अवस्था को सामाजिक-आर्थिक संरचना या उत्पादन पद्धति कहते हैं। वर्गों का अस्तित्व शून्य में नहीं बल्कि वास्तविक समाज में ऊपर लिखित घटकों के द्वारा एक निश्चित राजनीतिक औरं सामाजिक संरचना में बँधा होता है। इस द्वन्द्वात्मक अवधारणा के अनुसार मानव समाज, विकास की पाँच अवस्थाओं से गुजरा है। 1. आदिम साम्यवाद, 2. दास युग, 3. सामन्तवाद, 4. पूँजीवाद, 5. समाजवाद।

यही मानव समाज विकास सम्बन्धी बुनियादी मार्क्सवादी विचार है।

निरंकुश भारतीय शासकों के अधीन अति प्राचीन भारतीय गाँवों में वर्गविहीन और सम्पत्तिविहीन एक समाज की अधिभूतवादी गैर-द्वन्द्ववादी अवधारणा भी प्रचलित है। यहाँ तक कि साम्राज्यवादियों से पूर्व के ब्रिटिश लेखकों के भ्रामक इतिहास, आँकड़ों तथा सूचना के अभाव के कारण निर्मित इस विश्वास से मार्क्स भी भ्रमित हो गये थे। लेकिन अध्ययनशील मार्क्स ने बाद में अध्ययन और शोध के आधार पर 17 जून 1853 को एंगेल्स को लिखे अपने पत्र में लिखा : "भारत में इंगलिश लेखकों के बीच निजी सम्पत्ति का प्रश्न बहुत बेचैन करने वाला है। यह मालूम होता है कि कृष्णा जिला के दक्षिण भाग में ऊँची-नीची पहाड़ियों वाले ग्रामीण क्षेत्र में जमीन और मिट्टी निजी सम्पत्ति के रूप में मौजूद हैं।" उत्तरी भारत के सन्दर्भ में मार्क्स ने लिखा : "ऊपर उद्धृत गाँवों के बारे में ध्यान दें कि मनु ने इनकी गणना पहले ही की है और उसके अनुसार भूमि के सभी संगठनों के आधार पर पहले वरिष्ठ कलेक्टर और फिर उसके अधीन सैकड़ों और हजारों वसूली करनेवाले हैं।"

भारत में भूमि के रूप में निजी सम्पत्ति के अस्तित्व की खोज से मार्क्स ने अपना यह विचार बदल दिया कि भारत में अति प्राचीन काल में निरंकुश शासकों के अधीन सम्पत्ति और वर्ग विहीन ग्रामीण समाज था। इस खोज के बाद वह इस निष्कर्ष पर पहुँचे कि भारतीय ग्रामीण समाज न तो आदिम साम्यवादी था और न ही दास-स्वामी वाला कबीलाई समाज (*कैपिटल,* वाल्यूम-1, चैप्टर-14, मार्क्स) जैसा कि मार्क्स ने वर्णन किया, उस समय का ग्रामीण समाज एक प्रादेशिक इकाई था, जहाँ निरंकुश राज्य सत्ता द्वारा ग्रामीणों से अतिरिक्त उत्पादन वसूल किया जाता था, अर्थात् राज्य द्वारा इस समाज का शोषण

होता था। राज्य का एक वर्गीय चरित्र था, एक वर्ग उसके द्वारा प्रभुत्व कायम करता और शासन करता था। परिणामस्वरूप इस व्यवस्था में वर्ग संघर्ष घटित हुआ, अतः सामाजिक संरचना उसी रूप में कायम नहीं रह सकी। इस प्रकार भारतीय समाज का विकास भी चीन, वियतनाम या अन्य किसी एशियाई देश की ही तरह सर्वव्यापी माडल से हुआ। मार्क्सवादी मानदण्ड के इस आधार पर, भारतीय-समाज़ विकास की प्रक्रिया ने प्रथम कुछ अवस्थाओं को अर्थात् आदिम साम्यवाद, दास-स्वामी, और सामन्तवादी व्यवस्था को पार ही किया था कि ब्रिटिश साम्राज्यवाद ने बीच में ही बलपूर्वक प्रवेश किया। इस प्रकार के बलात् प्रवेश ने भारतीय समाज को पूँजीवाद और समाजवाद में विकसित होने में अवरोध उत्पन्न किया।

इनमें से प्रत्येक व्यवस्था का जन्म अपनी पूर्ववर्ती व्यवस्था के गर्भ से हुआ था, अतः इसने उसे पीछे छोड़ दिया और अपने विकास की प्रक्रिया में नयी व्यवस्था को जन्म दिया है। पुरानी व्यवस्था की समाप्ति और नयी व्यवस्था के जन्म के बीच वर्ग संघर्ष ही प्रेरक शक्ति रहा है। इस प्रक्रिया का चरमोत्कर्ष सामाजिक क्रान्ति है और इस प्रकार एक नयी सामाजिक-आर्थिक संरचना स्थापित होती है।

अपने अन्तिम चरण में सामन्तवादी व्यवस्था काफी कमजोर थी। 1707 में औरंगजेब की मृत्यु से लेकर 1757 में पलासी के युद्ध के समय तक पचास वर्षों का समय अभूतपूर्व वर्ग-संघर्षों और उथल-पुथल भरा था। यह समय व्यापक उभार का समय था। जनता, सामन्तवादी व्यवस्था से ऊब चुकी थी। सामन्तवाद विरोधी विचार तेजी से अग्रगति प्राप्त कर रहे थे। वर्गीय अन्तर्विरोध तीव्र हो रहे थे, परिणामस्वरूप पूरे देश में किसान विद्रोह पनप रहे थे।

भारतीय किसानों के क्रान्तिकारी संघर्षों के परिणामस्वरूप मुगल सामन्ती साम्राज्य टूट चुका था। यद्यपि भारतीय किसानों ने शक्तिशाली मुगलिया साम्राज्य को टुकड़ों-टुकड़ों में विभाजित कर दिया था, परन्तु किसान अभी भी अपना वर्गीय शासन स्थापित नहीं कर सके थे बल्कि वे भारत के विभिन्न क्षेत्रों में यत्र-तत्र बची-खुची सामन्ती ताकतों के नेतृत्व में सक्रिय थे।

भारत का सामन्ती समाज अपने अन्तिम चरण में, भावी आर्थिक प्रगति के लिए आवश्यक सभी तत्त्वों को अपने अन्दर सँजोये हुए था। सामन्तवाद को समूल समाप्त करने पर आमादा, संघर्षरत किसान, विकासशील मौद्रिक व्यवस्था के साथ तेजी से विस्तारित हो रही अर्थव्यवस्था, फलफूल रहा हस्तशिल्प, मैन्युफैक्चरर उद्यमी-निर्माता और व्यापार, विकासमान शहरी जनसंख्या, प्रचुर मौद्रिक पूँजी

के साथ व्यापारिक बुर्जुआ, ऋण लेन-देन की उन्नत व्यवस्था, ग्रामीण जीवन में सुस्थिर मुद्रा का प्रवाह, और निरन्तर बढ़ती स्वतन्त्र खेत-मजदूरों की संख्या—यह सब औद्योगीकरण के लिए अनुकूल आधार मौजूद था।

इस प्रकार नये परिवर्तन के लिए सम्पूर्ण आधार निर्मित हो चुका था। इस सन्दर्भ में भारत में रह रहे एक इंग्लिश आदमी द्वारा की गयी टिप्पणी की प्रशंसा करते हुए मार्क्स को उद्धृत करना उचित होगा, अर्थात् "भारत की महान जनता के विशाल भाग में अपार औद्योगिक शक्ति है। यह पूँजी एकत्र करने के लिए सर्वथा फिट है। इनमें गणितीय विज्ञान और गणना की प्रतिभा है तथा इनमें विलक्षण गणितीय स्पष्टता है।"

यह नया सामाजिक विकास जो पतनशील सामन्ती व्यवस्था के गर्भ में भ्रूण के रूप में था, भारतीय जनता के क्रान्तिकारी संघर्षों के रूप में इसे तार्किक ढंग से चिन्हित किया जा सकता है। यही वह अवस्था थी जब ब्रिटिश व्यापारिक साम्राज्यवाद ने सैनिक शक्ति के साथ भारत में प्रदेश कर भारतीय समाज की विकास प्रक्रिया को छिन्न-भिन्न किया और इसे औपनिवेशिक और अर्द्धसामन्ती रास्ते पर मोड़ दिया।

सर्व प्रथम 1600 में ब्रिटिश साम्राज्यवादियों ने भारत में व्यापारी कम्पनी के रूप में प्रवेश किया और फिर 1702 में विभिन्न ब्रिटिश ट्रेडिंग एसोसिएशनों को मिलाकर ईस्ट इंडिया कम्पनी का एकाधिकार कायम किया।

24 अगस्त 1600 को सूरत के छोटे से बन्दरगाह पर, ईस्ट इंडिया कम्पनी के 125 शेयरधारकों के प्रतिनिधि के रूप में कैप्टन हाकिंस ने अपने जहाज का लंगर डाला। ब्रिटिश साम्राज्यवाद ने भारत में प्रवेश करते ही भारतीय जनता पर अन्धाधुन्ध लूट और डकैती शुरू कर दी। कृषि पर आधारित भारतीय जनता को अत्यधिक कठोर सामाजिक-राजनीतिक और आर्थिक दमन झेलना पड़ा। बंगाल में निर्मित विलासिता के उत्पादों के असमान व्यापार में अत्यधिक मुनाफा वसूलने से प्रलोभित होकर ईस्ट इंडिया कम्पनी ने मुगलों के शासन वाले अति समृद्ध प्रान्त में फैले हुए राजनीतिक और सामाजिक अन्तर्विरोधों का दोहन करने के लिए शीघ्रता से कदम उठाया और इसका इस्तेमाल अपनी सत्ता स्थापित करने में किया। इस महत्त्वाकांक्षी कम्पनी का चालाकीपूर्ण कृत्य, भूमि के मालिक वर्ग, प्रमुख रूप से 'हिन्दू' और सेठों के सम्बन्ध में समझा जा सकता है। मुगलों द्वारा व्यापार पर रोक लगा देने से उनके निरन्तर बढ़ रहे मुनाफे पर रोक लग गयी। लुटेरी ईस्ट इंडिया कम्पनी ने भारत को उपनिवेश बनाने की दिशा में, छल-कपट, कुचक्र और षड्यन्त्र के द्वारा एक निश्चित और मजबूत कदम

उठाया। बड़ी चालाकी से पलासी का युद्ध जीतने का उपाय किया, जिसके बारे में के.एन. पाणिक्कर ने लिखा : "यह एक युद्ध नहीं सौदा था–एक ऐसा सौदा जिसमें जगत सेठ के नेतृत्व में बंगाल के दलाल पूँजीपतियों ने (कम्प्राडोर ने) नवाब को सम्पूर्ण बंगाल ईस्ट इंडिया कम्पनी के हाथ बेचने के लिए बाध्य कर दिया।" पलासी के तथाकथित युद्ध (1757) के बाद ईस्ट इंडिया कम्पनी बंगाल प्रदेश की प्रादेशिक शक्ति बन गयी और इसके बाद कम्पनी असमान व्यापार और विनिमय में लग गयी। प्रचंड व्यापारिक शोषण के द्वारा कम्पनी ने बंगाल प्रदेश की तमाम सम्पदा को चूसकर भारत में ब्रिटिशों की पूँजी में अकूत वृद्धि की। 1764 में बक्सर युद्ध के बाद कम्पनी ने बंगाल, बिहार और उड़ीसा में नागरिक प्रशासन अर्थात् दीवानी अधिकार पर कब्जा जमा लिया। अब असमान व्यापार के अतिरिक्त एक और लूट का क्षेत्र खुल गया।

जो भाग नवाब के अधिकार में था, उसे भी 1772 में छीन लिया गया और चार व्यक्तियों की सलाहकार समिति के साथ वारेन हेस्टिंग को सत्तासीन कर दिया गया। कम्पनी के एजेंटों के माल पर कोई भी शुल्क नहीं लगता था और उनको व्यापार की पूरी स्वतन्त्रता थी, जबकि भारतीय व्यापारियों पर भारी शुल्क लगाया जाता था, इस प्रकार शीघ्र ही पूरे देश का व्यापार कम्पनी के हाथों में केन्द्रित हो गया। बंगाल के 1770 के भयावह अकाल से हजारों गाँव के शिल्पकार प्रभावित हुए और परिणामस्वरूप घरेलू बाजार लड़खड़ा गया। मैनचेस्टर का सस्ता सूती कपड़ा भारतीय बाजार में आ जाने से घरेलू हस्तशिल्पियों का कपड़ा बाजार से बाहर हो गया और वे केवल कृषि पर ही निर्भर हो गये। बुनकर और कृषि दोनों कार्य करने वाले पूर्णतः कृषि पर ही निर्भर हो गये। इसने किसानों और साथ ही साथ ज़मींदारों को भी रक्तरंजित कर दिया। कम्पनी द्वारा 1793 में बंगाल में लागू की गयी भूमि काश्तकारी व्यवस्था लगभग विनाशकारी थी जिसके दुष्परिणाम आज तक बंगाल में देखे जा सकते हैं। ब्रिटिश इंडिया ऐक्ट 1813 को लागू कर ब्रिटिश ईस्ट इंडिया कम्पनी ने सम्पूर्ण भारत का बाजार ब्रिटिश बुर्जुआ वर्ग के लिए खोल दिया।

ब्रिटिश साम्राज्यवादियों ने भारतीयों से एक अनुचित वार्षिक कर वसूलना प्रारम्भ किया जिसने कृषि या उद्योग में किसी भी प्रकार पूँजी संग्रह या वृद्धि पर रोक लगा दी। इसने भारतीय सामन्ती व्यवस्था के गर्भ में पनप रही नयी उत्पादक शक्तियों का गला घोंट दिया। इसने भारतीय कृषि, उद्योग, व्यापार और समृद्ध सांस्कृतिक विरासत को भी नष्ट किया। इसका प्रत्येक कार्य ऊंटपटाँग, दोषपूर्ण और अनैतिक था और इसने भारत को तबाह किया। मार्क्स

ने सही ही कहा है कि भारत में ब्रिटिश ने "दिन में चोरी और रात में डकैती डालने" के लिए अतिक्रमण किया। इन्होंने भारत का खून चूसा है। न्यूयार्क *डेली* ट्रिब्यून में 25 जून 1853 को लिखे लेख *दि ब्रिटिश रूल इन इंडिया* में मार्क्स ने लिखा : "इस बात में कोई शक नहीं कि ब्रिटिश द्वारा हिन्दुस्तानियों पर इतनी अधिक बर्बरता की गयी है, जितनी पहले कभी नहीं हुई। इंग्लैंड ने भारतीय समाज के सम्पूर्ण ढाँचे को तहस-नहस कर दिया है और इसके पुनर्निर्माण की कोई सम्भावना नहीं दिखती। बगैर किसी नयी प्राप्ति के भारत द्वारा अपना पुराना संसार खो देने से वर्तमान दुर्दशा में एक विशेष प्रकार की उदासी सम्मिलित हो जाती है और ब्रिटेन द्वारा शासित वर्तमान हिन्दुस्तान अपनी समस्त प्राचीन परम्पराओं और प्राचीन इतिहास से बिल्कुल अलग है।"

भारत में औपनिवेशिक युग की केन्द्रीय विषयवस्तु, ग्रामीण क्षेत्र में माल-आधारित अर्थव्यवस्था के विस्तार को रोकना था। ब्रिटिश द्वारा प्रायोजित, बाजार पर लगाई गयी यह रोक ब्रिटिश की राजस्व नीति का आधार थी; और वे इसे सार्वजनिक खर्च के रूप में दर्शाते थे। ब्रिटिश से प्रेरित बाजार का सारतत्व ब्रिटिश साम्राज्यवाद द्वारा संचालित 'सिविलाइजिंग' मिशन था। 1850 तक यह बिल्कुल स्पष्ट हो गया था कि किसानों के उपभोक्ता माल का उत्पादन, ब्रिटिश साम्राज्यवाद द्वारा प्रत्यारोपित पूँजीवादी राज्य का आर्थिक बोझ नहीं उठा सकता।

कोमिंटर्न की पुरानी थीसिस में स्पष्ट किया गया एक मार्क्सवादी सिद्धान्त है कि विश्व स्तर पर पूँजीवाद अपना वर्चस्ववादी विस्तार करने के लिए तुलनात्मक रूप से पिछड़े, अविकसित, विकृत–(जिसे मार्क्स ने पुरानी उत्पादन पद्धति वाला कहा है)– समाज या इलाके को चुनकर पहले उसे नये रूप में ढालने का ढोंग रचता है और जब उसका आधार परिपुष्ट हो जाता है, तब अगले विकास के नाम पर उन सारी प्राचीन संस्कृतियों एवं उत्पादन प्रणालियों को तहस-नहस करके पुनरुत्पादन तथा पुनरुत्थान का एकदम नये विकास का मॉडल खड़ा करता है। इस प्रस्थापना के दोनों पक्षों को हम भारत के सन्दर्भ में बखूबी देख सकते हैं। कोमिंटर्न के 1922 में हुए चौथे सम्मेलन में पूर्वी देशों से सम्बन्धित थीसिस में औपनिवेशिक देशों में विकसित किये जा रहे पूँजीवादी पैटर्न के सन्दर्भ में कहा गया है कि "यह मध्ययुगीन, तथा संकरित (अर्धविकसित पूँजीवाद) व्यापारिक पूँजीवाद को सर्वाधिक प्रधानता देते हैं।" पूँजीवाद की इस चाल और चरित्र को मार्क्स ने भलीभाँति रेखांकित किया है। मार्क्स कहते हैं कि, "पूँजीवाद का सारा पूँजीवादी उत्पादन आम जन के किसी फायदे के बिना ही होता है–न तो इससे श्रमिकों के सामाजिक स्तर में कोई

वृद्धि होती है और न उसके द्वारा बढ़ाई गयी उत्पादकता से उसे कोई भौतिक लाभ होता है।" मार्क्स आगे कहते हैं कि, "कृषक-प्रधान देशों में नकारात्मकता का यही स्वरूप अपनी जड़ जमा लेता है।" (थीसिस ऑन द ईस्टर्न क्वेश्चन 1922, मार्क्स, थ्योरीज़ पार्ट-3, पृ. 487)

औपनिवेशिक भारत में वित्तीय व्यापारिक साहूकार पूँजीवाद के आधार पर उत्पादित छोटे स्तर का सामाजिक माल-उत्पादन काफी कमजोर हो गया था। सरकार के दबाव में किसान, निर्धारित प्रजाति और मात्रा में ही फसल उत्पादित करते थे और जिसका सरकार द्वारा निर्धारित मूल्य हमेशा बाजार मूल्य से कम होता था।

ई. व्हाइट काम्बे ने अपनी पुस्तक *'ऐगरेरियन कंडीशन इन नार्थ इंडिया'* वाल्यूम-1 में *'दि युनाइटेड प्राविंसेस अंडर ब्रिटिश रूल'* युनिवर्सिटी आफ कैलीफोर्निया प्रेस 1971 में लिखा कि इस ऊपरवर्णित 'एडवांस सिस्टम' ने संयुक्त प्रान्त के अति पिछड़े जिलों में अधिक गन्ना उत्पादन को विस्तार प्रदान किया, परन्तु यही गन्ने का उत्पादन धनी किसानों वाले, अधिक समृद्ध और अधिक जनसंख्या वाले पश्चिमी क्षेत्र में नहीं लागू हो सका।

विनय चौधरी अपनी पुस्तक *'दि ग्रोथ आफ कामर्शियल एग्रीकल्चर इन बंगाल, 1757-1900'* वाल्यूम-1 (कोलकाता 1964) में लिख़ते हैं कि इस 'एडवांस सिस्टम' का सबसे अधिक दमनकारी स्वरूप बंगाल के किसानों ने अनुभव किया।

एम. एल. दान्तेवाला अपनी पुस्तक *'मार्केटिंग रा काटन इन इंडिया'* (लन्दन 1937) में विश्लेषण प्रस्तुत करते हैं कि गुजरात, मैसूर से होते हुए सेण्ट्रल इंडिया तक फैली कपास की खेती काटन बेल्ट के क्षेत्र में 'एडवांस सिस्टम' यत्र तत्र वहीं लागू है जहाँ पर बिनौला निकालने वाली मशीन के मालिक (जिन ओनर) खुद कपास के व्यापारी भी थे। अमरीकी कपास की आपूर्ति बाधित होने से, आंशिक रूप से व्यापारिक पूँजी पर आधारित, कपास उत्पादन के विस्तार की बात उठाई गयी थी। परन्तु इसकी तुलना में, अकाल प्रभावित डक्कन क्षेत्र में गेहूँ और ज्वार मुख्य नगदी फसलें देखने को मिलती हैं।

इसके अतिरिक्त दक्षिणी महाराष्ट्र में गन्ना उत्पादकों के क्षेत्र में सम्पूर्ण परिदृश्य गुणात्मक रूप से भिन्न था। यहाँ कुलक किसानों की सहकारी समितियों का झुकाव गन्ना उत्पादन की तरफ था।

किसानों द्वारा बिक्रीयोग्य (माल) का उत्पादन टेढ़े-मेढ़े रास्ते से होता है।

(अ) इसकी तकनीकी सर्वाधिक पुरातन और अपरिष्कृत होती है जबकि पूँजीवादी उत्पादन-व्यापारिक और साहूकारी पूँजी से होता है। इसके अन्तर्गत

किसान परिवारों को 'अर्धस्वतन्त्रता' मिलती है। (लेनिन, कलेक्टेड वर्क्स, वाल्यूम-3, पृ. 473)

(ब) यह, आर्थिक रूप से धनी किसान परिवार की प्रारंभिक और अल्प विकसित पूँजी पर आधारित होता है। भारत में ब्रिटिश शासन से पूर्व यह विश्लेषण सही था। लेकिन औपनिवेशिक भारत में व्यापक रूप से अधिकांश किसान परिवार छोटे स्तर के उत्पादन से आगे नहीं बढ़ सके और छोटे स्तर के किसान पूँजीवाद के स्वतन्त्र विकास को देख और समझ भी नहीं सके। औपनिवेशिक व्यवस्था में विशेष रूप से प्रचुर मात्रा में व्यापारिक पूँजी के प्रयोग से, छोटे स्तर पर होने वाले माल उत्पादन की सम्पूर्ण अर्थव्यवस्था छिन्न-भिन्न हो गयी और वह पूँजीवाद का भ्रूणस्वरूप भी नहीं ले सकी।

छोटे उत्पादकों की परावलम्बता के स्तर तक पूँजी पर निर्भरता का कारण मार्क्स ने खोजा और बताया कि 'आकस्मिक परिस्थितियाँ' पुनरुत्पादन की प्रक्रिया को बाधित कर देती हैं और किसान कर्जदार हो जाते हैं। कामरेड लेनिन ने इस अवधारणा को विकसित किया और कहा : "माल उत्पादन की अर्थ व्यवस्था में, छोटे उत्पादक अपरिहार्य रूप से व्यापारिक पूँजी की निर्भरता में फँसते हैं और यह केवल विशुद्ध रूप से बड़े स्तर पर व्यापक बाजार की आर्थिक श्रेष्ठता के कारण होता है।" (लेनिन, कलेक्टेड वर्क्स, वाल्यूम-3, पृ. 387-9)

औपनिवेशिक नौकरशाही ने, इस प्रकार किसानों को दुर्बल बनाने वाले प्रभावों को भली प्रकार समझा और उसने समझ-बूझ कर किसानों के उत्पादन के मुकाबले पूँजी के अतिक्रमण को समर्थन दिया, जहाँ पर पूँजी ने माल उत्पादन और वितरण में एक निर्णायक भूमिका दिखाई। ई. व्हाइट काम्बे ने अपनी पुस्तक *'ऐगरेरियन कंडीशन इन नार्दर्न इंडिया'* वाल्यूम-1, पृ. 188 पर लिखा कि "सहारनपुर (यू.पी) के कलक्टर मिस्टर हरिंगटन ने एक ही व्यक्ति द्वारा साहूकारी कर्ज देना और अनाज का व्यापार करते नोट किया और ऐसा सामंजस्य वास्तव में अक्सर देखा गया है कि यह नैतिक अर्थशास्त्र की साधारण व्यवस्था सम्पूर्ण रूप से इस आदमी पर आधारित होती है।" छोटे स्तर के माल उत्पादन और पुनरुत्पादन के इस सम्पूर्ण परिदृश्य में पूर्ण रूप से शामिल यह साहूकार और अनाज व्यापारी इस अर्थव्यवस्था का मूल केन्द्र (कोर) और पूँजी के वास्तविक स्तर का निर्माण करते थे, इसके ऊपर स्थानीय ज़मींदारों, मिल मालिकों, बागान मालिकों और ऋणदाताओं, साहूकारों आदि की एक दूसरी श्रेणी आरोपित होती थी। यह सभी एक ही आधार पर (किसानों पर) अपना प्रभुत्व कायम करते थे।

इस प्रकार हम पाते हैं कि औपनिवेशिक अर्थव्यस्था काफी जटिल थी।

यह इस समय छोटे स्तर के व्यापारिक साहूकारी पूँजीवाद से, कोलकाता और मुम्बई में स्थित निर्यात एजेंसियों के सट्टेबाज व्यापारिक पूँजीवाद से घिरी थी।

यहाँ तक कि भारत की इस औपनिवेशिक अर्थव्यवस्था का क्लासिकल पेटी बुर्जुआ और प्रारम्भिक पेटी बुर्जुआ या कृषक पूँजीवाद के रूप में भी चारित्रिक विश्लेषण नहीं किया जा सकता। यह स्थिति इस प्रस्थापना को स्थापित करती है कि औपनिवेशिक भारत में किसानों के माल उत्पादन पर, पहले से ही छोटे स्तर की व्यापारिक और साहूकारी पूँजी ने अपना कब्जा जमा लिया था, जबकि किसानों के इस माल उत्पादन को पेटी बुर्जुआ की अनेक शाखाओं में फलने-फूलने के लिए आधार होना चाहिए था। परन्तु औपनिवेशिक शासन के दबाव में इस माल उत्पादक अर्थ-व्यवस्था का विकास नहीं हो सका। खाद्यान्न की बाजारों में बढ़ती उपलब्धता, बड़ी संख्या में स्वतन्त्र मजदूरों की रिजर्व फोर्स के बावजूद, किसानों के माल उत्पादन में जड़ जमाए, व्यापारिक साहूकारी पूँजीवाद के गर्भ से पेटी बुर्जुआ पूँजीवाद का भ्रूण विकसित नहीं हो सका। इस सम्पूर्ण क्षति का कारण वित्त और ऋण देने की व्यवस्था पर औपनिवेशिक नियन्त्रण है, जिसने ब्रिटिश लोगों द्वारा किसानों से लूटकर साहूकारी व्यापारिक पूँजी एकत्र करने का अवसर प्रदान किया। इसलिए पुरानी सामन्ती व्यवस्था को उखाड़ फेंकने के बाद भी नयी व्यवस्था कायम नहीं हो सकी।

ब्रिटिश साम्राज्यवाद ने भारत को अनन्त काल तक कृषि में लगाये रखा और परिणामस्वरूप उसके औद्योगिक विकास के अंकुर को ही नष्ट कर दिया। इन ब्रिटिशों द्वारा भारत की शान यहाँ की परम्परागत मैन्यूफैक्चरिंग उद्योग को कूड़ा घर में दफना दिया गया। मार्क्स ने लिखा : "भारतीय बुनकरों की बर्बादी के बारे में प्राप्त रिपोर्ट हृदय विदारक है। जैसे भारत में एक सम्पूर्ण वर्ग को दंडित किया गया है। शायद व्यापार के सम्पूर्ण इतिहास में इस प्रकार की यातनाओं की मिसाल नहीं मिलेगी।"

किसी भी औद्योगिक संस्थान में निवेश के सभी अवसरों पर इसने छल-कपट से कब्जा कर लिया। यह ब्रिटिश शासक, भारत को किसी भी बुनियादी उद्योग को स्थापित करने से वंचित रखना चाहते थे। सामन्तवाद को सम्पूर्णतः बनाये रखने का निर्णय इनका बिल्कुल सोचा-समझा निर्णय था। भारत को विकास और प्रगति से दूर रखने की यह इनकी दुष्टतापूर्ण घृणित चाल थी।

ब्रिटिश साम्राज्यवादियों ने अपने चालाकीपूर्ण दीर्घकालीन फायदे के लिए ही किसी भी चिरस्थायी उद्योग के विकास में भारतीय इजारेदारों को अपना सहायक बनाया। साम्राज्यवादियों के सैनिक साजोसामान और उच्चस्तरीय

निर्यात और इजारेदार पूँजीपति वर्ग की पूँजी निर्यात नीति की आवश्यकतावश ही भारत में कुछ उद्योग दिखाई देने लगे। विदेशी सामान के आयात पर लगी रोक और युद्ध सामग्री की अत्यधिक माँग ने भारत में कुछ उद्योगों को स्थापित करने की आरोपित प्रवृत्ति को गति प्रदान की। मार्क्स ने 8 अगस्त 1853 को *न्यूयार्क डेली ट्रिब्यून* में 'दि फ्यूचर रिजल्ट्स आफ ब्रिटिश रूल इन इंडिया' में लिखा : "ब्रिटिश पहले विजेता थे, वे स्वयं को श्रेष्ठ घोषित करते थे और हिन्दू संस्कृति को हीन समझते थे। वे हिन्दू सभ्यता के लोगों के लिए अगम्य थे। इन्होंने भारत के देशज उद्योग को तहस-नहस कर, देशज समाज ने जो भी महान उत्थान किया था, उसे नष्ट कर भारतीय समुदाय को तोड़ दिया। भारत में ब्रिटिश शासन के इतिहास के पन्नों पर इस तबाही से अधिक कुछ भी नहीं मिलेगा। इस बर्बादी के मलबे के विशाल अम्बार से होकर शायद ही कोई पुनरुद्धार सम्भव हो सके। फिर भी यह शुरू हुआ।"

भारतीय इजारेदार दलाल बुर्जुआ द्वारा जो कुछ भी अल्पतम उद्योग स्थापित किये गये, वह विभिन्न रूपों में ब्रिटिश इजारेदार पूँजी और जानकारी पर निर्भर थे। यह औपनिवेशिक लुटेरों का तर्क है कि यह ब्रिटिश साम्राज्यवादियों द्वारा नियंत्रित भारत का औद्योगिकीकरण करने का स्टाइल था।

तत्कालीन भारत की 90% आबादी किसानों की थी। इन किसानों पर भी साम्राज्यवादियों की लूट का बुलडोजर चलाया गया। साम्राज्यवादियों की लूट के अतिरिक्त ब्रिटिश साम्राज्यवाद के प्रमुख अवलम्ब भारतीय ज़मींदारों और साहूकारों को विशाल ग्रामीण इलाकों में किसानों को लूटने व दमन के लिए लीज पर विशाल भूमि आवंटित की गयी थी। किसानों को लूटने और शोषण करने की इस व्यवस्था को भूमि के रैयतवारों और महालवारी स्थायी बन्दोबस्त (परमानेंट रैयतवारी एंड महालवारी सेटिलमेंट कानून) के द्वारा लागू किया जाता था।

उत्तरी और पूर्वी भारत में भूमि के स्थायी बन्दोबस्त के क्षेत्रों में, जमीन सीधे-सीधे नये और पुराने ज़मींदारों के अधिकार में दे दी गयी थी। दक्षिण भारत के रैयतवारी बन्दोबस्त के क्षेत्रों में जमीन को राज्य सत्ता की सम्पत्ति घोषित कर दिया गया था और फिर जमीन नये और पुराने ज़मींदारों को लगान (रेंट) पर दे दी गयी। पश्चिमी भारत के सीमावर्ती क्षेत्रों में जहाँ महालवारी बन्दोबस्त लागू था, जमीन को जमीन के मालिकों (ज़मींदारों) की भूमि मान लिया गया। इस प्रकार यह जितने भी अर्द्ध-बन्दोबस्त थे, उसका आशय केवल ज़मींदारों के हाथों में जमीनों का केन्द्रीकरण था। ब्रिटिश भूमि व्यवस्था के अन्तर्गत 70 प्रतिशत कृषि योग्य भूमि थोड़े से ज़मींदारों के हाथों में केन्द्रित हो गयी थी।

काश्तकारों और ज़मींदारों के बीच पुराने सामन्ती रिश्तों को अक्षुण्ण बनाये रखा गया। ब्रिटिश साम्राज्य के अधीन लागू की गयी इस भूमि व्यवस्था का परिणाम था कि तमाम काश्तकारों की भूमि से बेदखली, एक सामान्य परिघटना के रूप में सामने आयी। औपनिवेशिक और सामन्ती शोषण और लूट ने किसानों को अत्यधिक कर्जदार बना दिया। ब्रिटिश इजारेदार बैंकों के द्वारा वित्त और कर्ज की व्यवस्था को नियंत्रित करते थे, परन्तु वे केवल साहूकारों को ही कर्ज देते थे जो आगे किसानों को भारी ब्याज पर कर्ज देते थे। सूदखोरों की पूँजी सीधे किसानों की लूट के लिए प्रयुक्त होती थी। भारत के ग्रामीण क्षेत्र का कर्ज अभूतपूर्व रूप से बढ़ गया था। किसानों की जमीन से बेदखली और कर्ज के बोझ ने किसानों का खून पी लिया और किसानों को रक्तरंजित कर दिया, उनका कुपोषण जारी रहा। इस प्रकार भूमिहीनों की विशाल फौज खड़ी हो गयी। ब्रिटिश साम्राज्यवाद, ज़मींदारों और साहूकारों के बीच बना अपवित्र गठबन्धन उनके उद्देश्य की पूर्ति करता था, अर्थात् 90 प्रतिशत किसानों को लूटने और औपनिवेशिक जुए के नीचे दबाने के लिए इन तीनों लुटेरों ने मिलकर भारतीय किसानों को लूटा, उनका जीवन तहस-नहस कर दिया, उनको बरबाद कर दिया और उनको नारकीय जीवन जीने के लिए बाध्य किया।

भारत की सम्पूर्ण भूमि अपने कब्जे में लेकर ब्रिटिश सत्ता ने सामन्ती व्यवस्था को यथावत बनाये रखा और निर्धारित मालगुजारी के एवज में उसे सामन्तों को सौंप दिया। इस प्रकार उसे औपनिवेशिक कर पाई-पाई वसूलने में सहायता मिली। उसके लिए यह निर्णय काफी लाभकर साबित हुआ, क्योंकि राज्य को किसानों से लगान के रूप में अपना हिस्सा आसानी से प्राप्त हो जाता था। यह भूमि का लगान टैक्स के रूप में बहुत अधिक था, क्योंकि भूमि पर निर्धारित होने वाले लगान का आकलन औसत उपज के आधार पर होता था। यह किसानों द्वारा उत्पादित फसल का 1/4 से 1/6 भाग तक हो जाता था।

इन अधिकारों का रिकार्ड रखने की व्यवस्था 400 वर्ष पूर्व अकबर के शासनकाल में राजा टोडरमल द्वारा पूरी कर ली गयी थी। ब्रिटिश ने अपनी औपनिवेशिक लूट को भली प्रकार लागू करने के लिए इन कानूनों को और ठीक किया और 1830 और 1880 के बीच भूमि की बन्दोबस्ती की प्रक्रिया को लागू किया। प्रत्येक 40 वर्षों पर पुनः भूमि बन्दोबस्ती को लागू करने का निर्णय किया गया। ब्रिटिश सिविल सर्विस के लोगों ने एक अभियान के रूप में इसे लागू करने और गाँव स्तर तक रिकार्ड कायम करने में अपनी पूरी ऊर्जा लगा दी। इसी के आधार पर जिलों के गजेटियर तैयार किये गये।

इस व्यवस्था को लागू करने में ब्रिटिशों के कई उद्देश्य थे। किसानों के नाम पर दर्ज भूमि से लगान एकत्र करने की मुगल व्यवस्था को उत्तराधिकार के रूप में लागू करने के लिए वे बहुत इच्छुक थे और इस प्रकार उन्होंने विशाल भारत भूमि के किसानों पर अपना मजबूत शिकंजा कस लिया। इस कर को भूराजस्व (लगान) कहते थे और वह गाँव की सम्पूर्ण उपज का चौथाई भाग होता था। उन्होंने सोच-समझ कर एक-एक भूमि के मालिक किसान से अलग लगान न वसूलने का निर्णय किया। इस प्रकार प्रत्येक गाँव से लगान वसूली के लिए एक या अधिक 'लम्बरदार' को नियुक्त किया। 'लम्बरदार' की जिम्मेदारी थी कि वह प्रत्येक छह माह बाद सम्पूर्ण लगान खजाने में जमा करे; इसके बदले वह एकत्र की गयी धनराशि का 5 प्रतिशत कमीशन के रूप में प्राप्त करने का हकदार होता था। यदि कोई बकाएदार रहता तो उससे खजाने को कोई हानि नहीं होती। उसके बदले 'लम्बरदार' को अपनी जेब से भुगतान करना पड़ता था। परन्तु बकाएदार से वसूली करने के लिए ब्रिटिश शासन ने 'लम्बरदारों' को बहुत अधिकार दिये थे और उनको सत्ता की पूरी सहायता प्राप्त थी। किसी भी बकाएदार को संक्षिप्त मुकदमा चला कर जेल भेजा जा सकता था और बकाया लगान का भुगतान करने के बाद ही वह जेल से रिहा हो सकता था। ब्रिटिश शासन के विभिन्न विभागों द्वारा बकाया वसूली के लिए यही प्रक्रिया अपनाई जाती थी।

ब्रिटिश सरकार द्वारा विभिन्न गाँवों के भूमि सम्बन्धी रिकार्डों को तैयार करने और विभिन्न समुदायों के बीच भूमि सम्बन्धों को परिभाषित करने का उद्देश्य निरन्तर लगान प्राप्त करना था। प्राचीन काल में भूराजस्व (लगान) सरकार की आय का प्रमुख स्रोत था। ब्रिटिश सरकार ने भूमि के रिकार्ड तैयार किये, औसत उपज की गणना की और लगान निर्धारित कर, एक तरफ धन एकत्र किया और दूसरी तरफ अपने सहयोगी के रूप में भूस्वामियों का एक वर्ग निर्मित किया।

इस सन्दर्भ में स्थायी बन्दोबस्त (परमानेंट सेटिलमेंट) के बारे में विचार करना उचित होगा, जिसका प्रयोग औपनिवेशिक प्रशासन द्वारा किसानों के हो-हल्ला और क्रान्ति से बचाव के लिए किया गया। सरकार ने निर्धारित लगान को कायम रखने के साथ उत्तर और पूर्व भारत में निजी सम्पत्ति के सम्बन्धों को लागू किया। औपनिवेशिक टैक्सनीति के सामने स्थायी बन्दोबस्त बेकार हो गया। औपनिवेशिक सरकार द्वारा बंगाल, बिहार और उड़ीसा की जनता पर स्थायी बन्दोबस्त लागू करने का उद्देश्य स्पष्ट करते हुए 1828 के गवर्नर

जनरल विलियम बेंटिगे ने लिखा : "यदि किसानों के हो-हल्ला या क्रान्ति के खिलाफ सुरक्षा की आवश्यकता थी तो मैं कहूँगा कि स्थायी बन्दोबस्त चाहे अन्य मामलों में कारगर साबित न हुआ हो, परन्तु इस मामले में इसका बड़ा लाभ मिला। कम से कम इसने जनता के ऊपर ब्रिटिश सत्ता कायम रखने के समर्थक भूमि के मालिक धनी किसानों की एक विशाल संख्या खड़ी कर दी।" *(स्पीचेज एंड डाकूमेण्ट्स आन इंडियन पालिसी 1750-1921*, ए.बी. कीथ द्वारा सम्पादित, वाल्यूम-1, पृ. 125)

स्थायी बन्दोबस्त (परमानेंट सेंटिलमेंट) के ठीक बाद बड़ी-बड़ी रियासतों को विभाजित किया गया। जो लोग ब्रिटिश शासन से निष्काषित किये गये थे उनको पुनः स्वीकृत दी गयी, विशेषकर उन अभिजात वर्ग के (इलीट) लोगों को जो ब्रिटिश साम्राज्यवाद का विरोध करने के कारण अपनी आजीविका के लिए गुलामी कर रहे थे। ब्रिटिश ने इन लोगों को पहले ही प्रशासनिक सेवाओं में खपा लिया था और इस प्रकार उन लोगों ने भूमि पर मजबूती से अधिकार जमा लिया था।

स्थायी बन्दोबस्त के द्वारा जमीन के मालिक किसानों में पदानुक्रम वर्गीय व्यवस्था कायम हुई और इस प्रकार खेती करने वाले काश्तकारों और उनके अतिरिक्त उत्पादन को ले जाने वालों के बीच सम्बन्धों में रेडिकल परिवर्तन हो गया। स्थायी बन्दोबस्त के लागू होने से पहले मुगल व्यवस्था में, किसान परिवारों को जमीन जोतने और राज्य का निर्धारित टैक्स जमा करने की बाध्यता के साथ उनको जमीन पर स्थायी मालिकाना हक था। यद्यपि टैक्स के रूप में किसानों का लगभग सम्पूर्ण अतिरिक्त उत्पादन चला जाता था। स्थायी बन्दोबस्त ने जमीन का मालिकाना अधिकार ज़मींदारों (जो राज्य का राजस्व वसूली अधिकारी था) को सौंप दिया, किसानों को जमीन पर अधिकार से वंचित कर दिया गया, एक निश्चित (फिक्स) टैक्स व्यवस्था के बदले जमींदार ने अपनी इच्छानुसार परिवर्तनीय टैक्स व्यवस्था कायम की। ब्रिटिश सरकार के भूमि सम्बन्धी कानून जमींदार के निस्तारण पर आधारित थे। प्रतिरोध करने वाले किसानों को जमींदार जमीन से बेदखल कर सकता था, यहाँ तक कि यदि किसान परम्पराओं और रीतिरिवाज के खिलाफ अपील करता तो उसे दण्डित किया जा सकता था। यह खेती न करने वाला वर्ग अपनी परभक्षी, लुटेरी प्रवृत्ति के कारण किसानों के खिलाफ पारम्परिक बाधाओं को तोड़ता रहता था। इस प्रकार निजी सम्पत्ति के बारे में औपनिवेशिक अवधारणा ने, पूँजीवादी निवेश को गति प्रदान करने के बजाय, ग्रामीण क्षेत्र की पूँजी को शहरी वार्षिक आय पाने वालों के शोषण

का आधार बना दिया। इस प्रकार किसानों का दरिद्रीकरण किया गया, उनको जमीनों से उखाड़ दिया और कृषि पर होने वाले निवेश स्रोत को सुखा दिया गया। इस प्रकार पूर्व-पूँजीवादी शोषण को विस्तारित और मजबूत किया गया।

ब्रिटिश साम्राज्यवाद के अधीन, साम्राज्यवादी लूट को जारी रखने के लिए भारत में अर्द्धसामन्ती राजनीतिक व्यवस्था को निपुणता से कायम किया गया। इस दमनकारी व्यवस्था के परिणामस्वरूप ब्रिटिश इजारेदार राजनीतिक वर्ग ने, फैक्ट्रियों, खदानों, बागानों, तेल के क्षेत्रों, सिंचाई, जंगल और निर्जल भूमि, संचार व्यवस्था, वित्त और आयात-निर्यात व्यापार ऐसे प्रमुख (कोर) आर्थिक क्षेत्रों को अपने अधिकार में रखा और अपने कठपुतली भारतीय कम्प्राडोर पूँजीपतियों और ज़मींदारों के लिए परिधि के अलाभकर और महत्त्वहीन उद्योगों, वित्त, व्यापार और जमीन दे दी।

ब्रिटिश साम्राज्यवाद ने बिल्कुल क्रूर और नग्न रूप में अति घृणित राजनीतिक दमन, उत्पीड़न और प्रभुत्व कायम किया। इसने राष्ट्र के ऊपर अपमान का ढेर लगा दिया। उन्होंने भारतीयों के साथ नस्ली भेदभाव के साथ ईर्ष्यालु व्यवहार किया, जबकि प्रभुत्वशाली निरंकुशता से आँखें मूँदे लोगों ने अपनी भव्य सांस्कृतिक परम्परा और शानदार सभ्यता को मिथ्यावाद की ओर ले जाकर उसे निन्दनीय बनाया।

अंग्रेजों की प्रभुत्वशाली निरंकुशता से आँख मूँदे यह लोग हमारी शानदार सभ्यता और सांस्कृतिक परम्परा की यह कहकर निन्दा करते रहे कि भारत की सभ्यता और संस्कृति को कठिनाई से ही कोई समझ सकता है। बेल्सली ने भारतीयों को काला कहा और इनकी निन्दा की। इनको 'असभ्य, अज्ञानी, जड़ और मूर्ख' कहा। कार्नवालिस ने बकबक की 'हिन्दुस्तान का प्रत्येक निवासी भ्रष्ट है।' भारत राष्ट्र और व्यक्तिगत रूप में भारतीयों को पीढ़ी दर पीढ़ी, तिरस्कार और मानमर्दन का निशाना बनाया गया। उनको 'साहब' के सामने घोड़े पर सवारी करने, रेलगाड़ी के जिस डिब्बे में 'साहब' सफर कर रहा हो, उसमें चढ़ने और गोरों के रेस्टोरेंट में भोजन करने की अनुमति नहीं थी।

जब ब्रिटिश साम्राज्यवाद योजनाबद्ध धोखाधड़ी के उपायों से, भारत में औपनिवेशिक और अर्द्धसामन्ती सत्ता को सुदृढ़ करने के अति आवश्यक लक्ष्य की पूर्ति नहीं कर सका तो उसने उन्नीसवीं सदी के मध्य में, धूर्ततापूर्वक, अधिक शातिर, विलक्षण और बारीक नीति लागू कर अपने पिछलग्गुओं को जनता के नेताओं के रूप में खड़ा किया। इसने भारत की 'स्वतन्त्रता' के लिए कुछ व्यक्तियों को शिक्षण देकर चैम्पियन बनाया।

व्यवस्थित रूप से तैयार किये गये राजनीतिक मंच पर उनको अग्रिम पंक्ति में खड़ा कर 'स्वतन्त्रता' का स्वाँग रचाया और स्वयं 'भारत से चले जाने पर' अपने प्रशिक्षित विश्वसनीय भारतीयों के हाथों में राजनीति की बागडोर थमा दी।

इस प्रकार के कठपुतली संगठनों में सबसे पहला संगठन बंगाली ज़मींदारों ने 1838 में, लैंड ओनर्स सोसाइटी आफ बंगाल के नाम से गठित किया। दूसरा संगठन बंगाल ब्रिटिश इंडिया सोसाइटी का गठन बंगाल के कम्प्राडोर पूँजीपतियों ने 1848 में किया। 1851 में इन दोनों संगठनों का विलय हो गया। इसका नाम ब्रिटिश इंडिया सोसाइटी रखा गया। इसने अखिल भारतीय स्तर पर पार्टी के रूप में विकास करने के उद्देश्य से बाम्बे (मुम्बई) और मद्रास (चेन्नई) में ब्रिटिश इंडियन एसोसिशनों की स्थापना की। इस एसोसिएशन ने भारतीयों को साम्राज्यवादी शासन में विश्वास रखने और अपनी समस्याओं के समाधान के लिए औपनिवेशिक शासकों के समक्ष प्रार्थना करते हुए दरखास्त देने की मुफ्त सलाह व उपदेश देना शुरू किया।

ब्रिटिश साम्राज्यवाद द्वारा इन सोसाइटियों को विलय करने का प्रयास असफल हुआ और इसके शैशव काल में ही उसे प्रथम स्वतन्त्रता संग्राम 1857 और 1875 के तूफानी थपेड़े झेलने पड़े। दक्कन विद्रोहियों ने नयी राजनीतिक पार्टी का गठन करने में कोई देर नहीं की। जैसा कि पहले से तय था, सेवानिवृत्ति से पूर्व रिटायरमेंट लेनेवाले ब्रिटिश सिविल सर्वेंट मि. अक्टोवेन ए ह्यूम ने 1882 में पिटू ग्रैंड संगठन के प्रोजेक्ट की शुरुआत की।

हाथ में बेंत लेकर अपने कुत्ते के साथ टहलने वाले ह्यूम को आभास हो गया कि भारतीय जनता के अन्दर बढ़ता हुआ असन्तोष शीघ्र ही हिमस्खलन की तरह भयावह रूप में प्रकट होगा और यह 1857 के स्वतन्त्रता संग्राम से भी ज्यादा घातक होगा। यह भारत में ब्रिटिश शासन की चूलें हिला देगा। भारतीय जनता के इस आक्रोश से बचने के लिए ब्रिटिश, सेफ्टी वाल्व के रूप में एक भारतीय संगठन की तलाश में थे। तत्कालीन भारत के वायसराय डफरिन को ह्यूम ने यह सूचना दे दी और इस प्रोजेक्ट के लिए उपाय भी सुझाया।

परवान चढ़ रहे भारतीय क्रान्तिकारी आन्दोलन को शतरंजी मात देने के लिए साम्राज्यवादियों द्वारा षड्यन्त्रकारी ढंग से गठित किया गया. यह संगठन *इंडियन नेशनल कांग्रेस* था।

डब्ल्यू. सी. बनर्जी ने अपनी पुस्तक *'इंट्रोडक्शन टु इंडियन पॉलिटिक्स'* में लिखा : "शायद बहुत से लोगों के लिए यह एक समाचार ही होगा कि मूल रूप

में *इंडियन नेशनल कांग्रेस* की शुरुआत और जब से यह संचालित है। वास्तव में यह ह्यूम और डफरिन का काम है।"

जब यह व्यक्ति भारत का गवर्नर जनरल था, लार्ड डफरिन ने इस विषय में काफी रुचि ली और ह्यूम द्वारा भारत के राजनीतिकों को सामाजिक विषयों पर विचार-विमर्श के लिए एक साथ बैठाने की योजना पर विचार करने के बाद उसने कहा कि मेरे विचार से ह्यूम की योजना बहुत काम की नहीं है। उनके हित के लिए यह अधिक अच्छा होगा कि भारत के शासित राजनीतिज्ञ, वर्ष में एक बार आपस में मिलें, गवर्नर को प्रशासन की गड़बड़ियों को चिह्नित करें और उनके सुधार के उपाय भी बताएँ। मिस्टर ह्यूम लार्ड डफरिन के सुझावों से सहमत हुआ और जब उसने कोलकाता, मुम्बई और मद्रास (चेन्नई) तथा देश के अन्य भागों के नेतृत्वकारी राजनीतिज्ञों के सामने अपनी और लार्ड डफरिन की दोनों योजनाओं को प्रस्तुत किया तो भारतीय राजनीतिज्ञों ने लार्ड डफरिन की योजना को सर्वसम्मति से स्वीकार कर लिया और इसे लागू करने के लिए प्रयत्नशील हो गये। लार्ड डफरिन ने ह्यूम के साथ यह शर्त रखी कि जब तक वह भारत में रहेगा तब तक इस मामले में उसके नाम को प्रकट नहीं किया जाएगा।

एंड्रियूज और मुखर्जी द्वारा संयुक्त रूप से लिखी पुस्तक *'राइज एंड ग्रोथ आफ दि कांग्रेस इन इंडिया'* के पृ. 128-129 पर लिखा : "1857 के बाद कांग्रेस पार्टी के गठन से ठीक पूर्व के वर्ष बहुत भयावह थे। अंग्रेज अफसरों के बीच ह्यूम ही वह व्यक्ति था जिसने आसन्न तबाही को देखा और इसको रोकने का प्रयास किया। यह समय अखिल भारतीय आन्दोलन के लिए बिल्कुल परिपक्व था। शिक्षित वर्ग का समर्थन प्राप्त कर सकने वाले किसान विद्रोह के स्थान पर, कांग्रेस पार्टी ने इन उत्तेजित वर्गों को नये भारत के निर्माण के लिए नया मंच प्रदान किया।" यह कार्य लम्बी अवधि तक हिंसा पर आधारित क्रान्तिकारी परिस्थिति को दोबारा उत्पन्न न होने के लिए किया गया था। ह्यूम द्वारा तैयार किये गये एक मेमोरंडम को उद्धृत करते हुए विलियम वेडर्श्वन ने लिखा : "उस समय के प्रमाणों से हमें यह विश्वास हो गया कि हम लोगों के सामने भयावह विद्रोह का खतरा आसन्न था। मुझे सात बड़े-बड़े वाल्यूम दिखाए गये। इसमें लिखी अनेक रिपोर्टें सबसे निम्नवर्ग के लोगों के साथ संवादों पर आधारित थीं। सभी रिपोर्टों में यही विचार मौजूद था कि वर्तमान परिस्थिति से सभी गरीब लोगों के दिमाग में एक निराशा का विचार व्याप्त है, उनकी सोच है वे भूखों मर जायेंगे, इसलिए वह कुछ न कुछ करना ही चाहते हैं। वे

एक-दूसरे के साथ मिलकर कुछ करने जा रहे हैं और उनके कुछ करने का मतलब हिंसा है।" (पृ. 80-81)

इंडियन नेशनल कांग्रेस का भ्रूण संगठन बन जाने के बाद इसके ब्रिटिश अभिभावकों द्वारा सावधानीपूर्वक इसका लालन-पालन किया गया। गर्भावस्था के काल में इसे आसन्न सशस्त्र क्रान्ति का भूत सताता रहा और प्रसव पीड़ा के बाद ब्रिटिश की 'नाजायज औलाद' इंडियन नेशनल कांग्रेस का जन्म 1885 में हुआ। जिस प्रकार ब्रिटिश ने इसको गोद लिया, पाला-पोसा और इसकी देख-रेख की और स्थापित किया, इससे स्पष्ट होता है कि इंडियन नेशनल कांग्रेस का ढाँचा रहस्यमय तरीके से ब्रिटिश सम्बन्धों से बँधा था और "हिंसा पर आधारित क्रान्तिकारी परिस्थिति" जो ब्रिटिश शासन को ध्वस्त कर सकती थी, उसके महीन से महीन तन्तु को वह समाप्त करना चाहती थी। इंडियन नेशनल कांग्रेस अपने जन्म काल से किसानों के क्रान्तिकारी आन्दोलन से विश्वासघात करने के लिए ब्रिटिश शासकों के हाथ में एक उपयोगी उपकरण था। सशस्त्र क्रान्ति से रक्षा के लिए ब्रिटिश साम्राज्यवादियों ने इस पर एक कवच के रूप में भरोसा किया और इसने उनकी रक्षा भी की।

इंडियन नेशनल कांग्रेस के लम्बे इतिहास में कभी भी इसका दृष्टिकोण भारतीय नहीं रहा और न ही किसी भी समय इसकी संवेदनाएँ राष्ट्रीय रहीं। चाहे इस पर दादाभाई नौरोजी का नेतृत्व रहा हो, गोखले, गाँधी, सी. आर. दास, सुभाषचन्द्र बोस या नेहरू का नेतृत्व रहा हो; कांग्रेस ने हमेशा जनता के संघर्षों में बाधा उत्पन्न करने के लिए साम्राज्यवाद के बारे में भ्रम फैलाया। इसी कार्य के लिए इसको ब्रिटिश अभिभावकों द्वारा भारतीय राजनीति के रंगमच पर लाया गया था।

"भारतीय इतिहास के तथ्य यह प्रमाणित करते हैं कि जो आज शासक वर्गों के 'चैम्पियन' होने का दावा करते हैं, उन्होंने भारतीय जनता के हितों के मुकाबले हमेशा साम्राज्यवादियों के हितों को प्राथमिकता दी है। एक तरफ उन्होंने भारतीय जनता को अपने प्रभाव में लाने के लिए साम्राज्यवाद का छद्म विरोध किया और दूसरी तरफ संवैधानिक सुधारों, अहिंसा और शान्तिपूर्ण मार्ग की तकनीक से जनता को क्रान्तिकारी संघर्षों के मार्ग से हटाकर आत्मसमर्पण का मार्ग दिखाया। उन्होंने वास्तविक राष्ट्रीय स्वतन्त्रता के मुकाबले गुलामी को और किसी भी स्तर पर क्रान्तिकारी भारतीय मुक्ति आन्दोलन को धोखा देने को श्रेष्ठ समझा।" (कामरेड आर.वी. सराफ द्वारा लिखी पुस्तक *'दि इंडियन सोसाइटी'*, पृ. 273)

वे इंडियन नेशनल कांग्रेस जैसे एक कठपुतली संगठन को खड़ा कर सन्तुष्ट नहीं हुए और साम्राज्यवादियों ने साम्प्रदायिक और जातीय संगठन बनाने के भव्य विचार पर अमल किया। इस प्रकार उन्होंने भारतीय जनता के विभिन्न तबकों के अन्दर विभाजन करने का प्रयास किया। परिणामस्वरूप ब्रिटिश शासकों द्वारा "एक अन्य पिछलग्गू संगठन, 'मुसलिम लीग' का गठन किया गया। यह संगठन मुसलमान कम्प्राडोर, सामन्तों और पूँजीपतियों का प्रतिनिधित्व करता था। इसके साथ ही साथ 1918 में कांग्रेस द्वारा छल-कपट से एक अन्य संगठन 'हिन्दू महासभा' का गठन किया।"

ब्रिटिश साम्राज्यवादियों द्वारा बड़ी सावधानी से इन कठपुतली संगठनों को एक-दूसरे के खिलाफ खड़ा किया गया। इन सभी कठपुतली संगठनों ने एक संगठित सेट के रूप में जनता के खिलाफ भूमिका निभाई।

आइए, अब हम भारत में औपनिवेशिक, अर्द्धसामन्ती समाज के विकास में इन कठपुतली संगठनों, विशेष रूप से इंडियन नेशनल कांग्रेस की भूमिका की जाँच-पड़ताल करें, जिसने भारतीय जनता के साथ विश्वासघात किया और उसे अपने साम्राज्यवादी आकाओं और कम्प्राडोर इजारेदार बुर्जुआ और ज़मींदारों का आज्ञाकारी बनाने का पूर्ण प्रयास किया।

भारत में औपनिवेशिक और अर्द्धसामन्ती समाज का इतिहास विभिन्न चरणों में विकास का इतिहास है। यह इतिहास ब्रिटिश साम्राज्यवादियों और भारतीय जनता विशेष रूप से व्यापक किसानों के साथ निरन्तर वर्ग संघर्ष का इतिहास है। यह दो विरोधी वर्गों के बीच संघर्ष का इतिहास है। यह वर्ग संघर्ष राजनीतिक, वैचारिक और सैनिक सभी तरीकों और उपायों से संचालित होता है, परन्तु सैनिक संघर्ष ही संघर्ष का मुख्य रूप है।

जनता का क्रान्तिकारी संघर्ष (1757-1857)

1757 में हुए पलासी के युद्ध से लेकर प्रथम स्वतन्त्रता संग्राम 1857 के बीच सौ वर्षों का इतिहास, किसान और आदिवासी विद्रोहियों के संघर्षों और विद्रोहों के इतिहास से भरा पड़ा है।

पूर्वी भारत में विद्रोह : ब्रिटिश साम्राज्यवादियों ने बंगाल, बिहार और उड़ीसा पर विजय प्राप्त कर औपनिवेशिक शासन का उद्घाटन किया था। इसलिए भारत के इसी अंचल से क्रान्तिकारी आन्दोलन की प्रचण्ड ज्वाला भड़की और उसकी चिंगारियाँ पूरे देश के कोने-कोने में पहुँचीं। यह पूर्वी भारत की ज्वाला जंगल की आग बनकर निरन्तर विद्रोहों के रूप में आज भी जल रही है।

हथियारबन्द किसान विद्रोहियों का तत्कालीन फकीर और संन्यासी विद्रोह उस समय का सबसे अधिक प्रचण्ड और विशाल विद्रोह था जो बंगाल, बिहार, उड़ीसा और असम में 1763-1800 तक गुंजायमान होता रहा। इसके अतिरिक्त अन्य उल्लेखनीय मुख्य संघर्ष, दिनाजपुर (1772-83), विशनपुर (1789), बाकरगंज (1792), चटगाँव का चकमा किसानों का विद्रोह (1776-81), जंगल महल में अनवरत चलने वाला (1768-99), चौरा आदिवासी भूमिजों का किसान विद्रोह, संदीप के किसानों का संघर्ष (1769-1819) और 1870, शेरपुर और जरापा का किसान संघर्ष (1825-33) और फरीदपुर के किसानों का विद्रोह (1825-31) है।

बंगाल में 1810-1830 तक अंग्रेजों के खिलाफ व्यापक किसानों का प्रसिद्ध फरादी विद्रोह हुआ। यह संघर्ष पहले 'हिन्दू' ज़मींदारों के अधीन बहुसंख्यक 'मुसलमान' किसानों और 'मुसलमान' अभिजात तन्त्र की निरन्तर पतनशील स्थिति में सुधार के लिए पुनरर्जागरण आन्दोलन के रूप में प्रारम्भ हुआ। परन्तु 1810 आते-आते धार्मिक आवरण के अन्दर ही यह संघर्ष वर्गीय लाइन के आधार पर विस्तारित होने लगा। जिन इलाकों में यूरोपियों की पूँजी द्वारा नील की व्यावसायिक खेती शुरू हो रही थी, वहाँ पर 'हिन्दू' या 'मुसलमान' दोनों किसान संगठित होने लगे और संघर्ष का विस्तार होता गया।

बिहार के पलामू में ब्रिटिश शासन के विरुद्ध चेरो किसानों का विद्रोह (1800), छोटा नागपुर और सिंहभूमि (1820-22) में और 1837-38 में आदिवासियों का सशस्त्र विद्रोह, राँची (1811-1820), सिंहभूमि 1827, हजारीबाग 1832-42, पलामू 1845 और मानभूमि 1855 में कोल और संथाल किसानों का विद्रोह; तथा राजमहल की पहाड़ियों (1855-66) में 30,000 हथियारबन्द संथाल किसानों का विद्रोह संचालित होता रहा।

उड़ीसा के किसान और आदिवासी भी अंग्रेज शासन के खिलाफ संघर्ष में पीछे नहीं रहे। यहाँ 1816-25 खुर्द किसानों ने हथियारबन्द विद्रोह किया और खोड किसानों ने गंजाम जिले में 1836-1846 और 1854, गुनपुर कोरापुट की पहाड़ियों के निवासी सावरों ने पुट्टासिंगी में सशस्त्र विद्रोह किया। अप्रैल 1880 में कोया किसान नेता तामिननिंना दोरा ने अपने सशस्त्र दल के साथ मल्कान गिरि में प्रवेश किया और पुलिस थाने पर कब्जा कर लिया। असम में मोया मारिया किसानों का सशस्त्र विद्रोह (1769-99) और 1828 में अहोम किसानों का तथा खासी आदिवासियों का विद्रोह 1829-33 और सिंगपूर में 1829 और 1839 में किसानों के संघर्ष का एक लम्बा सिलसिला है। यह सिलसिला इरखा 1829-1841, 1884 और 1887 में किसानों, गारो पहाड़ियों में गारो विद्रोहियों (1848-66), पहाड़ियों में लुशइयों की लड़ाई 1849-92, नागाओं द्वारा विद्रोह (1849-51) और 1878, त्रिपुरा के किसानों का सशस्त्र किसान विद्रोह 1767-68 और मनीपुर 1769-99 और स्याल हेट 1799 के किसान विद्रोहों तक जाता है।

इन सशस्त्र किसान विद्रोहों के अतिरिक्त बुनकरों, रेशम तैयार करने वालों, अफीम के उत्पादकों तथा नील की खेती करने वाले काश्तकारों ने भी समय-समय पर ब्रिटिश शासन के खिलाफ जनसंघर्ष संचालित किये।

दक्षिण भारत में विद्रोह की ज्वाला : पूर्वी भारत के विद्रोह की चिनगारी ने दक्षिण भारत में भी क्रान्ति की अग्नि प्रज्वलित कर दी। वहाँ भी बेडनूर 1800, डिंडीगुल और मालवा (1801), उत्तरी आरकाट 1805, रामपा क्षेत्र में 1802-03 में रामपाभूपति का विद्रोह, विशाखापत्तनम जिले में (1830-31), मैसूर के पालकोण्डा पारल किकिडी 1831-32 में और मलाबार 1792-1856 में मोपला के किसानों द्वारा चौंतीस बार ब्रिटिश शासकों के खिलाफ विद्रोह किया गया। मोपला में बहुसंख्यक मुसलमान खेत-मजदूर थे और जमींदार हिन्दू थे। ब्रिटिश ने इसे साम्प्रदायिक रंग देने का कुप्रयास किया परन्तु असफल रहे। हिन्दू-मुसलमान खेत-मजदूरों ने मिलकर जुझारू संघर्ष चलाया।

पश्चिमी भारत में किसानों का संघर्ष

भारत के इस क्षेत्र में गुजरात के खानदेश इलाके में भीलों ने 1818-1822-25, 1831-1840, 1846 और 1852 (लगभग लगातार) सशस्त्र विद्रोह की मशाल जलाए रखी। कच्छ के किसानों ने 1818-1825 तक और फिर 1831 में अंग्रेजों का सशस्त्र विरोध किया। मेवाड़ में 1820 का किसान विद्रोह, बीजापुर के समीप 1824 में वाइनाड के किसानों का संघर्ष, धारवाड़ के समीप 1825-29, किट्टर के किसानों का संघर्ष, काइरा (गुजरात) में कोली किसानों के 1824-1829, 1839 और फिर 1844 से 1848 तक आन्दोलनों की निरन्तरता, पूना के निकट रामगढ़ के किसानों का आन्दोलन 1826-29, महाराष्ट्र की सामन्ती रियासत में 1830-32-36 और 39 में किसान विद्रोह हुआ तथा किसानों द्वारा सत्ता पर पूर्ण रूप से कब्जा कर लिया गया (1844-45), सागर जिले में भी किसानों ने 1842 में संघर्ष प्रारम्भ किया, 1844 में शोलापुर के किसानों का विद्रोह, नागपुर के समीप 1848 में रुहेला किसानों ने ब्रिटिश शासन के विरुद्ध हथियार उठा लिए और खानदेश के सावा और चोपला किसानों द्वारा 1852-53 में जनता की सरकार स्थापित करने की घोषणा की गयी।

जार्ज विंगटे द्वारा 1852 में मुम्बई (बाम्बे) की सरकार को प्रस्तुत एक रिपोर्ट में उद्धृत किया गया कि "मैं यह मानता हूँ कि साहूकारों और किसानों के बीच सम्बन्ध बहुत खराब हो चुके हैं। पूरे राज्य में केवल दो साहूकारों के व्यवहार से बाधा उत्पन्न हुई है। इसे साहूकारों की निरंकुशता के कारण यत्र-तत्र घटित होने वाली घटना के रूप में नहीं देखना चाहिए बल्कि यदि कानून या सरकार द्वारा इन समस्याओं का समाधान नहीं किया गया तो यह शान्तिप्रिय किसान किसी भी हद तक उत्तेजित हो सकते हैं।''

ब्रिटिश शासन के खिलाफ उत्तर भारत के किसानों का संघर्ष

बिहार और पंजाब के बीच भारतीय भूभाग पर 1765 से 1802 के बीच ब्रिटिश साम्राज्यवादियों ने अपना आधिपत्य कायम किया। गोरखपुर के किसानों ने सर्वप्रथम 1778-81 अंग्रेजों की सत्ता के खिलाफ विद्रोह किया। इसके साथ ही साथ बनारस और बरेली में 1810-16 में भी किसानों ने संघर्ष शुरू कर दिया। सहारनपुर के पास गुज्जर किसानों ने 1823-24 में विद्रोह का बिगुल फूँका और बुन्देलखण्ड के किसान भी 1824 और 1842 में अंग्रेजों के खिलाफ संघर्ष में कूद पड़े। इन सबके साथ रोहतक के जाट किसानों ने 1824 में और रावलपिंडी के किसानों ने 1853 में विद्रोह का झण्डा बुलन्द कर दिया।

सैनिक विद्रोह

ना सिर्फ भारत के सामान्य नागरिकों ने ब्रिटिश शासन के खिलाफ विद्रोह किया बल्कि औपनिवेशिक सेना में कार्यरत भारतीय सैनिकों ने भी 1764 में पटना में विद्रोह किया जो इतिहास में सिपाही विद्रोह के नाम से जाना जाता है। भारतीय सैनिकों के इस विद्रोह के बाद 1806 में वेल्लूर में, 1806 और 1824 में बैरकपुर में 47वीं नेटिव इन्फैन्ट्री ने विद्रोह किया। ग्रैन्डियर कम्पनी के सिपाहियों ने 1825 में विद्रोह किया तो शोलापुर के सिपाहियों ने 1838 में बगावत कर दी। सिकन्दराबाद, हैदराबाद, मालेगाँव और कोटा में सागत डिवीजन के सैनिकों ने 1842 में और छठी मद्रास कैवेलरी ने 1843 में ब्रिटिश शासन से बगावत की। 34वीं और 64वीं रेजीमेंट तथा सातवीं बंगाल कैवेलरी ने 1844 में सिन्ध में किसानों के दमन के लिए मार्च करने से इनकार किया, 22वीं और 66वीं रेजीमेंट और 36वीं बंगाल नेटिव इनफैन्ट्री ने अपने वेतन के लिए 1850 में और 38वीं रेजीमेंट ने 1852 में बर्मा की जनता के दमन के लिए मार्च करने से इनकार कर विद्रोह किया।

प्रथम स्वतन्त्रता संग्राम 1857—जैसा कि ऊपर वर्णन किया जा चुका है, 1857 के प्रथम स्वतन्त्रता संग्राम से पूर्व के सौ वर्षों तक बिखरे रूप में एक-दूसरे से अलग, बगैर किसी संयोजन के सम्पूर्ण भारत में सैनिक विद्रोह और सशस्त्र उभार देखने को मिले। प्रथम स्वतन्त्रता संग्राम 1857 पूरे देश में फैला हुआ संगठित क्रान्तिकारी उभार था, जिसने ब्रिटिश शासन की चूलें हिला दीं।

इसे मात्र विद्रोह का नाम देना बिल्कुल मिथ्या नामकरण है। इसे मात्र सामन्तों का विद्रोह कहना सोद्देश्य गलत अवधारणा से प्रेरित है। इस महान स्वतन्त्रता संग्राम की उपेक्षा करना और इसे 'प्रगतिशील' ब्रिटिश शासन के खिलाफ प्रतिक्रान्तिकारी आन्दोलन कहकर निन्दा करना एक बड़ा अपराध है।

1857 में सिपाहियों से वंचित विशाल क्षेत्र जनता के विस्फोट का केन्द्र बने थे, यद्यपि नेटिव सेना का विशाल भाग, ब्रिटिश हुकूमत के साथ ही था जबकि कुछ सामन्तों ने जनता के व्यापक दबाव के कारण संग्राम में हिस्सेदारी की। इसके बावजूद यह न तो सिपाही विद्रोह था और न ही सामन्ती विद्रोह। यह वास्तव में किसानों का सशस्त्र संग्राम था जिसमें हमेशा ही किसानों के परिवारों से जुड़े सैनिकों ने सक्रिय भूमिका निभाई और इस युद्ध की प्रमुख प्रेरक शक्ति भारतीय किसान ही थे।

एक ब्रिटिश लेखक जे.बी. नार्टन ने अपनी पुस्तक *'दि रिबेलियन इन इंडिया'* में लिखा : "आँखों देखे साक्ष्य यह बताते हैं कि कम से कम अवध में

सम्पूर्ण जनता ने हथियार उठा लिए थे, प्रत्येक गाँव की किलेबन्दी की गयी थी और हर व्यक्ति का हाथ हमारे खिलाफ उठा था।" जे.बी. नार्टन के इस अवलोकन से इस सम्पूर्ण उथल-पुथल का चरित्र स्पष्ट हो जाता है।

यह अति विशिष्ट और अति व्यापक चरित्रवाला सशस्त्र उभार भारतीय इतिहास में एक नयी परिघटना थी। इस सशस्त्र उभार ने सम्पूर्ण महादेश को अपने आगोश में समेट लिया था और ब्रिटिश साम्राज्यवादी सरकार थरथर काँप रही थी। प्रमुख रूप से भारतीय किसानों और शहरी गरीबों के साथ-साथ भारतीय जनता के लगभग सभी तबकों ने इस संग्राम में किसी न किसी रूप में भागीदारी की थी।

यह युद्ध एक वर्ष तक आमने-सामने की सशस्त्र मुठभेड़ और गोरिल्ला युद्ध के रूप में चलता रहा। इस साम्राज्यवाद विरोधी महान युद्ध में क्रान्तिकारी परिप्रेक्ष्य और नेतृत्व के अभाव में भारतीयों को पराजय का मुँह देखना पड़ा। इसके अतिरिक्त युद्ध के नेतृत्वकारियों का ढुलमुल और कमजोर चरित्र तथा सुगठित ढंग से युद्ध न लड़ा जाना भी हार के प्रमुख कारण थे। परन्तु जिस प्रकार आग में तपाकर सोना शुद्ध किया जाता है, उसी प्रकार इस प्रथम स्वतन्त्रता संग्राम में तपकर भारत एक नये राष्ट्र और नये देश के रूप में उभरा।

इस प्रथम स्वतन्त्रता संग्राम की प्रथम शिक्षा यह थी कि सर्वहारा के अतिरिक्त किसी दूसरे वर्ग के नेतृत्व में किसानों का मुक्ति संग्राम सफलता नहीं प्राप्त कर सकता।

यह कहा जाता है कि 1947 से पूर्व भारत में लगभग 600 रियासतें थीं। ब्रिटिश सम्राज्यवादियों की इच्छानुसार इनकी संख्या घटती-बढ़ती रहती थी। कहा जाता है कि एक समय इनकी संख्या 649 थी, परन्तु 1925 में भारत की औपनिवेशिक सरकार द्वारा प्रकाशित सूची के अनुसार इन रियासतों की संख्या 563 थी।

पहले कभी भी ब्रिटिश सरकार ने भारतीय रियासतों का पक्ष नहीं लिया और डलहौजी ने यथासम्भव अधिक से अधिक रियासतों को औपनिवेशिक शासन के अन्तर्गत लाने की ब्रिटिश सरकार की नीति को लागू किया।

परन्तु भारत में जब 1857 का प्रथम स्वतन्त्रता संग्राम छिड़ गया तो इन रियासतों ने भारत में ब्रिटिश साम्राज्यवाद की सहायता की। इसलिए इन रियासतों को औपनिवेशिक शासन में शामिल करने की शान्तिपूर्ण नीति को विराम दिया गया। इस प्रक्रिया को रोक दिया गया। इस सन्दर्भ में कैनिंग ने लिखा : "जिस विशाल बाढ़ ने हमें एक झोंके में बहाकर साफ कर दिया होता, इन रियासतों ने उसके प्रबल प्रवाह की धारा को बार-बार रोकने का कार्य किया।" ब्रिटिश

इतिहासकार एलिफिंस्टन ने लिखा : "यदि सिन्धिया, दि निजाम और सिक्ख रियासतों के सरदारों आदि ने एक साथ मिलकर राजस्व व्यवस्था को एक ढाँचे में न बाँधा होता तो हम ब्रिटिश लोग आज कहाँ होते।" इसके बाद 1858 में रानी विक्टोरिया ने अपनी राजकीय घोषणा में कहा कि "इन नेटिव भारतीय राजाओं को हमें अपने ही लोगों की तरह सम्मान, अधिकार और गौरव प्रदान करना चाहिए।"

1861 में भारतीय राजाओं, रियासतों के मालिकों को उनके स्तर (स्टेट्स) और अधिकार को स्वीकृति प्रदान करते हुए सनद जारी की गयी। इस सनद के अनुसार ही उड़ीसा, सौराष्ट्र और सेण्ट्रल इंडिया के बहुत से ज़मींदारों और जागीरदारों को शासक राजा माना जाने लगा। इससे पूर्व बेल्सलेस सब्सिडरी एलाएंस के अनुसार भारत की 40 रियासतों के साथ ईस्ट इंडिया कम्पनी ने समझौता किया था। अन्य दूसरी रियासतों, जिनको शासकों के रूप में स्वीकार किया गया, उनको इस सनद के अनुसार ब्रिटिश साम्राज्य में सर्वोपरि सत्ता प्रदान की गयी। न तो 1909 में किये गये मिंटो-मोरले सुधार में और न ही 1917 में मांटेग्यू चेम्सफोर्ड सुधारों में कहीं भी राजाओं की इन रियासतों के गौरव (स्टेट्स) को प्रभावित करने का कोई उल्लेख है। इन रियासतों के अतिरिक्त सम्पूर्ण भारत में जो कुछ भी घटित होता था, यह रियासतें उनसे बिल्कुल अक्षुण्ण रहती थीं। लेकिन ब्रिटिश औपनिवेशिक शासन की चूल हिला देने वाले भारतीय जनता के विद्रोह ने इन रियासतों को भी झकझोर दिया था।

प्रथम स्वतन्त्रता संग्राम और प्रथम विश्वयुद्ध के बीच (1857-1918) भारत

ब्रिटिश साम्राज्यवाद ने भारत में अपने शासन को चिरस्थायी और सुदृढ़ बनाने के लिए बर्बरतापूर्वक दमन करने के तरीकों को असफल होते देख भारतीयों को सहूलियतें प्रदान करने के दूसरे उपायों को लागू करना शुरू किया। इसी अवधि के दौरान तथाकथित संवैधानिक और प्रशासनिक उपाय किये। इसी अवधि में भारतीय जनता को धोखा देने और उसके वर्ग संघर्ष के साथ विश्वासघात करने के लिए ब्रिटिश शासकों द्वारा कांग्रेस (1885), मुसलिम लीग 1906, हिन्दू महासभा 1918 ऐसे कठपुतली संगठनों का निर्माण भी किया गया।

नृशंस दमन, धूर्ततापूर्ण प्रतारणा की औपनिवेशिक नीति और मैकेवेली की छल-कपट कुछ भी भारतीय जनता के शानदार वर्गसंघर्ष को किसी भी प्रकार हानि नहीं पहुँचा सके। 1857 के बाद भारतीय किसानों और अन्य क्रान्तिकारी वर्गों ने ब्रिटिश शासकों के खिलाफ भीषण हथियारबन्द संघर्ष जारी रखा।

नील की खेती करने वाले, नील उत्पादक किसानों ने बिहार-बंगाल प्रान्तों में 1858-60 तक, औपनिवेशिक बागान मालिकों के आतंक के खिलाफ जुझारू संघर्ष संचालित किया। इसके बाद ही 1860 में ब्रिटिश शासकों द्वारा जनकिया पहाड़ियों के आदिवासियों की भूमि के अधिग्रहण का प्रयास करने पर इन आदिवासियों ने ब्रिटिश सत्ता के खिलाफ विद्रोह किया और अतिक्रमण करनेवाली पुलिस और सेना के खिलाफ गुरिल्ला युद्ध संचालित कर अपनी भूमि वापस ले ली। असम के नवगँवा इलाके के किसानों ने 1861 में भूमि अधिग्रहण करने वाले पुलिस वालों को दौड़ाया और ब्रिटिश अफसर का सफाया कर दिया। उसी वर्ष 1861 में समसालपुर-उड़ीसा के किसानों ने ज़मींदारों के खिलाफ संघर्ष शुरू किया और लगभग उसी समय कूकी जनजाति के लोगों ने औपनिवेशिक सत्ता के विरुद्ध हथियार उठाकर विद्रोह की घोषणा की थी। यह विद्रोह 1870 तक चलता रहा।

इसी अवधि में घटित होने वाला बहावियों का सशस्त्र संघर्ष उल्लेखनीय है। उनीसवीं सदी के प्रारम्भ में बहावी क्रान्तिकारियों ने अपने संगठन की स्थापना की। इस संगठन का उद्देश्य सशस्त्र संषर्ष के द्वारा साम्राज्यावादी शासकों की सत्ता को उखाड़ फेंकना और सामन्ती व्यवस्था को बदलकर समतामूलक न्यायप्रिय समाज की स्थापना करना था। बहावी क्रान्तिकारियों ने 1820 से 1900 तक पूरे भारत में अपनी गतिविधियाँ जारी रखीं। इन्होंने सामन्तवाद विरोधी अनेक संघर्ष भी संचालित किये।

उनके दो प्रमुख केन्द्र पटना और सतना में थे। पटना का केन्द्र राजनीतिक दिशा प्रदान करता था और सतना का केन्द्र बहावी क्रान्तिकारियों को सैनिक प्रशिक्षण देता था। अनुभवी क्रान्तिकारी नेतृत्व के अभाव और वर्गीय चेतना की कमी के कारण यह संघर्ष असफल हुआ और बहावी क्रान्तिकारियों को पीछे हटना पड़ा।

जिस समय बहावी क्रान्तिकारी भारत के अनेक भागों में सशस्त्र संघर्ष संचालित कर रहे थे उसी समय पंजाब में कूका विद्रोहियों ने औपनिवेशिक शासन के विरुद्ध हथियार उठाए। कूका विद्रोहियों ने पटियाला और मलेरकोटला के सामन्ती शासन के विरुद्ध हथियार उठाए। कूका विद्रोहियों ने 1872 में अनेक पुलिस थानों और सामन्ती रियासतों पर धावा बोला। जब ब्रिटिश शासकों ने रियासतों की मदद में सशस्त्र सेना उतारी तो उनको भी मुँहतोड़ जवाब दिया, परन्तु सांगठनिक कौशल के अभाव तथा क्रान्तिकारी परिप्रेक्ष्य स्पष्ट न होने से अन्त में उनको पराजित होना पड़ा।

पंचमहल (महाराष्ट्र) में 1867-68 में नायकादास किसानों ने सरकार के खिलाफ हथियारबन्द संघर्ष संचालित किया और अनेक मुकाबलों में पुलिस को परास्त किया और राजगढ़ (बैरिया रियासत) को स्वतन्त्र घोषित किया। अपनी सशस्त्र टुकड़ियों के साथ रेवा-कन्था क्षेत्र में प्रवेश किया परन्तु अन्त में उन्नत हथियारों से लैस सेना के सामने इन किसानों को हार स्वीकार करनी पड़ी।

उसी वर्ष क्योंझर रियासत (उड़ीसा) के किसानों ने पुलिसवालों के हथियार छीन कर उनको निहत्था कर दिया और सामन्ती शासकों के भी हथियार छीन लिए। साम्राजवादी सेना के हस्तक्षेप से ही इन विद्रोहियों पर नियन्त्रण कायम किया जा सका। उसी समय पोसीना (उड़ीसा) के किसानों ने भी ब्रिटिश सत्ता के खिलाफ विद्रोह किया।

आज बंगलादेश और उस समय के पूर्वी बंगाल में स्थापित पवना के किसानों ने सरकार द्वारा निर्धारित अधिक कर देने और न्यायालय द्वारा उनको बेदखल करने के आदेश को मानने से इनकार किया। इस विरोध के बाद ही बंगाल टेनेंसी ऐक्ट 1885 लागू हुआ।

महाराष्ट्र, गुजरात और हैदराबाद की रियासतों के किसानों ने 1871 में अपनी रियासतों के रजवाड़ों और ब्रिटिश शासन के खिलाफ हथियार उठा लिए। इस विद्रोह को दक्कन विद्रोह के नाम से जाना गया। यह सामन्तवाद-विरोधी और साम्राज्यवाद-विरोधी सशस्त्र विद्रोह काफी लम्बी अवधि तक चला, परन्तु अन्त में इन क्रान्तिकारी किसानों को पराजित होना पड़ा। इसके परिणामस्वरूप दक्कन ऐग्रीकल्चरिस्ट रिलीफ ऐक्ट 1879 बनाया गया।

शोलापुर (महाराष्ट्र) में वासुदेव बलवन्त फड़के के नेतृत्व में संचालित सशस्त्र संघर्ष ने ज़मींदारों, सूदखोरों के बीच आतंक कायम कर दिया था।

इसी अवधि में गोदावरी घाटी के रम्पा क्षेत्र में, लंगाराजी के किसान नेता चंद्रायाा, भूपतिपालेम गाँव के नेता थिमान्ता डोरा, कुन्ताबड़ा के सम्बाया, बादलूरु के अब्बाई रेड्डी के नेतृत्व में किसानों ने दो वर्ष तक ब्रिटिश औपनिवेशिक शासन के खिलाफ शानदार सशस्त्र संघर्ष संचालित किया। थिमोन्ना डोरा ने दो पुलिस थानों पर हमला किया, दो पुलिस अफसरों का सफाया किया और करीब 5000 वर्गमील के क्षेत्रफल में संघर्ष फैल गया। परन्तु उन्नत हथियारों से लैस सेना के सामने किसान पीछे हटने को बाध्य हुए।

1881-85 के दौरान संथाल किसानों का विद्रोह भड़क उठा। संथाल आदिवासियों द्वारा ज़मींदारों और पुलिस के खिलाफ संचालित सशस्त्र विद्रोहियों का दमन करने के लिए ब्रिटिश हुकूमत ने बड़ी सख्या में सशस्त्र सैनिक दलों का

प्रयोग किया। आधुनिक हथियारों से लैस सेना के सामने परम्परागत हथियारों से संघर्ष कर रहे संथाल आदिवासी नहीं टिक सके और अनेक आदिवासी किसानों ने देश हित में शहादत दी।

वर्ष 1893-94 के दौरान असम के समतल क्षेत्र में, भूराजस्व की वृद्धि का विरोध करते हुए किसानों ने पुलिस पर हमला किया, परन्तु बाद में सैनिक बल द्वारा आन्दोलन का दमन कर दिया गया। 1895 में एक बार फिर संथाल आदिवासी किसानों ने बिरसा मुण्डा के नेतृत्व में सशस्त्र विद्रोह किया। पाँच वर्ष तक निरन्तर औपनिवेशिक सत्ता के विरुद्ध संथालों ने हथियारबन्द लड़ाई जारी रखी। अनेक किसानों ने शहादतें दीं और अन्त में 1900 में श्रेष्ठ सैनिक बलों ने इस विद्रोह पर नियन्त्रण कायम कर लिया।

1906 में मद्रास–वर्तमान में चेन्नई तूतीकोरीन क्षेत्र में और पंजाब के रावलपिण्डी किसानों ने भी ब्रिटिश हुकूमत के खिलाफ विद्रोह किया।

इस प्रकार आप समझ सकते हैं कि पंजाब से लेकर पूर्वी बंगाल (वर्तमान बंगलादेश) तक और असम से लेकर संयुक्त प्रान्त तक और उड़ीसा, महाराष्ट्र सहित सम्पूर्ण भारतवर्ष के किसानों ने ब्रिटिश औपनिवेशिक शासन और भारतीय सामन्ती शासकों के खिलाफ खुला विद्रोह किया।

औपनिवेशिक शासन के खिलाफ भारतीय मजदूर वर्ग का संघर्ष

अपने प्रादुर्भाव के समय से ही भारतीय मजदूर वर्ग, साम्राज्यवाद विरोधी संघर्ष की अग्रिम पंक्ति में खड़ा रहा है। नागपुर औद्योगिक केन्द्र के मजदूरों ने 1877 में हड़ताल कर संघर्ष का नेतृत्व किया। इसके बाद भारत के मजदूर वर्ग ने हमेशा जुझारू संघर्ष संचालित किये और कभी भी दुश्मन से हार नहीं मानी। मद्रास (चेन्नई) और बाम्बे (मुम्बई) के मजदूरों ने 1882-90 के दौरान पचीस से अधिक हड़तालें कीं। 1895 में अहमदाबाद और बजबजजूट मिल, कोलकाता (कलकत्ता) के मजदूरों ने मिलों में काम बन्द कर दिया और 1905 में बाम्बे टेक्सटाइल मजदूरों ने काम के घंटे बढ़ाने के विरोध में व्यापक हड़ताल संगठित की। 1906 में पूरे बंगाल में हड़तालों की लहर चल पड़ी। 1907 में रेलवे के कर्मचारियों ने पंजाब के किसानों का दमन करने के लिए भेजी जा रही ब्रिटिश सेना को ट्रेन से ले जाने से इनकार किया। 1908 में मुम्बई के मजदूरों ने राजनीतिक नेताओं की रिहाई की माँग करते हुए छह दिन तक निरन्तर हड़ताल चलाई। इस आन्दोलन में हजारों मजदूरों ने भागीदारी की। प्रथम विश्वयुद्ध की समाप्ति के बाद का भारतीय मजदूर वर्ग साम्राज्यवाद विरोधी संघर्ष की अग्रिम पंक्ति में ही खड़ा रहा।

प्रतिक्रियावादी, संशोधनवादी और अवसरवादी नीतियों के भ्रमजाल में फँसने के कारण, भारतीय मजदूरवर्ग अपनी शानदार संघर्षशील परम्परा के बावजूद भारतीय क्रान्तिकारी आन्दोलन में अपनी नेतृत्वकारी भूमिका नहीं निभा सका।

इस सदी के प्रारम्भ में सम्पूर्ण भारतवर्ष और विदेश में अनेक पेटी बुर्जुआ क्रान्तिकारी ग्रुपों का उदय हुआ। पंजाब, बाम्बे (मुम्बई), बंगाल, बिहार, उड़ीसा, मद्रास, लन्दन, भारत-चीन, मलाया, थाईलैंड, जापान, ब्रिटिश, गिनी, फिजी, साउथ अफ्रीका, मध्यपूर्व में और उसके आसपास अनेक क्रान्तिकारी ग्रुपों ने अपनी गतिविधियाँ जारी रखीं।

अमेरिका और कनाडा में रह रहे भारतीयों ने भारत में ब्रिटिश साम्राज्यवादी शासन को सशस्त्र क्रान्ति के द्वारा उखाड़ फेंकने के उद्देश्य से 1913 में गदर पार्टी के नाम से एक क्रान्तिकारी पार्टी का गठन किया। इस गदर पार्टी ने 1914 में करीब तीन हजार क्रान्तिकारियों को भारत भेजा जो लुक-छिपकर पूरे भारत में सशस्त्र विद्रोह को सफल करने के लिए पहुँच गये।

ऊपर वर्णित विवरण से यह निष्कर्ष निकलता है कि भारतीय जनता की 90 प्रतिशत किसान आबादी ने अपने प्रादुर्भाव के समय से भारत के मजदूर वर्ग और पेटी बुर्जुआ वर्ग ने अति शक्तिशाली साम्राज्यवाद के खिलाफ दृढ़तापूर्वक सशस्त्र संघर्ष संचालित किया।

इस सम्पूर्ण साम्राज्यवाद विरोधी और सामन्तवाद विरोधी भारतीय जनता के शानदार सशस्त्र संघर्ष में, ब्रिटिश साम्राज्यवाद के दिमाग की उपज, इंडियन नेशनल कांग्रेस की क्या भूमिका थी, यह एक अहम प्रश्न है और इसका विस्तृत विश्लेषणात्मक उत्तर दिया जाना चाहिए।

इंडियन नेशनल कांग्रेस : जब भारत के किसान ब्रिटिश शासन के खिलाफ शानदार सशस्त्र संघर्ष संचालित कर रहे थे और भारतीय मजदूर वर्ग अपने संघर्षों पर गर्व कर रहा था, हजारों देशभक्त क्रान्तिकारी भारत की स्वतन्त्रता के लिए अपने प्राण न्योछावर कर रहे थे और ब्रिटिश साम्राज्यवादी आतंकित हो काँप रहे थे, ऐसे समय में ब्रिटिश साम्राज्यवाद के दिमाग की जारज सन्तान इंडियन नेशनल कांग्रेस ने भारतीय जनता के क्रान्तिकारी सशस्त्र संघर्ष के प्रति अपनी जिम्मेदारी त्याग कर औपनिवेशिक शासन के आज्ञापालक की भूमिका निभाई। वह ब्रिटिश साम्राज्यवाद की दयालुता और परोपकारिता के गीत गाती और प्रशंसा करती रही।

इंडियन नेशनल कांग्रेस के अध्यक्ष दादाभाई नौरोजी ने 1893 में घोषित किया, "विश्व के सभ्य देशों तक अपना भौतिक और राजनीतिक स्तर उन्नत

करने के लिए हमें ब्रिटिश सम्बन्धों को बनाये रखने की आवश्यकता है।" इस प्रकार उन्होंने ब्रिटेन के प्रति अपनी वफादारी प्रदर्शित की। कांग्रेस के एक अन्य प्रेसिडेंट आनन्द मोहन बोस ने 1898 में घोषित किया कि "शिक्षित वर्ग इंग्लैण्ड का मित्र है, शत्रु नहीं।"

इसके अतिरिक्त एक और कांग्रेसी नेता सुरेन्द्रनाथ बनर्जी ने उपदेशात्मक भाषा में कहा कि कांग्रेस का आदर्श "ब्रिटिश लोगों के साथ पूर्ण वफादारी से काम करना है। हमारा काम भारत में ब्रिटिश शासन को सुदृढ़ बनाना और उसका विस्तार करना है न कि इसका विरोध करना।"

1901 में पारित कांग्रेस के प्रस्तावों में कहा गया कि "भारत की जनता अचानक और क्रान्तिकारी परिवर्तन की आदी नहीं है। हमें वर्तमान सरकार को सुदृढ़ करने और इसे अधिकाधिक जनता के सम्पर्क में लाने की आवश्यकता है।"

गोपाल कृष्ण गोखले ने 1902 में इंडियन लेजिस्लेटिव कौंसिल के बजट भाषण में कहा : "हमें यह महसूस करना चाहिए कि हमारे पास एक ऐसी सरकार है जो व्यक्तियों के रूप में विदेशियों की सरकार है, परन्तु जिसकी भावना राष्ट्रीय है।"

कम्प्राडोर बुर्जुआ के महान कवि रवीन्द्रनाथ टैगोर ने 1911 में जार्ज पंचम के गुणगान में 'जन गण मन' गीत लिखा और इसके बदले में 1915 में उनको राजर्षि की उपाधि मिली। वह गीत जिसमें ब्रिटिश सम्राट को भारतीय जनता का 'भाग्य विधाता' कहा गया है और इसकी अन्तिम पंक्तियों "जो अब इस गीत से हटा दी गयी हैं, में चापलूसी करते हुए सम्राट का महिमामण्डन किया गया है कि इनके साम्राज्य में कभी सूर्य अस्त नहीं होता। इस प्रकार के घृणित और गुलामी के विचारों से परिपूर्ण गीत को शर्मनाक तरीके से भारत का राष्ट्रगान बनाया गया। यह हमारे राष्ट्र का सरासर अपमान है।"

जब पूरे देश में क्रान्तिकारी गतिविधियाँ उभार पर थीं, इंडियन नेशनल कांग्रेस ने अपना कठपुतली चरित्र बरकरार रखते हुए अपने मुखौटे में कुछ परिवर्तन किया और 1905 में पहली बार अपने उद्देश्य के रूप में अपनी सरकार की व्याख्या करते हुए ब्रिटिश साम्राज्य के अन्तर्गत ही औपनिवेशिक स्वराज्य स्थापित करने की बात कही। इस प्रकार उसने भारतीय जनता को क्रान्तिकारी गतिविधियों से बहकाने का प्रयास किया। मजदूरों-किसानों की बुनियादी समस्याओं को धता बताते हुए, चालाकीपूर्ण तरीके से उसको स्वदेशी आन्दोलन में शामिल कर, देशज इंडीजिनस उद्योगों को प्रोन्नत करने की गुहार लगाई और इसे परोपकार के रूप में प्रस्तुत किया।

प्रथम विश्वयुद्ध के समय हमेशा की ही तरह सम्राट की वफादार रही इंडियन नेशनल कांग्रेस ने घृणित औपनिवेशिक शासन के साथ पूरी वफादारी निभाई। कांग्रेस ने आगा-पीछा सोचे बगैर औपनिवेशिक सरकार की युद्ध नीति की भरपूर प्रशंसा की। इसके बदले में ब्रिटिश साम्राज्यवाद ने कांग्रेसी नेतृत्व की छवि स्थापित करने में कोई कोर कसर नहीं छोड़ी। सन् 1914, 1915 और 1916 में सम्पन्न हुए कांग्रेस के अधिवेशनों में क्रमशः मद्रास, बाम्बे और संयुक्त प्रान्त (यू.पी) के ब्रिटिश साम्राज्यवादी गवर्नर व्यक्तिगत रूप से विराजमान रहे और कांग्रेस को उनका आशीर्वाद और निर्देशन मिलता रहा।

प्रथम विश्वयुद्ध प्रारम्भ हो गया और कांग्रेस के देशभक्तों (देश के नहीं साम्राज्यवाद के भक्तों) का एक प्रतिनिधि मण्डल ब्रिटिश सेक्रेटरी आफ स्टेट से लन्दन में मिला। इस प्रतिनिधि मण्डल में जिन्ना, सत्येन्द्रनाथ सिन्हा और अन्य चार लोग शामिल थे। इन्होंने अपने निवेदन पत्र में लिखा : "भारत के राजा और भारतीय जनता, अपनी क्षमता/योग्यता के अनुसार महामहिम को सर्वोत्तम सहयोग प्रदान करेंगे" और "साम्राज्य की शीघ्र सफलता के लिए अपने देश के स्रोतों को महामहिम के सहयोग के लिए सुरक्षित रखेंगे।"

गाँधी ने ब्रिटिश साम्राज्यवाद की सेवा और सहयोग के लिए भारतीयों को तैयार करने में कोई विलम्ब नहीं किया। उसने सेक्रेटरी आफ स्टेट को अपनी सेवाओं को प्रेषित करते हुए शीघ्र ही एक पत्र लन्दन भेजा। उसने ब्रिटिश सेना के लिए कठोर परिश्रम किया और भारतीय स्वयंसेवकों की एक एम्बुलेंस सेवा वाली टुकड़ी तैयार की। यह टुकड़ी ब्रिटिश सेना की सेवा के लिए थी। भारत में पहुँचने के बाद उसने वायसराय से पुनः अपनी विनम्र सेवा के लिए निवेदन किया और स्ट्रेचर उठाने वाले स्वयंसेवकों की एक टोली तैयार की और युद्ध के अति बर्बर अभियान में उनको शामिल करने की प्रार्थना की। "साम्राज्यवादी सरकार के स्वेच्छा से भर्ती करने वाले अधिकारी" ने गुजरात के किसानों को औपनिवेशिक सेना में शामिल होकर स्वराज्य की विजय हासिल करने का आवाहन किया। औपनिवेशिक सेना में किसानों को शामिल करने के लिए गाँधी ने उनको उत्साहित करना चाहा। अपनी नैतिक जिम्मेदारी न लेते हुए गाँधी ने एक पर्चा प्रकाशित किया। उस पर्चे में लिखा : "ब्रिटिश भारत में शासन की अनेक कमजोरियों में, पूरे देश के लोगों को निःशस्त्र कर देने का एक इतिहास है, यह सर्वथा बुरा है। यदि हम आर्म्स ऐक्ट को बदलवाना चाहते हैं, यदि हम हथियारों का प्रयोग सीखना चाहते हैं, तो यह एक स्वर्णिम अवसर है।" एच.एन. ब्रेल्स फोर्ड की पुस्तक (महात्मा गाँधी, पृ. 124-25) लोगों को हथियार

का प्रयोग सीखने का आवाहन, 'आर्म्स ऐक्ट को समाप्त करने की बात', कितना सफेद झूठ है। 'यही गाँधी का सत्य है।' जो गाँधी अहिंसा-अहिंसा बोलते थे, क्या उन्होंने अहिंसा की अपनी धोती हवा में उड़ा दी थी? सत्य यह है कि वह जनता के साथ धोखा कर रहे थे।

गाँधी ने 1917 में वायसराय द्वारा आहूत दिल्ली वार कॉन्फ्रेंस में भागीदारी की। ब्रिटिश साम्राज्यवाद की सेवा में और सम्राट की रक्षा में उनके द्वारा किये गये काम के लिए गाँधी को कैसर-ए-हिन्द के गोल्ड मिडिल से सम्मानित किया गया। इससे पूर्व उनको दक्षिण अफ्रीका में बोअर युद्ध के खिलाफ कार्य करने के लिए ब्रिटिश साम्राज्यवादियों से वार मेडिल प्राप्त हुआ था।

होम रूल लीग की 27, 28 और 29 अप्रैल 1916 में सम्पन्न हुई बेलग्राम कॉन्फ्रेंस में अन्य कांग्रेसियों के साथ गाँधी ने भी भागीदारी की। इस कॉन्फ्रेंस में कहा गया कि "इस युद्ध ने ब्रिटिश शासन के प्रति हम लोगों की वफादारी प्रमाणित कर दी है और हमें अपनी माँग प्रस्तुत करने का यह उचित अवसर है। हमें अपनी माँग के लिए पार्लियामेंट के एक ऐक्ट द्वारा मान्यता प्राप्त कर लेनी चाहिए।"

1917 के अन्त में सम्पन्न हुए कांग्रेस के कोलकाता अधिवेशन में यह प्रस्ताव स्वीकार किया गया कि "भारतीय जनता की ओर से बोलते हुए कांग्रेस, महामहिम (हिज मेजेस्टी) और ब्रिटिश सम्राट के प्रति अपनी वफादारी और पूर्ण समर्थन व्यक्त करती है। हम ब्रिटिश साम्राज्य के साथ अपनी दृढ़ सन्निकटता का वायदा करते हैं और किसी भी कठिन परिस्थिति में किसी भी कीमत पर हम ब्रिटिश साम्राज्य के साथ खड़े रहेंगे।"

1918 के अन्त में सम्पन्न हुए कांग्रेस के दिल्ली अधिवेशन में कांग्रेस ने दुनिया की तमाम जनता की 'मुक्ति और स्वतन्त्रता' के लिए चलाए गये "सफलतापूर्वक युद्ध की समाप्ति पर बधाई और ब्रिटिश सम्राट के प्रति अपनी वफादारी का सन्देश भेजा।"

किन्तु ऊपर से नीचे तक डिफेंस इंडिया रूल और रौलेट ऐक्ट ऐसे दमनकारी कानूनों से लैस ब्रिटिश मशीनरी, संवैधानिक सुधारों का छल-कपट और कांग्रेस पार्टी के गिरगिटी रूप ब्रिटिश शासन का कोई भी उपाय जनता को क्रान्तिकारी संघर्षों से विचलित नहीं कर सका।

दो विश्वयुद्धों के बीच का काल (1918 और 1939)

भारत में औपनिवेशिक-अर्द्धसामन्ती समाज की विकास प्रक्रिया में, अक्टूबर समाजवादी क्रान्ति एक महत्त्वपूर्ण पड़ाव है। भारत के सर्वहारा वर्ग का प्रादुर्भाव

अभी हुआ ही था। यहाँ के क्रान्तिकारी छात्रों ने मार्क्सवादी-लेनिनवादी विज्ञान को आत्मसात करना अभी शुरू ही किया था और भारतीय सर्वहारा की राजनीतिक पार्टी ने निर्भीकतापूर्वक अपनी उपस्थिति दर्ज कराई ही थी। भारतीय रंगमंच पर, अक्टूबर क्रान्ति की रोशनी में, साम्राज्यवाद विरोधी संघर्ष में, एक नये वर्ग संघर्ष की अन्तर्वस्तु अपना स्थान ग्रहण कर रही थी। अब किसानों के साम्राज्यवाद विरोधी संघर्ष के साथ सर्वहारा वर्ग भी अपनी उपस्थिति दर्ज करा रहा था। इस प्रकार भारत का क्रान्तिकारी आन्दोलन अपरिहार्य रूप से विश्व सर्वहारा क्रान्ति का अंग बन रहा था।

कम्प्राडोर नौकरशाह बुर्जुआ और सामन्त वर्गों तथा ब्रिटिश साम्राज्यवादी संरक्षण प्राप्त राजनीतिक पार्टियों ने, ब्रिटिश साम्राज्यवाद की सेवा के लिए जनता को धोखा देने की नयी कार्यनीति अपनाई।

ब्रिटिश साम्राज्यवाद ने भी क्रान्तिकारी सर्वहारा वर्ग, जुझारू किसानों, छात्र-युवाओं का दमन करने और साथ ही साथ कांग्रेस और मुसलिम लीग को सहायता पहुँचाने की नीति अपनाई। ब्रिटिशों ने कांग्रेस को विशेष सहायता प्रदान की ताकि वह साम्राज्यवाद विरोधी संघर्ष में शामिल जनता को नेतृत्व प्रदान कर उनको संघर्ष के मार्ग से विरत कर सकें।

ब्रिटिश साम्राज्यवादियों ने अपनी दमनात्मक शक्ति में वृद्धि करते हुए अपनी नौकरशाही मशीनरी को नयी तरह से फिर तैयार किया और इस प्रकार उसने क्रान्तिकारी जनता के खिलाफ अपना आक्रमण तेज किया। 1919 का रौलेट ऐक्ट, भारतीय जनता का दमन करने के लिए बनाया गया क्रूर कानून था। साम्राज्यवादियों द्वारा लागू किये गये रौलेट ऐक्ट और मोंटेग्यू-चेम्सफोर्ड के सुधारों की घोषणा के द्वारा साम्राज्यवादियों की पुरस्कार और दण्ड की नीति को भली प्रकार समझा जा सकता है। इसी नीति और योजना के द्वारा संघर्षरत जनता को कुचलने और रोकने के लिए ब्रिटिश ने कठिन कठोर प्रयासों से कांग्रेस और मुसलिम लीग को एक कारगर औजार के रूप में तैयार किया। इसने अपने उद्देश्यों की पूर्ति के लिए इनको अनेक आर्थिक और राजनीतिक सहूलियतें प्रदान कीं। जैसे, मोंटेग्यू-चेम्सफोर्ड रिफार्म (1919) के द्वारा इंडियन फिसकल कमीशन 1921 का गठन; इंडियन फाइनेंस एंड करेंसी कमीशन 1926, साइमन कमीशन 1927 की नियुक्ति और लेबर कमीशन 1928 का गठन, साथ ही साथ 1930, 1931 और 1932 में क्रमशः प्रथम, द्वितीय और तृतीय राउंड टेबिल कॉन्फ्रेंस में साइमन कमीशन की रिपोर्ट पर बहस का आयोजन किया। इन तीनों राउंड टेबिल कॉन्फ्रेंसों में हुई बहसों को सम्मिलित कर 1933 में एक

व्हाइट पेपर प्रकाशित किया और 1935 में गवर्नमेंट आफ इंडिया ऐक्ट की घोषणा तथा 1937 में आठ प्रान्तों में कांग्रेसी मन्त्रिमण्डलों का गठन हुआ।

निरन्तर उत्तेजित हो रही जनता के असन्तोष को सघन और व्यापक क्रान्तिकारी संघर्षों में देखकर कांग्रेस ने शान्तिपूर्ण असहयोग आन्दोलन और सत्याग्रह का नया मुखौटा पहन लिया। कांग्रेस ने इसे साम्राज्यवाद विरोधी संघर्ष कहा, परन्तु अन्र्तवस्तु में इसने युद्ध पूर्व साम्राज्यवाद को खुला समर्थन देने के बजाय अब गुप्त रूप से साम्राज्यवाद को सहयोग प्रदान किया। मुसलिम लीग ने संसदीय विपक्ष की भूमिका निभाई।

युद्ध के बाद पड़नेवाले भयावह अकाल, प्लेग, फ्लू ऐसी महामारियों, आर्थिक संकट, खाद्य पदार्थों का भयंकर अभाव, उपभोक्ता वस्तुओं के मूल्यों में वृद्धि, तेजी से बढ़ती बेरोजगारी, भ्रष्टाचार, कालाबाजारी और असंवेदनशील मुनाफाखोरी ने असाधारण रूप से 14 मिलियन लोगों के प्राण ले लिए। पूरे देश में जनता का नया क्रान्तिकारी उभार आ गया। ऐसे बीभत्स समय में रौलट ऐक्ट जैसे काले ब्रिटिश कानून का गुणगान करना क्या आजादी का शोर मचाने वाले नेताओं के लिए शर्म की बात नहीं है?

गाँधी ने आन्दोलन न करने के लिए, 30 मार्च 1919 को (जिसकी तारीख बदलकर 1 अप्रैल कर दी गयी) एक मार्च (जुलूस) आयोजित किया, "इस दिन पूरे देश में हड़ताल, उपवास, प्रार्थना और प्रायश्चित् सभाएँ आयोजित कीं।" क्रान्तिकारी जनता पर गाँधी की प्रार्थना का कोई प्रभाव नहीं पड़ा। उसने इस प्रकार की व्यर्थ की प्रार्थना, उपवास और साम्राज्यवादियों द्वारा किये गये अपराधों के लिए व्यर्थ के प्रायश्चित् करने और उनके दरवाजों को खटखटाने से अपने को दूर रखा। परन्तु भारतीय क्रान्तिकारी विद्रोह का आवाहन करते रहे और मुख्यतः साम्राज्यवादियों को दण्डित करने का प्रयास करते रहे।

हड़ताल पूरे देश में फैल गयी। पूरे भारत में जनता जुझारू संघर्षों का आनन्दोत्सव मना रही थी। प्रदर्शन और पुलिस के साथ झड़पें उस समय की सामान्य परिघटना हो गयी थी। दिल्ली में एक प्रदर्शन पर पुलिस ने गोलीबारी कर आठ प्रदर्शनकारियों की हत्या कर दी। अमृतसर और लाहौर में हड़ताल से पूर्व ही पुलिस ने जनता पर गोली चला दी। अहमदाबाद में जनता ने कुछ ब्रिटिश अफसरों का सफाया कर दिया। नदिया और वीरभूम जिलों में विद्रोह का दृश्य बना हुआ था। कोलकाता में पुलिस ने जुझारू जनता पर गोलियाँ चलाईं, छह लोगों की हत्या कर दी और अनेक आन्दोलनकारियों को घायल कर दिया। अमृतसर में डॉ. किचलू और डॉ. सत्यपाल की रिहाई की माँग को

लेकर हो रहे प्रदर्शन पर 10 अप्रैल 1919 को गोलियाँ चलाई गयीं। मृतक प्रदर्शनकारियों की लाशों को अपने कन्धों पर लिए क्रोधित जनता ने दो बैंकों और रेलवे स्टेशन पर धावा बोल दिया और पाँच यूरोपियों की हत्या कर अपने शहीद साथियों का बदला लिया। कांग्रेस के लिखित अधिकृत इतिहास में, जनता के इस शानदार क्रान्तिकारी संघर्ष की यह कह कर निन्दा की गयी कि "गुज्जराला और कसूर में जनता की कार्यवाही निन्दनीय थी। कसूर में 12 अप्रैल को जनता ने रेलवे स्टेशन पर हमला किया, एक तेल के शेड में आग लगा दी, सिगनल और टेलीग्राफ के तार काट दिये, एक ट्रेन पर हमला किया जिसमें कुछ ब्रिटिश अफसर सफर कर रहे थे। दो सिपाहियों को पीटते-पीटते मार डाला और मुख्य डाकघर, डाक बंगलों तथा कोर्ट में आग लगा दी।" इसी प्रकार की घटनाओं से पूरा पंजाब भरा था। गदर पार्टी के क्रान्तिकारियों पर सरकार द्वारा दमनकारी कार्यवाहियाँ हुईं। विशेष रूप से गदर पार्टी के उन क्रान्तिकारियों पर जो जापानी जहाज कामागाटामारु से कोलकाता आये थे। उन पर हुए भयंकरतम, अन्धाधुन्ध दमन से पूरे पंजाब की जनता ब्रिटिश शासकों के खिलाफ उठ खड़ी हुई। शत्रु द्वारा जनता को आतंकित करने के लिए अमृतसर को चुना गया। 13 अप्रैल 1919 को अंग्रेजों की सेना ने, अमृतसर में चारों तरफ चारदीवारी से घिरे हुए जलियाँवाला बाग में, निहत्थी जनता की शान्तिपूर्ण सभा पर अन्धाधुन्ध गोलीबारी कर विकराल नरसंहार किया। सरकारी आँकड़ों के अनुसार 397 लोगों की मौत हुई और 1200 लोग घायल हुए। इस नृशंस घटना के विरोध में पूरे देश में क्रान्तिकारी जनता के जुझारू प्रदर्शनों की बाढ़ आ गयी। हत्या करने के आदी, ब्रिटिश सैनिकों ने अहमदाबाद में प्रदर्शनकारियों पर गोलियाँ चलाकर 29 लोगों की हत्या की और सैकड़ों को घायल कर दिया। पंजाब में मार्शल लॉ लगा दिया गया। शत्रु द्वारा चारों तरफ गोलीबारी, लोगों को फाँसी चढ़ाना और हवाई जहाज से बम बरसाने की अनियंत्रित घटनाएँ हो रही थीं।

इस सम्पूर्ण घटनाक्रम पर गाँधी की प्रतिक्रिया जान लेना भी सार्थक होगा। गाँधी ने यह घोषणा करने में तनिक भी देर नहीं कि उसने निष्क्रिय विरोध सत्याग्रह का आवाहन कर महान भूल की, कुछ अवांछनीय तत्त्वों ने इसका फायदा उठाकर अव्यवस्था फैला दी। इसके बाद गाँधी ने 'अति सम्मानित सम्राट, वायसराय' को पत्र लिखकर कहा कि वह सरकार की ओर से किये गये 'सद्‌भाव के संकेतों' से सन्तुष्ट हैं और इसलिए सरकार द्वारा 'नागरिक प्रतिरोध' न करने की सलाह को स्वीकार कर लिया है। गाँधी ने दावा किया

कि "नागरिक प्रतिरोध कभी भी सरकार से स्वीकृति नहीं प्राप्त कर सकता।" इस सन्दर्भ में उन्होंने 21 जुलाई को एक प्रेस वक्तव्य जारी किया।

गाँधी ब्रिटिश सम्राट के प्रति इतना वफादार थे कि 1919 के अन्त में अमृतसर में सम्पन्न होने वाले कांग्रेस के अधिवेशन में बड़ी सफलतापूर्वक प्रभुत्व स्थापित कर 1919 के ब्रिटिश सुधारों को स्वीकार करवाया। गाँधी ने अपने साप्ताहिक पत्र 'यंग इंडिया' के 31 दिसम्बर 1919 वाले अंक में लिखा : "सुधार के ऐक्ट के साथ-साथ राजा की घोषणा ब्रिटिश लोगों द्वारा भारतीयों के साथ न्याय करने का एक गम्भीर विचार है और इसलिए इस बारे में किसी प्रकार की शंका को मन से निकाल देना चाहिए। इसलिए हम लोगों का कर्तव्य सुधारों को निशाना बनाकर नुक्ताचीनी और निन्दा करना नहीं, बल्कि हमें इसे शान्तिपूर्वक स्वीकार कर लेना चाहिए ताकि इनको सफल किया जा सके।"

परन्तु क्रान्तिकारी जनता ने गाँधी की इस योजना को स्वीकार नहीं किया। हालाँकि गाँधी और उनके समर्थकों को ब्रिटिश साम्राज्यवादियों की 'गम्भीरता' पर विश्वास था कि वे 'भारत के साथ न्याय करेंगे' और उन्होंने इसे 'शान्तिपूर्वक हल करने की योजना भी बना ली थी।' लेकिन व्यापक जनता के बीच पूरे देश में अशान्ति फैल गयी और जनता ने पुनः आन्दोलन प्रारम्भ कर दिया।

1920 के दशक के पूर्वार्द्ध में साम्राज्यवाद विरोधी संघर्षों की बाढ़-सी आ गयी। मुम्बई, कोलकाता, अहमदाबाद, लखनऊ, जमशेदपुर, जबलपुर और असम सहित पूरे भारत में मजदूर वर्ग ने लगभग 200 हड़तालें कीं और करीब 1.5 मिलियन मजदूरों ने इसमें भागीदारी की। इन हड़तालों में से कुछ का स्वागत ब्रिटिश सरकार की पुलिस ने अपनी गोलियों से किया। अनेक मजदूरों ने शहादत वरण की और सैकड़ों घायल हुए। धूर्ततापूर्वक मजदूर वर्ग पर अपना नियन्त्रण कायम करने के लिए कांग्रेस ने अपने ट्रेड यूनियन केन्द्र का गठन किया। इसी आशय से अक्टूबर 1920 में लाला लाजपत राय की अध्यक्षता में आल इंडिया ट्रेड यूनियन कांग्रेस (एआईटीयूसी) का गठन किया गया। इसी यूनियन पर जब कालान्तर में कांग्रेस ने अपनी पकड़ खो दी तो बाद में उसने इसमें फूट डालकर इंटक (इंडियन नेशनल ट्रेड यूनियन कांग्रेस) तैयार किया।

मित्र राष्ट्र की शक्तियों द्वारा टर्की पर कठोर शान्ति समझौता निर्देशित करने के विरुद्ध खिलाफत आन्दोलन के पक्ष में प्रतिरोध विकसित करने से व्यापक जनसंघर्ष में भटकाव पैदा हुआ। जनता को भ्रमित करने में इसकी भी महती भूमिका थी।

जनता के क्रान्तिकारी संघर्षों में आये नये उभार ने गाँधी और इनके

अनुयायियों द्वारा जनता को भ्रमित करने के नये उपाय खोजने के लिए बाध्य कर दिया। इसी क्रम में कोलकाता में आयोजित कांग्रेस के विशेष अधिवेशन 20 सितम्बर 1920 और नागपुर में आयोजित कांग्रेस के वार्षिक अधिवेशन 20 दिसम्बर 1920 में कांग्रेस और खिलाफत आन्दोलन के नेताओं द्वारा निर्मित संयुक्त मोर्चे ने अहिंसक असहयोग आन्दोलन चलाने का निर्णय किया।

गाँधी ने अति उत्साहित होकर परन्तु बहुत ही अवास्तविक रूप में सितम्बर 1921 में एक कॉन्फ्रेंस में घोषणा की : "हमको पूर्ण विश्वास है कि इस वर्ष के अन्त तक स्वराज प्राप्त हो जाएगा और यदि 31 दिसम्बर तक स्वराज नहीं मिलता है तो वह स्वराज देखने के लिए वह जीवित नहीं रहेंगे।" (सुभाष बोस की पुस्तक *दि इंडियन स्ट्रगल,* पृ. 84)

गाँधी के स्वराज का अर्थ ''यदि सम्भव हो तो ब्रिटिश साम्राज्य के अन्तर्गत अपनी सरकार या आवश्यक हो तो साम्राज्य की अधीनता के बगैर भी'' सरकार बनाना था। 1921 में आयोजित कांग्रेस के अहमदाबाद अधिवेशन में, हसरत मोहानी के प्रस्ताव पर स्वराज की व्याख्या करते हुए मोहानी ने कहा, ''सभी प्रकार के विदेशी नियन्त्रण से मुक्त पूर्ण स्वतन्त्रता।" शान्तिप्रिय गाँधी ने क्रोधित होकर साफ-साफ घोषणा की : ''आप लोगों में से कुछ ने जिस अगम्भीरता से प्रस्ताव ग्रहण किया है, इससे मुझे दुःख हुआ है। इसमें जिम्मेदारी का अभाव दिखाई देता है। इसलिए मुझे दुःख हो रहा है। जिस पानी की गहराई का पता न हो, उसमें हमें जाना नहीं चाहिए, और हसरत मोहानी का यह प्रस्ताव तुमको अथाह सागर में ले जाएगा।'' यहाँ यह जानना बड़ा रुचिकर है कि जब ब्रिटिश सम्राट ने गवर्नमेंट आफ इंडिया ऐक्ट 1918 का उद्घाटन करते समय कहा : ''वर्षों से और शायद पीढ़ियों से देशभक्त और वफादार भारतीयों ने अपनी मातृभूमि के लिए स्वराज का स्वप्न देखा है। आज के हमारे साम्राज्य के अन्तर्गत आपके स्वराज का प्रारम्भ हो रहा है। ब्रिटिश सम्राट का स्वराज और गाँधी का स्वराज दो अलग-अलग सत्ता नहीं है। यह स्वराज वास्तव में जनता का स्वराज ही है।''

असहयोग आन्दोलन के द्वारा, साम्राज्यवादी सरकार के चुने हुए लोगों को प्रदत्त उपाधियों का परित्याग करना, संविधान, कोर्ट और शैक्षणिक संस्थाओं का बहिष्कार करने का भारतीय जनता से लेश मात्र भी सम्बन्ध नहीं था। लेकिन कर भुगतान न करने का सम्बन्ध व्यापक जनता से था, इसलिए इस आन्दोलन के बारे में गाँधी द्वारा भविष्य में निर्णय पर छोड़ दिया गया। दीर्घकालीन असहयोग आन्दोलन से गाँधी की इच्छा पूर्ति हो रही थी। गाँधी

आज्ञाकारिता और कर्तव्यशीलता के साथ शीघ्रता से भारत के तत्कालीन वायसराय और गवर्नर जनरल, लार्ड रेडिंग के भारत पहुँचते ही उसका स्वागत करने और असहयोग आन्दोलन की व्याख्या करने पहुँचे। सुभाषचन्द्र बोस ने अपनी पुस्तक (*दि इंडियन स्ट्रगल,* पृ. 57) में लिखा कि 'इस साक्षात्कार' में "लार्ड रेडिंग ने महात्मा गाँधी को आश्वासन दिया कि जब तक कोई हिंसा की घटना नहीं होगी, कांग्रेस के आन्दोलन में कोई हस्तक्षेप नहीं होगा। उसने आगे लिखा कि मौलाना मोहम्मद अली ने अपने एक भाषण में, हिंसा का सहारा लेने की अपील की थी और सरकार उसको दण्डित करने के बारे में विचार कर रही है। मोहम्मद अली महात्मा का दाहिना हाथ थे, अतः महात्मा गाँधी ने वायदा किया कि वह इस मसले को देखेंगे। इसके बाद मौलाना ने एक जनसभा में विश्वास दिलाया कि वह हर प्रकार की हिंसा से दूर रहेंगे, और मौलाना ने दृढ़ता से अपना वचन निभाया।"

औपनिवेशिक शासन का क्रान्ति-विरोधी सशस्त्र हमला, दमन और उत्पीड़न झेल रही और नारकीय बारूदी गंध से उद्वेलित क्रान्तिकारी जनता के उभार को, गाँधी नहीं रोक सके। गाँधी के आन्दोलन को साम्राज्यवादियों का आशीर्वाद प्राप्त होने के बावजूद वह क्रान्तिकारी जन उभार को रोकने में असफल रहे।

महाराष्ट्र के नासिक जिले के थाना और मालेगाँव के किसानों ने अप्रैल 1921 में पुलिस पर हमला कर थानाध्यक्ष का सफाया कर दिया। बिहार प्रान्त के गिरिडीह जिले (वर्तमान में झारखंड में) के संथाल परगना के संथाल किसानों ने अप्रैल 1921 में ही पुलिस थाना, न्यायालय और जेल मुख्यालय पर हमले किये। मैसूर के धारवाड़ क्षेत्र में इसी प्रकार जुलाई 1921 में किसानों ने पुलिस पर आक्रमण किये। जुलाई 1921 में संयुक्त प्रान्त (यू.पी.) के अलीगढ़ जिले में पुलिस मुख्यालय पर हमला कर उसे आग के हवाले कर दिया गया। अवध और आगरा अंचल के किसानों ने टैक्स देने से इनकार कर दिया और ज़मींदारों की रियासतों में आग लगा दी। 1921-22 के दौरान किसानों और ब्रिटिश सैनिकों के बीच अनेक झड़पें हुईं। जब कांग्रेस पार्टी ने किसानों को हथियार रख देने के लिए भ्रमित कर दिया, तभी सरकार सशस्त्र किसानों का दमन करने में सफल हुई।

केरल प्रान्त के मालाबार जिले में मोपला क्षेत्र के किसानों ने ब्रिटिश साम्राज्यवादियों और ज़मींदारों के खिलाफ सशस्त्र विद्रोह संगठित किया। अठारहवीं और उन्नीसवीं सदी के दौरान कम-से-कम पचास बार मोपला के किसान अपने शासकों के खिलाफ हथियार उठा चुके थे। परन्तु इस बार

20 अगस्त 1921 को तिरंगडी के किसानों ने सैनिक टुकड़ी को घेर कर कई ब्रिटिश अफसरों को मौत के घाट उतार दिया, अरनाड और वेल्लूवांड के ताल्लुकों पर कब्जा कर लिया और इस क्षेत्र को स्वतन्त्र घोषित कर दिया। मालाबार का सम्पूर्ण दक्षिणी अचंल लगभग 6 माह तक मोपला के किसानों के नियन्त्रण में था। ब्रिटिश साम्राज्यवादियों ने इस विद्रोह को साम्प्रदायिक कह कर बदनाम किया और विद्रोहियों को अलगाव में डालने के लिए खुले और गुप्त सभी तरह के दमनात्मक तरीकों का प्रयोग किया। परन्तु शासकों का प्रयास तब तक सफल नहीं हुआ जब तक क्रांग्रेस और खिलाफत आन्दोलन के नेताओं ने किसान विद्रोहियों को हथियार डालने के लिए बाध्य नहीं किया। इन नेताओं द्वारा किसानों को फुसलाने के बाद ही उनका आत्मसमर्पण कराया जा सका और इसके बाद ही ब्रिटिश पुनः अपना शासन कायम कर सके। क्रान्तिकारी किसानों पर आतंक का राज स्थापित किया गया। लगभग दस हजार किसानों की हत्या की गयी और असंख्य किसानों का अंगभंग हुआ और गिरफ्तारियाँ हुईं।

प्रिंस आफ वेल्स के भारत आगमन पर (17 नवम्बर 1921) अखिल भारतीय जनरल स्ट्राइक का आवाहन किया गया था। मुम्बई में प्रिंस आफ वेल्स के कदम रखते ही पुलिस ने हड़ताल को शान्त करने के लिए प्रदर्शनकारियों पर गोलीबारी की और पचास मजदूरों की हत्या कर दी। सम्पूर्ण भारत की जनता ने पूरे देश में प्रिंस के आगमन का बहिष्कार किया। जनता द्वारा भुखमरी और मूल्य वृद्धि के खिलाफ की जा रही भूख हड़ताल और धरनों पर भी पुलिस ने गोलियाँ चलाईं और उनकी हत्याएँ कीं। गाँधी इन घटनाओं से इतना अधिक परेशान हो उठे कि उन्होंने तुरन्त ही घोषणा कर दी कि 'स्वराज' की बदबू हमारी नाक में घुसी जा रही है।

बंगाल के मिदनापुर जिले में 1921 में किसानों ने रियासतों की जमीनों पर कब्जा कर लिया और टैक्स देने से इनकार कर दिया। मद्रास के गुंटूर क्षेत्र (अब आन्ध्र प्रदेश में) के किसानों ने जनवरी 1922 में 'नो टैक्स' आन्दोलन शुरू कर दिया। इन घटनाओं से शिक्षा लेते हुए गाँधी ने शीघ्र ही आन्ध्र प्रदेश कांग्रेस कमेटी को पत्र लिखा और एक प्रेस वक्तव्य में कहा कि यदि 25 जनवरी तक जनता सभी टैक्सों का भुगतान कर दे तो मुझे प्रसन्नता होगी। इसके बावजूद पेंडाधीपडू के किसानों ने टैक्स देने से इनकार किया और पालंडू के किसानों ने 'पुल्लारी' का बहिष्कार किया।

इस पूरी अवधि में मुलतान के निकट पंजाब में, महाराष्ट्र के कुछ स्थानों

पर और असम में किसानों का संघर्ष जारी रहा। हड़ताली, चायबागान मजदूरों पर सरकार ने गोलीबारी की, परिणामस्वरूप अनेक मजदूरों की मौत हो गयी। अवध, रुहेलखंड और ईस्ट इंडिया रेलवे के मजदूरों ने, और बिहार में कोयला खदानों के मजदूरों ने भी हड़ताल कर ब्रिटिश शासन के खिलाफ जुझारू विरोध प्रदर्शित किया।

पंजाब में अकाली संगठन ने गुरुद्वारा के महन्तों के खिलाफ जुझारू मोर्चे का गठन किया। लाहौर के समीप ननकाना साहिब में ब्रिटिश सैनिकों ने महन्तों की सहायता करते हुए, अगस्त 1922 में अकाली किसानों पर गोलियाँ दागीं और दो सौ सिक्ख किसानों को मौत के घाट उतार दिया। कांग्रेस ने अकालियों के एक हिस्से को आन्दोलन वापस लेने और गुरुद्वारा के मुद्दे पर औपनिवेशिक अधिकारियों के साथ वार्ता के द्वारा शान्तिपूर्ण हल निकालने पर तैयार किया और इस प्रकार उसने ब्रिटिश शासकों की सहायता की। अकालियों के एक गुट ने अपने को बब्बर अकाली के रूप में पुनर्गठित किया और वह हथियारबन्द संघर्ष संचालित करता रहा। उनमें से कई को मृत्यु दण्ड दिया गया और अनेक को आजीवन कारावास की सजा दी गयी।

दिसम्बर 1921 में अहमदाबाद में सम्पन्न हुए कांग्रेस अधिवेशन में गाँधी की सराहनीय सहयोग की भूमिका पर ब्रिटिश वायसराय ने प्रसन्न होकर लन्दन को टेलीग्राफ भेजा : "कांग्रेस ने न सिर्फ खिलाफत पार्टी के चरमपंथियों द्वारा प्रस्तावित अहिंसा की नीति को अस्वीकार कर दिया, बल्कि इसके प्रस्तावों में टैक्सों के भुगतान न करने का जिक्र तक नहीं किया गया।" टेलीग्राम में इस बात का भी उल्लेख किया गया कि "दंगों के खतरे से गाँधी ने नागरिक अवज्ञा आन्दोलन को वापस ले लिया, जैसा कि उनके वक्तव्य से स्पष्ट होता है।"

तदोपरान्त जनवरी 1922 में गाँधी के साथ एक सर्वदलीय कॉन्फ्रेंस आयोजित की गयी। इस कॉन्फ्रेंस का उद्देश्य, पूरे देश में चारों तरफ फैल रहे सशस्त्र संघर्षों को समाप्त करने के उपाय और मार्ग खोजना था, परन्तु इस विषय में इस कॉन्फ्रेंस को विशेष सफलता नहीं मिल सकी।

वायसराय द्वारा 9 फरवरी 1922 को लन्दन भेजी गयी खबर का मजमून इस प्रकार था, "शहरों में निम्न वर्ग के लोगों पर असहयोग आन्दोलन का गम्भीर प्रभाव पड़ा है। असम की घाटी, संयुक्त प्रान्त, बिहार, उड़ीसा और बंगाल में किसानों पर काफी गहरा असर है। जहाँ तक पंजाब का सवाल है, यहाँ अकाली आन्दोलन ग्रामीण सिखों के बीच प्रवेश कर चुका है। पूरे देश में मुसलमानों की बड़ी संख्या असन्तुष्ट और क्रोधित है। हालात गम्भीर है।

अतीत के मुकाबले और भी भयानक और दुर्जेय अव्यवस्था का मुकाबला करने के लिए भारत सरकार तैयार है और हम इस परिस्थिति से उत्पन्न होने वाली विशाल आशंका को किसी भी प्रकार कम करके नहीं आँकते है।''

इसी अवधि में मुम्बई के गवर्नर लार्ड लायड ने ड्रिवपियरसन के साथ एक साक्षात्कार में कहा : ''गाँधी ने हम लोगों को भयभीत कर दिया है। उनके कार्यक्रम ने जेलें भर दीं। तुम जानते हो, अभी लाखों लोग जेलों में हैं और यदि उन्होंने टैक्स भुगतान न करने का अगला कदम उठा लिया तो भगवान ही जानता है हम लोग कहाँ होंगे।''

ऐसे निर्णायक समय में, गाँधी और उनके ग्रुप ने ब्रिटिश साम्राज्यवादियों को आग से बाहर निकालने में सहायता प्रदान की। इस पर लिखित सन्देश के केवल तीन दिन बाद बारदोली में कांग्रेस के अधिवेशन में असहयोग आन्दोलन वापस ले लिया गया और इसके लिए चौरी-चौरा की घटना को झूठा बहाना बनाया गया। इस घटना में क्रान्तिकारी किसानों ने 5 फरवरी 1922 को किसानों पर पुलिस द्वारा की गयी फायरिंग के विरोध में थाने में आग लगा दी थी और पुलिस के 22 सिपाही जला दिये गये थे।

गाँधी ने सत्य निष्ठा से घोषणा की कि उनके नागरिक अवज्ञा आन्दोलन का उद्‌देश्य न तो जमींदार वर्ग का विरोध करना था और न ही ब्रिटिश गवर्नमेंट को उखाड़ फेंकना। इससे ब्रिटिश साम्राज्यवाद को राहत मिली।

12 फरवरी 1922 को सम्पन्न हुई कांग्रेस वर्किंग कमेटी की मीटिंग में अन्य प्रस्तावों के साथ-साथ निम्नलिखित प्रस्ताव भी पारित किये गये :

प्रस्ताव एक : "यह वर्किंग कमेटी, जनता की भीड़ द्वारा चौरी-चौरा थाने को तहस-नहस करने और बर्बरतापूर्वक पुलिस के सिपाहियों की हत्या करने पर खेद प्रकट करती है।"

प्रस्ताव दो : "जहाँ कहीं भी व्यापक रूप से नागरिक अवज्ञा आन्दोलन हुआ, वहाँ घटित हुई हिंसात्मक घटनाओं को ध्यान में रखते हुए, यह संकेत मिलते हैं कि देश की जनता अहिंसक नहीं है, कांग्रेस की वर्किंग कमेटी इस निर्णय पर पहुँचती है कि नागरिक अवज्ञा आन्दोलन को स्थगित किया जाए, और स्थानीय कांग्रेस कमेटियों को निर्देशित करती है कि वे किसानों को भूराजस्व तथा अन्य सभी करों का भुगतान करने की सलाह दें और आक्रामक चरित्र की हर गतिविधि को स्थगित कर दिया जाए।"

प्रस्ताव तीन : "जब तक देश का वातावरण पूर्णतः अहिंसक न हो जाए और चौरी-चौरा, गोरखपुर ऐसी घटना या मुम्बई और मद्रास ऐसा उथल-पुथल

दोबारा न होने की गारंटी न हो जाए, तब तक व्यापक रूप से नागरिक अवज्ञा आन्दोलन को स्थगित रखा जाए।"

प्रस्ताव छह : "वर्किंग कमेटी कांग्रेस के कार्यकर्ताओं और संगठनों को यह सलाह देती है कि वह रैयत (किसानों) को यह सूचित करे कि ज़मींदारों को टैक्स का भुगतान न करना कांग्रेस के प्रस्तावों के खिलाफ और घातक है। यह देश के हित में नहीं है।"

प्रस्ताव सात : "वर्किंग कमेटी ज़मींदारों को विश्वास दिलाती है कि कांग्रेस का आन्दोलन उनके कानूनी अधिकारों पर आक्रमण करने के लिए नहीं है और जहाँ कहीं भी किसानों को शिकायतें हैं, कमेटी चाहती है कि इन शिकायतों का हल परस्पर सलाह-मशविरा और पंचायत के माध्यम से होना चाहिए।"

नागरिक अवज्ञा आन्दोलन को वापस लेने का देश में व्यापक जनता और खिलाफत पार्टी ने भी विरोध किया। आन्दोलन वापसी को जनता के गुस्से का सामना भी करना पड़ा।

व्यापक नागरिक अवज्ञा आन्दोलन वापस लेने के ठीक बाद 10 मार्च 1922 को गाँधी गिरफ्तार हो गये। जब तीन वर्षों तक क्रान्तिकारी आन्दोलन अपने जुझारू रूप में संचालित हो रहे थे तब गाँधी को स्वतन्त्र छोड़ रखा गया और जब नागरिक अवज्ञा आन्दोलन वापस ले लिया तो गाँधी को गिरफ्तार किया गया, यह एक पहेली है? नहीं, यह बिल्कुल स्पष्ट है कि जब गाँधी ने वफादारी से अपना काम व्यापक स्तर पर किया, तो काफी कुछ लानत-मलामत के बाद अब जेल में रखकर उसकी छवि को फिर से चमकाया गया, ताकि फिर उसकी साफ-सुथरी छवि ब्रिटिश साम्राज्यवाद की सेवा के लायक बनी रहे।

कांग्रेस की छल-कपट की नीतियों और ब्रिटिश साम्राज्यवाद के दमन के द्वारा भारत के क्रान्तिकारी आन्दोलन को छिन्न-भिन्न कर दिया गया था। इसके बावजूद संयुक्त प्रान्त में किसानों का आन्दोलन जारी रहा और मालाबार जिले में मोपला क्षेत्र के विद्रोही किसानों का संघर्ष भी अविराम चलता रहा। बंगाल, बिहार, पंजाब, और देश के कई भागों में किसान विद्रोह पुनः जीवित हो उठे।

आन्ध्र प्रदेश में श्री अल्लुरी सीताराम राजू ने 1921 में गाँधी के असहयोग आन्दोलन में भागीदारी की थी, परन्तु शीघ्र ही गाँधी और उनके अहिंसक आन्दोलन से उसका मोह भंग हो गया। सीताराम राजू ने यह समझ लिया कि गाँधी की अहिंसा का धर्मसार ब्रिटिश का पालतू बनना है। इसलिए कुछ ही समय बाद राजू ने हथियारबन्द संघर्ष शुरू कर दिया और 1922-24 के दौरान आदिवासी किसानों को नेतृत्व प्रदान किया। विद्रोह की इस आग ने भद्राचलम

से लेकर पावर्तीपुरम तक और पाडेरू से लेकर पाण्डुवा तक सम्पूर्ण आदिवासी क्षेत्र में तहलका मचा दिया। सीताराम राजू द्वारा चलाया गया यह सशस्त्र सघंर्ष गोरिल्ला युद्ध की नीतियों पर आधारित था। इसलिए वह हमेशा ही ब्रिटिश सेना की आक्रामक गतिविधियों से बच जाता तथा मेजर गोडान के नेतृत्व में मालाबार की स्पेशल पुलिस और कलेक्टर और कमांडिंग आफिसर ब्राकेन के अधीन असम राइफल्स, स्पेशल एजेन्सी कमिश्नर रुदर फोर्ड, ब्रिटिश आफिसर किनी डासन, सांडर और मरसीपटम में तैनात आफिसर सोओट कावर्ड और अदातिगोडा, कृष्णा देवपट्टा और चिन्तापाली में तैनात अफसरों के संयुक्त दमन के मुकाबले भी आत्मरक्षा में सफल रहता था।

22 अगस्त 1922 को श्री राजू ने 300 बलिष्ठ सशस्त्र किसानों के साथ चिन्तापल्लि पुलिस थाने पर हमला कर 11 बन्दूकें, 1390 राउंड गोलियाँ, पाँच तलवारें और 14 वैनेट पर कब्जा कर लिया।

23 अगस्त 1922 को उसने कृष्णादेवी पेट्टा पुलिस थाने का घेराव कर धावा बोल दिया। पुलिस वाले थाने से भाग गये और थाना खाली छोड़ दिया।

राजाबोनाबंगी पुलिस थाने पर हमला कर सशस्त्र आदिवासी किसानों ने अपने नेता श्री राजू और वियुवयाडोआ के साथ 1918 विद्रोह के नेता लागूरोगी को मुक्त कराया तथा 8 कारबाइन और 825 कारतूस जब्त की गयीं।

अन्य प्रमुख आदिवासी नेता गाम गंटाट दोरा और गाम मल्बु दोरा थे। 3 सितम्बर 1922 को श्री राजू के नेतृत्व में सशस्त्र आदिवासी किसान विद्रोहियों ने औपनिवेशिक सेना को हराया और उसी दिन एक दूसरी मुठभेड़ में ब्रिटिश कमांडिंग आफिसर टेमेंस बुरी तरह घायल हुआ। इसके बाद दाराकोण्डा गाँव में हुए सघंर्ष ने आदिवासी किसानों का उत्साह और बढ़ा दिया।

दमनपल्ली घाट पर घमासान युद्ध हुआ। ब्रिटिश सेना में कार्यरत हिन्दुस्तानी सिपाहियों को बगैर कोई नुकसान पहुँचाए छोड़ दिया गया। परन्तु केवल ब्रिटिश सैनिकों पर घात लगाकर हमला किया गया। सेना की अगुवाई कर रहे कमांडिंग आफिसर रेटार और स्कूट सहित चार अन्य पुलिस वालों को गोली मार दी गयी। उनके पास से छह राइफलों, बहुत-सी गोलियों और वैनेट्स को किसान विद्रोहियों ने अपने कब्जे में ले लिया।

उसी पहाड़ी से नीचे एक और मुठभेड़ में ब्रिटिश सैनिकों को पीछे हटना पड़ा। स्पेशल एजेन्सी कमिश्नर रुदर फोर्ड ने लिखा : "राजू के पास हमेशा अच्छे गुप्तचर थे। लुकाछिपी की गोरिल्ला लड़ाई हमेशा उसके पक्ष में जाती थी। राजू द्वारा प्रयोग की गयी रणनीति वास्तव में बहुत उन्नत किस्म की थी।"

29, 30 सितम्बर 1922 को श्री राजू ने तुरमामिडी और लक्कावारा पुपेटा पर हमला कर सब इंस्पेक्टर को गिरफ्तार कर लिया। कमिश्नर ने इसका वर्णन इस प्रकार किया : "राजू एक खाट पर बैठा था। उसके चारों तरफ उसके करीब 70 लोग खड़े थे। उसके बगल में एक आटोमेटिक पिस्टल रखी थी। गिरफ्तार सब इंस्पेक्टर को भविष्य में गुप्तचर की गतिविधियाँ न करने के लिए चेतावनी दी गयी। जब राजू ने उससे एक बदमाश के बारे में पूछा जिसे राजू मार देना चाहता था तो सब इंस्पेक्टर उसके सामने दण्डवत गिर पड़ा।"

22 अक्टूबर 1922 को सशस्त्र आदिवासी किसानों ने श्री राजू के नेतृत्व में अदितीगाला और रामपाच्चोदवराम गाँव में औपनिवेशिक सैनिकों पर हमला किया। शत्रु पीछे छूट गया। चोडावरम में राजू ने तहसीलदार को समाचार भेजा कि वह हिन्दुस्तानी सिपाहियों को नहीं मारना चाहता था। परन्तु हिन्दुस्तानी सिपाही और ब्रिटिश सिपाही एक साथ थे। इसलिए मजबूरन कुछ हिन्दुस्तानी सिपाहियों को गोली मारनी पड़ी। हम एक भी हिन्दुस्तानी सिपाही की जान नहीं लेना चाहते थे।

18 अक्टूबर 1922 को कलेक्टर ब्रेकान ने अपनी रिपोर्ट में टिप्पणी की कि ''स्थिति काफी गम्भीर थी। यह वास्तव में सरकार की प्रतिष्ठा का प्रश्न था।'' कमांडिंग आफिसर ने अपनी रिपोर्ट में कहा : ''राजू के गुप्तचर विभाग में काफी योग्य लोग थे। हम लोगों को अपने गुप्तचरों के द्वारा जो भी सूचनाएँ मिलती थीं वे वास्तव में राजू द्वारा हम लोगों को भ्रमित करने के लिए फैलाई गयी झूठी खबरें होती थीं। वह बहुत योजनाबद्ध तरीके से अपने सैनिक शिविर लगाता था, ताकि हमला होने पर वह सावधानीपूर्वक बचकर निकल सके।''

3 नवम्बर 1922 को मकावरम् में नित्यानन्द पटनायक दरोगा को गिरफ्तार किया गया और छोड़ दिया गया।

6 दिसम्बर 1922 को श्रेष्ठ सैनिक के मुकाबले व लम्बे प्रत्याक्रमण में श्री राजू को चोटें आयीं। 18 अक्टूबर 1923 को श्री राजू के नेतृत्व में सशस्त्र आदिवासी विद्रोहियों ने अन्नावरम् पुलिस स्टेशन पर हमला कर दिया।

थानेदार और पोस्टमास्टर ने गरमजोशी से श्री राजू का स्वागत किया। इसी प्रकार सकावरम् में श्री राजू का स्वागत किया गया और आदिवासी किसान स्वेच्छा से सामान की आपूर्ति करते थे।

आदिवासी नेता गन्थम दोरा अचानक कोयार में प्रकट हुआ और दरोगा तथा तहसीलदार को गिरफ्तार किया और छोड़ दिया।

श्री राजू ने 15 जून 1923 को कोनडकामवेडू और मलकान गिरि का दौरा

किया। तहसीलदार को तलब किया और उससे बात की। 17/18 सितम्बर 1923 की रात्रि में आदिवासी नेता माल्लू दोरा को गिरफ्तार कर उसकी हत्या कर दी गयी। 20 सितम्बर 1923 को गंगा राजू के नेतृत्व में माडगुला में विद्रोहियों और सेना के बीच मुठभेड़ हुई। 22 सितम्बर 1923 को श्री राजू ने पाडेरू पहुँचकर औपनिवेशिक सैन्यबल पर धावा बोला और फिर पाडेरू को रवाना हो गया।

14 अक्टूबर 1923 को उसने टोकाराई में अपना पड़ाव डाला। लम्बी अवधि तक संघर्ष संचालित करने के बाद, क्रान्तिकारी परिप्रेक्ष्य, सुदृढ़ संगठन और विचारधारा के अभाव में इन आदिवासी विद्रोहियों को उन्नत सैनिक बल के सामने झुकना पड़ा।

7 मई 1924 को ईस्ट कोस्ट स्पेशल पुलिस के जमादार द्वारा श्री राजू को गिरफ्तार कर लिया गया और उनको एक गाँव में मेजर गुडाल्ल के समक्ष पेश किया गया। क्रूर मेजर ने पहले तो क्रोध में आकर श्री राजू को मारने के लिए अपनी पिस्तौल निकाली, परन्तु दूसरे ही मिनट उसने एक भारतीय सैनिक कुनिच्चू मेनन को उसे गोली से उड़ा देने का आदेश दिया। इस प्रकार शानदार विद्रोह का अन्त हुआ। एक अन्य प्रमुख आदिवासी लीडर येदू पाडाल की 26 मई 1924 को एक पुलिस एजेण्ट द्वारा हत्या कर दी गयी और दूसरी पंक्ति के नेता गौतम डोरा ने भी 7 जून 1924 को सशस्त्र मुठभेड़ में प्राण त्याग दिये।

आन्ध्र की प्रान्तीय कांग्रेस कमेटी ने श्री राजू की शानदार शहादत को महिमामंडित करने और उसको श्रद्धांजलि देने के प्रस्ताव को यह कहकर अस्वीकर कर दिया कि यह हिंसा की प्रवृत्ति को मान्यता प्रदान करना है। इस प्रकार कांग्रेस ने श्री राजू को श्रद्धांजलि भी नहीं प्रदान की।

अक्टूबर की समाजवादी क्रान्ति के बाद भारत में आये व्यापक जन-उभार ने लगभग देश के कोने-कोने में जागृति पैदा कर दी। क्रान्तिकारी सिद्धान्त और विचारधारा से लैस क्रान्तिकारी संगठन के अभाव में इस स्वतःस्फूर्त व्यापक जन-उभार को राष्ट्रीय मुक्ति का मार्ग नहीं दिखाया जा सका।

मोतीलाल नेहरू और सी.आर. दास के नेतृत्व में कांग्रेस के ही एक गुट ने स्वराज पार्टी का गठन कर चुनाव में भागीदारी करने पर जोर दिया और इस प्रकार जनता का ध्यान औपनिवेशिक संसदीय व्यवस्था की ओर आकर्षित किया। इन स्वराजवादियों की अर्थवत्ता की तुलना घोड़े के मुँह से की जा सकती है। केन्द्रीय संविधान सभा में प्रवेश करते ही मोतीलाल नेहरू ने घोषणा की : ''हमारी पार्टी को विध्वंसक कहकर खारिज नहीं किया जा सकता। हम एक जिम्मेदार सरकार की माँग नहीं कर रहे हैं। हमारी पार्टी यहाँ पर

सहयोग प्रदान करने के लिए आई हैं। यदि सरकार हमारा सहयोग लेगी तो वह पाएगी कि स्वराजवादी उनके ही अपने लोग हैं।'' पट्टाभि सीतारमैया द्वारा लिखित *आफिसियल हिस्ट्री आफ दि नेशनल कांग्रेस,* पृ. 453। मई 1925 में बंगाल की प्राविंसियल कॉन्फ्रेंस फरीदपुर में सम्पन्न हुई, वहाँ सी. आर. दास ने घोषणा की कि ''हम लोगों को अपनी तरफ से सरकार को यह समझाना चाहिए कि हम लोग शब्दों में, व्यवहार या चेष्टा में किसी भी प्रकार क्रान्तिकारी प्रचार को प्रोत्साहित नहीं करेंगे और हम लोग इस प्रकार के आन्दोलन को समाप्त करने का हर सम्भव प्रयास करेंगे।'' (पट्टाभि सीतारमैया, वही, पृ. 477) इस पर कोई भी टिप्पणी करना व्यर्थ है।

गाँधी के अहिंसा के सिद्धान्त का खोखलापन साबित होने, इसका भंडाफोड़ होने और भारतीय नौजवानों में कांग्रेसी नेतृत्व के प्रति भ्रम दूर होने से देश के छात्रों-युवाओं में पुनः क्रान्तिकारी उत्तेजना जाग उठी। नवजवान भारत सभा, पंजाब कीर्ति किसान पार्टी ऐसे क्रान्तिकारी संगठनों का गठन पुनः प्रारम्भ हो गया। 1924 में *हिन्दुस्तान रिपब्लिकन आर्मी* नामक एक अखिल भारतीय संगठन का गठन हुआ। इस संगठन ने 1925 में सरकारी कोष ले जा रही रेलगाड़ी पर काकोरी में हमला कर दिया। एक वर्ष के अन्दर ही इस संगठन का नाम बदलकर हिन्दुस्तान सोशलिस्ट रिपब्लिकन एसोसिएशन रखा गया और इस संगठन ने भारत में समाजवादी व्यवस्था की स्थापना को अपना लक्ष्य घोषित किया। इस संगठन के क्रान्तिकारियों ने मार्क्सवादी-लेनिनवादी सिद्धान्त पर मजबूत पकड़ न होने के कारण ही व्यक्तिगत हमलों की कार्यवाहियाँ कीं। पंजाब में 1928 में क्रान्तिकारियों द्वारा ब्रिटिश पुलिस अधिकारी सांडर्स की हत्या कर दी गयी। सेंट्रल लेजिसलेटिव असेम्बली में बम फेंका गया। इन सब घटनाओं के सम्बन्ध में तीन प्रमुख क्रान्तिकारी भगत सिंह, राजगुरु और सुखदेव को फाँसी की सजा दी गयी और अन्य को आजीवन कारावास का दण्ड दिया गया। इन घटनाओं के अतिरिक्त 1929 में एक स्पेशल ट्रेन, जिसमें वायसराय सफर कर रहा था, उसको बम से उड़ा देने की कार्यवाही असफल हो गयी।

कुछ समय तक शान्ति बनी रही, परन्तु 1928 में पुनः साम्राज्यवाद विरोधी गतिविधियों का तूफान खड़ा हो गया। विश्व पूँजीवाद के आर्थिक संकट को महामन्दी की संज्ञा दी गयी। पूँजीवाद के इस संकट ने भारत के विकास को आर्थिक संकट के दलदल में धकेल दिया। इस आर्थिक संकट के कारण देश के अन्दर वर्ग अन्तर्विरोध तेज हो गये और पूरे भारतवर्ष में उपद्रव की घटनाएँ घटित होने लगीं।

भारतीय सर्वहारा की राजनीतिक पार्टी कम्युनिस्ट पार्टी आफ इंडिया ने देश के क्रान्तिकारी संघर्षों की मुख्यधारा में अपनी उपस्थिति दर्ज कराई। भारत के मजदूर वर्ग, छात्र और नौजवान, अभूतपूर्व स्तर पर आन्दोलनात्मक कार्यवाहियों में कूद पड़े। इन सम्पूर्ण गतिविधियों के परिणामस्वरूप कांग्रेस और ब्रिटिश साम्राज्यवाद यदि इस प्रचण्ड धारा को रोक नहीं सका तो भी इसको शान्त करने के लिए तत्पर हो उठा। ब्रिटिश साम्राज्यवाद ने फासिस्ट दमनात्मक तरीकों का प्रयोग करते हुए 1929 में कम्युनिस्ट क्रान्तिकारियों के खिलाफ मेरठ कांस्पिरेसी केस लागू कर अनेक नेतृत्वकारी कम्युनिस्टों को जेल में बन्द कर दिया।

कांग्रेस ने हमेशा की तरह दोमुही और छल-कपटपूर्ण योजना लागू की। साइमन कमीशन का बहिष्कार करने के बाद कांग्रेस ने मोतीलाल नेहरू को, ब्रिटिश साम्राज्य के अन्दर ही एक जिम्मेदार सरकार का संविधान मसविदा लिखने की जिम्मेदारी सौंपी। दिसम्बर 1928 में सम्पन्न हुए कांग्रेस के कोलकाता अधिवेशन में मोतीलाल नेहरू द्वारा लिखित मसविदा-संविधान पर बहस हुई और ब्रिटिश सरकार को इस पर सहमति बनाने के लिए एक वर्ष का समय दिया गया। एक वर्ष के अन्दर ही साम्राज्यवादी सरकार ने भारतीय जनता के जुझारू नेतृत्व को कैद की सजाएँ सुना दीं। इसी समय गाँधी, मोतीलाल नेहरू और कुछ अन्य कांग्रेसियों ने एक संयुक्त वक्तव्य जारी किया। इसे दिल्ली मेनीफेस्टो के नाम से जाना जाता है। इस मेनीफेस्टो (पत्र) में कहा गया है : ''हम अधोलिखित घोषणा के द्वारा आपके सद्भाव की प्रशंसा करते हैं। यह वायसराय के 31 अक्टूबर 1929 के निर्णय के बारे में है, जिसमें डोमेन स्टेट्स का सन्दर्भ है कि हम सरकार के साथ अपना विनम्र सहयोग देते रहेंगे ताकि भारत की आवश्यकताओं के अनुरूप डोमिनियन संविधान बनाया जा सके।'' जनता के क्रान्तिकारी आन्दोलन के अन्देशे ने कांग्रेस को डोमिनियेन स्टेट्स प्राप्त करने की विनम्रतापूर्ण पहल और ब्रिटिश साम्राज्यवादियों को सहयोग देने की गतिविधि पर अंकुश लगा दिया और अपनी भंगिमा में परिवर्तन कर कांग्रेस ने अपने इतिहास में पहली बार, दिसम्बर 1929 के लाहौर अधिवेशन में पूर्ण 'स्वतन्त्रता' का प्रस्ताव पारित किया। इस परिवर्तन को आसानी से समझा जा सकता है। कांग्रेस के लाहौर अधिवेशन में पारित स्वतन्त्रता के प्रस्ताव की स्याही अभी सूखी भी नहीं थी कि गाँधी ने 9 जनवरी 1930 को न्यूयार्क वर्ल्ड में अपना बयान देकर सारा भ्रम दूर कर दिया कि "कांग्रेस के स्वराज की 'माँग' से किसी को डरने की आवश्यकता नहीं है।'' यह बात गाँधी ने काफी सोच-समझ कर कही थी।

साम्राज्यवाद विरोधी संघर्ष तीव्र गति से आगे बढ़ रहा था। कांग्रेस अपने नागरिक अवज्ञा आन्दोलन की कलाबाजियों से चाहकर भी फरवरी 1930 तक बाहर नहीं निकल सकी। गाँधी ने पुनः मार्च 1930 को वायसराय को लिखा कि नागरिक अवज्ञा आन्दोलन, भारत में पनप रहे भीषण क्रान्तिकारी आन्दोलन के खिलाफ निर्देशित है न कि ब्रिटिश साम्राज्यवाद के खिलाफ। गाँधी ने लिखा : "हिंसक गतिविधियों का प्रभाव बढ़ रहा है और यह हमें सोचने को बाध्य करता है कि हम उस शक्ति की अहिंसा को किस प्रकार ब्रिटिश शासन की संगठित हिंसा के खिलाफ गतिशील रखें, उसी प्रकार बढ़ती हुई क्रान्तिकारी पार्टी हिंसा के खिलाफ भी। हाथ पर हाथ रखकर सुस्त बैठ रहने का अर्थ उपरोक्त दोनों शक्तियों को रास्ता देना होगा।" इस प्रकार बगैर किसी भेदभाव के गाँधी ने हमलावर ब्रिटिशों और देशभक्त क्रान्तिकारियों को एक बराबर कर दिया।

ब्रिटिश साम्राज्यवाद के खिलाफ भारतीय जनता की घृणा चारों तरफ संघर्षों के रूप में फूट पड़ी थी। सम्पूर्ण देश में किसान संघर्षों का तूफान आ गया था। किशनगंज (बंगाल) और बुल्डाना-बिहार में किसानों ने औपनिवेशिक अधिकारियों और ज़मींदारों दोनों के खिलाफ हथियार उठा लिए थे। कई गाँवों के ज़मींदारों को गाँव से बाहर खदेड़ दिया गया और किसानों ने ब्रिटिश सैनिकों का पूरी शक्ति से प्रतिरोध किया था। दीर्घकालीन भीषण संघर्ष के बाद ही ब्रिटिश सैनिक सशस्त्र किसानों पर विजय पा सके। संयुक्त प्रान्त (यू.पी.) के अवध क्षेत्र में किसानों ने टैक्स भुगतान न करने का 'नो टैक्स आन्दोलन' चलाया। पंजाब के विभिन्न इलाकों में सामन्तवाद विरोधी जुझारू संघर्षों ने गति पकड़ ली थी। गाँधी ने इन आन्दोलनों की निन्दा की और घोषित किया कि नागरिक अवज्ञा आन्दोलन ज़मींदारों के खिलाफ निर्देशित नहीं था।

गाँधी ने एक बार फिर चरखा कातने और खद्दर बुनने का अभियान चलाकर जनता का ध्यान संघर्षों से हटाने का प्रयास किया। कांग्रेस ने नमक कानून की समाप्ति को मुद्दा बनाकर 6 अप्रैल 1930 को डांडी मार्च शुरू किया। इस मार्च में गाँधी और उसके चुनिन्दा पचहत्तर अनुयायी शामिल थे। कैमरा और मूवी कैमरा के साथ प्रारम्भ हुए इस मार्च के खिलाफ सरकार ने कोई कार्यवाही नहीं की।

व्यापक जनता का आक्रोश नियन्त्रण से बाहर था। जुझारू छात्र-नौजवानों के संगठन, सशस्त्र किसानों के संघर्ष में कूद पड़े। चटगाँव के ब्रिटिश शस्त्रागार पर अप्रैल 1930 में हमला हो गया, ब्रिटिश अफसरों का सफाया कर दिया गया, अस्त्र-शस्त्र पर कब्जा कर लिया गया और सिपाहियों को मुक्त कर दिया

गया। क्रान्तिकारियों ने पुलिस मुख्यालय को ध्वस्त कर दिया और सम्पूर्ण संचार व्यवस्था बरबाद कर दी। सैनिक साजो-सामान और कुमुक से लदी एक मिलिट्री ट्रेन को पटरी से उतार दिया गया, परन्तु जल्दबाजी में वे चटगाँव के बन्दरगाह पर कब्जा करना भूल गये और यह एक गम्भीर भूल साबित हुई। डिप्टी कमिश्नर फायरिंग से बच निकला और बन्दरगाह तक पहुँच गया। जब बन्दरगाह के रास्ते भारी सैनिक मदद पहुँचाई गयी तो विद्रोही शक्तियों ने शत्रु के आक्रमण को वीरतापूर्ण चुनौती दी, परन्तु उन्नत हथियारों और सैन्य प्रशिक्षण प्राप्त सैनिकों का मुकाबला करते हुए वे जलालाबाद की पहाड़ियों में पीछे हट गये। दीर्घकालीन गुरिल्ला युद्ध को संचालित न कर पाने पर सैकड़ों विद्रोहियों की मुठभेड़ में हुई मृत्यु और अनेक किसानों की हत्या के बाद संघर्ष समाप्त हो गया।

1930 में मध्य अप्रैल माह में इसी प्रकार एक उल्लेखनीय संघर्ष उत्तर-पश्चिमी फ्रंटियर प्राविंस के पेशावर जिले में हुआ। इस विद्रोह को शान्त करने के लिए ब्रिटिश सैनिक टुकड़ियों को बुलाया गया था। 18 वीं गढ़वाली बटालियन की दो प्लाटूनों ने विद्रोहियों पर हमला करने से इनकार कर दिया, गढ़वाली सैनिकों ने अपनी सेना से बाहर आकर विद्रोहियों को हथियार सौंप दिये। परिणामस्वरूप ब्रिटिश सैनिकों को पीछे हटना पड़ा। जनता ने दो सप्ताह तक 20 अप्रैल से 4 मई 1930 तक पेशावर शहर पर अपना कब्जा बनाये रखा। इसके बाद बड़ी तादाद में सैनिक मदद, और बमों से हमले के द्वारा हजारों निर्दोष जनता की हत्या के बाद औपनिवेशिक शासन पुनःस्थापित हो सका। यह संघर्ष शहर से दूर किसानों के बीच फैल गया, पेशावर के ग्रामीण इलाकों में सशस्त्र संघर्ष तेज हो गया। इस संघर्ष के दौरान दो-एक बार जुलाई में और एक बार अगस्त में पेशावर की जनता ने पेशावर शहर ब्रिटिश हुकूमत के कब्जे से मुक्त कराया। ब्रिटिश शासकों को बाध्य होकर ब्रिटिश-इंडियन सेना को इस अभियान में उतारना पड़ा। जब गाँधी और उनकी कांग्रेस ने 1931 में अब्दुल गफ्फार खान को अपनी ओर मिलाकर इस आन्दोलन में एक फाँक डाल दी, तभी किसानों के इस सशस्त्र संघर्ष को धक्का लगा।

ब्रिटिश औपनिवेशिक सत्ता ने, बहादुर देशभक्त गढ़वाली सैनिकों को कठोर दण्ड दिया। इस काम में गाँधी भी पीछे नहीं रहे। गाँधी ने 20 फरवरी 1932 को एक फ्रांसीसी समाचार पत्र *'मंडे'* को साक्षात्कार देते हुए, इन गढ़वाली सैनिकों की देशभक्तिपूर्ण कार्यवाही की निन्दा करते हुए अपने विचार व्यक्त किये : "एक सैनिक जो गोली चलाने के आदेश की अवज्ञा करता है, वह अपने द्वारा ली गयी शपथ को तोड़ता है और आज्ञा उल्लंघन करने का अपराध करता है। यदि

हमने उनको आज्ञा का उल्लंघन करना सिखा दिया तो मुझे भय है कि हमारी सत्ता आने पर भी वे यही कर सकते हैं।'' क्या अद्भुत तर्क है?

मई 1930 में गाँधी को गिरफ्तार किया गया। निश्चय ही बगैर किसी कारण के गाँधी की गिरफ्तारी नहीं हुई होगी। इस समय गाँधी की गिरफ्तारी पर जारी की गयी सरकारी विज्ञप्ति इसका रहस्योद्घाटन करती है, ''यद्यपि गाँधी ने निरन्तर इन हिंसक घटनाओं की निन्दा की, परन्तु उसके अनियंत्रित समर्थकों के खिलाफ उसका प्रतिवाद निरन्तर कमजोर हो रहा है और यह स्पष्ट है कि वह इन समर्थकों पर से अपना नियन्त्रण खो चुका है।''

अभी उत्तर-पश्चिमी फ्रंटियर प्रान्त में ब्रिटिश शासन ने विद्रोह पर नियन्त्रण कायम ही किया था कि 19 मई 1930 को शोलापुर में नया विद्रोह फूट पड़ा। शोलापुर महाराष्ट्र के टेक्सटाइल उद्योग का एक बड़ा केन्द्र था। यहाँ पर पुलिस ने 16 लोगों की हत्या कर दी। इसके बाद क्रोधित जनता ने सेना के संग्रहालय, छह पुलिस थानों और अनेक ब्रिटिश संस्थानों को आग के हवाले कर दिया। ब्रिटिश अधिकारी भाग खड़े हुए और ब्रिटिश सेना के संरक्षण में शोलापुर रेलवे स्टेशन पर शरण ली। जनता ने पूरे शहर पर अपना नियन्त्रण कायम कर उसे स्वतन्त्र घोषित कर दिया। बाद में भारी संख्या में भेजी गयी गोला-बारूद के साथ सैनिक मदद के द्वारा ही नियन्त्रण कायम हुआ। कई दिनों तक ब्रिटिश सैनिकों का बर्बर दमन और जनता का मजबूत प्रतिरोध चलता रहा।

जुलाई 1930 में कोलकाता और अन्य कई स्थानों पर जनता के प्रतिरोध, प्रदर्शनों और पुलिस तथा जनता के बीच हुई झड़पों में 500 से अधिक लोगों की मौत हुई। सही क्रान्तिकारी दिशा के अभाव और कांग्रेस के विश्वासघात के कारण इन तमाम क्रान्तिकारी संघर्षों को उन्नत स्तर तक नहीं पहुँचाया जा सका।

ऐसे समय पर ब्रिटिश शासन ने उपयुक्त अवसर पाकर राजनीतिक तड़क-भड़क के साथ जून 1930 में साइमन कमीशन की रिपोर्ट की घोषणा की और नवम्बर 1930 में प्रथम गोलमेज कॉन्फ्रेंस बुलाई। जनता के क्रोध का अनुमान लगा कर गाँधी ने गोलमेज कॉन्फ्रेंस में जाने से इनकार कर दिया।

1930 में भगत सिंह, राजगुरु और सुखदेव को मृत्युदण्ड और इनके अन्य साथियों को आजीवन कारावास की सजा सुनाई गयी। न्यायालय के इस फैसले की खबर पूरे देश में जंगल की आग की तरह फैल गयी और पूरे देश में विरोध प्रदर्शनों का तूफान खड़ा हो गया। पंजाब के गवर्नर पर गोली चलाई गयी।

इस नये क्रान्तिकारी आन्दोलन को समूल समाप्त करने के लिए, साम्राज्यवादियों की आशा के पुंज महात्मा गाँधी को जेल से रिहा कर दिया

गया। नागरिक अवज्ञा आन्दोलन तत्काल वापस ले लिया गया। मार्च 1931 में गाँधी-इरविन पैक्ट पर गाँधी ने हस्ताक्षर किये। इस प्रकार गाँधी और वायसराय की छवि को दोबारा स्थापित करने का एक प्रयास हुआ। परन्तु यह प्रयास क्रान्तिकारियों को प्रभावित नहीं कर सका। इस समझौते के द्वारा गाँधी ने अपने अनुयायियों के लिए राजक्षमा अर्जित की, परन्तु एक भी क्रान्तिकारी के लिए राजक्षमा की याचना नहीं की। गाँधी ने भगत सिंह और उनके साथियों के मामले को उठाया ही नहीं। साम्राज्यवादियों की ही तरह उसका भी उद्देश्य साफ था कि वह भी घातक रूप से लाल खतरे से सर्वाधिक भयभीत था और उसे वास्तविक खतरा समझता था और वह कांग्रेस तथा साथ ही साथ ब्रिटिश शासकों के लिए इस खतरे को रास्ते से हटाना चाहता था। गाँधी ने *यंग इंडिया* में जून 1931 में गर्व के साथ लिखा : "बगैर राजनीतिक सत्ता को प्राप्त किये भी हम अपना लक्ष्य प्राप्त कर सकते हैं।" यह बिल्कुल ही अधिभूतवादी विश्व दृष्टिकोण है।

27 फरवरी 1931 को इलाहाबाद में अंग्रेजों की गोलियों का मुकाबला करते हुए चन्द्रशेखर आजाद ने शहादत वरण की और एक माह बाद मार्च 1931 को भगत सिंह, राजगुरु और सुखदेव ने फाँसी पर चढ़कर देश हित में अपने प्राणों की आहुति दे दी। इस प्रकार भारत के क्रान्तिकारियों पर अनेक कांस्पिरेसी मुकदमे लगाये गये।

पूरे भारतवर्ष में भगत सिंह, राजगुरु और सुखदेव की फाँसी का प्रबल विरोध हुआ। ब्रिटिश साम्राज्यवादियों ने उसी दिन कानपुर में जघन्य साम्प्रदायिक दंगा करवाया और 500 लोगों की जान ले ली। इस साम्प्रदायिक दंगे के पीछे ब्रिटिश हुकूमत की मंशा को आसानी से समझा जा सकता है।

सोशलिस्ट रिपब्लिकन पार्टी के तमाम महत्त्वपूर्ण नेताओं की हत्या या उनको जेल में बन्दी बना लेने के बावजूद क्रान्तिकारी आन्दोलनों का उभार जारी रहा। फरवरी 1932 में लोथियन कमेटी को ले जा रही ट्रेन को विस्फोट से उड़ाने का प्रयास हुआ। जुलाई 1932 में मुम्बई के गवर्नर पर गोली चलाई गयी। 1931 से 33 तक उत्तर पश्चिमी फ्रंटियर प्राविंस और असम में बार-बार बमों के धमाके होते रहे। बंगाल में 20 ब्रिटिश अधिकारियों को मौत के घाट उतार दिया गया। देश के अन्य भागों में साम्राज्यवादविरोधी संघर्ष से कन्धा से कन्धा मिलाकर राजा-राजवाड़ों की सत्ता के खिलाफ भी संघर्ष की ज्वाला (1931-32 से) जल रही थी। करीब 30 हजार सशस्त्र किसानों ने अलवर राज्य की राजधानी अल्वरी को घेर लिया और इस प्रान्त के अनेक कस्बों पर कब्जा

कर लिया। फ्रंटियर प्राविंस में 1932-33 में संचालित सशस्त्र संघर्ष का विस्तार हुआ और टैक्स भुगतान न करने का 'नो टैक्स आन्दोलन' 1933 में पुरला रियासत में प्रवेश कर गया। पठान जनजातियों के सामन्तवाद विरोधी संघर्ष और साम्राज्यवाद विरोधी संघर्ष अन्तर्गुम्फित थे। हैदराबाद स्टेट में भाषा के मुद्दे पर एक विशाल आन्दोलन चला।

जब भारत के सैकड़ों सपूत देश के लिए अपने प्राणों की आहुति दे रहे थे तो जेल के अन्दर बैठे गाँधी को 1933 में यह साम्राज्यवाद विरोधी संघर्ष न तो 'राष्ट्रवादी संघर्ष' लगा न ही गाँधी ने इसे समय की आवश्यकता समझा, परन्तु वह "अपनी आत्मा की शुद्धि के लिए और हरिजनों के उत्थान के लिए आत्म-निरीक्षण और प्रार्थना" करते रहे। यही उनके लिए सबसे महत्त्वपूर्ण और आवश्यक था और गाँधी ने जेल में व्रत रखना शुरू किया। उसे जेल से रिहा कर दिया गया और रिहा होते ही गाँधी ने नागरिक अवज्ञा आन्दोलन वापस ले लिया। जब गाँधी ने वायसराय से मिलना चाहा और मिलने की अनुमति न देकर गाँधी का अपमान किया गया तो गाँधी ने व्यक्तिगत रूप से सत्याग्रह के औजार का सहारा लिया।

ब्रिटिश साम्राज्यवादियों के घृणित दमन, कांग्रेस द्वारा उत्पन्न की गयी बाधाओं और क्रान्तिकारी परिप्रेक्ष्य के अभाव में 1933 के अन्त तक क्रान्तिकारी संघर्षों में उतार आने लगा। गाँधी ने इस सबकी जिम्मेदारी भारतीय जनता पर डाल दी, और हमेशा की तरह जैसे वह दमनकारियों के हृदय परिवर्तन के भ्रम और स्वतन्त्रता की भीख माँगने के बारे में सोचते थे, वैसा ही किया। अप्रैल 1934 के अपने एक बयान में उन्होंने कहा : "जनता ने अभी तक सत्याग्रह के सन्देश को आत्मसात नहीं किया है और व्यापक लोगों द्वारा नागरिक अवज्ञा आन्दोलन की भागीदारी अभी शासकों के दिलों को छू तक नहीं सकी है।"

1928-33 के बीच चले साम्राज्यवाद विरोधी संघर्ष की गति और व्यापकता ने सुस्पष्ट ढंग से यह स्थापित कर दिया था कि ब्रिटिश साम्राज्यवादी अब अधिक समय तक भारत की गद्दी पर नहीं बैठ सकते। ब्रिटिश साम्राज्यवादी और कांग्रेस को भली प्रकार मालूम था कि सर्वहारा वर्ग और अन्य क्रान्तिकारी तत्त्व संघर्ष की मुख्य शक्ति हैं। यह अनुभूति हो जाने पर कांग्रेस और ब्रिटिश दोनों ने छल-कपट की नयी पद्धतियाँ अपनायीं और संवैधानिक सुधार का शोरगुल मचाया।

कांग्रेस ने मई 1934 में बिना शर्त नागरिक अवज्ञा आन्दोलन वापस ले लिया। जून 1934 में कांग्रेस के ऊपर से प्रतिबन्ध समाप्त कर दिया गया

और ब्रिटिश हुकूमत ने कम्युनिस्ट पार्टी आफ इंडिया पर प्रतिबन्ध लगा दिया। कांग्रेसियों द्वारा जनता को भ्रमित करने के लिए 1934 में कांग्रेस के ही अन्दर कांग्रेस सोशलिस्ट पार्टी के नाम से एक नया संगठन बनाया गया। दूसरी तरफ ब्रिटिश शासन ने नवम्बर 1934 में सेंट्रल लेजिस्लेटिव असेम्बली की सुविधा प्रदान कर दी। अगस्त 1935 में न्यू गवर्नमेंट आफ इंडिया ऐक्ट की घोषणा की गयी। इस नये कानून के आधार पर कई राज्यों में स्टेट-लेजिस्लेटिव असेम्बली के चुनाव सम्पन्न हुए और कांग्रेसी मंत्रिमण्डलों ने, हमेशा जनता का खून पीने वाले सामन्तों, नौकरशाहों, पूँजीपतियों और ब्रिटिश साम्राज्यवाद के हितों की ही पूर्ति की। ब्रिटिश शासकों द्वारा भारतीय कम्युनिस्ट पार्टी पर लगाया गया प्रतिबन्ध कांग्रेसी सरकारों ने भी जारी रखा।

कांग्रेस से मोह भंग होते ही जनता में असन्तोष बढ़ने लगा और जनता कांग्रेसी शासन का विरोध करने लगी। प्रत्येक कांग्रेस शासित राज्यों में, विशेष रूप से बिहार, यू.पी., उड़ीसा, सी.पी., मध्य प्रदेश, बंगाल, पंजाब, बाम्बे और मद्रास में किसान संघर्षों का सिलसिला चलता रहा। अधिकांश किसान संघर्ष कांग्रेस की जमींदार-परस्त और किसान-विरोधी नीतियों के खिलाफ थे। आन्दोलनों का दमन करने के लिए बिहार सशस्त्र पुलिस का प्रयोग किया गया। नवम्बर 1939 में बाम्बे के संघर्षरत मजदूरों पर गोलियाँ चलाई गयीं। 22 जनवरी 1939 को पूरे देश में मजदूरों ने मजदूर विरोधी इंडस्ट्रियल डिस्प्यूट बिल का विरोध किया। छात्रों ने भी अपने आन्दोलनों को गति दी। दूसरा विश्वयुद्ध प्रारम्भ हो जाने से, भारत के औपनिवेशिक, अर्द्धसामन्ती समाज का विकास एक नये स्तर पर पहुँच गया।

मुसलिम लीग की नीति : जहाँ तक मुसलिम लीग का सवाल है, उसकी नीति हमेशा से ही ब्रिटिश साम्राज्यवाद को समर्थन करने की थी। विश्वयुद्ध प्रारम्भ होते ही गाँधी, नेहरू और जिन्ना ने अलग-अलग वक्तव्य देना शुरू किया जैसे वे आपस में बयानों की प्रतिस्पर्धा कर रहे हों, परन्तु दोनों ब्रिटिश शासकों को बिना शर्त समर्थन दे रहे थे। केवल सुभाष चन्द्र बोस ने ब्रिटिश का विरोध किया, क्योंकि वह जर्मन और जापानी एकाधिकारी पूँजी का प्रतिनिधित्व कर रहे थे। युद्ध विरोध का पहला आह्वान भारतीय सर्वहारा वर्ग ने किया। 3 सितम्बर 1939 को युद्ध की कटु आलोचना करते हुए मद्रास में युद्ध विरोधी पहला प्रदर्शन हुआ। इसके बाद एक दिन की युद्ध विरोधी हड़ताल बम्बई के मजदूरों ने की। मजदूरों और छात्रों ने नागपुर युद्ध विरोधी कॉन्फ्रेंस की। उसी प्रकार पंजाब, आन्ध्र और केरल में कॉन्फ्रेंस आयोजित हुई। यू.पी. के किसानों

ने काश्तकार दिवस (टेनेंट डे) मनाया। कानपुर, कोलकाता, अहमदाबाद, लखनऊ और झरिया में मजदूरों ने हड़ताल कर युद्ध का विरोध किया।

हमेशा की तरह कांग्रेस क्रान्तिकारी जनता की मनःस्थिति का अध्ययन करते हुए इन्तजार करती रही, ताकि किसी कीमत पर भी फायदा उठाने के लिए वह तदनुसार अपनी नीतियों में परिवर्तन कर सके। इस प्रतीक्षा करने और नीतियों में काट-छाँट करने के खेल ने उसे लाभांश प्रदान किया। युद्ध के प्रति जनता की आलोचनात्मक प्रतिक्रिया और जन-संघर्षों के मँडराते तूफान का अनुमान लगाकर, जनता को अपने पक्ष में मोड़ने के लिए उसने "केन्द्र में तत्काल अस्थायी राष्ट्रीय सरकार" गठन करने की माँग उठाई। परन्तु गाँधी को उपकृत करने के लिए ब्रिटिश शासकों के पास अनुकूल समय नहीं था। इसके विरोधस्वरूप 27 अक्टूबर से 15 नवम्बर 1939 के बीच कांग्रेसी मंत्रिमण्डलों ने सभी राज्यों की सरकारों से इस्तीफा दे दिया। कांग्रेस ने यह आशा की थी कि 'सत्ता के इस बलिदान' से कांग्रेस का नया रूप निखरेगा और क्रान्तिकारी जनता उसकी ओर आकर्षित होगी। इसके बाद पूरे एक वर्ष तक कांग्रेस ने बड़ी मेहनत से चुपचाप बैठकर ध्यानपूर्वक जनता की प्रवृत्ति का अध्ययन किया। इसी प्रकार साम्राज्यवाद पर आक्रमण न कर उसकी सेवा करने की प्रभावशाली नीति हमेशा की ही तरह ब्रिटिश के लिए लाभकारी प्रमाणित हुई। यहाँ तक कि युद्ध समाप्ति के 9 माह बाद 20 मई 1940 को नेहरू ने कहा : ''जब ब्रिटेन जीवन और मृत्यु के बीच संघर्ष में फँसा था, ऐसे समय नागरिक अवज्ञा आन्दोलन चलाना भारत के सम्मान को हानि पहुँचाना था।'' भारत के सम्मान के बारे में क्या खूबसूरत देशभक्ति की अवधारणा है। इसी समय गाँधी ने भी घोषणा की, ''हम ब्रिटेन की बरबादी के द्वारा अपनी आजादी नहीं प्राप्त कर सकते।'' जरा सोचिए भारत की स्वतन्त्रता ब्रिटेन को कैसे बरबाद कर देती? यह वास्तव में एक आत्मसमर्पणवादी विचार था।

भारत के विभिन्न राज्यों, आन्ध्र, मद्रास, बिहार, यू.पी., बंगाल और पंजाब की जनता ने साम्राज्यवाद और सामन्तवाद-विरोधी संघर्ष की सम्भावनाओं को प्रमाणित किया। मजदूर वर्ग द्वारा की गयी हड़तालों ने बड़ी ऊँचाइयों को प्राप्त किया। विभिन्न राष्ट्रीयताओं के संघर्षों ने भी अपने संघर्षों की राह पकड़ी। मलियाली, तेलुगु, कन्नड और मराठी राष्ट्रीयताओं के संघर्ष उल्लेखनीय हैं। जनता का मूड देखकर कांग्रेस ने अक्टूबर 1940 में फिर सत्याग्रह का नारा उछाला। इस बार यह बिल्कुल नये प्रकार का सत्याग्रह था, जिसमें गाँधी द्वारा जितने लोगों को स्वीकृति प्रदान की जाती थी, वह सब पुलिस को पूर्व सूचना देकर गिरफ्तारी देते

थे। कुछ कांग्रेसी नेताओं को गिरफ्तार किया गया परन्तु गाँधी का यह सत्याग्रह जनता को आकर्षित नहीं कर सका, इसलिए इसे दिसम्बर 1941 में वापस ले लिया गया और सभी गिरफ्तार लोगों को रिहा कर दिया गया।

इसी बीच मुसलिम लीग सक्रिय हुई और ब्रिटिश के आशीर्वाद से उसने अपने प्रसिद्ध लाहौर अधिवेशन (मार्च 1940) में पाकिस्तान का प्रस्ताव पारित किया।

जुलाई 1942 में भारतीय कम्युनिस्ट पार्टी के संशोधनवादी नेतृत्व ने युद्ध के प्रति अपनी नीति को उलट दिया और ब्रिटिश साम्राज्यवादियों को बिना शर्त समर्थन प्रदान कर पार्टी द्वारा कानूनी दर्जा प्राप्त किया। अब भारतीय कम्युनिस्ट पार्टी प्रतिबन्धित नहीं थी।

ब्रिटिश साम्राज्यवाद जहाँ एक तरफ अपने दमन का डंडा चला रहा था, वहीं दूसरी तरफ राजनीतिक सुविधाओं का प्रलोभन भी दे रहा था। निरन्तर आगे बढ़ रहे जनता के संघर्षों को शान्त करने के लिए मार्च 1942 में क्रिप्स कमीशन को भारत भेजा गया। इस समय युद्ध के प्रभाव के कारण अन्तर्राष्ट्रीय परिस्थिति अत्यधिक अस्थिर थी। कांग्रेस के दोनों धड़ों के पास अब कोई सिद्धान्त नहीं बचा था, बल्कि दोनों ने सत्ता की लगाम को पकड़ने की नीति बना ली थी। युद्ध के मोर्चे पर फासिस्ट आक्रमण के पहले चरण में, सुभाष चन्द्र बोस ने नये फासिस्ट शासकों के अधीन सत्ता पर कब्जा करने के लिए आँखें दिखाईं और फिर गाँधी वाला धड़ा रातों-रात ब्रिटिश विरोधी हो गया और ब्रिटिश शासकों को 'भारत छोड़ो' की अन्तिम चेतावनी देने लगा। गाँधी धड़े के और अधिक धूर्त नेता नेहरू, अबुल कलाम आजाद और राजगोपालाचारी ने मित्र राष्ट्रों के साथ जुड़े रहने में ही बुद्धिमानी समझी। परन्तु गाँधी ने उन पर अपना प्रभाव स्थापित किया। मुसलिम लीग ने ब्रिटिश शासन के भारत विभाजन के निर्णय को लागू करने का सबसे अच्छा समय समझा और वह पाकिस्तान बनाने की माँग को लेकर डट गयी।

कांग्रेस ने 8 अगस्त 1942 को 'भारत छोड़ो' का नारा दिया और दूसरे दिन कांग्रेस के आदमियों से ब्रिटिश शासन की जेलें भर गयीं।

गाँधी के उपदेशों या उसके प्रदर्शनों से अप्रभावित क्रान्तिकारी जनता ने एक बार हिंसा का मार्ग अपना लेने के बाद इस आन्दोलन से मुँह नहीं मोड़ा। यू.पी. में पूर्वी क्षेत्र के जिले बस्ती, मिर्जापुर, फैजाबाद, सुल्तानपुर, बनारस, जौनपुर, गोरखपुर, खास कर बलिया, गाजीपुर और आजमगढ़ की जनता ने इन इलाकों को स्वतन्त्र घोषित कर दिया था। अल्मोड़ा और गढ़वाल के जिले भी इस प्रकार की गतिविधियों से प्रभावित थे।

बिहार में संथाल परगना, डल भूमि और जमशेदपुर जिलों की जनता ने समानान्तर सरकार की घोषणा कर दी। उत्तरी भागलपुर, सुलतानपुर में जनता की सरकार की घोषणा कर दी गयी जबकि मांझी इकमा, दिघवार, दरौली, रघुनाथपुर, सिसवान, परसा, बैकुंठपुर और गरखा में औपनिवेशिक शासन तंत्र पूर्णतः लकवाग्रस्त हो गया था। तेगरा, सिमराघाट, रूप नगर, बहेरा और बच्चावेरा के पुलिस थाने पूर्णतः जला दिये थे। सूरजगढ़, चौटेम, तारापुर, लालगंज और बेलसाड के थानों पर जनता ने पूर्ण नियन्त्रण कर लिया था। मिदनापुर के पुलिस थाने पर हमला कर पुलिस वालों को समाप्त कर दिया गया था। हाजीपुर और सीतामढ़ी में सरकारी अफसरों को मार दिया गया था। रामपुर, महाराष्ट्र, पुरी और कराकत में कई दिनों तक पुलिस थानों पर जनता का कब्जा बना रहा। रेलवे स्टेशन पूर्णतः ध्वस्त कर दिये गये थे।

नेपाल के तराई क्षेत्र में गुरिल्ला टुकड़ियों को प्रशिक्षण देने के लिए आजाद दस्ता नाम से एक केन्द्र स्थापित किया गया था। मध्य प्रदेश के लगभग सभी जिलों में आन्दोलन प्रस्फुटित हो गया था परन्तु नागपुर, वर्धा, भंडारा, अमरावती और बेतूल में बहुत ही घमासान, दीर्घकालीन और बहुत ही दृढ़तापूर्वक संघर्ष संचालित हुआ। बंगाल प्रान्त के कोलकाता और ढाका में कई दिनों तक क्रांतिकारियों ने प्रशासन को लुंजपुंज बना दिया था। फरीदपुर, बारासात, मैमन सिंह, जसौर, खुलना आदि सभी स्थानों पर सरकारी भवनों पर हमला किया गया और छापा मारा गया था।

असम के नवगाँव और स्याल हाट जिलों में बहुत ही सघन और जोरदार संघर्ष चला। स्याल हाट में कुछ गाँवों में समानान्तर सरकार की स्थापना हो गयी थी। उड़ीसा में कोरापुट, बालासोर और कटक जिलों के संघर्षों में किसान काफी सक्रिय थे। नीलगिरि और तलचर जिलों में काफी सघन संघर्ष चला। तलचर टाउन के अतिरिक्त सम्पूर्ण तलचर रियासत पर जनता ने अधिकार कायम कर लिया था।

कोरापुट जिले के मथाली पुलिस थाने के अन्तर्गत तेनतुलिंगम जिले के श्री लक्ष्मण नाइक ने किसानों को किसी भी प्रकार का टैक्स न देने के लिए संगठित किया। 'जयपोर समसथानम' जमींदारी में कांग्रेस की टैक्स अदा करने की अवधारणा के मुकाबले उसने हल का टैक्स, कुटिया या झोंपड़ी का टैक्स, रोड टैक्स आदि न भुगतान करने का ऐलान किया। 21 अगस्त 1942 को जयपोर से 40 मील दूर मथाली में बड़ी संख्या में आदिवासी किसान एकत्र हुए। ये मथाली से पूर्व ऊँची पहाड़ियों पर रहने वाले ऊँची जमीन के मालिक

थोंडा आदिवासी थे। वे अपनी निर्भीकता, दुस्साहस और लड़ाकू विशेषताओं के लिए प्रसिद्ध थे। मथाली पुलिस थाने के इंचार्ज ने मुकाबले के लिए पहले ही रिजर्व पुलिस, सभी फारेस्ट गार्डों, चपरासियों, अन्य सिपाहियों और ज़मींदारों के गुण्डों को एकत्र कर सभी को हथियारों से लैस कर दिया था। बियर और शराब की एक दुकान ध्वस्त करने के बाद आदिवासियों ने हाटापाड़ा स्थान पर एक मीटिंग की। एकत्रित जनता ने पुलिस स्टेशन की ओर मार्च किया, पुलिस ने तोड़ेदार बन्दूकों से गोलियाँ चलायीं, परिणामस्वरूप इस मथाली नरसंहार में भारी संख्या में लोग मारे गये और अनेक घायल हो गये। श्री लक्ष्मण नाइक को पुलिस की एक बैनेट से घायल कर दिया गया। एक सशस्त्र पुलिस वाला भी मारा गया। इस जघन्य जन-संहार के विरोध में 31 अगस्त 1942 को आसपास के गाँवों से हजारों लोगों ने मथाली में एकत्र होकर विरोध प्रदर्शन किया। सरकार ने श्री लक्ष्मण नाइक सहित 49 लोगों पर मुकदमा चलाया। श्री लक्ष्मण नाइक को मृत्युदण्ड दिया गया और तीस लोगों को आजीवन कारावास की सजा दी गयी तथा 18 अन्य लोगों को कम समय की सजा दी गयी। 29 मार्च 1943 को सूर्योदय से पूर्व ही लक्ष्मण नाइक को बेहरमपुर कैम्प जेल में फाँसी पर लटका दिया गया।

महाराष्ट्र में सतारा के लोगो ने सतारा को स्वतन्त्र घोषित कर दिया और भयाक्रान्त सरकार ने पूना को सेना के नियन्त्रण में कर दिया। आन्ध्र प्रदेश के लगभग सभी जिलों में जनता द्वारा सरकार के खिलाफ सघन और तूफानी संघर्ष चल रहा था। पश्चिम गोदावरी जिले का भीमावरम इलाका इन संघर्षों का मुख्य केन्द्र था। आक्रोशित जनता ने गुजरात के भरूच और बागरा के पुलिस थानों पर आक्रमण कर वहाँ के सारे हथियारों को जब्त कर लिया और पंचमहल के जिला मुख्यालय पर भी हमला किया। तमिलनाडु की लगभग सभी मिलों में काम बन्द कर मजदूरों ने ब्रिटिश सरकार के खिलाफ विरोध प्रदर्शित किया। जनता ने मद्रास रेलवे स्टेशन पर हमला किया। कोयम्बटूर में सेना के हवाई अड्डे और करीब 9 मील दूर स्थित मिलिटरी के कैम्प में आग लगा दी।

इसी प्रकार पंजाब, सिन्ध और उत्तर पश्चिमी फ्रंटियर प्राविंस में भी जनता ने टेलीफोन और टेलीग्राफ लाइनों को काट कर संचार व्यवस्था को क्षतिग्रस्त किया और अनेक जिलों में जनता के विशाल प्रदर्शन भी आयोजित हुए। राजस्थान प्रान्त में अधिकांश संघर्ष शहरों में केन्द्रित थे। 1942 में हुए इन समस्त संघर्षों में पूरे देश में मजदूरों, किसानों निम्न-मध्यम वर्ग के लोगों तथा छात्र नौजवानों ने पूरी शक्ति से भागीदारी की थी।

ब्रिटिश साम्राज्यवाद को ब्रूटिश साम्राज्यवाद कहना अधिक उचित होगा, यह पागल कुत्ते की तरह पूरे भारत में हिंसा पर उतारू हो गया, चारों तरफ अन्धाधुन्ध फायरिंग, बम गिराये गये और मशीनग से गोलियाँ बरसाई गयीं। अनगिनत लोगों की हत्या की गयी, हजारों घायल हुए, असंख्य लोगों का अंगभंग हुआ और गिरफ्तारियाँ हुईं। जनता को कोड़ों से पीटा गया और आर्थिक दण्ड लगाये गये। जनता से जबरदस्ती जुर्माना वसूला गया। इस सम्पूर्ण दमनात्मक कार्यवाही में महिलाओं और बच्चों को भी नहीं छोड़ा गया। महिलाओं का कामुकतापूर्ण उत्पीड़न किया गया, उनको नग्न करके ऊपर पैर बाँध कर उल्टा लटकाया गया। महिलाओं के साथ बलात्कार किया गया, उन्हें और बच्चों को कोड़े लगाये गये। ब्रिटिश सैनिकों ने पूरे के पूरे गाँवों को लूटा, तहस-नहस किया और आग लगाकर ध्वस्त कर दिया। इस प्रकार ब्रिटिशों ने दमन के सारे रिकार्ड तोड़ दिये। ब्रिटिश शासकों द्वारा 25,000 लोगों की हत्या करने का रिकार्ड उपलब्ध है।

शासक वर्गों के बर्बर दमन के द्वारा क्रान्तिकारी संघर्षों को बाधित किया जा सकता है, थोड़े समय के लिए रोका भी जा सकता है, परन्तु उसको समाप्त नहीं किया जा सकता। 1942-44 के दो वर्षों तक औपनिवेशिक शासन की अवज्ञा होती रही और क्रान्ति का ज्वालामुखी धधकता रहा। 1943-44 के दौरान फासिस्टों का क्रोध फूटने के साथ ही साथ, गाँधी और उसके गिरोह ने 'भारत छोड़ो' आन्दोलन वापस ले लिया। गाँधी ने 15 जुलाई 1943 को गृहविभाग को लिखे अपने पत्र में 1942 के संघर्ष को शुरू करने की जिम्मेदारी को अस्वीकार किया। 21 दिसम्बर 1948 को एक पत्र में जवाहरलाल नेहरू, बल्लभभाई पटेल, और जी.बी. पन्त ने घोषित किया कि "गाँधी जी या आल इंडिया कांग्रेस कमेटी, किसी के द्वारा भी अधिकृत रूप से कोई भी संघर्ष प्रारम्भ नहीं किया गया।"

ब्रिटिश साम्राज्यवादियों ने मई 1944 में गाँधी को जेल से रिहा कर दिया और इसके ठीक बाद गाँधी ने घोषित किया कि अब नागरिक अवज्ञा आन्दोलन "आज से समाप्त किया जा रहा है, क्योंकि अब 1944 में वह 1942 की तरह पीछे नहीं जा सकता।" इसके बावजूद क्रान्तिकारी संघर्ष जारी रहा। सितम्बर 1944 के दौरान गाँधी और जिन्ना के बीच हुई विभिन्न वार्ताओं की विफलता पूर्व निर्धारित थी। ब्रिटिश साम्राज्यवादियों ने गाँधी और जिन्ना के बीच सोच-समझ कर बहुत ही सधे तरीके से जिन अन्तर्विरोधों को उत्पन्न किया था, मजबूत किया था, उनको हल करने का सद्भाव प्रदर्शित किया। उन्होंने पहले से ही भारत विभाजन की जिस योजना को तैयार किया था, उसे अन्तिम रूप प्रदान

करने के लिए जून 1945 में कांग्रेस और मुसलिम लीग के प्रतिनिधियों की एक कॉन्फ्रेंस समाप्त हो गयी। इसी समय अगस्त 1945 में मित्र राष्ट्रों की विजय के साथ द्वितीय विश्वयुद्ध समाप्त हुआ।

पूरा विश्व प्रत्यक्ष संकटों से घिरा हुआ था। विश्व के तमाम साम्राज्यवादी देशों में गम्भीर संकट गहरा हो रहा था, "महान अक्टूबर समाजवादी क्रान्ति के बाद, द्वितीय विश्वयुद्ध के दौरान यह संकट और सघन हो गया। द्वितीय विश्वयुद्ध के दौरान, ब्रिटिश साम्राज्यवाद और भारतीय जनता के बीच के बुनियादी अन्तरर्विरोध बहुत तीव्र हो गये। इसी प्रकार अन्य बुनियादी अन्तर भी तीव्र होने लगे। इस विश्वयुद्ध में मित्र शक्तियों की विजय से सम्पूर्ण विश्व दूर तक फैले हुए परिवर्तनों के जाल में फँस गया। फासीवाद पर जनता की शक्तियों की विजय ने विश्व में एक नयी परिस्थिति उत्पन्न कर दी थी। भारत में भी साम्राज्यवाद-विरोधी नयी ऊर्जा के साथ अग्नि प्रज्वलित होने लगी। अतीत के मुकाबले भारत में क्रान्तिकारी परिस्थितियाँ अधिक परिपक्व हो गयी थीं।

1945 से 1947 के बीच भारत की स्थिति

द्वितीय विश्वयुद्ध की समाप्ति ने भारत के औपनिवेशिक अर्द्धसामन्ती समाज के विकास में एक सन्धिकाल का संकेत दिया। राष्ट्रीय रूप में भारत एक जलता हुआ आग का गोला था। देश की सीमाओं के अन्दर साम्राज्यवादी दमन, युद्ध नीति, कर-निर्धारण नीति, मुद्रास्फीति और ज़मींदारों तथा सूदखोरों का दोहरा शोषण और इसी के साथ भीषण अकाल ने भारतीय जनता को राजनीतिक-आर्थिक संकट की जटिलताओं में फँसा दिया। इन संकटों के परिणामस्वरूप सभी आन्तरिक वर्ग अन्तर्विरोध तीव्र हो गये। दूसरी तरफ द्वितीय विश्वयुद्ध में विश्व स्तर पर हिटलर के फासीवाद पर विश्व जनता के मोर्चे की विजय, माओत्से तुंग के नेतृत्व वाली चीनी कम्युनिस्ट पार्टी के नेतृत्व में चीनी जनता की जापानी सैन्यवाद पर विजय, दक्षिण एशियाई देशों में बढ़ते राष्ट्रीय मुक्ति आन्दोलनों ने भारतीय जनता पर एक अमिट छाप छोड़ी और अपने क्रान्तिकारी आन्दोलन को अधिक लगन, दृढ़ता और उत्साह के साथ अग्रगति प्रदान करने के लिए नया परिदृश्य प्रदान किया।

पूरे देश में चारों तरफ उथल-पुथल का वातावरण था। सभी वर्गों की जनता ने क्रान्तिकारी संघर्ष में अपनी शक्ति लगा दी थी और क्रान्तिकारी संघर्ष लहरों के रूप में आगे बढ़ रहा था। ब्रिटिश साम्राज्यवाद ने इस क्रान्तिकारी अवरोध को भली प्रकार पहचान लिया। ब्रिटिश ने भली प्रकार समझ लिया कि अब भारत

को अधिक दिनों तक अपने अधीन रखना सम्भव नहीं है। कांग्रेस क्रान्तिकारी ज्वाला से लाल अंगारे की तरह जलते हुए भारत को किनारे होकर देख रहे थे। ऐसी परिस्थिति में साम्राज्यवादियों ने निम्नलिखित मुख्य निर्णय लिए–

1. प्रत्यक्ष साम्राज्यवादी शासन के बजाये अपने पिछलग्गुओं को सत्ता हस्तान्तरित कर अप्रत्यक्ष रूप से शासन चलाना। 2. कम्प्राडोर बुर्जुआ और जमींदार वर्गों का प्रतिनिधित्व करने वाले दो प्रतिद्वन्द्वी संगठनों द्वारा कुशलतापूर्वक देश का साम्प्रदायिक बँटवारा और 3. 'लाल खतरे' को दूर ही रोकना। इन प्रधान निर्णयों को शीघ्र ही नयी पद्धति से लागू किया गया। जनवरी 1946 में ब्रिटिश पार्लियामेंटटेरी प्रतिनिधि मण्डल भारत आया। कैबनेट मिशन मार्च 1946 में भारत आया और दिसम्बर 1945 में कांग्रेस और मुसलिम लीग के नेताओं की एक मीटिंग की व्यवस्था लन्दन में की गयी थी। यह सभी कार्य साम्राज्यवादी निर्णय के प्रमुख भाग थे। साम्राज्यवादियों ने इतनी कुशाग्रता से पूर्ण रूप से नहीं तो अधिकांशतः सम्पूर्ण निर्णय को लागू करवाया कि वे केवल भारतीय ही नहीं, विश्व की जनता को भ्रमित करने में सफल रहे। वह देखते रहे कि ब्रिटिश द्वारा दो कट्टर विरोधी संगठन कांग्रेस और मुसलिम लीग को पुनः एक साथ कर न्यायपूर्ण तरीके से सत्ता हस्तान्तरित कर दी गयी। इस प्रकार ब्रिटिश शासक न केवल भारत की जनता को ही बल्कि विश्व की जनता को धोखा देने में सफल हुए। भारत देश के बँटवारे के इस गन्दे खेल में कांग्रेस और मुसलिम लीग स्वेच्छा से भागीदार बने थे और 'लाल खतरे' को दूर रखने के लिए ब्रिटिश कांग्रेस और मुसलिम लीग तीनों सहमत थे।

1946 के प्रारम्भ में ही तेलंगाना के किसानों का आन्दोलन शुरू हो गया और इसी समय अनेक स्थानों पर किसानों ने सत्ता का विरोध किया। ब्रिटिश साम्राज्यवाद विरोधी आन्दोलन ने सेना में भी प्रवेश किया। जनवरी 1946 में एयरफोर्स के जवानों ने बगावत की और फरवरी 1946 में नौसेना ने विद्रोह कर दिया। दिनों-दिन तेजी से विकसित हो रही क्रान्तिकारी परिस्थिति ब्रिटिश का पीछा कर रही थी, अतः उन्होंने अपने फैसलों को शीघ्रातिशीघ्र लागू किया।

जब भारतीय नौसेना के जवानों ने विद्रोह किया तो इसे सम्पूर्ण भारत से समर्थन प्राप्त हुआ। यह ब्रिटिश साम्राज्यवादियों के मुँह पर भरपूर तमाचा था। भारतीय सेना के जवानों ने जब नौसेना के विद्रोही जवानों पर गोली चलाने से इनकार कर दिया तब ब्रिटिश सेना को बुलाया गया। नौसेना के जवानों और ब्रिटिश सैनिकों के बीच सात घंटों तक मुकाबला हुआ। नौसेना के विद्रोही जवानों के समर्थन में बम्बई के मजदूरों ने हड़ताल की। 21 फरवरी से 23 फरवरी

1946 तक तीन दिनों तक ब्रिटिश सैनिकों और बम्बई की जनता के बीच कई बार झड़पें हुईं। इन संघर्षों में सरकारी आँकड़े के अनुसार 286 लोगों की हत्या हुई, जब कि अन्य सूत्रों के अनुसार कम से कम 400-800 लोग मारे गये थे।

कांग्रेस और मुसलिम लीग दोनों ने ब्रिटिशर्स को सहायता पहुँचाई। इन दोनों पार्टियों ने नौसेना के विद्रोह का विरोध किया और वह चाहती थी कि विद्रोही सैनिक ब्रिटिश के सामने आत्मसमर्पण करें। अन्त में भारतीय कम्युनिस्ट पार्टी के संशोधनवादी नेतृत्व की मदद से उनको अपने मंसूबे पूरे करने में सफलता मिली। ब्रिटिश सेना के समक्ष आत्मसमर्पण करने और हथियारों को जमा कर देने के बाद सभी विद्रोही नेताओं को गिरफ्तार किया गया। इन नौसैनिक विद्रोहियों के शानदार विद्रोह और इसका समर्थन करनेवाली मजदूरों की हड़ताल के विरोध में अनेक वक्तव्य जारी किये गये, परन्तु आततायी और हत्यारे ब्रिटिशों के खिलाफ कांग्रेस और मुसलिम लीग ने एक भी वक्तव्य जारी नहीं किया। कुमारप्पा के माध्यम से गाँधी ने इस शानदार वीरतापूर्ण विद्रोह की निन्दा की, परन्तु हजारों लोगों की हत्या करने वाले ब्रिटिश के खिलाफ मुँह तक नहीं खोला। उसने इस विद्रोह को अहिंसा के सिद्धान्त को नकारने वाला हिन्दू-मुसलमानों का 'अपवित्र गठबन्धन' कहा। तत्कालीन कांग्रेस अध्यक्ष मौलाना आजाद ने कैबिनेट मिशन को इस विद्रोह का विवरण पेश किया, सार्वजनिक रूप से स्ट्राइक, हड़ताल और अस्थायी अधिकारियों की रक्षा को अनावश्यक घोषित किया। ''जो विदेशी शासक एक केयर टेकर के रूप में है, उनके साथ तत्काल कोई मुद्दा उठाने का कोई अर्थ नहीं है।'' हिन्दू-मुसलमानों की एकता को 'अपवित्र गठबन्धन' कैसे कहा जा सकता है। ऐसा कहकर हिन्दुओं और मुसलमानों को क्यों अपमानित किया गया जबकि यह एकता दोनों के समान शत्रु ब्रिटिश साम्राज्यवाद के खिलाफ प्रयोग की जा रही थी। गाँधी ने अपने इस बयान के द्वारा हिन्दू-मुसलमानों की एकता भंग करने वाले को आशीष प्रदान किया।

जब ब्रिटिश साम्राज्यवादी भारत की सत्ता पर काबिज थे तो उनको 'केयर टेकर' कैसे कहा जा सकता है। जब ब्रिटिश की कोई 'केयर टेकर' सरकार नहीं थी और न ही उनका कोई 'अस्थायी प्राधिकार' था। गाँधी की कांग्रेस के अध्यक्ष मौलाना आज़ाद नौसेना के विद्रोह का समर्थन क्यों नहीं कर सकते थे? गाँधी का सत्य और उनका तर्क ही इसे बता सकता है।

भारतीय जनता अपने मार्ग पर अविचल थी। निरन्तर आगे बढ़ रहे, अप्रतिरोध्य सशस्त्र किसान संघर्षों की विलक्षणता को ब्रिटिश शासकों ने भली प्रकार समझ लिया था। इसलिए सरकारी सैनिक दलों में बार-बार हो रहे राजनैतिक विद्रोह

और मजदूरों, छात्रों, नौजवानों के संघर्ष इसे शक्ति प्रदान कर रहे थे।

जैसे हमने पहले ही वर्णन किया है, 16 मार्च 1946 को भारत में ब्रिटिश कैबिनेट मिशन का आगमन हुआ और इससे पूर्व जनवरी 1946 में पार्लियामेंटटेरी डेलीगेशन आ चुआ था। इन दोनों ने विभिन्न राजनीतिक पार्टियों से बातचीत करने के बाद अन्तिम रूप से मई 1946 में एक संविधान के स्वरूप को स्वीकृति प्रदान कर, एक कांस्टीचुएंट असेम्बली और अस्थायी सरकार स्थापित करने की घोषणा की। इन कमेटियों की सिफारिशें बास्तव में भारत के विभाजन के लिए रास्ता बना रही थीं। कांग्रेस और मुसलिम लीग ने अपनी व्याख्याओं के साथ इन सिफारिशों को स्वीकार कर लिया। इसके बाद ब्रिटिश साम्राज्यवाद, कांग्रेस और मुसलिम लीग के बीच कैबिनेट मिशन के प्रस्ताव पर सहमित के लिए एक दीर्घकालीन और अनोखी मीटिंग चली।

इसी समय जिन्ना द्वारा 15 अगस्त 1946 को 'सीधी कार्यवाही' के आवाहन से कोलकाता में 6 हजार लोगों की मौत हुई और 20 हजार से अधिक लोग घायल हुए। इसके बदले में बल्लभ भाई पटेल ने 'तलवार का मुकाबला तलवार' से करने का विद्वेषात्मक आवाहन किया। कांग्रेस हमेशा अहिंसा के सिद्धान्त की अवज्ञा के लिए क्रान्तिकारी कार्यवाहियों की निन्दा करती थी, परन्तु गाँधी की कांग्रेस के पटेल ने अपने मुसलमान भाइयों के खिलाफ हिंसात्मक कार्यवाही का आवाहन किया, परन्तु ब्रिटिश शासन के खिलाफ हिंसा का आवाहन नहीं किया। परिणामस्वरूप पूरे भारत में साम्प्रदायिक हिंसा-प्रतिहिंसा का चक्र चल पड़ा।

परन्तु यह साम्प्रदायिक हिंसा भी भारतीय जनता को क्रान्तिकारी संघर्षों के मार्ग से विचलित नहीं कर सकी। तेलंगाना के सशस्त्र किसानों ने जमीनों पर कब्जा कर लिया, *पीपुल्स कमेटियों* की स्थापना की और अपना खुद का प्रशासन स्थापित किया। भारतीय किसान चारों तरफ विद्रोह करने लगे, परन्तु ये किसान संघर्ष तेलंगाना की ऊँचाइयों तक नहीं पहुँच सके। बंगाल में बटाईदार किसानों ने तेभागा आन्दोलन संचालित किया और 60 हजार से अधिक बटाईदार किसानों ने काटी हुई फसल को ज़मींदारों के खलिहानों में ले जाने से इनकार कर दिया और उसे अपने घरों पर ले जाकर दाना और भूसा अलग-अलग किया। इसी प्रकार उत्तरी मालाबार के किसानों ने अनाज को ज़मींदारों के अन्न भंडार में ले जाने से इनकार कर दिया। त्रावणकोर के किसानों ने ज़मींदारों से संघर्ष करने और उनके दमन का मुकाबला करने के लिए स्वयंसेवकों की कमेटियों का गठन किया। इनका सम्बन्ध अल्लपी के मजदूर आन्दोलन से था और इस प्रकार इन कमेटियों ने पुनप्पा और वायलार के ऐतिहासिक संघर्ष को

समर्थ बनाने में सहायता प्रदान की। काश्मीर के किसानों और जनता ने ब्रिटिश कठपुतली महाराजा हरीसिंह के खिलाफ 'काश्मीर छोड़ो' का आन्दोलन चलाया। बम्बई के समीप वारली के किसानों ने औपनिवेशिक शासन के खिलाफ संघर्ष संचालित किया। गुजरात के किसानों ने प्रति बीघा 1 से 7 रु. तक ज़मींदारों द्वारा आरोपित गैर-कानूनी टैक्स का भुगतान नहीं किया। पटियाला में इच्छाधारी किसानों ने ज़मींदारों की जमीनों पर अपना मालिकाना हक जमाकर जमीनों पर कब्जा कर लिया। उड़ीसा के उत्कल क्षेत्र के अनेक गाँवों में किसानों द्वारा बटाई का दो-तिहाई भाग प्राप्त करने के लिए स्वतःस्फूर्त आन्दोलन चल पड़ा। यह आन्दोलन कटक, पुरी और गंजाम जिलों में फैल गया। तमिलनाडु में तंजौर, मदुरई, रामनाड़, तिरुनवेली, और चिंगलपेट जिले के किसानों ने अर्ध दासता की स्थितियों के खिलाफ संघर्ष किया। बिहार के किसानों ने बकाश्त भूमि पर अपना मालिकाना हक जताया और भू-कर देने से इनकार किया। जयपुर, मारवाड़, इंदौर और भरतपुर के रजवाड़ों की रियासतों में भी किसान संघर्ष हुए।

इस प्रकार पूरे देश में क्रान्तिकारी किसान संघर्षों की ज्वाला जल रहीं थी और लगभग समाज के सभी वर्गों का इसे समर्थन प्राप्त था। भारतीय मजदूरों के संघर्ष भी दिन पर दिन मजबूत हो रहे थे और अग्रगति प्राप्त कर रहे थे। 1945 में करीब साढ़े सात लाख मजदूरों ने ब्रिटिश सत्ता के विरोधस्वरूप अपना काम बन्द रखा। 1946 में लगभग इक्कीस लाख मजदूरों ने विभिन्न हड़तालों में भागीदारी की। हथियारबन्द संघर्षों से पूरे देश का वातावरण गर्म था। ब्रिटिश साम्राज्यवाद की बुनियाद हिल गयी थी। भारतीय कम्युनिस्ट पार्टी के तत्कालीन संशोधनवादी नेतृत्व ने इस साम्राज्यवाद विरोधी क्रान्तिकारी संघर्ष की अगुवाई करने के बजाय कांग्रेस के तलवे चाटते हुए संघर्ष के साथ विश्वासघात किया और अन्त में वह ब्रिटिश साम्राज्यवादियों की योजना को लागू करने में लग गया।

रोज-ब-रोज आगे बढ़ रहे जनता के संघर्षों से अपनी बुनियाद खिसकती हुई देख कर ब्रिटिश साम्राज्यवादियों को शीघ्रातिशीघ्र अपने फैसले को लागू करने के अतिरिक्त कोई विकल्प नहीं दिख रहा था। जुलाई 1946 में जल्दी-जल्दी कांस्टीचुएंट असेंबली का गठन हुआ और ठीक इसी के साथ अन्तरिम सरकार का गठन किया गया। साम्राज्यवादियों ने अपने लिए जिस योजना को तैयार किया था, उसमें नेहरू को सर्वप्रथम 'उत्तराधिकारी' नियुक्त होना था। कांग्रेस की 14 प्रान्तीय कमेटियों में से 13 ने पटेल के पक्ष में अपना मत दिया था और एक ने भी नेहरू के नाम का सुझाव नहीं दिया था। इस वास्तविकता को दरकिनार करते हुए ब्रिटिश साम्राज्यवादी सरकार के लोकतांत्रिक गढ़ ने

नेहरू को सरकार का प्रधानमंत्री बनाने के लिए बगैर कोई समय गँवाए हुए व्यवस्थित कर लिया। इस व्यवस्था के करीब 45 दिन के अन्दर ही अक्टूबर 1946 में मुसलिम लीग को भी सरकार में स्थान प्राप्त हो गया। दिसम्बर 1946 में कांस्टीचुएंट असेम्बली का प्रथम अधिवेशन आयोजित हुआ; ठीक इसके बाद दिसम्बर 1946 में ही लन्दन में एक कॉन्फ्रेंस आहूत हुई। इस कॉन्फ्रेंस में ऐटली, वावेल, जवाहरलाल नेहरू और मोहम्मद अली जिन्ना ने भी भागीदारी की। कोई भी इसे देख सकता है कि समय को धोखा देते हुए कितनी द्रुत गति से उत्तराधिकार की घटनाओं को अन्तिम परिणाम तक पहुँचाया गया। परिस्थिति से भयभीत ब्रिटिश साम्राज्यवाद ने अपने निर्णय को तीव्रता से लागू किया। ब्रिटिश साम्राज्यवाद को भय था कि चारों तरफ उठ रहे उथल-पुथल से उसके लोकतांत्रिक प्रसार में कहीं दरार न पड़ जाए और जनता कहीं कोई निर्णायक आक्रमण न कर दे। इसलिए ब्रिटिश ने अपनी योजना को अति सावधानीपूर्वक लागू किया। वह 'लाल खतरे' के लिए कोई भी स्थान नहीं छोड़ना चाहता था, इसलिए जनवरी 1947 में बल्लभ भाई पटेल ने पूरे देश में कम्युनिस्टों को गिरफ्तार करवाया। अब ब्रिटिश साम्राज्यवादी, कांग्रेस और मुसलिम लीग ही मैदान में थे और सारे अवरोध दूर हो चुके थे। यह तीनों अब ब्रिटिश योजना को लागू करने के लिए पूर्णतः स्वतन्त्र थे। फरवरी 1947 में वावेल का स्थान माउंटबेटन ने ले लिया और ब्रिटिश साम्राज्यवाद ने जून 1946 में अपने भारतीय आश्रितों को सत्ता-हस्तान्तरण की घोषणा कर दी। फरवरी 1947 की घोषणा में स्पष्ट रूप से कहा गया है :

"महामहिम, सरकार को यह विचार करना होगा कि ब्रिटिश भारत में सेण्ट्रल गवर्नमेंट के अधिकार निश्चित तारीख पर किसके हाथ में सौंपे जायें, इसे चाहे ब्रिटिश सरकार के सम्पूर्ण सेण्ट्रल गवर्नमेंट के रूप में या वर्तमान प्रान्तीय सरकारों के कुछ भाग के रूप में या फिर किसी और रूप में जो सबसे अधिक उपयुक्त और भारतीय जनता के हित में प्रतीत हो।"

इस घोषणा से यह बिल्कुल स्पष्ट हो गया था कि ब्रिटिश साम्राज्यवाद की सनक और कल्पना का विभाजित भारत बिल्कुल सम्भावित था।

जब साम्राज्यवाद के चाटुकार उक्त घोषणा की बौद्धिक व्याख्या में फँसे थे, तब भारत विभाजन की साम्राज्यवादी सम्भावना पर क्रान्तिकारी जनता की स्वतन्त्र गड़गड़ाहट को साफ सुना जा सकता था।

गाँधी ने 3 मार्च 1947 को गर्व के साथ घोषणा की : "यदि कांग्रेस विभाजन को स्वीकार करना चाहती है, तो यह मेरी लाश पर ही सम्भव होगा।

यदि मैं कांग्रेस की कोई मदद कर सका तो मैं इस विभाजन को स्वीकार करने की अनुमति नहीं दूँगा।'' (*इंडिया विन्स फ्रीडम,* पृ. 87, मौलाना आज़ाद) भारत का विभाजन गाँधी की 'लाश' पर नहीं बल्कि उनके जीते जी हो गया। केवल उनकी 'लाश' का धोखा ही समाप्त हुआ। वही गाँधी कुछ दिनों बाद विभाजन की स्वीकृति में तर्क देने लगे।

माउंटबेटन की योजना (जून 1947) में देश के विभाजन को प्रस्तावित किया गया था। विभाजन की यह योजना ब्रिटिश साम्राज्यवादियों, कांग्रेस और मुसलिम लीग का भारतीय जनता के खिलाफ सम्मिलित षड्यन्त्र (कांस्पिरेसी) था। माउंटबेटन ने वायसराय के पद पर नियुक्त होने के 4 माह में ही यह उपलब्धि प्राप्त कर ली।

देश के विभाजन जैसे महत्त्वपूर्ण विषय पर भारत की जनता को दरकिनार कर दिया गया था। परन्तु भारतीय जनता, ब्रिटिश साम्राज्यवादियों और उनके भारतीय पिछलग्गुओं की मिली-भगत से अपनी मातृभूमि के विभाजन के समय मात्र मौन दर्शक नहीं रह सकती थी। ब्रिटिश साम्राज्यवादियों को भय था कि जून 1948 से पहले ही भारत में भारी उथल-पुथल न हो जाए। ब्रिटिश प्राइम मिनिस्टर ऐटली ने 20 फरवरी 1947 के अपने वक्तव्य में सत्ता-हस्तान्तरण के लिए उक्त तारीख निर्धारित की थी परन्तु वह इस योजना को शीघ्रता से लागू करना चाहता था। ऐटली ने ब्रिटिश पार्लियामेंट से सत्ता-हस्तान्तरण की योजना को पारित करवाने में (जुलाई 1947) कोई देरी नहीं की और सत्ता-हस्तान्तरण के लिए निर्धारित तारीख से पहले ही 15 अगस्त 1947 निर्धारित हो गयी। उस दिन भारत दो भागों में विभाजित हो गया।

भारत विभाजन से पूर्व और बाद में दोनों समय भयानक साम्प्रदायिक दंगे हुए और मानवजाति के इतिहास में शायद इन दंगों में सर्वाधिक लोगों ने जानें गँवाईं। दस लाख लोगों ने अपने प्राण गँवाए और चार लाख से अधिक लोग हताहत हुए। करीब 2 करोड़ पचास लाख लोगों की धन सम्पत्ति की हानि हुई। यह इतिहास की सर्वाधिक खून-खराबे वाली घटना थी। यह घटना कांग्रेस के रक्तहीन 'क्रान्ति' के दावे को पूर्णतः खोखला साबित करती है।

इस प्रकार 190 वर्षों का ब्रिटिश साम्राज्यवादियों का औपनिवेशिक सामन्ती भारतीय समाज सत्ता-हस्तान्तरण के बाद एक अर्द्धसामन्ती-अर्द्धऔपनिवेशिक समाज में बदल गया।

भारत की स्वतन्त्रता या सत्ता-हस्तान्तरण

भारत की स्वतन्त्रता मिथक है; सत्ता-हस्तान्तरण एक सच्चाई है।

किसी देश की स्वतन्त्रता को सत्य प्रमाणित करने का क्या नियम है? कब कहा जाता है कि किसी देश ने स्वतन्त्रता प्राप्त कर ली है? 15 अगस्त 1947 को भारत का स्वतन्त्रता दिवस कहा जाता है, पर क्या यह सत्य है? आइए, मैं इन प्रश्नों का उत्तर देता हूँ।

इतिहास ने मजबूती से यह प्रमाणित किया है कि वर्तमान समय में कोई भी अर्द्धसामन्ती, अर्द्धऔपनिवेशिक देश या नवऔपनिवेशिक देश, वास्तव में तभी स्वतन्त्र हो सकता है, जब वह निम्नलिखित बुनियादी लक्ष्य को पूरा करता है :

1. यदि वह साम्राज्यवाद या सामाजिक साम्राज्यवाद द्वारा की जा रही अपने देश की जनता की लूट और देश की सामाजिक संरचना पर कायम इनकी गिरफ्त को समाप्त कर देता है।

2. अपने देश के सर्वहारा और मेहनतकशों पर हो रहे, कम्प्राडोर, नौकरशाह बुर्जुआ के शोषण को समाप्त कर देता है।

3. ज़मींदारों और सूदखोरों द्वारा किये जा रहे व्यापक किसानों के शोषण को समाप्त कर देता है।

इसके बगैर न किसी देश की वास्तविक स्वतन्त्रता सम्भव है न ही कोई राष्ट्रीय मुक्ति सम्भव है। 15 अगस्त 1947 से पूर्व भारत एक औपनिवेशिक और अर्द्धसामन्ती देश था। इस औपनिवेशिक और अर्द्धसामन्ती सत्ता के खिलाफ और उक्त तीनों लक्ष्यों की प्राप्ति के लिए पूरे देश में संघर्ष हो रहा था। 1947 से पूर्व के भारत का विकास क्या संकेत देता है।

इससे पूर्व हमने 1947 से पूर्व भारत के विकास पर विस्तार से चर्चा की है। 1947 से पूर्व का काल भारतीय जनता के वीरतापूर्ण संघर्षों की शौर्यगाथा का वर्णन है। इस काल में भारतीय जनता ने दृढ़ता और वीरता के साथ सामन्तवाद और साम्राज्यवाद के विरुद्ध निरन्तर क्रान्तिकारी संघर्ष संचालित किया है। भारत के मजदूरों, किसानों, छात्र-नौजवानों ने ब्रिटिश साम्राज्यवादी दमन का दृढ़ता

से मुकाबला किया है। उन्होंने कम्प्राडोर बुर्जुआ और सामन्तों के दमन का भी डटकर मुकाबला किया है। इस संघर्ष में हजारों हजार भारत के सपूतों ने प्राणों की आहुति दी है।

गाँधी और उनकी कांग्रेस साम्राज्यवाद की अच्छाइयों का, उसकी कृपा का बखान कर जनता के बीच भ्रम उत्पन्न कर रहे थे। वे साम्राज्यवादियों द्वारा भारत में शिक्षा, औद्योगीकरण, राजनीतिक संस्थाओं के निर्माण और सर्वोत्तम न्यायपालिका आदि प्रदान करने की प्रशंसा कर रहे थे, जबकि साम्राज्यवादियों के शोषण, पाशविक दमन, टैक्स वसूली, बाँटो और राज करो की नीति और अन्य खून पीने वाले उपायों तथा जनता पर थोपी गयी खून सुखा देनेवाली नीतियों की ओर उँगली भी नहीं उठाई गयी। इसको कांग्रेस ने पूर्णतः नकार दिया। वे शत्रु के हिंसात्मक अतिरेक और दमन के मुकाबले भारतीय जनता को अहिंसा का पाठ पढ़ा रहे थे। गाँधी और उनकी कांग्रेस शत्रु की निरंकुशता, बर्बरतापूर्ण और अपमानजनक कार्यवाही के सामने जनता के बीच प्यार और मानवतावाद के उपदेश दे रहे थे। जब हर दिन हजारों जनता शत्रु का दमन झेल रही थी तब कांग्रेस जनता को सत्याग्रह, सूत कातने, खद्दर बुनने, उपवास करने, अवज्ञा आन्दोलनों में सभ्यतापूर्ण व्यवहार करने, आत्मशुद्धि और सत्य ऐसी अनेक नपुंसकतावादी बातें बता रही थी। वे यह सारा पाठ उस संघर्षशील, जुझारू, क्रान्तिकारी जनता को पढ़ा रहे थे, जो जनता ब्रिटिश साम्राज्यवाद के पाशविक दमन, कम्प्राडोर बुर्जुआ और जमींदार वर्ग के शोषण के खिलाफ हथियार उठाए हुए थी। कांग्रेस साम्राज्यवादियों और उनकी कठपुतली शक्तियों की हिंसा और दमन को सही बता रही थी तथा इसे एक जिम्मेदार सरकार का काम बता रही थी। इन्होंने जुझारू क्रान्तिकारी जनता को सामन्तवाद-साम्राज्यवाद विरोधी जुझारू संघर्षों से दूर रखने का हर प्रयास किया। इन्होंने जनता के संघर्षों की पीठ में छुरा घोंपने के लिए निरन्तर षड्यन्त्र (कांस्पिरेसी) किये। कांग्रेस ने हर कल्पनीय तरीके से हर अवसर पर जनता की पहलकदमी और संघर्ष को कुंद करने का प्रयास किया, जनता के क्रान्तिकारी संघर्षों के साथ हर मौके पर विश्वासघात किया।

गाँधी ने जनवरी 1940 को अपने अखबार 'हरिजन' में लिखा : ''एक कांग्रेसी द्वारा काफी जोर देकर मुझे यह सुझाव दिया गया कि मैं जितनी जल्दी नागरिक अवज्ञा आन्दोलन की घोषणा कर दूँ, मुझे जनता का दृढ़ समर्थन प्राप्त होगा। सारे देश के किसान और मजदूरों का समर्थन और हड़ताल का, उसने आश्वासन दिया। मैंने उससे कहा, अगर ऐसा होता है तो मैं बहुत परेशानी

में पड़ जाऊँगा और मेरी सम्पूर्ण योजना गड़बड़ा जाएगी। मुझे आशा है कि मैं जानबूझ कर कोई ऐसा संघर्ष नहीं प्रारम्भ करूँगा जिसका अन्त अराजकता और लाल बर्बादी में हो।"

गाँधी के इन शब्दों से कांग्रेस और उनकी आज्ञाकारिता के प्रति समर्पण को भरपूर समझा जा सकता है। यह बयान गाँधी और उसकी कांग्रेस द्वारा मजदूर-किसानों के संघर्ष से भयभीत होने और पागलपन में इसे त्रुटिपूर्ण ढंग से 'लाल बरबादी' कहने से स्पष्ट होता है। इस 'लाल बरबादी' की आशंका से ही गाँधी ने वास्तविक शत्रु के खिलाफ संघर्ष के हर अवसर को विफल करने का प्रयास किया और परिणामस्वरूप जनता के सभी संघर्षों के साथ विश्वासघात किया।

'दि न्यू एज' के 28 दिसम्बर 1975 के स्वर्ण जयन्ती अंक के पृ. 47 पर घोर संशोधनवादी डांगे ने अपने लेख 'मार्क्स आन इंडिया एंड हिस्टॉरिकल डिस्टनी' में लिखा : "ब्रिटिश साम्राज्यवाद ने उसके असहयोग आन्दोलन के नारे को बोल्शेविकवाद कहने के बावजूद गाँधी ने इसकी (भारतीय कम्युनिस्ट पार्टी की) आलोचना करने से इनकार कर दिया।"

उस समय भी संशोधनवादी आँखें मिचमिचा रहे थे और डांगे के पास यह देखने के लिए आँखें नहीं थीं कि गाँधी किसानों और मजदूरों के संघर्ष को 'लाल बरबादी' कह रहा था। कम्प्राडोर बुर्जुआ और सामन्तवाद के प्रति गाँधी का क्या दृष्टिकोण था? गाँधी ने 'ट्रस्टीशिप' का सिद्धान्त निरूपित किया था। यह जंगली तर्कों वाली सामाजिक अवधारणा थी जो 'सम्पत्तिवान' लोगों की सम्पत्ति की 'ट्रस्टीशिप' थी। *मंडे* 20 फरवरी 1932 के अंक के लिए चार्ल्स पेट्रोचा को दिये अपने साक्षात्कार में गाँधी ने अपना अधिभूतवादी विचार व्यक्त करते हुए कहा, "मेरा सामाजिक सिद्धान्त यह है कि, हालाँकि हम सब एक से बराबर ही पैदा हुए हैं, अर्थात् हम लोगों को समान अवसर का अधिकार है, इसके बावजूद प्रत्येक की समान योग्यता नहीं होती। प्रकृति के मुताबिक ही यह असम्भव है कि हम सबका एक-सा ही स्तर हो, सबका एक सारांश हो, समान रूप से बुद्धिमान हो और इसके परिणामस्वरूप यह बिल्कुल स्वाभाविक है कि कुछ लोग दूसरों की तुलना में अधिक भौतिक लाभ अर्जित कर सकें। जो लोग सक्षम हैं वे अपनी योग्यता से अधिक अर्जित करने की इच्छा रखते हैं। यदि वे अपनी योग्यता का सर्वोत्तम भावना से प्रयोग करें तो वे जनता के हित के लिए काम करेंगे। यह लोग 'ट्रस्टी' होंगे और इससे अधिक कुछ नहीं। मुझे एक बुद्धिमान व्यक्ति को अधिक अर्जित करने की अनुमति देना चाहिए और

मैं उसके द्वारा अपनी योग्यता-क्षमता का प्रयोग करने में बाधक नहीं बनूँगा।''

इस विचार से यह स्पष्ट है कि वह साम्राज्यवादियों, कम्प्राडोर बुर्जुआ और ज़मींदारों को भारत की राष्ट्रीय सम्पत्ति का 'ट्रस्टी' बनाने का पक्ष पोषण करते थे और उनको सम्पत्तिहीन और दबे-कुचलों के प्रतिनिधि के रूप में 'ट्रस्टी' बनाना चाहते थे। गाँधी ने शोषक और शोषित को, दमनकर्ता और दमित को, सामन्तों और किसानों, कम्प्राडोर बुर्जुआ और मजदूरों सभी को एक समान बराबर माना। यहाँ तक कि जंगल के कानून में भी आदमखोर और मनुष्य को बराबर नहीं कहा जा सकता। गाँधी की कल्पना में आग और पानी को एक पात्र में एक साथ रखा जा सकता है। उनके उक्त वक्तव्य से स्पष्ट है कि वह योग्य 'फिट' और 'बुद्धिमान' शोषक वर्ग, कम्प्राडोर बुर्जुआ और सामन्तों का पक्षपोषण करते है और उसकी 'ट्रस्टीशिप' की सामाजिक अवधारणा के अनुसार इन शोषक वर्गों को और अधिक से अधिक प्राप्त करने के लिए उनकी 'योग्यता-क्षमता' में बाधक नहीं बनना चाहिए।

यूनाइटेड प्राविंस के ज़मींदारों का एक प्रतिनिधि मण्डल जुलाई 1934 में गाँधी से मिला और उनको अपना ज्ञापन दिया। 12 अगस्त 1934 को महात्मा गाँधी ने इसका उत्तर इस प्रकार दिया, ''बगैर किसी उचित कारण के, मैं सम्पत्तिवान वर्गों को निजी सम्पत्ति से बेदखल करने में कोई भी पक्ष नहीं बनूँगा। मेरा उद्देश्य तुम्हारे हृदय तक पहुँचना है ताकि तुम अपनी सम्पत्ति को एक ट्रस्ट में परिवर्तित कर दो और प्रमुख रूप से इसे अपने काश्तकारों के कल्याण के लिए प्रयोग करो। हमारे सपनों के रामराज्य में राजकुमार और दरिद्र दोनों के समान अधिकार सुनिश्चित हैं। आप आश्वस्त रहें, मैं वर्ग युद्ध को रोकने में ही अपनी सारी शक्ति लगा दूँगा आपको आपकी सम्पत्ति से वंचित करने के किसी भी प्रयास में मैं आपके पक्ष में लड़ूँगा और आप हमें अपने साथ पायेंगे। हमारा साम्यवाद या समाजवाद मजदूर और पूँजी के शान्तिपूर्ण सहयोग, किसानों और ज़मींदारों के शान्तिपूर्ण सहयोग तथा अहिंसा पर आधारित होगा।'' वह किसानों से लड़ने और ज़मींदार वर्ग का साथ देने को तत्पर थे। वह शेर और मेमने का आपसी सहयोग चाहते थे।

स्वराज पार्टी, जो कांग्रेस से ही अलग हुआ उसका एक गुट था, वह ज़मींदारों और राजाओं के हितों की रक्षक थी। स्वराज पार्टी के एक बयान पर ध्यान दें, ''यह सच है कि हमारी पार्टी किसानों को न्याय दिलाने की पक्षधर है, परन्तु जिस न्याय में ज़मींदारों के साथ अन्याय होगा, उस न्याय की गुणवत्ता नहीं होगी।'' इस पर कोई भी टिप्पणी करना व्यर्थ है।

गाँधी अपने विचारों के प्रति दृढ़ थे और जब कभी भी किसानों ने सामन्तवाद विरोधी और साम्राज्यवाद विरोधी संघर्ष संचालित किया, गाँधी ने हमेशा साम्राज्यवादियों, कम्प्राडोर बुर्जुआ और सामन्तों का पक्ष लिया। नागरिक अवज्ञा आन्दोलन इसी उद्‌देश्य की पूर्ति के लिए था। उसके नागरिक अवज्ञा आन्दोलन ने जनता के सभी क्रान्तिकारी संघर्षों को अपने से दूर रखा। नागरिक अवज्ञा आन्दोलन की उनकी अपनी अवधारणा थी और इसके लिए गाँधी ने अद्वितीय नियम बनाया और अद्‌भुत मूल्यों का सूत्रीकरण किया। उसने *यंग इंडिया* में लिखा, "नागरिक अवज्ञा का प्रयोग तभी स्वस्थ, आवश्यक और प्रभावशाली होगा जब यह सबके विकास के नियम को सुनिश्चित करेगा। इसलिए अवज्ञा के मुकाबले हम लोगों को इसके 'सिविल' विशेषण को विशेष मूल्य प्रदान करना चाहिए, नागरिकता, अनुशासन, दृढ़ संकल्प, और अहिंसा के बगैर अवज्ञा निश्चित रूप से ध्वंसात्मक होगी। प्यार के साथ की गयी अवज्ञा सजीव जीवन है।" इससे यह स्पष्ट है कि गाँधी का नागरिक अवज्ञा आन्दोलन और कुछ भी नहीं सिर्फ प्रति-क्रान्तिकारी आन्दोलन है। साम्राज्यवादियों, कम्प्राडोर बुर्जुआ और ज़मींदार वर्ग के लिए किया गया एक 'असभ्य आज्ञापालन' है। क्रान्तिकारी संघर्षों के साथ की गयी उनकी अवज्ञा वास्तव में शत्रुओं के साथ किया गया प्यार और आज्ञाकारिता है। इस प्रकार गाँधी और उसकी कांग्रेस ने जनता के शत्रुओं के लिए और क्रान्तिकारी जनता के खिलाफ कार्य किया, जनता के साम्राज्यवाद विरोधी-सामन्तवाद विरोधी संघर्ष से विश्वासघात किया और उनके द्वारा स्वतन्त्रता प्राप्ति के क्रान्तिकारी मार्ग में बाधा पहुँचाई। गाँधी उनकी कांग्रेस और इनके कठपुतली संगठनों ने ब्रिटिश साम्राज्यवाद, कम्प्राडोर बुर्जुआ और सामन्तों से मिलकर कांग्रेस को सत्ता-हस्तान्तरण की व्यवस्था करने के लिए षड्‌यन्त्र किया ताकि 'लाल खतरे' को दूर किया जा सके।

1947 से बाद की घटनाएँ प्रमाणित करती हैं कि (1) भारतीय समाज पर सामाजिक साम्राज्यवाद, साम्राज्यवाद और इनके शोषकों के ग्रुप की पूरी गिरफ्त कायम है तथा इनके द्वारा भारतीय जनता की लूट जारी है। (2) सामन्तों और सूदखोरों द्वारा व्यापक किसान जनता का शोषण जारी है और 1947 के बाद में भारत के अर्द्धसामन्ती-अर्द्धऔपनिवेशिक समाज के विकास के बारे में हम आगे विस्तार से चर्चा करेंगे।

इसलिए 15 अगस्त 1947 के बाद भी उक्त तीनों लक्ष्यों की पूर्ति न होने पर भारत देश को स्वतन्त्र नहीं कहा जा सकता। भारत के क्रान्तिकारी वर्गों द्वारा इन लक्ष्यों को प्राप्त करने के लिए यहाँ के शासक वर्गों के खिलाफ आज

भी संघर्ष जारी है। भारत के सामन्तों, कम्प्राडोर बुर्जुआ शासक वर्गों और इनके प्रतिनिधियों के खिलाफ स्वतन्त्रता के लिए संचालित भारतीय जनता का क्रान्तिकारी संघर्ष अभी भी अपने चरम बिन्दु पर नहीं पहुँचा है। वास्तव में भारतीय क्रान्ति आज भी जारी है और इसकी सफलता की पूर्ण पराकाष्ठा पर ही भारत मुक्त और स्वतन्त्र होगा।

इस सन्दर्भ में अन्तर्राष्ट्रीय अनुभव हमें अच्छी शिक्षा देते हैं। यदि साम्राज्यवाद स्वेच्छा से सत्ता-हस्तान्तरित कर देता है तो वह साम्राज्यवाद नहीं है। आज से 55 वर्ष पूर्व महान लेनिन ने पूरे विश्व को साम्राज्यवाद की छल-कपटपूर्ण गतिविधियों से, उसके द्वारा विभिन्न देशों को राजनीतिक, आर्थिक, सांस्कृतिक और सैनिक रूप से निर्भर बनाने और विश्व के समक्ष उनको एक स्वतन्त्र देश के रूप में प्रस्तुत करने के व्यवहार से आगाह किया था। लेनिन ने कहा : "दुनिया के सभी देशों के व्यापक मजदूर वर्ग और मेहनतकशों के बीच, साम्राज्यवादी शक्तियों द्वारा व्यवस्थित तरीके से चलाए जा रहे छल-कपट का भंडाफोड़ करना आवश्यक है। यह राजनीतिक स्वतन्त्रता के नकाब में ऐसी सरकारों को स्थापित करता है जो आर्थिक, वित्तीय और सैनिक रूप से पूर्णतः उस पर निर्भर है।" इसकी रोशनी में यह देखा जा सकता है कि 1947 से पूर्व ब्रिटिश साम्राज्यवाद ने अपने कठपुतली संगठनों की सहमति और छल-कपटपूर्ण व्यवहार से राजनीतिक स्वतन्त्रता का लबादा पहनकर अपने भारतीय प्रतिनिधि कम्प्राडोर बुर्जुआ और सामन्त वर्गों को 15 अगस्त 1947 को सत्ता हस्तान्तरित कर दी। 1947 के बाद का घटनाक्रम प्रदर्शित करता है कि भारत आर्थिक, वित्तीय, सांस्कृतिक और सैनिक रूप से साम्राज्यवाद और सामाजिक साम्राज्यवाद पर निर्भर है। लेनिन की चेतावनी भारत के लिए बिल्कुल सही प्रमाणित हुई है।

माउंटबेटन द्वारा बनाई गयी योजना की जड़ें इतिहास में हैं। आइए, मांटेग्यू चेम्सफोर्ड की 1918 की रिपोर्ट पर नजर डालें। इसमें कहा गया है : "भारत का राजनीतिक दिमाग अर्थात्, कांग्रेस और ऐसे ही संगठनों के नेता बौद्धिक रूप से वे हमारे बच्चे हैं। हमने उनके समक्ष जो विचार प्रस्तुत किये हैं; उन्होंने उन्हें आत्मसात कर लिया है और इसलिए हमें उनको गौरव प्रदान करना चाहिए। भारत के वर्तमान बौद्धिक और नैतिक विलोड़न की भर्त्सना न करें। वह हमारे कार्य में योगदान है।"

5 मार्च 1947 को ब्रिटिश पार्लियामेंट में दिये गये क्रिप्स के बयान से, 15 अगस्त 1947 का एक और पहलू स्पष्ट होता है। ब्रिटिश पार्लियामेंट में

क्रिप्स ने कहा : "हमारे समक्ष बुनियादी रूप से दो विकल्प थे। पहला यह कि हम सेक्रेट्री आफ स्टेट्स के अधिकारियों की संख्या बढ़ाएँ तथा ब्रिटिश सैनिक टुकड़ियों में वृद्धि कर भारत में ब्रिटिश नियन्त्रण को मजबूती प्रदान करें। ऐसी नीति के लिए आवश्यक था कि भारत में हमारा कम-से-कम 15 से 20 वर्ष तक रहना और निश्चित हो। दूसरा विकल्प यह था कि हम इस तथ्य को स्वीकार करें कि पहला विकल्प सम्भव नहीं है।"

भारत में चीफ आफ स्टाफ लार्ड इस्मे ने माउंटबेटन को कहा कि आपके साथ मिशन पर आये ए. कैम्पवेल जानसन ने वर्णन किया है : "मार्च 1947 में भारत मध्य सागर में हथियारों से भरा हुआ जलता हुआ पोत था। उस समय हथियारों में आग लगने से पूर्व इसकी आग बुझाना जरूरी था। हम लोगों ने जो कुछ किया, उसके अतिरिक्त हमारे पास कोई विकल्प नहीं था।"

यह स्पष्ट है कि क्रान्तिकारी परिप्रेक्ष्य, संगठन और नेतृत्व के अभाव और कांग्रेस के विश्वासघात के कारण जनता का साम्राज्यवाद-सामन्तवाद विरोधी संघर्ष अपनी इच्छित उपलब्धि नहीं हासिल कर सका, परन्तु भारत का कम्प्राडोर बुर्जुआ और सामन्त वर्ग और उसकी प्रतिनिधि कांग्रेस ने जो चाहा उसे ब्रिटिश साम्राज्यवाद ने कर दिया। यह सब भारत में उत्पन्न हुई भारी उथल-पुथल के भय के कारण हुआ, अर्थात् भारत के कम्प्राडोर बुर्जुआ और सामन्त वर्ग तथा उनकी राजनीतिक प्रतिनिधि कांग्रेस पार्टी को ब्रिटिश शासकों ने सत्ता हस्तान्तरित कर दी। यहाँ तक कि तमाम साम्प्रदायिक खून-खराबे के बाद हुए सत्ता-हस्तान्तरण के बाद, जबकि उत्तर भारत में भाईचारे के साथ रहने वालों का अत्यधिक खून साम्प्रदायिक दंगों में बह चुका था, जवाहरलाल नेहरू चाहते थे कि माउंटबेटन भारत पर शासन करे।

'फ्रीडम ऐट मिड नाइट' के लेखक लारी कालिंस और डामिन क्यु लैपियर्स (विकास पब्लिकेशन) ने लिखा कि "माउंटबेटन के अनुसार जब पूरे उत्तर भारत में सितम्बर 1947 में साम्प्रदायिक दंगे भड़क उठे, नेहरू ने माउंटबेटन से देश की बागडोर सँभालने को कहा।"

इसलिए भारत 15 अगस्त 1947 को स्वतन्त्र नहीं हुआ, केवल सत्ता-हस्तान्तरण ही सम्पन्न हुआ था। इतिहास में जनता के हाथों में सत्ता-हस्तान्तारण का कोई इतिहास नहीं है, बल्कि क्रांन्ति की समाप्ति पर जनता द्वारा सत्ता पर कब्जा ही किया गया है। भारतीय क्रान्ति अभी भी जारी है, इसकी विजय के साथ ही जनता द्वारा सत्ता पर कब्जा हो जाएगा। जनता द्वारा सत्ता पर कब्जा कर लेने के भय से ही जनता के शत्रु और शोषक वर्गों को सत्ता हस्तान्तरित कर दी

गयी थी। भारतीय क्रान्ति का फल पकने से पहले ही शोषक वर्गों द्वारा उसे झपट लिया गया।

15 अगस्त 1947 को धोखा, छल-कपट और षड्यन्त्र (कांस्पिरेसी) के द्वारा भारत के कम्प्राडोर बुर्जुआ-सामन्त वर्गों को सत्ता के सिंहासन पर बिठा दिया गया था और वस्तुतः ये लोग गैर-कानूनी ढंग से सत्ता में बैठे हैं। इस प्रकार वर्तमान सरकार वास्तव में कानूनी तौर पर स्थापित नहीं है और कांग्रेस का जन्म भी जनता के खिलाफ किये गये षड्यन्त्र का परिणाम था।

ब्रिटिश साम्राज्यवाद के प्रत्यक्ष या परोक्ष आशीर्वाद से कांग्रेस का जन्म, उसका पालन-पोषण और उसकी गतिविधियाँ सब कुछ भारतीय जनता के खिलाफ षड्यन्त्र था। सत्याग्रह, नागरिक अवज्ञा आन्दोलन, कताई-बुनाई और उपवास आन्दोलन, कांग्रेस की आत्मशुद्धि जनता के खिलाफ स्पष्ट छल-कपट की मिसालें हैं। इसलिए यह भारतीय जनता के खिलाफ षड्यन्त्र था।

कांग्रेस और साम्राज्यवादियों के बीच अनेक बार की बातचीत, वार्ताएँ, संवाद, कॉन्फ्रेंस, बयान, घोषणाएँ, समझौते और अनुबन्ध सब कुछ जनता के खिलाफ षड्यन्त्र था।

अनेक प्रतिनिधिमण्डलों का जाना-आना, अनेक मिशन और कमीशनों का परिणाम अवार्ड के रूप में आना। राजनीतिक, आर्थिक, संवैधानिक और प्रशासनिक रियायतें आदि जनता के साथ बड़ा धोखा था और इसलिए यह सब जनता के खिलाफ षड्यन्त्र था।

विशेष रूप से देखा जाय तो रौलेट ऐक्ट 1919, दि डिफेंस आफ इंडिया रूल ऐक्ट ऐसे काले कानून, जनता के खिलाफ षड्यन्त्र थे। 1918 का मान्टेग्यू-चेम्सफोर्ड रिफार्म, दि गवर्नमेंट आफ इंडिया ऐक्ट 1936, साइमन कमीशन की रिपोर्ट, तीन बार सम्पन्न हुई गोलमेज कॉन्फ्रेंसों के सारतत्व के रूप में पेश किया गया व्हाइट पेपर, क्रिप्स मिशन की रिपोर्ट, कैबिनेट मिशन की घोषणा; ऐटली, वावेल, नेहरू और जिन्ना की लन्दन कॉन्फ्रेंस—यह सब जनता के खिलाफ किये गये षड्यन्त्र का हिस्सा थे।

कांस्टीट्यूशन असेम्बली एक षड्यन्त्र था, भारत का विभाजन एक षड्यन्त्र था, 15 अगस्त 1947 को सत्ता-हस्तान्तरण एक षड्यन्त्र था, टैगोर द्वारा ब्रिटिश किंग जार्ज पंचम की प्रशंसा में लिखा गया 'राष्ट्रगान' एक षड्यन्त्र था।

यहाँ तक कि 1947 के बाद भी भारतीय जनता के खिलाफ षड्यन्त्र जारी है। तथाकथित भारत गणतंत्र, संसदीय जनतंत्र भी षड्यन्त्र है। यह पंचवर्षीय योजनाएँ, आर्थिक, राजनीतिक, सामाजिक नीतियाँ, विश्व की महाशक्तियों पर

निर्भर विदेश नीति, भारत की विस्तारवादी नीति, आत्मनिर्णय विरोधी नीति सब षड्यन्त्र है। भारत-सोवियत तीस वर्षीय सन्धि भी एक षड्यन्त्र है। भारत के शासक वर्ग निरन्तर भारतीय जनता के खिलाफ षड्यन्त्र कर रहे हैं। सरकार द्वारा क्रान्तिकारी संघर्ष का दमन और लोकतंत्र का दिखावा एक षड्यन्त्र है। इमरजेंसी की घोषणा, डी.आई.आर., मीसा, क्रान्तिकारी संगठनों पर प्रतिबन्ध षड्यन्त्र है। इस सरकार द्वारा सत्ता में बने रहने के लिए नाजायज तरीके से व्यवस्था करना भी षड्यन्त्र है। हमलोगों पर लगाया गया वर्तमान कांस्पिरेसी केस भी अन्य षड्यन्त्रों की ही तरह एक षड्यन्त्र है।

सबसे महत्त्वपूर्ण प्रश्न यह है कि क्या भारतीय जनता के खिलाफ होने वाले षड्यन्त्रों का कभी अन्त होगा। यदि होगा तो कब, किसके द्वारा, किस प्रकार, किसके लिए, किसके खिलाफ और ऐसे ही अन्य महत्त्वपूर्ण प्रश्नों का उत्तर गम्भीरतापूर्वक देना आवश्यक है।

1947 के बाद का भारत

1947 के बाद के काल में भारत की क्या चारित्रिक विशेषता है?

1947 से पूर्व का भारतीय समाज, सामन्ती समाज से विकसित अर्द्धसामन्ती औपनिवेशिक समाज था। भारतीय समाज पर ब्रिटिश साम्राज्यवाद द्वारा कब्जा जमा लेने से सामन्तवाद से पूँजीवाद में इसका विकास नहीं हो सका। इससे पूर्व कि भारतीय समाज का पूँजीवादी विकास हो, इस समाज में ब्रिटिश साम्राज्यवाद ने पहले आर्थिक रूप से और फिर राजनीतिक रूप से बलपूर्वक प्रवेश किया। इस प्रकार इसके विकास को अर्द्धसामन्ती या आदिम पूँजीवादी और औपनिवेशिक समाज की ओर धकेल दिया गया। 15 अगस्त 1947 को सत्ता-हस्तान्तरण की व्यवस्था के द्वारा प्रत्यक्ष औपनिवेशिक शासन, अप्रत्यक्ष औपनिवेशिक शासन में बदल गया। इस प्रकार अर्द्धसामन्ती, औपनिवेशिक समाज से अर्द्धसामन्ती-अर्द्धऔपनिवेशिक समाज का प्रादुर्भाव हुआ।

द्वितीय विश्वयुद्ध के बाद ब्रिटेन भारत में अपना औपनिवेशिक शासन बनाये रखने में अक्षम था। भारत को दो भाग में विभाजित करने के बाद कांग्रेस पार्टी को सत्ता हस्तान्तरित कर दी गयी। भारत में ब्रिटिश के हित न सिर्फ अक्षुण्ण बने रहे बल्कि और मजबूत हुए, फर्क सिर्फ इतना था कि प्रत्यक्ष औपनिवेशिक शासन समाप्त हो गया[१]। 1963 के प्रारम्भ में *सटरडे ईवनिंग पोस्ट* को दिये गये अपने साक्षात्कार में नेहरू ने कहा : "यू.के. की कम्पनियाँ, ब्रिटिश शासनकाल से अधिक लाभ कमा रही हैं। यहाँ तक कि सर विंसटन

चर्चिल ने भी इस पर काफी सन्तोष व्यक्त किया है।'' इस प्रकार हमको नेहरू जैसे कम्प्राडोर बुर्जुआ के प्रतिनिधि का चरित्र भूलना नहीं चाहिए, जिसे अपनी प्रशंसा करते हुए नेहरू ने खुद इस तथ्य को स्वीकार किया कि उनके शासन में ब्रिटिश साम्राज्यवाद अपने प्रत्यक्ष शासन से अधिक मुनाफा कमा रहा था। न सिर्फ ब्रिटिश साम्राज्यवाद की लूट जारी रही बल्कि अमरीकी साम्राज्यवाद, सोवियत सामाजिक साम्राज्यवाद और द्वितीय विश्वयुद्ध में शामिल अन्य छोटे साम्राज्यवादी देशों को भी भारतीय जनता को लूटने का अवसर प्रदान किया गया। भारत, साम्राज्यवादी पूँजी के बाजार का गोदाम बन गया और इस विषय में उसने अतीत के सारे रिकार्ड पार कर दिये। अमरीकी साम्राज्यवाद ने, अमरीकी इजारेदारों की निजी और अमरीकी सरकार की अधिक पूँजी भारत में निवेश कर ब्रिटिश हितों को भारत में दूसरे दर्जे पर पहुँचा दिया। एक समय अमरीकी साम्राज्यवाद भारत में सबसे बड़ा लार्ड बन गया।

भारत पर शासन कर रही कांग्रेस पार्टी ने भारत को साम्राज्यवादी प्रभुत्व से मुक्त कराने का कोई प्रयास नहीं किया। वाशिंगटन में भारत के राजदूत रहे वी. के. नेहरू ने यहाँ बिल्कुल साफ-साफ कहा, ''भारत सभी आवश्यक साधनों को प्राप्त कर लेने के लिए आवश्यक पूँजी निर्मित करने का इच्छुक नहीं है। जैसे भारत व्यक्ति की स्वतन्त्रता और लोकतांत्रिक आजादी पर प्रतिबन्ध लगा कर भारतीय समाज के संरचनात्मक ढाँचे को परिवर्तित नहीं करना चाहता बल्कि इसके विकल्प के रूप में वह दूसरे देशों से अस्थायी और बड़ी सहायता लेना चाहता है।'' दूसरे शब्दों में भारतीय कम्प्राडोर बुर्जुआ और सामन्त कोई भी ऐसा कदम उठाने के 'इच्छुक नहीं थे' जो भारतीय जनता का शोषण करने के उनके 'लोकतांत्रिक' अधिकार को जरा-सा भी कम कर दे।

भारत के कम्प्राडोर नौकरशाह, बुर्जुआ और सामन्तों के प्रतिनिधि जवाहरलाल नेहरू और उनकी सरकार ने 'समाजवाद' के बारे में अस्पष्ट बकवास की और साम्राज्यवाद की अपनी अधीनता पर नकाब डाले रही। अन्तर्राष्ट्रीय मामलों में नेहरू सरकार ने हमेशा अपने को शान्ति, निष्पक्षता और साम्राज्यवाद से स्वतन्त्र रखने का ढोंग किया। राष्ट्र की स्वतन्त्रता के शिष्टाचार में इसने यहाँ तक कि वास्तविक समाजवादी देशों से भी अपने को अलग प्रदर्शित किया।

1947 और पचास के दशक के मध्य में व्यापार और वित्त के बारे में लगभग सभी समझौते पश्चिमी देशों के साथ थे। अमरीकी साम्राज्यवाद विश्वबैंक पर नियन्त्रण के द्वारा विश्व के वित्त बाजार पर आंशिक प्रभुत्व कायम किये था।

यह साम्राज्यवादी देश तीसरी दुनिया के देशों को 6.5 प्रतिशत वार्षिक दर से कर्ज देते थे।

जब ख्रुश्चेव के संशोधनवादी गिरोह ने सोवियत यूनियन में सत्ता पर कब्जा कर लिया तो वह भारत पर अमरीकी साम्राज्यवादी नियन्त्रण को चुनौती देने के लिए रास्ता खोजने लगा।

भारत में लूट के लिए आतुर सोवियत रूस को 1959-60 के बीच भारत में प्रवेश करने का अनुकूल अवसर मिला और इन घटनाओं ने संशोधनवादी सोवियत रूस का वास्तविक चेहरा स्पष्ट कर दिया। 1959 में भारत ने समाजवादी देश *पीपुल्स रिपब्लिक आफ चीन* के साथ सीमा पर उकसावे की गतिविधियाँ शुरू कीं। ख्रुश्चेव गिरोह तुरन्त भारत की 'रक्षा' के लिए दौड़ पड़ा और चीन के खिलाफ भारत-सोवियत मोर्चा बनाने के लिए दबाव डालने लगा।

भारत पाकिस्तान के साथ भी युद्ध में उलझ गया। भारत ने मुस्लिम बहुल राज्य काश्मीर, (जिसे भारत-पाकिस्तान विभाजन के समय स्वतन्त्र रूप से किसी भी देश के साथ रहने का निर्णय करने का अवसर दिया गया था।) पर भारत की प्रतिक्रियावादी सरकार ने काश्मीर के आत्मनिर्णय के अधिकार के खिलाफ निरन्तर संघर्ष किया। इस आक्रामक युद्ध में सोवियत यूनियन ने हमेशा भारत का साथ दिया और भारत को हथियारों की आपूर्ति की।

जब संशोधनवादियों ने सोवियत यूनियन की सत्ता पर कब्जा कर लिया और उसे पूर्णतः एक सामाजिक साम्राज्यवादी देश में परिवर्तित करने लगे तो इसके साथ ही साथ भारत में भी सोवियत रूस का प्रवेश तेजी से बढ़ने लगा। सोवियत यूनियन ने विशेष रूप से भारत सरकार को दीर्घकालीन कर्ज देकर उसकी आर्थिक व्यवस्था को विकसित करने के लिए तथाकथित सार्वजनिक संस्थानों को स्थापित किया। इससे पूर्व अमरीकी साम्राज्यवाद ने भारत सरकार के मालिकाने वाले संस्थानों को विकसित करने के लिए कर्ज देने से इनकार कर दिया था। प्रेसिडेंट कनेडी के काल में नियुक्त क्ले कमीशन ने, अमरीकी साम्राज्यवाद के चरित्र के मुताबिक ही भारत को 'सार्वजनिक क्षेत्र' की योजनाओं को स्थापित नहीं करने का सुझाव दिया था। इसके लिए अमरीका ने तर्क पेश किया कि सरकारी मालिकाने वाले संस्थानों को दिया गया कर्ज समाजवाद को सहायता पहुँचाना होगा। यह सीधे साम्राज्यवादी हस्तक्षेप था। वास्तव में अमरीकी साम्राज्यवादी इतने नादान नहीं थे कि उक्त तर्क पर भरोसा कर लेते। क्या उस समय अमरीकी सरकार में प्रभावशाली बुर्जुआ का कोई ऐसा हिस्सा था जिसका भारत में प्रभुत्व न हो? वास्तव में बात इससे बिल्कुल भिन्न थी। उस समय

राजनीतिक रूप से सबसे प्रभावशाली अमरीकी शासक वर्ग पहले से ही भारत के निजी सेक्टर में अपनी जड़ें जमा चुका था। यह वर्ग भारत के अन्दर इसी क्षेत्र को सर्वाधिक लाभ देने वाला समझता था।

यह दिखाई देता है कि अमरीकी शक्तियाँ इस बात से भयभीत थीं कि भारतीय सार्वजनिक संस्थानों की स्थापना से प्रतिद्वंद्विता बढ़ेगी और इससे उनको कम मुनाफा मिलेगा। इस प्रकार भारत के अमरीकी पूँजीपतियों के शोषण करने के अवसर भी घटेंगे। सोवियत सामाजिक क्षेत्र में प्रवेश करने के लिए अति उत्साहित थे जबकि अमरीका इस क्षेत्र में कदम नहीं रखना चाहता था। ऊपरी तौर पर देखने से सोवियत रूस द्वारा प्रस्तावित कर्ज की शर्तें पश्चिमी देशों की शर्तों की तुलना में काफी भिन्न और सरल थीं। सोवियत रूस के कर्जों पर ब्याज की दर तुलनात्मक रूप से कम थी और इसका भुगतान 12 वर्षों में किया जा सकता था। इसके अतिरिक्त रूस अपने कर्ज का भुगतान डॉलर या इसके समान 'हार्ड' मुद्रा के बजाय भारतीय मुद्रा (रुपये) में लेने को सहमत था और वास्तव में रूस की 'सहायता' से सरकारी मालिकाने में सार्वजनिक संस्थानों को विकसित किया जा सकता था।

लेकिन शीघ्र ही यह स्पष्ट हो गया कि रूस की 'सहायता' जितनी दिखाई देती थी, उससे कहीं अधिक जटिल थी। सर्वप्रथम रूस की 'सहायता' विभिन्न प्रकार की शर्तों से बँधी थी। यह कि सोवियत रूस से प्राप्त सम्पूर्ण 'सहायता' को सोवियत यूनियन के सामानों को ही खरीदने पर खर्च करना होगा और सोवियत रूस से आयातित सामानों का मूल्य व्यापार समझौते के अनुसार निर्धारित होगा न कि 'फ्री मार्केट' की दर से। इस प्रकार सोवियत रूस ने पुरानी तकनीक की मशीनरी का अत्यधिक मूल्य वसूल किया, और कर्ज के वास्तविक ब्याज की दर पर परदा पड़ा रहा। जैसे-जैसे भारतीय अर्थ व्यवस्था पर सोवियत का प्रभुत्व बढ़ता गया, वैसे ही सोवियत वस्तुओं का भारत के लिए निर्धारित मूल्य और 'फ्री मार्केट' के मूल्य में अन्तर बढ़ने लगा। भारत से प्रकाशित *'इकनॉमिक रिव्यू'* ने यह लिखा कि ''हालाँकि सोवियत रूस की ब्याज दर मात्र 2 या 2.5% दिखाई देती है, परन्तु इसकी वास्तविक दर काफी अधिक है जो वस्तुओं के रूप में कर्ज (सोवियत यूनियन द्वारा अपूर्ति किये गये माल) के अत्यधिक मूल्य से निर्धारित होती है। (चाइनीज यू.एन-मिशन 31 अक्टूबर 1973 की रिलीज से उद्धृत)

1955 से 1965 के दस वर्ष की अवधि में भारत पर सोवियत यूनियन का 1.2 बिलियन डॉलर कर्ज हो गया। भारत में लगभग 70% सोवियत माल को

बाजार भाव से 20 से 30% अधिक मूल्य पर बेचा गया। कुछ मामलों में मूल्यों में फर्क बहुत अधिक था। 1969 में सोवियत यूनियन ने ट्रैक्टर स्पेयर पार्ट्स पूर्वी यूरोपीय देशों को जिस दर से बेचे, उससे तीन गुना अधिक मूल्य पर भारत को बेचे। इसी अवधि में सोवियत यूनियन ने भारत को निकिल 30,000 रुपये टन की दर से बेचा जबकि यूरोपीय बाजार में इसका मूल्य 15,000 रुपये टन था *(पेकिंग रिव्यू,* 29 मार्च, 1974)

सोवियत यूनियन द्वारा भारत को निर्यातित माल पर वसूल किया गया अधिक मूल्य तो पूरे विवरण का आधा भाग ही है। भारत को इस कर्ज, इसके ब्याज और आयातित माल की अदायगी के लिए भारत से अनेक सामान सस्ती दर पर सोवियत यूनियन को निर्यात करना होता है। यहाँ एक बार फिर भारतीय सामानों के मूल्यों में कमी का लाभ सामाजिक साम्राज्यवादियों को मिलता है। यह गणना की गयी है कि सोवियत-भारत व्यापार समझौते के अनुसार भारत से रूस को निर्यातित अधिकांश भारतीय वस्तुओं के मूल्य विश्व बाजार के मूल्यों से 20 से 30% कम निर्धारित होते थे। संक्षेप में कहा जाए तो सोवियत यूनियन, वस्तुओं के मूल्य निर्धारण के द्वारा भारत से बहुत अधिक अतिरिक्त मूल्य चूसता है और साथ ही 2.5% का ब्याज भी। यह केवल इसलिए सम्भव है कि भारत को सोवियत यूनियन के हाथ गिरवी रख दिया गया है और इसीलिए साम्राज्यवादी भारत का शोषण करते हैं।

1971 में तत्कालीन भारत के रक्षामंत्री जगजीवन राम ने यह स्वीकार किया कि "सोवियत बिल्टि इंटरप्राइसेज भारत में उत्पादित स्टील के 30% पर, इलेक्ट्रिक पावर के 20%, आयल रिफाइनिंग के 30%, इलेक्ट्रिकल उपकरणों के 60%, इलेक्ट्रिक मोटर्स के उत्पादन का 75% और एलम्यूनियम उत्पादन के 25% पर नियन्त्रण रखता है *(पेकिंग रिव्यू* नं.-3, 1972)। निश्चित रूप से यह आँकड़े आज बहुत पुराने हो गये हैं। सोवियत रूस द्वारा दी गयी अधिकांश आर्थिक 'सहायता' सोवियत इंजीनियरों और अफसरों के निर्देशन में निर्मित और स्थापित किये जा रहे औद्योगिक संस्थानों में ही खर्च होती है। यहाँ तक कि "भारत की एक पार्लियामेंटटेरी कमेटी ने रूसियों के अधिक दबाव डालने वाले व्यवहार की आलोचना भी की थी, भारत सरकार ने अतीत में इसी प्रकार की आलोचना अमरीकियों की भी की थी।" *(पेकिंग रिव्यू,* 29 मार्च, 1974) सोवियत यूनियन द्वारा औद्योगिक संस्थानों के ब्लूप्रिंट और इंजीनियरों पर मजबूत गिरफ्त बनाकर सोवियत साम्राज्यवादी, भारत को पूर्णतः रूस पर निर्भर बनाये रखता है। यह ध्यान रखना चाहिए कि 1960 में जब सोवियत रूस ने *पीपुल्स रिपब्लिक आफ*

चाइना को ब्लैकमेल करना चाहा तो उसने अपने सभी इंजीनियरों को ब्लूप्रिंट के साथ वहाँ से वापस बुला लिया था।

सरकार के मालिकाने में संचालित औद्योगिक संस्थानों को कर्ज देने के अतिरिक्त रूस को भारत में हथियार बेचने का भी तैयार बाजार मिल गया। भारत के लिए रूस से आयातित हथियारों का भरा हुआ पोत और गहन सुरक्षा में गुप्त जानकारियों के बारे में विश्वसनीय अनुमानों के अनुसार यह भारत पर कई बिलियन डॉलर का बढ़ता हुआ कर्ज है।

हर वर्ष भारत पर सोवियत की कठोर गिरफ्त निरन्तर और मजबूत होती जा रही थी। 1970-71 के वित्तीय वर्ष में भारत ने रूस से 200 मिलियन रुपये का नया कर्ज माँगा जब कि भारत पर पहले से ही रूस का 400 मिलियन कर्ज था। 1968 आते-आते भारत द्वारा कर्ज अदायगी का अनुपात अपनी निर्यात से अर्जित आय का 28% हो गया। (अक्टूबर 29, 1973 को *पेकिंग रिव्यू* में छपी सिनहुआ के एक संवाददाता की रिपोर्ट के अनुसार *पेकिंग रिव्यू* अंक 45, 1973)। इसका अर्थ है कि प्रतिवर्ष भारत द्वारा विश्व-भर में निर्यात की गयी वस्तुओं से प्राप्त आय का 28% सोवियत रूस का कर्ज भुगतान में जाता था।

परिस्थितियाँ यहाँ तक खराब हैं कि भारत में (दादर में) सोवियत रूस का समर्थक लेखक लिखता है कि "यह दुर्भाग्यपूर्ण है कि आने वाले समय में सोवियत यूनियन (यू एस एस आर) से लिया गया कर्ज केवल पुराना कर्ज भुगतान करने के लिए होगा। इसका अर्थ है कि भारत द्वारा निर्यात से अर्जित आय का अधिकांश भाग आयातित माल और सर्विस के लिए ही होगा।" यह इसी प्रकार है, जैसे आप अपने घर पर फिर कर्ज ले लें। आप कर्ज लें और बैंक को भुगतान कर दें, जहाँ से आपने पहले कर्ज लिया था। यह भारत द्वारा सोवियत सामाजिक साम्राज्यवाद की अधीनता स्वीकार करने का एक और प्रमाण है।

विगत कुछ वर्षों तक सोवियत रूस भारत से कृषि उत्पाद और कच्चा माल ले जाने से सन्तुष्ट था। परन्तु कुछ वर्षों से रूस ने अमरीकी साम्राज्यवादियों से प्रेरणा ली है और अब वह भारत में ही एक वर्कशाप लगाने, चलाने और सोवियत रूस के लिए माल उत्पादन करने लगा है। 1972 में भारत के विदेश व्यापार मंत्री मिस्टर मिश्रा ने कहा कि "भारत मानव श्रम के प्रयोग से उत्पादन वाले कारखानों में सोवियत रूस के लिए उत्पादन करने को तैयार है" और इस प्रकार "भारत कुछ वस्तुओं के उत्पादन में विशेषज्ञता हासिल कर लेगा और सोवियत यूनियन की आवश्यकता पूर्ति के लिए उत्पादन करेगा।" *(पेकिंग रिव्यू*

45, 1973)। 9 जून 1972 को 'जर्नल आफ कामर्स' ने एक रिपोर्ट प्रकाशित की, कि भारत और सोवियत यूनियन के बीच समझौता वार्ता हो रही है कि भारतीय उद्योग सोवियत रूस के लिए कच्चा माल प्रोसेसिंग करेगा और फिर इस तैयार माल को रूस को निर्यात करेगा। यह एक अनियंत्रित दुकान से अधिक कुछ नहीं है। इसकी तुलना अमरीका-मैक्सिकन सीमा पर स्थित अमरीका की टेक्सटाइल और इलेक्ट्रानिक फर्मों द्वारा खून चूसने की प्रक्रिया से की जा सकती है। इसके अतिरिक्त सोवियत यूनियन ने भारत में माल उत्पादन और उसे वापस सोवियत ले जाने के लिए अनेक फैक्ट्रियाँ स्थापित की हैं। इसमें सोवियत वित्तीय सहायता से लगे स्टील के उद्योगों से उत्पादित स्टील और स्टील से निर्मित तमाम सर्जरी के उपकरण भी शामिल हैं।

'न्यू चाइना एजेंसी' (एन.सी.एन.ए.) द्वारा ब्राडकास्ट किये गये एक लेख में कहा गया है कि ''जब से भारत और सोवियत यूनियन के बीच प्रथम आर्थिक समझौते पर हस्ताक्षर हुआ था, सोवियत यूनियन ने भारत को कुल 1020 करोड़ रुपये का उधार दिया है और इस प्रकार रूस भारत को कर्ज देने वाला दूसरे नम्बर का देश हो गया है।"

"सोवियत रूस की सहायता से भारत में चलने वाले प्रोजेक्टों पर सोवियत रूस के विशेषज्ञों का कड़ा नियन्त्रण रहता था और वे यहाँ प्रभुओं की तरह अपनी इच्छानुसार आदेश देते थे।" रूसी लोगों को जो भी आवश्यकता है, उसके लिए वे भारतीय मानव श्रम और कच्चे माल का प्रयोग कर उत्पादन करते हैं। ''यह शान्तिपूर्ण सहअस्तित्व का चमकदार माडल है और साथ ही साथ सामाजिक साम्राज्यवाद की ओर अग्रसर रूसी संशोधनवाद का एक नमूना भी है।'' ''सोवियत यूनियन भारत को निरन्तर आर्थिक मुद्रास्फीति विस्तार और नियन्त्रण के द्वारा अपने ऊपर निर्भरशील बनाने का कठोर प्रयास कर रहा है।''

''सोवियत यूनियन ने भारत के साथ व्यापार समझौता करने में बिल्कुल पुरानी साम्राज्यवादी लाइन पर अमल किया है।'' (टोकियो, 1 जनवरी, 1972, *दि हिन्दू* में 2 जनवरी, 1972 को प्रकाशित)।

इसकी तुलना में अर्द्धविकसित देशों को *पीपुल्स रिपब्लिक आफ चाइना* द्वारा दी गयी सहायता उदाहरणीय है। 1964 में अफ्रीका का दौरा करते हुए चीन के प्रधानमंत्री चाऊ-एन लाई ने आठ सिद्धान्तों का एक सेट तैयार किया था जो कि नवोदित देशों के लिए चीन की आर्थिक और तकनीकी सहायता को निर्देशित और नियंत्रित करते हैं। रिचर्ड जक्यूज ने इन सिद्धान्तों को निम्नलिखित रूप में स्पष्ट किया–1. चीन की सरकार दूसरे देशों को सहायता प्रदान करते

समय समानता और परस्पर लाभ के सिद्धान्त के आधार पर व्यवहार करती है। वह इस प्रकार सहायता को कभी भी एक तरफ भिक्षा के रूप में नहीं बल्कि परस्पर लेन-देन की तरह समझती है। इस प्रकार की सहायता से मित्रतापूर्ण रूप से उन्नत कर रहे देश स्वयं अपनी खुद की राष्ट्रीय अर्थव्यवस्था विकसित करते हैं, औपनिवेशिक नियन्त्रण से अपने को मुक्त कराते हैं और विश्व की साम्राज्यवाद-विरोधी शक्तियों को मजबूत करते हैं।

2. दूसरे देशों को सहायता प्रदान करते समय चीनी सरकार, सही अर्थों में उन देशों की सम्प्रभुताा का सम्मान करती है और कभी कोई सुविधा नहीं माँगती या कभी किसी भी परिस्थिति में आक्रमण नहीं करती।

3. चीनी सरकार आर्थिक सहायता या तो बगैर ब्याज के या बहुत ही निम्न दर के ब्याज पर उपलब्ध कराती है। कर्ज की अदायगी लम्बी अवधि में या लाभार्थी देश के बोझ को जितना कम किया जा सके, उसकी सुविधानुसार अवधि निर्धारित करता है।

4. चीनी सरकार द्वारा दूसरे देशों को सहायता प्रदान करने का अर्थ उनको चीन पर निर्भर बनाना नहीं बल्कि उनको कदम व कदम आत्मनिर्भर होने के मार्ग पर तेजी से चलाना है।

5. चीनी सरकार यथासम्भव प्रयास करती है कि सहायता पाने वाले देश को कम निवेश वाले और शीघ्र परिणाम देने वाले प्रोजेक्ट बनाने में सहायता करें, ताकि वह अपनी आमदनी में वृद्धि कर सके और पूँजी एकत्र कर सके।

6. चीनी सरकार उन देशों को अन्तर्राष्ट्रीय बाजार भाव पर चीन में निर्मित सर्वोत्तम गुणवत्ता वाले औजार, उपकरण और मैटीरियल तथा अपने उत्पादन प्रदान करती है। यदि चीन द्वारा प्रदान किये गये उपकरण, सामान और मैटीरियल मानक गुणवत्ता के नहीं होते तो वह उनको बदल कर दूसरा सामान देती है।

7. कोई भी व्यावहारिक तकनीकी सहायता प्रदान करते समय चीनी सरकार यह ध्यान रखती है कि प्राप्तकर्ता देश के कर्मचारी उस तकनीक पर पूर्णतः प्रवीणता हासिल करे।

8. निर्माण में सहायता प्रदान करने के लिए चीनी सरकार द्वारा भेजे गये विशेषज्ञ उसी जीवन स्तर पर निर्वाह करते हैं जिस पर उस देश के कर्मचारी। चीनी विशेषज्ञों को किसी प्रकार की विशेष डिमांड करने और विशेष सुविधाएँ प्राप्त करने की अनुमति नहीं।

चीनी सरकार की बन्धनमुक्त और ब्याज रहित सहायता से तीसरी दुनिया के काफी देशों को लाभ मिला है। आठ सिद्धान्त व्यवहार में कितनी सतर्कता

से लागू किये जाते हैं। इसका वर्णन करते हुए कालिन लेगम, चीन सरकार द्वारा तंजानिया और जाम्बिया के आरपार 1,160 किमी. की तंजाम रेलवे लाइन के निर्माण का उदाहरण देते हैं। यह रेलवे लाइन सेण्ट्रल अफ्रीका के लोगों को रोडेशिया और दक्षिण अफ्रीका के आर्थिक और सैनिक दबाव से मुक्त एक नयी लाइफ लाइन प्रदान करेगी। वह कहते हैं : ''इस समय तंजानिया में 20,000 चीनी हैं। इनमें से 13,400 निर्माण कार्य में लगे हैं और 36,000 अफ्रीका वर्कर उनको सामान आदि पहुँचाने में सहायक होते हैं। चीनी लोग जैसे काम करते हैं, वैसे ही अफ्रीका वर्करों को सिखाते हैं। उनका उद्‌देश्य अपने पीछे रेलवे को संचालित करने में सक्षम एक अफ्रीकन शक्ति को तैयार करना है। वह कहते हैं कि चीनी वर्कर पृथक-पृथक मजदूरों के शिविरों में अपने सहयोग से बनाये गये कम्युन में रहते हैं। स्थानीय लोगों को शिक्षित करने से बहुत दूर वे झाड़ियों में बनाये शिविरों में रहते और सप्ताह के सातों दिन काम करते हैं।

चूँकि कोई भी बड़ा देश बगैर स्वार्थ के और किसी बन्धन में बाँधे बगैर छोटे देश में इतनी अधिक धन राशि खर्च नहीं करता, इसलिए कुछ लोगों ने इस कार्य पर शंका व्यक्त की और सवाल उठाए। मिस्टर कालिन लेगम ने इन सारी शंकाओं को सीधे तंजानिया के प्रेसिडेंट नैरेवी के समक्ष प्रस्तुत कर दिया। प्रेसिडेंट नैरेवी ने कहा, ''आप कहते हैं कि पश्चिमी देश और रूस, चीनियों के बारे में चिंतित हैं, तो उनके साथ रेलवे लाइन का निर्माण करने वाले तंजानिया के मजदूरों को भी परेशान होना चाहिए। वे हमारे पास आते हैं और कहते हैं कि यदि वे अफ्रीकियों को उतना ही कठोर वर्कर बनाना चाहते हैं जैसे चीनी लोग हैं, तो वे उनको छोड़ देने की इच्छा व्यक्त करते। चीनियों को निश्चित रूप से यह पता है कि काम किस प्रकार किया जाए।'' यह उनका कठोर कार्य करने का 'धर्म' और उनकी 'एशियायी' जीवन पद्धति ही वास्तव में चीनियों का वास्तविक रहस्यमय हथियार है। वे अपने कार्य और व्यवहार से ही लोगों को शिक्षित करते हैं।

फरवरी 1972 में *'फार ईस्ट इकानामिक रिव्यू'* में रिपोर्ट छापी कि सोवियत यूनियन अपना औद्योगिक सामान भारत के निजी संस्थानों को बेचना चाहता है। परन्तु फिर 1973 में सी.पी. एस.यू. की पत्रिका 'कम्युनिस्ट' ने लिखा कि सोवियत यूनियन के लिए 'ज्वाइंट स्टाक इंटरप्राइसेज को चलाना' प्राथमिक है। इस प्रकार के इंटरप्राइसेज, सोवियत सामाजिक साम्राज्यवाद को भारत में पूँजीवादी इंटरप्राइसेज को सीधे मालिकाने में हिस्सेदारी करने की अनुमति देते हैं

और भारतीय मज़दूरों द्वारा उत्पन्न किया गया अतिरिक्त मूल्य प्राप्त करने का अवसर प्रदान करते हैं। वास्तव में साम्राज्यवादियों और सामाजिक साम्राज्यवादियों की लूट की कोई सीमा नहीं है।

भारत पर सोवियत रूस का प्रभुत्व मात्र सम्पदा के शोषण तक ही सीमित नहीं है। भारत वास्तव में सोवियत रूस के पास गिरवी हो गया है। इसके शोषण की अनेक शाखा-प्रशाखाएँ हैं। लेनिन ने अपनी पुस्तक 'इम्पीरियलिज़्म इज़ द हाईएस्ट स्टेज ऑफ़ कैपिटलिज़्म' में उद्धृत किया, "एक जर्मन बुर्जुआ कर्जदाता हमेशा कुछ न कुछ अतिरिक्त लाभ की व्यवस्था करता ही है, जैसे—वह हर वाणिज्यिक समझौते में अपने पक्ष की कोई धारा, कोयला भरने का एक स्टेशन, एक बन्दरगाह बनाने का अनुबन्ध, एक मोटा अनुदान या बन्दूकों की आपूर्ति करने का आर्डर (लेनिन की पुस्तक, 'इम्पीरियलिज्म' में उद्धृत)। सोवियत रूस ने भारत को एशिया में अपना मुख्य सैन्य सहयोगी बना कर 'अतिरिक्त लाभ' प्राप्त किया है। भारत और सोवियत रूस दोनों ही अपने को विश्वशान्ति का बड़ा चैम्पियन दिखाने का प्रयास करते हैं, परन्तु घटनाएँ कुछ और ही प्रमाणित करती हैं।" बंगला देश के मामले में यह बहुत ही नाटकीय रूप से प्रमाणित होता है। इसके पश्चात क्या सिक्किम, भूटान, नेपाल और पाकिस्तान की घटना सामने आएगी?

सोवियत यूनियन ने भारत को आर्थिक और सैन्य 'सहायता' प्रदान कर और एक के बाद एक 'विशेषज्ञों' और 'सलाहकारों' के ग्रुप भेज कर कर्मठतापूर्वक उसे आगे बढ़ाया है और इस प्रकार उसने धीरे-धीरे देश के हर क्षेत्र में अपना प्रभाव विस्तारित किया है। 9 अगस्त 1973 को नाम के लिए 'पीसफुल एंड फ्रेंडली कॉआपरेशन' के नाम से समझौता हुआ परन्तु यह भारत और रूस के बीच एक सैनिक समझौता ही था। भारत-सोवियत सन्धि के तीन माह बाद ही, अभी इस सन्धि पर हुए हस्ताक्षरों की स्याही सूखी भी नहीं थी, कि सोवियत यूनियन ने बड़ी तत्परता से भारत सरकार को उकसाकर और समर्थन प्रदान कर, दिल्ली में बैठे प्रमुख रूसी अधिकारियों के निर्देशन में बलपूर्वक पाकिस्तान को विभाजित कर दिया। रूसी सामाजिक साम्राज्यवादियों द्वारा सुरक्षा परिषद् में विटो पावर का प्रयोग कर तीन बार युद्ध विराम को निष्फल कर दिया गया ताकि उसका संश्रयकारी भारत अपना अभियान पूरा कर सके। एक बुर्जुआ दैनिक अखबार *'टाइम्स आफ इंडिया'* ने लिखा : "यह स्पष्ट है कि सोवियत रूस के साथ मित्रता की सन्धि हुए बगैर भारतवर्ष बंगलादेश को मुक्त नहीं कर सकता था।" (*यू एस न्यूज एंड वर्ल्ड रिपोर्ट,* 3 जनवरी 1972 में उद्धृत)

पूर्वी पाकिस्तान की जनता में बढ़ते असन्तोष का फायदा उठाते हुए, सोवियत समर्पित भारतीय प्रतिक्रियावादियों ने एक बनावटी 'राष्ट्रीय मुक्ति' आन्दोलन को पीछे से मदद पहुँचाई। भारत ने अपनी सीमा पर की गयी सैनिक कार्यवाहियों के अतिरिक्त, पूर्वी पाकिस्तान में अपनी पैदल सेना भी भेजी। इस स्थिति तक पहुंचने के बाद भारत ने पूर्वी पाकिस्तान पर व्यापक स्तर का आक्रमण किया, जिसके परिणामस्वरूप पाकिस्तानी सेना को शीघ्र ही परास्त होना पड़ा। यह भली प्रकार स्मरण रखना चाहिए कि भारत-रूस समझौते में एक खुला प्रविधान है कि आक्रमण होने पर दोनों देशों को आवश्यकता पड़ने पर एक-दूसरे देश की सहायता करनी होगी। पूर्वी पाकिस्तान में भारत ने सैनिक टुकड़ियाँ भेजीं जबकि सोवियत रूस ने पाकिस्तान के खिलाफ सैनिक सलाहकार और हथियारों की आपूर्ति की।

जब सामाजिक साम्राज्यवादियों ने भारत में अपनी शक्ति और प्रभाव को बढ़ाया तो अमेरिकी साम्राज्यवादी हाथ पर हाथ रखकर बैठे नहीं रहे। साठ के दशक में और सत्तर के दशक के पूर्वार्द्ध में सामाजिक साम्राज्यवादी, भारत में अपनी गहरी जड़ जमाने में सफल रहे जबकि अमेरिका 'गलत मार्ग' पर पड़कर वियतनाम, लाओस और कम्बोडिया की सैनिक कार्यवाही में परास्त हुआ।

लन्दन में नार्थ अटलांटिक ट्रीटी आर्गेनाइजेशन की मिनिस्टीरियल काउंसिल की वार्षिक कॉन्फ्रेंस में प्रस्तुत की गयी रिपोर्ट दर्शाती है कि दक्षिण-पूर्वी एशिया के देशों खासकर भारत और यू.ए.आर. में सोवियत रूस के बढ़ते प्रभाव पर गम्भीर नजर रखने को कहा था। भारत में सोवियत रूस के प्रभाव का अनुमान इससे लगाया जा सकता है कि 1968 तक सोवियत रूस ने भारत को तीन बिलियन डॉलर की विदेशी सहायता और 600 से 700 मिलियन डॉलर मूल्य के अत्याधुनिक सैनिक उपकरणों की आपूर्ति की थी।

आज भी अमेरिकी कारपोरेशन भारत की अर्थव्यवस्था के निजी क्षेत्र में गहरी रुचि रखते हैं, परन्तु भारत में सोवियत प्रभाव की तुलना में अमेरिका का प्रभाव घट रहा है।

सोवियत यूनियन भारत को अपना सैनिक आधार बनाने में सफल रहा है; विशेष रूप से नौसैनिक कार्यवाही के लिए हिन्द महासागर (इंडियन ओशन) में सोवियत नेवी की प्रभावशाली शक्ति है, वह भारतीय बन्दरगाहों को अपने सैनिक उपकरणों में तेल भरने और म म्मत के लिए प्रयोग करता है। "भारत को नौसेना के पोत और नौसेना का अड्डा बनाने में सहायता का वचन देकर, सोवियत रूस ने भारत के दो प्रमुख नौसैनिक बन्दरगाहों विशाखापत्तनम और अंडमान जल डमरू मध्य में पोर्ट ब्लेयर का प्रयोग अपने जलपोतों में तेल भरने

और मरम्मत के लिए करता है।" (*पेकिंग रिव्यू* नं. 49, 1973)

सोवियत यूनियन सम्पूर्ण एशिया में अपनी 'एशियन सिक्योरिटी' नीति को लेकर हाथ-पैर मार रहा था कि एशिया के देश अपनी तटस्थ नीति त्याग दें। एशियन सिक्योरिटी प्लान दुनिया के इस भाग पर अपना प्रभुत्व कायम करने के लिए केवल एक साम्राज्यवादी महत्त्वाकांक्षा है। विशेष रूस से यह प्लान, अन्तर्राष्ट्रीय नौसैनिक मार्ग में रणनीतिक दृष्टि से महत्त्वपूर्ण भाग हिन्द महासागर में अपना प्रभुत्व कायम करने के लिए है। पहले हिन्द महासागर ब्रिटिश साम्राज्यवादियों का अड्डा था, उसने अमेरिकी साम्राज्यवादियों के लिए स्थान छोड़ दिया ताकि वह पश्चिम एशिया क्षेत्र में अपने तेल और एकछत्र प्रभुत्व वाले हितों की रक्षा कर सके। सोवियत सामाजिक साम्राज्यवादी रूस ने अमेरिकी साम्राज्यवाद से मुकाबला करते हुए हिन्द महासागर में अपनी नौसेना के जहाजों का एक बड़ा बेड़ा डाल दिया। अमेरिकी साम्राज्यवाद के लिए यह एक गम्भीर चुनौती है। उनके आपसी मुकाबले की एक और घटना का उल्लेख यहाँ किया जा सकता है, जिससे इन दोनों देशों द्वारा अपनाई जा रही आधिपत्यता की नीति को समझा जा सकता है। जो मेडीटेरीनियन एक सामान्य अमरीकी झील थी, वह आज सोवियत नौसेनिक जहाजों से भरी हुई है। अमेरिका को जो चुनौती हिन्द महासागर में सोवियत सामाजिक साम्राज्यवाद ने पेश की, उसका जवाब अमेरिका ने हिन्द महासागर के मध्य दियागो गार्सिया में एक नौसैनिक और हवाई आधार बनाकर दिया। पाकिस्तान के द्वारा हिन्द महासागर में अपनी पहुँच बनाने की पुरानी आकांक्षा के कारण ही ईरान और पाकिस्तान की सीमा के करीब पख़्तूनिस्तान स्टेट बनाने की ऐतिहासिक माँग को तेजी से उठाकर, विशाल बलूचिस्तान स्टेट (अफगनिस्तान की सीमा के पास) को भी रूसी प्रभुत्व में रखने की आकांक्षा है। इस क्षेत्र में रूसी सामाजिक साम्राज्यवाद के इस विशाल प्रभुत्व कायम करने की योजना में भारतीय विस्तारवाद के योगदान की एक महत्त्वपूर्ण भूमिका है। इसके बदले रूसी सामाजिक साम्राज्यवाद इस क्षेत्र में भारतीय विस्तार को बढ़ावा देता है।

भारत और सोवियत रूस के बीच हुए आर्थिक समझौतों का प्रभाव भारत में रूस के राजनीतिक छलकपट में प्रदर्शित होता है। सत्तासीन कांग्रेस पार्टी के अन्दर रूस अपने कम्प्राडोर बुर्जुआ गुट को समर्थन देता है। हालाँकि यह अधिकांश सोवियत सरकार के सार्वजनिक संस्थानों के लिए है, फिर भी सोवियत रूस की वित्तीय सहायता से चलने वाले कुछ औद्योगिक प्रोजेक्ट में 25% हिस्सा निजी भारतीय पूँजीपतियों का है। इस प्रकार रूसी सामाजिक साम्राज्यवादियों

और भारतीय कम्प्राडोर बुर्जुआ के बीच सीधे निजी समझौते भी हैं। सत्तासीन कांग्रेस पार्टी में रूस अपने कम्प्राडोर बुर्जुआ गुट निजी और सार्वजनिक दोनों संस्थानों का ही समर्थन करता है।

भारत के मजदूर वर्ग आन्दोलन के अन्दर रूसी घुसपैठ और भारतीय जनता के निरन्तर हो रहे शोषण और दमन में भी रूसी सामाजिक साम्राज्यवाद की महत्त्वपूर्ण भूमिका है। डांगे की पार्टी में रूस के प्रभाव से भारतीय कम्युनिस्ट पार्टी (सी.पी.आई.) ने अपने को संशोधनवादी खेमे में मजबूती से ढाल लिया है। भारतीय कम्युनिस्ट पार्टी का नेतृत्व सामाजिक शान्ति पर जोर देता है, हड़तालों को तोड़ता है; जैसा कि उसने बाम्बे के टेक्सटाइल मजदूरों की हड़ताल, ताजातरीन रेलवे वर्कर की हड़ताल जिसमें कम्युनिस्टों सहित सात हजार वर्कर्स को गिरफ्तार किया गया और अभी-अभी हुई बन्दरगाह वर्कर्स की अखिल भारतीय हड़ताल में किया। यह सब हड़तालें अतीत की ही तरह भारत में साम्राज्यवाद विरोधी क्रान्तिकारी आन्दोलन का विकास हैं।

भारतीय प्रतिक्रियावादी सरकार के साथ सोवियत सामाजिक साम्राज्यवादियों के सम्बन्धों की कहानी तब तक पूरी नहीं होगी जब तक इस सम्बन्ध में कुछ रुचिकर तथ्यों को प्रस्तुत न किया जाए।

सोवियत रूस ने अन्तहीन लेखों और टनों साहित्य छापकर भारत को सहायता करने और "एक सम्पूर्ण अर्थव्यवस्था विकसित करने" का दावा बढ़ा-चढ़ा कर पेश किया है। वह कहता है कि "भारत में राष्ट्रीय पूँजीपति वर्ग और जमींदार सत्ता में हैं।" *'मिजोनरोदान्या डेली'* के मई 1967 के अंक में यहाँ तक कि 1971 में जब पाकिस्तान पर किये गये आक्रमण के बीच में इन्दिरा गाँधी ने भारतीय बैंकों का राष्ट्रीयकरण किया तो सोवियत रूस ने इसे 'समाजवाद की ओर एक कदम' कह कर प्रशंसा की। 1974 में जब भारतीय रेल के व्यापक मजदूरों ने हड़ताल की तो वही इन्दिरा गाँधी जिसे 'समाजवाद की ओर कदम बढ़ाते' कहा गया था। उसी ने सोवियत रूस के हथियारों से लैस भारतीय सेना को हड़तालियों का दमन करने के लिए बुलाया। करीब सात हजार हड़ताली मजदूरों को गिरफ्तार किया गया। भारतीय शासक वर्ग ने उन किसानों का भी दमन-उत्पीड़न किया जो देशी ज़मींदारों और साम्राज्यवादियों की भयानक लूट का शिकार हो बड़ी संख्या में भुखमरी का शिकार हो रहे थे और यह सब सोवियत रूस से संरक्षण प्राप्त भारत सरकार के शासन में हो रहा था।

'दि ग्रेट सोवियत इन्साइक्लोपीडिया' के 1954 के संस्करण में गाँधी का वर्णन एक प्रतिक्रियावादी एक्टिविस्ट, ब्रिटिश साम्राज्यवाद को मदद करने वाला

और "एक बाजारू नेतागीरी करने वाला भारतीय स्वतन्त्रता का समर्थक" होने का दावा करने वाला बताया गया है। इससे पूर्व 1930 की 'प्रावदा' पत्रिका में गाँधी की निन्दा इस प्रकार की गयी थी, "गाँधी की नीति, जो कांग्रेस की प्रगति का आधार है, प्यार, कमजोरी, मर्यादा और कठोर परिश्रम जैसी अनर्गल बातों का लबादा ओढ़े है। किसानों पर, राष्ट्रीय एकता, हिन्दुस्तान के ऐतिहासिक मिशन आदि का बोझ बढ़ रहा है। परन्तु इस लबादे के अन्दर यह भारतीय पूँजीपतियों के हितों की शिक्षा देता और उनकी रक्षा भी करता है। समाज को अमीर और गरीब में विभक्त होने की अपरिहार्यता को, दैवी सामाजिक गैर-बराबरी और अनिवार्य शोषण बताता है।"

1955-56 में प्रोफेसर र्योनार्ट ने एक अन्य सन्दर्भ में नोट किया कि गाँधी और नेहरू की छवि को पुनः चमकाया गया और उनको साम्राज्यवाद का पिछलग्गू नहीं बल्कि जनता की आकांक्षाओं के वास्तविक प्रतिनिधि के रूप में स्थापित किया गया। ख्रुश्चेव गिरोह द्वारा रूस की सत्ता पर कब्जा करने और बुर्जुआ नौकरशाही द्वारा समर्थित तानाशाही को स्थापित करने के बाद, इस रूसी सामाजिक-साम्राज्यवादी सरकार ने खुद अपने द्वारा बनाई गयी गाँधी की छवि को धोकर साफ कर दिया और उसे सुन्दर रंगों से रंग दिया। स्वतन्त्रता संग्राम में भारत की जनता को जाग्रत करने वाले के रूप में गाँधी की प्रशंसा करता हुआ एक-दो पेज का लेख लिखता है कि "सोवियत रूस के इतिहास सम्बन्धी साहित्य में 50 के दशक के मध्य तक भारत के गाँधी के सामाजिक-राजनीतिक जीवन और भारतीय जनता के साम्राज्यवाद विरोधी संघर्ष में उनकी भूमिका का गलत मूल्यांकन किया गया था, यह मूल्यांकन गलत और एकपक्षीय है।"

इस बार रूसियों ने इतिहास में इन्दिरा गाँधी के चित्र और उनके सन्दर्भ सहित विवरण लिखा है। अपने सामाजिक-साम्राज्यवादी चरित्र के अनुसार ही रूस ने इतिहास का पुनर्लेखन किया है।

रूस की वर्तमान सरकार द्वारा किया गया गाँधी और नेहरू का मूल्यांकन, भारतीय संशोधनवादियों द्वारा किये मूल्यांकन से बिल्कुल मेल खाता है। भारत के संशोधनवादी सिपहसालारों द्वारा गाँधी और नेहरू को राष्ट्रीय मुक्ति आन्दोलन का हीरो बताया जाता है। रजनी पाम दत्त ने अपनी पुस्तक 'इंडिया टुडे' में, जी. अधिकारी ने 'ऑन गांधी' में, हीरेन मुखर्जी ने अपनी पुस्तक 'इंडियाज स्ट्रगल फॉर फ्रीडम' और नंबूदिरीपाद ने 'महात्मा एंड इज्म' में, गाँधी को एक महान 'साधु' और 'पैगम्बर' के रूप में स्थापित किया और अन्य कांग्रेसी नेताओं को भारत के प्रगतिशील बुर्जुआ द्वारा साम्राज्यवाद विरोधी संघर्ष का नेतृत्व करने

वाले प्रतिनिधियों के रूप में प्रस्तुत किया है। भारतीय संशोधनवादियों की जमात ने उनकी छवि स्थापित करने में दिन-रात मेहनत की है।

आर्थिक क्षेत्र में रूस के प्रवेश को निम्नलिखित वर्णन से भली प्रकार समझा जा सकता है। विगत कुछ वर्षों में सोवियत रूस और पूर्वी यूरोपीय देशों के साथ भारत का व्यापार काफी तीव्र गति से और बड़े पैमाने पर बढ़ा है। 1950 में तीन करोड़ की छोटी राशि से बढ़कर भारत का निर्यात रुपये 361 करोड़ हो गया। इसी प्रकार 1953 से 1971 के बीच भारत का आयात 4 करोड़ से बढ़कर रुपये 226 करोड़ हो गया। भारत रूस का व्यापारिक समझौता हो जाने के बाद यह व्यापार दिन दूनी रात चौगनी रफ्तार से बढ़ा है। रूस का भारत के साथ व्यापार मुख्य रूप से शोषकों का ही व्यापार है।

रूसी सामाजिक साम्राज्यवादी अपने 'सबसे पसन्दीदा राष्ट्र' के रूप में भारत की प्रशंसा करते हैं और भारत के साथ अपने सम्बन्धों की प्रशंसा में गीत गाते हैं। इसे शान्तिपूर्ण सहअस्तित्व का 'माडल' कहते हैं। इस सन्दर्भ में एक बुर्जुआ कवि की कविता याद आती है–

'तुम्हारे लिए रोता हूँ'
दरियाई घोड़े ने कहा
'मुझे तुमसे गहरी सहानुभूति है'
सिसकते हुए आँसू टपकाते हुए
अपनी गीली आँखों पर
रूमाल रख कर बोला।

–ले विस कै सेल

–अंग्रेजी से हिन्दी में अनुवाद–संजय कुंदन

महान लेनिन ने ठीक ही कहा था कि "बाजार में अक्सर ऐसा होता है कि जो सबसे तेज आवाज लगाता है, और अपने माल को सबसे अच्छा बताता है, वही सबसे रद्दी माल बेचता है।"

रूसी सामाजिक साम्राज्यवादी सबसे अधिक अन्तर्राष्ट्रीय शान्ति का ढोल पीटते हैं। एशिया की सुरक्षा, यूरोप की सुरक्षा, शान्तिपूर्ण सह-अस्तित्व के भारत रूसी माडल का हल्ला मचाते हैं। इस विषय में *पीपुल्स डेली* चीन का दैनिक अखबार कहता है : "आजकल वही व्यक्ति और वही दृश्य कूटनीतिक मंच पर देखा जाता है जो जितने अधिक जोर से चिल्लाते हैं और बड़े उत्साह से कसमें खाते हैं, जनता के दिमाग में उनके प्रति उतनी ही शंका उत्पन्न होती है। सोवियत संशोधनवादी यही चालबाजी करते हैं।"

इस कहानी का अन्त यहीं नहीं होता, सोवियत रूस की के.जी.बी. के खतरनाक जबड़े भारत को धीरे-धीरे कुतर रहे हैं। उपरोक्त वर्णन से हम इस नतीजे पर पहुँचते हैं कि भारत, रूसी सामाजिक साम्राज्यवाद का अर्द्धउपनिवेश बन गया है।

विश्व के अन्य साम्राज्यवादी देश ब्रिटेन, पश्चिम जर्मनी, जापान भी प्रभावशाली तरीके से भारत में अपना पैर जमा कर इस अर्द्धऔपनिवेशिक किले को और मजबूती प्रदान कर रहे हैं। विश्व साम्राज्यवाद का मुखिया अमेरिकी साम्राज्यवाद भी भारतीय मजदूरों द्वारा कठोर मेहनत से अर्जित अतिरिक्त मूल्य को समेट लेता है और ये रक्त पिपासु अमेरिकी जरा-सा भी द्रवित नहीं होते।

1948 में जब अमेरिका और रूस की पूँजी भारत में निवेश नहीं हुई थी, उस समय भारत में विदेशी पूँजी निवेश के निम्नलिखित आँकड़े भारत की अर्थव्यवस्था पर साम्राज्यवादी गिरफ्त की जानकारी देते हैं। उस समय भारत में पेट्रोलियम उद्योग में 97%, रबर के उत्पादन में 93%, हल्की रेलवे 90%, माचिस 90%, जूट 89%, चाय 86%, कोयला के अतिरिक्त अन्य खादानों में 73%, कोयला उत्पाद 62% और रबर के बागानों में 45% विदेशी पूँजी का निवेश था। (विस्तृत विवरण के लिए देखें, परिशिष्ट-11।)

अमेरिकी साम्राज्यवाद ने अपने परजीवी तरीकों से भारत की अर्थ व्यवस्था में प्रवेश करना शुरू किया। भारत ने विगत 21 वर्षों में (1973-75 के अतिरिक्त) 'युनाइटेड स्टेट्स एजेंसी फॉर इंटरनेशनल डेवलपमेंट' से 10 बिलियन डॉलर या 1300 करोड़ रुपये प्राप्त किये। सरकार द्वारा डॉलर में अदा किये जानेवाले कर्ज की राशि रु. 2393. 54 करोड़ थी। भारतीय रुपयों के रूप में भुगतान होने वाली राशि 1768.92 करोड़ थी। गैर-सरकारी कर्ज की श्रेणी में आने वाला कर्ज 14 4. 57 करोड़ डॉलर था। सहायता के रूप में प्राप्त राशि रुपये 100.56 करोड़ थी। इस प्रकार कुल भुगतान की जाने वाली राशि रुपये 4347.59 करोड़ थी।

पी.एल-480 के तहत भारत में दिये गये फंड की राशि रुपये 2800 करोड़ है। कभी भी न समाप्त होने वाले इस कर्ज की राशि 2013 में 5600 करोड़ हो जाएगी। साम्राज्यवादी अमेरिका द्वारा 1956 में भारत को दिया गया फंड 1971 तक कटता रहा। पी. एल.-480 में दिये गये कर्ज पर 3% से 4% तक वार्षिक ब्याज देय है। पी. एल-480 के अन्तर्गत दिया गया कर्ज 40 वर्ष में भुगतान करना था। हर वर्ष का देय ब्याज सरकार के ऋणपत्रों में परिवर्तित हो जाता है, जिसे भारत स्थित अमेरिकी दूतावास रखता है। अमेरिकी दूतावास

द्वारा रखे गये ऋणपत्रों पर 1.5% का अतिरिक्त ब्याज देय होता है। परिणाम यह है कि भारत में अमेरिकी दूतावास के पास रखे ऋणपत्रों की कीमत 687 करोड़ है और यदि अमेरिका चाहे तो इसे एक दिन में ही कैश रुपयों में बदल सकता है। वर्तमान में अमेरिकी दूतावास अपने खर्च के लिए भारत में प्रति वर्ष 40 करोड़ रुपये या 450 मिलियन डॉलर खर्च करता है। इस प्रकार भारत को हर वर्ष विदेशी मुद्रा विनिमय की हानि उठानी पड़ती है। यदि दूतावास को रुपये उपलब्ध नहीं होते तो उनको डॉलर खर्च करने होते। दूतावास द्वारा फंड की इस राशि का उपयोग उन कार्यों में भी किया जाता है जिन पर सरकार का कोई नियन्त्रण नहीं है। यह उच्च ब्याज दर वास्तव में भारत पर बड़ा बोझ है। यदि इसे 2013 तक इसी प्रकार भुगतान किया गया तो प्रतिवर्ष 85 करोड़ का ब्याज भुगतान करना होगा। इतनी प्रचुर मात्रा का ब्याज दर्शाता है कि भारत सरकार की गर्दन पर पी.एल.-480 का फंदा कसता जा रहा है।

इस वर्ष (1975) जब वाई.बी. चह्वाण ने अमेरिका का दौरा किया, उस समय पी. एल-480 के अन्तर्गत एकत्र की गयी राशि पर किया गया नया समझौता वास्तव में जनता की आँखों में धूल झोंकना है। यह समझौता भारत में सामाजिक साम्राज्यवाद के मुकाबले अमेरिका द्वारा प्रभुत्व कायम करने के उद्देश्य से की गयी एक अवसरवादी राजनीतिक आवश्यकता है। इस प्रकार अमेरिकी सरकार भारतीय शासकों के समक्ष एक टुकड़ा डाल रही है। अमेरिका द्वारा दी गयी सम्पूर्ण सहायता राशि का 20% (रुपये 1457 करोड़) अनुदान है, जिसका भुगतान नहीं करना है।

भारतीय मुद्रा में किये जाने वाले अधिकांश भुगतान को साम्राज्यवादी देशों ने पुनः भारत में निवेश कर और अधिक लाभ कमाया। इस धन राशि में से रुपये 417 करोड़ कृषि में, रुपये 236 करोड़ रिवर वैली विकास में, रुपये 397 करोड़ ऊर्जा और फर्टिलाइजर में, रुपये 48 करोड़ रोजगार कार्यक्रम में, रुपये 100 करोड़ पब्लिक हेल्थ में, रुपये 108 करोड़ शिक्षा में, रुपये 16 करोड़ परिवहन विकास में खर्च किया गया। इसके अतिरिक्त अमेरिका द्वारा भारत में खर्च के लिए सुरक्षित राशि में से रुपये 105 करोड़ ग्रामीण क्षेत्र के विद्युतीकरण के लिए, लगभग 10 करोड़ कृषि अनुसंधान और शिक्षा के परस्पर आदान-प्रदान के कार्यक्रमों और हजारों प्रकार की तकनीकी पुस्तकों की छपाई में खर्च किया गया। इन सब आँकड़ों से यह स्पष्ट हो जाता है कि भारत सरकार साम्राज्यवादियों के बन्धन में सिर से पाँव तक—आर्थिक, सामाजिक, सांस्कृतिक और राजनीतिक रूप से जकड़ी हुई है।

भारत की कर्जदारी की हालत पर एक नजर डालने से, विश्व साम्राज्यवाद पर इसकी निर्भरता की भयानक स्थिति उजागर होती है। कर्ज देने वाले इन देशों में सबसे आगे अमेरिकी साम्राज्यवाद और माड़र्न साम्राज्यवादियों में सोवियत रूस है। भारत में प्रथम पंचवर्षीय योजना की समाप्ति तक, अनुदान और कर्ज के रूप में ली गयी विदेशी सहायता से भारत केवल रु. 126 करोड़ का कर्जदार था। दूसरी पंचवर्षीय योजना में विदेशों से कुल रु. 2252 करोड़ धन राशि प्राप्त हुई। इसमें रु. 253 करोड़ अनुदान मिला था। तीसरी पंचवर्षीय योजना में विदेशों से रु. 4531 करोड़ प्राप्त हुआ। इस राशि में रु.167 करोड़ अनुदान राशि भी थी। चौथी पंचवर्षीय योजना के दौरान भारत पर विदेशी कर्ज 4, 000 करोड़ रुपये हो गया और आज 1975 में भारत पर विदेशी कर्ज 10,000 करोड़ रुपये से कुछ अधिक ही है। परिस्थिति इतनी खराब है कि भारत अपने घरेलू स्रोतों के आधार पर कर्ज भुगतान करने में असमर्थ है, इसलिए वह पुराने कर्ज और उसके ब्याज का भुगतान करने के लिए विदेशों से नया कर्ज लेने को बाध्य है। कर्ज का बोझ दिनोंदिन बढ़ता जा रहा है। चौथी पंचवर्षीय योजना के दौरान लिए गये कर्ज की 50% धनराशि केवल कर्ज और ब्याज के भुगतान में समाप्त हो गयी। पाँचवीं पंचवर्षीय योजना में रु. 4,000/ करोड़ के विदेशी कर्ज पर विचार करना होगा, जिसकी आधी धनराशि केवल कर्ज की किश्तों की अदायगी में समाप्त हो जाएगी। आज जब भारत कर्ज में पूर्णतः डूबा हुआ है तो अभी तक आर्थिक विकास कोई स्वरूप नहीं ग्रहण कर पाया है। भारत के विकास विरोधी कर्ज का यही विदेशी योगदान है। (देखें, परिशिष्ट-ए)

वित्त मंत्रालय द्वारा तैयार किये गये आँकड़ों के अनुसार भारत द्वारा समस्त विदेशी ऋण (पूर्वी यूरोपीय देशों सहित) दाताओं के साथ किये गये अनुबन्धों के आधार पर 1 जनवरी 1973 को रु. 11, 887.15 करोड़ का कर्ज था। इसमें से भारत ने कुल 10, 279.59 करोड़ की राशि का उपयोग किया। इस सम्पूर्ण कर्ज की धनराशि में से 6, 006.16 करोड़ राशि का भुगतान विदेशी मुद्रा में होना था और रु. 391.14 करोड़ की राशि का भुगतान तथाकथित 'समाजवादी देशों' को निर्यातक माल के रूप में किया जाना था, जिसमें से रु. 1738.47 करोड़ दिसम्बर 1972 को समाप्त होने वाले वर्ष के विगत 9 माह में किया गया कर्ज और ब्याज का भुगतान रु. 229.57 करोड़ है; जिसमें केवल ब्याज के लिए दी गयी धनराशि 103.58 करोड़ है।

पचास और साठ के दशक के अन्त तक 23 ऋणदाता देशों से, विश्वबैंक और "कम दर पर लचीली शर्तों के साथ" कर्ज देने वाली एसोसिएशनों से

और इंटरनेशनल डेवलपमेंट एसोसिएशन से लिया गया सम्पूर्ण कर्ज आज भी बना हुआ है। (देखें, परिशिष्ट-2-ए)

पेरिस में सम्पन्न हुई **'एड इंडिया कंसारियम'** में विश्वबैंक मूल्यांकन के आधार पर 1973-74 के लिए 1100 मिलियन डॉलर की सहायता राशि निर्धारित की गयी। (ज्ञात हो कि विश्वबैंक में अमेरिकी नेतृत्व में साम्राज्यवादी देशों का ही प्रभुत्व है।) यह 1100 डॉलर की राशि जो करीब-करीब रु. 825 करोड़ है, अपने आप में काफी आकर्षक राशि लगती है। परन्तु इसका सबसे अधिक असहमति वाला पहलू यह है कि यह सम्पूर्ण राशि भारत में आते ही कर्ज अदायगी में समाप्त हो जाएगी। यद्यपि गिरवी रखी गयी सहायता 980 मिलियन डॉलर थी। इसमें से पुराने कर्ज अदायगी के रूप में 720 मिलियन डॉलर भुगतान कर दिया गया। इस प्रकार इस सहायता राशि में कुल 260 मिलियन डॉलर ही बचा, लगभग 190 करोड़ रु. यही वास्तव में प्राप्त कुल सहायता राशि है। इस प्रकार 1973-74 के राज्यों और केन्द्रशासित राज्यों के 'प्लान' के लिए लगभग राशि 4,356 करोड़ में 260 मिलियन की यह राशि मात्र एक बूँद के समान है। 1964 तक अमेरिकी कर्जों पर 1% ब्याज लिया जाता था। परन्तु उसके बाद यह बढ़कर 3% हो गया। इस प्रकार भारत विदेशी कर्ज के बोझ के नीचे दबा हुआ है। परिणामस्वरूप यह साम्राज्यवादियों के तमाम शोरगुल में असमाधेय अर्द्ध-औपनिवेशिक बन्धनों में जकड़ा है।

भारत को एक अर्द्ध-औपनिवेशिक देश के रूप में बनाये रखने के लिए देश के अन्दर इसको सहारा देने वाली शक्तियों पर विचार करना है, जो कि साम्राज्यवाद या सामजिक साम्राज्यवाद के लिए सबसे बड़ा सहारा है।

प्रारम्भ में हमने औपनिवेशिक अर्द्धसामन्ती भारत में सामन्ती समाज के विकास के बारे में बताया है। हम यहाँ पर उसका सार संक्षेप प्रस्तुत करेंगे। इसकी सम्पूर्ण प्रक्रिया को समझने के लिए यह प्रासंगिक है।

भारत में ब्रिटिश साम्राज्यवाद के आगमन से पूर्व, सामन्ती राजतंत्र का शासन था। भारत की अपनी आत्मनिर्भर ग्रामीण अर्थव्यवस्था थी, हस्तशिल्प और अन्य कुटीर उद्योग फल-फूल रहा था। इस उपभोक्ता माल-उत्पादन के साथ व्यापार और वाणिज्य तथा आयात-निर्यात का विकास हुआ। आयातित विलासिता के सामानों का प्रयोग राजाओं, सामन्ती प्रमुखों, उच्च अधिकारियों, धनाढ्य व्यापारियों आदि द्वारा प्रयुक्त होता था। इस समाज का धनी वर्ग भी सामन्ती समाज का ही एक भाग था। परिणामस्वरूप यह एक सामन्ती समाज था। जब यूरोप में औद्योगिक क्रान्ति का प्रारम्भ हो रहा था तब भारत एक

सामन्ती समाज था। भारत में उत्पादित हस्तशिल्प की वस्तुएँ विदेशों से, विशेष रूप से ब्रिटेन से आयातित (उच्चकोटि की विशाल मात्रा में आयातित) माल से प्रतिस्पर्धा में फेल हो गया। इसलिए भारतीय देशज व्यापारी तबका और हस्तशिल्प का अन्त हो गया। पुराने व्यापारी समुदाय का स्थान एक नये व्यापारी वर्ग ने लिया, जिसने भारत में ब्रिटिश माल बेचकर मुनाफा कमाया और कुछ ने ब्रिटिश के लिए आवश्यक कच्चे माल की आपूर्ति कर लाभ कमाया। कुछ अन्य लोग विभिन्न प्रकार के भवन निर्माण, जंगलों, आबकारी आदि के ठेके लेकर लखपती बन गये। हालाँकि अधिकांश ब्रिटिश कम्प्राडोर बुर्जुआ ने अपनी आय को उद्योगों में निवेश किया, उन्होंने भारतीय समाज में एक कम्प्राडोर बुर्जुआ वर्ग को जन्म दिया। कुछ अन्य वर्ग भी थे जो इस कम्प्राडोर वर्ग का हिस्सा बन गये। जैसे राजाओं, बड़े भूस्वामियों और साहूकारों ने अपना धन उद्योगों में निवेश किया और ब्रिटिश कम्प्राडोरों के उद्योगों में हिस्सेदार बन गये। इस संक्षिप्त विवरण से यह समझा जा सकता है कि प्राचीन भारतीय बुर्जुआ भारतीय बाजार की सीमा में आंशिक रूप से साम्राज्यवाद से प्रतिद्वंद्विता कर रहा था, परन्तु एशियाई और अफ्रीकी उपनिवेशों के बाजार में निर्यात के लिए पूर्णतः साम्राज्यवादियों पर ही निर्भर था। भारतीय बुर्जुआ और साम्राज्यवादियों के बीच निर्यात के लिए स्थापित हुए सम्बन्धों ने भारतीय बुर्जुआ को अपने अस्तित्व और विकास के लिए साम्राज्यवाद पर निर्भर बना दिया। परिणामस्वरूप भारतीय बुर्जुआ प्रारम्भ से ही असीमित रूप से साम्राज्यवाद पर निर्भर रहा और उसका सीमित विरोध ही किया। इस भारतीय बुर्जुआ वर्ग का सामन्तवाद के साथ घनिष्ठ सम्बन्ध होने के बावजूद, महान अक्टूबर क्रान्ति की सफलता से वह घबराता रहा और साम्राज्यवाद पर अधिकाधिक निर्भर होता गया। भारतीय कम्प्राडोर बुर्जुआ द्वारा भारत में राष्ट्रीय क्रान्ति और कृषि क्रान्ति का विरोध करने की यही व्याख्या है। 15 अगस्त 1947 के सत्ता-हस्तान्तरण के समय तक यही स्थिति बनी रही।

भारत का कम्प्राडोर बुर्जुआ 1948 तक, इन उद्योगों और इनके उत्पादित माल की बिक्री से प्राप्त लाभ पर निर्भर था। अब उसके पास पूरी शक्ति थी, परन्तु पहले ही प्रमुख उद्योगों में साम्राज्यवादी 50% का भागीदार थे। (देखें, परिशिष्ट-2)

चीनी उद्योगों में जमींदार वर्ग की पैठ पहले से ही थी। सीमेंट उद्योग, ब्रिटिश साम्राज्यवाद पर निर्भर था। ब्रिटिश इस उद्योग में पूँजी निवेश के अतिरिक्त सीमेंट की बिक्री भी करता था। सत्ता-हस्तान्तरण के साथ ही भारतीय कम्प्राडोर

बुर्जुआ को बहुत कुछ हासिल हुआ और समय के साथ-साथ अनेक अन्य परिवार भी इस वर्ग में शामिल हो गये।

सत्ता-हस्तान्तरण के बाद, साम्राज्यवादी देश सीधे अपने मालिकाने में उद्योग लगाने के बजाय भारतीय पूँजीपतियों के आधिपत्य में भारतीय पूँजी के सहयोग से संयुक्त पूँजी वाले उद्योगों को (ज्वाइंट वेंचर) तेजी से स्थापित करने लगे। विदेशी पूँजी के साथ भारतीय बड़े पूँजीपतियों के पहले से ही सम्बन्ध होने के कारण उनको इस प्रकार की व्यवस्था को लागू करने में कोई कठिनाई नहीं थी। इसके साथ ही साथ कई बड़े पूँजीपतियों के परिवारों ने भी इसमें भागीदारी शुरू कर दी। यह प्रक्रिया आज भी जारी है और भविष्य में भी जारी रहेगी। भारतीय देशी पूँजी और विदेशी पूँजी के बीच एक अन्य प्रकार का सम्बन्ध भी है। साम्राज्यवादी शक्तियाँ भारत के सबसे बड़े कम्प्राडोर बुर्जुआ भारत सरकार को कर्ज देती हैं और इसके बदले सभी सुविधाएँ प्राप्त करती हैं।

'सत्ता-हस्तान्तरण' के बाद भारतीय कम्प्राडोर बुर्जुआ को और भी अधिक फायदा हुआ, क्योंकि अब उनके लिए अमेरिकी साम्राज्यवाद, सोवियत सामाजिक साम्राज्यवाद, पहले से ही मौजूद ब्रिटिश साम्राज्यवाद और पश्चिमी जर्मनी और जापान आदि सभी से सम्बन्ध स्थापित करने के अवसर मिल गये थे।

इस प्रकार एक तरफ सभी रंगों के साम्राज्यवादियों और दूसरी तरफ भारतीय कम्प्राडोर बुर्जुआ तथा भारत सरकार के बीच परस्पर निर्भरता दिखती है। यह अर्द्ध-औपनिवेशिक भारतीय सत्ता का मजबूत वर्गीय चरित्र है। भारतीय अर्थव्यवस्था पूर्ण रूप से विदेशी पूँजी की गिरफ्त में है।

चूँकि "राजनीति अर्थनीति का केन्द्रीकृत स्वरूप है", अतः राजनीतिक संगठन या किसी देश की सरकार उस देश की आर्थिक स्थिति का प्रतिबिम्ब है। साम्राज्यवादी प्रभुत्ववाली भारत की अर्थनीति निश्चित रूप से साम्राज्यवाद के प्रति उसकी अधीनता का संकेत देती है। साधारण शब्दों में कहें तो भारत (तीसरी दुनिया के अन्य देशों के साथ) प्रभुत्ववादी साम्राज्यवादी शक्तियों का अर्द्ध-उपनिवेश है। 1947 से पूर्व की तुलना में आज भारत पर साम्राज्यवादी देशों का सीधा प्रशासनिक या सैनिक शासन नहीं है। साम्राज्यवादियों का यह प्रभुत्व केवल उन लोगों द्वारा ही सम्भव है जो सीधे भारत की सत्ता पर आसीन हैं; अर्थात् भारत सरकार और उन आर्थिक शक्तियों द्वारा जिनका यह सरकार प्रतिनिधित्व करती है। आज भारतीय अर्थव्यवस्था पर प्रभुत्व जमाए रखनेवाली शक्तियाँ, इनके राजनीतिक संगठन और भारत सरकार साम्राज्यवादियों के समर्थक हैं, अर्थात् वे साम्राज्यवादियों के अप्रत्यक्ष एजेंट हैं।

देश का कम्प्राडोर बुर्जुआ वर्ग, विदेशी संश्रय और विदेशी सहायता पर आधारित विकास की रणनीति पर चलने के लिए सरकार पर निरन्तर दबाव डालता रहता है। यह वर्ग देश को विदेशी संश्रय और विदेशी कर्ज पर निर्भर बना देने में सफल रहा है। 1948 से 1955 के दौरान प्राइवेट सेक्टर के लिए स्वीकृत समझौतों की संख्या 284 थी। इसकी सर्वोच्च स्थिति 1961 और 1964 में आयी जब इस प्रकार के 405 समझौतों को प्रतिवर्ष स्वीकृति प्रदान की गयी (देंखे, परिशिष्ट-बी)। विगत कुछ वर्षों में, सजावट और लेडीज अंडरगार्मेंट्स ऐसी वस्तुओं के उत्पाद वाले गैर-जरूरी समझौते भी हुए हैं। इस प्रकार के समझौतों के समर्थन में हमेशा 'निर्यात को बढ़ावा देने' का तर्क पेश किया जाता है। मार्च 1971 तक भारत में विदेशी निजी निवेश रु. 1319 करोड़ तक पहुँच गया है।

साम्राज्यवादियों की अन्तिम इच्छा भारत को अर्द्ध-औपनिवेशिक देश बनाये रखने की है। किसी भी प्रकार के छल-कपट से वे यही स्थिति बरकरार रखना चाहते हैं। जब सभी प्रकार के साम्राज्यवादियों का तेजी से पतन हो रहा है तो औपनिवेशिक और अर्द्ध-औपनिवेशिक देशों की यह स्थिति उनको सम्बल प्रदान करती है। किसी देश को अर्द्ध-औपनिवेशिक बनाये रखने के लिए उस देश की उत्पादन शक्तियों और उत्पादन सम्बन्धों को भी उसी के अनुसार देश की कृषि अर्थ-व्यवस्था को सामन्ती गतिरोध में रहना चाहिए, अर्थात् मिथ्या राष्ट्रीय स्वतन्त्रता, सम्प्रभुता और बेहतर हो कि लोकतांत्रिक स्वरूप की सरकार के अन्तर्गत अर्द्ध-सामन्ती उत्पादन सम्बन्धों को दृढ़ता से बनाये रखा जाए जो दुनिया के सामने स्वतन्त्र राष्ट्र का जामा पहने रहे।

देश में अर्द्ध-सामन्ती उत्पादन सम्बन्धों पर आधारित कृषि-अर्थव्यस्था में पिछड़ेपन की स्थायी स्थिति को भली प्रकार समझा जा सकता है। हमने पहले ही देखा है कि वास्तविक पूँजीवाद का उदय देश की पारस्परिक देशी सामन्ती अर्थव्यवस्था के अन्दर से ही क्रान्तिकारी रूपान्तरण के द्वारा हुआ है। इस प्रकार पूँजीवाद का विकास या विशाल स्तर पर औद्योगिक अर्थव्यवस्था के लिए, सुस्त, विखंडित और स्थानीय सामन्ती कृषि को तेजी से सक्रिय, उच्च कोटि की फलने-फूलने वाली एक सघन पूँजीवादी कृषि में संक्रमण करना एक बुनियादी शर्त है, जिससे उत्पादन का विकास हो, विनिमय योग्य अतिरिक्त उत्पादन हो और सभी प्रकार के औद्योगिक उत्पादन के लिए कच्चा माल उपलब्ध हो। परिणामस्वरूप कृषि के अतिरिक्त उत्पादन से एकत्रित पूँजी; पूँजीवादी माल उत्पादन है जो बदले में पूँजीवाद अभिमुख कृषि उत्पादन की प्रक्रिया का मार्ग प्रशस्त करता है। दूसरे शब्दों में कहा जाए तो एक ऐसा समाज जो अर्द्धसामन्ती

स्थिति के दलदल में फँसा हो, वहाँ कोई भी पूँजीवादी औद्योगिक उत्पादन विकसित नहीं हो सकता, इससे भी अधिक इस पूँजी का कोई निर्णायक चरित्र नहीं हो सकता, ऐसा निर्णायक चरित्र जो अर्थव्यवस्था को एक प्रभावशाली औद्योगिक रूप प्रदान कर सके। भारत में अर्द्ध-सामन्ती उत्पादन सम्बन्ध और भारतीय कृषि में चली आ रही आर्थिक स्थिति, देशी पूँजी के विकास को अवरुद्ध किये हुए है। भारत में हम जिस बड़ी औद्योगिक पूँजी को देखते हैं, यह भारत की अपनी देशी पूँजी नहीं है। इस विचार से यह वास्तविक पूँजीवाद नहीं है बल्कि औपनिवेशिक विदेशी पूँजी से पोषित, विदेशियों द्वारा गड़बड़ की गयी और विदेशों द्वारा नियंत्रित पूँजीवाद है, जिसे अपरिवर्तित अर्द्धसामन्ती 'कृषि आधार' पर ऊपर से आरोपित किया गया है। 1947 के बाद का भारत भी इस अर्द्धसामन्ती स्थिति को स्थापित करता है। यह वास्तव में स्वतन्त्र नहीं है, यहाँ अभी भी पुरानी गतिरुद्ध, अर्द्ध-सामन्ती कृषि में कोई परिवर्तन नहीं हुआ है, यहाँ अभी भी विकसित हो रहा संगठित और विकास करते हुए उच्च उत्पादन वाली पूँजीवादी कृषि व्यवस्था नहीं है जो तेजी से विकसित हो रहे देशी उद्योगों की आवश्यकताओं की पूर्ति कर सके। देशी उद्योग का प्रादुर्भाव, कम्प्राडोर उद्योग को किनारे करने और हर प्रकार के साम्राज्यवाद का सफाया करने के बराबर है। इसीलिए साम्राज्यवाद भारत को अर्द्धसामन्ती बनाये रखना चाहता है। इसलिए हमें अर्द्धसामन्तवाद के प्रश्न पर पुनः खुलकर विचार करना होगा।

अर्द्धसामन्तवाद : अर्द्धसामन्तवाद क्या है? इसका उत्तर देते हुए यह प्रश्न भी उठता है कि यह किस प्रकार प्रारंभिक पूँजीवाद का गला घोंटता है!

अर्द्धसामन्तवाद समाज की वह अवस्था है जिसकी चारित्रिक विशेषताएँ, अर्द्धसामन्ती उत्पादक शक्तियों और अर्द्धसामन्ती उत्पादन सम्बन्धों पर आधारित होती है; चूँकि इसकी बुनियादी विशेषताएँ निम्नलिखित हैं–1. एक अत्यधिक अन्यायपूर्ण, अनैतिक, अत्यधिक शोषण करने वाली बटाइदारी व्यवस्था।

2. आजीवन कर्जदार छोटे किसान।

3. ग्रामीण क्षेत्रों में 'शासक' वर्ग भूस्वामी और किसानों के नेता, दोनों की भूमिका अदा करता है।

4. छोटे किसानों की 'ग्रामीण बाजार' तक पूर्णतः पहुँच नहीं होती है, अतः उनको बाध्य होकर स्थानीय स्तर के फेरीवालों को अपना उत्पाद बेचना पड़ता है।

5. ग्रामीण क्षेत्र में व्यापक बेरोजगारी होती है।

यह व्यवस्था कृषि में पूँजी निवेश को बाधित करती है, क्योंकि इस प्रकार का निवेश उत्पादन बढ़ाता है, और परिणामस्वरूप बटाईदार किसान को अधिक

अनाज प्राप्त होता है और वह कर्ज के बन्धन से मुक्त होने योग्य हो जाता है। भूमालिक को आर्थिक क्षति उठानी पड़ती है, क्योंकि बटाईदार को अधिक आमदनी होने से, साहूकार को अधिक ब्याज वसूलने का अवसर नहीं मिलेगा। जब किसान कर्ज की बेड़ियों से मुक्त होंगे तो सूदखोरों की अतिरिक्त आमदनी कम होगी और इस प्रकार उसको राजनीतिक हानि होगी। यहाँ तक कि जब यत्र-तत्र कुछ बटाईदारी वाली भूमि पर भूस्वामी पूँजी निवेश करता है तो भी, अर्द्धसामन्ती उत्पादन सम्बन्ध बने रहते हैं, क्योंकि भूस्वामी अपने निरंकुश अधिकार के कारण फसल का कम भाग निर्धारित करता है। परिणामस्वरूप बटाईदार की हालत पहले जैसी ही बनी रहती है। इसके साथ ही साथ खेत मजदूर की भी आमदनी आजीविका के स्तर से बहुत कम होती है। यह सर्वविदित है कि खेत मजदूर की मोल-भाव करने की कमजोर स्थिति के कारण भूस्वामी अपने निरंकुश अधिकार से उनकी मजदूरी निर्धारित करता है, यहाँ तक कि फसल तैयार होने की स्थिति में स्वयं ही उनकी मजदूरी का भाग निर्धारित करता है। बटाईदार किसान केवल भूमि छोड़ने के घातक परिणाम की कीमत पर ही भूस्वामी से इनकार कर पाता है। इस परजीवी अर्द्धसामन्तवाद के लिए फलने-फूलने के बड़े आधार हैं। ग्रामीण क्षेत्रों में विशेषकर एक अविकसित देश में बेरोजगारी के साथ-साथ, सूदखोरी निरंकुश तरीके से फलती-फूलती है। इसलिए हमारे देश में मजदूरों की बहुतायत या बेरोजगारी हर क्षेत्र की स्थायी घटना है और इसके कारण किसान जब तक सूदखोरों, खून पीने वाले भूस्वामियों से अपने सम्बन्ध तोड़ने और भूमि से बेदखली तक की स्थिति के लिए तैयार न हो, उसे कोई वैकल्पिक रोजगार नहीं मिल सकता। इससे पुनः स्पष्ट होता है कि भारत में अर्द्धसामन्तवाद किस प्रकार टिका हुआ है। यह कहना गलत है कि भारत का पूँजीवाद बाल्यकाल से ही विकारग्रस्त है। भारत की सामाजिक-आर्थिक संरचना ने इसे गलत प्रमाणित कर दिया है।

ऐतिहासिक रूप से सामन्ती उत्पादन सम्बन्ध, परिवर्तित होने की प्रक्रिया में पूँजीवादी उत्पादन पद्धति में बदल जाते हैं। यह गुणात्मक परिवर्तन तब घटित होता है जब आत्मनिर्भर आजीविका की अर्थव्यवस्था हो और माल-उत्पादन की अर्थव्यवस्था विकसित होने लगे। इस परिवर्तन में एक संक्रमण काल आता है। इस संक्रमण काल में जमीन और कर्जदारी के द्वारा शोषण होता है। अर्द्धसामन्ती व्यवस्था का यह मुख्य लक्षण है। अर्द्धसामन्ती भूस्वामी, शोषण की दो पद्धतियों का प्रयोग करते हैं। एक तो वह भूमि पर अपने परम्परागत सम्पत्ति के अधिकार से, और दूसरे सूदखोरी के द्वारा। अर्द्धसामन्ती व्यवस्था का

आर्थिक आधार शोषण इन दोनों पद्धतियों का सम्मिलित प्रभाव है। वर्तमान में अर्द्धसामन्ती व्यवस्था के अन्तर्गत उत्पादन सम्बन्ध क्लासिकल सामन्तवाद यानी कि दास-मालिक सम्बन्धों की तरह है न कि औद्योगिक पूँजीवादी सम्बन्ध। अर्द्धसामन्ती व्यवस्था में, विशाल ग्रामीण क्षेत्र में मजदूरों के बाजार नहीं मिलते, भूस्वामियों द्वारा व्यक्तिगत रूप से बँधुआ मजदूरों को काम में लगाया जाता है, जमीन के ऊपर अत्यधिक भूराजस्व होने से किसान बाजार व्यवस्था से कटा रहता है। सामाजिक रूप से श्रम विभाजन बहुत कमजोर होता है। बहुत ही मंद और निम्न दर से संग्रह होता है और तात्कालिक लक्ष्य की जो आवश्यकता होती है उसे उत्पादन से ही पूरा किया जाता है।

लेनिन ने अपने लेख 'दि डेवलपमेंट आफ कैपिटलिज्म इन रशिया' (कलेक्टेड वर्क्स वाल्यूम-3) में लिखा है कि पूँजीवादी संक्रमण के दौरान कृषि राष्ट्रीय आमदनी का मुख्य आधार थी। उद्योगों का चारों तरफ तीव्र गति से विकास हुआ, इससे राष्ट्रीय स्तर पर मजदूरों की अच्छी संख्या दिखाई देने लगी। औद्योगिक विकास, मशीनरी के रूप में कृषि को नयी गति प्रदान करता है। फलस्वरूप कृषि क्षेत्र की बढ़ती सम्पन्नता औद्योगिक उपभोक्ता वस्तुओं के लिए नया बाजार प्रदान करती है। इसी प्रकार नकदी फसलों के उत्पादन में वृद्धि दो काम करती है। एक तो इससे औद्योगिक इकाइयों के लिए कच्चा माल मिलता है और दूसरी तरफ ग्रामीण जनता को नकद राशि प्राप्त होती है जो औद्योगिक उत्पादों को खरीदने में सहायक होती है। इस सम्पूर्ण प्रक्रिया को उद्योग और कृषि की अन्तःक्रिया के रूप में चिह्नित किया जाता है जो हमेशा चलती रहती है। जब कभी गैर-बराबर विनिमय के कारण सम्पूर्ण रूप से कृषि को हानि होती है, परन्तु दीर्घकाल में आजीविका वाले सभी वर्गों का रहन-सहन उन्नत होता है, यहाँ तक कि आमदनी का बँटवारा अति असमान होने पर भी आम लोगों का जीवन स्तर उन्नत होता है।

लेनिन ने रूसी कृषि के सन्दर्भ में व्याख्या करते हुए निम्नलिखित बिन्दुओं के रूप में कृषि की गति के नियमों को सूत्रबद्ध किया है।

अ. अधिकाधिक उत्पादन का नियम कृषि में भी वैसे ही लागू होता है, जिस प्रकार उद्योगों में, इसलिए छोटे फार्मों की तुलना में बड़े कृषि फार्म अधिक लाभदायी होते हैं।

ब. इसके परिणामस्वरूप किसानों के बीच निरन्तर विभेदीकरण होता रहता है, जैसे–

1. भूमि निरन्तर कुछ लोगों के पास संकेन्द्रित होती जाती है।

2. खेत-मजदूरों की संख्या निरन्तर बढ़ती जाती है। इस प्रकार उनकी जनसंख्या ग्रामीण आबादी का बड़ा हिस्सा हो जाती है।

3 एक अवधि के बाद बटाईदारी की कृषि कम होने लगती है। इस प्रकार की बटाईदारी की प्रकृति पूर्व-पूँजीवादी होती है और बड़े फार्मरों के हितों की पूर्ति नहीं करती।

4. इसके साथ ही साथ कृषि उत्पादन की दिशा स्वयं उपभोग तक सीमित न रहकर अब बाजारोन्मुखी हो जाती है। यह उत्पादन अनाजों और नकदी फसल दोनों रूपों में होता है। इन सब नियमों में बिन्दु नं. 2 केन्द्रीय नियम बन जाता है। इसका कारण पूर्णतः राजनीतिक है।

यह व्यवहार में ग्रामीण क्षेत्र के वर्ग संघर्ष को परिभाषित करता है। एक विशेष समय में पुरानी प्रभावशाली उत्पादन पद्धति विशाल ग्रामीण क्षेत्र में मौजूद हो सकती है, परन्तु वह पहले से ही पतनशील है। (इकनामिक एंड पालिटिकल वीकली, स्पेशल नम्बर, अगस्त 1974, पृ. 1324)

भारतीय अर्थव्यवस्था वास्तव में क्या है? यदि उक्त नियमों को बगैर किसी बाहरी हस्तक्षेप के लागू होने दिया गया होता तो भारत भी उक्त नियमों के अनुसार पूँजीवादी व्यवस्था में प्रवेश कर गया होता। ब्रिटिश साम्राज्यवादियों के आगमन से उत्पन्न नयी परिस्थिति ने विकास के उक्त नियमों को अपनी स्वाभाविक प्रक्रिया में नहीं बढ़ने दिया। भारत की अर्थव्यवस्था के केन्द्रीय क्षेत्र अर्थात् कृषि अर्थव्यवस्था में उत्पादन चारों तरफ फैला हुआ है। यहाँ कृषि के विशाल क्षेत्र बिखरे हुए हैं, कृषि केन्द्रित न होने के साथ-साथ अत्यधिक शोषण वाले उत्पादन सम्बन्ध उत्पादक शक्तियों के विकास में बाधा उत्पन्न करते हैं। भारतीय कृषि दयनीय रूप से बिखरी हुई, खण्डित, मध्ययुगीन और अव्यवस्थित है। परिणामस्वरूप मुख्य उत्पादक शक्ति बिल्कुल बन्दी बनी हुई है। यह सर्वविदित है कि किसी उत्पादन व्यवस्था की कुशलता अपनी उत्पादक शक्तियों को केन्द्रित करने और उनके साथ उत्पादन सम्बन्धों में समन्वय कायम करने में निहित होती है।

अर्द्धसामन्ती उत्पादन सम्बन्धों के कारण यह समन्वय कायम नहीं होता; यही भारतीय अर्थव्यवस्था है। वास्तव में पहले और आज भी ब्रिटिश साम्राज्यवाद ने, फिर मुख्य रूप से अमेरिकी साम्राज्यवाद और सामाजिक साम्राज्यवाद इस अर्द्धसामन्ती व्यवस्था को कायम रखने में रुचि रखते हैं। पूर्व पूँजीवादी बटाई प्रथा और लगान पर जमीन देने की प्रथा को बनाये रखा गया है। कृषि में उक्त गति के नियम जो भी हों परन्तु भारत में सरकारी सामंजस्य के साथ

साम्राज्यवादी हितों के दबाव में, सरकार और कम्प्राडोर बुर्जुआ और भूस्वामियों ने भारतीय कृषि उत्पादन जिस तरीके से बनाये रखा है, इससे पूँजी संग्रह बहुत मंद गति से होगा, और वह भी देशी पूँजी नहीं हो सकती बल्कि शीघ्र ही वह कम्प्राडोर पूँजी हो जाती है।

इसलिए साम्राज्यवादियों का बड़ा हित इसे अर्द्धऔपनिवेशिक बनाये रखने में है और इसीलिए वे यहाँ अर्द्धसामन्तवाद को भी जीवित रखना चाहते हैं। इसलिए भारत एक अर्द्धसामन्ती अर्द्धऔपनिवेशिक देश है।

किसी भी देश में अर्द्धसामन्ती व्यवस्था के अन्तर्गत पूँजी का विकास मुश्किल से ही सम्भव है, क्योंकि साम्राज्यवाद अपनी एजेंसी (सरकार और कम्प्राडोर बुर्जुआ) के द्वारा किसी भी देशी (नेटिव) पूँजी का विदेशी पूँजी में परिवर्तन सुनिश्चित करते हैं। इस प्रकार कृषि कार्य के द्वारा अर्जित अतिरिक्त मूल्य साम्राज्यवादियों द्वारा अवशोषित कर लिया जाता है, अपनी प्रारंभिक स्टेज में ही भारतीय पूँजी का गला घोंट दिया जाता है। इसके बाद खेत-मजदूरों द्वारा पैदा किये गये अतिरिक्त मूल्य को कृषि क्षेत्र में पुनः लगा देना, भूस्वामी वर्ग के लिए यदि प्राणघातक नहीं तो घातक तो है ही, क्योंकि अधिक उत्पादन से किसानों को अतिरिक्त राशि मिलेगी और वे सूदखोरों से मुक्त होंगे, इसलिए अर्द्धसामन्तवाद खेत मजदूरों द्वारा निर्मित कृषि के अतिरिक्त मूल्य को कृषि में न लगाकर कम्प्राडोर पूँजी के साथ लगाता है। यहाँ आप फिर समझ सकते हैं कि किस प्रकार आरंभिक देशी पूँजी का गला घोंटा जाता है।

यह सभी जानते हैं कि ब्रिटिश काल के ग्रामीण भारत में एक अति सुदृढ़ सामन्तवादी ढाँचा मौजूद था। जमीन जोतने वाले (अर्थात् खेत-मजदूर और छोटे किसान जो कृषि कार्य के लिए मजदूर नहीं लगाते) लोग औपनिवेशिक काश्तकारी व्यवस्था के सर्वाधिक दमित और उत्पीड़ित वर्ग थे। जमींदार (भूस्वामी), काश्तकार, शिकमी काश्तकार आदि वर्गों के लोग खेत जोतने वाले सबसे निचले पायदान पर थे। इस वर्ग के लोगों में अधिकांश पर अत्यधिक भूराजस्व था। यह लोग ग्रामीण आबादी की सबसे बड़ी जनसंख्या थे और घाटा इतना कि अपने जीविकोपार्जन के लिए न्यूनतम खर्च करने के बाद भी उनकी आमदनी से पूरा नहीं पड़ता था। यह परिस्थिति उनको अत्यधिक उच्च ब्याज दर पर कर्ज लेने को मजबूर करती और इसके लिए उनको अपनी जमीन गिरवी रखना पड़ती या वे उसे बेच देते। परिणामस्वरूप जमीन का असमान बँटवारा होता और व्यापक स्तर पर कर्ज के लिए गुलामी और बँधुआ मजदूरी देखने को मिलती।

व्यापक पैमाने पर प्रचलित पट्टेदारी और शिकमी पट्टेदारी प्रथा से अर्द्धसामन्ती वर्गीकरण का उदय हुआ, जहाँ एक निश्चित अवधि से कम समय के लिए जमीन का पट्टा मिल भी सकता था और नहीं भी। इस अर्द्धसामन्ती वर्गीकरण को समाप्त करने के लिए ज़मींदारों और जागीरदारों को बीच में पट्टा न देने के अनेक प्रयास मात्र मजाक ही साबित हुए। भारत सरकार के गृह मंत्रालय के रिसर्च एंड पालिसी डिवीजन द्वारा 1969 में एक दस्तावेज़ तैयार किया गया; इस दस्तावेज़ में कहा गया है कि देश में 80% काश्तकार पट्टे की निश्चित अवधि का लाभ नहीं प्राप्त कर पाते। (परिशिष्ट-सी में राज्यवार, पट्टेदारी का विवरण प्रस्तुत किया गया है।)

1951-52 का आल इंडिया रूरल क्रेडिट सर्वे और 1961-62 का आल इंडिया डेब्ट एंड इन्वेस्टमेंट सर्वे, भारत के ग्रामीण क्षेत्र में एक विशेष स्तर तक नकदी लेन-देन न होने के बावजूद नकदी कर्ज के आँकड़ों को उद्घाटित करता है। यह सर्वे दर्शाते हैं कि भारत के ग्रामीण क्षेत्र में 1951-52 और 1961-62 में ग्रामीण परिवारों के 51.7% और 48.8% लोग क्रमशः कर्जदार थे, प्रमुख रूप से यह कर्ज 'घरेलू खर्च' के लिए ही लिए गये थे। एन.सी.ए.ई.आर. के सर्वे के अनुसार साठ के दशक के मध्य में 62.62% परिवार कर्जदारों के रूप में जीवन बिता रहे थे।

नेशनल सैम्पल सर्वे के पच्चीसवें राउंड (जुलाई 1970, जून 1971) की रिपोर्ट से ज्ञात होता है कि भारत के ग्रामीण क्षेत्र में 10% सबसे गरीब किसान परिवार और खेती न करने वाले मजदूर परिवार अभाव में जीवन निर्वाह करते हैं। कुछ परिवारों का खर्च उनकी आय से दस गुना होता है। इन परिवारों के पास गिरवी रखने के लिए भी कोई सामान नहीं होता, अतः इनके द्वारा कर्ज लेने और बँधुआ मजदूरों या अर्द्धदासता का जीवन बिताने के अतिरिक्त कोई विकल्प नहीं होता। ऐसी कठिन स्थिति के कारण अक्सर यह लोग अपनी थोड़ी-सी भूमि भी छोड़कर भाग जाते हैं।

फर्स्ट एग्रीकल्चर लेबर इनक्वायरी 1950-51, दूसरी 1956-57 और रूरल लेबर इनक्वायरी 1964-65 की रिपोर्ट से पता चलता है कि भारत के खेत मजदूरों में स्वरोजगार की स्थिति दिनोंदिन कम होती जा रही है। यह 1950-51 में वर्ष के 65 दिन से, 1956-57 में 33 दिन और 1964-65 में 25 दिन हो गयी है। भारत के ग्रामीण क्षेत्र में खेत-मजदूरों के स्वरोजगार का अर्थ स्वयं कृषि करने से है। ये आँकड़े प्रदर्शित करते हैं कि ग्रामीण गरीबों के हाथ से जमीन निकलती जा रही है।

नेशनल सैम्पल सर्वे 1964-65 के 19 वें चक्र से प्राप्त आँकड़ों के आधार पर ग्रामीण क्षेत्र की 37% जनसंख्या 'काम में लगी हुई है' और बची हुई 93% जनसंख्या के पास 'काम नहीं है'। यह 'काम की तलाश में बेरोजगार' है और 'ये काम के लिए उपलब्ध' है। परन्तु 'काम न पाने वाले' बेरोजगार है। जो लोग मजदूर नहीं हैं, उनमें शिशु, स्कूल और कालेज जाने वाले विद्यार्थी, धनी वर्ग व उच्च जाति की महिलाएँ बूढ़े और अशक्त लोग हैं। जो लोग 'काम पर लगे हैं' उनमें से केवल 14% लोग सप्ताह में 6 दिन से कम कार्य करते हैं जब कि 73% लोग सप्ताह के सात दिन कार्य करते हैं। 'इम्पलायड ऐट वर्क' में से 64% लोग सप्ताह में 49 घंटे कार्य करते हैं, परन्तु जो लोग सप्ताह में 49 घंटे काम करते हैं, उनमें 48% लोगों का प्रति व्यक्ति मासिक खर्च न्यूनतम उपभोक्ता स्तर से भी कम है। न्यूनतम उपभोक्ता स्तर को 1960-61 के मूल्यों के अनुसार प्रति व्यक्ति 15 रु. प्रतिमाह परिभाषित किया गया था। ग्रामीण भारत की बहुसंख्यक गरीब जनता के पास इस स्थिति से निकलने के लिए शायद ही कोई अतिरिक्त विकल्प है।

यह अर्द्धसामन्ती व्यवस्था केवल कृषि क्षेत्र में उत्पादन के साधनों का कम प्रयोग करने और निवेश विरोधी होने के लिए ही जिम्मेदार नहीं है बल्कि व्यापक दरिद्रता, कर्ज-दासता और बँधुआ मजदूरी के लिए भी उत्तरदायी है। ऐसी परिस्थिति में क्या तथाकथित 'इनवेस्टमेंट प्लानिंग' कुछ उपयोगी हो सकती है? भारत सरकार के योजना आयोग द्वारा नियुक्त 'टास्क फोर्स आन एगरेरियन रिलेशन्स' की मार्च 1973 की रिपोर्ट में कहा गया है, "आजादी के बाद से सिंचाई, ग्रामीण विद्युतीकरण, कम्युनिटी डेवलपमेंट, सड़क निर्माण, कृषि विस्तार आदि में यथेष्ट सार्वजनिक निवेश किया गया है। केवल सिंचाई के साधनों पर ही रु. 2,000 करोड़ का निवेश हुआ है और इससे 10 मिलियन हेक्टेअर अतिरिक्त भूमि को सींचने की क्षमता विकसित हुई है। इस सार्वजनिक निवेश का अधिकांश लाभ बड़े भूस्वामियों को मिला है, जिनको कोई बेटरमेण्ट लेवी नहीं देना पड़ी या उनको सिंचाई की उचित दर भी नहीं देनी पड़ी। कृषि उत्पादन के क्षेत्र में आधुनिक प्रौद्योगिकी के प्रयोग का भी सर्वाधिक लाभ समृद्ध किसानों को ही मिला है! (विस्मयादि बोधक चिह्न हमारा है।) ग्रामीण क्षेत्र में निवेश की गयी उस विशाल राशि का बड़ा भाग या तो व्यर्थ हो गया या फिर इसका सर्वाधिक लाभ अर्द्धसामन्ती ताकत को और अधिक मजबूत करने में ही हुआ है।

उक्त वर्णन से प्रमाणित होता है कि ग्रामीण भारत में अर्द्धसामन्ती व्यवस्था

भली प्रकार स्थापित है। उसकी विस्तृत जानकारी के लिए आपको विभिन्न अंचलों की अर्द्धसामन्ती संरचना की विशेषताओं और उनके स्तर को समझना होगा।

भारतीय राष्ट्र 1947 के बाद

यह विशाल विस्तृत सीमाओं, प्रचुर-बहुमूल्य वन्य एवं जन्तु सम्पदा से परिपूर्ण, छोटी-बड़ी अनेक नदियों की जलधार से भरा हुआ भारत देश अपने अन्दर अपार सम्पदा समेटे हुए है। यहाँ की प्राचीनतम सभ्यता, शानदार अतीत से भरी हुई पर्वत शृंखलाएँ और अपने शिशुकाल से आज तक समाज का मधुर गौरव गान कर रही चारों ओर फैली वन शृंखलाएँ खनिज सम्पदा और नाना जातीय पशु-पक्षियों से परिपूर्ण यह भारत देश प्रकृति की गौरवशाली रचना है। इसकी वर्तमान संरचना का निरीक्षण इसकी स्वयं की अद्वितीय विशेषताओं से होगा। इस भारत देश ने अपने जीवन के विभिन्न काल खण्डों में रंगबिरंगे रूपों के साथ एक लम्बी यात्रा की है और ऐतिहासिक प्रक्रिया से होते हुए अपने इस स्वरूप को प्राप्त किया है। इसके वर्तमान राष्ट्रत्व की स्थिति से यदि हम एक बार अपने अतीत पर नजर डालें तो हमें अपने पूर्वजों के संघर्षों, कठिन परिश्रम और उनके द्वारा इस भारत भूमि की विशाल सीमाओं तक बराबर बढ़ने के अवशेष नजर आयेंगे। हमें इसके भौतिक पर्यावरण और उनके लम्बे ऐतिहासिक मार्ग, एक छोटे आदिम मानव के रूप से लेकर वर्तमान राष्ट्रत्व की स्थिति तक पहुँचने की जानकारी मिलेगी। हमारे आदि पूर्वजों और हमारे बीच विचारधारा का जितना भी विध्वंसकारी विभाजन रहा हो; इतिहास का एक महीन धागा हमको अपने प्राचीन पूर्वजों से जोड़ता है। हालाँकि इसके बीच असंख्य पीढ़ियाँ बीत गयी हैं। परन्तु यह महीन रेशमी धागा आज भी चमक रहा है। इतिहास का धागा महीन परन्तु मजबूत है। यह सुदृढ़ घनिष्ठता, शब्दों के बन्धन और रीति-रिवाजों आदि की परम्पराओं के रूप में मौजूद है।

वर्तमान में 600 बिलियन से अधिक जनसंख्या वाला वर्तमान भारत देश, विश्व में जनसंख्या की दृष्टि से चीन के बाद दूसरा देश है। इसकी जनसंख्या अफ्रीका और लैटिन अमेरिका की संयुक्त जनसंख्या से भी अधिक है। भारत की जनसंख्या सम्पूर्ण विश्व की मानव-जाति की 14% है। इस देश में 567, 338 गाँव, 142 बड़े शहरों सहित 2,921 शहर और कस्बे हैं। आज प्रत्येक शहर की आबादी एक लाख से अधिक है। भारत में 21 राज्य हैं सिक्किम को छोड़कर, 9 केन्द्र शासित राज्य और 355 जिले हैं। यहाँ हर वर्ष करीब 14 मिलियन बच्चे जन्म लेते हैं जो आस्ट्रेलिया की जनसंख्या के बराबर है। यदि

इसी दर से जनसंख्या वृद्धि हुई तो 1981 तक इसकी जनसंख्या 700 बिलियन और बीसवीं सदी के अन्त तक उसकी दूनी हो जाएगी।

भारत की अधिकांश जनसंख्या ग्रामीण क्षेत्र में निवास करती है करीब 81% आबादी ग्रामीण है और 19% शहरों में निवास करती है। देश की 70% आबादी कृषि पर निर्भर है और 30% से कम लोग गैर-कृषि कार्यों में लगे हैं। भारत की राष्ट्रीय आय का 50% से अधिक कृषि से प्राप्त होता है। वर्तमान में इस ग्रामीण क्षेत्र में प्रति व्यक्ति भूमि का क्षेत्रफल 1.47 एकड़ या 0.32 हेक्टर है। सम्पूर्ण भूमि का क्षेत्रफल 81 करोड़ एकड़ है जो विश्व की सम्पूर्ण भूमि का 24% है। परन्तु प्रति व्यक्ति प्रयोग लायक भूमि का औसत 0.63 एकड़ है। कुल प्रयोग योग्य भूमि का क्षेत्रफल 348.3 मिलियन एकड़ है जो सम्पूर्ण भूमि का 43% है, जबकि अप्रयोज्य भूमि का क्षेत्रफल 461.7 मिलियन एकड़ अर्थात् 57% है। सम्पूर्ण भूमि के 22% भाग में जंगल है। इसके अतिरिक्त भूमि या तो कृषि कार्यों में प्रयुक्त हो रही है या विभिन्न गैर-कृषि कार्यों में। भारत का जलस्रोत दुनिया में दूसरे नम्बर पर है, यहाँ अपार खनिज सम्पदा है और विश्व का सबसे बड़ा लौह अयस्क का भण्डार यहाँ पर है।

सम्पूर्ण भारत में (सरकारी आँकड़ों के अनुसार) 24% भूमालिकों के पास खेती योग्य भूमि का 81% भाग है, इसमें से 5% लोगों का 37.1% भूमि पर कब्जा है। जबकि 76% लोगों के पास कृषि के लिए केवल 19% भूमि है। कृषि क्षेत्र की 40% जनसंख्या के पास भूमि का एक टुकड़ा भी नहीं है। भारत की इस ग्रामीण अर्थव्यवस्था पर परजीवी भूस्वामी जमींदार वर्ग का प्रभुत्व दस्तावेज़ी आँकड़ों के आधार पर सिद्ध होता है।

भारत की जनसंख्या का यह ग्रामीण चरित्र, भारत के वर्तमान समाज के अर्द्ध-औपनिवेशिक अर्द्धसामन्ती चरित्र को पूर्णतः प्रमाणित करता है। भारतीय समाज में सम्पूर्ण रूप से अर्द्ध-औपनिवेशी अर्द्धसामन्ती उत्पादन सम्बन्ध पूरे देश में प्रभुत्वशाली स्थिति रखते हैं और इसीलिए यहाँ की राज्यसत्ता के चरित्र को कम्प्राडोर बुर्जुआ और सामन्त वर्गों के नेतृत्व में चलने वाली अर्द्ध-औपनिवेशिक अर्द्धसामन्ती सत्ता कहा गया है। यह राज्यसत्ता स्वयं भारतीय जनता का शोषण और दमन करनी है तथा साम्राज्यवाद और सामाजिक साम्राज्यवाद की लूट और शोषण में सहायता करती है और बड़ी चालाकी से विदेशी साम्राज्यवादियों के ऐजेण्ट का काम करती है। इस प्रकार साम्राज्यवादी और सामन्तवादी शक्तियों द्वारा भारतीय जनता की लूट, शोषण, दमन अबाध गति से चल रहा है।

भारत के कम्प्राडोर बुर्जुआ और भूस्वामी आदि शोषक वर्गों ने अर्द्धसामन्तवादी

और अर्द्ध-औपनिवेशिक व्यवस्था को पूर्णतः स्वीकार लिया है, और यह बात भयावह रूप में प्रतिदिन बढ़नेवाले संकटों से स्पष्ट होती है। सत्ता-हस्तान्तरण के 27 वर्ष बाद भी यह अर्द्ध-औपनिवेशिक अर्द्धसामन्ती आर्थिक व्यवस्था घिसट-घिसट कर चल रही है। देश की यह स्थिति रोंगटे खड़े कर देती है। कृषि और उद्योग के दो बुनियादी क्षेत्र आशावाद और दुर्बलता के बीच झूल रहे हैं। वे एक लँगड़ी बत्तख की तरह है जो संकट के बाद संकट में लँगड़ा कर चल रही है। सम्पूर्ण अर्थव्यवस्था बिल्कुल दिल हिला देने वाली है और एक टुकड़े-टुकड़े होते प्रासाद की भयावह तस्वीर प्रस्तुत करती है।

1950 के दशक में प्रति व्यक्ति आय को 1.5% प्रतिवर्ष की दर से बढ़त के रूप में आँका गया था। 1960 का दशक आते-आते यह विकास दर 0.75% घट गयी। 1970 के दशक ने एक और झटका दिया है और 5% की और कमी आयी है ('द इकनामिक पालिटिकल वीकली', जुलाई 14, 1973) 1971 का इकनामिक सर्वे संकेत देता है कि भारत की विकास दर 2 से 3% के बीच रहेगी। सरकार ने एक वर्ष में 6% विकास दर का लक्ष्य निर्धारित किया है ('इकनामिक कमीशन आफ एशिया एंड फार ईस्ट' की रिपोर्ट के अनुसार)। आर्थिक विकास और आय आदि की बुर्जुआ अवधारणा से हमारे तमाम मतभेदों के बावजूद हम उनको इसी विशेष अर्थव्यवस्था में अन्तर्निहित खोखलेपन को समझने के लिए यह आँकड़े पेश करते हैं। 1960-61 में भारत में प्रति व्यक्ति आय रु. 306 थी और 1970-71 में यह बढ़कर रु. 347 हो गयी अर्थात् दस वर्षों में 41 रु. की वृद्धि हुई। 1973-74 में प्रति व्यक्ति आय (1960-61 के बाजार मूल्य के आधार पर) रु. 340.0 हो गयी। प्रतिवर्ष 1.35% की विकास दर काफी चितिन्त करने वाली है। परिशिष्ट-3 में उद्धृत आँकड़े दर्शाते हैं कि कुछ राज्यों में प्रति व्यक्ति आय में वृद्धि कितनी सुस्त और मंद है और 1960-61 तथा 1969-70 के बीच का ह्रास कितना भयावह है। इकनामिक टाइम्स द्वारा किये गये आकलन के अनुसार एक औसत भारतीय की आमदनी जो 1973-74 में रु. 340 थी, एक वर्ष बाद 1974-75 में घट कर रु. 337.7 हो गयी। इसी अवधि में दूसरी तरफ राष्ट्रीय आय रु. 19,724 करोड़ से बढ़कर रु. 20,040 करोड़ हो गयी अर्थात् राष्ट्रीय आय में 1.6% की वृद्धि हुई। परन्तु यदि 2% जनसंख्या वृद्धि पर ध्यान दें तो यह वृद्धि बराबर हो जाती है। इस प्रकार प्रति व्यक्ति आय में 0.7% का ह्रास हुआ। इसकी तुलना में हमारी जेब से हुई कटौती के परिणामस्वरूप पश्चिमी देशों और जापान के लोगों की प्रति व्यक्ति आय में वृद्धि हुई है। परिशिष्ट-IV में दिये गये **आर्गेनाइजेशन आफ इकनामिक**

कारपोरेशन एंड डेवलपमेंट से लिए यह आँकड़े इन देशों में 1971 की प्रति व्यक्ति आय को दर्शाते हैं। इन आँकड़ों के अनुसार अमेरिका की प्रति व्यक्ति आय सबसे ऊपर 3230 डॉलर और जापान सबसे नीचे 1230 डॉलर है।

अनाज और दालों की प्रति व्यक्ति, प्रतिदिन उपलब्धता 1961 में (398.7+50.9) ग्राम थी अर्थात् 445.2 ग्राम और 1971 में यह (398.7+69.1) अर्थात् 467.8 ग्राम थी। 1960-61 में प्रति व्यक्ति कपड़े की उपलब्धता 13.8 मीटर और 1970-71 में 13.5 मीटर थी। इसके अतिरिक्त खाने वाले तेल की उपलब्धता 1960-61 में 3.2 किलो/ प्रति व्यक्ति और 1970-71 में 2.6 किलो प्रति व्यक्ति थी। भारत में प्रति व्यक्ति, प्रतिदिन दूध की उपलब्धता मात्र 113 ग्राम है। परिशिष्ट-V में आप देखेंगे कि भारत सबसे निचले पायदान पर है। इस प्रकार आप देखते है कि पहले से ही अपर्याप्त खाद्य पदार्थ निरन्तर कम हो रहा है।

भारत में एक दशक में वस्तुओं के मूल्य में दो गुना की वृद्धि हुई है जबकि अन्य देशों में इसी अवधि में 40% की मूल्य वृद्धि हुई है। एक दर्जन बड़े शहरों का सर्वे बताता है कि कुछ शहरों में मूल्य वृद्धि 300% रही है। इंटरनेशनल आफिस का सर्वे बताता है कि 1963 से 1972 के दौरान भारत में 95% मूल्य वृद्धि हुई है। यह वृद्धि किसी भी देश से अधिक है। (देखें परिशिष्ट-IV)

थोक मूल्य सूचकांक दर्शाता है कि अप्रैल 1972 से अप्रैल 1973 तक एक वर्ष के अन्दर 24.4 प्वाइंट की वृद्धि हुई। आधार वर्ष 1961-62=100 देखें परिशिष्ट VI A और इसी एक वर्ष की अवधि में अखिल भारतीय उपभोक्ता मूल्य सूचकांक (कंज्यूमर प्राइस इंडेक्स) में 34.4 प्वाइंट की वृद्धि हुई। सरकार के अपने आँकड़ों के अनुसार खाद्य पदार्थों का थोक मूल्य मई 1972, मई 1973 के बीच, अर्थात् एक वर्ष में 218.2 से बढ़कर 270.8 हो गया अर्थात् 52.6 प्वाइंट की वृद्धि दर्ज की गयी। जबकि 1960-62=100 को आधार माना गया।

मार्च 1972 से मार्च 1973, एक वर्ष के अन्दर 1961-62=100। कास्ट आफ लिविंग इंडेक्स 194 से 216 तक बढ़ गया। वर्ष 1974 और 75 में भी उपभोक्ता मूल्य बहुत तीव्रता से बढ़े। जब हम किसी देश के मूल्य-सूचकों का अध्ययन कर रहे हों तो हमें उस समय उस देश की मुद्रा की क्रय शक्ति को ध्यान में रखना चाहिए। भारतीय रुपये की क्रय शक्ति क्रमशः 1949 में 100, 1950 में 99.1, 1972 में 40, 1973 में 36 पैसे और इस वर्ष 1975 में 25 पैसे रह गयी है। 29 नवम्बर 1975 के ब्लिट्ज ने लिखा : "यदि इन 25 वर्षों में मुद्रास्फीति को चाँदी के सिक्कों के अनुसार आँका जाए तो यह 1000 प्रतिशत

हो गयी है। 1947 का चाँदी का रुपया 1974 में 10 रु. के बराबर था सरल रूप में कहें तो 1974 के रुपये का मूल्य मात्र 10 पैसे ही है।" अन्त में ग्राफिकल परिशिष्ट देखें। 1949 को 100 आधार मानने पर उपभोक्ता मूल्य-सूचक 1963 में 134, 1967 में 209, 1968 में 215, 1971 में 249, 1972 में 255 और 1973 में 277 तक पहुँच गया और यह निरन्तर बढ़ता ही जा रहा है।

1947 के बाद से हम निरन्तर वित्तीय घाटे में जीवन व्यतीत कर रहे हैं। बजट घाटे से अर्थव्यवस्था में मुद्रा की आपूर्ति बढ़ जाती है। घाटे का वित्त प्रबन्धक बैंकों द्वारा सरकारी संस्थानों को दिये गये कर्ज में प्रदर्शित होता है। यह कर्ज मार्च 1951 में रु. 807.5 करोड़ था जो कि मार्च 1971 में बढ़कर रु. 5236 करोड़ हो गया। 1950 के दशक और 1960 के दशक में सार्वजनिक क्षेत्र के साथ धन की आपूर्ति की औसत वार्षिक वृद्धि दर क्रमशः 4.2% और 4.8% रही है। सत्तर के दशक के प्रारम्भ में ही भारी घाटा हुआ। इतना अधिक घाटा कि सार्वजनिक क्षेत्र पर जुलाई 1971 में बैंकों का कर्ज रु. 8, 479 करोड़ हो गया। यह दो वर्षों में 30% की वृद्धि थी। 1970-71 में कुल धन की आपूर्ति रु. 7140 करोड़ थी जो 1972-73 में बढ़कर रु. 9285 करोड़ हो गयी, करीब 30% की वृद्धि। इस प्रकार निरन्तर बढ़ता घाटा और इसी की संगत में धन आपूर्ति में वृद्धि के कारण निश्चित रूप से एक अन्तहीन मुद्रास्फीति होती है जो शासक शक्तियों के नियन्त्रण से बाहर हो जाती है। 1950 से 1971-72 तक के 20 वर्षों के दौरान सभी वस्तुओं के थोक भाव के मूल्यों में केवल 1.30% की वृद्धि दर्शाती है। परन्तु पचास के दशक की तुलना में साठ के दशक में मूल्य वृद्धि अधिक थी। सत्तर के दशक के प्रथम दो वर्षों में औसत वार्षिक वृद्धि 11.1% रिकार्ड की गयी। 1960-61 और 1974-75 कुल राष्ट्रीय उत्पादन में 53% की वृद्धि हुई जबकि धन की आपूर्ति 302% थी और थोक मूल्य में 214% की वृद्धि हुई। यह भारतीय अर्थव्यवस्था में मुद्रास्फीति और रुपये की क्रय शक्ति में कमी का कारण अर्द्धसामन्ती अर्द्धऔपनिवेशिक देश में कुल आवश्यकता की आपूर्ति के अनुसार राष्ट्रीय उत्पादन में असफलता थी। लगभग 15 वर्षों के दौरान खाद्य पदार्थों के दाम 265% बढ़े, कच्चे माल के दामों में 181% और मैनुफैक्चर्ड माल में 152% की वृद्धि हुई। कुल मिलाकर दामों में यह वृद्धि 212% है।

रिजर्व बैंक आफ इंडिया ने अपनी 'करेंसी एंड फाइनेंस 1973-74' रिपोर्ट में स्पष्ट रूप से कहा है कि भारतीय अर्थव्यवस्था ने अपने को ऐसी स्थिति में ला खड़ा किया है कि खाद्य पदार्थों के दाम आसमान छू रहे हैं और

राष्ट्रीय आर्थिक विकास दर लगभग शून्य रही है। आम लोगों के जीवन स्तर में गिरावट आई है। 1973-74 के दौरान सभी वस्तुओं के मूल्यों में वृद्धि हुई है और सरकार इस पर नियन्त्रण करने में असफल रही है। रिजर्व बैंक आफ इंडिया की फाइनेंस एंड करेंसी रिपोर्ट जुलाई 1974-जून 1975 हालाँकि राजनीतिक रूप से काफी प्रभावित है, और इसे आपातकाल (इमरजेंसी) और इन्दिरा गाँधी के 20 सूत्री कार्यक्रम से काफी हवा भरी गयी है। आगामी वसन्त के मौसम में अच्छे मौसम की सम्भावना और भगवान की दया को लेकर सरकार जितना भी उल्लसित हो और राष्ट्रीय आय में 5 से 6% तक की वृद्धि की आशा लगाए हो, परन्तु विगत तीन वर्षों से चारों तरफ वस्तुओं के मूल्यों में कोई कमी नहीं आयी है और जैसा कि रिजर्व बैंक की चेतावनी से समझा जा सकता है कि आर्थिक जगत में मँडराते संकट के बादल दूर नहीं हुए हैं। रिजर्व बैंक ने कहा है कि "भारत की व्यवस्था चौराहे पर खड़ी है।" इस एक महत्त्वपूर्ण शब्द से सारी परिस्थिति स्पष्ट हो जाती है। इस रिपोर्ट पर भी आपातकाल के सदमे को साफ समझा जा सकता है। जैसा कि इसके बदनुमा चेहरे को रंगरोगन कर सुन्दर बनाने का प्रयास स्पष्ट नजर आता है। रिजर्व बैंक ने निजी और सार्वजनिक संस्थानों में पूँजी निवेश की गतिविधियाँ बढ़ाने के लिए "बड़े पैमाने पर घरेलू बचत को संघटित करने पर जोर दिया है न कि बड़े-बड़े कर्ज लेने पर" या फिर वित्तीय घाटे का उपाय करने का प्रस्ताव पेश किया है। वास्तविकता यह है कि गैर-उत्पादक प्रकृति के सरकारी संस्थानों के खर्च को विशेष रूप से सरकार पर डाल दिया जाता है और इसके विपरीत निजी क्षेत्र के खर्च को बड़ी-बड़ी ऋण राशि प्रदान की जाती है और इस प्रकार मुद्रास्फीति सर्वत्र व्याप्त है।

रिजर्व बैंक की रिपोर्ट ने 1974-75 में अब तक के सर्वाधिक रिकार्ड व्यापार घाटा रु.1164 करोड़ को उद्घाटित किया है और इस बारे में वर्ष 1975-76 के लिए भी दूर-दूर तक "कोई उत्साहवर्धक रिपोर्ट नहीं है।" मार्च 1975 के अन्त में विदेशी मुद्रा विनिमय रिजर्व राशि में गत वर्ष की तुलना में रु. 22 करोड़ की वृद्धि दर्ज की गयी है। परन्तु यह धीरे-धीरे आई.एम.एफ. से राशि लेने के कारण है। वरना इसके बगैर एक वर्ष में रिजर्व राशि में रुपये 462 करोड़ की कमी आती। राजनीतिक बाध्यता और बड़े विदेशी कर्ज पर आधारित इस प्रकार का खतरों से भरा हुआ, नकली और अनिश्चित विदेशी मुद्रा रिजर्व कोई प्रसन्नता का विषय नहीं है। 29.12.1975 को इंडियन एक्सप्रेस अखबार के सम्पादकीय ने मूल्यों के बारे में लिखा : "यह अभी भी अविचार्य है, इसके

कारणों का, चिन्ता और अनिश्चयता का अभी भी पता लगाना है।" 9 माह की राष्ट्रीय आय पर इस सम्पादकीय ने लिखा : "परन्तु एक वर्ष में हुई वृद्धि किसी प्रवृत्ति को नहीं दर्शाती है। इसकी गणना गत वर्ष के सबसे निचले स्तर की तुलना में की जाती है।" आर्थिक सलाहकारों के सामान्य सूचकांक (1961-62=100 मानकर) ने 1973-74 के दौरान 27.9% मूल्य वृद्धि दर्ज की और जून 1974 में यह 30.8% हो गयी। इसने पहले दो वर्षों अर्थात् 1972-73 और 1973-74 की गणना प्रतिमाह की तो 2.3% की दर से वृद्धि देखी गयी। यह दर्शाता है कि भारतीय शासकों ने अपना सम्बन्ध पूँजीवादी विश्व आर्थिक व्यवस्था से जोड़ लिया है और इसलिए ये साम्राज्यवादी अर्थव्यवस्था की कमियों और बुराइयों के शिकार हैं।

आइए, इसकी तुलना में चीन पर एक नजर डाली जाए। *पीपुल्स रिपब्लिक आफ चीन* की स्थापना के एक वर्ष के अन्दर ही कोमितांग शासक से मिली आकाश छूती मुद्रास्फीति को समाप्त कर दिया गया और वस्तुओं के मूल्यों को स्थिर कर दिया गया। 1950 से आज तक अर्थात् 1976 तक उपभोक्ता वस्तुओं के मूल्य स्थिर हैं और कुछ वस्तुओं के दाम तो कम भी हुए हैं। लोगों की मजदूरी और परिवार की आमदनी में महत्त्वपूर्ण वृद्धि हुई है। केवल 1972 में ही चीन की जनता की सार्थक क्रयशक्ति में 10 प्रतिशत की वृद्धि हुई है।

बजट नीति स्पष्ट रूप से कृषि और उद्योग के वास्तविक उत्पादन के ठोस आधार पर बनाई जाती है। छल-कपटपूर्ण बैंक दर के स्वार्थ साधकों, वेतन रोकने आदि की जो भी गतिविधियाँ पूँजीवादी देशों में मुद्रास्फीति रोकने में असफल रही हैं, चीन की समाजवादी व्यवस्था में उनके लिए कोई स्थान नहीं है। बजट ब्यूरो यह स्पष्ट कर देता है कि बजट खर्च को कभी भी राष्ट्रीय बजट की आमदनी निर्धारित करने वाले राष्ट्रीय उत्पादन से अधिक नहीं होने दिया जाएगा। इसमें उत्पन्न किसी भी अस्थायी असन्तुलन को सन्तुलित करने के लिए लोगों को उत्पादन में वृद्धि करने और कमखर्ची के लिए उत्साहित कर समायोजित किया जाता है।

आज चीन विदेशी कर्ज और निवेश पर आधारित होकर नहीं बल्कि जनता के अपने प्रयासों पर आधारित वित्तीय नीति के सिद्धान्त का अनुसरण कर अपनी अर्थव्यवस्था निर्मित कर रहा है। 1949 में चीन की मुक्ति के बाद 1950 से 53 तक अमेरिकी आक्रमण से मुकाबला करने के लिए सोवियत रूस द्वारा चीन और कोरियाई जनता को जो भी सहायता दी गयी, वह चीन की बजटीय आय की मात्र 2% थी। समाजवादी व्यवस्था के प्रथम निर्माण काल में भी

कर्ज लिए गये परन्तु 1958 तक राज्य की वित्तीय अवस्था ठीक होने पर इन कर्जों का भुगतान हो गया।

चीन में बजट खर्च की 60% राशि उत्पादन तथा पूँजी उत्पादन के वित्तीय सहयोग के लिए प्रयोग होती है। सांस्कृतिक क्राति ने जब से बजट में ग्रामीण विकास को मदद करने, किसानों पर बोझ कम करने और उनके जीवन स्तर को शहरी मजदूरों के जीवन स्तर के समीप लाने का निर्देश दिया है, तब से इस नीति पर विशेष जोर दिया गया है। 1952 में अनाज, कपास, तिलहन और तंबाकू पर कृषि कर 13.2% था। कम्युन द्वारा उत्पादित उक्त चीजों पर 1962 में यह कर घटाकर तिहाई कर दिया गया और आज 1975 में पूरे चीन में औसत कृषि कर 6% है।

एक योजना के अन्तर्गत प्रत्येक कम्युन की बुनियादी उपभोक्ता वस्तुओं का निर्धारित कोटा एक निश्चित मूल्य पर सरकार द्वारा खरीदा जाता है। जिन कम्युनों के पास बिक्री के लिए अतिरिक्त माल होता है, वे निर्धारित राशि से 20 से 30% अधिक मूल्य पर सरकार को बेच सकते हैं।

कम्युनों को *पीपुल्स* बैंकों से 0.18% प्रतिमाह या 2.16 प्रति वर्ष की अति निम्न ब्याज दर पर फार्म मशीनरी खरीदने के लिए कर्ज उपलब्ध होता है और खाद-बीज आदि के लि़ए 0.36% प्रतिमाह या 4.32% प्रतिवर्ष की दर से ब्याज उपलब्ध होता है।

चीन की सरकार द्वारा 1972 में कम्युन को दिये जाने वाले गन्ने, तिलहन और अन्य उपजीविका उत्पादन के मूल्य में वृद्धि कर दी गयी और ग्रामीण क्षेत्र के लिए रासायनिक खादों, कीटनाशक दवाओं, डीजल और मिट्टी के तेल के मूल्य में 30% की कमी कर दी। इस प्रकार मूल्यों के बीच के गैप को कम कर देने से किसानों का लागत मूल्य कम हुआ और उनकी आमदनी में वृद्धि हुई। इस प्रकार 1966 की तुलना में 1972 में किसानों की उत्पादन लागत 10,000 मिलियन युआन (चीनी मुद्रा) तक कम हुई।

1949 के बाद कम्युन को देय अनाज के मूल्य में कई बार वृद्धि की गयी, परन्तु उपभोक्ताओं के लिए मूल्य में वृद्धि नहीं की गयी; मौसम की भिन्नता के कारण अनाज के मूल्यों में हुए परिवर्तनों को हल कर लिया गया था। सरकार कम्युन से जो अनाज खरीदती है, उस पर घाटा उठाती है। जैसे—चीनी सरकार 16 सेण्ट प्रति कैटी के भाव से खरीदती है और 15 सेण्ट प्रति कैटी उपभोक्ता को देती है। ढुलाई आदि का खर्च जोड़ कर सरकार 2.8 सेंट प्रति कैटी का घाटा सहन करती है।

जान राबिन्सन ने टिप्पणी की कि "जब खराब वर्षों में किसानों को प्रोत्साहित करने के लिए अनाजों का क्रय मूल्य बढ़ा दिया जाता था, उस समय भी उपभोक्ता के लिए बाजार भाव में वृद्धि नहीं होती थी। इस प्रकार पूँजीवादी अर्थव्यवस्था में अनिवार्य मुद्रास्फीति के कुचक्र से सरकार अपना बचाव कर लेती है। जब खाद्य पदार्थ के मूल्यों में वृद्धि होती तो शहरी लोगों के वेतन में वृद्धि होती और इस प्रकार अनाज और धन की आवश्यकता का चक्र चलता है।" (इकनामिक मैनेजमेंट–चीन 1972)।

इस प्रकार के मूल्य-समायोजनों के द्वारा किसानों को लाभ पहुँचाने के अतिरिक्त बड़े पैमाने पर उपयोग होने वाली अनेक वस्तुओं के उत्पादन के अत्यधिक वृद्धि से उनके मूल्यों में भारी कमी आयी, इससे शहरी और ग्रामीण दोनों जगहों के उपभोक्ताओं को काफी लाभ हुआ। उदाहरण के लिए 1969 में सर्वाधिक प्रयोग होने वाली औषधियों और दवाओं के मूल्य में सम्पूर्ण रूप से 37% की कमी कर दी गयी या 1950 की तुलना में 80% कमी कर दी गयी। 1971 की तुलना में रेडियो और ट्रांजिस्टर के मूल्य में 20% की कमी कर दी।

अत्यधिक उपज होने के मौसम में भी कम्युनों के भुगतान में कमी नहीं की जाती, हालाँकि सरकार को घाटा उठाना पड़ता है। चीन से वापस आने पर डेनिस हरटले ने टिप्पणी की, "चीन द्वारा मुद्रास्फीति, भौतिक और नैतिक प्रदूषण से पूर्णतः मुक्ति पा लेने पर पश्चिमी पर्यवेक्षक केवल ईर्ष्या ही कर सकते हैं।" (संडे टाइम्स, 14 जनवरी 1973)

चीन की मूल्य नीति और वितरण प्रणाली की प्रशंसा करते हुए प्रोफेसर जे.के. गैलब्रेथ ने कहा : ''ऐसा प्रतीत होता है कि चीन ने उपभोक्ता वस्तुओं के वितरण के लिए एक कुशल व्यवस्था विकसित कर ली है।''

मार्क्स ने 'गोथा कार्यक्रम की आलोचना' में जिस बात पर फटकार लगाई थी, चीन ने उस गलती को न दोहराने के लिए पूरी सावधानी बरती है। ''ग्रामीण समाजवाद ने बुर्जुआ अर्थशास्त्र के द्वारा वितरण के तरीके और उसके हल को उत्पादन पद्धति से स्वतन्त्र समझ लिया है और इस प्रकार वह समाजवाद को मात्र वितरण के प्रतिनिधि तक सीमित कर देता है।''

ब्राडशीट अपने जून 1973 के अंक में पृ. 3 पर लिखता है कि चीनी फैक्ट्रियाँ जनता के प्रयोग के लिए उत्पादित वस्तुओं पर उपभोक्ताओं की प्रतिक्रियाएँ प्राप्त करने के लिए अनेक तरीके इस्तेमाल करती हैं। यह कम्पनियाँ मुनाफे के लिए नहीं बल्कि उत्पादन के सिद्धान्त पर ध्यान देती हैं, परिणामस्वरूप

खूबसूरत डिजाइन, मजबूत और टिकाऊ तथा जनता के बीच स्वीकार्य वस्तुओं का उत्पादन करती हैं।

चीन के 'राइटिंग ग्रुप आफ मिनिस्ट्री आफ कामर्स' ने अक्टूबर 1970 में लिखा : "जिन वस्तुओं को मजदूर तैयार करते हैं और सैनिक पसन्द करते हैं, जो सस्ती, व्यावहारिक, सरल, टिकाऊ और विविधतापूर्ण हैं, हमें इन उपभोक्ता वस्तुओं का सक्रियता से प्रबन्ध करना चाहिए। इसके साथ ही साथ हमें सर्वहारा की समृद्धता को भी मजबूती से स्थापित करना चाहिए।"

मिस्टर ई.बी. सई लिबरमैन अपने लेख 'इकनामिक मेथड एंड एफेक्टिवनेस आफ प्रोडक्शन-1970' में उपभोक्ता के प्रति सोवियत के व्यवहार के बारे में लिखता है : "उत्पादक वस्तुओं के मामले में, रिबेट देकर मूल्यवृद्धि की जा सकती है, यह वृद्धि माँग, नवीनता और फैशन पर आधारित होगी। सोवियत का यह व्यवहार सर्वहारा नीति के खिलाफ है और मार्क्स द्वारा जिन शर्तों का खण्डन किया गया, उससे बहुत दूर नहीं है।" मार्क्स ने कहा : "निजी सम्पति के अधीन प्रत्येक व्यक्ति जो कुछ खर्च करता है वह एक नयी आवश्यकता को जन्म देती है।" इस प्रकार वह उसे एक नयी पराधीनता के लिए नयी बलि के लिए तैयार करता है और उसे एक तुष्टिकरण की पद्धति तक सीमित कर देता है। (इकनामिक एंड फिलास्फिक मैन्युस्क्रिप्ट 1844)

मूल्य और उत्पादन के बारे में भारत का वर्तमान दृष्टिकोण अर्द्धसामन्ती, अर्द्ध-औपनिवेशिक विश्व दृष्टिकोण पर आधारित है। इसलिए 1973-74 वर्ष में रु.473 करोड़ का रिकार्ड अन्न आयात किया गया और 1974-75 में रु. 764 करोड़ का अन्न आयात किया गया। रिजर्व बैंक द्वारा समर्थित शासक वर्ग के भ्रामक सुखाभास से भरी हुई सरकार की जून-जुलाई 1975 की रिपोर्ट 'आन फाइनेंस एंड करेंसी' में कहा गया कि "इस बार 110 मिलियन टन का रिकार्ड उत्पादन होगा परन्तु सरकार को सार्वजनिक वितरण प्रणाली को सहारा देने के लिए रु. 700 करोड़ का अनाज विदेशों से खरीदना होगा।" (एन. के. सोमानी ने दिसम्बर 27, 1975 को इकनामिक ब्लिट्ज के संवाददाता से कहा कि यह बिल्कुल सही कहा गया है), क्योंकि बड़े भूस्वामियों की प्रतिनिधि सरकार, अपनी तमाम प्रचारपूर्ण अन्न उपलब्धता की नीतियों के बावजूद, भूस्वामियों और गल्ला-व्यापारियों को छल-कपट के द्वारा अन्य भंडारों से अनाज देने में फेल नहीं होगी। उनके द्वारा मुनाफाखोर बाजार से लाभ कमाना अप्रतिरोध्य है।

रासायनिक खाद का आयात 1973-74 में रु. 163 करोड़ से बढ़कर 1974-75 में रु. 425 करोड़ हो गया जो कि 15.6% की रिकार्ड वृद्धि है, जबकि देश

के अन्दर के फर्टिलाइजर प्लांट की क्षमता का मात्र 50 से 60% ही प्रयोग हो रहा है। जैसा कि एन.के. सोमानी ने कहा कि सरकार सम्भवतः विदेशी बाजार से 700 करोड़ रुपये की फर्टिलाइजर आयात करेगी और 1975-76 में सम्भवतः यह रुपये 1400 करोड़ की कीमत की फर्टिलाइजर आयात करेगी। पहले ही यह आयात 1973-74 में 560 करोड़ रुपये से बढ़कर 1974-75 में 1157 करोड़ रुपये हो गया। 1973-74 में देश का कुल आयात रुपये 2955 करोड़ था जो कि 1974-75 में बढ़कर रुपये 4468 करोड़ हो गया। इस प्रकार यह 51% की वृद्धि थी।

भारत का निर्यात बहुत सुस्त है और आयात में कोई कमी नहीं हो रही है बल्कि इसका विस्तार ही हो रहा है। हालाँकि सरकार द्वारा कल्पित निर्यात-विकास दर सम्भव नहीं है, फिर भी यदि इसे सत्य मान लिया जाए तो भी 1975-76 के दौरान यह रु. 3,800 करोड़ रुपये हो सकता है। केवल अन्न, ईंधन और फर्टिलाइजर का आयात (रु. 700 + रु. 1400+रु. 700 करोड़) 2800 करोड़ हो जाएगा। यह अनुमानित निर्यात से होने वाली आय का 70% है। इस प्रवृत्ति के अनुसार 1974-75 के रु. 3304 करोड़ के रिकार्ड निर्यात के बावजूद सम्पूर्ण व्यापार घाटा तथा विदेशी विनिमय में घाटा काफी होगा। पहले से ही अप्रैल-सितम्बर 1975 के समय में विदेशी व्यापार घाटा 564 करोड़ था जबकि 1974-75 में इसी अवधि के दौरान 714 करोड़ का घाटा हुआ था। विदेशी मुद्रा विनिमय घाटे की आपूर्ति के लिए सरकार विदेशी सहायता पर निर्भर हो सकती है, जिसका सम्पूर्ण जोर केवल कर्ज चुकाने पर होगा।

ऐसी परिस्थिति में रुपये पर दबाव बढ़ेगा और परिणामस्वरूप सरकार के आर्थिक एजेंडे पर रुपये का अवमूल्यन होगा। जून 1966 से अब तक रुपये का शत-प्रतिशत अवमूल्यन हो चुका है। नये कर्ज के साथ विदेशी देनदारियाँ लगभग रु. 12, 000 करोड़ तक पहुँच चुकी हैं। एन. के. सोमानी ने इसी विषय पर कहा : "इसका मतलब है कि आठ घंटे काम करके $ 22 अर्जित करने के बजाय अब रु. 200/ मूल्य के माल उत्पादन के लिए मजदूर को 16 घंटे काम करना होगा। आम आदमी पर कर्ज के भुगतान का बोझ दूना हो गया है।"

बहुत ही खतरनाक तरीके से डॉलर के मुकाबले रुपये का अवमूल्यन हुआ है। 1966 में रु. 100 के बदले विदेशी मुद्रा विनिमय में 22 डॉलर मिलता था आज रु. 100 का विनिमय मूल्य 11 डॉलर हो गया है। डॉलर की तुलना में रुपये को कमजोर होता देख कर जर्मनी की मुद्रा मार्क, जापान की येन और रूस के रूबल की तुलना में भी रुपये का अवमूल्यन हो गया। 1971 में

रु. 100=12 रूबल के बराबर था, परन्तु 1975 में यह 8.66 रूबल के बराबर रह गया। इस प्रकार रुपये का 28% अवमूल्यन हुआ।

जनवरी सन् 1974 के दूसरे और तीसरे सप्ताह में डॉलर का खरीद मूल्य रु. 8.3777 और बिक्री मूल्य रु. 8.40266 हो गया। जब से डॉलर से रुपये का विनिमय जोड़ा गया तब से यह सबसे कम विनिमय दर है। जनवरी 1974 में रुपये और डॉलर की विनिमय दर 8.04% थी, अर्थात् 1973 की तुलना में रुपये का 80% अवमूल्यन हो गया।

4 जनवरी 1974 को दुनिया की कई मुद्राओं की तुलना में रुपये का अवमूल्यन हुआ, जैसे—

रु. 100=57.5 फ्रांसीसी मुद्रा फ्रैंक

रु. 100=33.1 जर्मनी मुद्रा मार्क

रु. 100=33.60 जापानी मुद्रा येन

इस प्रकार जनवरी 1974 में फ्रैंक के मुकाबले रुपये का अवमूल्यन 9% हुआ, मार्क के मुकाबले 6%, येन के मुकाबले 9%। सम्पूर्ण रूप से देखें तो विगत 25 वर्षों में रुपये की कीमत 25 पैसे रह गयी है।

यदि भारत की दरिद्रता पर ध्यान दिया जाए तो 1961-62 में यहाँ की 52% जनसंख्या गरीबी की रेखा से नीचे थी जब कि 1971-72 में 70% जनसंख्या गरीबी की रेखा के नीचे निवास कर रही थी। गरीबी रेखा को एक ऐसे बिन्दु के रूप में परिभाषित किया जाता है, जिससे नीचे अत्यधिक कुपोषण की स्थिति आ जाती है। अमेरिकी साम्राज्यवाद की तिजोरी, विश्वबैंक के तत्कालीन अध्यक्ष मैक्नमारा ने 14-4-72 को सेंटिआगो (चिली) में यू एन सी टी ए डी की तीसरी कॉन्फ्रेंस को सम्बोधित करते हुए कहा : "भारत की कुल जनसंख्या का 40% अर्थात् 200 मिलियन जनसंख्या गरीबी की रेखा से नीचे जीवन निर्वाह करती है। इसका प्रमाण है कि देश की 10% सर्वाधिक गरीबी 50 मिलियन जनता का विकास में नाम है ही नहीं और केवल वे और अधिक गरीब ही हुए हैं।"

अधिकृत सरकारी मूल्यांकन के अनुसार उद्योगों में वेतनभोगी लोगों के शेयर 1949 में 53.3% थे जो 1970-71 में घटकर 29% हो गये, जबकि इसी अवधि में पूँजीपतियों के शेयर 46% से बढ़कर 71% हो गये, हालाँकि परिशिष्ट-3 में दिये आँकड़े अपडेट तो नहीं हैं, फिर भी यह उद्योगों में निजी पूँजी की वृद्धि का संकेत देते हैं।

1971 तक भारत की 150 मिलियन जनसंख्या टी.बी. की बीमारी से ग्रसित थी। परिणामस्वरूप 5 लाख लोग प्रति वर्ष अपने प्राण गँवा देते थे। देश में 20

वर्ष से अधिक 83% जनसंख्या इस रोग से प्रभावित थी। 1971 में देश में एक मिलियन भिखारी थे और 40 हजार लोग अपना खून बेचते थे।

विश्व-भर में कुष्ठ रोगियों की संख्या 11 मिलियन है। इसमें से 3.1 मिलियन कुष्ठ रोगी भारत में ही हैं। भारत के 9000 गाँवों में शुद्ध पेयजल उपलब्ध नहीं है और 25,000 गाँवों के पानी में अत्यधिक फ्लोराइड और आइरन और अन्य प्रदूषित करने वाले तत्त्व पाए जाते हैं। भारत सरकार के मंत्री उमाशंकर ने संसद में स्वीकार किया कि भारत के 5 लाख गाँवों में से 72,000 गाँवों में कालरा और अन्य खतरनाक बीमारियाँ फैलती हैं। एक हजार नवजात शिशुओं में 100 की मौत एक वर्ष में ही हो जाती है। 300 बच्चे पाँच वर्ष का जीवन भी पूरा नहीं कर पाते।

भारत में 60 मिलियन बच्चे कुपोषण का शिकार हैं और 40 हजार बच्चे जन्म के तीन माह में ही मर जाते हैं। यह सारे आँकड़े डॉ. बी.एन.एस. बालका प्रोफेसर पिड्रयाटिक्स पोस्ट ग्रेजुएट इंस्टीट्यूट आफ मेडिकल एजूकेशन एंड रिसर्च, चंडीगढ़ द्वारा 1973 में किये गये अध्ययन पर आधारित हैं। दि इंडियन काउंसिल आफ मेडिकल रिसर्च ने अपने एक अध्ययन में उद्घाटित किया कि पाँच वर्ष से कम उम्र के बच्चों को प्रतिदिन 250-300 कैलरी आवश्यकता से कम ऊर्जा प्राप्त होती है। स्कूल जानेवाले बच्चों में 10-15% में विटामिन ए की कमी पाई गयी। प्रजनन करनेवाली उम्र की अधिकांश महिलाओं में एनीमिया (रक्त की कमी) है, अतः प्रति हजार गर्भवती महिलाओं में 32 की मौत प्रसव के समय ही हो जाती है।

नेशनल सोसाइटी फार द प्रिवेंशन आफ ब्लांइडनेस के एक सर्वेक्षण के अनुसार वर्तमान जनसंख्या में 15 मिलियन लोग साध्य या असाध्य अन्धता से पीड़ित हैं। 90 प्रतिशत बच्चों को गरीबी के कारण यथोचित पौष्टिक आहार न मिलने से उनमें स्पष्ट नेत्र दृष्टि की कमी पाई गयी। विटामिन ए के अभाव में प्रति वर्ष 10 से 14 हजार बच्चे अन्धता का शिकार होते हैं।

भारत सरकार के पेट्रोलियम और केमिकल मंत्री के.डी. मलासय के अनुसार औसतन प्रति भारतीय व्यक्ति प्रतिदिन 50 पैसे की दवा का प्रयोग करता है। 29 नवम्बर 1975 का ब्लिट्ज साप्ताहिक लिखता है : "ऐसा नहीं है कि प्रत्येक भारतीय को एक कठोर संविधान का आशीर्वाद प्राप्त है, इसलिए उसे मुश्किल से ही दवा की आवश्यकता पड़ती है बल्कि भारतीयों के बीच इतनी असमानता है कि वह गरीबी के कारण बगैर दवा के मरने के लिए बाध्य हैं। 10% लोगों के लिए ही संगठित रूप से स्वास्थ्य सुविधाओं का प्रबन्धन हो पाता है और उनमें

से भी जो अधिकांश सम्पन्न लोग शहरों में निवास करते हैं। 90% जनसंख्या इलाज की आधुनिक सुविधाओं से वंचित है। वह या तो इलाज के आदिम तरीकों और स्रोतों पर निर्भर है या फिर इलाज के अभाव में जूझती रहती है।''

निजी सरकारी और विदेशी कम्पनियों और इनके आपसी सहयोग से लगी दवा कम्पनियों का उद्देश्य मुनाफा कमाना है। दवाएँ सामाजिक आवश्यकता है! वह मुनाफा कमाने वाला माल नहीं है और जनता को इलाज के लिए दवाओं की अति आवश्यकता है। इस प्रकार के विचार या सामाजिक जिम्मेदारी से उनका कुछ भी लेना-देना नहीं है। शक्तिशाली बहुराष्ट्रीय दवा कम्पनियाँ हमारे देश में ब्रांडेड बड़ी कम्पनियों की दवा लेने का जोरदार प्रचार कर, हमारे प्यारे देशवासियों को महँगी दवाएँ बेच कर उनकी बेबसी का फायदा उठाकर निर्भय लूट कर रही हैं और ब्रांडेड कम्पनियों के नाम पर घटिया, नकली और स्तरहीन दवाओं की बिक्री की सूचना ड्रग कंट्रोल संगठनों द्वारा दी गयी है। इस विषय में कोलकाता की ड्रग टेस्टिंग लेबोरेटरी ने भी इसकी पुष्टि की है। दवाओं को उनके सामान्य नाम से नहीं बल्कि ब्रांडेड नाम से बेचने की व्यवस्था ने ही नकली और घटिया, दवाओं को उनके नाम से बिक्री को बढ़ावा दिया है। इस प्रकार मरीजों को अधिक दाम देकर भी अनेक बार घटिया दवा ही मिलती है। इसी प्रकार 1972 के अन्त तक भारत में 4366 लोगों पर मात्र एक डॉक्टर उपलब्ध था।

दूसरी तरफ चीन ने अनेक निरोधक बीमारियों पर नियन्त्रण कर लिया हैं और प्रत्येक व्यक्ति के लिए उपयुक्त पौष्टिक आहार और प्राथमिक चिकित्सा सुविधाएँ उपलब्ध कराई हैं। चाइल्ड हेल्थ युनिवर्सिटी आफ सिडनी, आस्ट्रेलिया के प्रोफेसर थिमीस वायलेटन ने वाल्टेयर (विशाखापत्तनम) में 4.1.1976 को इंडियन साइंस कांग्रेस को सम्बोधित करते हुए बताया कि चीन में 'बेयर फुट डॉक्टर' नगे पाँव वाले डॉक्टर को सामान्य बीमारियों को पहचानने, उनकी रोकथाम करने और मरीजों का इलाज करने का तीन माह का प्रशिक्षण दिया जाता है और वे एक क्षेत्र में काम करते हैं। यदि अधिक चिकित्सा की आवश्यकता है तो उच्च स्तर के डॉक्टर मौके पर और इलाके में दौरा करते हैं न कि मरीज के अस्पताल में आने का इन्तजार करते हैं। (दि टाइम्स आफ इंडिया, 5 जनवरी 1976, पृ. 11) चीन में दवाएँ सामाजिक रूप से आवश्यक उत्पाद हैं न कि मुनाफा कमाने वाला माल। वहाँ के लोग प्रसन्न और स्वस्थ हैं।

भारत की जनसंख्या का सातवाँ हिस्सा अति अमानवीय और निम्नकोटि की स्थितियों में जीवन निर्वाह कर रहा है। यह लोग प्रति व्यक्ति न्यूनतम उपभोग,

न्यूनतम भोजन, न्यूनतम आमदनी, न्यूनतम कपड़े और मकान ऐसी बुनियादी आवश्यकताओं को भी नहीं प्राप्त कर पाते। लोगों की जो आवासीय स्थिति 20 वर्ष पूर्व थी, उसमें कोई भी परिवर्तन नहीं हुआ है।

भारत में बेरोजगारी और अर्द्ध-बेरोजगारी कैंसर की तरह बढ़ रही है। यह स्थिति भारत को अर्द्ध-औपनिवेशिक और अर्द्धसामन्ती बनाये रखने में सहयोग प्रदान करती है। भारतीय राज्यसत्ता केवल इसके विस्फोट का ही इन्तजार कर सकती है यह उसे समय से पूर्व रोक नहीं सकती। परिशिष्ट-VIII के आँकड़े और ग्राफ बेरोजगारी की वृद्धि को दर्शाते हैं।

1969 की तुलना में पूरे देश में मात्र 18.8% रोजगार की वृद्धि हुई और 1970 की तुलना में 1971 में मात्र 25.3% की वृद्धि हुई है। रिजर्व बैंक आफ इंडिया ने अपनी '1973-74 की करेंसी एंड फाइनेंस' की रिपोर्ट में कहा है कि संगठित क्षेत्र में रोजगार की स्थिति अति दयनीय है। इस प्रकार एक वर्ष में 6.5% रोजगारों की वृद्धि हुई जो काफी निराशाजनक है। इसमें 1.5% की गिरावट आयी है। इमप्लायमेंट एक्सचेंज के आँकड़े बताते हैं कि जून 1974 में 75 .96 लाख बेरोजगारों की संख्या में 10% की वृद्धि हुई है। शिक्षित बेरोजगारों की संख्या 26 लाख से बढ़कर 35.24 लाख हो गयी है। देखें परिशिष्ट-VIII-ए।

भारत की राष्ट्रीय आय का 14% टैक्सों से प्राप्त होता है। यहाँ शहर के लिए 75 रु. और देहात के लिए 14 रु. प्रति व्यक्ति टैक्स लिया जाता है। टैक्स का हंटर आम जनता पर इतने विनाशकारी तरीके से चलता है, जैसे जल्लाद का हथियार। यहाँ बहुसंख्यक जनता भूखी, अर्द्धनग्न, चीथड़ों में लिपटी, आवासहीन, दसियों लाख बेरोजगार, बेचारगी में संघर्षरत हैं। यही भारत की वास्तविक तसवीर है।

जो कोई भी भारत की इस मानव निर्मित विकृत स्थिति को देखता है, वही जनता की भयंकर गरीबी और दारुण स्थिति पर घोर व्यथित हो रो पड़ता है। अभी-अभी कुछ दिन पूर्व हृदय के श्रेष्ठ सर्जन डॉ. क्रिसटेन बर्नार्ड, बम्बई में सर्जरी के बिषय पर आयोजित अन्तर्राष्ट्रीय कॉन्फ्रेंस में भारत आये उन्होंने लम्बी साँस लेकर कहा कि भारत की गरीबी असाध्य है। टाइम्स आफ इंडिया के रिपोर्टर एम.जे. कमलाकर ने मीटिंग के बाद उनके साथ जाते-जाते एक साक्षात्कार किया जो 13 जनवरी 1976 को प्रकाशित हुआ। "जैसे ही कार चर्च गेट से होकर निकली, डॉ. बर्नार्ड ने सड़क के किनारे के गरीबों को देखते हुए कहा कि भारत की गरीबी और दक्षिण अफ्रीका की नस्लभेद की समस्याएँ असमाधेय हैं।" अपने इस वक्तव्य के द्वारा निश्चित रूप से डॉ. बर्नार्ड ने हम

लोगों को भारत की अति विशाल गरीबी की समस्या के बारे में चिह्नित किया। डॉ. बर्नार्ड निश्चित रूप से चीन की भी भयावह गरीबी से परिचित रहे होंगे जिसे नये चीन ने हल कर लिया है।

भारत सरकार के तत्कालीन वित्तमंत्री वाई.बी. चव्हाण ने स्वीकार किया कि "भारत की 80% अति गरीब जनता वास्तव में विकास की प्रक्रिया से बिल्कुल अछूती रह गयी है और इसे नजरअन्दाज करना बहुत खतरनाक होगा।" भारत की जनसंख्या का एक तिहाई भाग आज भी गरीबी रेखा के नीचे रहता है और एक चौथाई तो अति दरिद्रता में जीवन व्यतीत करता है। बाईसवें चक्र में नेशनल सैम्पल सर्वे ने 1967-68 में बेहद गरीब लोगों की संख्या 289 मिलियन बताई है, जिनका औसत प्रति व्यक्ति प्रतिमाह उपभोक्ता खर्च रु. 40 से कम है। 1970 के अन्त तक 280 मिलियन लोगों का जीवन न्यूनतम जीवन स्तर से भी नीचे होगा।

आज प्रत्येक परिवार अपनी आय की 70% राशि केवल खाद्य पदार्थों पर खर्च करता है। एक खेत मजदूर की प्रतिवर्ष औसत आय रु. 100 है। कुछ राज्यों में ग्रामीण परिवारों की 75% जनसंख्या का वार्षिक खर्च रु. 100 या इससे कम है। देश में 10 में से 4 व्यक्ति गरीबी रेखा से नीचे जी रहे हैं। सरकार द्वारा शहर के लिए निर्धारित गरीबी की रेखा 40.50 रु. प्रतिमाह और ग्रामीण क्षेत्र के लिए 27 रुपये प्रतिमाह है। उत्तर प्रदेश और बिहार में क्रमशः 38.6 मिलियन और 27 मिलियन जनता गरीबी रेखा के नीचे निवास करती है। कुल मिलाकर यह देश की कुल गरीब जनसंख्या का 30% है। उड़ीसा में सर्वाधिक 64.7% लोग गरीबी की सीमा रेखा से नीचे निर्वाह करते हैं, अरुणाचल प्रदेश में 54.7%, नागालैण्ड में 52.9%, आन्ध्र प्रदेश में 42.9%, आसाम में 40.07%, बिहार में 49.4%, जम्मू-कश्मीर में 44.6%, मध्य प्रदेश में 44.9%, तामिलनाडु में 44.9%, मणीपुर में 42.7%, मैसूर में 41.3%, राजस्थान में 45.6%, उत्तर प्रदेश में 44.8%, राजधानी दिल्ली में 12.2%। गोवा दमन और दीव में भी 14.8% लोग गरीबी की सीमा रेखा से नीचे हैं। देश की औसत प्रति व्यक्ति आमदनी रु. 589.0 है। दिल्ली की 1185 रु., गोवा दमन और दीव की 1130.0, पंजाब और हरियाणा की प्रति व्यक्ति आमदनी क्रमशः रु. 1002 और रु. 903 से अधिक है। 1971-72 में 30% जनसंख्या की प्रति व्यक्ति प्रतिमाह उपभोक्ता वस्तुओं की क्रय-क्षमता मात्र 23-24 रु. थी। आशा की जाती है कि 1978-79 तक यह क्रय क्षमता रु. 37.10 हो जाएगी। इस अर्द्ध-औपनिवेशिक अर्द्धसामन्ती व्यवस्था में इससे अधिक और कोई सूरत नहीं हो सकती। यहाँ

तक कि सत्ता-हस्तान्तरण और उसके कुछ वर्ष बाद तक भी देश को आज की तरह की त्रासदी नहीं देखनी पड़ी थी। भारत के लोग अब जाग्रत हो गये हैं और वे इस तरह के बोझ से दबे नहीं रह सकते। सरकार ने जनता को धोखा देने के लिए पंचवर्षीय योजनाएँ बनाई हैं, ताकि वे सरकार की 'समाजवादी पद्धति' धरती के स्वर्ग 'रामराज' को शीघ्र ही प्राप्त होने पर विश्वास करें। इसके बाद शासक वर्ग द्वारा भारतीय जनता को 'लोकतन्त्र' की घोषणा करना एक और धूर्ततापूर्ण कौशल के साथ यह धोखा गढ़ा गया है। यह धोखा 'भारतीय संविधान' में श्रद्धा के साथ सुरक्षित है। सभी को मताधिकार का अधिकार, एक और ढोंग और धूर्ततापूर्ण धोखा है।

दरिद्रता और असमानता की योजना

आइए, अब हम उस औजार के प्रयोग का विश्लेषण करें जिसे भारत की "योजनाबद्ध अर्थव्यवस्था" कहते हैं। अर्द्ध-औपनिवेशिक अर्द्धसामन्ती भारत में उत्पादन के सभी साधन ज़मींदारों, कम्प्राडोर बुर्जुआ और इन्हीं वर्गों की प्रतिनिधि सरकार के नियन्त्रण में हैं। भारत ने कम्प्राडोर बुर्जुआ के साथ-साथ विदेशी साम्राज्यवादियों के हित साधन करने के लिए अपने उद्योगों को पूँजीवादी उत्पादन प्रणाली से बाँध लिया है।

भारत की वर्तमान व्यवस्था में कम्प्राडोर बुर्जुआ और भारतीय राज्यसत्ता का उत्पादन के साधनों पर एकाधिकार है। वे कोई उपयोगी कार्य नहीं करते बल्कि राज्य की पुलिस, सेना, न्यायालय और जेल तथा नौकरशाही आदि का प्रयोग, बहुसंख्यक जनता, सम्पूर्ण उत्पादन करने वाले मेहनतकशों, और उत्पादन के साधनों और राजनीतिक अधिकारों से वंचित शहरी और ग्रामीण सर्वहारा को उनकी सेवा में लगाये रखने के लिए करते हैं।

पूँजीवादी उत्पादन पद्धति का उद्देश्य मुनाफा कमाना है। कम्प्राडोर बुर्जुआ मजदूर वर्ग से अधिक से अधिक अतिरिक्त मूल्य निचोड़ लेना चाहता है। माल उत्पादन की प्रक्रिया में मजदूर के जिस मानव श्रम का मूल्य नहीं दिया जाता, वही अतिरिक्त मूल्य है। जब पूँजीपति को मुनाफा नहीं होता तो मजदूरों की ले-आफ (बैठकी) कर दी जाती है। मजदूरों का जीवन निर्वाह एकाधिकार पूँजीपति के लिए नगण्य है। वही यह निर्धारित करेगा कि मजदूर को क्या काम करना है। वह मजदूर को एक स्थान से दूसरे स्थान पर शिफ्ट कर सकता है। क्या उत्पादन होगा, कितनी संख्या में होगा और मजदूरों से समुचित ढंग से क्या उत्पादित कराया जा सकता है, यह सब निर्णय उसका ही होता है। उत्पादित माल को वह अपने उत्पाद के ब्रांड के रूप में बेचता है। जब तक उसको उत्पादन में सुनिश्चित मुनाफा नजर नहीं आता तब तक वह जनता की आवश्यकता की वस्तुएँ उत्पादित नहीं करता और वह वहीं पर पूँजी निवेश करेगा, जहाँ पर मुनाफे की दर सर्वाधिक होगी। वह हमेशा मजदूरी कम और

काम के घंटे अधिक रखने का प्रयास करता है। वह मजदूरों को ले-आफ कर देता है और मशीनों की गति बढ़ा कर अधिक से अधिक बगैर मजदूरी बालश्रम (अतिरिक्त मुनाफा) कमाने का प्रयास करता है। कम्प्राडोर बुर्जुआ और उसकी सरकार इस प्रक्रिया को निश्चित रूप से जारी रखती है, ताकि वह वर्ग अधिक से अधिक लाभ कमा सके। बगैर आर्डर प्राप्त हुए और इस बात का ध्यान दिये बगैर कि सम्पूर्ण अर्थव्यवस्था किधर जा रही है, पूँजीपति वर्ग उत्पादन को असमान तरीके से बढ़ाता जाता है और अन्त में मुनाफे के लिए पूँजीपति अपने प्रतिद्वन्द्वी को एक अनियोजित अराजकता की स्थिति में पहुँचा देता है। इस प्रकार यह अर्द्ध-सामन्ती अर्द्ध-औपनिवेशिक आर्थिक अव्यवस्था, समाज को विकसित करने वाली एक पूर्णतः रेशनल, चौतरफा विकास की योजना और सहयोग को असम्भव बना देती है।

भारत की वर्तमान व्यवस्था द्वारा उत्पन्न की गयी अराजकता, अव्यवस्था बर्बादी और दरिद्रता को केवल क्रान्ति द्वारा ही हल किया जा सकता है। समाजवादी व्यवस्था में उत्पादन का उद्देश्य मुनाफा नहीं होता। यह उत्पादन लोगों के प्रयोग के लिए, मेहनतकशों और व्यापक जनता के फायदे के लिए होता है। यह एक छोटे से सम्पन्न वर्ग को लाभ देकर उसे और अधिक धनी और सम्पन्न बनाने के लिए नहीं होता।

सर्वहारा के महान नेता लेनिन ने चिन्हित किया है कि राष्ट्रीयकरण का अर्थ समाजवाद नहीं है। एक विकसित समाजवादी व्यवस्था के निर्माण के लिए सर्वहारा के अधिनायकत्व वाली व्यवस्था को समय रहते ही उत्पादन के सम्पूर्ण संगठन और उद्देश्य को बदल देना चाहिए। सर्वहारा की राज्यसत्ता को योजनाबद्ध तरीके से उत्पादन की शक्तियों पर मजदूरों के सीधे नियन्त्रण को लागू करना चाहिए जो इससे पहले नहीं था। इस प्रकार की योजना, निवेश की पद्धति, सार्वजनिक व्यय की एक व्यवस्था है, और समाजवाद का एक आवश्यक अंग है। किसी योजना की प्रमुख बात, गरीबों के लिए भोजन होना चाहिए न कि धनवानों के लिए, वितरण के लिए योजना अनिवार्य है अर्थात् नियमित, नियंत्रित और रेशनल वितरण सर्वोपरि है। योजना समानता के लिए होनी चाहिए न कि असमानता को बढ़ाने के लिए।

हमारा देश 'उत्पादन सम्बन्धों' के एक निश्चित ऐतिहासिक चरण से गुजर रहा है। कोई भी योजना जो असमानता को बढ़ावा देती है या फिर धनवान लोगों के लिए है, जैसा कि वास्तव में भारत में हो रहा है, ऐसी स्थिति में अवधारणागत रूप में समानता और गरीबों के लिए योजना का लागू होना

असम्भव है। इसलिए भारतीय क्रान्ति द्वारा सर्वप्रथम इन अर्द्धसामन्ती उत्पादन सम्बन्धों को ध्वस्त किया जाना चाहिए और समाजवाद की ओर उन्मुख नये उत्पादन सम्बन्धों को विकसित करना होगा और तब उत्पादन और वितरण में व्याप्त अराजकता को समाप्त करने के लिए योजना, समाजवादी विकास का एक अनिवार्य अंग होगी।

आइए, हम भारतीय ब्रांड की योजना (प्लानिंग) का परीक्षण करें। भारतीय प्लानिंग की मुख्य धुरी सार्वजनिक खर्च है। यह भारत की प्लानिंग प्रक्रिया के आधार पर बनी है। यह उस निवेश की प्लानिंग के माडलों के परिचालन की प्रतिमूर्ति (काउंटर पार्ट) है। इन माडलों को अठारहवीं शताब्दी के बाद के इंग्लैंड और उन्नीसवीं शताब्दी के बाद के यूरोप के तथ्यों से सम्बन्धित आर्थिक गति के विश्लेषण के आधार पर और लम्बे समय के विकास के सिद्धान्तों से निरूपित किया गया है। यहाँ तक कि फेडरमैन का माडल जो भारत की दूसरी पंचवर्षीय योजना का आधार था, इसका सूत्रीकरण क्रान्ति के बाद वाले रूस के लिए भी किया गया था। इस प्रकार इन योजनाओं को भारत के पूँजीवादी उत्पादन सम्बन्धों में तर्कसंगत तरीके से लागू करने का शायद ही कोई अनुभवसिद्ध आधार है।

आइए, देखें कि सत्ता-हस्तान्तरण के 25 वर्षों में इन पंचवर्षीय योजनाओं ने देश को कहाँ पहुँचाया है। गरीब लोगों के लिए सर्वाधिक दो बुनियादी आवश्यकताओं अनाज और कपड़े के बारे में भी प्राप्त आँकड़े क्षुब्ध करने वाले हैं। भारत की गरीब जनता को तीस के दशक में जो सामान्य कपड़ा और अनाज उपलब्ध था, सत्तर के दशक के प्रारम्भ में भी स्थिति उससे बहुत अच्छी नहीं थी। एक अध्ययन के अनुसार 1931-32 में प्रति व्यक्ति प्रति वर्ष 165 किलो अनाज उपलब्ध था जो 1971-72 में घटकर 149 किलो हो गया और 1950-52 के वर्ष में यह मात्रा केवल 123 किलो ग्राम तक घट गयी थी। इसी प्रकार 1931-32 में प्रति व्यक्ति प्रति वर्ष कपड़े की उपलब्धता 12.4 गज थी, जो 1951-52 में घट कर 9.9 गज और 1971-72 में मात्र 9.7 गज रह गयी। यह आँकड़े बताते हैं कि उस 25 वर्ष के योजनाबद्ध विकास ने करोड़ों गरीब लोगों को उनके अनाज और कपड़े की बुनियादी आवश्यकताओं के लिए कहाँ लाकर खड़ा किया है। 20 वर्ष पूर्व इन योजनाओं के लागू होने से पूर्व भी इन दोनों चीजों की उपलब्धता इससे अधिक नहीं थी। इसी प्रकार जनता की एक और बुनियादी आवश्यकता घर है, परन्तु आवासी विकास के बारे में भी कोई संकेत नहीं मिलते। इस देश की अधिकांश जनसंख्या ग्रामीण क्षेत्र में कच्चे

मिट्टी के मकानों, झोंपड़ियों और शहरों में बेहद गरीब लोग झुग्गी-झोंपड़ियों या मलिन बस्तियों में निवास करते हैं। शहरों की मात्र 50 प्रतिशत जनसंख्या को सप्लाई का पानी उपलब्ध है और 75% लोगों को सीवेज की सुविधा उपलब्ध नहीं है। महानगरों की एक-तिहाई आबादी एक कमरे में निर्वाह करती है, और एक तिहाई आबादी से कम लोगों को अलग स्नानघर, शौचालय और भोजनालय की सुविधा प्राप्त है।

1951 में शहरों में 28 लाख आवासों की कमी थी। 1956 में यह 50 लाख, 1966 में 118 लाख हो गयी। अनुमान है कि 1972-74 तक शहरों में 137 लाख मकानों की कमी हो जाएगी। वर्तमान समय में ग्रामीण क्षेत्र में 80 मिलियन मकानों के अभाव का अनुमान लगाया गया है। परन्तु उपभोक्ता सामानों के उत्पादन में भारी वृद्धि हुई है। यह उपभोक्ता माल किसी प्रकार की आवश्यकता को प्रदर्शित नहीं करते। ये सामान या तो विलासिता की सामग्री है; या उपभोक्ता के जीवन को अधिक सुविधाजनक बनाने के लिए है। यह गरीब लोगों की 80% आबादी की पहुँच से बाहर है।

आइए, चीन की आर्थिक प्रगति पर एक नज़र डालें। इस विषय में 28 नवम्बर 1972 के *इंडियन एक्सप्रेस* अखबार ने लिखा : ''वाशिंगटन, नवम्बर 1972, भारत में अमेरिका के पूर्व राजदूत, अर्थशास्त्री जान कीन्स गैलब्रेथ, अपने अन्य अमेरिकन अर्थशास्त्रियों के साथ चीन का दौरा कर लौटे हैं। वह चीन से बहुत प्रभावित हुए हैं।'' 'इसमें कोई शक नहीं', उन्होंने *न्यूयार्क टाइम्स* पत्रिका में लिखा "कि चीन एक उच्चकोटि की आर्थिक व्यवस्था का आविष्कार कर रहा है। वहाँ निरन्तर गतिशीलता के बहुत साक्ष्य हैं। नये घरों का निर्माण, नये-नये उद्योग, पुराने कारखानों पर नयी-नयी इमारतें और कृषि उत्पादन में भारी वृद्धि, रोजग़ार के अवसर, बाजार और दुकानों पर बुनियादी सामानों की आपूर्ति और उनको खरीदने के लिए ठसाठस भीड़। कृषि उत्पाद, औद्योगिक तथा अन्य उत्पादनों में तुलनात्मक रूप से जबरदस्त वृद्धि।"

''प्रोफेसर गैलब्रेथ का अनुमान है कि चीन का कृषि और औद्योगिक उत्पादन 10-11% वार्षिक होगा। वह इसे चीनी लोगों में संगठित करने की विशेष प्रतिभा कहते हैं। उन्होंने चीन के करोड़ों सुसज्जित लोगों के मुकाबले जाड़े के मौसम में भारत और दक्षिणी भाग के लोगों में अर्द्धनग्न और गठरी बनकर बैठे लोगों को रखा। शांघाई में चिकित्सा सेवाएँ आकर्षित करती हैं। 44000 अस्पताल के बिस्तर और 11,500 डॉक्टरों की उपलब्धता के साथ वहाँ का चिकित्सकीय स्तर न्यूयार्क से भी ऊँचा था। न्यूयार्क की औसत प्रैक्टिस चीन से ऊँची है,

पर वहाँ पर अवसर न मिलने की उम्मीद अधिक है।''

चीन जाने वाले अधिकांश पर्यटक चीन की प्रोडक्शन ब्रिगेड द्वारा उत्पादित, शहरों के डेव्लपमेंट स्टोरों और ग्रामीण दुकानों पर उपलब्ध उपभोक्ता सामग्री के डिजाइन, गुणवत्ता और उनके मूल्य के बारे में सकारात्मक टिप्पणी ही करते हैं। अतीत के चीन की तुलना में आज के मजदूर-किसान और उनके बच्चे उपयुक्त कपड़ों में दिखते हैं।

1972 में नव वर्ष के अवसर पर *पीपुल्स डेली, रेड फ्लैग* और *लिबरेशन आर्मी डेली* ने कामरेड चाउ-एन-लाई के अवलोकन को छापते हुए लिखा कि 1971 में खाद्यान्न का उत्पादन 250 मिलियन मीट्रिक टन था। विगत 24 वर्षों में चीन की आबादी 500 मिलियन से बढ़कर 700 मिलियन हो गयी है। परन्तु इसी अवधि में खाद्यान्न का उत्पादन भी 110 मिलियन टन से बढ़कर 240 मिलियन टन हो गया है।

दुनिया के तमाम देशों के सामने जब खाद्यान्न का संकट था, चीन ने अनेक प्राकृतिक बाधाओं के बावजूद खाद्यान्न का कोई संकट नहीं उत्पन्न होने दिया। निश्चय ही यह चीन की विशेष और उल्लेखनीय उपलब्धि है। इसके साथ ही कृषि के क्षेत्र में एक नामचीन विशेषज्ञ स्टर्लिंग वार्टमैन का प्रमाण भी काफी महत्त्वपूर्ण है। उन्होंने *'साइंटिफिक अमेरिकन'* के जून 1975 अंक में अपना लेख इस प्रकार प्रारम्भ किया—

"चीन जाने वाले पर्यटकों ने इधर निरन्तर कुछ वर्षों से कहना शुरू किया है कि वहाँ की जनसंख्या स्वस्थ, और उपयुक्त ढंग से पोषित दिखाई देती है। इसी चीन की ऐसी प्रतिष्ठा थी कि जहाँ भुखमरी सदियों से मेहमान बनी बैठी थी और लगभग हर वर्ष ही किसी न किसी अंचल में अकाल महाविपत्ति पैदा करता था। चीनी विद्वानों ने, सरकारी राजतन्त्र के इतिहासकारों ने इसका 2117 वर्षों का विस्तृत विवरण पेश किया है।"

"1911 तक 1621 बार बाढ़ आयी और 1392 बार सूखा पड़ा। औसतन प्रतिवर्ष चीन को एक महाविध्वंस का सामना करना पड़ा। जोसेफ नीधम का सार्वजनिक भाषण, जो युनिवर्सिटी आफ हांगकांग गजेट मई 15, 1974 को प्रकाशित हुआ, पश्चिमी देशों के अनेक कृषि वैज्ञानिकों ने इस रिपोर्ट को सन्देहास्पद कहा है। गत वर्ष मुझे अमेरिका के 12 विद्वानों के एक ग्रुप के लीडर के रूप में चीन जाने का अवसर मिला। हमारे कुछ अति अग्रणी कृषि वैज्ञानिकों ने इसको समझा कि सच्चाई क्या है।"

वार्टमैन ने यह कहते हुए अपना आलेख समाप्त किया कि ''चीन के कृषि

उत्पादन का सम्मान करते हुए हमारे कृषि वैज्ञानिकों ने चीन की सरकार के इस दावे को स्वीकार किया कि 1971 में चीन खाद्यान्न के मामले में पूर्णतः आत्मनिर्भर हो गया है। इस वर्ष चीन ने गेहूँ, चावल तथा अन्य खाद्यान्नों को मिलाकर कुल 250 मिलियन मीट्रिक टन अनाज का उत्पादन किया था। भविष्य में भी चीन की यह पहलकदमी और सामंजस्य जारी रहेगा और ऐसा प्रतीत होता है कि अगले दशक में चीन प्रचुर मात्रा में कृषि उत्पादन में उपलब्धि हासिल करेगा।''

आज हम भारतीय अति दरिद्रता और गरीबी, मुद्रास्फीति की भयानक स्थिति और बेरोजगारी तथा व्यापक भुखमरी और महामारी की भूल-भुलैया में जकड़ें हुए हैं। औसत भारतीय भारत का जीवन्त स्वरूप है और उसका स्तर बिल्कुल मृत्यु के समीप पहुँचने वाले व्यक्ति की तरह ही है। हालाँकि समकालीन चीन और भारतीय समाज के बारे में कही गयी तुलनात्मक कुछ बातों को जानना शिक्षाप्रद होगा। मिस्टर हैरी हैगडाफ का यह कथन कि जब 1974 के अन्त में *पीपुल्स रिपब्लिक आफ चाइना* की चार सप्ताह की यात्रा से लौटने पर जो उन्होंने 'चीन की सोवियत रूस' से तुलना करते हुए अनेक युनिवर्सिटी में तमाम श्रोताओं से कहा–

"चीन के शहरों और ग्रामीण इलाकों में प्रफुल्लित और स्वस्थ लोगों को देखकर जब मैं 1972 में भारत से तुलना करता हूँ तो मैं एकदम स्तब्ध रह जाता हूँ। यहाँ भारत में कोई अन्धा ही होगा जो कदम-कदम की त्रासद स्थिति को नजरन्दाज करे। आज हम भारत में वही देख रहे हैं जो 1949 से पहले चीन जाने वाले पर्यटक चीन में देखते थे। चीन में आज भी गरीब हैं, परन्तु वह एक बिल्कुल नये धरातल पर हैं जबकि भारत को लेकर निम्नलिखित वर्णन ही उपयुक्त है।"

"जब कोलकाता को याद करता हूँ तो मेरी स्मृति में गरीब, बीमार और असहाय लोगों की एक ऐसी पिक्चर उभरती है जहाँ मानवता शर्मसार हो जाती है। जहाँ छोटे-छोटे बच्चे राहगीरों की जेब काटते हैं, जूता पालिश कराने का निवेदन करते हैं, जहाँ गोद में बच्चे को लादे महिलाएँ 10 पैसे की भीख माँगती हैं, 16-17 साल की दुर्बल युवा लड़कियों को भडुए वेश्यावृत्ति के लिए बुलाते हैं। सड़कों और धूल में लोट-लोट कर भिक्षक भीख माँगते हैं और ढेर सारे लोग रात को फुटपाथ और गलियों के खड़ंजों पर सोते हैं।" (ड्रीक डेविस, 'टेवलर्स टेल्स' फार ईस्टर्न इकनामिक रिव्यू, जुलाई, 1974)

पुराने चीन में भी बेरोजगारी उसी प्रकार से थी, जैसी बेरोजगारी आज तीसरी

दुनिया के देशों में है। आज नये *पीपुल्स रिपब्लिक ऑफ चाइना* में बेरोजगारी लगभग पूर्णतः समाप्त है। आज मिडिल स्कूल की शिक्षा पूरी करते ही चीनी युवकों को काम मिल जाता है। बेरोजगारी और मुद्रास्फीति की समाप्ति वर्तमान चीन की विशेषता है।

चीन में उद्योगों की क्रियाविधि (फंक्शनिंग) में जनता और उद्योगों के मुनाफे के बीच साधारण सम्बन्ध है जो इसे जीवन्तता प्रदान करता है। मजदूरी और वेतन का स्ट्रक्चर उद्योग के मुनाफे से स्वतन्त्र है। सामाजिक उद्देश्यों को उच्च प्राथमिकता प्रदान करते हुए उद्योगों के घाटे को सोच-समझकर योजनानुसार सबसिडी प्रदान की जाती है। बिक्री से प्राप्त अतिरिक्त मूल्य को ठोस आमदनी के रूप में एकत्र किया जाता है। परन्तु यह सम्पूर्ण अतिरिक्त मूल्य (मुनाफा) सीधे राज्य के बजट में जमा होता है। इसका कोई भी भाग उद्योग में नहीं जाता है और यह मुनाफा कम हो या अधिक, इससे उद्योग किसी भी प्रकार प्रभावित नहीं होता। सांस्कृतिक क्रान्ति के दौरान इस प्रकार के मुनाफे से जुड़े सभी प्रकार के बोनस और मूल्यों को इससे अलग कर दिया गया। मजदूरों की चिकित्सा आदि के लिए प्रत्येक उद्योग में एक वेलफेयर फंड होता है। इस वेलफेयर फंड की गणना उस उद्योग के सम्पूर्ण वेतन के प्रतिशत के रूप में की जाती है और उद्योग के मुनाफे या हानि से इसका कोई सम्बन्ध नहीं होता।

यह सब जानकर पूँजीपति निश्चित रूप से भयभीत होकर अपने हाथ खड़े कर देगा। उसके उद्योग का समस्त मुनाफा टैक्स में चला जाएगा, जबकि उसको और उसके कर्मचारियों को एक निश्चित वेतनमान पर वेतन मिलेगा और उस उद्योग या संस्थान पर उनका नियन्त्रण भी नहीं होगा। इस सबका मतलब उसकी मुनाफे की दुनिया समाप्त हो जाएगी। बगैर मुनाफे के उसके कम्पनी के शेयर बेकार हो जायेंगे। उन शेयरों को कौन खरीदेगा? उसे कठोर कार्य करने के लिए या किसी बाजार की विशेष माँग के लिए उत्पादन पर प्रोत्साहन राशि (इंसेटिव) नहीं मिलेगी। इस सब के बाद भी यदि उसे व्यापार करना है, तो वह अपने बही-खाते और रिकार्ड में जाली हिसाब तैयार करेगा ताकि टैक्स संग्राहक को धोखा दे सके और शेयरधारकों की सम्पत्ति हड़प सके। परन्तु चीन न तो पूँजीवादी देश है और न तो पूँजीवादी पद्धति से काम करना और कराना है, इसलिए वहाँ उपरोक्त दुष्कर्म न होते हैं, न हो सकते हैं।

उनके नियन्त्रण से बाहर एक-सी ही परिस्थिति से प्रभावित पूँजीवादी उद्योग और चीनी समाजवादी व्यवस्था के उद्योगों के बारे में, दोनों दो प्रकार की प्रतिक्रियाओं से उनके तर्कों को समझा जा सकता है। मान लीजिए कि

कोयले जैसे कच्चे माल की आपूर्ति बाधित हो गयी। इस प्रकार कोयला उत्पादन इकाई सम्बन्धित उद्योग में उसकी नियमित आपूर्ति नहीं कर सकी तो पूँजीवादी दृष्टिकोण से बगैर काम किये मजदूरों को वेतन देना बिल्कुल अतार्किक होगा। इसलिए सम्बन्धित उद्योग के मजदूरों की ले-आफ (बैठकी) हो जाएगी। बगैर कोई काम किये मजदूरों को मजदूरी देने का मतलब मुनाफा घटाना या घाटा बढ़ाना है। इसलिए कोई भी पूँजीवादी प्रबन्धन जान-बूझकर ऐसा मार्ग नहीं अपनाएगा और तभी वह बना रहेगा।

परन्तु उक्त कल्पित परिस्थिति में चीन में मजदूरों को काम से अलग कर बगैर वेतन दिये बैठाया नहीं जाता। ले-आफ नहीं दिया जाता। ऐसी परिस्थिति में भी वह सामान्य रूप से ही उद्योग में काम करने के लिए आयेंगे। मार्क्सवादी दर्शन और माओ-त्से-तुंग विचारधारा के अध्ययन के साथ-साथ उद्योग में सभी प्रकार के अन्य उपयोगी कार्य करेंगे।

इस प्रकार चीन का आर्थिक विचार, विशेष रूप से उपयोगिता मूल्य पर, कार्य करता है न कि विनिमय मूल्य पर और यह कभी भी लाभकारी मूल्य पर आधारित नहीं है।

चीन के पास विशाल भू भाग है, वहाँ की जनसंख्या भी दुनिया में सर्वाधिक है। परन्तु चीन के पास अपनी जनसंख्या को भोज्य पदार्थ उपलब्ध कराने और अन्य साधनों के लिए प्राकृतिक स्रोत बहुत कम है। निम्नलिखित तालिका में चीन, सोवियत रूस, अमेरिका और भारत की प्रति व्यक्ति कृषि योग्य भूमि की उपलब्धता की तुलना से इसे समझा जा सकता है–

तालिका

कृषि योग्य भूमि और जनसंख्या

	चीन	*भारत*	*अमेरिका*	*सोवियत रूस*
जनसंख्या मिलियन में	800	600	210	251
क्षेत्रफल मिलियन वर्ग मील	3.7	1.4	3.6	8.6
कृषि योग्य भूमि मिलियन एकड़	252-300	348.3	972	553
कृषि योग्य भूमि प्रति व्यक्ति एकड़	0.3-0.4	0.63	2.2	2.2

पीपुल्स रिपब्लिक आफ चीन में भारत से 2.33 गुना, 37 मिलियन वर्ग मील भू-भाग है, परन्तु पर्वत, पानी और न जोतने योग्य भूमि का बड़ा भाग होने के कारण भारत की तुलना में चीन में कृषि योग्य भूमि 25 से 30% कम है। चीन को भारत से 200 मिलियन अधिक लोगों की जनसंख्या को खाद्य सामग्री

उपलब्ध कराना है। भारत के पास प्रति व्यक्ति के हिसाब से चीन की तुलना में दो गुना कृषि योग्य भूमि है। परन्तु जब 250 मिलियन मीट्रिक टन प्रति वर्ष का उत्पादन कर चीन खाद्यान्न में आत्मनिर्भर हो गया तब पाँचवीं पंचवर्षीय योजना के अन्त में भारत 114 मिलियन मीट्रिक टन अनाज उत्पादित कर सका और यहाँ की जनता आज भी भुखमरी के कगार पर खड़ी है।

चीन और अमेरिका का क्षेत्रफल लगभग बराबर है, परन्तु चीन के पास अमेरिका की कृषि योग्य भूमि की मात्र 50 से 60% भूमि है, और अमेरिका की तुलना में चीन को चार गुना अधिक आबादी को अनाज उपलब्ध कराना है। प्रति व्यक्ति कृषि योग्य भूमि की दृष्टि से चीन की तुलना में अमेरिका के पास सात गुना भूमि है, अर्थात् अमेरिका के पास दूसरे देशों को अनाज निर्यात करने के अथाह स्रोत हैं।

सोवियत रूस का क्षेत्रफल चीन से 2.3 गुना है। सोवियत रूस की तुलना में चीन के पास मात्र 45 से 50% कृषि योग्य भूमि है। रूस की तुलना में चीन की जनसंख्या तीन गुना अधिक है। तालिका के आँकड़ों के अनुसार चीन की तुलना में रूस के पास से 7 गुना कृषि योग्य भूमि है। उत्पादन स्थितियों की दृष्टि से भारत और अमेरिका की तुलना में चीन और सोवियत रूस दोनों देशों को विपरीत मौसमों का सामना करना पड़ता है। इसे ध्यान में रखते हुए रूस की प्रति व्यक्ति कृषि योग्य भूमि को 2.2 एकड़ के स्थान पर 1.3 एकड़ माना जा सकता है। तब भी यह चीन की तुलना में तीन से चार गुना अधिक है। परन्तु चीन ने 1971 में खाद्यान्न में आत्मनिर्भरता प्राप्त कर ली जबकि रूस अभी भी काफी पीछे है।

3 जनवरी 1976 को *स्टेट्समैन* के कोलकाता संस्करण ने रेडियो पेकिंग का सन्दर्भ देते हुए लिखा : "रेडियो पीकिंग से उद्घोषित रिपोर्ट के अनुसार चीन ने 1975 में बड़ी मात्रा में फसलों का उत्पादन किया है, ए.एफ.पी.।"

इसी वर्ष सूखा, शीतलहरी, अतिवृष्टि और हानिकारक कीड़ों के प्रभाव के बावजूद यह उपलब्धि हासिल की गयीं। रिपोर्ट में (31.12.1975) बीस प्रान्तों, म्युनिसपैलिटी और स्वायत्त क्षेत्रों को मिलाकर बहुत अच्छी फसल हुई और 1974 में भी चीन ने 270 मिलियन टन अनाज उत्पादित किया था। रेडियो पीकिंग ने कहा, इस प्रकार चीन ने स्पष्ट रूप से अन्न उत्पादन में एक ऐतिहासिक रिकार्ड स्थापित किया है। 1975 के उत्तरार्द्ध में सोवियत रूस ने अमेरिका से 9700,000 टन अनाज खरीदा जबकि 1975-76 के लिए रूस में अनाज की आवश्यकता 27 मिलियन थी।

भारत सरकार इस वर्ष शानदार फसल उत्पादित होने की आशा के साथ 110 मिलियन टन अनाज उत्पादन पर आँख लगाये बैठी है, जबकि यह चतुर्थ पंचवर्षीय योजना का लक्ष्य था। तीन वर्षों से निरन्तर मौसम की अनियमितत्ता के बाद इस बार वह इन्द्र भगवान पर आस लगाये है। यह वास्तव में भारत की 'हरित क्रान्ति' की ही असफलता है।

आस्ट्रेलियन इंस्टीट्यूट आफ इंटरनेशनल अफेयर्स के पूर्व प्रेसिडेंट, युनिवर्सिटी आफ सिडनी के प्रोफेसर थामस सपेल्टन, इंडो-आस्ट्रेलियन साइंटिफिक एग्रीमेट के विशेष आमंत्रित सदस्य थे। वह आन्ध्र युनिवर्सिटी के प्रांगण में आयोजित इंडियन साइंस कांग्रेस में आमंत्रित थे। वह कई बार चीन जा चुके थे। इंडियन सांइस कांग्रेस के प्रेसिडेंट डॉ. एम. स्वामीनाथन ने उनसे अनुरोध किया कि वह श्रोताओं को बताएँ कि उन्होंने चीन से क्या सीखा।

समन्वित ग्रामीण विकास के बारे में रूस (एप्रोचेजेज टु इंटिग्रल डेवलपमेंट) विषय पर बोलते हुए प्रोफेसर ने कहा कि भारत और चीन दो सर्वाधिक जनसंख्या वाले देश हैं, "परन्तु मुझे इस बात का दुख है कि दोनों एक-दूसरे के बारे में बहुत अनभिज्ञ हैं।" 4 जनवरी 1976 को इंडियन साइंस कांग्रेस को सम्बोधित करते हुए उन्होंने कहा कि सुश्री इन्दिरा गाँधी ने यह जानने के लिए कि चीन ने क्या और किस स्तर तक उपलब्धियाँ प्राप्त की हैं, कृषि पुष्टाहार, शिक्षा और प्रशासन के विशेषज्ञों के साथ चीन का दौरा किया है। "मैं अपनी युनिवर्सिटी और सरकार के किसी अधिकार के तहत नहीं बल्कि स्वयं ऐसा विश्वास करता हूँ, कि आप इन तरीकों में से कुछ क़ो अपनी समस्याओं का हल निकालने के लिए प्रयोग कर सकते हैं।" *(टाइम्स आफ इंडिया)* चीन की यह शानदार प्रगति वास्तव में वहाँ सत्ता के पुराने ढाँचे को ध्वस्त करने और सामाजिक क्रान्ति की निर्णायक सफलता के कारण है।

वहाँ पर सत्ता प्राप्त करने वाले वर्गों ने जनता की बुनियादी आवश्यकताओं को हमेशा प्राथमिकता प्रदान की। एक पिछड़े देश में गृहयुद्ध के अतिरिक्त, विदेशी अतिक्रमण को समाप्त कर, समाजवादी लाइन पर, एक प्रभावशाली राष्ट्रीय योजना के नेतृत्व में एक समन्वित और सन्तुलित राष्ट्रीय योजना का लक्ष्य निर्धारित किया, जिसे सम्पूर्ण मनुष्यों और प्राकृतिक स्रोतों को संगठित और गोलबन्द करके ही प्राप्त किया जा सकता था।

यह सहमति योग्य है कि चीन ने एक नयी चीनी मानवजाति का सफलतापूर्वक निर्माण किया है, जिसका प्रयोजन और अन्तःप्रेरणा अपने सामन्ती और पूँजीवादी पूर्वजों से रेडिकल रूप से बिल्कुल भिन्न है। वे इससे पूर्व कभी भी विश्व में न

देखी गयी विशाल और जटिल व्यवस्था को सफलतापूर्वक संचालित कर सकते हैं। परन्तु आज के चीन का रास्ता, वहाँ के नेतृत्व, वहाँ के जिस ऐतिहासिक सन्दर्भ में उन्होंने वर्ग-संघर्ष संचालित किया और जो आज भी जारी है और वह ऐतिहासिक विन्यास जिसके द्वारा उन्होंने क्रान्ति की उपलब्धियों को संरक्षित किया और आगे बढ़ाया, उस सब पर ध्यान देने की आवश्यकता है।

यह ऐतिहासिक सन्दर्भ, उन्नीसवीं सदी के मध्य में पतनशील अमानवीय सामाजिक व्यवस्था के खिलाफ संगठित किये गये ताइपिंग विद्रोह से चला आ रहा दीर्घकालीन क्रान्तिकारी संघर्ष का है। चीन की जनता के लिए 1949 के बाद चीन में आर्थिक और सामाजिक सम्बन्धों की जो नयी व्यवस्था और शान्ति स्थापित हुई, वह उनके जीवन के हर क्षेत्र में अत्यधिक उन्नति में सहायक हुई।

माओ-त्से-तुंग की अगुवाई में चीन के क्रान्तिकारी नेतृत्व ने प्रारम्भ से ही यह बात स्पष्ट रूप से समझ ली थी कि दुनिया को बदलने के मार्क्सवादी लक्ष्य की प्राप्ति के लिए, जैसा कि 'थीसिस आन फायरबाख' के प्रारम्भ में ही कहा गया है, सामाजिक सम्बन्धों के परिवर्तन के साथ-साथ, जनता के विचारों, मूल्यों और उनके विश्व-दृष्टिकोण में परिवर्तन अति आवश्यक है। कामरेड माओ-त्से-तुंग ने दृढ़ता, निरन्तरता और अध्यवसाय के साथ चीन की कम्युनिस्ट पार्टी का नेतृत्व करते हुए, एकता, दूसरों की सेवा, आत्मबलिदान के अन्तर्राष्ट्रीय सर्वहारा मूल्यों को कामरेडों के दिल में बिठाने, विस्तारित और गहराई तक आत्मसात कराने के लिए संघर्ष संचालित किया। माओ-त्से-तुंग के इसी प्रयास और संघर्ष ने दक्षतापूर्वक नयी सामाजिक व्यवस्था में अधिक लाभ के लिए नहीं, बल्कि प्रयोग के लिए योजनाबद्ध उत्पादन करने, उसके विकास और प्रोत्साहन में सहायता की।

चीन की इस सामाजिक क्रान्ति के बारे में, हमेशा ही प्रतिक्रियावादी वर्ग और विशेष रूप से इन्दिरा गाँधी कैसे सोचती हैं? यह जानते हुए कि वह क्या सोचती हैं या क्या जानती हैं, वह मानव प्रकृति के बारे में क्या जानती हैं और वह तुरन्त इस निष्कर्ष पर पहुँच जाती हैं कि चरम उत्पीड़न और कठोर अनुशासन की कार्यवाही से ही चीन की यह व्यवस्था चल रही है। सभी प्रतिक्रियावादियों की ही तरह वह भी यह समझने से इनकार करती हैं कि वह और उसके ही ऐसे पर्यटक जो हमेशा मुनाफा कमाने वालों के लिए जनतंत्र के नाम पर खूनी पुलिस और राजतंत्र का प्रयोग करते हैं, ऐसा जनतंत्र चीन में नहीं है। मिस्टर पाल एम. स्वीजी ने *'चाइना कंट्रास्ट कैपिटलिज्म'* में कहा–

''जहाँ तक अवपीड़न और कठोर अनुशासनात्मक कार्यवाही का सम्बन्ध है,

इन दोनों के कोई भी संकेत चीन में नहीं मिलते। चाहे आप किसी स्थल या उद्योग का निरीक्षण करें या प्रासंगिक रिकार्ड का अध्ययन करें। आपको इसका पूरा संकेत मिलेगा कि चीनी लोग आर्थिक मोर्चे पर अपनी योजना को लागू करने में पूरी शक्ति से प्रयास करते हैं और सम्पूर्ण रूप से बड़ी सफलता हासिल करते हैं। इस प्रकार उत्पन्न व्यवस्था आश्चर्यजनक रूप से अच्छा काम करती है।" चेयरमैन माओ ने इस चमत्कार को प्राप्त करने के लिए चीनी नीतियों और व्यवहार का क्रान्तिकारीकरण किया है।

कार्ल मार्क्स ने 'थर्ड थीसिस आन फायरबाख' में कहा कि "भौतिकवादी सिद्धान्त, कि मनुष्य परिस्थितियों की उपज है और उसका पालन-पोषण और विकास मनुष्य को परिवर्तित करता है, वह बदली हुई परिस्थिति और पालन-पोषण का उत्पाद होता है। यह सिद्धान्त यह भूल जाता है कि मनुष्य परिस्थितियों को परिवर्तित भी करता है और इस प्रकार शिक्षक स्वयं भी शिक्षित होता है। इस प्रकार यह सिद्धान्त समाज को दो भाग में विभाजित करने पर जोर देता है, जिसमें एक भाग दूसरे से श्रेष्ठ होता है। मनुष्य की गतिविधियों और परिस्थितियों के परिवर्तन की समरूपता को तार्किक तरीके से आत्मसात किया जा सकता और व्यवहार के क्रान्तिकारीकरण से ही इसे समझा जा सकता है।"

आइए, हम भारत की पाँचवीं पंचवर्षीय योजना पर एक नजर डालें। यह पहली योजना नहीं है। फिर भी जनता की बुनियादी आवश्यकता, रहने के लिए घर, पर ध्यान दें। इस योजना में पूरे देश की मलिन बस्तियों के विकास के लिए 105 करोड़ रु. और ग्रामीण क्षेत्र के 50 मिलियन बेघर लोगों के लिए 108 करोड़ रु. निर्धारित किया गया है। इसकी तुलना में केन्द्रीय कर्मचारियों के आवास और कार्यालय के लिए 100 करोड़ रु. निर्धारित किया गया है। यह योजनाकारों की महान अतार्किकता वाली शानदार वाक्पटुतापूर्ण समानता की योजना है। इससे हमारे योजनाकारों द्वारा अपनाए गये मूल्यों के मानदण्ड की स्पष्टता प्रकट होती है। इससे देश के ग्रामीण बेघर लोगों, शहर की मलिन बस्तियों के निवासियों और सुविधासम्पन्न केन्द्रीय कर्मचारी वर्ग को समान महत्त्व दिया गया है। उच्च स्तरीय नौकरशाह 12 कमरों वाले विशाल भवनों में, चारों तरफ फैले लान और बागों वाले बंगलों में रहते हैं, जिनके बाग-बगीचों की देख-रेख भी सरकारी खर्चे पर होती है। इन अफसरों के भवनों की तुलना विश्व के अति समृद्ध देशों से ही की जा सकती है। एक-एक विशाल भवन जिसका दिल्ली में किराया कई हजार रुपये होगा, इन अफसरों को 200 रु. प्रतिमाह पर आवंटित है। निम्न दर्जे के केन्द्रीय कर्मचारियों या सिविल सर्वेण्ट्स

को निश्चय ही साधारण मकान आवंटित हैं, परन्तु तृतीय और चतुर्थ श्रेणी के कर्मचारियों को आवंटित मकान तो बहुत ही भद्‌दे और खराब हैं। यह उच्च किस्म की वर्गीकृत नौकरियों की पद्धति से बिल्कुल मेल नहीं खाते। जहाँ तक 50 मिलियन गरीब बेघर ग्रामीणों के लिए 108 करोड़ रु. निर्धारित किया गया है तो इस धन राशि से निश्चित रूप से उनके वर्तमान आवास से अच्छा घर नहीं निर्मित हो सकेगा।

110 करोड़ रु. इंडियन एयरलाइन्स कॉर्पोरेशन में निवेश करने का प्रस्ताव है। 1973 में आई.ए.सी. के यात्रियों की संख्या 2.2 लाख थी। इसमें से 50,000 लोग भिन्न-भिन्न हैं, जबकि बाकी लोग बार-बार यात्रा करने वाले हैं। इनमें से केवल 5% लोग अपनीं जेब से पैसा देकर यात्रा करते हैं। अत्यधिक कम संख्या वाले यात्रियों के इस प्रोजेक्ट में प्रति यात्री 20,000 रु. सार्वजनिक फण्ड खर्च करने का प्रस्ताव है। इन भारतीय 'सोशलिस्ट' योजनाकारों की निगाह में इन थोड़े से लोगों की आवश्यकता और 100 मिलियन शहरी और ग्रामीण बेघर और मलिन बस्तियों के निवासियों की आवासीय आवश्यकता बराबर है।

पर्यटन के लिए निर्धारित किया गया 113 करोड़ रुपये का बजट वास्तव में योजनाकारों का मूर्खतापूर्ण खर्च है जो विदेशी मुद्रा विनिमय के लिए अनाप-शनाप चक्कर लगाते रहते हैं। इस पर्यटन से मौद्रिक लाभ क्या होगा। इसका तो सही अनुमान नहीं लगाया जा सकता परन्तु इसकी 'सामाजिक कीमत' और 'सामाजिक लाभ' को सोचकर गम्भीर चिन्ता होती है। यह पर्यटन समाज पर जो गम्भीर प्रदूषण छोड़ेगा इस पर हमारे व्यापारिक योजनाकारों का ध्यान ही नहीं गया और इसलिए पर्यटन के सामाजिक पहलू को अनियोजित छोड़ दिया गया। जब विदेशी मुद्रा अर्जन को प्राथमिकता दी जा रही है तो पर्यटन के सामाजिक पहलू पर निगरानी आवश्यक है। पर्यटन को बढ़ावा देने की आड़ में सामाजिक मूल्यों की बलि चढ़ाई जा रही है और समाज को कोका-कोला के विनाशकारी प्रभाव के लिए, तेजी से प्रवेश कर रही शराब की पश्चिमी संस्कृति और उसकी घरेलू बर्बरता के लिए खुला छोड़ दिया गया है।

शिक्षा के लिए 1000 करोड़ की धनराशि का निर्धारण एक अच्छी धनराशि के रूप में दिखाई देता है। परन्तु पाँचवीं पंचवर्षीय योजना में शिक्षा के क्षेत्र में इसके उपयोग की प्रक्रिया एकतरफा मालूम होती है। यह प्रक्रिया साधनहीन लोगों की तुलना में साधनसम्पन्न लोगों को अधिक सहायक है। इसमें 350 करोड़ रु. युनिवर्सिटी की शिक्षा पर 164 करोड़ रु. टेकनिकल शिक्षा पर और लगभग 160 करोड़ रुपये सांइस और टेक्नालाजी में रिसर्च पर खर्च किये जाने

हैं। सरकार प्राइमरी शिक्षा के लिए टनों साहित्य छापती है और प्रत्येक प्राइमरी स्कूल में प्रति छात्र 400 रु. अतिरिक्त खर्च करने का प्रस्ताव है ताकि 243 लाख विद्यार्थी भर्ती किये जा सकें। युनिवर्सिटी के छात्रों के लिए प्रति छात्र अतिरिक्त 2200 रु. (जो युनिवर्सिटी स्तर की शिक्षा के लिए सक्षम हैं, उनको क्यों?) का प्रस्ताव है ताकि युनिवर्सिटी के छात्रों की संख्या 15 लाख हो सके। 17-24 वर्ष आयु वर्ग के ग्रुप में केवल 3% युवक कालेजों में शिक्षा प्राप्त कर रहे हैं। इस आयुवर्ग के 96% युवक-युवतियों को उच्च शिक्षा प्राप्त करने का अवसर प्राप्त नहीं है। ग्रेजुएट और पोस्ट ग्रेजुएट कक्षाओं की छात्राएँ और छात्र समाज के 20% उच्च-सम्पन्न वर्ग से आते हैं। युनिवर्सिटी की शिक्षा में उच्चस्तरीय खर्च तो एक हद तक समझ में आता है परन्तु आश्चर्यजनक पहलू यह है कि जब युनिवर्सिटी शिक्षा पर अधिक राशि खर्च की जा रही है तो दूसरी तरफ प्राइमरी शिक्षा को व्यापक करने की योजना पूर्णतः नकार दी जाती है और शिक्षित बेरोजगारों को भी नकार दिया जाता है। परन्तु योजनाकारों द्वारा प्राइमरी और युनिवर्सिटी स्तर की टेकनिकल शिक्षा के लिए निर्धारित राशि दिखावापूर्ण, विचारहीन और दुःखद है। यह राशि साइंस और टेक्नालाजी की रिसर्च पर निर्धारित राशि से भी अधिक है। जब रिसर्च के लिए आवंटित राशि के साथ वैमनस्य किया जाएगा तो बहुत से लोग अनजाने में ही नाराज होंगे। रिसर्च के लिए एक शक्तिशाली तर्क दिया जाएगा कि "यहाँ से विदेशों में प्रतिभा-गमन को रोकने और आयातित टेक्नालाजी पर निर्भरता को समाप्त करने" के लिए साइंस एंड टेक्नालाजी की रिसर्च को महत्त्व देना जरूरी है, परिणामस्वरूप बड़ी संख्या में टेक्नालाजी और एप्लाइड साइंस के लिए रिसर्च की स्थापना हुई हैं। परन्तु इस प्रकार के केन्द्रों का जनहित में प्रयोग क्या है, यह प्रश्न अनुत्तरित ही है। जन-कल्याण और उपयोगिता की दृष्टि से इस निवेश का मूल्यांकन करना उचित और तर्कसंगत होगा। यह तर्क कि जब देश में दसियों लाख लोग भूखे हों तब भी साइंस और टेक्नालाजी में रिसर्च के लिए सुविधाएँ प्रदान की जायें, आधारहीन तर्क है। भारत में योजनाबद्ध विकास के स्वतः स्पष्ट रिकार्ड दर्शाते हैं कि यहाँ विदेशी टेक्नालाजी को आयात करने की कोई प्रभावशाली प्रेरक शक्ति नहीं है और न ही दसियों लाख भूखे लोगों की हालत में सुधार के लिए इस टेक्नालाजी का कोई कल्याणकारी योगदान है। इस देश में अन्तरिक्ष की रिसर्च के लिए 172 करोड़ रु. आवंटित करने का कोई न्यायसंगत कारण नहीं है और न ही 342 करोड़ रु. का एटामिक एनर्जी में खर्चे करने का कोई तर्क है। क्या एटामिक एनर्जी पर किये गये खर्च को 'शान्तिपूर्ण आणविक उपकरण'

के लिए किये गये विस्फोट के आधार पर तर्कपूर्ण कहा जा सकता है। नहीं, यह देश के शासक वर्गों की शान के लिए, शासक वर्गों की प्रतिष्ठा के लिए और देश में संगठित हो रहे असन्तोष को बहकाने के लिए किया गया विस्फोट है। यह योजनाकारों की चक्करदार और दिवालिया नीतियों का परिणाम है।

आइए, देखें कि शिक्षा के क्षेत्र में चीन कहाँ खड़ा है? मिस्टर ए. एस. अब्राहम ने *टाइम्स आफ इंडिया* में लिखा : "विकासशील देशों में केवल चीन ही ऐसा देश है जिसने अतीत की तुलना में पूर्णतः और स्पष्ट रूप से छलाँग लगाई है। 1949 में जब *पीपुल्स रिपब्लिक आफ चाइना* की घोषणा हुई थी, उस समय चीन भी अन्य नवोदित राष्ट्रों की तरह शिक्षा की समान समस्याओं से घिरा था। चीन में भी, अधिकांश जनता को अज्ञान और अशिक्षित बनाये रखने वाली व्यवस्था थी, जबकि अभिजात वर्ग के लोगों को शिक्षा का लाभ मिलता था। व्यवस्था व्यावहारिक शिक्षा के मुकाबले अकादमिक शिक्षण के पक्ष में पूर्वग्रह से भरी थी और इस प्रकार की शिक्षा प्राप्त करने वालों का मानव श्रम के प्रति वही तिरस्कारपूर्ण रुख था जो अन्य विकासमान समाज के शिक्षित अल्पसंख्यकों का था और आज भी है। इसके प्रमाण मुख्य रूप से शहरों और चीन के हृदय स्थल में स्थापित गाँवों या परिधि पर बसे गाँवों में मौजूद थे। परन्तु आज ऐसी कोई शिक्षा व्यवस्था शेष नहीं है। साठ के दशक के मध्य और उत्तरार्ध में सम्पन्न सांस्कृतिक क्रान्ति के दौरान आये रेडिकल परिवर्तनों ने भूमि से पोषित बिल्कुल नयी शिक्षा व्यवस्था को लागू किया है। प्राइमरी और मिडिल स्कूल और साथ ही युनिवर्सिटी शिक्षा के पाठ्यक्रम बिल्कुल सुगठित है ताकि अतीत की तुलना में अधिक बच्चे शिक्षा प्राप्त कर सकें। पाठ्यक्रमों की अन्तर्वस्तु को भी परिवर्तित किया गया है। इसके व्यावहारिक शिक्षण, कुशलता और मानव श्रम के उत्पादक मूल्यों पर अधिक जोर दिया गया है और सर्वहारा राजनीति भी समान रूप से महत्त्वपूर्ण है।"

ज्वाइंट इकनामिक कमेटी आफ दि युनाइटेड स्टेट्स कांग्रेस के लिए मिओ ए. ओरलियंस द्वारा तैयार की गयी रिपार्ट में कहा गया : "कम्युनिस्ट चीन ने अपनी शिक्षा व्यवस्था को इस प्रकार निर्मित और संचालित करने की व्यवस्था की है जो उनकी परिस्थितियों और लक्ष्यों के आदर्शतः अनुकूल है। उसने पढ़ने का एक वातावरण तैयार किया है, जिससे ग्रामीण युवाओं का औसत शैक्षणिक स्तर ऊँचा हुआ है, पर्याप्त संख्या में मध्यम दर्जे के टेक्नीशियनों और विशेषज्ञों को प्रशिक्षित किया है और इसके साथ ही साथ उच्चस्तरीय पेशेवर व्यक्तियों को शिक्षित करने में भी चूक नहीं की है।"

यह उद्धृत अंश, कुआन चान और जोगिन्दर सिंह उप्पल के चीन और

भारत के तुलनात्मक विकास के अध्ययन पर आधारित है। (यह दोनों सम्पादक, इकनामिक डिपार्टमेंट आफ दि स्टेट, युनिवर्सिटी आफ न्यूयार्क, एलाबानी में अध्यापक हैं।)

ओरलियंस की रिपोर्ट में आगे कहा गया है : "चीन का यह काम व्यक्तिगत उत्पादकता को न्यूनतम बाधा पहुँचाता है। अधिकांश घटनाओं में शिक्षा को उत्पादकता के साथ जोड़ा गया है और सरकार को न्यूनतम खर्च उठाना पड़ा है। 23, दिसम्बर 1972 का 'बिल्ट्ज' साप्ताहिक लिखता है : "जब भारत और चीन के बीच सम्बन्धों में सफलता मिल रही है तो हमारे देश के विद्वानों की टीम द्वारा चीन की शिक्षा-व्यवस्था का अध्ययन प्राथमिकता में होना चाहिए। इसी बीच यह भी ध्यान देना चाहिए कि हमारे द्वारा अनुकरण की जा रही कैम्पस शिक्षा व्यवस्था द्वारा जो समस्याएँ दिल्ली में देखने को मिलीं, वह इसी का परिणाम है।"

1 से 7 जनवरी 1976 को बाल्टेयर (विशाखापत्तनम) में सम्पन्न हुई इंडियन साइंस कांग्रेस में युनिवर्सिटी आफ सिडनी के बाल रोग विशेषज्ञ डॉक्टर प्रो. थामस स्टाप्लेटन ने आस्ट्रेलियाई प्रतिनिधि के रूप में भागीदारी की। प्रो. स्टाप्लेटन ने 4.1.1976 को इंडियन साइंस कांग्रेस को सम्बोधित करते हुए अपने प्रमुख वक्तव्य में कहा कि चीन की सभी शिक्षा प्रासंगिक थी। यहाँ तक कि किडंरगार्डेन कक्षाओं के बच्चे भी सप्ताह में एक घंटे का समय सड़क बनाने या ट्रांजिस्टरों को जोड़ने में लगाते हैं, जबकि हाईस्कूल के छात्र फैक्ट्रियों में कई घंटों तक काम करते हैं। उन्होंने कहा कि वहाँ छात्रों के बीच प्रतिस्पर्धा अपवाद है और परीक्षा भी अपवाद है। वहाँ कोई प्रतिस्पर्धा की क्रिया नहीं है।

प्रोफेसर स्टाप्लेटन ने कहा कि मेडिकल शिक्षा के पाठ्यक्रम को छोटा कर केवल तीन वर्ष का कर दिया गया था और मेडिकल कालेजों में एडमिशन लेने वाले छात्रों में अधिकांश किसान पृष्ठभूमि से आते हैं। उन्होंने बताया कि प्रोफेसरों सहित मेडिकल कालेजों का एक तिहाई स्टाफ हमेश-ग्रामीण या सुदूर इलाकों में कार्यरत रहते, और वे चिकित्सा सुविधाओं और इलाज का स्तर उन्नत करने पर अत्यधिक ध्यान देते हैं।

प्रोफेसर ने आगे कहा कि चीन ने चिकित्सा और स्वास्थ्य सम्बन्धी शिक्षा को सामाजिक शिक्षा के साथ सम्बद्ध किया है, उनको अलग-अलग नहीं रखा है। एक प्राथमिक चिकित्साकर्मी, कार्यस्थलों पर और खेतों तथा फार्मों पर जाता है। वह बीमारियों की रोकथाम सम्बन्धी इलाज करता है, वह मरीजों के आने की प्रतीक्षा नहीं करता, स्वयं उनके पास जाता है। उन्होंने बताया कि वहाँ

आधुनिक तकनालोजी के प्रयोग और विशाल ग्रामीण जनता की आवश्यकताओं की पूर्ति करने में कोई विरोधाभास नहीं है। *(दि टाइम्स आफ इंडिया,* 5 जनवरी 1976, पृ. 11)

18 मई 1974 को भारत सरकार ने 'शान्तिपूर्ण कार्यों के लिए' ऐटम बम का विस्फोट किया! और शीघ्र ही भारत सरकार ने फिर शान्तिपूर्ण कार्यों के लिए, हाइड्रोजन बम के विस्फोट की धमकी दी। इसी प्रकार के अनेक आइटम हैं, जहाँ केवल प्रतिष्ठा के लिए निवेश किया जाता है, जैसे एयर इंडिया; जहाँ होड़ के लिए जहाजों के पुनर्नवीनीकरण के लिए काफी धन राशि निवेश की गयी। इसके लिए गलत ढंग से लाभ प्रदर्शित किया गया। लेकिन यह आम आदमियों के ऊपर एक बोझ है और एक सफेद हाथी है।

पाँचवीं पंचवर्षीय योजना में नये टेलीवीजन केन्द्रों के लिए 120 करोड़ रु. निर्धारित किया गया है। चौथी पंचवर्षीय योजना में 30 करोड़ रु. पहले ही इस मद में खर्च हो चुका है। अनुमान है, दो लाख लोग इस कीमती खिलौने से लाभान्वित होंगे। वर्ष 1978 के अन्त तक प्रत्येक लाइसेंस पर 7,500 खर्च किये जाने हैं। यह व्यापक जनता के हितों की कीमत पर कुछ लोगों को लाभ पहुँचाने का एक और उदाहरण है।

पाँचवीं योजना में 70,000 नये टेलीफोन कनेक्शन देने के लिए रु. 487 करोड़ का प्रस्ताव है। अर्थात् कुछ लोगों के लिए प्रति कनेक्शन 7000 रु. सार्वजनिक फंड से निकाला जाएगा। इसके अतिरिक्त अति दूरी वाले टेलीफोन पर रु. 344 करोड़ खर्च करने का प्रस्ताव है। यह सर्वविदित है कि लम्बी दूरी के फोन पर कौन लोग अक्सर बातें करते हैं। व्यापारियों, सट्टेबाजों, और नौकरशाहों का एक अति व्यस्त हिस्सा जो कभी भी इसका खर्च नहीं उठाता है, वही इन फोनों से बात करता है। परन्तु जनता के लिए सर्वाधिक महत्त्वपूर्ण पोस्ट आफिस की सेवाओं के लिए मात्र रु. 57.50 करोड़ निर्धारित किया गया है। यही एकमात्र संचार का साधन है, जिसे जनता द्वारा सर्वाधिक प्रयोग किया जाता है। कौन इसकी दुर्दशा से परिचित नहीं है कि एक ही राज्य में चिट्ठी को पहुँचने में कई दिन लग जाते हैं। जनता को पोस्टल विभाग की अति दयनीय सेवाओं पर निर्भर रहना होता है, जबकि इसकी कीमत पर टेलीफोन उपभोक्ताओं को लाभ दिया जाता है। इस मद पर खर्च होने वाली रु. 1,100 करोड़ की राशि में से 900 करोड़ रुपये 'आन्तरिक स्रोतों' से एकत्र होते हैं। अर्थात् पोस्टकार्ड, अन्तरदेशीय पत्र, लिफाफा आदि का प्रयोग करने वाले करोड़ों लोगों पर इसका बोझ पड़ेगा और इसका लाभ टेलीफोन उपभोक्ताओं को मिलेगा। पाँचवीं योजना

में सार्वजनिक क्षेत्र में खर्च के बारे में परिशिष्ट-10 में विवरण दिया है। इस पर एक नजर डालने से इस सेक्टर में निवेश की दुर्व्यवस्था स्पष्ट हो जाती है।

बेरोजगारी : देश में बेरोजगारी की समस्या को हल करने के लिए बनाई गयी 'प्लानिंग' का वास्तविक परिणाम ही यह बेरोजगारी है। अशिक्षित बेरोजगारों की संख्या में वृद्धि के आँकड़े परिशिष्ट-13 बी में दिये गये हैं। यह तथ्यगत है कि अर्द्ध-औपनिवेशिक-अर्द्धसामन्ती व्यवस्था में बेरोजगारों और अत्यधिक धन अर्जित करने वालों के बीच हितों का टकराव बना रहता है। इस समाज में कम्प्राडोर बुर्जुआ टैक्सों में धोखाधड़ी कर समानान्तर अर्थव्यवस्था के लिए कालाधन जमा करता और अन्य साधनों से भी निरन्तर धन संग्रह करता है, उसको कानूनी और गैर-कानूनी रूप से टैक्स में छूट भी मिलती है। इसी प्रकार व्यापारी और कमीशन एजेण्ट इस अर्थव्यवस्था की कमियों का लाभ उठाकर निरन्तर धन का अम्बार लगा लेते हैं।

विगत पाँच वर्षों 1970-74 में 'निजी क्षेत्र' के कम्प्राडोर बुर्जुआ ने तथाकथित 'राष्ट्रीयकृत' बैंकों से दी गयी वित्तीय सहायता का 80% प्राप्त किया है। जून 1968 में बैंकों से दिया गया कुल कर्ज 3102.9 करोड़ रु. था। उसमें से 2837.7 करोड़ अर्थात् 91.4% कर्ज 'निजी क्षेत्र' को दिया गया। जून 1973 में बैंकों से दिया गया कुल कर्ज 6333.5 करोड़ था। इसमें से 6 'निजी क्षेत्र' को 5276.7 करोड़ अर्थात् 84.3% कर्ज दिया गया।

इस अवधि में 'निजी क्षेत्र' में रु. 2,088.3 करोड़ का व्यापार हुआ जबकि 'सार्वजनिक क्षेत्र' में रु. 742.9 करोड़ का व्यापार हुआ, जिसमें से अकेले फूड कार्पोरेशन आफ इंडिया के लिए रु. 542.0 करोड़ था।

निजी क्षेत्र में मुनाफे की एक और मिसाल देखें। 1950-51 में प्राइवेट कारपोरेट सेक्टर में एक पब्लिक लिमिटेड कम्पनी ने रु. 780 करोड़ निवेश किया और 1969-70 में यह धनराशि रु. 6,343 करोड़ हो गयी। इस अवधि में मुनाफा 90 करोड़ रु. से बढ़कर रु. 511 करोड़ हो गया।

मोनीपली इनक्वायरी कमीशन ने गणना की कि 1964 में प्राइवेट कारपोरेट सेक्टर के बैंकों की अतिरिक्त कुल परिसम्पत्ति रु. 5,500 करोड़ थी। इसका 46% भाग 75 बड़े औद्योगिक घरानों के पास था। इसी क्रम में 1967-68 के आँकड़े रु. 7,500 करोड़ और 53.3% हैं। 1959 से 1966 के आठ वर्षों के समय में 20 बड़े औद्योगिक घरानों द्वारा 40% नया निवेश किया गया। यह सब अतिरिक्त निवेश निजी संगठित औद्योगिक क्षेत्र में किया गया। इनकी

परिसम्पत्ति 1958 में रु. 650 करोड़ थी जो 1963-64 में बढ़कर रु. 2780 करोड़ हो गयी और 31 दिसम्बर 1966 को रु. 2310 करोड़ तथा 31 मार्च 1968 को 2,752 करोड़ रुपये हो गयी। इस प्रकार 1958 से 1966 के बीच केवल 20 बड़े पूँजीपति घरानों की परिसम्पत्ति में चार गुना विस्तार हुआ। इसके बाद दिसम्बर 1966 से मार्च 1968 के बीच उनकी परिसम्पत्ति का स्तर कुल पूँजीवादी 75 घरानों की परिसम्पत्ति का 55% हो गया।

इस बात पर भी ध्यान देना उपयुक्त होगा कि दूसरी और तीसरी पंचवर्षीय योजना की 10 वर्षों की अवधि में वित्तीय संस्थाओं द्वारा दी गयी वित्तीय सहायता का 56% 73 बड़े औद्योगिक घरानों को मिला। इसमें से 20 बड़े औद्योगिक घरानों को 23% सहायता प्राप्त हुई।

आइए अमीरों और गरीबों के बीच निरन्तर बढ़ती खाई पर एक नजर डालें। इसके बारे में विगत 25 वर्षों की आमदनी का पैटर्न स्पष्टता प्रदान करेगा।

आयकर विभाग की सांख्यिकी के अनुसार 1971-72 में कुल 39,44,000 करदाताओं पर कर निर्धारण किया गया। इनमें से 17,40,719 का विवरण नहीं है, क्योंकि वह न तो माँग और न ही रिफण्ड में आते हैं। कुल 21,09,108 कर-दाताओं का कर-निर्धारण किया गया। इसमें 20,000 से कम वार्षिक आय वाले लगभग 17,45,678 लोग थे, 20,000 से 1,00,000 के बीच वार्षिक आय वाले 3,35,988 लोग थे और जिनकी वार्षिक आय 1,00,000 से अधिक थी, उनकी संख्या 27,442 थी। निम्नलिखित तालिका देखे—

तालिका

रेंज रुपये में	1971-72 करदाताओं की संख्या	निर्धारित आय करोड़ रु. में	देय कर करोड़ रु. में
4001 से 20,000	17,45,678	1,5,4,070	99.26
20,001 से 1,00,000	3,35,988	1,2,3,133	242.52
10,0001 से ऊपर	27,402	1,6,1754	807.49
कुल	**21,09,688**	**4,38,957**	**1149.27**

आयकर विभाग की सांख्यिकी के आधार पर प्राप्त आमदनी के आँकड़ों और साथ-ही-साथ नेशनल सैम्पल सर्वे से प्राप्त उपभोक्ता खर्च के आँकड़ों के अनुसार जिन लोगों की आय रु. 200 से रु. 1000 प्रतिमाह है। इनकी संख्या कुल आबादी की मुश्किल से 1.7% होगी। दूसरे शब्दों में कहें तो हमारे देश की 60 करोड़ आबादी में मुश्किल से एक प्रतिशत लोग ऐसे जो अपनी दैनिक

आवश्यकताओं के अतिरिक्त आराम और सुविधा के लिए कुछ वस्तुएँ खरीद सकते हैं।

जिन व्यक्तियों की मासिक आय रु. 1000 से अधिक है, वे देश की जनसंख्या का 0.4% हैं। अर्थात् उनकी संख्या 18 लाख है। वी.एम. दाण्डेकर और नीलकंठ रथ के अध्ययन पर प्रकाशित पुस्तक **'पावर्टी इन इंडिया'** में बताया गया है कि भारत के गरीबों की 1960-61 में प्रति व्यक्ति प्रतिमाह न्यूनतम आवश्यकता रु. 20 होगी (60-61 के मूल्य-सूचकांक के आधार पर) इससे नीचे आवश्यकता वाली 40% जनसंख्या ग्रामीण क्षेत्र में और 50% शहरी जनसंख्या है। आज के मूल्य-सूचकांक की गणना के अनुसार प्रति व्यक्ति प्रतिमाह न्यूनतम आवश्यकता रु. 70 मानी जा सकती है। और इससे नीचे वाले लोगों की संख्या क्रमशः बढ़कर ग्रामीण क्षेत्र में 50% और शहरी क्षेत्र में 60% हो गयी है।

यह राष्ट्रीय आय के वितरण की तस्वीर है। काले धन की दैत्याकार वृद्धि शासक वर्ग को निरन्तर अधिक शक्ति प्रदान कर रही है।

दानकू कमेटी रिपोर्ट जिसे डाइरेक्ट टैक्स इन्क्वायरी कमेटी रिपोर्ट के नाम से जाना जाता है, इसके पृ. 8 से उद्धरण देना प्रासंगिक होगा। इस उद्धरण में कहा गया है : ''यहाँ तक कि उनकी तमाम सीमाओं को ध्यान में रख कर और उपलब्ध प्राथमिक सूचनाओं के साथ मोटा-मोटी समायोजन के आधार पर 1961-62 से 68-69 के बीच कर-अपवंचना योग्य आकलन की गयी आय लगभग रु. 700 करोड़ और रु. 1000 करोड़ के बीच होगी (इस अवधि में राष्ट्रीय आय में लगभग 100 प्रतिशत की वृद्धि हो गयी है।) परन्तु केवल 1968-1969 के लिए कर-अपवंचना योग्य आय का आकलन रु. 1400 करोड़ है। इस प्रकार 1972-73 में यह राशि रु. 2000 करोड़ और 1974-75 में यह राशि रु. 2,200 करोड़ हो जाएगी।

'जहाँ तक कर-अपवंचना की सीमा का सवाल है, हमने देखा कि 1965-66 वर्ष के लिए कर निर्धारित आय पर कर की औसत दर लगभग 25% थी। परन्तु काले धन की समस्या के आकार और उच्च आय वर्ग में बड़े पैमाने पर कर-अपवंचना के आचरण को ध्यान में रखते हुए, अपवंचित आय पर स्वीकृत कर की दर लगभग 33.33% होगी। 1968-69 में आय कर-अपवंचना की सीमा के आधार पर यह धन राशि रु. 470 करोड़ की संख्या होगी जो 1400 करोड़ रुपये की एक तिहाई है।

यह राशि वर्ष 1968-69 के लिए रु. 7000 करोड़ से कम नहीं हो सकती। हालाँकि मैं इस बात पर जोर देना चाहूँगा कि 1968-69 के लिए

कर-अपवंचित आय, जिसके बारे में समुचित आँकड़ा न होने से कई विचारों में थोड़ा-बहुत मतान्तर है। हम अपवंचित आय के इस भाग को अलग रखना चाहेंगे जो एकत्र की हुई रखी है और जिसे अधिकारीगण जब्त कर सकते हैं। इसमें से अधिकांश धनराशि या तो परिसम्पत्तियों में परिवर्तित हो गयी है या फिर उपभोग में व्यय कर दी गयी है या फिर व्यापार के लेन-देन में प्रचलन में है। (उपरोक्त प्रदर्शन के अनुसार 1975 में प्रचलित काला धन लगभग 2,00,000 करोड़ था।)

देश में जिन अनुचित उपायों और स्थानों से काला धन कमाया जाता है, वह अनेक क्षेत्र व स्थान इसके प्रचलन प्रणाली के लिए भी उपयुक्त हैं। यह बड़े पैमाने पर दो नम्बर के व्यापारिक लेन-देन में, हीरे-जवाहरात, विलासिता की सामग्री की स्मगलिंग, विदेशी मुद्रा वाले असमान लेन-देन, सट्टेबाजी और कालाबाजारी में मिलता है। यह गैर-कानूनी कोटा और लाइसेंस को प्राप्त करने, गुप्त कमीशन आदि को वित्तीय सहायता देने, व्यापारिक लेन-देन में, उद्योग के लिए भूमि खरीदने, चुनाव खर्च में वित्तीय सहायता देने और राजनीतिक पार्टियों को चंदा देने में प्रयोग होता है। काले धन का प्रयोग, जाली हुंडी पर कर्ज देने, हवाला द्वारा भुगतान करने, चल और अचल परिसम्पत्तियाँ इकट्ठा करने, जैसे आभूषण, भारतीय और विदेशी बैकों में टैक्स फ्री सरकारी अनुभूति या दूसरे नाम से या बेनामी खातों और जमीन तथा भवनों की खरीद और कई बार फर्जी नामों से जमा किया धन सब काला धन है। शादी-ब्याह में भद्दे तरीके से धन का वैभव प्रदर्शन यह सब काले धन को बहाने और साफ करने के तरीके हैं।

आपको हमारी यह आलोचना फालतू प्रतीत हो सकती है।

भारत द्वारा बनाई गयी हर पंचवर्षीय योजना, अपने निर्धारित लक्ष्य को पूरा नहीं कर सकी और एक बड़ी असफलता के रूप में सामने आयी। चौथी पंचवर्षीय योजना का लक्ष्य और इसकी उपलब्धियाँ बिल्कुल निराशाजनक हैं, इनको परिशिष्ट-12 में देखा जा सकता है। तीसरी योजना के आधार पर चौथी योजना का लक्ष्य निर्धारित किया गया था। इसके लिए परिशिष्ट-13 की तालिका देखें। पाँचवीं पंचवर्षीय योजना का तो जन्म से पहले ही गर्भपात हो गया। चौथी और पाँचवीं योजना की तुलनात्मक तालिका, परिशिष्ट-14 में दी गयी है। इसका अध्ययन दर्शाता है कि यह शानदार ढंग से हवा में लाठी भाँजने जैसा ही है। बड़े-बड़े भूस्वामियों द्वारा लागू की गयी सघन वैज्ञानिक खेती की योजना द्वारा इस वर्ग को अधिक धन अर्जित करने का अवसर मिला है जबकि सब स्थानों पर नहीं तो कम से कम कुछ स्थानों पर मशीन ने मजदूरों का स्थान ले लिया।

इस प्रकार ग्रामीण क्षेत्र में बेरोजगारी को बढ़ाया गया है। रोजगार देने का अर्थ आय का पुनः वितरण अर्थात, भूस्वामियों, कम्प्राडोर बुर्जुआ, व्यापारियों और कमीशन एजेंटों की आमदनी से एक हिस्सा निकालना और इसे नये नियुक्त किये गये लोगों को देना है। यह सरकार जो इन वर्गों का प्रतिनिधित्व करती है, सत्ता की निरन्तरता बनाये रखने के लिए इसे कभी भी लागू नहीं करेगी। सरकार इसे लागू कर अपना सर्वनाश नहीं कराना चाहेगी।

यह सरकार अपने वर्गीय हितों की पूर्ति के लिए बेरोजगारी को बनाये रखेगी। तथ्य यह प्रमाणित करते हैं कि यह पंचवर्षीय योजनाएँ बेरोजगारी की समस्या को हल करने में पूर्णतः असफल रही हैं। यह योजनाएँ निरन्तर बढ़ती बेरोजगारी को रोक तक नहीं सकीं। दूसरी पंचवर्षीय योजना में कृषि क्षेत्र से बाहर 8 मिलियन लोगों को रोजगार देने का वायदा किया गया था, परन्तु बेरोजगारों की संख्या 4 मिलियन से बढ़कर 5 मिलियन और 9 मिलियन तक बढ़ गयी।

तीसरी और चौथी योजना में भी यही कहानी दोहराई गयी। इसलिए पाँचवीं योजना के निर्माताओं ने बेरोजगारी की स्थिति के बारे में कुछ भी नहीं कहा बल्कि वे इसकी घोषणा न करने के बारे में खोखले तर्क पेश कर रहे हैं। एक तरफ पंचवर्षीय योजनाएँ लागू हो रही हैं और दूसरी तरफ पूरे देश में बेरोजगारी भी बढ़ती जा रही है (परिशिष्ट-13 की तालिका देखें)।

इस प्रकार हमको अर्द्ध-औपनिवेशिक अर्द्धसामन्ती भारत में लागू की गयी योजनाओं का असली स्वरूप दिखाई दे रहा है। इस पर एक नजर डालने से योजनाओं का खोखलापन भी हमारे सामने आ जाएगा।

पाँचवीं योजना में 'सार्वजनिक' और 'निजी' क्षेत्र के लिए विशाल आँकड़ों का खाका बनाया गया। सार्वजनिक क्षेत्र के लिए 37,250 करोड़ रु. और निजी क्षेत्र के लिए 16,161 करोड़ रु. की योजना प्रथम पंचवर्षीय योजना की राशि (1960 करोड़ और 1034 करोड़) से कहीं अधिक है।

राष्ट्रीय और अन्तर्राष्ट्रीय आर्थिक संकट के कारण यह राशि स्पष्टतः निश्चित नहीं है और इन सब योजनाओं का परिणाम केवल अतिदरिद्रता ही है। परन्तु चीन की क्या स्थिति है? इस विषय में 29 और 30 अगस्त 1973 को *इकनॉमिक टाइम्स* में लिखे मिस्टर डी.बी. सिक्का के लेख से उद्धरण प्रस्तुत करना उचित होगा–

''भारत और चीन ने क्रमशः 1951 और 1952 में 35 और 53 मिलियन टन कोयला उत्पादित किया। 1972 में चीन ने 390 मिलियन टन कोयला उत्पादित किया, जबकि भारत ने केवल 74 मिलियन टन कोयला और लिगनाइट उत्पादित

किया। भारत में स्टील बनाने का इतिहास 1907 से मिलता है। 1952 में भारत और चीन ने क्रमशः 1.9 और 1.3 मिलियन टन स्टील उत्पादित किया। चीन में स्टील का उत्पादन 1971 में बढ़कर 23 मिलियन टन हो गया। इसी अवधि में भारत में स्टील उत्पादन की वृद्धि 1.9 मिलियन टन से मात्र 6.6 मिलियन टन तक हो सकी।

"भारत में विगत 12 वर्षों में ताँबे का औसत उत्पादन 9450 टन प्रतिवर्ष रहा है, लेड का उत्पादन प्रतिवर्ष निरन्तर घट रहा है, जिंक सान्द्रता वाला उत्पादन 1960 में 5383 टन था और 1971 में यह 9380 टन था। लौह अयस्क में केवल हमारा ही देश विश्व बाजार में सबसे पीछे है। यही स्थिति कई अन्य खनिज पदार्थों के बारे में भी है। दूसरे देशों की तुलना में भारत की उपलब्धियाँ बहुत कम हैं।"

"चीन में, 1942 में स्टील का उत्पादन मात्र 1.125 मिलियन टन था जो 1972 में 23 मिलियन टन हो गया। 1953 में ताँबे, जिंक और लेड का कुल उत्पादन 8,000 टन था जो 1972 में 10,000 टन हो गया। परन्तु इन खनिजों का उत्पादन 1,00,000 टन प्रति वर्ष पर स्थिर हो गया है। 1949 में चीन, एल्यूमिनियम का नगण्य उत्पादन करता था, परन्तु 1972 में वहाँ 13500 टन एल्यूमिनियम का उत्पादन हुआ।"

हम लोगों ने देखा है कि अर्द्धसामन्ती अर्द्ध-औपनिवेशिक भारतीय राज्यसत्ता ने आजादी के बाद 25 वर्षों में शोषकों और शोषितों के बीच खाई को बढ़ाया है। यह पंचवर्षीय योजनाएँ भी बराबरी के लिए नहीं, गरीबों के लिए नहीं हैं बल्कि धनवानों के लिए हैं। यह योजनाएँ दसियों लाख शोषितों के लिए नहीं हैं, यह मुट्ठी भर शोषकों को और समृद्ध करने के लिए हैं। भारत में योजनाएँ गरीबी, शोषण और भ्रष्टाचार को बढ़ाने के लिए हैं और सत्ता में बने रहने के लिए हैं। यह योजनाएँ देश में कम्प्राडोर बुर्जुआ और सामन्त वर्गों के शासन को और सुदृढ़ करने के लिए हैं।

यह योजनाएँ जनता और समाजवाद के लिए नहीं हैं। यह जनता को धोखा दे रही हैं। भारत की इस व्यवस्था ने एक दमनकारी और खूँखार कर-व्यवस्था को विकसित किया है। इसने जनता को धोखा देने में सभी रिकार्ड तोड़ दिये हैं। अब तक यह सरकार छह टैक्स इनक्वायरी कमीशन नियुक्त कर चुकी है। हर बार टैक्स निर्धारण के ढाँचे का मूल्यांकन हुआ और परिणामस्वरूप जनता पर टैक्स बढ़ते ही गये। विगत 26 वर्षों में करों की गणना करने से पता चलता है कि जनता पर 16,000 करोड़ का टैक्स का बोझ लादा गया जो सम्पूर्ण

शोषक वर्गों पर लगाये गये टैक्स से कहीं अधिक है। 1972-73 में भारत में प्रति व्यक्ति 105 रु. की दर से टैक्स लगाये गये।

चौथी पंचवर्षीय योजना के दौरान गरीबों के और गरीब होने तथा धनवानों के और धनी होने की जो प्रवृत्ति नजर आई थी, वही दिशा इस पंचवर्षीय योजना के पहले वर्ष में भी साफ नजर आती है। इस प्रवृत्ति का सबसे स्पष्ट प्रमाण 1974-75 के दौरान कृषि उत्पादन में 1.4 प्रतिशत की कमी है और औद्योगिक क्षेत्र में मात्र 2.1% की वृद्धि दर्ज है।

भारत में 'लोकतंत्र'

शासक वर्ग गला फाड़-फाड़कर चिल्ला रहा है कि भारत दुनिया का सबसे बड़ा लोकतांत्रिक देश है। परन्तु क्या यह सही है?

देश का एक नागरिक जो भूखा है, जिसका भविष्य अनिश्चित है, अन्धकार में है, जो शिक्षा नहीं प्राप्त कर सकता, जिसकी सम्पूर्ण अर्थव्यवस्था सामन्तों, भूस्वामियों, मुनाफाखोरों, कालाबाजारियों के हाथ में है, जो अपने जीवन को प्रभावित करने वाले किसी भी निर्णय में भागीदार नहीं हो सकता, क्या वह स्वतन्त्र है? भारत का लोकतंत्र देश के करोड़ों नंगे-भूखों के लिए नहीं है। बहुसंख्यक जनता का भविष्य मुट्‌ठी-भर लोगों द्वारा निर्धारित किया जाता है, जिन पर इस जनता का कोई नियन्त्रण नहीं है। भारत सरकार ने 6 अगस्त 1973 को संसद में स्वीकार किया कि भारत में प्रतिवर्ष कुपोषण के शिकार एक मिलियन बच्चे मौत का शिकार होते हैं।

यह तथ्य सबके सामने है कि ओडीसा की दो-तिहाई जनसंख्या यानी कि 14 मिलियन लोग गरीबी की रेखा से नीचे जीवन निर्वाह करते हैं और सामान्य समय में भी यह मान लिया गया है कि इनको तो अभाव में ही जीना है। इन अभावग्रस्त लोगों में अधिकांश आदिवासी और हरिजन समुदाय के लोग जीवन के लिए आवश्यक वस्तुओं की कमी और निरन्तर मूल्यवृद्धि से प्रभावित हैं।

1971 में सम्पूर्ण भारतवर्ष की जनसंख्या का 29.1% लोग 'साक्षर' हैं, अर्थात् देश की 2/3 जनसंख्या शिक्षा से वंचित है। महिलाओं में तो शिक्षा की दशा और भी खराब है। सम्पूर्ण जनसंख्या की केवल 18.4% महिलाएँ साक्षर हैं।

भारत के व्यापक ग्रामीण क्षेत्र की अधिकांश अर्द्धनग्न और भूखी जनता सामन्ती शोषकों के निर्मम शोषण का शिकार है। ग्रामीण क्षेत्र के शासक वर्गों का प्रतिनिधित्व करने वाले सामन्त और गुण्डों ने जनता पर आर्थिक जकड़बन्दी कर राजनीतिक शक्ति की बागडोर अपने हाथों में ले ली है। वे शोषित ग्रामीण जनता पर इस प्रकार से शासन कर रहे हैं कि वह उनकी सनक और मौज-मस्ती के सामने घुटने टेकने और अपना राजनीतिक दोहन कराने के लिए मजबूर हैं।

विदेशी साम्राज्यवादी बाहर से और भारत के अन्दर से कम्प्राडोर बुर्जुआ, इस देश को अर्द्धसामन्ती अर्द्ध-औपनिवेशिक बनाये रखना चाहते हैं। वास्तविक लोकतंत्र जनता का लोकतंत्र है जो 'नवजनवादी क्रान्ति' के द्वारा इस अर्द्ध-औपनिवेशिक जुए को उतार फेंकेगा और इन अर्द्धसामन्ती बेड़ियों को तोड़ देगा। इसलिए शासकवर्ग सत्ता में बने रहने और उसको सुदृढ़ करने के लिए और नवजनवादी क्रान्ति के दमन के लिए सभी तरह की चालबाजी, कुचक्र, षड्यन्त्र, छल-कपट और दमन का सहारा लेते हैं।

वे जनता के लोकतंत्र की क्रान्तिकारी अवधारणा पर परदा डालना चाहते हैं। वे यह काम अपनी लोकतंत्र की, क्रान्ति विरोधी अवधारणा के द्वारा करना चाहते हैं। यह छद्म लोकतंत्र एक धोखा है। संवैधानिक सुधारों के द्वारा लम्बी अवधि से जनता के खिलाफ इसका प्रयोग हो रहा है। इस छद्म लोकतंत्र का अपना ऐतिहासिक काला इतिहास है।

जब साइमन कमीशन के खिलाफ भारतीय जनता के आन्दोलन ने ब्रिटिश शासन की चूलें हिला दी थीं उस समय "ब्रिटिश और भारतीय शासकों के हितों के बीच विभाजन करना बिल्कुल असम्भव था। भारत के उद्योगों में ब्रिटिश और भारतीय पूँजीपतियों की गडमगड पूँजी को अलग-अलग चिन्हित करना असम्भव था।" उपनिवेश से अर्द्ध-उपनिवेश में परिवर्तित होने का आर्थिक आधार, राजनीतिक समस्या के अति आवश्यक हल के रूप में सामने आया। बीस के दशक के मध्य में भारत पर साइमन कमीशन को आरोपित करने का ब्रिटिश शासकों का निर्णय अपने आप में संकटग्रस्त नयी दिल्ली को केन्द्रीय असेम्बली के मध्य में छल-कपट पूर्ण तरीके से लागू की गयी ब्रिटिश की द्वेषपूर्ण द्वितांत्रिक व्यवस्था थी। इसके बाद ब्रिटिश के ताबूत में आखिरी कील 1919 इंडिया ऐक्ट की समाप्ति के रूप में गाड़ी गयी, जिसके बदले भारतीय जनता को प्रलोभन और दण्ड की नीति के द्वारा ब्रिटिश साम्राज्यवाद ने रॉलेट ऐक्ट दिया जो कि तीन बार गोलमेज कॉन्फ्रेंसों में इंडियन कांग्रेस को अनुग्रहीत कर लागू किया। इसके बाद साइमन कमीशन के उद्यमित उत्पाद के रूप में, साम्प्रदायिक विभाजन के निश्चित उपाय के रूप में 1935 इंडिया ऐक्ट सामने आया। यह बुनियादी रूप से वह संविधान था, जिसने ब्रिटिश मालिकों पर निर्भर भारतीय कम्प्राडोर बुर्जुआ की सत्ता को सुनिश्चित और सुदृढ़ करने का काम किया।

भारत के कम्प्राडोर बुर्जुआ ने अपनी सत्ता बनाये रखने के लिए बड़े उद्यम और परिश्रम से गवर्नमेंट आफ इंडिया ऐक्ट 1935 को तैयार किया। इसके

बाद ही विश्वयुद्ध का धमाका हो गया और फिर अकाल की महामारी ने लाखों लोगों को मौत के मुँह में धकेल दिया। जनविद्रोह लहरों की तरह आगे बढ़ रहा था। नौसेना के सैनिक विद्रोह से ब्रिटिश शासकों के पैर काँपने लगे। भारतीय कम्प्राडोर बुर्जुआ और सामन्तवर्ग ने ब्रिटिश शासकों को सहारा प्रदान किया परन्तु भारतीय मजदूर वर्ग की शानदार जुझारू हड़तालों ने ब्रिटिश के प्रभा-मण्डल को दरका दिया। बंगाल, बिहार और तेलंगाना के बहादुर किसानों के सशस्त्र विद्रोहों ने सर्वशक्तिमान दिखने वाले ब्रिटिश शासन को दहला दिया। पूरे देश में उथल-पुथल की स्थिति खड़ी हो गयी थी परन्तु भारतीय कम्युनिस्ट पार्टी का अवसरवादी नेतृत्व जनता के संघर्षों को सही नेतृत्व नहीं प्रदान कर सका। ब्रिटिश साम्राज्यवाद ने भारत में अपने निवेश की और अपने हितों की रक्षा करने के लिए भारतीय कम्प्राडोर बुर्जुआ और सामन्ती वर्गों के साथ मिल कर षड्यन्त्र रचा और इसी के अन्तर्गत सत्ता-हस्तान्तरण हुआ।

इस प्रकार भारत ब्रिटिश के उपनिवेश से अर्द्ध-उपनिवेश बन गया। ब्रिटिश यहाँ पर अपनी सम्पूर्ण साम्राज्यवादी पैतृकता छोड़ गये। भारतीय कम्प्राडोर बुर्जुआ क्रमशः सशक्त होता गया और उसने सत्ता में अपनी गहरी जड़ें जमा लीं, कम्युनिस्ट पार्टी के अवसरवादी नेतृत्व पर जोरदार निर्णायक धावा बोला और यह अवसरवादी नेतृत्व तेलंगाना विद्रोह को त्यागने और आत्मसमर्पण के लिए सहमत हो गया। तेलंगाना का हथियारबन्द किसान विद्रोह माओ-त्से-तुंग की नवजनवादी क्रान्ति की राह पर आगे बढ़ रहा था, परन्तु अवसरवादी कम्युनिस्ट नेतृत्व उसे आगे नहीं बढ़ा सका। इस नकली लोकतंत्र और पाखंडी संविधान को भारतीय जनता के सामने वास्तविक संविधान और लोकतंत्र के रूप में स्थापित करने में भारतीय शासक वर्गों ने ब्रिटिश शासकों को भी मात दे दी।

भारतीय संविधान

भारतीय संविधान निर्माण के लिए एक संविधान सभा बुलाई गयी। भारतीय राजा-रजवाड़ों ने संविधान सभा में अपने 93 प्रतिनिधि और प्रान्तों की असेम्बलियों में 292 प्रतिनिधि नामित किये। प्रान्तीय असेम्बलियों को मताधिकार का कोई अधिकार नहीं था। अपने प्रतिनिधियों या नामित लोगों को असेम्बली में भेजने के लिए कोई मताधिकार नहीं था।

केवल 20% सुशिक्षित वयस्क जनसंख्या को चुनाव लड़ने और वोट देने का अधिकार था। 1935 ऐक्ट के अनुसार 'चुनी हुई' पोस्ट अत्यावश्यक थी। एक और छल-कपट द्वारा मजदूर और किसान वर्ग के प्रतिनिधियों को 'अत्यधिक

सावधानी' के नाम पर संविधान निर्माता शक्ति से बाहर रखा गया। भारत का संविधान, गवर्नमेंट आफ इंडिया ऐक्ट 1935 का नया संकरण या, परन्तु बड़ी चालाकी से इसमें समानता, सामाजिक न्याय, भाषण और प्रेस की स्वतन्त्रता ऐसे शब्दों के शब्दाडम्बर को भरा गया। यह सब शब्द सजावटी वस्तु की तरह अपने विरोधी अर्थ को अपने अन्दर समेटे हुए हैं। यही वास्तव में संविधान की अभिव्यक्ति का चरित्र है। परन्तु सम्पत्ति पर अधिकार के नियम को सरकार से लेकर सर्वोच्च न्यायालय तक बहुत छद्म तरीके से गढ़ा गया था, परन्तु यह स्पष्ट हो गया है कि यह शासक वर्गों का सम्पत्ति पर अधिकार है न कि आम लोगों को सम्पत्ति का अधिकार। आइए, अब हम संविधान के बारे में द्वन्द्वात्मक विश्लेषण से एक सही समझ बनायें।

महान मार्क्स ने 1843 में लिखते हुए संविधान के बारे में गैर द्वन्द्ववादी समझदारी के बारे में आगाह किया था। मार्क्स ने कहा : "संविधान का विचार एक प्रकार का अमूर्त तर्क है और यह राज्य (स्टेट) का विचार नहीं है। संविधान के विचार के बदले, हमें सचेतन कानून का संविधान मिलता है, कानून और संविधान के सारतत्व के बीच का सम्बन्ध अचेतन और विरोधाभासी है। यह उस कानून में नहीं है कि हम संविधान की वास्तविक प्रकृति को आत्मसात कर सकें बल्कि यह उस कानून का विरोधी है।"

प्रत्येक संविधान अपने समय की वर्ग-शक्तियों की परस्पर क्रिया है। इस संविधान के निर्माता, ब्रिटिश इजारेदार पूँजीवाद और उनका पिछलग्गू भारतीय कम्प्राडोर बुर्जुआ, सामन्त वर्ग हैं। इनका उद्देय अपनी पुरानी कम्प्राडोर आर्थिक व्यवस्था और पुराने सामाजिक ढाँचे को बनाये रखना और अपने वर्गीय शासनवाली राजनीतिक व्यवस्था को सुदृढ़ करना है। सार रूप में इनका उद्देश्य दमनकारी, प्रतिक्रियावादी, क्रान्तिविरोधी कानूनों को समाप्त करने वाली क्रान्तिकारी शक्तियों का दमन करना है। इस संविधान के स्वरूप और अन्तर्वस्तु में एक विशाल दरार मौजूद है।

संविधान की प्रस्तावना में कहा गया है कि यह संविधान भारत की जनता की अपनी प्रस्तुति है। यह झूठ का जाल है। यह संविधान सभा जनता की नहीं है। वास्तव में जब संविधान सभा संविधान निर्माण कर रही थी, उस समय भारतीय जनता ब्रिटिश शासकों के खिलाफ संघर्ष में जूझ रही थी। भारतीय जनता ब्रिटिश का समूल सफाया करना चाहती थी और भारतीय क्रान्ति की पूर्ण सफलता से पहले रुकना नहीं चाहती थी। क्रान्तिकारी नेतृत्व, क्रान्तिकारी विचार और संगठन के अभाव में, संघर्षरत जनता को मजबूरन भारतीय सामन्तों

और कम्प्राडोर बुर्जुआ का नेतृत्व स्वीकार करना पड़ा। भारत के इस सामन्ती, कम्प्राडोर बुर्जुआ को ब्रिटिश के संरक्षण, आशीर्वाद और शिक्षण में संविधान सभा या संविधान ऐसी किसी प्रक्रिया द्वारा सत्ता-हस्तान्तरण के लिए तैयार किया गया था। इसलिए यह स्पष्ट रूप से समझा जा सकता है कि यह संविधान भारतीय जनता द्वारा स्वयं प्रस्तुत नहीं किया गया है। इसके विपरीत यह संविधान सामन्तों और कम्प्राडोर बुर्जुआ वर्ग ने खुद अपने लिए प्रस्तुत किया और इसे भारतीय जनता पर थोप दिया गया। अगर एक शब्द में कहा जाए तो यह ब्रिटिश साम्राज्यवाद के छल-कपट, शोषकों के भ्रष्टाचार और धन-लोलुपता को एक साथ जोड़ कर निर्मित किया गया उत्पाद है।

सामाजिक, आर्थिक और राजनीतिक न्याय

संविधान अपनी भूमिका में जनता को सामाजिक, आर्थिक और राजनीतिक न्याय को सुरक्षित करने के लक्ष्य की पूर्ति को 'सुनिश्चित' करने की घोषणा करता है। तथ्यों से स्वयं यह प्रमाणित होता है कि जोरशोर से की गयी इस घोषणा के द्वारा, इन स्वार्थी तत्त्वों ने जनता को कोई 'न्याय' प्रदान नहीं किया।

परन्तु इस संविधान ने निश्चित और स्वाभाविक रूप से इन जनता-विरोधी स्वार्थी तत्त्वों को समस्त न्याय प्रदान किया। इसी संविधान के तहत जनता का दमन करने के लिए भयावह काले कानूनों को लागू किया गया और किया जा रहा है। इन काले कानूनों के द्वारा जनता को आर्थिक रूप से दुर्बल, सामाजिक रूप से लहूलुहान और राजनीतिक रूप से जनता का मुँह बन्द किया जा रहा है। इन काले कानूनों की सूची बहुत लम्बी है परन्तु, डिफेंस आफ इंडिया रूल, प्रिवेंटिव डिटेंशन ऐक्ट, मेन्टेनेंस आफ इंटरनल सिक्योरिटी ऐक्ट, दि क्रिमिनल ला, दि पुलिस ऐक्ट आदि कुछ का यहाँ उल्लेख करना प्रासंगिक होगा। इसके अतिरिक्त इन 'प्रगतिशील' कानूनों ने यह प्रमाणित कर दिया है कि ये कानून शब्दों में कितने 'प्रगतिशील' और व्यवहार में कितने प्रतिगामी हैं। प्रत्येक ऐक्ट के सम्बन्ध में यह प्रमाणित किया जा सकता है कि यह किस प्रकार शासक वर्गों के हितों की पूर्ति करने के उद्देश्य से प्रेरित है और जनता को इनकी तथाकथित प्रगतिशीलता पर विश्वास कराते हैं और अन्ततोगत्वा अपनी सत्ता को सुदृढ़ करते हैं। पूरे देश में व्याप्त व्यापक अशिक्षा, गरीबी, सामाजिक, आर्थिक और राजनीतिक संकट आज भी उसी प्रकार मौजूद हैं जैसे आज से 25 वर्ष पूर्व आजादी से पहले थे। चारों तरफ जनता में व्याप्त व्यापक असन्तोष और हजारों लोगों की गिरफ्तारियाँ अपने अन्तिम निष्कर्ष के रूप में संविधान के लागू

होने पर उसकी सच्चाई को उद्‌घाटित करती हैं। इस प्रकार अप्रत्यक्ष रूप से यह संविधान अपनी खोखली अन्तर्वस्तु पर रहस्यमय परदा डालता है। भारतीय जनता पर पच्चीस वर्षों से संविधान लागू होने के बाद भी यह तथाकथित कल्याणकारी राज्य, गैर-आनुपातिक तरीके से जनता के लिए एक दुर्भाग्य निर्मित करने वाला राज्य बन गया है। इसलिए यह भारतीय जनता का तथाकथित संविधान, जनता के लिए, जनता द्वारा, जनता का संविधान न होकर, शासक वर्ग के लिए, शासक वर्गों द्वारा, शासक वर्ग का संविधान है जो जनविरोधी संविधान है।

हम यहाँ पर तथाकथित प्रगतिशील संविधान के बारे में, इसके खोखलेपन के बारे में बहुत विस्तार से और बारीकी से विश्लेषण नहीं करेंगे। परन्तु यहाँ संविधान द्वारा सुनिश्चित किये गये बनावटी सामाजिक, आर्थिक, राजनीतिक न्याय का भंडाफोड़ करना सर्वथा उचित होगा।

एक वर्गीय समाज में विभिन्न वर्गों के सदस्य न्याय और अन्याय की अवधारणा की व्याख्या भिन्न-भिन्न ढंग से करते हैं। वर्तमान आर्थिक सम्बन्धों को शासक वर्ग न्यायसंगत प्रमाणित करता है, जबकि क्रान्तिकारी वर्ग इसकी आलोचना करते हैं और इसको नकारते हैं। मार्क्सवाद ने न्याय की अवधारणा को स्पष्ट किया है और इसे सामाजिक विकास के प्राणाधार के रूप में विश्लेषित किया है। मार्क्सवाद न्याय की आवधारणा को समाज को शोषण से मुक्ति के विचार के साथ सम्बद्ध करता है। केवल समाजवाद ही समाज के लोगों के बीच समानता, आपसी भाईचारा और सहयोग विकसित करता है और केवल साम्यवादी व्यवस्था में जहाँ सामाजिक और आर्थिक गैर-बराबरी पूर्णतः समाप्त हो जाएगी, वहीं सबको पूर्ण सामाजिक न्याय प्राप्त होगा।

अस्पृश्यता निवारण ऐक्ट (प्रिवेंशन आफ अनटचेबिलटी ऐक्ट), अस्पृश्यता को रोकने में पूर्णतः असफल साबित हुआ है। इसका प्रमाण दलितों, उत्पीड़ितों तथा अनुसूचित जातियों के खिलाफ, डकैती, आगजनी, बलात्कार और अत्याचार में वृद्धि है। यह सारे कृत्य सत्ता में बैठे, 'प्रगतिशील' ऐक्ट को लागू करने वाले सामन्तों द्वारा किये जाते हैं। दहेज विरोधी कानून वास्तव में एक मजाक है, क्योंकि फार्मर और सामन्त वर्ग सबसे खराब सामाजिक कुरीति दहेज प्रथा का सशक्त पोषक है। भ्रष्टाचार निरोधक ऐक्ट ने केवल भ्रष्टाचार को बढ़ावा ही दिया है। भ्रष्टाचार आज व्यापक रूप से जड़ जमा चुकी जीवन पद्धति हो गयी है। यह समाज में सम्पूर्ण रूप से व्याप्त सर्वशक्तिमान बन गया है, यह अकेला सर्वशक्तिमान शासक बन गया है। भ्रष्टाचार शब्द अब सम्मानजनक, आपराधिक दुर्गन्ध से परिमार्जित नया अर्थ प्राप्त कर चुका है। आज का सत्ताधारी वर्ग

भ्रष्टाचार की गंगोत्री है। सत्ता का भ्रष्टाचार और सत्ता में भ्रष्टाचार आपस में बिल्कुल निरंकुश रूप में प्रचलित है।

'प्रिवेंशन आफ फूड अडलटेशन ऐक्ट', किसी भी प्रकार की खाद्य सामग्री में मिलावट रोकने में नाकाम रहा है। कौन-सा वर्ग है जो ऐसे कानून बनाता है? जो वर्ग सत्ता में है, वही कानून बनाता है और वही मिलावट भी करता है, तो फिर इस कानून से डरता कौन है? नागनाथ और साँपनाथ में कोई फर्क नहीं है।

हम इस प्रकार की कार्यवाहियों की और लम्बी सूची प्रस्तुत कर सकते हैं, परन्तु यह व्यर्थ का परिश्रम होगा। यह सब वास्तव में सामाजिक बुराइयाँ हैं, लेकिन इन बुराइयों के बल पर जो नरपिशाच फल-फूल रहे हैं और निरन्तर सम्पन्न हो रहे हैं, वही इस समाज पर शासन करते हैं। जब तक इन नरपिशाचों को सत्ता से बाहर नहीं निकाला जाता तब तक इन बुराइयों को समाप्त नहीं किया जा सकता और जनता को सामाजिक न्याय भी नहीं मिल सकता।

जब हम आर्थिक क्षेत्र में न्याय के विषय पर विचार करते हैं तो हम अपने अनुभवों के आधार पर आसानी से यह निष्कर्ष निकाल सकते हैं कि आर्थिक न्याय के बजाये इस क्षेत्र में न्याय की कटौती अधिक है। बिचौलिया पट्टेदारी को समाप्त करने, पट्टेदारों का अधिकार सुरक्षित करने, शहरी और ग्रामीण इलाकों में भूमि की सीलिंग लागू करने इत्यादि भूमि सम्बन्धी अनेक कानूनों को अनिच्छा से और विलम्ब से लागू करने की ऐसी अनेक घटनाएँ हैं जो हानिकारक साबित हुई हैं। इन कानूनों को द्विअर्थी ढंग से अधिक लागू किया गया और इन कानूनों ने अधिक प्रभावोत्पादक ढंग से और अधिक सुरक्षित रूप में किसी भी प्रकार गरीबों को भूमि से बेदखल करने की प्रक्रिया को ही गति प्रदान की है। टैक्स सम्बन्धी ऐसे अनेक कानून हैं जो दर्शाते हैं कि अनेक जाने-माने करदाता कई हजार करोड़ रुपये टैक्स डकार गये हैं। शासक वर्ग से आर्थिक न्याय की आशा करना, चूहे द्वारा बिल्ली से या बकरे द्वारा कसाई से न्याय की आशा करने के समान है।

खाली पेटवाले और अघाए पेट वालों के बीच की खाई निरन्तर बड़ी हो रही है। कम्प्राडोर बुर्जुआ के 75 परिवारों और गरीबी की रेखा के नीचे और ऊपर रह रही व्यापक जनता, कुपोषण के शिकार लोगों के बीच दूरी बढ़ती जा रही है। ग्रामीण क्षेत्र के ज़मींदारों और सम्पन्न किसानों की एक प्रतिशत संख्या के पास 16 प्रतिशत भूमि है, जबकि 50 प्रतिशत किसान परिवारों के पास केवल 4 प्रतिशत भूमि है और शेष भूमिहीनों की भारी संख्या है। यह आँकड़े स्वयं ही स्थिति स्पष्ट कर देते हैं। इस पर कोई भी टिप्पणी करना व्यर्थ है।

जब हम राजनीतिक न्याय के विषय में बात करते हैं तो यह कहना अतिशयोक्ति नहीं होगा कि यहाँ राजनीति में, राजनीति के लिए और राजनीतिकों को न्याय की तुलना से, न्याय के लिए, न्याय में और न्याय करनेवालों की राजनीति अधिक होती है।

भारतीय शासकवर्ग भारत को एक लोकतांत्रिक व्यवस्था वाला देश घोषित करता है, अर्थात् शासन के लिए अधिकृत रूप से अल्पमत की बहुमत के अधीन तथा सभी नागरिकों को स्वतन्त्रता और समानता की घोषणा करता है। यह बुर्जुआ लोकतंत्र (डिमोक्रेसी) है जो समाज में व्याप्त वास्तविक सामाजिक-आर्थिक परिस्थितियों और समाज की वास्तविक गतिविधियों से बिल्कुल अलग-थलग एक लोकतंत्र की अवधारणा पर सूत्रीकृत है। महान क्रान्तिकारी लेनिन ने लिखा है कि किसी समय के समाज में एक राजनीतिक संगठन के रूप में लोकतंत्र "अन्ततोगत्वा उत्पादन की सेवा करता है और उस समाज के उत्पादन सम्बन्धों द्वारा ही इसका निर्धारण होता है।" (लेनिन कलेक्टेड वर्क्स, वाल्यूम-32, पृ. 81)

वर्गीय संरचना वाले समाज में, लोकतंत्र प्रभुत्वशाली वर्ग द्वारा लागू की गयी तानाशाही होता है। इसलिए इसका एक वर्गीय चरित्र होता है और यह वास्तव में केवल प्रभुत्वशाली वर्ग के लिए ही लोकतंत्र होता है। उदाहरण के लिए बुर्जुआ समाज में लोकतंत्र में बुर्जुआ वर्ग का प्रभुत्व होता है। तमाम अगर-मगर के बावजूद और केवल एक सीमा तक ही बुर्जुआ वर्ग अपने राजनीतिक शासक के लिए लोकतंत्र को एक साधन के रूप में प्रयोग करता है, एक संविधान की रचना करता है, संसद और अन्य प्रतिनिधिमूलक संस्थाओं का निर्माण करता है, सबको मताधिकार और औपचारिक रूप से राजनीतिक स्वतन्त्रता प्रदान करता है। जनता द्वारा इन लोकतांत्रिक अधिकारों के इस्तेमाल की सम्भावनाओं को हर प्रकार से कम किया जाता है। बुर्जुआ लोकतंत्र की मशीनरी को इस प्रकार से गढ़ा जाता है कि वह मजदूर वर्ग की राजनीतिक गतिविधियों को निष्क्रिय कर दे और उनको राजनीतिक कार्यों से दूर रखे।

बुर्जुआ लोकतंत्र से समाजवादी लोकतंत्र बिल्कुल भिन्न है। लोकतंत्र का सर्वोच्च रूप समाजवादी लोकतंत्र है। मजदूर वर्ग के नेतृत्व में व्यापक जनता के लिए वास्तविक लोकतंत्र है, आर्थिक रूप से यह लोकतंत्र उत्पादन के साधनों पर सामाजिक मालिकाने पर आधारित है। इतिहास में पहली बार सोवियत यूनियन में गुप्त मतदान के द्वारा सबको समान मताधिकार प्रदान किया गया। यहाँ तक कि बुर्जुआ राज्य के सर्वाधिक 'लोकतांत्रिक' संविधान द्वारा लगाये गये प्रतिबन्धों की तुलना में भी जनता को अधिक लोकतांत्रिक अधिकार प्रदान किये गये।

इसके अतिरिक्त समाजवादी लोकतंत्र, लोकतांत्रिक समाजवाद से भी भिन्न है। लोकतांत्रिक समाजवाद, आधुनिक सुधारवाद की अधिकृत विचारधारा है। इसका निर्धारण 1951 में सोशलिस्ट इंटरनेशनल की फ्रैंकफोर्ट कांग्रेस में, "लोकतांत्रिक समाजवाद के लक्ष्यों और कार्यों" के रूप में, मार्क्सवादी-लेनिनवादी विचारधारा के विरोध में घोषित किया गया।

लोकतांत्रिक समाजवादी विचारधारा का मानना है कि समाजवादी निर्माण बुनियादी रूप से समाज की नैतिक समस्या है, एक ऐसी समस्या जो बुनियादी रूप में जनता को एक समाजवादी भावना तक सीमित कर देती है। यह विचारधारा वर्गसंघर्ष, समाजवादी क्रान्ति और सर्वहारा के अधिनायकत्व को अस्वीकार करती है।

इसके विपरीत जनता का लोकतंत्र, जनता के व्यापक वर्गों के संयुक्त मोर्चे के नियन्त्रण का लोकतंत्र होता है। भारत एक अर्द्ध-औपनिवेशिक अर्द्ध-सामन्ती व्यवस्था वाला देश है। यहाँ पर कम्प्राडोर बुर्जुआ और सामन्त वर्गों के नेतृत्व में भारतीय शासक वर्ग शासन करता है। इस शासक गिरोह ने भारतीय जनता पर बुर्जुआ लोकतंत्र नहीं बल्कि झूठा लोकतंत्र, बुर्जुआ संविधान नहीं बल्कि नकली संविधान और बुर्जुआ रिपब्लिक नहीं बल्कि जनता का नकली रिपब्लिक थोप दिया है। जनता के संयुक्त मोर्चे द्वारा शासक वर्ग की इस व्यवस्था को उखाड़ फेंकने के बाद और नव-जनवादी क्रान्ति सम्पन्न होने पर ही भारतीय जनता को जनता का लोकतंत्र प्राप्त होगा।

भारत का वर्तमान शासक वर्ग लोकतंत्र का जो भी दिखावा करे, यह अर्द्ध-औपनिवेशिक अर्द्ध-सामन्ती भारतीय सरकार की न तो संसद, न संविधान और न अन्य कोई 'लोकतांत्रिक' रंग में रँगी गयी संस्थाएँ अब भारतीय जनता को अधिक समय तक भुलावा नहीं दे सकतीं। संसद और संविधान मात्र शासक वर्ग की बतकही का अड्डा है, जहाँ से वे अपने निर्णयों को लागू करवाते हैं, अपने वर्गीय शासन को सुदृढ़ करने के लिए कानून बनाते हैं। जो सबसे ऊँची बोली लगाता है, न्याय उसी के साथ होता है। यह शासक वर्ग ही है, जो कानून बनाता है उनका दुरुपयोग करता है, लागू करते समय उनकी धज्जी उड़ा देता है। शासक वर्ग छल-कपटपूर्ण तरीके से इन कानूनों को जनता के खिलाफ प्रयोग करता है। इन कानूनों के बल पर शासक वर्ग जनता को राजनीतिक गतिविधियों से बाहर रखता है, उनके नैसर्गिक अधिकारों पर आक्रमण करता है, उनके सम्मान को तार-तार कर देता है, उनकी स्वतन्त्रता को ध्वस्त कर देता है और उनका जीवन तबाह करता है।

डिफेंस आफ इंडिया ऐक्ट एंड रूल, प्रिवेंटिव डिटेंशन ऐक्ट, मेंटेनेंस आफ इंटर्नल सिक्योरिटी ऐक्ट, पुलिस ऐक्ट, दि क्रिमिनल ला, कर्फ्यू आदि राक्षसी काले कानून, संसद के काल में या संसद के बाहर, यह सारे जनविरोधी कानून इसी राजनीति पर पनप रहे हैं। यह सारे कानून, खून चूसनेवाली जोंकों और गलत कामों के खिलाफ जनता के संगठित होने और संघर्ष करने के अधिकार से वंचित करते हैं, क्रान्ति करने और इस अन्यायकारी सरकार को उखाड़ फेंकने से रोकते हैं। कानून और व्यवस्था बनाये रखने के नाम पर यह शासक वर्ग जनता पर बर्बर दमन करता है। वह सत्ता के नशे में इतना मदहोश है कि जैसे उन्होंने कभी जनता को दमन करने का कोई आदेश ही न दिया हो बल्कि उनको कानून व्यवस्था बनाये रखने के लिए बाध्य किया गया हो

इस प्रकार शासक वर्ग, आतंकी कानूनों और झूठे कल्याणकारी कानूनों के द्वारा जनता पर दो-तरफा वार करता है, और संविधान तथा संसद के सहारे राज्य सत्ता पर काबिज रहना चाहता है। अन्ततोगत्वा इसका सर्वनाश होगा ही। जहाँ तक संविधान में गारंटी की गयी कानून की समानता और अवसरों की समानता का विषय है, भारत में आज इसके विपरीत ही कानून चलता है। आइए, पहले इस पर विचार करें कि ठीक-ठीक समानता का क्या मतलब है।

समानता

समानता की अवधारणा समाज में लोगों की समान परिस्थितियों का संकेत देती है, परन्तु विभिन्न वर्गों और विभिन्न ऐतिहासिक काल में इसकी अलग-अलग अन्तर्वस्तु रही है। बुर्जुआ समझ के अनुसार समानता का अर्थ नागरिकों की कानून के समक्ष समानता है, जबकि मेहनतकश जनता का शोषण और राजनीतिक असमानता वैसे ही बरकरार रहती है। पेटी बुर्जुआ वर्ग द्वारा निरूपित समानता का सिद्धान्त प्रत्येक व्यक्ति को निजी सम्पत्ति रखने के समान अधिकार से प्रारम्भ होता है। यद्यपि यह कम या अधिक सर्वसमतावाद का ही सिद्धान्त हैं। उक्त इन दोनों सूत्रीकरणों में उत्पादन के सम्बन्धों पर विचार नहीं किया गया है।

समानता के बारे में मार्क्सवाद का प्रस्थान बिन्दु यह तथ्य है कि आर्थिक क्षेत्र, भौतिक सम्पदा के उत्पादन, वितरण और उपयोग में, राजनीतिक वर्ग, राष्ट्रीय और अन्तर्राष्ट्रीय क्षेत्र में और संस्कृति (भावनात्मक मूल्यों के उत्पादन और वितरण के क्षेत्र में) में समानता, उत्पादन के साधनों के क्षेत्र में समानता, उत्पादन के साधनों पर निजी स्वामित्व की समाप्ति, शोषक वर्गों की समाप्ति

के बगैर असम्भव है। इसलिए वास्तविक समानता समाजवाद की विजय के बाद ही सम्भव है।

इसको ध्यान में रखते हुए कि समाजवादी व्यवस्था में, मानसिक और शारीरिक श्रम की भिन्नता, सैद्धान्तिक रूप से किये गये काम की गुणवत्ता और मात्रा की भिन्नता आदि के कुछ पहलुओं के बावजूद साम्यवाद में पूर्ण समानता और सामाजिक समानता का निर्माण होता है। हालाँकि साम्यवाद सभी लोगों के सर्वसमतावाद को कभी भी महत्त्व नहीं देता, परन्तु इसके अतिरिक्त साम्यवाद प्रत्येक को अपने गुणों और रुचि के अनुसार क्षमता और आवश्यकता के अनुसार विकसित होने की अपार सम्भावनाओं के द्वार खोल देता है।

भारत एक अर्द्ध-औपनिवेशिक अर्द्धसामन्ती राज्य और सामाजिक व्यवस्था वाला देश है। यहाँ का शासक वर्ग भारत में विदेशी हितों की पूर्ति करता है। इस प्रकार एक-दूसरे के हितों की पूर्ति भी होती है। भारतीय शासक वर्ग को अपने वर्गीय शासन के स्थायित्व, सुदृढ़ीकरण और पोषण के लिए इन अर्द्धसामन्ती अर्द्ध-औपनिवेशिक उत्पादन सम्बन्धों और उत्पादन शक्तियों को बनाये रखना भी आवश्यक है। इस प्रकार शासक वर्ग का शोषण जारी रहता है और परिणामस्वरूप असमानता अनिवार्य है और यह बड़ी चालाकी से उत्पादन सम्बन्धों की इस असमानता को समानता के रूप में टाल देता है। यह शासक वर्ग समाजवादी अर्द्ध-समानता को सहन नहीं कर सकता। यहाँ अवसरों की समानता का अर्थ अर्द्ध-औपनिवेशिक अर्द्धसामन्ती समाज के बीहड़ों में मात्र गोहार लगाना है। आज इस सामाजिक व्यवस्था में कठिनाई से ही जीवनयापन और अच्छे जीवन स्तर तथा रोजगार के अवसरों की कोई सम्भावना है। पूरे देश में दसियों लाख लोग बेरोजगार हैं, बेरोजगारी की समस्या दिन-पर-दिन बढ़ती जा रही है और रोजगार के अवसर कम हो रहे हैं। इसके साथ ही साथ शिक्षित बेरोजगारों, अतिशिक्षित उम्मीदवारों की बढ़ती संख्या और चतुर्थ श्रेणी के पदों के लिए ग्रेजुएट और इंजीनियरिंग ग्रेजुएटों की लम्बी कतारें यह प्रमाणित करती हैं कि किस प्रकार से बहुसंख्यक जनता को रोजगार से बाहर रखा जाता है।

आइए, 'संविधान' प्रदत्त कानून के समक्ष समानता का क्या अर्थ है, इसे द्वन्द्ववाद के आधार पर समझा जाए कि कानून शब्द का क्या अभिप्राय है। कानून, शासक वर्ग की अपनी न्यायशास्त्र की विशेष व्यवस्था में उसकी इच्छा का मूर्त रूप है और शासकों के हितों और भौतिक स्थितियों से निर्धारित और राजसत्ता द्वारा अनुज्ञापित होता है। कानूनी नियमों की विशेष व्यवस्था, राजसत्ता द्वारा उसकी इच्छापूर्ति को बलपूर्वक सुनिश्चित करना है। अधिरचना का भाग

होने के कारण कानून उस समाज के प्रमुख उत्पादन सम्बन्धों से निर्धारित होता है जो उस पर आधारित सामाजिक सम्बन्धों द्वारा स्वीकृत होता है। ऐतिहासिक टाइप के कानून, सामाजिक-आर्थिक संरचना के बिल्कुल अनुकूल होते हैं। दास-मालिक समाज, सामन्ती समाज और बुर्जुआ समाज के कानून का सामान्य स्वरूप, मालिक और अधीनस्थ के सम्बन्धों को, और निजी सम्पत्ति पर आधारित शोषण के सम्बन्धों को मजबूत करना है।

समाजवादी कानून में गुणात्मक रूप से नयी कानून-व्यवस्था होती है जो, सामाजिक मालिकाने पर आधारित, मित्रतापूर्ण सामंजस्य, और परस्पर सहयोग द्वारा उत्पादन सम्बन्धों का मूर्त रूप है। यह साम्यवाद के निर्माण के लिए एक मजबूत आधार प्रदान करता है।

समाजवादी कानून जनता की इच्छा है, जिसे इतिहास में पहली बार संवैधानिक स्वरूप प्रदान किया गया है। इसने वास्तविक लोकतांत्रिक स्वतन्त्रता की गारंटी दी और इसे स्थापित किया है। यह बुर्जुआ कानून से इन अर्थों में भिन्न है कि यह राज्य के अधीन सभी साधनों से मेहनतकश जनता को सभी वास्तविक अधिकारों की गारंटी करता है।

भारत में कम्प्राडोर बुर्जुआ और सामन्त प्रमुख शासक वर्ग है। इनके हितों की पूर्ति के लिए बनाये गये कानून इनकी सत्ता को बलपूर्वक सुनिश्चित करते हैं और प्रभुत्वशाली अर्द्ध-औपनिवेशिक, अर्द्धसामन्ती उत्पादन के अनुरूप सामाजिक-आर्थिक संरचना से निर्धारित है। यह कानून न तो वास्तविक लोकतांत्रिक स्वतन्त्रता की गांरटी करते हैं और न ही मेहनतकश जनता को वास्तविक अधिकार देते हैं। इसलिए इस राज्य द्वारा जनविरोधी दमनकारी कानूनों को बनाना असामान्य नहीं हैं। यह राज्यसत्ता भूमि सुधार सम्बन्धी एक भी वास्तविक प्रगतिशील कानून नहीं बना सकी ताकि ग्रामीण क्षेत्र में अर्द्धसामन्ती उत्पादन सम्बन्धों को समाप्त कर किसानों का शोषण समाप्त किया जा सके। कम्प्राडोर एकाधिकारी पूँजीपति वर्ग से मजदूरों को शोषण से मुक्ति के लिए यह सत्ता एक भी वास्तविक कानून का निर्माण नहीं कर सकी। इससे यह स्पष्ट है कि यह सरकार कानून के समक्ष हर नागरिक को समान मानने के लिए तैयार नहीं है।

असमानता वर्गों की उत्पत्ति को सुनिश्चित करती है और यह वर्ग उत्पत्ति की उर्वरक भूमि है। इसका उलटा भी सच है। वर्गों का अस्तित्व असमानता को बढ़ावा देता है। इसे मजबूत और सुनिश्चित करता है। समानता वर्गीय समाज का विरोधी सिद्धान्त है। असमानता वर्गीय समाज में अन्तर्निहित परम्परा

है। असमानता को समाप्त कर समानता लाने के लिए वर्ग-अन्तर्विरोधों को हल करना आवश्यक है, इसलिए वर्गीय समाज में वर्ग-संघर्ष अनिवार्य हो जाता है और बगैर इसके असमानता को समाप्त करना असम्भव है।

कानून

भारतीय संविधान के नीति निर्देशक सिद्धान्तों के एक चैप्टर में इस अर्द्ध-औपनिवेशिक अर्द्धसामन्ती सत्ता के वर्ग चरित्र को छिपाने के लिए बहुत बारीक तरीके से इसे कल्याणकारी राज्य का आवरण ओढ़ाया गया है। यह कल्याणकारी राजसत्ता वास्तव में शासक वर्गों के ही हितों की पूर्ति करती है। नीति-निर्देशक सिद्धान्तों का कोई प्रभाव न होने से यह व्यवहार में प्रभावहीन है। परिणामस्वरूप यह बहुत ही चमक-दमक वाली श्रृंगार की वस्तु मात्र रह गयी है और यह मात्र एक नीरस और यांत्रिक संविधान रह गया है। इस चैप्टर में दावा किया गया है कि यह संविधान अन्य बुर्जुआ संविधानों से उन्नत है। हाँ, वास्तव में यह संविधान भली प्रकार जनता को धोखा देने में उन्नत है। इस चैप्टर में जो बहुत-सी मीठी-मीठी बातें की गयी हैं, वे वास्तव में अपने सारतत्व में कोरी बकवास है और उनका जनहित में कोई व्यावहारिक परिणाम नहीं है। इस चैप्टर का सारतत्व सम्पूर्ण भारत का कल्याणकारी राज्य है। इस प्रकार कागजों में भारत की व्यापक जनता के कल्याण का अर्थ है शोषण और दमन से उनकी मुक्ति और शासक वर्ग इसकी कतई अनुमति नहीं दे सकता। शासक वर्ग विलासी और हर्षोन्मत्त कल्याणकारी सिद्धान्तों का स्वागत करते हैं और मंचों से इसकी घोषणा भी करते हैं। वे कागजों में कल्याणकारी राज्य का स्वागत और दस्तावेज़ों में प्रशंसा करते हैं। परन्तु व्यवहार में पक्षपातपूर्ण तरीके से उदासीन रहते हैं और कल्याणकारी सिद्धान्त को नकारते हैं, यही शासक वर्ग के लिए लाभकारी भी है। इसलिए यह नीति निर्देशक सिद्धान्त का चैप्टर जनता के लिए एक धोखा है।

संविधान शासक वर्गों के हाथ में एक दमन का हथियार है। संविधान के बहुत से नियम शासक वर्गों को शोषण का अधिकार प्रदान करते हैं। संविधान के कई नियमों को लागू कर सरकार, क्रान्तिकारी जनता का दमन करती है। सरकार जनता के बुनियादी अधिकारों का भी हनन कर सकती है। उसे अथाह शक्ति प्राप्त है। इसी संविधान के सहारे इमरजेंसी की घोषणा की जा सकती है और नागरिकों के नैसर्गिक अधिकारों को भी कम किया जा सकता है। यह संविधान जनता के विद्रोह के खिलाफ शासक वर्ग को काले कानून लागू

करने का बुनियादी अधिकार देता है। जनता को आत्मरक्षा का अधिकार देने के बजाये यह संविधान शासक वर्ग द्वारा जनता के खिलाफ की गयी हिंसा को सही ठहराता है, यहाँ तक कि मानव द्वारा आरोपित अकाल, महामारी द्वारा लोगों की हत्या का अधिकार देता है और शासकों के शोषण और दमन को संविधान द्वारा गारंटी दी जाती है।

किसी भी देश की सामाजिक व्यवस्था को वहाँ के कानून द्वारा भली प्रकार समझा जा सकता है। कानून इस देश के शासक वर्गों की सामाजिक व्यवस्था की अधिकृत अभिव्यक्ति है। प्रत्येक शोषक सर्वहारा सत्ता को छोड़कर या शोषक वर्ग अपने कानून के वर्गीय चरित्र को छिपाने, इसे गलत तरीके से सम्पूर्ण जनता का कानून बताने, सामाजिक अच्छाइयों की सर्वोत्तम अभिव्यक्ति, न्याय और निष्पक्षता के रूप में इसे लोकप्रिय बनाने के लिए अपना न्यायिक सिद्धान्त निर्धारित करता है। भारतीय कानून का इतिहास भी उतना ही पुरातन है, जितना भारतीय समाज।

आदिम साम्यवादी समाज जनजाति के सभी सदस्यों को कानून व समान अधिकार प्रदान करता था, इसका उल्लंघन लोगों के साझा हितों का उल्लंघन समझा जाता था और उसे विवेकपूर्ण तरीके से दण्डित किया जाने वाला अपराध समझा जाता था।

दास व्यवस्था के कानूनों में दास मालिकों का प्रभुत्व स्थापित किया गया। इन कानूनों में दासों के मालिक वर्ग को विशेष सुविधाएँ और संरक्षण प्रदान करने और मजदूरों तथा विशेष रूप से दासों को सभी मानवीय अधिकारों से वंचित रखने की व्यवस्था की गयी। दास मालिकों को सम्पत्ति के सम्पूर्ण अधिकार प्राप्त थे, यहाँ तक कि उनको दासों को खरीदने, बेचने और उनकी हत्या करने का भी पूर्ण अधिकार था। इस वर्ग ने अपने कानून की पवित्रता स्पापित करने के लिए न्यायिक सिद्धान्त स्थापित किये; अपने कानून की अलौकिक उत्पत्ति, इसे सार्वभौमिक और पवित्र बताया ताकि परिवार, कानून और सम्पत्ति की रक्षा हो सके।

निर्दयतापूर्वक इस सिद्धान्त का लाभ उठाते हुए यह वर्ग 'शूद्रों' या दासों को अपनी इच्छानुसार हत्या करने, उनको बुरी तरह पीटने, दण्ड देने और केवल दूसरों की दासता करने के लिए ही जन्म लेने के नियम को प्रतिपादित करता है। ब्राह्मण और गैर-ब्राह्मण के बीच विवाद होने पर, ब्राह्मण के पक्ष में फैसला पूर्व निर्धारित होता और ईश्वर को प्रसन्न करने के लिए गरीब की बलि चढ़ाई जा सकती थी। कर्ज भुगतान न करने और चोरी की सजा मृत्युदण्ड भी हो

सकता था। यह कानून आपराधिक और दीवानी कानूनों में विभक्त थे। दास मालिक ही जाति के आधार पर न्याय के सर्वोच्च व्यवस्थापक थे। विभिन्न ढंग से प्रताड़ित करना, कोड़े लगाना, अंग-भंग करना और सिर काटना दण्डित करने के सामान्य तरीके थे।

सामन्ती कानूनों में सामन्त वर्ग का प्रभुत्व स्थापित किया गया था। इसमें सामन्तों या ज़मींदारों को सर्वोपरि अधिकार प्राप्त थे और मजदूरों खास कर किसानों को सामान्य अधिकारों से भी दूर रखा गया। सर्वाधिक जनसंख्या वाले किसानों, महिलाओं और दासों को सम्पत्ति रखने का अधिकार नहीं था जबकि सम्पत्ति ही सामाजिक स्तर और अधिकार को स्थापित करती थी। सामन्ती कानूनों को कूटबद्ध किया गया था और संस्थाबद्ध तरीके से इसे लागू किया जाता था। इस वर्ग ने अलौकिक शक्ति की प्रेरणा से उत्पन्न सभी व्यवहार और मानदण्ड को लागू करने वाले न्यायिक सिद्धान्तों को स्थापित किया और दावा किया कि राजा इस कानून का सर्वोच्च व्यवस्थापक, रक्षक और परिरक्षक होगा। इस कानून ने घृणित तरीके से जनता पर जातिवाद को लागू किया, शासक वर्गों की सुविधाओं को निर्धारित किया और मेहनत करने वाली मजदूर जनता को तवाही और गरीबी में झोंक दिया। इसने जनता को सामन्ती दमन और शोषण के अधीन बनाये रखने के लिए परा-मनोवैज्ञानिक तरीके से अन्धविश्वास और मिथकों को बनाये रखने पर जोर दिया।

सामन्ती कानून के अनुसार केवल 'ब्राह्मण' की हत्या को हत्या माना गया है और ब्राह्मण द्वारा किसी की भी हत्या करने को कोई अपराध नहीं माना गया। यह कानून उत्पीड़ित समुदाय के लोगों का शोषण करने की अनुमति प्रदान करता है, जैसे, शूद्रों को दिये गये कर्ज पर 60% वैश्यों से 48% और क्षत्रियों से 36% और ब्राह्मणों को दिये गये कर्ज पर 24% ब्याज वसूलने का अधिकार प्रदान करता है। इस सामन्ती कानून में शूद्रों के खिलाफ पक्षपातपूर्ण भेदभाव को स्पष्ट रूप से 'मनुस्मृति' के माध्यम से समझा जा सकता है। यदि निम्न जाति का कोई भी व्यक्ति वर्ण-व्यवस्था के तीनों उच्च वर्गों की टाँगों को हानि पहुँचाता है तो उस निम्न जाति के व्यक्ति की टाँग काट दी जाएगी। यदि कोई शूद्र किसी द्विज का नाम तक लेता है तो भी उच्च जाति दस अँगुली लम्बी लोहे की लाल जलती हुई सलाख उस शूद्र के मुँह में लगा दे। यदि वह द्विज को गाली देकर अपमानित करता है तो उस शूद्र की जबान काट ली जाए। यदि वह धृष्टतापूर्वक ब्राह्मणों को उनका अधिकार समझाता है तो राजा को उसके मुँह में और कान में गरम तेल डाल देना चाहिए।

सामन्ती समाज के प्रारंभिक काल में गवाही या साक्ष्य प्रस्तुत करने का कोई कानून नहीं था, परन्तु बाद के समय में अर्जी दावा या जवाब दावा, प्रमाण या मुकदमा चलाने और डिक्री और साक्ष्य प्रस्तुत करने का कानून भगवान की या धर्म ग्रन्थ की शपथ लेकर मौखिक या दस्तावेज़ी बनाया गया।

'मुसलिम' सामन्ती कानून में शरीयत के कानून ही मुसलिम सामन्ती कानून थे। यह तीन मूल तत्त्वों के आधार पर बना है। एक 'अदृश्य शक्ति' का कथन– कुरान, दो–पैगम्बर मोहम्मद के कथन या हदीस और तीन–प्रसिद्ध धर्म मर्मज्ञों, विद्वानों की घोषणा।

इन तीनों के आधार पर हदीस का निर्माण किया गया।

इस सामन्ती कानून के अनुसार सामान्य रूप से सामन्त दण्डित नहीं किये जाते या उन पर केवल आर्थिक दण्ड लगाया जाता और दीवानी कानून आमतौर पर सामन्तों के बीच होने वाले सम्पत्ति सम्बन्धी विवादों में ही लागू होते थे। आपराधिक कानून का प्रयोग सामान्य रूप से उत्पीड़ित जनता के खिलाफ बर्बरतापूर्वक लागू किया जाता था और उनको कठोर दण्ड दिया जाता था। राज्य की कचहरी ही सर्वोच्च न्यायालय होती थी, जहाँ अन्तिम अपील और मुकदमे की सुनवाई होती थी। गवाहियों को रिकार्ड किया जाता था और साक्ष्यों को जाँचा जाता था। किसानों, दासों और महिलाओं को गवाही देने से वंचित रखा जाता था। जातीय महासभाएँ भी कोर्ट की भूमिका निभाती थीं और दूसरे स्तर पर धार्मिक, जातीय और पारिवारिक रीति-रिवाज भी कानून के रूप में प्रचलित थे। इस बारे में बौद्धों के साहित्य से प्रमाण मिलते हैं। इस काल में प्राचीन जेल अस्तित्व में आ चुकी थी। सामान्य रूप से मजदूरों को कोड़े लगाने, अंगभंग करने और मृत्युदण्ड देने की व्यवस्था थी।

औपनिवेशिक अर्द्धसामन्ती कानून ब्रिटिश साम्राज्यवादियों और उनके भारतीय पिछलग्गुओं के नियमों को शक्ति प्रदान करता है, उन्हें किसानों को लूटने की छूट प्रदान करता है और किसानों को कोई अधिकार नहीं देता है। भारतीय आबादी के बहुसंख्यक हिस्सों, किसानों और महिलाओं को सम्पत्ति के अधिकार से वंचित रखता है। इस प्रकार उनको राजनीतिक, आर्थिक और सामाजिक अधिकारों से दूर रखा गया। इस कानून को साम्राज्यवादियों के न्यायशास्त्र में भली प्रकार कूटबद्ध किया गया है। भारत में उपनिवेश और यहाँ की अधीन जनता पर औपनिवेशिक शासन को सुदृढ़ करने और साम्राज्यवादियों की आवश्यकताओं के अनुरूप इसकी विशद व्याख्या भी मौजूद है। ब्रिटिश साम्राज्यवादी न्याय के इस सिद्धान्त पर इतराते हुए अपने इस न्यायशास्त्र को न्याय का स्रोत बताते हैं और कहते हैं

कि उनके शासन में कानून की दृष्टि में सब बराबर हैं। साम्राज्यवादियों द्वारा अपने लिए और अपने दुमछल्लों के लिए तथा दूसरी तरफ भारतीय जनता के लिए कानून को दोहरे मानदण्ड से लागू करना उनकी उक्त घोषणा को असत्य प्रमाणित करता है।

भारतीय जनता द्वारा संचालित सामन्तवाद और साम्राज्यवाद-विरोधी संघर्षों का दमन करने के लिए ब्रिटिश साम्राज्यवादियों ने अपने कानूनों को और कठोर बनाया। अपने खिलाफ उसे जनता के विद्रोह को दिशाहीन करने के लिए पूरे देश में बड़ी मेहनत से न्यायालयों की व्यवस्था की और जेलों का निर्माण किया। इस तरीके से मेहनतकश जनता को बड़ी आसानी से कोर्ट-कचहरी की व्यवस्था में फँसा दिया गया।

वर्तमान अर्द्धऔपनिवेशिक अर्द्धसामन्ती कानून, कम्प्राडोर बुर्जुआ और सामन्ती शक्तियों के शासन को मजबूत करता है।

सामाजिक साम्राज्यवाद, साम्राज्यवाद, कम्प्राडोर बुर्जुआ, और सामन्ती शक्तियों को दमन और लूट की पूरी छूट प्रदान करता है और जनता द्वारा इस शोषण के खिलाफ संघर्ष करने के सभी अधिकारों से वंचित करता है। जनता का दमन करने के लिए इस न्यायपालिका का किस प्रकार प्रयोग होता है, इसे एक समय नेहरू ने भी स्वीकार किया था, यद्यपि वह खुद इसमें उलझ गये और जब उनके शासन करने और जनता का दमन करने का समय आया तो इसका महिमामण्डन करने लगे।

नेहरू ने मेरठ कांस्पिरेसी केस के सम्बन्ध में बचाव पक्ष की तैयारी के सम्बन्ध में 4 अप्रैल 1929 को अब्दुल हलीम को लिखे एक पत्र में कहा : "मैं बचाव पक्ष को बहुत महत्त्व नहीं दे पा रहा हूँ। जैसा कि आप को मालूम है कि बचाव के लिए जो भी साक्ष्य प्रस्तुत किये जाएँ। इस प्रकार के मुकदमों का अन्त अभियुक्तों को सजा मिलने में ही होता है।"

नेहरू का यह पत्र 'इंटेलीजेंस विभाग' द्वारा 10 अप्रैल 1929 को रोक लिया गया और इंटेलीजेंस विभाग की फाइल में (एफ-210/1927) लार्ड सिन्हा रोड कोलकाता के कार्यालय में मौजूद है।

न्यायपालिका

वर्तमान भारत की न्यायपालिका ब्रिटिश पैतृकता है। शासक वर्ग न्याय पालिका को अपने शासन का एक महत्त्वपूर्ण अंग मानता है। वह शासक वर्ग द्वारा बनाये गये कानूनों की व्याख्या करती है। यह शासक वर्ग की इच्छा को सही

तरीके से लागू करने का आश्वासन देती है। भारतीय न्यायपालिका के कार्य करने का तरीका ब्रिटिश न्यायशास्त्र की लाइन पर ही चलता है। भारत की हस्तान्तरी सत्ता के अधिकांश अपराध सम्बन्धी कानून और दण्ड-संहिता ब्रिटिश शासकों से उत्तराधिकार में मिले हैं। ब्रिटिशों ने भारतीयों या भारत को प्यार करने के लिए नहीं बल्कि अपनी इच्छाओं को भारतीयों पर लागू करने के लिए और उसे उपनिवेश बनाये रखने के लिए यह कानून और न्यायपालिका बनाई थी। साम्राज्यवादियों की इच्छा को भारतीयों पर थोपने वाले कानूनों में शायद ही कोई गुणात्मक परिवर्तन हुआ हो क्योंकि वह ब्रिटिश साम्राज्यवादी कानून वर्तमान शासकों के हितों के बिल्कुल अनुकूल है। साम्राज्यवादी न्यायपालिका की मेकैनिज्म को समय का सम्मान करने वाली माना जाता है। 'न्याय' साम्राज्यवादी पद्धति से ही दिया जाता है, परन्तु थोड़े परिवर्तन के साथ। वर्तमान न्याय-व्यवस्था बुर्जुआ न्यायपालिका का रूप धारण किये हुए है, परन्तु इसकी अन्तर्वस्तु अर्द्ध-औपनिवेशिक अर्द्धसामन्ती ही है। वर्तमान न्याय-व्यवस्था सामान्य रूप से शासक वर्ग के प्रति ही समर्पित है। न्यायपालिका की स्वतन्त्रता के नाम पर मचाया जाने वाला शोर केवल जनता को भ्रमित करने का काम करता है। इस बेमतलब के विषय पर की जाने वाली हाय-तौबा, इस व्यवस्था में अन्तर्निहित संरचना और अन्तर्वस्तु के बीच और न्यायपालिका तथा सरकार के अन्य पक्षों के बीच उत्पन्न होने वाले अन्तर्विरोधों की उपज है।

भारतीय न्यायपालिका के पदों पर जनता द्वारा चुने हुए लोग नहीं होते, वे चयनित नहीं बल्कि सेलेक्टेड हैं। नियुक्ति उन्हीं लोगों की हो सकती है जिन्होंने विश्वविद्यालय से डिग्री प्राप्त की है। देश की जनसंख्या के मात्र 20% धनी परिवारों के लोग विश्वविद्यालय की शिक्षा में प्रवेश पाते हैं और वहाँ पर वे अर्द्ध-औपनिवेशिक अर्द्धसामन्ती, साम्राज्यवादी शिक्षा प्राप्त करते हैं। प्रत्येक व्यक्ति का जन्म समाज के किसी न किसी वर्ग में हुआ है और अपने कार्य क्षेत्र में उसका अपना वर्गीय दृष्टिकोण काम करता है। न्यायाधीश (जज) भी इस मार्क्सवादी सिद्धान्त के अपवाद नहीं होते।

वर्तमान भारत में प्रचलित न्याय प्रणाली, समाज के स्वाभाविक प्रगतिशील विकास की प्रक्रिया का परिणाम नहीं है। यह ब्रिटिश शासन के समय में बलपूर्वक लागू किया गया और ब्रिटिश शासन के बाद भी लागू है। आज भारत में ब्रिटिश शासन के बाद यह न तो न्यायसंगत है और न ही आज यह स्वाभाविक विकास ही है। यह व्यवस्था बुर्जुआ न्याय को भी लागू नहीं कर सकती, क्योंकि यहाँ भारत में आज राष्ट्रीय बुर्जुआ नहीं बल्कि कम्प्राडोर बुर्जुआ और सामन्त वर्ग

शासन करता है। भारत की न्यायपालिका, 'कानून के शासन के साथ' दृढ़ता से चिपकी हुई है। अर्थात् यह उसी प्रभुत्वशाली वर्ग की उन्नत इच्छा है जो भारत के उत्पादन के साधनों पर कब्जा जमाए है और उत्पादन सम्बन्धों को नियंत्रित करता है। न्यायपालिका की इस रूढ़िवादिता को समझते हुए हम भली प्रकार न्याय-प्रक्रिया में न्याय मिलने तथा शासक वर्ग के हितों में इसकी प्रभावशाली अधीनता को भली प्रकार समझते हैं।

यह विवादहीन तथ्य है कि यह भातीय न्याय प्रणाली जनता द्वारा नहीं बनाई गयी है। यह शोषितों-शासितों की भलाई के लिए नहीं है और न ही यह दलितों और शोषितों को न्याय के लिए है। भारत में आज न्याय निन्दनीय रूप में कीमती और प्रच्छन्न रूप से बोझिल है। 'न्याय' की यह घृणित कीमत गरीबों की पहुँच से बाहर है और परिणामस्वरूप यह धनवानों को लाभ पहुँचाती है। गरीबी की रेखा के नीचे, रेखा पर या थोड़ा ऊपर प्रतिदिन रु. 33 प्रति व्यक्ति आमदनी वाले कुपोषण के शिकार गरीब आदमी से अपना मुकदमा दायर करने के लिए एक रुपये का स्टैम्प लगाने को कहा जाता है। एक वकील की फीस देना उसके लिए सम्भव नहीं है। न्याय की प्रक्रिया में नसें तोड़ देने वाली देरी और मुकदमों में होने वाली लापरवाही निन्दनीय है। अक्सर देखा गया है कि बन्दी की सजा का अधिकांश समय उसकी अपील की सुनवाई तक समाप्त हो जाता है और इस प्रकार अपील खुद ही खारिज हो जाती है और यदि अपील स्वीकार भी हो गयी तो बन्दी की सजा का समय न्यायालय के फैसले से पहले समाप्त हो जाता है। कामरेड डी.बी.एम. पटनायक का ज्वलंत मुकदमा हमारे सामने है। उन्होंने अपनी साढ़े चार वर्ष की सजा पूरी भी कर ली जबकि उनका कांस्पिरेसी केस गुनूपुर कोर्ट में ही पड़ा है। इसलिए न्यायालय गरीबों के लिए नहीं बल्कि अमीरों के वास्ते है, जो मुकदमे के लिए समय और धन दोनों खर्च कर सकते हैं। समाज में एक लोकप्रिय कहावत है, 'जरा मुकदमे को घर में प्रवेश करने दो!' हर व्यक्ति अपने विरोधी को यह अभिशाप देता है। यह अभिशाप इसलिए है कि जब कोई कोर्ट-कचहरी जाने लगता है तो वह स्वयं को तबाह कर लेता है। आज न्याय की सुविधा धनवानों के लिए है जो कोर्ट में अपना समय लगा सकते हैं और उसकी कीमत का बोझ उठा सकते हैं। न्यायपालिका ''न्याय बेचने का डिपो' है, जहाँ धनी लोग ही व्यापार करते हैं।

सर्वोच्च न्यायालय के मुख्य न्यायाधीश का वेतन रु. 5000/- प्रतिमाह है। उनको काफी बड़ी मात्रा में दूसरे भत्ते भी मिलते हैं। यदि उनका भत्ता वेतन का 10% मान लिया जाए तो यह राशि रु. 500/- होगी। इस प्रकार एक वर्ष

में उनको कुल राशि रु. 66,000/ होगी। यह औसत भारतीय आय का सौ गुना है। भारतीय न्याय व्यवस्था के संस्थानों का संचालन विशाल धनराशि के द्वारा होता है।

जून 1972 तक सर्वोच्च न्यायालय के समक्ष 9,913 मुकदमे विचाराधीन हैं। 1969 में 17 हाईकोर्टों के समक्ष 3,78, 038 मुकदमे विचाराधीन थे। 1970 में हाईकोर्टों के समक्ष 3,83, 408 और मुकदमे पेश हो गये। 1969 में सर्वोच्च न्यायालय में 6,270, 1970 में 7140 और 1971 में 8,592 मुकदमे लम्बित पड़े थे। 1972 के पूर्व पाँच वर्षों में हाई कोर्ट के जजों की संख्या 245 से बढ़ाकर 325 कर दी गयी और सर्वोच्च न्यायालय में जजों की संख्या 12 से 14 कर दी गयी।

शासक वर्ग और कुछ अन्य लोग हमेशा ही जन विद्रोह या जनता के संघर्षों को कोर्ट-कचहरी की तरफ मोड़कर उसका हल न्यायालय में बताते हैं। उनका प्रयास जनता के संघर्षों को मंद करना, उनको न्याय से भटकाना और शोषकों व दमनकर्ताओं के खिलाफ उनकी जुझारू क्षमता को कमजोर करना होता है। भारतीय न्यायपालिका के प्राचीरों में खींच कर जनता के क्रान्तिकारी जोश को दुर्बल कर दिया जाता है, अपने अधिकार के लिए सघंर्ष करने की उनकी क्षमता पर डाका डाला जाता है और उनको न्यायपालिका के भ्रम के दलदल में फँसा दिया जाता है और न्यायपालिका की नौकरशाही भी इसमें अपनी भूमिका निभाती है।

शासक वर्ग की न्यायपालिका को यह निर्णय नहीं करना चाहिए और वह कर भी नहीं सकती है। राजनीतिक सत्ता का सही मालिक कौन है। कौन यह निर्णय करेगा कि भारतीय सरकार की स्थापना न्यायपूर्ण तरीके से नहीं हुई है? निश्चित रूप से सरकार का ही एक अन्य पक्ष होने के कारण यह निर्णय न्यायपालिका नहीं कर सकती। इस अर्द्धसामन्ती अर्द्ध-औपनिवेशिक समाज में छद्‌म लोकतंत्र और छद्‌म न्यायपालिका को बड़े जोर-शोर के साथ बुर्जुआ लोकतंत्र और बुर्जुआ न्यायपालिका के रूप में प्रचारित किया जाता है। ये न्यायालय ऐसे फोरम नहीं हैं जहाँ आर्थिक और राजनीतिक विषयों पर निर्णय हो सकते हैं। वर्ग संघर्ष के द्वारा ही इन मसलों को हल किया जाएगा। जब कभी क्रान्तिकारियों को बलपूर्वक इन न्यायालयों में घसीटा जाता है तब वे केवल इन न्यायालयों के खोखलेपन और आडम्बरप्रियता का भंडाफोड़ करेंगे। शासक वर्गों और उनके अनुचरों का भंड़ाफोड़ करेंगे और न्यायालय को मार्क्सवाद-लेनिनवाद की राजनीतिक प्रचार-प्रसार के फोरम के रूप में इस्तेमाल करेंगे।

कोई भी आसानी से देख सकता है कि यह न्यायपालिका, अर्द्धसामन्ती अर्द्ध-औपनिवेशिक दण्डशास्त्र की धारणा के तहत किस प्रकार काम करती है। आपराधिक दण्ड के सिद्धान्तों के अन्तर्गत आदिम गोत्रवादी और प्रतिकारी दण्ड के तरीकों का पुनः पालिश किया हुआ नया संस्करण लागू होता है। उच्च श्रेष्ठता के लबादे में वर्तमान शासक वर्ग को सत्ता में बनाये रखने और सुदृढ़ करने का आधार तैयार किया जाता है और चूँकि जनता इस व्यवस्था के केन्द्र में नहीं है, इसलिए अपराधियों के अपराध को उसका अकेले का नहीं बल्कि बड़े समाज की उत्पत्ति समझकर उनको मुक्त कर पुनः समाज में वापस लाने की प्रगतिशील अवधारणा को स्थान नहीं मिलता। इस सच्चाई को भली प्रकार समझा जा सकता है।

सारांश में भारत एक अर्द्धसामन्ती अर्द्ध-औपनिवेशिक समाज है और इसलिए इसकी अर्थव्यवस्था भी उसी वर्ग की है तथा यहाँ अर्द्ध-औपनिवेशिक अर्द्ध-सामन्ती उत्पादन सम्बन्ध भी बने हुए हैं और कम्प्राडोर बुर्जुआ और सामन्त वर्ग की राज्य सत्ता कायम है। इस देश में अर्द्धनग्न, आधा पेट खाए, बेघर, बेरोजगार दसियों लाख लोग घूम रहे हैं और यह तथाकथित 'स्वतन्त्र' देश है। यह अर्द्ध-औपनिवेशिक अर्द्धसामन्ती देश की अर्थव्यवस्था की भयावह तस्वीर है। कृषि और उद्योग दो बड़े और बुनियादी क्षेत्र निरन्तर संकट से गुजर रहे हैं।

इस अर्द्धसामन्ती अर्द्ध-औपनिवेशिक व्यवस्था में जनता की ऐसी दुर्दशा होना अनिवार्य है, क्योंकि इस व्यवस्था में जनता की विशाल सम्पदा को सामाजिक साम्राज्यवादियों, साम्राज्यवादियों, कम्प्राडोर बुर्जुआ द्वारा लूटा जा रहा है। साथ ही सामन्तवादी शक्तियों की भी लूट जारी है और बची हुई कसर आसमान छूती महँगाई और निरन्तर बढ़ रही मुद्रास्फीति से पूरी होती है। चारों तरफ के संकटों से यह स्पष्ट है कि यह व्यवस्था बिल्कुल सड़ चुकी है।

देश में शासन कर रही भ्रष्ट और कपटी इन्दिरा गाँधी की सरकार विदेशी साम्राज्यवादियों, देशी नौकरशाहों, कम्प्राडोर पूँजीपति सामन्तों को दिन-रात भारत की जनता को लूटने, शोषण करने की छूट और अवसर प्रदान कर रही है। इसके खिलाफ एकत्र हो रही जनता की विपदाएँ दरिद्रता और आक्रोश एक न एक दिन फूटेंगे और इन लुटेरों से जनता निश्चित रूप से अपना हिसाब चुकता करेगी। नव फासीवादी शासन कायम रखने वाले शासकों का समय पूरा हो रहा है। आर्थिक संकट और बरबादी भारतीय प्रतिक्रियावादी सरकार को अपरिहार्य रूप से अपने शासन तंत्र के द्वारा, ग्रामीण जनता को स्थानीय लठैतों द्वारा दास बनाने की परम्परागत शैली को लागू करने पर बाध्य करेगा। यह सरकार

के लोकतांत्रिक और छद्‌म समाजवादी मुखौटे को बेनकाब करेगा और उनके विषयासक्त प्रतिक्रियावादी शासक गुट का पूर्णतः भंडाफोड़ करेगा।

भारतीय शासक वर्ग द्वारा भारत को एक स्वतन्त्र देश, एक व्यवहार्य संविधान के साथ एक स्वतन्त्र लोकतांत्रिक देश का गलत प्रचार और यहाँ की अर्थव्यवस्था को स्थिर, योजनाबद्ध कल्याणकारी अर्थव्यवस्था समझने का क्रूर प्रयास, भारत की जनता के साथ उनके समर्पण का द्योतक नहीं है। भारत की जनता सत्ता में बैठे नरपिशाचों के खिलाफ आक्रोशित हो रही है।

हजारों साल के लम्बे इतिहास में भारत की जनता को विश्व की सबसे पुरानी, शानदार और समृद्ध रंगबिरंगी सभ्यता विरासत में प्राप्त हुई है। हजारों वर्षों में अनेक सभ्यताओं ने हमारी संस्कृति को प्रभावित किया और खुद हमारी सभ्यता से प्रभावित हुई है। इस प्रकार के निरन्तर लेन-देन की प्रक्रिया में हमारी सभ्यता समृद्ध हुई है और इसने नयी ऊँचाइयाँ हासिल की हैं। इस ऊँचाई पर महान विचारकों, वैज्ञानिकों, अन्वेषकों, विद्वानों, राजनेताओं, सैन्यविशेषज्ञों, देशभक्तों, दमन के खिलाफ लड़ने वाले क्रान्तिकारियों का उज्ज्वल प्रकाश पुंज जगमगा रहा है।

भारत का शासक वर्ग भारत के धर्मनिरपेक्ष (सेकुलर) राष्ट्र होने का दावा करता है और उनका यह दावा कि भारत की धर्मनिरपेक्षता की गारंटी संविधान में की गयी, वास्तव में उनका यह कथन बिल्कुल पाखंड है, भारत के अर्द्ध-औपनिवेशिक अर्द्धसामन्ती साम्प्रदायिक चरित्र को छिपाने का प्रयास है।

संस्कृति

वर्तमान राजनीति और अर्थनीति के परिणामस्वरूप निर्मित अर्द्धसामन्ती अर्द्ध-औपनिवेशिक संस्कृति, गाँधीवाद को सामाजिक व्यवहार के सर्वोत्कृष्ट रूप में महिमामंडित करती है। यह संस्कृति गरीबों और किसानों को पूँजीपतियों और सामन्तों का ट्रस्टी और उनके द्वारा धन-सम्पदा एकत्र करने को न्यायसंगत ठहराती है। जनता को वर्ग संघर्ष से भटकाने के लिए उसे शान्ति और सहनशीलता का पाठ पढ़ाती है। जनता पर अपना अधिकार व प्रभाव बनाये रखने के लिए जनता से 'गरीबी हटाओ' का वायदा करती है और अपने वर्ग को दौलत एकत्र करने में सहायता पहुँचाती है। यह जनता को राष्ट्रीय एकता, समाजवाद और धर्मनिरपेक्षता का पाठ पढ़ाती है, जबकि साम्प्रदायिक अशान्ति और राष्ट्रीय विघटन को बढ़ावा देती है। यह क्रान्तिकारी संघर्ष का तिरस्कार करती है और नपुंसकता के साथ साम्राज्यवादियों और सामाजिक साम्राज्यवादियों की हिंसा को लाइसेंस (समर्थन के रूप में) प्रदान करती है।

जनता की राजनीति और अर्थनीति के परिणामस्वरूप विकसित जनता की जनवादी संस्कृति, सामाजिक साम्राज्यवाद, कम्प्राडोर बुर्जुआ और सामन्तवाद के खिलाफ संघर्ष पर जोर देती है ताकि प्रगतिशील सामाजिक व्यवस्था के लिए एक सही संस्कृति निर्मित की जा सके। सर्वहारा-संस्कृति और सर्वहारा-अर्थनीति के परिणामस्वरूप विकसित हुई सर्वहारा-संस्कृति न सिर्फ साम्राज्यवाद का विरोध करती है बल्कि पूँजीवाद की विरोधी भी है।

इसलिए दृढ़तापूर्वक यह दावा किया जाता है कि भारत का सांस्कृतिक इतिहास एक मिली-जुली और विविधतापूर्ण संस्कृति का इतिहास है। यह न तो 'हिन्दू' न 'मुसलिम' संस्कृति है, यह हिन्दुस्तानी संस्कृति है। हालाँकि भारतीय संस्कृति समय-समय पर हिन्दू या मुसलिम संस्कृति के रूप में दिखाई देती है। जब से भारतीय समाज का वर्गीय विभाजन शुरू हुआ, तब से सामाजिक स्तर पर प्रत्येक चरण में दो विरोधी वर्गों की संस्कृतियाँ आपस में एक-दूसरे पर प्रभुत्व कायम करने के लिए टकराती रही हैं।

क्या भारतीय समाज समानता की गांरटी करता है? समानता का क्या अर्थ है? इस विषय में हम द्वन्द्वात्मक दृष्टि से विचार करेंगे और संस्कृति क्या है इसे भी द्वन्द्वात्मक नजरिए से समझने का प्रयास करेंगे।

संस्कृति को 'अभिजात वर्ग' की एक बौद्धिक उत्पत्ति समझने और इसके भौतिक आधार को नकारने वाली समझ और सिद्धान्तों से भिन्न हमें यह जानना और समझना चाहिए कि संस्कृति एक ऐतिहासिक परिघटना है और इसका विकास सामाजिक-आर्थिक संरचना के क्रमिक अनुगमन पर निर्भर है।

मार्क्सवाद-लेनिनवाद, भौतिक माल के उत्पादन को ही वस्तुगत आत्मिक संस्कृति के आधार और स्रोत के रूप में देखता है। इसलिए संस्कृति मनुष्यों की गतिविधियों का उत्पाद है। किसी भी वर्गीय समाज में अपनी सैद्धान्तिक अन्तर्वस्तु और व्यावहारिक उद्देश्यों की दृष्टि से संस्कृति का अपना वर्गीय चरित्र होता है। पूँजीवादी व्यवस्था में प्रत्येक राष्ट्रीय संस्कृति दो संस्कृतियों में विभाजित रहती है। इस व्यवस्था के अधीन जनता के बीच जनवादी और समाजवादी दोनों संस्कृतियाँ मौजूद रहती हैं।

समाजवादी संस्कृति, अतीत की तमाम प्रगतिशील उपलब्धियों को अपने में समाहित किये होती है और इसलिए यह विचारधारा और सामाजिक गतिविधियों के दृष्टिकोण से आधुनिक पूँजीवादी संस्कृति से मूलभूत रूप से भिन्न है। समाजवादी क्रान्ति के बगैर समाजवादी संस्कृति का निर्माण नहीं किया जा सकता और इसका आवश्यक तत्त्व सांस्कृतिक क्रान्ति है।

जनता के साथ बन्धुत्व, कम्युनिस्ट विचारधारा, वैज्ञानिक विश्व दृष्टिकोण और समाजवादी संस्कृति के विकास में समाजवादी व्यवस्था की भूमिका—यह सब समाजवादी संस्कृति की सामाजिक विशेषताएँ हैं और कम्युनिस्ट पार्टी समाजवादी राज़ की समस्त शैक्षणिक और सांस्कृतिक गतिविधियों पर अपना प्रभाव डालती है। राष्ट्रीय स्वरूप और समाजवादी अन्तर्वस्तु वाली सभी संस्कृतियों का विकास समाजवाद में अन्तर्निहित है। इसके अधीन राष्ट्रीयताओं के बीच भौतिक और सहज मानवीय मूल्यों का समागम तेजी से विकसित और विस्तृत होता है; इससे प्रत्येक राष्ट्रीयता का सांस्कृतिक खजाना अन्तर्राष्ट्रीय चरित्र के मूल्यों से समृद्ध होता है और सामान्य कम्युनिस्ट संस्कृति के गुणों का विकास होता है जो भविष्य के कम्युनिस्ट समाज की सामान्य संस्कृति को निर्मित करने में सहायक होता है।

विश्व संस्कृति में जो कुछ भी सर्वोत्तम निर्मित हुआ है, उसे अपने अन्दर समाहित और विकसित करते हुए कम्युनिस्ट संस्कृति मानवजाति के इतिहास

में नया सांस्कृतिक आयाम जोड़ती है। यह समाज के मानवता-संचरित जीवन की समृद्धि, उच्च आदर्शों और बहुमुखी प्रतिभा को अपने अन्दर समेटे हुए नये विश्व की सच्चाई होगी। यह एक वर्ग की नहीं बल्कि समाज की और सम्पूर्ण जनता और सम्पूर्ण मानवजाति की बहुमुखी संस्कृति होगी।

संस्कृति व्यक्ति-विशेष के जीवन और उसके रहन-सहन को अभिव्यक्त करती है। किसी समाज की संस्कृति उस समाज की राजनीति और अर्थनीति की अभिव्यक्ति होती है और बदले में उस समाज की अर्थनीति और राजनीति को कार्य-दिशा देती है। जैसा कि लेनिन ने कहा है कि ''राजनीति, अर्थनीति की केन्द्रीय अभिव्यक्ति है।'' यह सारतः एक तरफ संस्कृति और राजनीति और दूसरी तरफ राजनीति और अर्थनीति का सम्बन्ध है और इसके साथ ही अर्थनीति और राजनीति के सम्बन्धों को दर्शाता है।

संस्कृति किसी 'अभिजात' या जन्म से ही 'बुद्धिमान' या सभी 'प्रतिभाओं से सम्पन्न' या किसी 'महान मानव' की देन नहीं है बल्कि यह मनुष्य के सामाजिक व्यवहार की उत्पत्ति है, और मनुष्य का सामाजिक व्यवहार निरन्तर विकसित होने वाली प्रक्रिया है और इसी प्रकार मनुष्य का ज्ञान हमेशा विकसित होता है। प्रत्येक व्यक्ति की योग्यता और ज्ञान उसकी वस्तुगत और आत्मगत परिस्थितियों से संचालित होते हैं और इसलिए यह प्रकृति-प्रदत्त सीमाओं से बँधा हुआ है। यह सर्वोपरि नहीं है और न तो 'अति बुद्धिमान' 'प्रतिभाओं से सम्पन्न' ऐसा व्यक्ति जो अमोघ है और जिसका अमूर्त या आन्तरिक सत्य पर पकड़ का ही वरदान है। वस्तुतः ये सारे मिथ बिल्कुल काल्पनिक हैं।

सामाजिक व्यवहार का वर्गीय आधार होता है और हर वर्ग के सामाजिक व्यवहार में उसकी संस्कृति दिखती है। प्रत्येक बुनियादी वर्ग की भी अपनी संस्कृति हो सकती है। परन्तु चूँकि समाज मुख्य रूप से शोषक और शोषित दो वर्गों में विभक्त रहता है, इसलिए इसी आधार पर दो बुनियादी और विकसित संस्कृतियाँ समाज में मौजूद रहती हैं। अन्य उपवर्गों या ग्रुपों की संस्कृति अविकसित होने के कारण उसी प्रमुख वर्ग की संस्कृति का अनुसरण करती है। शोषक वर्ग की संस्कृति मुट्ठी-भर शोषकों के हितों की रक्षा करती है और उसको ही बढ़ावा देती है, जबकि शोषित वर्गों की संस्कृति विशेष रूप से व्यापक मेहनतकश जनता के हितों का प्रतिनिधित्व करती है। इसलिए इसे जनता की संस्कृति का नाम दिया जाता है। इस प्रकार संस्कृति का हमेशा वर्गीय चरित्र होता है, वर्गों से अलग कोई भी संस्कृति नहीं होती है। समाज में वर्गोपरि समदर्शी कोई संस्कृति नहीं है।

चेयरमैन माओ ने येनान की साहित्य और कला गोष्ठी में कहा है—(माओ की संकलित रचनाएँ, भाग 3, मई 1942) "आज दुनिया में सभी संस्कृतियाँ विभिन्न वर्गों की संस्कृतियाँ हैं और विभिन्न राजनीतिक पार्टियों द्वारा उनको प्रोत्साहन प्रदान किया जाता है। वास्तव में वर्गों से अलग या राजनीति से स्वतन्त्र या 'कला कला के लिए' ऐसी कोई चीज नहीं होती। सर्वहारा साहित्य और संस्कृति वास्तव में सर्वहारा के सम्पूर्ण क्रान्तिकारी उद्देश्यों का हिस्सा है।" लेनिन के अनुसार वह 'सर्वहारा की क्रान्तिकारी मशीन के पहिए और चूले हैं।'

इसलिए किसी वर्ग की संस्कृति उस वर्ग की राजनीति की रक्षा करती है। यह संस्कृति प्रभुत्व की राजनीतिक सत्ता से चिपके रहने, शोषण और दमन करने की मानसिकता वाले धनवानों के महत्त्व को महिमामंडित करने तथा निम्न और गरीब को असम्मानित करने वाली राजनीति को स्थापित करती है। यह विभिन्न प्रकार के जातिभेद, रंगभेद, धर्म और सम्प्रदायों के भेदों को बढ़ावा देती है। यह संस्कृति जनता को विभाजित करने तथा गरीब और निम्न लोगों को असम्मानित करने वाली राजनीति को स्थापित करती है। उसकी क्रान्तिकारी चेतना कुन्द करने, उसके वर्ग संघर्ष को भोथरा करने, और इस प्रकार विभाजित जनता पर शासकों का प्रभुत्व, शोषकों का शोषण और दमन बनाये रखने में सहायता प्रदान करती है। इस संस्कृति के माध्यम से बड़ी सावधानी से अन्धविश्वास को मजबूती प्रदान की जाती है। शोषक परम्पराओं पर बहुत ध्यान दिया जाता है। जनता को अधीन बनाये रखने, उनके शोषण को जारी रखने और शोषकों की करतूतों पर पर्दा डालने के लिए धर्म-जागरण को महत्त्वपूर्ण बताया और वैभवपूर्ण तरीके से संचालित किया जाता है। शोषक वर्ग अपनी संस्कृति को सर्वोपरि रखता है, अच्छी तरह से और प्रभावशाली तरीके से इसका प्रचार करता है ताकि उन चीजों को आसानी से प्राप्त किया जा सके, जिसको हमेशा शक्ति द्वारा नहीं प्राप्त किया जा सकता है।

इसी तरह शोषित वर्ग की संस्कृति शोषण, दमन और अन्याय के खिलाफ संघर्ष करने के लिए, क्रान्तिकारी राजनीति को अग्रगति देने के लिए, अपने वर्गों को एकताबद्ध और उत्साहित करने के लिए कठोर प्रयत्न करती है। इसके द्वारा वर्ग संघर्ष के सामाजिक व्यवहार के द्वारा इसकी शानदार वर्ग संस्कृति का विकास होता है, परिणामस्वरूप जनता की सेवा करने, परस्पर सम्मान, वीरता, बलिदान, अन्याय के खिलाफ समझौताहीन संघर्ष, ईमानदारी के प्रति सम्मान, सत्यनिष्ठा, विनम्रता, सादगी, धन-लोलुप्ता से दूर रहने और निःस्वार्थ काम करने आदि के उन्नत मानकों का विकास होता है।

गुलामी की संस्कृति, अपनी राजनीति और अर्थनीति में, अन्ध आज्ञाकारिता, वफादारी, मालिकों की सत्यनिष्ठा से सेवा करने की अवधारणा को प्रचारित-प्रसारित करती है। यह संस्कृति 'नमक के प्रति वफादार होने' के सिद्धान्त अर्थात् जिस मालिक ने खाना, कपड़ा और सर छुपाने को छत दी है उसकी अधीनता स्वीकारने और सेवक बने रहने के सिद्धान्त का प्रचार करती है। यह दासता का सिद्धान्त है, इसका अनुपालन न करना बेवफाई है और इसलिए भगवान के खिलाफ किया गया एक पाप है। यह सिद्धान्त दास पालकों के प्रभुत्व और उनकी शोषण की आवश्यकता को न्यायसंगत ठहराता है, जबकि दासों का मालिक वर्ग अपने लिए शराब, जुआ, और महिलाओं के साथ रंगरेलियाँ मनाने और अन्य ऐयाशियों में लिप्त रहने की अनुमति प्रदान करता है। यह सिद्धान्त जनता को दासता की संस्कृति का विरोध करने और अपनी इच्छाओं पर नियन्त्रण रखने का उपदेश देता है। अर्थात् ''गुलामी के नियमों के खिलाफ न सुनो, न देखो और न बोलो'' का उपदेश देता है।

गुलाम संस्कृति की अपनी राजनीति और अर्थनीति की अभिव्यक्ति सभी प्रकार से जनता के शोषण और दमन के खिलाफ संघर्षों को रोकने, और वीरता, परस्पर सम्मान, विनम्रता, सादगी और मानव श्रम का तिरस्कार करने में होती है।

सामन्ती संस्कृति की अपनी राजनीतिक और आर्थिक अभिव्यक्ति धर्म और जातीयता के सिद्धान्त को संस्कृति के 'सही' मानकों के रूप में स्थापित करती है और इसी में शाश्वत, सर्वव्यापी, धर्मपरायण सत्य को सर्वदा के लिए उत्तम बताती है। पृथ्वी पर भगवान के स्वरूप राजा को जनता द्वारा वफादारी से आज्ञापालन का पाठ पढ़ाती है। यह विलासिता, मद्यपान, जुआ खेलना, षड्यन्त्र, विश्वासघात, छल-कपट आदि को सामन्तों की लाक्षणिक विशेषता समझती है और इन सबको वह स्वाभाविक मानती है और राजसी अनिवार्यता के रूप में चित्रित करती है और जनता को सन्तोष करने और धर्मपरायण होने, दुनियादारी के बन्धनों से मुक्त रहने और राजा की आज्ञा का पालन करने की शिक्षा देती है। राजा के खिलाफ विद्रोह को एक घृणित अपराध बताती है।

जनसंस्कृति अपनी राजनीति और अर्थनीति को प्रदर्शित करते हुए सामन्ती बन्धनों के खिलाफ संघर्ष को व्यवहार का सच्चा मानक स्थापित करती है। वह युद्ध कौशल, हीरोइज्म, कठोर कार्य, सादगी और सद्गुणों आदि को सही मानती है।

साम्राज्यवादी संस्कृति अपनी राजनीति और अर्थनीति के प्रति दृढ़ता से आत्मस्वार्थ, उपलब्धि और मुनाफे के व्यवहार को सही मानकर स्थापित करती

है। सम्पदा एकत्र करने को सभी प्रकार से प्रोत्साहन देती है और अपने आचरण, तथा व्यवहार को आदर्श के रूप में प्रचारित और प्रसारित करती है।

अपनी राजनीति और अर्थनीति से जन्म लेने वाली जनता की संस्कृति साम्राज्यवाद-विरोधी संघर्ष को चैम्पियन करती है, इसे व्यवहार का सही मानक मानती है। औपनिवेशिक आदतों और रीति-रिवाजों का विरोध और जनता के बलिदानों और राष्ट्रीय मुक्ति संघर्षों की प्रशंसा करती है।

भारत की वर्तमान स्थिति में कम्प्राडोर बुर्जुआ और सामन्ती वर्ग प्रभुत्वशाली वर्ग है। इस समाज की संस्कृति दो भागों में विभाजित है। एक प्रभुत्वशाली वर्ग की संस्कृति अर्थात् अर्द्धसामन्ती, अर्द्ध-औपनिवेशिक संस्कृति, दूसरे शब्दों में कहें तो यह प्रभुत्वशाली सामन्ती और कम्प्राडोर बुर्जुआ वर्ग की संस्कृति है और दूसरी संस्कृति शोषित वर्ग की है। विचारधारा और सामाजिक गतिविधियों के दृष्टिकोण से भी शोषितों की संस्कृति में सभी प्रगतिशील उपलब्धियाँ समाहित हैं और शोषक वर्गों की संस्कृति की विचारधारा कम्प्राडोर बुर्जुआ और अर्द्ध-सामन्ती विचारधारा वाली है। समाजवादी संस्कृति की ओर अग्रसर हो रही प्रगतिशील संस्कृति को और आगे बढ़ाने के लिए, इन प्रभुत्वशाली वर्गों द्वारा कब्जा कर ली गयी सत्ता को सर्वहारा के नेतृत्व में जनता द्वारा छीन लेना अनिवार्य है। जब तक जनता की संस्कृति, समाजवादी संस्कृति की प्रक्रिया से होते हुए अपने अन्तिम चरण साम्यवादी संस्कृति तक नहीं पहुँच जाती, तब तक सांस्कृतिक समानता की बात अवास्तविक है। इसलिए भारतीय संविधान के अन्तर्गत सांस्कृतिक समानता का ढोल पीटना वास्तव में एक भ्रम है। परन्तु सच्चाई यह है कि कम्प्राडोर बुर्जुआ और सामन्ती संस्कृति प्रभुत्वशाली है और दूसरी शोषित वर्गों की संस्कृति भौतिक और आत्मिक संस्कृति आज भी उपेक्षित ही नहीं, पददलित भी है।

शासक वर्ग की भौतिक संस्कृति की विलासितापूर्ण बुर्जुआ जीवन में उपलब्ध तमाम उपभोग्य वस्तुएँ आज भी शोषित जनता की पहुँच से दूर हैं। शासक वर्ग की आध्यात्मिक संस्कृति, कम्प्राडोर बुर्जुआ और सामन्तों की नग्न संस्कृति, हिप्पी संस्कृति, उनकी चरस-गाँजा की संस्कृति, महिलाओं को निर्वस्त्र करने की गोवा और अन्य समुद्र तटों पर तथा स्वीमिंग पूलों में नग्न स्नान करने की संस्कृति, नाइट क्लबों में कैबरे डांस, ब्लूफिल्मों और अश्लील साहित्य, नग्न चित्रों और वेश्यावृत्ति की संस्कृति पर प्रभुत्वशाली वर्गों का एकाधिकार है और ऐसे अधिकार उन्हें मुबारक रहें। इसके मुकाबिले शोषित जनता की संस्कृति है। इसलिए संविधान में घोषित सांस्कृतिक समानता की बात पूर्णतः धोखा है।

साम्प्रदायिकता

साम्प्रदायिकता, समाज के शोषक वर्गों की संस्कृति का एक नमूना मात्र है। शासक वर्गों द्वारा अपने राजनीतिक और सांगठनिक सिद्धान्त के अनुसार इसे समाज के बीच वर्गीय एकता को तोड़ने और उनके संकीर्ण वर्गीय हितों के लिए साम्प्रदायिकता की प्रभावोत्पादकता को बढ़ावा दिया जाता है। राजनीतिक रूप से साम्प्रदायिक भारतीय इतिहास, राजनीति और संस्कृति के प्रति साम्प्रदायिक दृष्टि की देन है। एक लम्बे ऐतिहासिक समय में साम्प्रदायिकता ने मनुष्य और मनुष्य के बीच नफरत पैदा की है।

आइए, भारत में साम्प्रदायिकता की जड़ों पर ध्यान दें। अधिभूतवादी इतिहासकारों ने सच्चाई की चिन्ता किये बगैर साम्प्रदायिकता की उत्पत्ति और उसके प्रदर्शन का वर्णन किया है। इन इतिहासकारों ने अति प्राचीन काल में एक आदर्श 'हिन्दू' समाज को प्रोजेक्ट किया और बाद में इसे साम्प्रदायिकता की बुराइयों से कलंकित किया। इनका मानना है कि भारत में ग्रीक, शाक्य, कुषाण, हूण आदि जो भी आये, उन्हें भारत में आश्रय मिला। उन्होंने अपनी पहचान को हिन्दू समुदाय में अन्तर्लीन कर दिया; जबकि बाद में आने वाले अप्रवासियों, मुसलमानों ने अपनी पहचान बनाए रखी। वे अपने धर्म के प्रति अक्खड़ बने रहे और उन्होंने अपना धर्म हिन्दू समुदाय पर आरोपित किया। इस प्रकार उनका मानना है कि भारत में साम्प्रदायिकता के बीज बोने के लिए मुसलमान समुदाय पूर्णतः जिम्मेदार है। क्या यह सच है? आइए, इतिहास में इसकी खोज करें। 'इतिहास के काम के बारे में' मार्क्स ने कहा कि इसका काम "विश्व की सच्चाई को स्थापित करना है", परन्तु यह कार्य तभी पूरा हो सकता है जब "सत्य से बाहर की दुनिया को ध्वस्त कर दिया जाए।"

साम्प्रदायिकता कोई आकस्मिक घटना नहीं है। समाज में वर्गों की उत्पत्ति होने के समय से ही, शोषक वर्ग जनता को विभाजित करने, उनकी एकता को नष्ट करने, उसको कमजोर करने का प्रयास करते रहे हैं। इस प्रक्रिया में उन्होंने धर्म को एक कारगर हथियार के रूप में पाया। उन्होंने प्रारम्भ से ही अपने राजनीतिक उद्देश्यों के लिए धर्म का बेजा इस्तेमाल किया।

धर्मों के बीच इतिहास का प्रथम गर्हित युद्ध सिन्धु घाटी के दास मालिकों और सिन्धु ईरानी इंडो-ईरानी मूल के दास मालिकों के बीच जाना जाता है। इसके बाद धर्म के 'पाँच दर्शनों' के सिद्धान्त का प्रयोग सामन्त वर्ग द्वारा किया गया। गुप्तकाल का युद्ध ब्राह्मणवादियों और बौद्ध और जैनियों पर किया गया अत्याचार का 500-600 ईस्वी के दौरान विभिन्न सामन्ती ग्रुपों द्वारा अपनी-अपनी सत्ता

स्थापित करने के लिए अपने-अपने धर्म के नाम पर धर्म-युद्ध संचालित किये, अर्थात् ब्राह्मणवाद या बौद्ध धर्म को स्थापित करने के लिए यह धर्म युद्ध लड़े गये।

जब तक दोनों धर्मों के सामन्तों ने एक-दूसरे धर्म की जनता का दमन करने के लिए 'हिन्दू' या 'मुसलमान' शब्द का प्रयोग नहीं किया तब तक इन दोनों शब्दों का प्रयोग धार्मिक शब्द के रूप में नहीं होता था।

मन्दिरों के ध्वस्तीकरण का भूत या मन्दिरों की लूट किसी धार्मिक कट्टरता का परिणाम नहीं था बल्कि यह सत्ता का प्रभुत्व स्थापित करने की राजनीतिक आकांक्षा थी। जहाँ तक धर्मान्तरण का प्रश्न है, यह मुसलमान सामन्तों द्वारा चलाये गये किसी अभियान के रूप में नहीं था, क्योंकि धर्मान्तरण से उनका कोई राजनीतिक लाभ नहीं था। मालाबार और पूर्वी बंगाल में जहाँ मुसलमान सामन्तों का कोई प्रभावशाली नियन्त्रण नहीं था और दिल्ली में जब मुगल सामन्त शासन संभाल ही रहे थे उस समय पर सर्वाधिक धर्मान्तरण मालाबार और पूर्वी बंगाल में हुए। बहुसंख्यक मुसलमान-जनसंख्या वाले क्षेत्रों में हिन्दू सामन्त शासक थे और बहुसंख्यक हिन्दू-जनसंख्या वाले क्षेत्रों में मुसलमान सामन्त शासक थे। यह तथ्य प्रमाणित करता है कि जनता धार्मिक सोच-विचार से प्रभावित नहीं थी। इसलिए धर्मान्तरण का प्रमुख कारण पुनः राजनीतिक-आर्थिक तथ्य ही सामने आता है, जनता द्वारा धर्म के प्रति उदासीनता या धार्मिक सोच-विचार पर ध्यान न देने की बात इस तथ्य से प्रमाणित होती है कि टर्किश सामन्तों द्वारा भारत में प्रवेश गैर-मुसलमानों के नरसंहार या बलपूर्वक व्यापक धर्मान्तरण के बल पर नहीं हुआ।

दोनों ही सम्प्रदाय के सामन्तों द्वारा अपनी राजनीतिक आवश्यकता के लिए आपस में झगड़ रहे छोटे-छोटे ज़मींदारों को अपने-अपने पक्ष में गोलबन्द करने के लिए साम्प्रदायिकता का उन्माद भड़काया गया। इसी राजनीतिक उद्‌देश्य के लिए दोनों धर्मों के सामन्तों (राजाओं) के बीच वैवाहिक समझौते भी हुए। हिन्दू सामन्त और राजा-रजवाड़े भी गरीब जनता का उसी प्रकार दमन-उत्पीड़न करते थे, जैसे मुसलमान सामन्त और नवाब। यहाँ तक कि अकबर ने भी अबुल फ़जल से कहा कि जनसाधारण को शिक्षा प्रदान करने से समाज में अव्यवस्था और राजद्रोह पनप सकता है। सामाजिक रूप से जिस प्रकार हिन्दू जातीय पूर्वग्रह और भेदभाव से ग्रसित ये मुसलमान भी उसी प्रकार विभिन्न फिरकों (धार्मिक श्रेणियों) में विभाजित थे। गैर-मुसलमानों से धार्मिक कर ज़जिया वसूला जाता तो मुसलमानों से धार्मिक टैक्स के रूप में ज़कात वसूली जाती।

विभिन्न धर्मों की आम जनता शान्तिपूर्वक मेल-मिलाप से रहती और शासकों

की लूट और दमन के खिलाफ कन्धे-से-कन्धा मिलाकर लड़ती। अठारहवीं शताब्दी के आरम्भ में सिक्ख और मुसलमान किसान एक तरफ आपस में नुक्ताचीनी करते और दूसरी तरफ 'हिन्दू' सामन्तों की मदद से मुसलमान सामन्तों के खिलाफ संघर्ष संचालित करते थे। केन्द्रीय मुसलमान शासकों के खिलाफ, मुसलमान और गैर-मुसलमान मराठा किसानों ने गुरिल्ला युद्ध संचालित किया। हिन्दुस्तान में 600 वर्षों के मुसलिम शासनकाल में जब 'हिन्दू' और 'मुसलमान' शासक आपस में युद्ध कर रहे थे, तब 1673 में अहमदाबाद में केवल एक और एकमात्र साम्प्रदायिक दंगा हुआ।

ब्रिटिश साम्राज्यवाद द्वारा भारत में सत्ता स्थापित करने के बाद साम्प्रदायिकता को राज सत्ता की नीति के रूप में पोषित किया गया। ब्रिटिश औपनिवेशिक शासन के संरक्षण में साम्प्रदायिक राजनीतिक पार्टियों की स्थापना के बाद साम्प्रदायिकता ने अपना सिर उठाना शुरू किया। जनता को विभाजित रखने के लिए पूरे ब्रिटिश शासन काल में, ब्रिटिशों ने एक समुदाय को दूसरे के खिलाफ खड़ा किया। भारतीय जन समुदाय के बीच सुनियोजित तरीके से साम्प्रदायिक भावनाओं को भड़काना ब्रिटिश साम्राज्यवादियों की बुनियादी नीति थी। इस प्रकार जीवन के सभी क्षेत्रों में साम्प्रदायिकता को प्रवेश कराया गया और अलग निर्वाचन क्षेत्र को लागू करने के पैशाचिक निर्णय ने निर्णायक रूप से भारतीय राजनीति में साम्प्रदायिकता को स्थापित कर दिया।

ब्रह्म समाज, थियोसाफिकल सोसाइटी, आर. के. मिशन, आर्य समाज आदि अनेक साम्प्रदायिक संगठनों ने विश्व के सभी मूल्यों और जीवन के सामाजिक धार्मिक सद्गुणों को आधार के रूप में प्रचारित कर इसके साथ-साथ विषाक्त साम्प्रदायिकता का जाल बुना। मुस्लिम लीग और कांग्रेस के भक्षक नेता, खुले या प्रच्छन्न रूप में विघटनकारी औपनिवेशिक साम्प्रदायिक नीति के एजेंट की भूमिका बखूबी निभा रहे थे।

सन् 1881 में मुलतान में हिन्दू-मुसलमान कट्टरपंथियों के बीच घृणित साम्प्रदायिक दंगा हुआ। संयुक्त प्रान्त, मध्य प्रदेश, बिहार और बम्बई (मुम्बई) में 1893 में साम्प्रदायिक दंगे हुए। औपनिवेशिक साम्प्रदायिक नीति ने, साम्राज्यवाद विरोधी संघर्ष में विघटन पैदा कर ब्रिटिशों की सेवा की। 1920-21 के दौरान बंगाल में बड़ा साम्प्रदायिक दंगा हुआ और इसके बाद ही अमृतसर, मेरठ, मुरादाबाद, रायबरेली, सहारनपुर, मुलतान में 1923 में साम्प्रदायिक दंगे हुए, और इसके बाद तो साम्प्रदायिक दंगे भारतीय राजनीतिक जीवन की सामान्य परिघटना हो गये। इस प्रकार साम्प्रदायिक दंगे ब्रिटिश साम्राज्यवाद के विशेष

उत्पाद हैं। कल साम्प्रदायिकता की जिस आग को धर्मनिरपेक्षता के गुरुओं ने स्वयं ही हवा दी थी अब 1947 के बाद संसद भवन में वही लोग धर्मनिरपेक्षता के साथ राष्ट्रीय एकता, भारतीयकरण, सांस्कृतिक सद्भाव आदि के नारों की जोरदार आवाज लगा रहे थे। छद्म धर्मनिरपेक्ष लोगों ने, सांप्रदायिकता की गुप्तोपासना के साथ अन्धराष्ट्रवाद की भी चाल चली, जिससे उनको भ्रमित मतदाताओं का व्यापक समर्थन प्राप्त हुआ। अभी-अभी अहमदाबाद, भिवंडी, दिल्ली, इलाहाबाद, मेरठ आदि के साम्प्रदायिक उन्माद ने प्रमाणित कर दिया है कि भीड़ का पागलपन कितना भयानक सामूहिक जनसंहार कर सकता है। इसने कांग्रेस के भी धर्मनिरपेक्ष मुखौटे को तार-तार कर दिया, जब इसके कार्यकर्त्ताओं के साथ नेता भी मुसलमानों के खिलाफ साजिश रच रहे थे। इन दंगों ने जनसंघ, शिव सेना और इसी प्रकार के अन्य बुर्जुआ और सामन्तों के संगठनों की वास्तविकता को उजागर कर दिया। इस साम्प्रदायिक उन्माद का एक और नतीजा सामने आया है कि दंगे की इस आग का शिकार दोनों समुदाय के गरीब असहाय लोग ही हुए हैं—कुछ अपवादों को छोड़कर दंगे में शामिल किसी भी समुदाय का एक भी अमीर शोषक नहीं मारा गया।

दो सौ वर्ष के औपनिवेशिक शासन के दौरान हुए साम्प्रदायिक दंगों से अधिक दंगे इस वर्तमान सरकार के शासन काल में हुए हैं। शासक वर्ग क्रान्तिकारी गतिविधियों से बुरी तरह से आतंकित रहते हैं, इसलिए जहाँ कहीं और जिस प्रकार भी सम्भव हो साम्प्रदायिकता के अतिरिक्त, अन्धराष्ट्रवाद, जातिवाद, भाषा और आंचलिकता के नाम पर जनता को आपस में लड़ाने और विभाजित करने का प्रयास करते रहते हैं।

भारतीय इतिहास ने निर्णायक रूप से यह स्थापित किया है कि साम्प्रदायिकता का स्रोत समाज के सामाजिक और आर्थिक ढाँचे पर, शोषण और दमन पर आधारित है। भारतीय जनता चाहे जिस समुदाय की हो, देशी और विदेशी शासक वर्ग समान रूप से उसका शोषण करता है। समय की माँग है कि सभी समुदायों की शोषित-पीड़ित जनता एकताबद्ध हो और अपने साझा शत्रु को उखाड़ फेंके। जनता की इस एकता में साम्प्रदायिकता एक बड़ी बाधा है। साम्प्रदायिकता को किनारे लगाने के लिए अनुकूल आर्थिक और सामाजिक परिस्थिति का होना आवश्यक है और यह केवल क्रान्ति के द्वारा ही सम्भव है।

जातिवाद

जातिवाद भारतीय समाज पर चिपकाया हुआ कलंक है जो अविश्वसनीय मंद

गति से दसियों हजार वर्षों से भारतीय समाज को बदनाम कर रहा है और यह भारतीय जनता को असभ्यता की भूल-भुलैया में डुबो रहा है। भारतीय समाज इतने लम्बे समय से जातिवाद को झेल रहा है, इसलिए इसकी कुछ बहुत ही तीक्ष्ण विडम्बनाएँ भी हैं। यह अद्वितीय रूप से एक भारतीय संस्था ही है। कुछ लोग इस बात पर जोर देते हैं कि जाति विशेष रूप से और अपवाद स्वरूप एक भारतीय परिघटना है। जातिवाद निश्चित रूप से एक विश्वस्तरीय परिघटना नहीं है। यद्यपि जाति किसी न किसी रूप में मिस्र, ग्रीक, रोम आदि के सामन्ती समाज में भी मौजूद रही है। भारत में जातिवाद का स्वरूप बिल्कुल नया, आश्चर्यजनक, क्रूर, अनोखा और अमानवीय है। जाति व्यवस्था वास्तव में दास प्रथा से भी अधिक क्रूर है। भारतीय जनता के एक बड़े हिस्से से जातिवाद जैसा भयंकर बर्ताव करता है, उसे शायद प्रचंड रंग भेद वाली सरकारें भी बेहद बुरा महसूस करेंगी।

आदिम साम्यवादी समाज जो अपने व्यवहार के द्वारा ही विकसित हुआ, उस आदिम समाज में भी असमान अधिकार और सुविधाओं तथा स्तर की भिन्नता के आधार पर तीन स्तरीय विभाजन हुए। प्राचीन तीन स्तरीय सामाजिक विभाजन, भिन्न ड्यूटी, भिन्न पेशों और भिन्न पदवी के आधार पर थे। यह पदानुक्रमिक सामाजिक व्यवस्था अपने से नीचे वाली श्रेणी को ऊपर वाली श्रेणी के प्रति ताबेदार बनाने की थी, ऊपरी श्रेणी वाला व्यक्ति नीचे वाले से श्रेष्ठ और अप्रश्ननीय माना जाता था। इसी प्रकार आदिम साम्यवादी समाज के अन्तिम चरण में एक चौथी श्रेणी भी निर्मित की गयी। इसमें अधिकांश लोग युद्धबन्दी थे। यह आदिम काल के उत्पादन का वर्गीय ढाँचा था। यह चार स्तरीय सामाजिक विभाजन वह जातीय व्यवस्था है, जिसके आधार पर भारतीय समाज के विभिन्न वर्गों और सामाजिक ग्रुपों के बीच संम्बन्धों पर नियन्त्रण किया जाता था।

जाति (कास्ट) शब्द का आविर्भाव लैटिन शब्द 'कास्ट्स' से हुआ है, जिसका अर्थ विशुद्ध या अमिश्रित है। भारत में इसका समानार्थी शब्द 'वर्ण जाति' है जो उत्पत्ति या जन्म के समय से ही जाति को चिन्हित करता है। इस प्रकार भारत के पदानुक्रमिक समाज में जाति का प्रवेश हुआ। इस प्रथम चार स्तरीय सामाजिक विभाजन में पहले (1) ब्राह्मण (2) क्षत्रिय और (3) वैश्य ही थे। बाद में चौथा स्तर शूद्र का भी जोड़ा गया। प्रथम दो स्तर अर्थात् ब्राह्मण और क्षत्रिय शोषक वर्ग के लोग थे, तीसरा वर्ग (वैश्य) मध्य वर्ग का था और चौथा वर्ग, सर्वाधिक शोषित वर्ग दासों या कमेरों का था। शोषक वर्गों ने शोषितों और उत्पीड़ितों के ऊपर अपनी वर्गीय श्रेष्ठता, प्रभुत्व और शोषण को बनाये रखने के लिए जातीय व्यवस्था को स्थायी स्वरूप प्रदान किया। जिसके अनुसार

यह स्थापित किया गया कि समाज में सभी लोग गैर-बराबर ही पैदा होते हैं।

इन चार जातियों में से दो विशेषाधिकार प्राप्त जातियाँ शोषक वर्ग से हैं। 1931 की जनगणना के अनुसार इनकी संख्या बहुत कम थी जबकि निम्न जातियों (शोषित वर्गों) की संख्या बहुत अधिक थी (देखें, परिशिष्ट-15)। अछूत और सर्वाधिक दमित वर्ग की संख्या, कुल आबादी की 14% और हिन्दुओं की जनसंख्या का 21% थी। आनेवाले समय में यह जाति व्यवस्था अनेक उपजातियों और प्रत्येक उपजाति और छोटे-छोटे ग्रुपों और समूहों में विभाजित होती गयी। जनगणना की रिपोर्ट के अनुसार, भारत के प्रत्येक भाषा क्षेत्र में करीब 200 जातियाँ और 2000 उपजातियाँ और सम्पूर्ण भारत में करीब 800 प्रमुख जातियाँ और 5000 छोटे-छोटे जातीय ग्रुप हैं। (स्रोत, पी.वी. काने की पुस्तक *हिस्ट्री ऑफ धर्मशास्त्र,* वाल्यूम-II, पार्ट-I, पृ. 71) पवित्र पुस्तकों में वर्णित जातियों की संख्या 172 है।

भारतीय सन्दर्भ में इस जाति व्यवस्था के वास्तविक वर्ग चरित्र को समझने के लिए इतिहास का अध्ययन आवश्यक है।

भारत के सामान्य जातीय ढाँचे में ब्राह्मण और क्षत्रिय—उच्च जातियाँ, श्रेष्ठ जातियाँ, विकसित जातियाँ, दैविक जातियाँ शोषक वर्ग का निर्माण करती हैं। इन दो शोषक वर्गों के दैविक जातियों के रूप में उत्पत्ति के पक्ष में साहित्य में उल्लेख मिलता है। मनुस्मृति का लेखक मनु वर्ण, जाति, धर्म अर्थात् जाति व्यवस्था के स्थायित्व का समर्थन करते हुए लिखता है कि ब्राह्मण का जन्म ब्रह्मा के मुँह से, क्षत्रिय की उत्पत्ति ब्रह्मा की भुजाओं से, वैश्य का जन्म ब्रह्मा के पेट से और शूद्रों का जन्म उसके चरणों से हुआ है। सामाजिक व्यवहार के द्वारा इस ईश्वरीय सिद्धान्त का विस्तार करते हुए ब्राह्मण को अध्यापक, निर्देशक, धर्म प्रचारक और द्विज (दो बार जन्म लेने वाला) का आदेश दिया गया; क्षत्रिय को प्रशासक अर्थात् शासन सत्ता चलाने वाला बनाया गया; वैश्य को मध्यवर्ग का सम्पत्ति संग्रह करने वाला और व्यापार करने वाला बनाया गया और शूद्रों को इन तीनों की निर्विवाद रूप से सेवा करने का आदेश दिया गया। जाति व्यवस्था को निर्विवाद और निर्बाध गति से व्यवहार में लागू करने के लिए, पुनर्जन्म और कर्म-सिद्धान्त के एक और प्रतिबन्ध को इससे सम्बद्ध किया गया। वर्तमान जाति व्यवस्था में किसी व्यक्ति के जन्म को, उसके पूर्वजन्म के कर्मों का परिणाम बताया गया। उच्च जाति में जन्म लेना आत्म गौरव, श्रेष्ठता और पूर्व जन्म का प्रतिफल माना जाता था जबकि निम्न जाति में पैदा होने को पूर्वजन्म के कर्मों का फल, कलंक, अपमान और सजा समझा जाता था।

भारतीय समाज के आरंभिक विकास के समय में शूद्रों को मनुष्य ही नहीं माना जाता था। उनको समाज से अलग, जातीय वर्गीकरण से बाहर अछूत समझा जाता था और उनको बहुत तिरस्कार की दृष्टि से देखा जाता था। यहाँ तक कि शूद्र द्वारा अन्य जाति के लोगों का पानी, बर्तन या कपड़ा छू लेने से भी वह अशुद्ध या दूषित हो जाता था। उनको किसी भी प्रकार के मानवीय अधिकार का लाभ लेने से वंचित कर दिया गया था। शूद्रों का एक और एकमात्र कार्य शोषक वर्गों की सेवा करना था।

शूद्रों के साथ पशुओं जैसा व्यवहार किया जाता था और मनुस्मृति के अनुसार, उनको आदिकाकलीन दंड दिये जाते थे। मनुस्मृति में एक स्थान पर उल्लेख है कि शूद्र को चाहे खरीदा गया हो या न खरीदा गया हो, उसके साथ दासोचित व्यवहार ही करना चाहिए। "शूद्रों का जन्म और उनका अस्तित्व ही ब्राह्मणों की सेवा के लिए है।" "यदि उसका मालिक उसे मुक्त कर भी दे तो भी वह दासता से मुक्त नहीं होता। यह दासता उसके स्वभाव में व्याप्त है तो फिर इसे उसके अन्दर से कौन निकाल सकता है?" शूद्र की सम्पत्ति पर उसका कोई अधिकार नहीं होता और उसका मालिक कभी भी उसकी सम्पत्ति ले सकता है। एक ब्राह्मण भी बगैर किसी संकोच के शूद्र की सम्पदा ले सकता है। एक ब्राह्मण को एक शूद्र की हत्या करने पर उसी प्रकार प्रायश्चित् करना चाहिए जिस प्रकार एक बिल्ली, कुत्ते या गाय की हत्या करने पर। इसके अतिरिक्त अन्य अधिभूतवादी पुस्तकों में भी इसी प्रकार के अनेक उद्धरण मिलते हैं।

मनु एक परिवार के प्रमुख द्वारा पत्नी, लड़के, और शूद्र को पीटने का लाइसेंस देता है। उस समय के अन्य ग्रन्थों में हरजाना वसूलने के लिए एक शूद्र और महिला की हत्या को समान रूप से उचित बताया गया है। सामाजिक रूप से महिला और शूद्र दोनों को अपवित्र प्राणी माना गया है। मनु महिला या शूद्र द्वारा छोड़े गये भोजन को खाना पाप मानता है। धार्मिक रूप से भी महिला और शूद्र को समान माना गया है। पाराशर गृहसूत्र के अनुसार, समावर्तन धर्मानुष्ठान के बाद उस व्यक्ति को महिला, शूद्र, शव, काला पक्षी और कुत्ते को नहीं देखना चाहिए। अन्य अधिभूतवादी ग्रन्थों में कहा गया है कि शुभ कार्य के लिए जाते समय सफलता के लिए उस व्यक्ति को महिला और शूद्र से बात नहीं करनी चाहिए और वैदिक पद्धतियों के अनुसार महिलाओं और शूद्रों को धार्मिक अनुष्ठान वर्जित हैं। सांस्कृतिक रूप से महिलाओं और शूद्रों को ज्ञानार्जन से प्रतिबन्धित कर दिया गया था। समकालीन ग्रन्थों में उल्लिखित है कि महिलाओं और शूद्रों के समक्ष वेदों का पाठ नहीं करना चाहिए। महिलाओं

और शूद्रों द्वारा 'देव भाषा' संस्कृत का प्रयोग नहीं करना चाहिए। इस प्रकार शूद्रों और महिलाओं पर अमानवीय अत्याचार किया जाता, उनकी निन्दा की जाती, क्योंकि वे समाज के सबसे दलित और निम्न स्तर के समुदाय हैं।

प्रथम दो जातियों (ब्राह्मण और क्षत्री) को अनेक महिलाएँ रखने और इन दोनों समुदायों के बीच अन्तर्जातीय विवाह की अनुमति थी। उच्च जाति का पुरुष निम्न जाति की महिला से विवाह कर सकता था, परन्तु निम्न जाति के लोगों को ऐसा कोई भी अधिकार नहीं था।

दास-मालिकों और सामन्ती रियासतों ने जातीय व्यवस्था के वर्चस्व को बनाये रखा और उत्साह के साथ उसे व्यवहार में लागू किया। ब्रिटिश साम्राज्यवाद ने भारतीय जनता को अपने अधीन बनाये रखने, विभाजित रखने, उनका उत्पीड़न करने के लिए जातीयता का उपयोग किया और इसे उनके एकताबद्ध न होने की कमजोरी के रूप में चिन्हित किया।

चूँकि जातिवाद सामन्ती सामाजिक संरचना और संस्कृति से घनिष्ठ रूप से जुड़ा था और ब्रिटिश साम्राज्यवाद भारतीय सामन्ती शक्तियों के पक्ष में था, इसलिए उसने भारत में बड़ी गम्भीरता से जातिवाद को पोषण और संरक्षण प्रदान किया। ब्रिटिश साम्राज्यवादी निश्चित रूप से इन मायनों में बुद्धिमान थे कि सुधार के नाम पर सोच-समझ कर विधान सभाओं में अनुसूचित जाति और अनुसूचित जनजाति के प्रतिनिधियों के लिए सीटें सुरक्षित कर उत्पीड़ित जन-समुदाय में विभाजन किया। इस प्रकार ब्रिटिश शासकों ने उत्पीड़ितों के अन्दर एक सुविधासम्पन्न वर्ग निर्मित कर उनके क्रान्तिकारी संघर्षों को कमजोर करने में सफलता प्राप्त की।

आइए, इस सामाजिक बुराई के बारे में गाँधी के अपने सत्य की व्याख्या को समझें। गाँधी वर्ण व्यवस्था को उचित ठहराते हैं। वर्णाश्रम की अवधारणा एक 'ईश्वरीय निर्देश' समझी जाती है, जिसके अनुसार समाज को चार श्रेणियों में बाँटा गया है। इसका वर्णन हम पहले ही कर चुके हैं। इसकी सर्वोत्तम व्याख्या कार्य के आधार पर श्रेणियों का विभाजन और तदनुसार उस श्रेणी के लोगों को काम का बँटवारा कर उनके कर्त्तव्यों को निर्धारित कर देना और इस प्रकार श्रेणीगत पदानुक्रम की सामाजिक व्यवस्था को सुदृढ़ करना है। इस अवधारणा को सामाजिक स्वीकृति प्राप्त है और इसे अविच्छिन्न रूप से 'हिन्दुत्व' के साथ जोड़ देने पर यह व्यवस्था प्रत्येक वर्ण के सदस्यों पर लागू कर दी जाती है। इसे भी स्थापित किया गया है कि किसी भी प्रकार से इस व्यवस्था का उल्लंघन समाज में अराजकता और अव्यवस्था को जन्म देगा। इस प्रकार यदि आप देखें

तो गाँधी के विचारों में गहराई तक हिन्दू धार्मिक रूढ़िवादिता जड़ जमाए नजर आती है और इस आधार पर वह एक रूढ़िवादी विचारक हैं।

गाँधी ने अपने प्रारंभिक राजनीतिक जीवन में जातिवादी व्यवस्था की प्रशंसा की और बाद में वह अति सूक्ष्म तरीके से जाति व्यवस्था और वर्ण व्यवस्था के बीच फर्क करते हुए इसे स्थापित करते हैं। उन्होंने जीवन-भर वर्ण व्यवस्था का पक्षपोषण किया और जाति व्यवस्था को इसका विकृत रूप कहा। अपने जीवन के अन्तिम दिनों में गाँधी ने कहा : ''मेरा विश्वास है कि हिन्दू समाज अपनी जातीय व्यवस्था की जड़ों के कारण ही आज तक खड़ा है।'' (बी.आर. अम्बेडकर 'व्हाट कांग्रेस एंड गाँधी हैज डन टु दि अनटचेबिल्स' दि गाँधी : दि मेकर ऑफ माडर्न इंडिया, एम. डी. ल्यूइस, पृ. 47)

गाँधी ने आगे कहा कि ''मैं जन्म के आधार पर कार्य विभाजन वाली वर्णाश्रम व्यवस्था को उचित मानता हूँ।'' (एन.के. बोस, 'सेलेक्शन फ्राम गाँधी', पृ. 231)

गाँधी कर्म-दर्शन पर विश्वास करते हैं। इसीलिए वह तर्क देते हैं कि मनुष्य के जन्म से पहले ही उसका कार्य निर्धारण हो जाता है। अर्थात् ईश्वर की इच्छा के अनुसार ही कोई शूद्र या अति शूद्र परिवार में जन्म लेता है और जन्म से पूर्व ही उसका कार्य निर्धारित हो जाता है।

गाँधी ने यह भी कहा : ''शूद्रों को धार्मिक कर्त्तव्य के रूप में हमेशा उच्च जातियों की सेवा करनी चाहिए और उनको कभी कोई सम्पत्ति नहीं रखनी चाहिए। जो अपने अधिकार में वास्तव में कोई भी वस्तु रखने की इच्छा नहीं रखते, ऐसे हजारों श्रद्धालुओं पर भगवान स्वयं फूलों की वर्षा करेंगे।'' (बी. आर. अम्बेडकर, वही, पृ. 52)

अस्पृश्यता के लिए गाँधी वर्णाश्रम व्यवस्था की निन्दा नहीं करते। वह हिन्दू जाति के लोगों द्वारा अछूतों के साथ सामाजिक समागम की अपील के द्वारा अस्पृश्यता को समाप्त करना चाहते थे। गाँधी ने अछूतों के साथ बहुत सहानुभूति प्रदर्शित की, परन्तु उनको कभी भी अपने पैतृक पेशों को छोड़ने की सलाह नहीं दी, क्योंकि इससे उनकी आर्थिक प्रगति की गारंटी हो सकती थी। यहाँ तक कि यदि किसी व्यक्ति ने दूसरे वर्ग के कार्य में विशेषज्ञता प्राप्त कर ली तो भी गाँधी उसको अपने पैतृक पेशे में ही बने रहने की सलाह देते हैं। गाँधी ने कहा : ''यदि किसी भी वर्ण का कोई भी व्यक्ति विज्ञान और कला में विशेषता हासिल करता है तो इसमें कोई हानि नहीं है, परन्तु जहाँ तक उसके द्वारा आजीविका अर्जित करने का प्रश्न है, उसे अपने वर्ण के पैतृक पेशों में ही काम करना चाहिए।'' (बी.आर. अम्बेडकर, वही, पृ. 49)

गाँधी के विख्यात 'आध्यात्मिक' शिष्य विनोबा भावे ने एक वर्ष बाद अपना मौन व्रत तोड़ा, और अखिल भारतीय स्तर के एक कांस्ट्रकटिव वर्कर्स और भूदान कार्यकर्त्ताओं के सम्मेलन को सम्बोधित करते हुए, पवनार में भूदान स्वर्ण जयन्ती समारोह के अवसर पर गरीबी से मुक्ति के लिए देश के समक्ष पाँच बिन्दुओं को प्रस्तावित किया। इन पाँच बिन्दुओं में से एक बिन्दु अस्पृश्यता-निवारण के लिए शाकाहारी होना था। अखबारों ने उनके इस प्रस्ताव को सुर्खियों में छापा। आल इंडिया रेडियो ने भी इसे अपनी ख़ास ख़बर बनाया, परन्तु इससे कोई भी तार्किक व्यक्ति भ्रमित नहीं हुआ। यहाँ तक कि कांग्रेस के पुराने नेता निजलिंगप्पा ने 28.12.1975 को बंगलौर में कहा : "मैं यह समझ पाने में असमर्थ हूँ कि शाकाहार किस प्रकार से अस्पृश्यता को समाप्त कर देगा।"

आज शोषक वर्गों के लोग गाँधी द्वारा अन्वेषित इन तरीकों को बहुत ही परिष्कृत तरीके से आवरण प्रदान कर, इन निम्न जातियों—उत्पीड़ित वर्गों की दरिद्रता निवारण के लिए बड़े गम्भीर प्रतीत होते हैं जबकि यह प्रमाणित हो चुका है कि उत्पीड़ित वर्गों की दरिद्रता को बनाये रखने में यह जातीय व्यवस्था प्रभावशाली भूमिका निभाती है। वे निम्न जाति के लोगों की दरिद्रता पर घड़ियाली आँसू बहाते हुए, बड़ी दयालुतापूर्वक अनेक 'आडम्बरपूर्ण' कल्याणकारी योजनाओं की घोषणा करते हैं, परन्तु विगत 27 वर्षों में इन उत्पीड़ित वर्गों की दयनीय स्थिति में कोई भी अन्तर नहीं पड़ा है। 'कमीशन फॉर शेड्यूल कास्ट एंड ट्राइब' की 1971-72 की रिपोर्ट में यह स्वीकार किया गया है कि देश-भर में उत्पीड़ित जाति और उत्पीड़ित जनजाति के लोगों को 'फारवर्ड क्लास' के लोगों द्वारा योजनाबद्ध तरीके से प्रताड़ित किया जा रहा है। इस रिपोर्ट में कहा गया है कि "स्वतन्त्रता प्राप्ति के समय उत्पीड़ित जातियों और सवर्ण जातियों के बीच जो दूरी पहले से ही मौजूद थी, वह दूरी निरन्तर बढ़ती ही जा रही है।"

'हरिजनों' को बेहद शर्मनाक राजनीतिक, आर्थिक और सामाजिक भेदभाव का शिकार होना पड़ रहा है। पूरे देश में दलितों, उत्पीड़ितों के घर जलाना, बलात्कार, बन्धक बनाना, उनकी महिलाओं की नग्न परेड कराना, जमीनों से बेदखल करना, दमन और उत्पीड़न रोज की घटनाएँ हो गयी हैं।

1947 के बाद से 'फारवर्ड क्लासेज' अर्थात् उच्च जातियों के लोगों द्वारा उत्पीड़ित और शोषित जाति के लोगों का आर्थिक, राजनीतिक और सामाजिक उत्पीड़न हिंसक रूप में चारों तरफ बढ़ा है। उत्पीड़ित जाति के लोगों के सामूहिक नरसंहार की घटनाएँ पूरे देश में अबाध गति से बढ़ी हैं और ठंडे दिमाग से की गयी हत्याओं को सही ठहराया जाता है। 1968 में 'किलबिल मेनिन' में उच्च

जाति के सामन्तों द्वारा 'हरिजनों' के बाल मुड़ाने और 42 'हरिजनों' की नृशंस हत्या और 'कानेरी कंछेरा' गाँव (आन्ध्र प्रदेश) में 'हरिजनों' की सरेआम हत्या की दो घटनाएँ प्रमाण स्वरूप यहाँ प्रस्तुत की गयी हैं। इस प्रकार की घटनाएँ प्रतिदिन घटित हो रही हैं।

दि टाइम्स आफ इंडिया के सम्पादकीय में दिसम्बर 1975 में लिखा गया : ''समाचारों पर एक सरसरी नजर डालने से भी ज्ञात होता है कि तथाकथित उच्च जातियों द्वारा अछूतों को प्रताड़ित और अपमानित करने की घटनाओं में तनिक भी कमी नहीं आयी है।

''दिक्कत यह है कि कानून व्यवस्था को लागू करने वाली मशीनरी, 'हरिजनों' पर हिंसक किस्म की घटनाओं से लेकर सामाजिक बहिष्कार तक के तमाम अन्यायपूर्ण हमलों के खिलाफ लापरवाह है। इसका एक कारण यह भी है कि जो अपराधी हैं, वह उस गाँव के सत्ताधारी भी हैं। महाराष्ट्र के एक गाँव में गत वर्ष एक पटेल जाति के व्यक्ति द्वारा अपने गुंडों के साथ गवली जाति के दो भाइयों की आँखें निकाल लेने की घटना मानवता को शर्मसार करने वाली घटना है। यदि दलित पैंथर ने इस घटना को मुद्दा बनाकर आन्दोलन न किया होता तो यह घटना भी अन्य घटनाओं की ही तरह दफन हो गयी होती। यदि पुलिस इस प्रकार की घटनाओं की जाँच-पड़ताल करने में विपरीत रुख अपनाती है और खास मौके पर ज़मींदारों के साथ 'हरिजनों' के खिलाफ साठ-गाँठ कर लेती है तो मुकदमे में भी कोई सकारात्मक परिणाम नहीं निकलता। इसी प्रकार तंजौर जिले के किलबिल मेनिन गाँव में कुछ वर्ष पहले घटित 42 स्त्री, पुरुष और बच्चों के नरसंहार में न्यायाधीश ने यह कहते हुए हत्यारों को छोड़ दिया कि फार्मर सम्भवतः इस प्रकार का घृणित नरसंहार नहीं कर सकते। इसलिए यह आश्चर्यजनक नहीं है कि अस्पृश्यता के खिलाफ जब से कानून लागू हुआ, तब से इस कानून के अन्तर्गत दस वर्षों में 4,450 मुकदमे दर्ज किये गये परन्तु केवल 712 मुकदमों में ही न्यायालय ने सजा सुनाई।''

एक इंडो-जर्मन ज्वाइंट प्रोजेक्ट के माध्यम से आन्ध्र प्रदेश के विकास का अध्ययन करते हुए 'सोशल डिस्क्रिमिनेशन आफ हरिजन्स' (हरिजनों के साथ सामाजिक भेदभाव) के एक भाग में उसमानिया युनिवर्सिटी के समाजशास्त्र विभाग द्वारा अध्ययन किया गया। इसका कुछ अंश 29-12-1975 को *इंडियन एक्सप्रेस* में प्रकाशित हुआ। इस रिपो. के लिए हैदराबाद और निजामाबाद के आसपास के सभी शहरी प्रभाव वाल 21 गाँवों का सर्वेक्षण किया गया। इससे भयावह परिणाम सामने आये हैं।

यह अध्ययन दर्शाता है कि उत्पीड़ित जातियों के लोगों को सार्वजनिक कुएँ से पानी भरने और मन्दिरों में जाने की अनुमति नहीं है। उनके बच्चों को स्कूलों में अन्य हिन्दू जाति के बच्चों से अलग बिठाया जाता है, उनकी शादी में बारात को मुख्य मार्गों से निकालने की अनुमति नहीं है। सरकार की तथाकथित धर्मनिरपेक्ष संस्थाओं जैसे रूरल कमर्शियल बैंक और सहकारी समितियों में भी उनके साथ भेदभावपूर्ण व्यवहार होता है।

भारतीय समाज का इतिहास दर्शाता है कि जातीय व्यवस्था पदानुक्रमिक अधीनता को लागू करती है। इस जातीय पूर्वाग्रह की जंजीरों से मनुष्य को इस प्रकार से जकड़ दिया गया है कि वह दयनीय रूप से विनम्र हो गया है और इसके बाद वह खुद यांत्रिक रूप से विनम्र बन जाता है। परम्परागत रूप से जातीय असमानता के अपने निश्चित राजनीतिक परिणाम हैं।

बरंगातोन भूरे, जूनियर ने अपनी पुस्तक *दि सोशल ओरिजिन ऑफ डिक्टेटरशिप एंड डिमोक्रेसी* में भारतीय किसान आन्दोलनों में जातीय व्यवस्था की तथाकथित कमजोरियों को चिह्नित किया है और गाँवों में इसके पैतृक पदानुक्रम विभाजन का वर्णन किया है।

आज भी इस बात को खंडित नहीं किया जा सकता कि ग्रामीण सामाजिक व्यवस्था में मनुष्य की स्थिति जाति द्वारा ही निर्धारित होती है। ग्रामीणों द्वारा शहरों की ओर पलायन ने इस व्यवस्था के कठोर नियमों में कुछ ढील जरूर दी है, परन्तु सामाजिक प्रभुत्व की बुनियादी संरचना अभी वैसी ही बनी हुई है।

उच्च जातियों की सामाजिक स्थिति के साथ सम्पत्तिवान होना पुरानी सामन्ती संरचना को ही मजबूत करता है, जहाँ सवर्ण वर्ग और जाति के लोग ही ग्रामीण व्यवस्था पर अपना प्रभुत्व बनाये हुए हैं।

इस तथाकथित भूमि सुधार के द्वारा उच्चजाति और वर्ग के वास्तविक भूस्वामियों के अधिकार से बहुत कम ही भूमि निकली है।

इस नकली भारत गणतंत्र, नकली कल्याणकारी राज्य, छद्म धर्मनिरपेक्ष राज्य ने सभी प्रकार के छल-कपट के द्वारा उच्चजाति और उच्च वर्ग के हाथों में सत्ता को सुरक्षित किया है।

निम्न जातियों पर बलपूर्वक थोपा गया मातहती या सेवा का शिष्टाचार, स्वाभाविक रूप से 'सवर्ण वर्गों' के खिलाफ संघर्ष को जन्म देता है। परन्तु वे जातियाँ जो प्रमुख रूप से छोटे किसानों, बटाईदारों, भूमिहीन मजदूरों, गरीब किसानों के वर्ग निर्मित करती हैं उनके आपसी हितों की टकराहट, भारतीय सन्दर्भों में एक अनोखा पहलू है, जिससे प्रत्येक क्रान्तिकारी संगठक को टकराना होगा। भारतीय

किसानों के बीच जाति और किसानों की विशेष कुप्रवृत्तियों को समाप्त करने योग्य न समझने वाली अवधारणा निश्चित रूप से क्रान्ति को गुमराह करेगी।

हालाँकि यह भी सही नहीं है कि जाति भारत के बड़े विद्रोहों के बीच बाधक थी। भारत के अनेक किसान विद्रोहों, क्रान्तिकारी संघर्षों और आन्दोलनों ने यह साबित किया है कि किसान जाति, धर्म, ईथनिक और भाषायी लाइनों को लाँघते हुए ही वर्ग संघर्ष में भागीदार हुए हैं। यद्यपि अन्तःईथिनिकों के ईथिनिक संघर्षों में बड़ी हत्याएँ भी हुई हैं।

भारतीय क्रान्तिकारियों को उत्पीड़ित जातियों में व्याप्त असन्तोष और उबाल को भारतीय क्रान्ति की मुख्यधारा के साथ जोड़ने का महत्त्वपूर्ण कार्य पूरा करना है।

भारत का इतिहास यह प्रमाणित करता है कि इस भारत भूमि पर बुद्ध, महावीर, नानक, दादू, रामकृष्ण, विवेकानन्द, दयानन्द, केशवचन्द्र सेन, अरविन्दो, टैगोर—जैसे महा न्यायवादी, अधिभूतवादी दार्शनिकों और अनेक समाज सुधारकों के व्यग्रतापूर्ण सामाजिक सुधार के तमाम प्रयासों के बावजूद आज भी निम्न जाति के लोगों को इस सामाजिक प्रताड़ना से मुक्ति नहीं मिल सकी। यह अपमानजनक परिघटना आज भी जारी है।

वर्तमान शासक वर्ग अपने पूर्ववर्ती साम्राज्यवादी प्रभुओं से सूत्र ग्रहण कर उत्पीड़ित वर्गों के वर्ग संघर्ष को कमजोर करने के लिए, उनके बीच मतभेद पैदा कर संसद, विधान सभा में कुछ सीटें और कुछ प्रशासनिक पद प्रदान कर उनको अपना पिछलग्गू बना रहा है। शासक वर्ग ने उत्पीड़ित वर्गों के बीच से कुछ सम्पन्न लोगों की एक कतार खड़ी की है, परन्तु आज शासक वर्ग की यह चाल भी नाकाम हो रही है।

गाँधी ने उत्पीड़ित जाति, अनुसूचित जाति के लोगों को 'हरिजन' शब्द से सम्बोधित कर बड़ी धूर्तता के साथ एक झूठा सामाजिक सम्मान देने का छलावा किया। परन्तु गाँधी के इस धूर्ततापूर्ण कार्य से उनको सामाजिक सम्मान नहीं मिला। आप उनको कोई भी नाम दे दें, परन्तु जब तक इन शोषकों और उत्पीड़कों का शासन रहेगा तब तक इन उत्पीड़ित जातियों का शोषण, दमन और सामाजिक असमानता समाप्त नहीं हो सकती, न की ही जा सकती है।

औपनिवेशिक सरकार की 1910 की जनगणना के अनुसार उस समय उत्पीड़ित वर्गों और अछूतों की संख्या तीस मिलियन थी। वैंटिन चिराल ने अपनी पुस्तक *इंडियन अनरेस्ट* में इनकी जनसंख्या 50 मिलियन बताई है। एनडेस्टे द्वारा लिखित और 1929 में प्रकाशित *इकनॉमिक डेवलपमेंट ऑफ इंडिया* में इनकी जनसंख्या 60 मिलियन बताई है। साइमन कमीशन की रिपोर्ट में इनकी

संख्या 43 मिलियन बताई गयी है, जिसमें से 28 मिलियन लोग बंगाल, संयुक्त प्रान्त और बिहार तथा उड़ीसा में थे। वर्तमान सरकार द्वारा संसद के सदन में उत्पीड़ित जाति और उत्पीड़ित जनजातियों की संख्या 100 मिलियन बताई गयी, जो देश की सम्पूर्ण जनसंख्या का 10 प्रतिशत है।

जातीय संरचनावाले इस समाज में अछूतों, उत्पीड़ित जातियों की अनेक समस्याएँ सामने आ रही हैं। इस समाज के जाति संघर्ष को वर्ग संघर्ष में रूपान्तरण से रोकने के लिए सरकारें इनके लिए बड़े तामझाम के साथ अनेक कल्याणकारी योजनाओं की घोषणाएँ करती रहती हैं।

शिड्यूल कास्ट फेडरेशन और ऑल इंडिया डिप्रेस्ड क्लासेज कांग्रेस (सर्व प्रथम 1930 में डॉ. अम्बेडकर के नेतृत्व में स्थापित) ऐसी सुधारवादी संस्थाएँ इन जातियों के वर्ग संघर्ष को शासक वर्ग की सत्ता, जिसमें सवर्णों का प्रभुत्व स्थापित है, के पीछे लगाने के लिए गठित की गयी थी। गाँधीवादियों के नेतृत्व में संचालित इस तरह के अलगाववादी संगठन जो जातिवाद को कैंसर वाली बीमारी कहते हैं और केवल आर्थिक और राजनीतिक नारे देते हैं, आज तक किसी भी प्रकार इस जातिवाद की बुराई को समाप्त नहीं कर सकी है बल्कि शासक वर्ग की सेवा, और उसके लाभ के लिए इस संस्था को और मजबूत ही करती है।

भारत के ग्रामीण क्षेत्रों में उच्च जातियाँ ही अधिकांशतः बड़ी-बड़ी जोतों की मालिक हैं और वही शोषक वर्ग भी हैं, जबकि उत्पीड़ित जातियों सहित निम्न जातियों के लोग शोषित और दमित लोग हैं जिनके वर्ग आधार पर वे भूमिहीन, खेत मजदूर या गरीब किसान हैं।

इन निम्नजातियों के आर्थिक हित और इनकी मुक्ति अभिन्न रूप से इनकी वर्गीय और जातीय पहचान को एक साथ जोड़ती है और समान सामाजिक हित के लिए पुराने जातीय बन्धनों को तोड़ती है।

हालाँकि उत्पीड़ित जातियों और आदिवासियों द्वारा संचालित शानदार संघर्षों और समाज में मार्क्सवादी-लेनिनवादी विचारों के प्रचार-प्रसार के द्वारा इस घृणित जातीय सामाजिक संस्था की कुछ सामन्ती परम्पराओं का अन्त हुआ है, फिर भी यह सम्पूर्ण व्यवस्था के रूप में अभी भली प्रकार स्थापित है और शासक वर्गों की सेवा कर रही है।

शोषक वर्गीय संस्कृति ने शूद्रों अर्थात् उत्पीड़ित जातियों और वर्गों के घोर अमानवीय और अपमानजनक शोषण को स्थापित किया है। शोषक वर्गीय संस्कृति ने हमेशा ही इस निन्दनीय जाति व्यवस्था को सर्वव्यापी और स्थायी मूल्य बताया, और इसे न्यायसंगत ठहराया है। 'भ्रातरो मानवा' (सभी मनुष्य भाई-भाई

हैं) और 'एकेव मानुषी जाति' (मनुष्य जाति एक है) के छलावापूर्ण नारे आज भी स्पष्ट रूप से झूठ प्रमाणित हो रहे हैं, जबकि जाति संस्था लोगों को, जनता को आज भी शोषक और शोषित के बीच विभाजित करने वाली सच्चाई है।

मार्क्स ने लिखा : "क्रान्तिकारी व्यवस्था के परिणामस्वरूप विकसित होने वाले आधुनिक उद्योग, भारत की प्रगति में बाधक, जातीय व्यवस्था के आधार, उसके पैतृक श्रम विभाजन को समाप्त कर देगा।" (मार्क्स : *फ्यूचर रिजल्ट्स ऑफ ब्रिटिश रूल इन इंडिया,* न्यूयार्क ट्रिब्यून, 8 अगस्त 1853)

बिहार और उड़ीसा की 1971 की जनगणना रिपोर्ट में कहा गया कि "जमशेदपुर ऐसी आधुनिक उद्योगों वाली जगहों पर जहाँ आधुनिक परिस्थितियों में उत्पादन होता है, वहाँ सभी जाति के लोग एक साथ उत्पादन करते हैं और उनमें अपने पड़ोसी के प्रति कोई जातीय वैमनस्य नजर नहीं आता।"

1947 से पूर्व और 1947 के बाद भारत में जहाँ-जहाँ आधुनिक उद्योगों का विकास हुआ है, वहाँ मार्क्स की उक्त भविष्यवाणी सही प्रतीत होती है। शहरी क्षेत्रों में आर्थिक दबावों ने यदि जाति व्यवस्था को ध्वस्त नहीं किया है तो इसे कमजोर तो किया ही है। उदाहरणस्वरूप वे ब्राह्मण जाति के लोग जो उच्च जाति का गैर-उत्पादक शोषण का काम करते थे, उसके स्थान पर छोटी-छोटी नौकरियों और व्यापार का काम करने लगे हैं।

यही स्थिति क्षत्रियों की भी है। किन्तु ग्रामीण माहौल में किसी भी प्रकार की सुधारवादी कार्यवाही इसमें कोई भी परिवर्तन नहीं कर सकी। भारत के ग्रामीण इलाकों में आज भी जातीय व्यवस्था मजबूती से कायम है।

उत्पीड़ित जातियों की समुन्नति के लिए सरकार अनेक प्रयास करने का हो-हल्ला मचाती है। परन्तु इस सरकार का लुटेरा और मुख्य रूप से शासक वर्गों की सेवा करने वाला वर्ग चरित्र, इसके दावों और प्रचार को झूठा साबित करता है। शासक वर्ग अपनी सरकार के द्वारा इन शोषित-उत्पीड़ित वर्गों और जातियों की जुझारू क्षमता पर नियन्त्रण और सम्पन्न वर्ग का दबाव बनाये रखता है। सामान्य रूप में भी शासक वर्ग को सत्ता में बने रहने के लिए भी वह इन उत्पीड़ित जातियों और वर्गों का शोषण और दमन करते हैं। आइए, एक विचारणीय विषय के रूप में आन्ध्र प्रदेश में इन जातियों की स्थिति पर विचार करें।

आन्ध्र प्रदेश (वर्तमान तेलंगाना सहित) में 60 अनुसूचित जातियाँ हैं, जिनकी जनसंख्या 44,21,538 है और यह आन्ध्र प्रदेश की कुल आबादी का 13.8 प्रतिशत है। मलासा और मादिगा दो उत्पीड़ित जातियाँ सम्पूर्ण अनुसूचित जातियों का तीन चौथाई हैं। अन्य अनुसूचित जातियाँ इनकी ही उपजातियाँ हैं।

जिन क्षेत्रों में यह जातियाँ रहती हैं, वहाँ पर इनका प्रमुख पेशा खेत-मजदूरी है। निम्नलिखित सारणी-1 में तीन क्षेत्रों में खेत-मजदूरों का अनुपात दर्शाया गया है। पूरे राज्य में खेत-मजदूरों की जनसंख्या 61 प्रतिशत है। कछारी भूमि वाले उर्वर क्षेत्रों में जहाँ उच्च जातियों का वर्चस्व है, वहाँ अन्य क्षेत्रों की तुलना में 71 प्रतिशत खेत-मजदूर हैं। यहाँ तक कि इस खेत-मजदूरी के कार्य में भी इनको सर्वाधिक कठिन कठोर कार्य दिया जाता है। बेटली अपनी पुस्तक में लिखता है कि 'हरिजनों' से बहुत ही कष्टसाध्य कार्य करवाया जाता है। उदाहरण के लिए पानी से भरे धान के खेतों में, जहाँ तथाकथित किसान जाति के लोग बहुत कम कार्य करते हैं, शारीरिक श्रम वाले अधिकांश काम हरिजन ही करते हैं या जैसे पश्चिम बंगाल के कुछ हिस्सों में ऐसा काम विस्थापित या सेटलर आदिवासियों से करवाया जाता है। इस राज्य में इस श्रेणी में होने का मतलब रैयत (किसानों) के साथ वार्षिक अनुबन्ध अनिवार्य है। प्रत्येक उच्च जाति के रैयत किसान के पास निम्नजाति का एक अनुबन्धित मजदूर अवश्य होता है। 1964 की जनगणना रिपोर्ट (पृ. 60) के अनुसार, "प्रत्येक अनुबन्धित मजदूर को प्रतिमाह दो कुंडालू ज्वार या धान भोजन के लिए और रु. 120/- से 200/- तक वार्षिक भुगतान किया जाता है। उसको खेतों में काम करना होता है या पशुओं और फसल की रखवाली करते हुए पूरे दिन कार्य करना होता है, पशुओं को चारा देने के बाद वहीं पशुशाला में ही रात्रि का विश्राम करना होता है।"

सारणी-1

अनुसूचित जातियों के बीच किसानों और खेत-मजदूरों का प्रतिशत
(ग्रामीण क्षेत्रों में)

क्षेत्र	कुल मजदूरों की संख्या	किसानों का प्रतिशत	खेत मजदूरों का प्रतिशत
सिरकार	10,78,487	14.8	71.0
रायलसीमा	5,11,186	27.8	62.0
तेलंगाना	12,19,833	31.9	51.7
कुल	**28,09,506**	**24.8**	**61.0**

स्रोत—सेंसस ऑफ इंडिया, 1964

सारणी-2 को 1961 की जनगणना में 20 प्रतिशत घरों के सैम्पल के आधार पर उपलब्ध आँकड़ों से तैयार किया गया है (हमें 1971 की जनगणना के आँकड़े उपलब्ध नहीं हो सके।) यह आँकड़े अल्पवृष्टि वाले क्षेत्रों में विशेष रूप से तेलंगाना में मालिक-किसानों का अनुपात दर्शाते हैं। राज्य की 19 प्रतिशत

जनजातियों के परिवार पाँच एकड़ से कम भूमि के मालिक हैं। रायल सीमा और तेलंगाना ऐसे अल्पवृष्टि वाले क्षेत्रों में यह 5 एकड़ से कम भूमि वाले परिवारों की संख्या क्रमशः 25 प्रतिशत और 23 प्रतिशत है और सिरकार क्षेत्र में यह मात्र 7 प्रतिशत है। सिरकार क्षेत्र में इन जातियों के मात्र 0.6 प्रतिशत लोगों के पास 15 एकड़ से अधिक भूमि है।

शहरी क्षेत्र में इन जातियों के पेशों का पैटर्न भयावह है। मैला ढोने और चमड़े के काम में सबसे निम्नकोटि का काम उनके लिए सुरक्षित है और इन कार्यों पर जैसे उनका 'एकाधिकार' है। हालाँकि इनकी संख्या बिल्कुल नगण्य है। दि इलायापरमाल कमेटी ऑफ इंडिया (1969) ने गम्भीरतापूर्वक आन्ध्र प्रदेश की सरकार द्वारा अनुसूचित जाति/अनुसूचित जनजाति के पदों को स्पष्ट रूप से प्रस्तुत न करने पर चिन्ता जाहिर की और यह बात संज्ञान में ली कि "यह स्पष्ट है कि केन्द्र और राज्य सरकारों के नियोक्ता, अनुसूचित जातियों के लिए आरक्षित नौकरियों को स्पष्ट रूप से रोजगार कार्यालय को दर्शाते नहीं हैं और यह भी नहीं बताते हैं कि कितने पद आरक्षित हैं।" विशेष रूप से आन्ध्र प्रदेश सरकार के विभिन्न विभागों में अनुसूचित जातियों के लिए आरक्षित 14 प्रतिशत पदों को न भरने का दोषी पाया गया। उत्पीड़ित जातियों के आँसू पोंछने वाली कार्यवाही में भी शासक वर्ग छल-कपट करता है।

सारणी-2

अनुसूचित जाति के किसानों के पास भूमि

क्षेत्र	मालिक किसान		भूमि का क्षेत्र (एकड़ में)				
	संख्या	कुल किसानों का %	01. (%)	1-2.5 (%)	2.5-5 (%)	5-15 (%)	15 (%)
सिरकार	18234	69.7	40.8	38.3	13.6	6.7	0.6
रायलसीमा	13933	76.9	20.7	33.5	20.4	21.7	3.7
तेलंगाना	37363	82.7	23.4	33.2	20.1	19.7	3.6
कुल	69530	77.7	27.4	34.6	18.5	16.7	2.8

स्रोत—सेंसस ऑफ इंडिया, 1965 : पृ. 276-278

सारणी-3 में पुलिस विभाग में अनुसूचित जाति/जनजाति के 1966 के आँकड़े पेश किये गये हैं। सबसे निचली श्रेणी के पद पर सर्वाधिक नियुक्तियाँ हुई हैं। उच्च पदों के लिए आरक्षित 50 पदों में से केवल एक पद पर पुलिस अधीक्षक की नियुक्ति हुई है, परन्तु सबसे निम्न श्रेणी के पद पर भी 90 प्रतिशत पद खाली हैं।

सारणी-3

पुलिस की नौकरी में 1966 में, अनुसूचित जाति का प्रतिनिधित्व

पद	निर्धारित पद	पदों की संख्या	भर गये पदों का (%)
आई.जी., एडिशनल आई.जी., डी.आई.जी एस.पी., ए.एस.पी. और डी.एस.पी.	169	6	3.6
सी.आई.,एस.आई., आर.आई., आर.एस.आई.	2245	95	4.2
ए.आर.एस.आई., एस.सी. और पी.सी.	38,183	3609	9.5
कमांडेंट, डिप्टी कमांडेंट, असिस्टेंट कमांडेंट	60	1	1.7
हवलदार, मेजर हवलदार नायक, लैंस नायक	1145	96	7.1
कुल	**41802**	**3807**	**9.1**

स्रोत—गवर्नमेंट आफ इंडिया 1969; पृ. 281

सारणी-4 में न्यायपालिका की नौकरियों में अनुसूचित जाति का प्रतिनिधित्व दर्शाया गया है। हम देखते हैं कि यहाँ पर भी सबसे निचली श्रेणी की नौकरी में सर्वाधिक नियुक्तियाँ हुई हैं। न्यायपालिका के क्लास-1 और क्लास-2 के पदों पर 1965 में अनुसूचित जाति के पदाधिकारियों की संख्या 1 प्रतिशत से कम ही है। यहाँ तक कि क्लास-तीन और क्लास-चार की नौकरी में भी अनुसूचित जाति के कर्मचारियों की संख्या कुल कर्मचारियों की 2.5 प्रतिशत ही थी।

सारणी-4

न्यायपालिका की नौकरियों में अनुसूचित जाति का प्रतिनिधित्व

पद	1955		1955	
	स्वीकृत पद	भरे गये पद	स्वीकृत पद	भरे गये पद
क्लास-एक	11	—	47	2
क्लास-दो	106	1	175	2
क्लास-तीन	2186	35	2690	75
क्लास-चार	1802	53	3137	73

स्रोत—गवर्नमेट ऑफ इंडिया 1969 : पृ. 287

सारणी-5 के आँकड़े दर्शाते हैं कि इन उत्पीड़ित जातियों के बीच से रजिस्ट्रेशन कराने वालों की संख्या में बहुत मंदगति से विकास हुआ है। 1954 से 1962 के दौरान अनुसूचित जाति से नौकरी के लिए आवेदकों की संख्या में चार गुना

वृद्धि हुई है। औसत रूप में केवल 10 प्रतिशत आवेदकों की नियुक्ति हुई है।

सारणी-5

आन्ध्र प्रदेश सरकार के इम्प्लायमेंट एक्सचेंज कार्यालय में 1954-69 के बीच रजिस्टर्ड अनुसूचित जाति के आवेदक और नियुक्त हुए लोगों का प्रतिशत

वर्ष	रजिस्टर्ड आवेदक	नियुक्त हुए लोगों का प्रतिशत
1954	5498	10%
1955	6800	11.9%
1956	12180	11%
1957	10194	8.8%
1958	15500	8.6%
1959	21218	7.9%
1960	19252	8.9%
1961	20287	12.1%
1962	23208	11.3%
1963	29501	10.9%
1964	20790	11.8%
1965	18744	16.1%
1966	—	—
1967	16965	7.3%
1968	16700	7.1%
1969	18191	7.7%
कुल	**2,55,028**	**10.2%**

नोट—1966 के आँकड़े उपलब्ध नहीं

स्रोत—कमिश्नर आफ शिड्यूल कास्ट एंड शिड्यूल ट्रायब 1954-70

अनुसूचित जाति/जनजाति के लिए स्वीकृत नौकरियों में सम्बन्धित लोगों के पदों पर नियुक्तियाँ न करने देने के पीछे सरलता से कहा जाता है कि इन पदों के योग्य उम्मीदवार उपलब्ध नहीं हैं।

आन्ध्र प्रदेश में उत्पीड़ित जातियों में केवल 10.3 प्रतिशत लोग शिक्षित हैं। इन जातियों की 99.3 प्रतिशत ग्रामीण जनसंख्या अशिक्षित है और इनकी शहरी जनसंख्या भी इसी मार्ग पर है। केवल 1.9 प्रतिशत और 0.1 प्रतिशत लोग क्रमशः प्राइमरी और मैट्रिकुलेशन तक शिक्षित हैं। इन जातियों की शहरी जनसंख्या का 21.7 प्रतिशत ही शिक्षित है, 8.2 प्रतिशत प्राइमरी तक शिक्षित है और 1.2 प्रतिशत मैट्रिकुलेशन तक शिक्षित है। उच्च शिक्षा प्राप्त लोगों

की संख्या नगण्य है। इन उत्पीड़ित जातियों के छात्र जो भी शिक्षा प्राप्त कर पाते हैं, उसमें उच्च शिक्षा की ओर बढ़ते हुए निरन्तर छात्रों की संख्या घटती जाती है। आन्ध्र प्रदेश में 1965 में प्राइमरी स्कूलों में भर्ती हुए कुल छात्रों में उत्पीड़ित जाति के छात्रों की संख्या 14 प्रतिशत थी और इससे आगे मिडिल स्कूल में 9.6 प्रतिशत, हायर सेकेंड्री में 8.2 प्रतिशत और उच्च शिक्षा में इनका प्रतिशत 5.4 था। (कमीशन फार शिड्यूल कास्ट्स एंड शिड्यूल ट्रायब, 1969 : पृ. 162) एन.सी.ई.आर.टी. की रिपोर्ट दर्शाती है कि स्कूल से बाहर होने वाले (ड्राप आउट) उच्च जाति के छात्रों की संख्या इसकी तुलना में बहुत कम है (वही, पृ. 152)। उत्पीड़ित जातियों की बर्बादी की इस परिघटना के पीछे उनकी आर्थिक, सामाजिक, सांस्कृतिक और राजनीतिक असुरक्षा है जो उत्पीड़ित जातियों के साथ-साथ उनको शोषित वर्ग के रूप में भी बनाये रखने में सहायक है और जिसके कारण उनको उच्च जाति के शासक वर्गों का शोषण सहना पड़ता है।

सारणी-6 में चार एम्प्लायमेंट एक्सचेंजों में उत्पीड़ित जाति के रजिस्टर्ड आवेदकों की शैक्षणिक योग्यता के आँकड़े दिये गये हैं। इसके अनुसार, कक्षा दस से कम शिक्षा प्राप्त 75 प्रतिशत आवेदक हैं और ग्रेजुएट्स की संख्या 1 प्रतिशत से भी कम है।

सारणी-6

1960 में चुनिन्दा एम्प्लायमेंट एक्सचेंजों से शिक्षा प्राप्त अनुसूचित जाति के आवेदकों का विवरण–

इम्प्लायमेंट एक्सचेंज का स्थान	शिक्षा			
	ग्रेजुएट	मैट्रिकुलेट	नॉन-मैट्रिकुलेट	कुल
अनन्तपुर	–	33	82	115
चित्तूर	1	65	329	395
काकीनाडा	15	267	475	757
कारनूल	–	51	415	466
कुल	**16**	**416**	**1,301**	**1,733**

स्रोत–गवर्नमेंट आफ इंडिया, 1969, पृ. 293

पूरे भारत में 1947 से ही उत्पीड़ित जातियों की यह दुर्दशा है। केवल जनता की जनवादी क्रान्ति के द्वारा ही इन अनुसूचित जातियों और जनजातियों को मुक्ति मिल सकती है और भारतीय जन-जीवन की इस पतनशील, शर्मनाक सामाजिक परिघटना को समाप्त कर एक अच्छे समाज की रचना हो सकती है।

महिला की मुक्ति का प्रश्न

भारत में वर्गीय समाज की उत्पत्ति के समय से ही महिलाएँ सर्वाधिक उत्पीड़ित रही हैं। वे वर्गीय दमन का, विशेष रूप से सामाजिक और धार्मिक दमन का शिकार रही हैं। महिलाएँ अपने कन्धों पर आधी दुनिया का बोझ उठाए हुए हैं परन्तु यह वर्गीय समाज पुरुष को ही सारी दुनिया का मालिक बनाये हुए है।

जब समाज में महिलाओं का स्तर धीरे-धीरे घटने लगा और पुरुषों का वर्चस्व स्थापित होने लगा, उस समय का संक्रमण काल मातृसत्ता और पितृसत्ता के साथ-साथ अस्तित्वमान होने का गवाह है। उस समय भी महिलाएँ अपनी गोत्र में उच्च राजनीतिक सत्ता को विभूषित करती थीं। वह पुरुष के साथ समान रूप से खड़ी होती थीं, उनको भी सामूहिक सम्पत्ति में अपना हिस्सा प्राप्त होता था। वह अपने (कबीले) की सभी जिम्मेदारियों में भागीदार होती थीं और उन्हें अपना जीवन साथी चुनने का पूर्ण अधिकार था।

वर्गीय समाज के आविर्भाव के साथ ही महिला को बेड़ियों में जकड़ दिया गया। उसके लिए सामाजिक जीवन के दरवाजे बन्द कर दिये गये। उत्पादक—श्रम में भागीदारी से उसे वंचित कर भोजनालय की रानी बना दिया गया। उसे चूल्हे-चक्की का मालिक बना दिया गया। उसे तमाम सिद्धान्तों के द्वारा केवल पुरुष का पिछलग्गू बना दिया गया।

शोषक वर्गों के द्वारा पुरुष की श्रेष्ठता और उसके प्रभुत्व को सैद्धान्तिक रूप से स्थापित किया गया। उन्होंने ईश्वरीय निर्देशों को प्रस्तावित कर महिला को पुरुष के अधीन बनाने के लिए कहा : "पिता रक्षति कौमारे, भर्ता रक्षति यौवने। रक्षन्ति स्थविरे पुत्रा, न स्त्री स्वातन्त्र्यमर्हति।", अर्थात् किशोरावस्था में पिता रक्षा करता है, युवावस्था में उसका पति (विवाह के बाद), विधवा होने पर पुत्र रक्षा करता है और कोई भी स्त्री स्वतन्त्र रहने योग्य नहीं है। इस प्रकार महिला को आजीवन पुरुष के अधीन और बँधुआ दास के रूप में सीमित कर दिया गया। लड़की के जन्म लेने पर खुशी नहीं मनाई जाती और उसके जन्म को एक अवांछित आगमन समझा जाता; अकसर लड़की के जन्म लेते

ही उसका जीवन समाप्त कर दिया जाता था। उसे शिक्षा के योग्य नहीं समझा जाता, उसकी इच्छा को समझे बगैर उसे शादी के अटूट बन्धन में बाँध दिया जाता। यद्यपि इतिहास हमें महिला की अधीनता की उस लम्बी यात्रा का बोध कराता है। बाल विवाह, बाल विधवा का आजीवन वैधव्य, सती प्रथा आदि कुछ उदाहरण मात्र हैं। महिला को केवल सन्तति को जन्म देने वाली और पुरुष के लिए आनन्द की वस्तु समझा जाता।

वेदों, उपनिषदों और स्मृतियों (विशेष रूप से मनुस्मृति), ब्राह्मण और रामचरितमानस जैसे अधिभूतवादी धर्म ग्रन्थों ने महिला को हमेशा के लिए अति पतित घोषित कर दिया। उसे सबसे अधिक मूर्ख, अनुशासनहीन, सुस्त, मलिन, घृणित, शूद्र, कुत्ता, गाय, लड़ाकू, झूठी, व्यभिचारिणी, विषैली, अपनी सम्पत्ति पर भी अधिकार न रखने वाली और परिवार के लिए अभिशाप कहा गया। उसे आजीवन किसी सम्पत्ति और स्वतन्त्रता का अधिकार नहीं है। इन अधिभूतवादी धर्म ग्रन्थों में कहा गया है कि उसका पति चाहे स्वेच्छाचारी, लम्पट, शराबी, जुआरी या निर्दयी हो तब भी स्त्री को उसे भगवान की तरह पूजना चाहिए। चारदीवारी में रहने, केवल रसोई का काम और क्रूर परदा प्रथा, फटे-पुराने कपड़े पहनने और किसी भी विषय पर अपना मत देने से वंचित रखने की व्यवस्था ने महिला को और भी अधिक अपमानजनक और शर्मनाक बनाने का काम किया है।

शोषक वर्ग के इस साहित्य से हमें समाज में व्यापक रूप से व्याप्त वेश्यावृत्ति के बारे में जानकारी होती है। दास-मालिक और सामन्त वर्ग अपने राज में गणिकाओं को रखते थे। वे इनका उपयोग राजनीतिक कार्यों के लिए और अपनी शारीरिक इच्छापूर्ति के लिए करते थे। मन्दिरों में भी देव-दासियों की प्रथा प्रचलित कर धर्मपरायण वेश्यावृत्ति की व्यवस्था स्थापित की गयी। दास-मालिक दोनों तरह की व्यवस्था रखते थे। राजाओं के राज में वे हरम की व्यवस्था करते थे। इन सभी महिलाओं को शिक्षा से वंचित रखा जाता था।

जब एंगेल्स ने 1848 में इंग्लैंड के मजदूरों की स्थिति का अध्ययन किया, उनको नयी फैक्टरी व्यवस्था में महिलाओं और बाल मजदूरों का भयावह शोषण देखने को मिला। मार्क्स और एंगेल्स ने पुरानी पारिवारिक व्यवस्था पर इस नयी पूँजीवादी व्यवस्था के विनाशकारी प्रभावों को स्पष्ट रूप से देखा। एंगेल्स ने कहा : "इतिहास में पहले वर्ग विरोध की उत्पत्ति महिला और पुरुष के बीच एक पत्नी वाली विवाह प्रथा से होती है और पहला वर्गीय दमन पुरुष द्वारा महिला पर किये गये दमन के रूप में सामने आता है।" (*दि ओरिजिन आफ*

फेमिली आफ प्राइवेट प्रापर्टी एंड दि स्टेट–जर्मन संस्करण, पृ. 76।) इसी पुस्तक के पृष्ठ 85 पर एंगेल्स ने लिखा : "पुरुष, परिवार में बुर्जुआ का प्रतिनिधि है जबकि महिला, सर्वहारा का प्रतिनिधि है।" मार्क्स और एंगेल्स ने बहुत स्पष्ट रूप से समझा कि मजदूर वर्ग की मुक्ति 'घर के सर्वहारा' (महिला) की मुक्ति के साथ ही होगी।

उनका विश्वास था कि पूँजीवादी उत्पादन पद्धति और निजी सम्पत्ति की समाप्ति निश्चित रूप से स्त्री और पुरुष के बीच पितृसत्तात्मक सम्बन्धों की समाप्ति कर देगा। अपना जीवन साथी चुनने के लिए स्वतन्त्र रूप से प्यार करने का मानदंड केवल वर्गविहीन समाज में सम्भव होगा। (वही, पृ. 93)

प्रथम इंटरनेशनल (1866) ने ही यह मार्क्सवादी दृष्टिकोण स्पष्ट रूप से स्थापित किया कि पूँजीवादी उत्पादन पद्धति जो स्त्री और पुरुष का समान रूप से शोषण करती है, यही उनकी मुक्ति का प्रभात भी है, तभी से सोशलिस्ट आन्दोलन में इस विचार की नींव पड़ गयी। इससे पूर्व मजदूर वर्ग के आन्दोलनों में यही विचार स्थापित था कि स्त्री को घरेलू महिला और माँ के 'स्वाभाविक कार्य' में ही रहना चाहिए। मार्क्स ने प्रथम इंटरनेशनल को भेजे गये अपने ज्ञापन में मजदूरों की आत्मरक्षा के लिए सोशलिस्ट आन्दोलन के अन्दर स्त्री और पुरुषों के संयुक्त संघर्ष और ट्रेड यूनियन संगठन में अन्तर्राष्ट्रीय एकजुटता के रूप में महिला और पुरुष मजदूरों की एकता की माँग की। मार्क्स के इस विचार से फ्रांस, इंगलैंड और जर्मनी की महिला मजदूर बहुत उत्साहित हुईं। लाइअन (इंगलैंड) की एक सिल्क फैक्टरी की सर्वहारा महिलाओं ने हड़ताल आयोजित की और इसी प्रकार सैस्विन (जर्मनी) की एक टेक्सटाइल फैक्ट्री की मजदूर महिलाओं ने संघर्ष किया। इन आन्दोलनों ने अनेक विशिष्ट महिला लीडरों को पैदा किया, जिन्होंने आगे चलकर अपने साथी पुरुषों के साथ कन्धे से कन्धा मिला कर शोषण के खिलाफ संघर्षों को नेतृत्व प्रदान किया। परन्तु घर और फैक्ट्री दोनों जगह के शोषण और घर तथा फैक्ट्री की दोहरी जिम्मेदारी के कारण वह उलझन में पड़ जाती। यह भ्रमजाल तभी टूट सका जब सोशलिस्ट महिला आन्दोलन ने इस मार्क्सवादी नजरिए को आत्मसात किया कि इस आधुनिक पूँजीवादी समाज में बुनियादी अन्तर्विरोध पूँजी और श्रम के बीच है और अन्य सारे अन्तर्विरोध इस बुनियादी अन्तर्विरोध में समाहित हैं। तब उन्होंने यह निष्कर्ष निकाला कि एक बुर्जुआ महिला और सर्वहारा महिला की एकता की तुलना में एक सर्वहारा महिला और सर्वहारा पुरुष के हितों में अधिक समानता है।

विश्व-भर में महिलाएँ बहुसंख्यक (51 प्रतिशत) वर्ग के रूप में हैं, परन्तु वे

अनौपचारिक रूप से शोषित और सामाजिक वर्गों में विभाजित हैं। एक बुर्जुआ परिवार में एक महिला एक पुरुष के साथ व्यक्तिगत रूप से बँधी हुई है। अभी भी उसे पुरुष द्वारा 'पराया' समझा जाता है। उसे एक स्वतन्त्र नागरिक के रूप में अपने अस्तित्व की कल्पना करने की अनुमति नहीं है बल्कि उसे आर्थिक, शारीरिक और मनोवैज्ञानिक रूप से एक उपभोग की वस्तु मात्र बना दिया गया है, जबकि मनुष्य एक स्वतन्त्र नागरिक है। एक स्त्री जो अपने पति का कैरियर बनाने में सहायता करती है, जो अपने बच्चों की देखभाल करती है, उनका पालन-पोषण करती है, जो आजीविका के लिए कठिन-कठोर काम करने वाले मजदूर को शारीरिक और संवेदनात्मक सुख प्रदान करती है, उसे ही सामान्य रूप से एक 'आदर्श' महिला की भूमिका निभाने के लिए अपने कैरियर और पढ़ाई को बलिदान करना पड़ता है।

बिटी फ्राएडेन ने *'फेमिनिन मिसटीक'* में पूँजीवादी व्यवस्था और इस व्यवस्था में पुरुषों को पसन्द आने वाली महिलाओं का वर्णन किया है, जिसके द्वारा समाचार मीडिया, उद्योग, विश्वविद्यालय और गिरजाघर (चर्च) सफलतापूर्वक महिला को एक 'सृजनात्मक माता' और 'सच्चे मातृत्व' का प्रचार करते हैं। आइए, इस बारे में भारत पर एक नजर डालें।

सुशान मोइले और सरयू महातर ने संयुक्त रूप से लिखे अपने लेख *'सेक्शुअल क्लास इन इंडिया'* में लिखा : ''स्त्री को ऐतिहासिक रूप से एक सम्पत्ति के स्तर तक धकेला गया है और पुरुष जिस प्रकार अपनी पूँजी और भूमि की सुरक्षा करता है, उसके साथ भी सुरक्षा का वही दृष्टिकोण अपनाता है। खाद्य-पदार्थों के उत्पादन में प्रगति के साथ जाति-व्यवस्था के क्रमिक विकास और भूमि तथा अतिरिक्त उत्पादन पर नियन्त्रण की आवश्यकता से स्त्री की 'बच्चे को जन्म देने वाली' भूमिका और उसकी इसी सामाजिक पहचान को स्थायित्व प्रदान करने का संकेत मिलता है। जातीय रूढ़िवादिता के लिए संतान का 'असली' होना अनिवार्य हो गया। अर्थात् बच्चे की उत्पत्ति अप्रश्नीय होना चाहिए। पुनरुत्पादन की प्रक्रिया के लिए स्त्री की प्रजनन शक्ति अनिवार्य थी न कि पुरुष की। पर्दा प्रथा द्वारा स्त्री के शरीर पर प्रतिबन्ध लगाने, और कानून तथा साहित्य के द्वारा सीता के आदर्श को महिमामंडित करने से महिलाएँ स्वयं अपनी शुचिता को एक मूल्यवान सम्पत्ति समझने के लिए उत्साहित हुईं। पुनर्विवाह, विधवा विवाह और पैतृक सम्पत्ति में अधिकार पर प्रतिबन्ध लगा कर पुरुष ने अपने हित को और 'सुरक्षित' किया। एक समय जब भूमि का संकट खड़ा हो गया और परिवार से बाहर भूमि का हस्तान्तरण रोकना अनिवार्य हो गया

तो इसी परिस्थिति में सती-प्रथा का उदय हुआ। धर्म ने इस प्रकार की अति घृणित, दमनात्मक सामाजिक संस्थाओं और रीतियों को अनुमति प्रदान की और इनका महिमामंडन किया। सामन्ती पितृसत्ता के नियमों से शासित परिवार एक संग्रहालय बन गया, ''महिला की सम्पन्नता के लिए, वह एक समर्पित माता, पतिव्रता पत्नी के रूप में उसे अपनी 'प्रकृति' की हर साँस का पालन करना था। इस प्रकार समाज में उसकी सुरक्षा और सम्मान की गारंटी की गयी। इस ऐतिहासिक प्रक्रिया के अन्तिम परिणाम के रूप में बुरी तरह से विखंडित और पद-दलित महिला की छवि दिखाई देती है।''

'हिन्दू' भारत, 'कनफ्यूसिएन' चीन और मध्यकालीन यूरोप के भिन्न समाजों के परिवारों में महिला की अधीनता की स्थिति को सामान्य जैविक पैतृकता में, स्त्री की भूमिका को न्यायिक सिद्धान्त के रूप में स्थापित किया गया। भारत में पति की पूजा करने वाली पतिव्रता स्त्री की सादृश्यता बुर्जुआ विक्टोरियन ''शराब में अनुरक्त रहने'' वाले आदर्श पुरुष से की जा सकती है।

ऐसे कुछ ही अन्य समाज हैं जहाँ भारतीय समाज द्वारा स्त्री के लिए जिस प्रकार की दमनात्मक संस्थाएँ और नियम बनाये गये, जिस प्रकार का पितृसत्तात्मक पारिवारिक ढाँचा और समाज निर्मित किया गया। महिलावादी संगठनों, अधिकांश सुधारवादी आन्दोलनों और कानूनों के द्वारा महिला मुक्ति के लिए जो भी आज तक किया गया वह बहुत ही कम है। आज भी अधिकांश महिलाओं और पुरुषों का व्यवहार इन्हीं नियमों से निर्धारित होता है। आज भी पितृसत्तात्मक पारिवारिक ढाँचा और महिला की प्राथमिक रूप से माता और घरेलू बहू की भूमिका में तथा दब्बू बनाये रखने के लिए अनेक सिद्धान्त मौजूद हैं।

अधिकांश कृषक समाजों की तरह परम्परागत उच्च जाति वर्ग के लोगों ने भारत में भी महिला को शारीरिक रूप से विच्छिन्न करने की स्थिति तक अधीन बनाकर रखा। इस सन्दर्भ में भारत की *सती प्रथा,* चीन में पैरों को बाँधने और पश्चिम में कसी चोली पहनने की प्रथा से कहीं अधिक बर्बर है। जातीय शुद्धता की आवश्यकता ने महिला को अपवित्र के रूप में कलंकित किया और उसके शरीर पर पूर्ण नियन्त्रण की आवश्यकता पर जोर दिया। बाल-विवाह, 'परदा', 'सती' और विधवा विवाह पर प्रतिबन्ध मुख्यतः उच्च जाति की महिलाओं के लिए रचे गये गम्भीर अभिशाप हैं।

बहुत हद तक यह भी सही है कि जातीय शुद्धता के मानक और जातीय मूल्यों की कठोरता और प्रतिबन्धों से समान रूप से पीड़ित निम्न वर्गों के लोग, विशेषकर (जैसा अधिकांश कृषक समाजों के लिए सही था) छोटी जोत

और कम सम्पत्ति वाले किसान जिनको कठिनाई से ही कोई सामाजिक सम्मान प्राप्त होने का अवसर था, उन्होंने परम्परागत हिन्दू उच्च वर्गों और जातियों की पितृसत्तात्मकता और कठोरता को आत्मसात नहीं किया। उनकी औरतें अपनी आर्थिक आवश्यकताओं की पूर्ति के लिए समाज में कार्य कर सामान्य भूमिका निभाती हैं।

आज भारतीय समाज में जाति और वर्ग के बदलाव के विभिन्न रूप निश्चित रूप से सामने आते हैं। भारत की सर्वाधिक महिला मजदूर गरीब किसानों और खेत-मजदूर वर्गों से आती हैं। प्राथमिक रूप में उनकी आर्थिक आवश्यकता गरीब परिवार की महिलाओं को काम करने के लिए बाध्य करती है और उनकी आर्थिक स्वतन्त्रता उनको पारम्परिक रूढ़ियों और सांस्कृतिक पितृसत्ता से छूट प्रदान करती है। उनके श्रम का शोषण निम्न वर्ग की महिलाओं को तुलनात्मक रूप से अधिक स्वतन्त्रता प्रदान करता है, उनको अधिक शक्तिशाली और जुझारू बनाता है। वे सामान्य रूप से मुक्ति-संघर्ष के साथ हैं और उच्च वर्गों द्वारा किये जा रहे अपने शोषण के खिलाफ हैं। वे पुरुष को महिला के शोषक के रूप में देखती हैं, ध्वस्त करने लायक शत्रु के रूप में नहीं देखती बल्कि एक ऐसी शक्ति के रूप में देखती हैं जो मुक्ति संघर्ष में उसकी पूरक होती है।

अर्द्ध-औपनिवेशिक और अर्द्धसामन्ती भारत में महिलाओं की मुक्ति के लिए ऊपर से थोपा गया पश्चिमी मॉडल का संघर्ष भारतीय महिलाओं के मुक्ति संघर्ष में फिट नहीं होता है। महिलाओं की मुक्ति के लिए कठोरता से सामाजिक सुधार की सीमाओं में कैद, सामन्तवाद और साम्राज्यवाद-विरोधी संघर्ष के दंश से बहुत दूर रहकर चलाया गया एक प्रकार का संघर्ष ही है। इस प्रकार सत्ता से ली गयी या सत्ता द्वारा दी गयी सहायता से संचालित महिला मुक्ति का संघर्ष केवल सांस्कृतिक विद्रोह तक सीमित होता है और कभी-कभी उसे औपनिवेशिक शक्तियों का भी आशीर्वाद प्राप्त होता है। लेकिन दूसरी प्रकार का महिला मुक्ति संघर्ष सांस्कृतिक विद्रोह को सामन्तवाद और साम्राज्यवाद विरोधी संघर्ष से जोड़ने को अनिवार्य मानता है।

भारतीय मातृत्व के लिए नया मिथक गढ़ने में गाँधी ही सर्वाधिक जिम्मेदार था। वह भारत के उत्पीड़ित समुदाय की महिलाओं में क्रान्तिकारी ऊर्जा को भली प्रकार समझता था। गाँधी के नये मिथक में महिलाओं की विशेषताओं को कुछ आधुनिक महिलाओं के गुणों के साथ रूढ़िवादी हिन्दुत्व के हजारों साल पुराने पितृसत्तात्मक उपदेशों से जोड़ा गया। गाँधी ने भारत के धार्मिक ग्रन्थ महाभारत के महिला चरित्रों को पुनर्निर्मित किया और विशेष रूप से रामायण के महिला

चरित्र को आदर्श बताया। गाँधी ने सीता को एक पतिव्रता और बलिदानी पत्नी के रूप में चुना। उसने सीता की शुचिता और शुद्धता की प्रशंसा की और जब कभी किसी ने छेड़छाड़ की शिकायत की तो गाँधी ने उसे सीता के आदर्श पर अनुकरण करने की सलाह दी। उसनें शिक्षा दी कि महिला अपनी शुद्धता के द्वारा पुरुष की शारीरिक हिंसा का प्रतिरोध करने की शक्ति भी अर्जित कर सकती है। (एम. के. गाँधी : *वूमेन एंड सोशल इन जस्टिस*, अहमदाबाद, 1952, पृ. 188, 194, 195) सीता द्वारा किसी दुर्व्यवहार या किसी अन्यायपूर्ण व्यवहार की शिकायत न करने के कारण गाँधी सीता की बड़ी प्रशंसा करते थे। गाँधी ने सीता में शान्तिपूर्वक पीड़ा सहन करने और बलिदान करने के भारतीय महिला के गुणों को देखा और पति-पत्नी के सम्बन्धों को राम-सीता के मॉडल के रूप में आध्यात्मिक भूमिका प्रदान की और सलाह दी कि स्त्री के लिए पति केवल एक पुरुष ही नहीं बल्कि प्रथम ईश्वर है, इसलिए महिला का उससे पहला सम्बन्ध पूजनीय का है; दूसरा समाज के प्रति सेवा, परिवार और बड़ों के प्रति कर्त्तव्य निर्वहन करना और अन्त में पति-पत्नी के बीच परस्पर आकर्षण का है।

गाँधी ने वही दमनकारी, रूढ़िवादी उच्च जाति और उच्च वर्ग की कठोर संयमी, निष्ठावादी, ब्राह्मणवादी परम्पराओं की नारीत्व की अवधारणा के पुनर्जागरण की वकालत की। चूँकि कठोर परिश्रमी औद्योगिक सर्वहारा महिलाएँ और उत्पीड़ित, निम्नजाति 'अछूत' वर्ग की किसान महिलाएँ गाँधी द्वारा प्रचारित 'सीता' के मॉडल में फिट नहीं होती थीं, इसलिए गाँधी अपने 'संघर्ष' के मॉडल में केवल सम्पन्न घरों की, उच्च शिक्षा प्राप्त महिलाओं को ही गोलबन्द कर सका। ये महिलाएँ नेहरू जैसे सम्पन्न परिवारों से थीं जहाँ उनके पति अच्छा धन अर्जित करते और नौकर घरों का काम सँभालते थे। इनमें टैगोर परिवार, दुर्गाबाई देशमुख, कमला देवी चट्टोपाध्याय, सरोजनी नायडू आदि के कुछ नामों का उल्लेख किया जाता है। यह महिलाएँ अपनी ही तरह का ब्रांड आन्दोलन संचालित करती थीं, इस विषय में कावेन लियोनार्ड ने लिखा कि गाँधी अपने लेखन में आमतौर पर स्त्री के लिए एक पुरुष की पत्नी, संपूरक होने के मॉडल पर जोर देता है, जो स्त्री को घर में और बच्चों की देख-रेख करने में खुशी पाता है।

इलेनार मार्टन अपनी पुस्तक *दि वूमेन इन गाँधीज़ लाइफ* में लिखता है कि, "हालाँकि स्त्रियाँ उसके आश्रम और घरेलू काम का एक महत्त्वपूर्ण हिस्सा थीं परन्तु एक ऐसे घर में जहाँ वह स्वयं मालिक था, उसने कभी भी अपनी पत्नी को समानता नहीं दी, और उसका परम्परावाद गाँधी की प्रताड़ना के खिलाफ एक प्रतिरोध प्रतीत होता है।" गाँधी ने सैद्धान्तिक रूप से स्त्री को समानता

और उसकी आर्थिक स्वतन्त्रता की बात जरूर की, परन्तु उसने स्त्रियों को इन अधिकारों को व्यवहार में न लागू करने की सलाह दी, क्योंकि गाँधी के अनुसार यह पुरुष की ''हिंसक प्रकृति'' का अधिकार है।

इस अर्द्ध-औपनिवेशिक, अर्द्धसामन्ती भारत में महिलाओं का मुक्ति संघर्ष उन्नीसवीं सदी के मध्य में ही प्रारम्भ हो गया था। 1850 में लड़कियों का पहला स्कूल स्थापित हुआ। 1873 में ज्योतिबा फुले के नेतृत्व में 'सत्यशोधक समाज' नामक पहला संगठन स्थापित हुआ। 1917 में 'इंडियन वूमेन्स एसोसिएशन' की स्थापना हुई और 1929 में 'आल इंडिया वूमेन्स कॉन्फ्रेंस' आयोजित की गयी। परन्तु चीन से बिल्कुल भिन्न भारत के स्वतन्त्रता आन्दोलन में यहाँ की निम्न वर्ग और जाति की ऊर्जावान महिलाओं को एक ऐसे आन्दोलन में शामिल किया गया, जिसका नेतृत्व विशिष्ट उच्च वर्ग और जाति के हाथ में था, परिणामस्वरूप भारत के ग्रामीण इलाकों में कोई सामाजिक क्रान्ति नहीं हो सकी।

1905 से 1919 तक आन्दोलनों में शामिल रेडिकल महिलाओं की गतिविधियों को नेतृत्व प्रदान करने वाली कोई क्रान्तिकारी विचारधारा या सिद्धान्त उनके पास नहीं था। 1917 में महान अक्टूबर रूसी क्रान्ति की सफलता और उसी समय भारत में मार्क्सवादी साहित्य के आगमन से 1920 के बाद भारतीय महिला आन्दोलन की दिशा में परिवर्तन हुआ। कम्युनिस्टों के नेतृत्व में महिलाओं ने साम्राज्यवाद विरोधी संघर्ष में और पंजाब, बंगाल, असम के भूमिगत आन्दोलन में महिलाओं ने भागीदारी की। लाहौर कांस्पिरेसी केस के समय पंजाब की छात्राओं ने भगत सिंह और गदर पार्टी का समर्थन किया। बंगाल की छात्राओं और युवतियों ने सक्रियतापूर्वक क्रान्तिकारी गतिविधियों में अपनी भूमिका निभाई। इन क्रान्तिकारी महिलाओं में बीना दास, कल्पना दत्त, सुनीति, स्मृति और प्रीतिलता वाडेदार सर्वाधिक ख्याति प्राप्त महिलाएँ थीं। इन्होंने क्रान्तिकारी गतिविधियों में अपने प्राणों की आहुति दे दी। कोलकाता विश्वविद्यालय के कन्वोकेशन के समय बीना दास को गोली मारी गयी। कल्पना दत्त कम्युनिस्ट पार्टी की सक्रिय कार्यकर्त्ता थीं। उनको चटगाँव में सशस्त्रागार पर हमला कर हथियार छीनने के अभियोग में गिरफ्तार किया गया था। बाद में उन्होंने किसान लीग और मजदूर यूनियन में कार्य किया (मनमोहन कौर, *रोल ऑफ वूमेन इन दि फ्रीडम मूवमेंट,* 1857-1947, दिल्ली 1968; माडर्न रिव्यू, जनवरी-जून 1907 के पृ. 216 पर उद्धृत)।

असम में महिलाओं का विद्रोह एक जन-उभार और जन-कार्यवाही थी। वहाँ पुलिस ने व्यापक क्षेत्र में महिलाओं का दमन किया, ''असम में महिलाओं

द्वारा व्यापक पैमाने पर गुलामी की जंजीरें तोड़ने का संघर्ष असमी नारीत्व का संघर्ष है'' (वही, पृ. 212) असम में 1942 में किशोरियों और वृद्ध महिलाओं के नेतृत्व में दसियों हजार महिलाएँ सड़कों पर निकल आयीं और पुलिस के थानों या अन्य स्थानों पर जहाँ वे औपनिवेशिक सरकार से टक्कर ले सकती थीं, डट गयीं। दस हजार बाजाली महिलाओं ने प्रदर्शन कर थाने पर कब्जा कर लिया। उन्होंने पुलिस अधिकारियों को त्यागपत्र देने के लिए बाध्य किया। इन आन्दोलनों के दौरान अनेक महिलाओं को जेल भेज दिया गया और कई महिलाएँ पुलिस की गोली से शहीद हो गयीं।

बिहार और बंगाल में किसान सभा के नेतृत्व में मजदूर और किसान महिलाओं ने अनेक जुझारू संघर्षों में हिस्सा लिया। 1946 से 51 के बीच निजाम के खिलाफ कम्युनिस्ट पार्टी के नेतृत्व में संचालित तेलंगाना के सशस्त्र संघर्ष में भी मजदूर और किसान महिलाओं ने बढ़-चढ़कर हिस्सा लिया और शानदार संघर्ष संचालित करते हुए कई महिलाओं ने शहादत वरण की।

जब गाँधी ने नमक टैक्स के खिलाफ डांडी मार्च की घोषणा की और वहाँ पर नमक बनाने का निर्णय किया तो गाँधी का अनुमान था कि वहाँ बड़े पैमाने पर हिंसक दमन होगा और इसलिए गाँधी ने महिलाओं को आन्दोलन में भाग न लेने की सलाह दी।

एशिया के विद्वानों की एक बुलेटिन के विशेषांक *एशियन वूमेन* जनवरी-मार्च 1975 अंक के पृ. 75 पर वेस्टे कोब्ब ने अपने लेख 'कमला देवी चट्टोपाध्याय' में लिखा, परन्तु पूरे देश में महिलाओं ने यह कहते हुए आन्दोलन में भागीदारी की, कि उनके आन्दोलन को कठोर सीमा में बाँध कर नहीं रखा जा सकता। 'स्वराज' आन्दोलन एक एकताबद्ध आन्दोलन है और संघर्ष की अग्रिम पंक्ति में पुरुषों के बगल में अपना स्थान लेना चाहती हैं। उनकी भावना और उनके जन-दबाव ने अपना रंग दिखाया। सभी प्रकार की गतिविधियों में उनका स्वागत किया गया और वास्तव में उन्हें अनेक आन्दोलनों की बागडोर सँभालने और नेतृत्व करने की भी जिम्मेदारी दी गयी।

1947 के बाद भारत में परिवार और समाज में महिलाओं की भूमिका के बारे में अवधारणा प्रमुख रूप से अर्द्ध-औपनिवेशिक अर्द्धसामन्ती नियमों पर ही आधारित है और सामान्य रूप से गाँधी के 'सीता' मॉडल और गाँधीवादी विचार से प्रभावित है। इसकी अनिवार्य अभिव्यक्ति विवाह कानून में सुधार; महिला को सम्पत्ति का अधिकार, महिला मजदूरों के लिए कानून, दहेज विरोधी कानून, और स्त्री शिक्षा ऐसी नीतियों में होती है। स्कूलों, कार्यालयों, मास मीडिया और

अनेक महिला संगठन "गाँधी के नारीत्व के आदर्शों" का प्रचार-प्रसार करते हैं। आज प्रत्येक स्कूल में लड़के-लड़कियों को राम एक आदर्श पुरुष और सीता एक आदर्श नारी के रूप में पढ़ाई जाती है। यदि आप साम्राज्यवाद-विरोधी और सामन्तवाद-विरोधी संघर्षों में महिलाओं की जुझारू और क्रान्तिकारी भूमिका को याद करें तो आप गाँधी की अवधारणा को नारीत्व के लिए कलंक ही कहेंगे। इस काल की भारतीय क्रान्तिकारी महिलाओं ने सीता मॉडल को तार-तार कर दिया और अपने व्यवहार के द्वारा क्रान्ति का मार्ग प्रशस्त किया।

आज की इस तथाकथित स्वतन्त्र देश के रूप में माने जाने वाली भारतीय शासन व्यवस्था में महिलाओं की स्थिति लगभग वैसी ही है, जैसी 1947 से पूर्व थी। हालाँकि सती-प्रथा और स्त्री भ्रूण हत्या ऐसी विकृत प्रवृत्तियों को लोगों ने छोड़ दिया है, परन्तु स्त्री आज भी भोजनालय में कैद है और वह उत्पादक श्रम में भागीदारी नहीं करती।

भारत का वर्तमान शासक वर्ग, महिलाओं को समान अधिकार प्रदान करने का बड़ा हो-हल्ला मचाता है। दूसरी तरफ शोषक वर्ग, महिलाओं की उत्पादक श्रम में भागीदारी से इनकार करता है वह उन्हें रूढ़िवादी तरीके से अधिकारपूर्वक भोजनालय का कैदी और मनोरंजन की वस्तु बनाये रखना चाहता है। वर्तमान भारतीय समाज में राष्ट्रीय और अन्तर्राष्ट्रीय स्तर के वर्ग संघर्षों से महिला को दूर रखा जाता है, और आज भी उसके साथ भेदभाव किया जाता है। फिर भी भारतीय महिलाएँ अपने बुनियादी अधिकारों की प्राप्ति के लिए संघर्षरत हैं और उन्होंने कुछ सुविधाएँ प्राप्त भी कर ली हैं। परन्तु इस समाज में महिलाओं की पूर्ण मुक्ति दूर-दूर तक सम्भव नहीं दिखाई देती।

परन्तु आज एक बड़ा धोखा दिखाई दे रहा है, हालाँकि यह कोई विरोधाभास नहीं है। इन्दिरा गाँधी एक महिला हैं और भारत की फासिस्ट शासन व्यवस्था उसके नियन्त्रण में है। उनका सत्ता के शीर्ष पर पहुँचना निश्चित और स्पष्ट रूप से वर्तमान भारतीय समाज की पितृसत्तात्मक सामाजिक व्यवस्था के प्रभाव स्वरूप ही सम्भव हुआ है। उनके सत्ता में पहुँचने के पीछे उनके परिवार की पृष्ठभूमि है। वह जवाहर लाल नेहरू की बेटी और अपने वर्ग की प्रतिनिधि है। वह बड़े भूस्वामी और कम्प्राडोर बुर्जुआ वर्ग की प्रतिनिधि हैं। उनका विकास भारत के शोषित-उत्पीड़ित वर्ग या भारतीय महिलाओं के प्रतिनिधि के रूप में नहीं हुआ। पुरुष प्रभुत्व वाले आधुनिक भारतीय समाज में उनका सत्ता में पहुँचना कुछ अनोखा प्रतीत हो सकता है, परन्तु यह सोचना भ्रामक और पूर्णतः गलत है कि इन्दिरा गाँधी का सत्ता में पहुँचना भारतीय महिलाओं की मुक्ति का संकेत है।

भारत की 1961 की जनगणना के अनुसार कामकाजी महिलाएँ, भारत की सम्पूर्ण श्रमशक्ति का 32 प्रतिशत हैं और भारतीय महिलाओं की संख्या का 28 प्रतिशत है। भारत की वर्तमान अर्द्ध-औपनिवेशिक अर्द्धसामन्ती राज्य व्यवस्था के लिए थोड़े से मध्यवर्ग की महिलाओं को चंद नेतृत्वकारी पदों पर बिठाना उनके वर्गीय हितों के अनुकूल है। इस प्रकार मजदूर और किसान वर्ग की महिलाओं का शोषण कम नहीं होता। एशियाई विद्वानों की बुलेटिन के विशेषांक : *एशियन वूमेन,* जनवरी-मार्च 1975 के पृ. 56 पर मारिया नाइस ने अपने लेख *इंडियन वूमेन एंड लीडरशिप* में लिखा : "मैं मार्क्सवादियों से सहमत हूँ कि कुछ मध्यवर्गीय महिलाओं के आगे बढ़ जाने से मजदूर और गरीब किसान वर्ग की महिलाओं का शोषण और दमन समाप्त नहीं हो जाएगा। विगत दो वर्षों में यह बिल्कुल साफ हो गया है कि इन्दिरा गाँधी जो 'गरीबी हटाओ' के नारे के साथ पिछले चुनाव में विजयी हुई थीं, अपनी शोषित-उत्पीड़ित, पद-दलित बहनों को, भूस्वामियों, सूदखोरों या शहरी बड़े पूँजीपतियों के शोषण और गरीबी के जाल से निकालने की इच्छुक नहीं। इन्दिरा गाँधी अपने वर्ग की नेता हैं; वह महिलाओं की अगुआ नहीं हैं। ऐसा प्रतीत होता है कि निरन्तर बढ़ रही मजदूर महिलाओं की संख्या इस सत्य को समझने लगी है। निरन्तर बढ़ रहा आर्थिक संकट, बढ़ती कीमतें, जमाखोरी, बढ़ती कालाबाजारी, खाद्य पदार्थों में मिलावट और भ्रष्टाचार जो जनता की गरीबी पर फलता-फूलता है, यह प्राकृतिक आपदा के नाम पर एक मानव निर्मित अकाल को निर्मित कर रहा है। जीवन के लिए न्यूनतम वस्तुओं के अभाव का परिणाम चारों तरफ हड़तालें और प्रदर्शन हैं। इन सभी आन्दोलनों में निम्न वर्ग की महिलाएँ सक्रियता के साथ जुझारू भूमिका निभा रही हैं।"

भारत की वर्तमान शासन व्यवस्था के अन्तर्गत अनेक सामाजिक अन्तर्विरोध हैं। इनमें से इस कृषि प्रधान समाज में प्रधान अन्तर्विरोध सामन्तवाद और व्यापक जनता के बीच है। इस अन्तर्विरोध के हल में ही अन्य अन्तर्विरोधों का हल भी निहित है। भारतीय क्रान्ति के सन्दर्भ में अन्य अन्तर्विरोधों में वर्ग प्रभुत्व के साथ-साथ जातीय प्रभुत्व और पुरुष सत्ता के प्रभुत्व भी विशेष अन्तर्विरोध हैं। ये अन्तर्विरोध गरीब किसान, खेत-मजदूर और गरीब किसान महिलाओं के अन्तर्विरोधों के साथ मिल जाते हैं। एक महिला के रूप में महिलाओं का शोषण उसके पति द्वारा और साथ ही साथ सामन्तों और सूदखोरों द्वारा भी होता है। उच्च जाति के सामन्तों और सूदखोरों के द्वारा 'अछूत' और आदिवासी महिलाओं के शोषण और बर्बर दमन की अनेक घटनाएँ तथ्यगत हैं। भारतीय

शासक वर्गों द्वारा औद्योगिक मजदूरों और ग्रामीण मजदूरों के साथ-साथ इन महिला मजदूरों का भी शोषण होता है। भारत के क्रान्तिकारी संघर्षों में किसान महिलाओं की यही वस्तुगत स्थिति है। इसलिए वे वर्ग संघर्ष के सभी आयामों में संघर्ष करने की अनोखी स्थिति में हैं, अर्थात् वर्तमान नव-जनवादी क्रान्ति में वे पुरुषों के साथ कन्धे से कन्धा मिलाकर अपनी सम्पूर्ण मुक्ति के लिए संघर्ष करने की स्थिति में हैं।

वर्तमान भारत के इस क्रान्तिकारी मुक्ति संघर्ष में अनेक क्रान्तिकारी वीरांगनाओं ने अपने प्राणों की आहुति दी है। उन शहीद कामरेडों के बीच पांचाद्री निर्मला, भारतीय नारीत्व के प्रतिमान-स्वरूप ध्रुवतारे की तरह देदीप्यमान रहेगी। कामरेड इनकाम्मा और सरस्वती ने भी कामरेड निर्मला के ही रास्ते पर चल कर शहादत को गले लगाया। कामरेड निर्मला का मार्ग भारतीय महिलाओं का मार्ग है।

गाँधी और उसके समूह के लोग अमूर्त रूप से सबकी समानता की बात करते हैं। वे उत्पीड़ित, शोषित वर्ग, जाति और शोषित महिलाओं की स्वतन्त्रता और समानता की बात नहीं करते। इस विषय में महान लेनिन ने सही ही कहा था कि "हम किसानों और मजदूरों से कहते हैं कि वे उन लोगों के चेहरों पर पड़े नकाब को नोच डालें जो झूठ बोलते हैं और सभी की स्वतन्त्रता और सभी की समानता की बातें करते हैं। उनसे पूछो स्त्री और पुरुष के बीच क्या बराबरी है? शोषक और शोषित वर्ग के बीच कौन-सी बराबरी है? न तो सभी को स्वतन्त्रता और सबको बराबरी मिली, बल्कि उत्पीड़कों और शोषकों के खिलाफ संघर्ष, ताकि शोषण और उत्पीड़न की प्रत्येक सम्भावना को समाप्त किया जा सके—हमारा नारा है!

स्वतन्त्रता और समानता—उत्पीड़ित महिलाओं के लिए!
स्वतन्त्रता और समानता—मजदूरों के लिए!
स्वतन्त्रता और समानता—उत्पीड़ित-शोषित किसानों के लिए।

(दि वूमेन क्वेश्चंस, पृ. 59-60)

कामरेड स्टालिन ने कहा : "मजदूर महिलाएँ, औद्योगिक मजदूर महिलाएँ और किसान महिलाएँ मिलकर मजदूरों के सबसे बड़े आरक्षित दल का निर्माण करती हैं। यह मजदूरों का आरक्षित दल विश्व की आधी जनसंख्या है। महिलाओं का यह आरक्षित दल मजदूरों के साथ जाता है या इनके खिलाफ, इसी से सर्वहारा के आन्दोलन का भाग्य निर्धारित होगा, सर्वहारा क्रान्ति की विजय या पराजय का निर्णय इसी से होगा, सर्वहारा की सरकार की विजय और पराजय का फैसला

इसी से होगा।" उन्होंने आगे कहा : "इतिहास में उत्पीड़ितों का एक भी ऐसा आन्दोलन नहीं हुआ जिसमें महिलाओं ने अपनी भूमिका न निभाई हो। मजदूर महिलाएँ जो उत्पीड़ितों में भी सबसे अधिक उत्पीड़ित हैं, वे मुक्ति के इस महान और लम्बे अभियान से कभी भी अलग-थलग नहीं रहीं। हम जानते हैं कि दासों के अपने मुक्ति आन्दोलन में हजारों महिलाएँ शहीद हुईं और इस आन्दोलन ने सैकड़ों अग्रणी महिलाओं को पैदा किया। दसियों हजार मजदूर महिलाओं ने दास श्रमिकों के मुक्ति संघर्ष में सैनिक योद्धाओं की कतारों में अपनी भूमिका निभाई और यह कतई आश्चर्यजनक नहीं है कि उत्पीड़ित जनता का सबसे शक्तिशाली मुक्ति संघर्ष, मजदूर वर्ग के क्रान्तिकारी संघर्ष ने दसियों लाख महिला मजदूरों को संघर्ष के अपने स्तर तक आकर्षित किया है।" (जे. वी. स्टालिन, *संकलित रचनाएँ,* रूसी संस्करण, वाल्यूम-7, पृ. 48-49) चीन के पुरुषों पर प्रायः तीन तरह की सत्ता का भार रहता है–

राज्य व्यवस्था (राजनीतिक सत्ता)
बिरादरी की सत्ता
धार्मिक सत्ता

जहाँ तक स्त्रियों का सवाल है, वे ऊपर कही हुई तीनों तरह की व्यवस्थाओं का प्रभुत्व सहने के अलावा पुरुषों का प्रभुत्व (पति की सत्ता) भी सहती हैं। ये चार प्रकार की सत्ताएँ–राजनीतिक सत्ता, बिरादरी की सत्ता, धार्मिक सत्ता और पति की सत्ता–तमाम सामन्ती पितृसत्तात्मक विचारधाराओं और व्यवस्थाओं का प्रतिनिधित्व करती हैं और ये ही ऐसे चार फन्दे हैं जिनमें चीनी जनता, खासकर किसान जनता, फँसी हुई है। हम ऊपर बता चुके हैं कि किस तरह किसानों ने ज़मींदारों की राजनीतिक सत्ता को उखाड़ फेंका। ज़मींदारों की सत्ता वास्तव में अन्य सभी सत्ताओं की आधारशिला है। चूँकि ज़मींदारों की राजनीतिक सत्ता का तख्ता उलट दिया गया है, इसलिए बिरादरी की सत्ता, धार्मिक सत्ता और पति की सत्ता भी लड़खड़ाने लगी है

जहाँ तक पति की सत्ता का सवाल है, वह गरीब किसानों में अपेक्षाकृत कम रही है, क्योंकि आर्थिक कारणों से धनी वर्गों की स्त्रियों की अपेक्षा गरीब किसान औरतों को मेहनत-मजदूरी ज्यादा करना पड़ती है; और इस वजह से पारिवारिक मामलों में बोलने और फैसला देने का उन्हें ज्यादा हक मिल गया है। पिछले कुछ वर्षों में गाँवों की आर्थिक व्यवस्था और भी दिवालिया हो गयी है और स्त्रियों पर पुरुषों के प्रभुत्व का आधार और भी कमजोर हो गया है। अब किसान आन्दोलन की बढ़ती के साथ बहुत जगह स्त्रियों ने ग्रामीण महिला

संघ संगठित करना शुरू कर दिया है। उन्हें अब सिर उठाने का अवसर मिल गया और पति की सत्ता दिन पर दिन लड़खड़ाती जा रही है। संक्षेप में यह कि किसानों की सत्ता के उभरने के साथ-साथ तमाम सामन्ती पितृसत्तात्मक विचारधाराएँ और व्यवस्था लड़खड़ा रही हैं।

कामरेड माओ ने कहा : ''महिलाएँ निश्चय ही दुनिया में अपना आधा स्थान प्राप्त करेंगी।'' चीन में क्रान्ति के बाद सत्ता में महिलाओं की भागीदारी विश्व-भर में अतुलनीय है। अतीत में घरेलू दासता के लिए छोटे पैरों वाली चीनी महिलाएँ अब अपने देश की मालिक बन रही हैं। 2300 वर्ष पहले कन्फ्यूशियस द्वारा दिया गया यह सनातन सन्देश कि ''जहाँ तुम्हारा स्थान है, वहीं रहो और परमेश्वर के आदेश के सामने हमेशा अपने को समर्पित करो।'' आज धराशायी हो गया है। अब चीन की महिलाएँ कोई दयनीय वस्तु नहीं हैं। चीन की जनता सदियों से रूढ़ियों, कर्मकांडों, प्रथाओं और क्रूर सामाजिक नियमों से पीड़ित रही है, परन्तु आज इस नये चीन में स्त्री और पुरुष बराबरी के साथ रह रहे हैं।

महिला मुक्ति का प्रश्न उत्पीड़कों और शोषकों की सत्ता समाप्त करने के सामान्य वर्ग संघर्ष के साथ तथा सर्वहारा के मुक्ति संघर्ष के साथ अभिन्न रूप से जुड़ा है। जब तक सर्वहारा विजयी होकर अपनी सत्ता स्थापित नहीं करता तब तक महिला मुक्ति का प्रश्न हल नहीं होगा। उत्पादक सामाजिक श्रम में महिलाओं की भागीदारी उन्हें घरेलू दासता की बेड़ियों से मुक्त कराती है और उन्हें पुरुषों के शासक वर्ग की सत्ता को उखाड़ फेंकने और महिला मुक्ति के अन्तिम संघर्ष में अग्रसर होने में मदद करती है।

कामरेड माओ ने 1961 में एक कविता लिखी :

''कन्धों पर राइफल रखे, कितनी बहादुर और कांतिमय लगती हैं वे
सूरज उगते ही, परेड के मैदान में
चमक उठती हैं वे
चीन की इन बेटियों के मन मस्तिष्क में हैं
अनन्त उच्च आकांक्षाएँ
वे प्यार करती हैं अपनी वर्दी को
रेशमी वस्त्रों और उपहास को नहीं।''

(अंग्रेज़ी से हिन्दी अनुवाद)

इसी प्रकार भारतीय महिलाएँ भी अपने मन में आशा लगाये हैं कि भारत में चल रही नयी जनवादी क्रान्ति की सफलता के साथ ही भारतीय स्त्री समुदाय को भी पूर्ण मुक्ति मिलेगी। नये भारत में, नये वास्तविक पीपुल्स रिपब्लिक

ऑफ इंडिया में पुरुष-महिला के साथ बराबरी के गीत गाएगा और आज वह उसके लिए क्रान्तिकारी आह्वान का गीत गाता है :

तुम और मैं
तुम हो आधा आकाश
आधा ब्रह्मांड, आधी मानवता
मैं, दूसरा हिस्सा
तुमसे ज्यादा नहीं
लून यू और वेदों के पन्नों में
नहीं मिला तुम्हें कभी सम्मान
नीरसता और नीचता के ही
मिले तुम्हें प्रतिमान
इस नंगी संस्कृति
इस प्ले-ब्वॉय समाज
'हशीश' वाली सोच
'रॉक' और 'जैज' मानसिकता ने
तुम्हें एक खिलौना ही समझा
बस एक देह
अब आओ करो प्रतिकार
क्रान्ति में डूब कर लगो पार
तुम और मैं सँभालें पतवार
आजादी की नाव
ले चलें भँवर के पार
यह 'पीपुल्स वार' है
लम्बा संघर्ष है
तुम और मैं साथ-साथ
सबसे आगे
मिलकर लड़ेंगे
अन्त तक
अगर मैं या तुम मर भी गये
हम दो गुने हो जाएँगे
दो गुनी भूमिका निभाएँगे
जोर-जोर से नारे दोहराते

हँसिया-हथौड़ा निशान वाले झंडे को
ऊपर और ऊपर लहराएँगे
युद्ध में सैनिक कहीं भी
कभी भी नहीं मरते
सो मैं और तुम
जीत के युगल गीत गाएँगे
मुक्त हो जाएँगे
फिर आकाश में
होगा हमारा मिलन
हम आधे-आधे मिलकर
एक हो जाएँगे।

(नागभूषण)
अंग्रेजी से हिन्दी अनुवाद—संजय कुंदन

धर्म, शिक्षा और भाषा

धर्म : धर्म, दीर्घकाल से शोषक-शासक वर्गों के हाथ में एक उपयोगी औजार रहा है और इसका प्रयोग हमेशा उत्पीड़ित शोषित जनता के खिलाफ हुआ है। शोषकों ने धर्म के सम्मोहक प्रभाव का प्रयोग कर मेहनतकश उत्पीड़ित जनता को कार्य के बदले किसी प्रकार के पारिश्रमिक की माँग किये बगैर काम करने के लिए तैयार किया। शासक वर्गों ने धर्म के ऊपर अपना प्रभुत्व कायम कर मेहनतकश समुदाय को धर्मान्ध, पिछड़ा, अन्धविश्वासी, और अज्ञानी बनाये रखने तथा उनकी वर्गीय चेतना को कुंद करने के लिए प्रयोग किया और कर रहा है। एक तरफ धर्म जनता को आँख बन्द करके शोषक वर्गों की सेवा करने का पाठ पढ़ाता है और दूसरी तरफ विभिन्न धर्मों के नाम पर जनता की एकता को खंडित करता है। धर्म द्वारा प्रगतिशील विचारों और दृष्टिकोण को हानि पहुँचाने, उनको तोड़ने-मरोड़ने की अनेक घटनाओं से इतिहास भरा पड़ा है; और सम्पूर्ण रूप में कहें तो धर्म ने सामाजिक प्रगति और विकास में नकारात्मक भूमिका निभाई है।

धर्म के जन्म काल से ही, इसके द्वारा लोगों को अज्ञानी बनाने और वैज्ञानिक विचारधारा के बीच संघर्ष जारी है। मार्क्सवादी विचारों के प्रचार-प्रसार के बाद धर्म के प्रभुत्व और चकाचौंध में कुछ कमी आयी है। शोषक वर्गों को ही धर्म की सर्वाधिक आवश्यकता है। जनता पर धर्म के मादक प्रभाव को बनाये रखने के लिए शासक-शोषक वर्ग धर्म के नये-नये तरीके खोजने में व्यस्त है ताकि जनता की बुनियादी आर्थिक-राजनीतिक समस्याओं से उसका ध्यान भटकाया जा सके।

धर्म जिसने शोषक वर्गों को इतिहास में अनेक सर्वाधिक घृणित अपराध करने की छूट दी, वह आज भी सामाजिक विघटन के लिए उनके हाथ में एक शक्तिशाली हथियार है। जब तक शासक वर्गों का यह शक्तिशाली सांस्कृतिक हथियार वैचारिक रूप से ध्वस्त नहीं किया जाता तब तक मेहनतकश जनता को आध्यात्मिक मुक्ति (अर्थात् सांस्कृतिक मुक्ति) नहीं मिल सकती। मार्क्सवादी-लेनिनवादी लोग, बल प्रयोग से धर्म का मुकाबला करने के अवसरवादी

विचार का खंडन करते हैं। मार्क्सवादी विचारों के मतानुसार, मेहनतकश जनता और मजदूर वर्ग, क्रान्तिकारी संघर्षों में भागीदारी कर, अपनी वर्गीय चेतना विकसित कर ही स्वयं धार्मिक रूढ़ियों से स्वतन्त्र हो सकते हैं।

शिक्षा : शिक्षा पर हमेशा से शासक वर्गों का एकाधिकार रहा है। पुरातन काल से ही शिक्षा व्यवस्था ने शासक वर्गों द्वारा जनता के शोषण और दमन को न्याय-संगत और सही ठहराया है। शिक्षा मनुष्य के चिन्तन और विचारधारा को मोड़ने का शक्तिशाली औजार है और किसी समय विशेष में उस समाज की संस्कृति का अभिन्न अंग भी है।

प्रत्येक वर्ग ने अपनी आवश्यकता के अनुरूप अपनी शिक्षा व्यवस्था को विकसित किया। इसलिए शिक्षा का सम्पूर्ण इतिहास वर्गीय शिक्षा का इतिहास है। इतिहास के किसी भी काल में प्रचलित कोई भी शिक्षा, किसी विशेष वर्ग-संस्कृति की ही सेवा करती है।

शासक वर्गों का विश्वास है कि शिक्षा वह तीसरी आँख है जो अपने चारों तरफ की दुनिया को देखने की अन्तर्दृष्टि प्रदान करती है। इसीलिए शोषक वर्ग, शोषितों को शिक्षा प्राप्त करने की अनुमति और उसका लाभ देने से विकट रूप से भयभीत रहा है। ऐसा विश्वास था कि शिक्षा, शोषित वर्गों में विद्रोह को जन्म देगी।

आदिम साम्यवादी समाज के अतिरिक्त, आज तक के सभी समाज (दास युग, भूदास युग, सामन्ती समाज और वर्तमान पूँजीवादी समाज) ज्ञान के अधिभूतवादी सिद्धान्त पर आधारित रहे हैं, इसीलिए इनकी शिक्षा व्यवस्था और उनके सामाजिक व्यवहार, जनता के प्रति न तो जवाबदेह रहे और न ही जीवन्त।

प्राचीन मानव के पास अति-साधारण शिक्षा व्यवस्था थी, वह बचपन में अपनी माता और कबीले के अन्य सदस्यों की सहायता से सीखता और इसके बाद सामाजिक व्यवहार से शिक्षा ग्रहण करता था।

समाज में वर्गों की उत्पत्ति के साथ ही शिक्षा व्यवस्था का वर्गीय चरित्र स्थापित हुआ। शोषक वर्गों ने अपने वर्गीय हितों की पूर्ति के लिए इसे आगे विकसित किया।

दास-मालिक वर्ग ने अपनी शिक्षा व्यवस्था विकसित की और उस समय मौखिक शिक्षा दी जाती थी। लेखन शैली का अभी विकास नहीं हुआ था। अध्ययन का मुख्य तरीका रटने का था। इसके बाद गुरुकुलों की स्थापना हुई और शिक्षक के निवास या आश्रम में ही शिष्यों को शिक्षा प्रदान की जाती थी।

सामन्ती शिक्षा व्यवस्था में मौखिक और लिखित दोनों पद्धतियों से प्रत्येक

परिघटना की व्याख्या धर्म द्वारा निर्धारित नियमों के अनुसार की जाती और इसे पदानुक्रमिक प्राकृतिक स्थायी व्यवस्था बताया जाता। इसी काल में शिक्षा का विकास हुआ और अध्ययन के लिए नयी शाखाओं का भी विकास हुआ। पुराने सामन्ती शिक्षा के पाठ्यक्रम में वेद, उपनिषद् और महाकाव्य थे। इसके बाद बौद्धों, जैनियों के सूत्र और पुराणों का पाठ होता और इसके बाद कुरान या इस्लामिक साहित्य आया। सामन्ती शिक्षा पर भूस्वामियों या सामन्तों, ज़मींदारों का पूर्ण एकाधिकार था और किसानों तथा महिलाओं के लिखने-पढ़ने पर पूर्ण प्रतिबन्ध था।

ब्रिटिश औपनिवेशिक शासकों ने सामन्ती शिक्षा व्यवस्था के स्थान पर अपनी औनिवेशिक अर्द्धसामन्ती शिक्षा व्यवस्था को लागू किया। इस नयी शिक्षा व्यवस्था का पाठ्यक्रम अर्द्धसामन्ती-औपनिवेशिक दृष्टिकोण के आधार पर तैयार किया गया।

1830 के दशक में पब्लिक एजुकेशन कमेटी के प्रेसीडेंट मैकाले ने विचार व्यक्त किया कि इस शिक्षा का सारतत्त्व "ऐसे लोगों का वर्ग निर्मित करना है, जिनका खून और रंग भारतीय हो परन्तु जिनकी रुचि, विचार, नैतिकता और बौद्धिकता इंगलिश हो।"

अतः इस प्रकार की शिक्षा व्यवस्था से शिक्षित लोग केवल नौकरियों के पीछे दौड़ने वाले लोग थे।

ब्रिटिश शासक इस बात से भयभीत थे कि भारत में वैज्ञानिक और तकनीकी शिक्षा के विकास से भारतीय उपनिवेश उनके हाथ से निकल सकता है। इसलिए ब्रिटिश साम्राज्यवादियों द्वारा प्रारम्भ में स्थापित की गयी अर्द्धसामन्ती औपनिवेशिक शिक्षा व्यवस्था से वैज्ञानिक और तकनीकी शिक्षा को अलग रखा गया। लेकिन बाद में ब्रिटिश साम्राज्यवाद की आवश्यकताओं के प्रबल दबाव के कारण सीमित तकनीकी शिक्षा को पाठ्यक्रम में जोड़ा गया। परन्तु भारतीयों को उच्च वैज्ञानिक और तकनीकी शिक्षा देने से इनकार किया गया। इंगलिश भाषा को निर्देश माध्यम की भाषा के रूप में आरोपित कर दिया गया। यह शिक्षा व्यवस्था अर्द्धसामन्ती औपनिवेशिक समाज के ऊपरी तबके तक ही सीमित थी। इसका प्रमाण इस बात से मिलता है कि 1947 में सम्पूर्ण भारत में कुल 16.6 प्रतिशत लोग साक्षर थे।

वर्तमान अर्द्धसामन्ती-अर्द्ध-औपनिवेशिक व्यवस्था में भी शिक्षा व्यवस्था उसी पुराने रास्ते पर चल रही है और मात्रात्मक और गुणात्मक दोनों ही तरीकों से पुरानी शिक्षा व्यवस्था से अधिक भिन्न नहीं है। ब्रिटिश औपनिवेशिक शासकों द्वारा लागू की गयी शिक्षा व्यवस्था की योजना प्रतिक्रियावादी और क्लिष्ट है,

यह नायकों (विशेष रूप से शोषकों के महान नायकों) की पूजा, आत्म-स्वार्थ, कैरियरवाद, व्यक्तिगत उपलब्धि, पद, नाम, ख्याति और व्यक्तिवाद को बढ़ावा देती है। यह हमारे देश और हमारे देश की जनता, मजदूरों से बहुत कम सम्बन्धित है और थोड़े से शोषक वर्गों की सेवा के लिए है। इस देश के सभी टेक्निकल और शोध संस्थान और विभिन्न प्रकार की फाउंडेशनों से तथा साम्राज्यवादियों द्वारा दी जा रही सहायता (ग्रांट) से कार्य कर रहे हैं और यह मात्र साम्राज्यवादी देशों के सहायक के रूप में है। यहाँ से निकलने वाले अधिकांश विद्वान और प्रतिभाशाली लोग विदेश ही चले जाते हैं। प्रतिदिन शिक्षा क्षेत्र में विकास के लिए नये 'सुधार' और नयी-नयी योजनाएँ लागू हो रही हैं, लेकिन शायद ही इसमें कुछ भारतीय जनता के काम का हो।

इस प्रकार इतिहास दर्शाता है कि शिक्षा प्रारम्भ से ही भारतीय शोषक वर्ग की वर्ग-संस्कृति का औजार रही है।

भाषा : भाषा मनुष्य के विचारों की अभिव्यक्ति का साधन है और संस्कृति की ही तरह महत्त्वपूर्ण है। यह भाषा ही है जो मनुष्य को पशु से भिन्न बनाती है। मनुष्य द्वारा शारीरिक भाव-भंगिमा से अपने विचारों की अभिव्यक्ति ने धीरे-धीरे भाषा या बोलने का रूप ग्रहण किया। प्रत्येक मानव समाज की अपनी एक विकसित भाषा है।

जिस प्रकार भौतिक उत्पादन की सामाजिक आवश्यकता को सुविधाजनक बनाने के लिए स्पष्ट बोली का विकास हुआ, उसी प्रकार भाषा का विकास भी सामाजिक व्यवहार से, विशेष रूप से वर्ग संघर्ष से जुड़ा है। वर्ग संघर्ष जितना तेज होता है, विचार उतने ही समृद्ध होते हैं और यह भाषा को आगे बढ़ने में गति प्रदान करता है।

भारत का इतिहास दर्शाता है कि भारत दीर्घकाल से बहुभाषी देश रहा है। प्रत्येक भाषा किसी एक अंचल या क्षेत्र में श्रेष्ठ समझी जाती और वह उसका अपना क्षेत्र था, परन्तु इनमें से एक भी क्षेत्र पूर्णतः एक भाषा-भाषी क्षेत्र नहीं है। भारतीय जनता ने हजारों वर्ष में अनेक भाषा ग्रुपों से एक समृद्ध भाषायी परम्परा को विरासत में प्राप्त किया है।

4000 मिलियन जनसंख्या वाली इस पृथ्वी पर करीब 800 से 1000 भाषा और बोलियों के साथ रहने वाले लोग उसकी आकर्षक आकृति का निर्माण करते हैं। जार्ज अब्राहम ग्रियर्सन द्वारा 30 वर्षों के शोध कार्य के बाद 1927 में पूर्ण होने वाली लिंग्विस्टिक सर्वे ऑफ इंडिया की रिपोर्ट उद्घाटित करती है कि इस देश में 179 भाषाएँ, 544 बोलियाँ थीं। बोलियाँ कम संख्या वाले

लोगों के बीच बोली जाती हैं। करीब एक सौ सोलह भाषाएँ छोटे आदिवासी समूहों द्वारा बोली जाती हैं। 91% जनता द्वारा 16 बड़ी भाषाएँ बोली जाती हैं। विशाल क्षेत्र और बड़ी जनसंख्या वाला देश होने से भारत में अनेक भाषाओं का अस्तित्व कोई संत्रास नहीं पैदा करता।

दुनिया-भर में 12 भाषायी ग्रुप हैं, जिनमें से चार भाषा ग्रुप भारत में हैं—

(1) मुंडा ग्रुप (यह ऑस्ट्रो-एशियाई ग्रुप है)

(2) चीनी-तिब्बती ग्रुप (मंगोलियाई)—यह प्रमुखता से हिमालय के सीमावर्ती क्षेत्र और असम में बोली जाती हैं।

(3) द्रविड़ ग्रुप—इसमें दक्षिण भारत की चार प्रमुख भाषाएँ शामिल हैं।

(4) प्राकृत ग्रुप—इसमें से उत्तर भारत की प्रमुख भाषाएँ विकसित हुई हैं।

मुंडा भाषा का ग्रुप सबसे प्राचीन भाषा ग्रुप है जो आज तक जीवित है। भारत की 1.3 प्रतिशत जनसंख्या अर्थात् 80 लाख लोग, मध्य प्रदेश, बिहार, उड़ीसा, बंगाल और असम प्रान्तों में 65 विभिन्न भाषाओं के रूप में इस भाषा ग्रुप से जुड़े हैं। यह मुंडा भाषा का ग्रुप, ऑस्ट्रो-एशियाटिक भाषायी ग्रुप है, जिसका उपयोग दक्षिण-पूर्वी एशिया में होता है।

चीनी-तिब्बती भाषा ग्रुप प्रागैतिहासिक काल का ग्रुप है, जिसने मुंडा भाषा ग्रुप के बाद भारत में प्रवेश किया। इस भाषा ग्रुप में 226 भाषाएँ बोलने वाले 6 मिलियन लोग हैं जो विश्व की जनसंख्या का एक प्रतिशत हैं। यांग-कांग नदी के उद्गम स्थल से लेकर यह हिमालय के दक्षिण और असम तक फैले हुए हैं। इस भाषा ग्रुप की भाषाएँ नेपाल में नेवारी, मनीपुरी, अहोम, लेपचा, गारो और लुशाई भाषाओं के रूप में बोली जाती हैं।

भारत में बोली जाने वाली भाषाओं में द्रविड़ियन भाषा ग्रुप सबसे प्राचीन है। इस ग्रुप में अनेक भाषाएँ हैं, परन्तु भारत की 25 प्रतिशत जनसंख्या द्वारा इस ग्रुप की चार भाषाएँ सर्वाधिक बोली जाती हैं। यह सम्पूर्ण दक्षिण भारत में विंध्य से लेकर केप कमेरिन तक केवल उड़ीसा, मराठी और गुजराती भाषायी क्षेत्रों को छोड़कर, विशाल क्षेत्र में बोली जाती हैं।

द्रविड़ियन भाषा ग्रुप में तमिल सबसे पुरानी और भली प्रकार सुगठित भाषा है। तमिलनाडु के अतिरिक्त यह समुद्र पार श्रीलंका, पेरु, पिनांग, सिंगापुर आदि स्थानों पर भी बोली जाती है। तमिल भाषा में सर्वाधिक प्राचीन साहित्य उपलब्ध है। इसी भाषा ग्रुप की तेलुगु भाषा सामान्य रूप से आन्ध्र प्रदेश (वर्तमान तेलंगाना सहित) की भाषा है।

द्रविड़ियन लोगों में अनेक लोग इस भाषा का प्रयोग करते हैं और इस

भाषा में साहित्य दसवीं शताब्दी से मिलता है।

मैसूर में बोली जाने वाली कन्नड़ भाषा इस ग्रुप की दूसरी पुरानी भाषा है। इसका प्रारम्भ काल सातवीं शताब्दी है। कन्नड़ और तेलुगु भाषा की लिपि बहुत कुछ मिलती है।

केरल राज्य और लक्ष्यद्वीप में बोली जाने वाली मलयालम भाषा, तमिल भाषा का ही व्युत्पाद है और यह भाषा दसवीं शताब्दी में तमिल भाषा से अलग अस्तित्व में आयी है।

भारत में प्राकृत भाषा का ग्रुप प्रमुख है। इस ग्रुप से विकसित हुई भाषाएँ मुख्य रूप से असमी, बंगला, उड़िया, गुजराती, उर्दू, मराठी, सिंधी, पंजाबी, कश्मीरी, डोगरी, हिन्दी आदि हैं।

अधिभूतवादी भाषायी सिद्धान्त के अनुसार भारत सरकार ने एक त्रिभाषा फार्मूला घोषित किया। इसके अनुसार सभी उत्तर भारतीय भाषाओं की जननी (मातृ भाषा) संस्कृत है। वैदिक और संस्कृत भाषा का चरित्र इंडो-यूरोपियन है, अर्थात् वर्तमान उत्तर भारतीय भाषाएँ ग्रीक, लैटिन और इंगलिश भाषा से सम्बन्धित हैं न कि किसी प्राचीन भारतीय बोली-भाषा से।

यह अधिभूतवादी भाषायी सिद्धान्त ऐतिहासिक तथ्यों के आधार पर पूर्णतः अनुचित प्रमाणित होता है।

इंडो-ईरानियन ग्रुप की सबसे प्राचीन भाषा प्राकृत है। इसका सबसे बड़ा तथ्यगत प्रमाण, उत्तर भारतीय भाषाओं में उपलब्ध प्राचीनतम रिकार्ड प्राकृत भाषा में हैं। आज तक देश के विभिन्न भागों से प्राप्त 1500 प्राचीनतम अभिलेखों में से एक भी वैदिक या संस्कृत भाषा में नहीं है। तीसरी से पहली सदी बी. सी. के समय में उत्तर और दक्षिण भारत के विशाल साम्राज्यों ने भी अपनी राजकीय भाषा के रूप में प्राकृत भाषा का ही प्रयोग किया।

प्राकृत एक सामान्य लोक भाषा थी जिसका अपना उच्चारण, व्याकरण, लिपि और साहित्य था। तत्कालीन भारतीय भाषाओं—मुंडा, चीनी-तिब्बती और विशेष रूप से द्रविड़ (जो 3000 से 1500 वर्ष बी.सी. पूर्ण विकसित भाषा थी) से मुकाबला करते हुए प्राकृत भाषा एक पूर्णतः विकसित साहित्यिक भाषा के रूप में तब आयी जब सामन्तवादी समाज ने दास समाज को विस्थापित कर उसका स्थान ले लिया।

कपिल (600 बी. सी.), वारान्ची (600 बी. सी.— प्राकृत प्रकाश) और मार्कण्डेय (9वीं शताब्दी ईस्वी) ने अपने अति महत्त्वूर्ण समृद्ध ग्रन्थों की रचना प्राकृत भाषा में ही की थी।

वैदिक और संस्कृत दो अलग-अलग भाषाएँ हैं। दोनों का अपना भाषायी इतिहास है। ये दोनों एक नहीं हैं। वैदिक एक अविकसित प्राचीन, अस्पष्ट टाइप की भाषा है, जिसकी बोली भी समांग नहीं है, न तो इसके व्याकरण के नियम ही हैं। यह एक मौखिक भाषा है, जो हर समय व्याख्या की माँग करती थी। अन्धराष्ट्रवादी शासक वर्ग ने दास-मालिकों के बीच से उभरे बुद्धिजीवियों को, तत्कालीन भाषाओं के बीच अपनी वैदिक भाषा विकसित करने को कहा ताकि शासक वर्ग की भाषा और जनता की भाषा के बीच अन्तर किया जा सके। दास-मालिक वर्ग द्वारा संरक्षण प्रदान किये जाने के बाद भी वैदिक भाषा का विकास नहीं हो सका, इसकी अपनी लिपि का विकास नहीं हो सका और चौदहवीं सदी में वैदिक भाषा संस्कृत लिपि में लिखी जाने लगी।

संस्कृत भाषा का भी उद्‌भव जनता की भाषाओं से नहीं हुआ। सामन्ती बुद्धिजीवियों द्वारा एक अस्वाभाविक भाषा—संस्कृत का विकास किया गया। न तो यह वैदिक बोली की उत्पत्ति है और न ही यह वैदिक भाषा का विकास है। संस्कृत भाषा को निर्मित करने की ऐतिहासिक आवश्यकता थी। संस्कृत उस समय दुर्बल हो रही दास-मालिकों की सत्ता और उदीयमान सामन्त वर्ग के बीच वर्ग-संघर्ष की उत्पत्ति है।

सामन्त वर्ग ने, अपनी स्वयं की लिपि वाली विकसित मगही, प्राकृत-पाली जनता की भाषा का इस्तेमाल किया जबकि दास-मालिक वर्ग ने अविकसित वैदिक भाषा का प्रयोग किया। सामन्त वर्ग की विजय के बाद प्राकृत भाषा का प्रयोग जारी रहा, परन्तु सामन्त वर्ग द्वारा अपना शासन सुदृढ़ कर लेने के बाद, सामन्ती बुद्धिजीवियों ने अपने वर्ग के उपयोग के लिए एक नयी साहित्यिक भाषा को सूत्रीकृत करने का कठोर प्रयास किया और इस प्रकार सामन्ती भाषा विद्वानों की प्रयोगशाला में ग्रीक, जेंड, मुंडा, सिनो-तिब्बतियन, द्रविड़ और प्राकृत के बीच से सामन्ती भाषायी विशेषज्ञों द्वारा संस्कृत भाषा को निर्मित किया गया। पितृ, मातृ, सातिनी, आत्मा ऐसे प्रारम्भिक शब्दों को ग्रीक भाषा से लिया गया। इसी प्रकार संस्कृत का शब्द 'पुत्रो' प्राकृत भाषा के शब्द 'पुत्ता', जेंड भाषा के 'पुत्थ्रो' और स्लावों की, भाषा के शब्द 'पुता' से अपनी सन्निकटता प्रदर्शित करता है। लैटिन भाषा में इसे 'पुनूस' कहते हैं।

संस्कृत का प्रयोग सामन्त वर्ग के बीच ही सीमित रहा और इसे 'अपवित्र', 'असंस्कृत' और 'अशुद्ध' प्राकृत, द्रविड़ियन, सिनो तिब्बती, मुंडा ऐसी पूरे भारत में प्रचलित जनता की भाषाओं के मुकाबले "पवित्र, सुसंस्कृत और शुद्ध" भाषा बना कर रखा गया। संस्कृत केवल ब्राह्मणों के हाथों में ही बनी रही। यह देश

के किसी भी भाग में आंचलिक भाषा तक नहीं बन सकी, और इसीलिए यह जीवन्त भाषा भी नहीं बन सकी और किसी भी समय यह जनता की भाषा नहीं हो सकी। केवल गुप्तकाल के सामन्ती शासन के समय इसे राजभाषा का दर्जा मिला और इसके बाद यह मात्र उत्तर भारत की कुछ सामन्ती रियासतों तक सीमित होकर रह गयी।

प्रथम शताब्दी ईसवी तक वैदिक और संस्कृत भाषा की अपनी विकसित वर्णमाला तक नहीं थी और न ही साहित्य। बाद में भी यह जनता की भाषा के रूप में विकसित नहीं हो सकी। परन्तु उत्तर में प्राकृत, दक्षिण में द्रविड़ भाषाएँ, और मुंडा तथा सिनो-तिब्बती बोली भाषा पूरे भारत में चारों तरफ फैली रही और शताब्दियों तक जनता की बोली भाषा में, उनके लोक विचार और लोक गीतों में प्रचलित रही। आधुनिक भारत के तमाम प्रान्तों की प्रान्तीय, आंचलिक, और आदिवासी भाषाओं का उद्‌भव सत्ता द्वारा जनसामान्य की गैरमान्यता प्राप्त भाषाओं से हुआ है।

कई शताब्दियों से, मुंडा, सिनो-तिब्बती, द्रविड़ और प्राकृत भाषा ग्रुप साथ-साथ अस्तित्व में हैं। ज्ञात इतिहास के थोड़े से वर्षों में यह ग्रुप निरन्तर एक-दूसरे के साथ परस्पर क्रियाशील रहे हैं। इन चारों भाषा ग्रुपों के एक तुलनात्मक अध्ययन के अनुसार ज्ञात होता है कि इनमें से प्रत्येक ने एक-दूसरे पर प्रचुर प्रभाव डाला और विशेष रूप से अन्य तीन ग्रुपों ने सबसे अधिक प्राकृत भाषा को प्रभावित किया। यह चारों भारतीय भाषा ग्रुप परस्पर घनिष्ठ रूप से सम्बन्धित हैं, परन्तु किसी ग्रीक, रोमन या इंगलिश से नहीं। यदि बाहरी भाषाओं के साथ इन भाषा ग्रुपों की परस्पर क्रिया को मान भी लिया जाए तो भी उक्त विचार ही सही लगता है। अपनी विकास की प्रक्रिया में इन चारों भाषायी ग्रुपों ने एक अनोखा भारतीय चरित्र ग्रहण किया है।

हजारों साल पुराना भारत का भाषा सम्बन्धी इतिहास कई ऐतिहासिक चरणों से होकर गुजरा है। चार मिलेनियम ईसा पूर्व प्रागैतिहासिक भारतीय भाषाओं ने विकास के प्रथम चरण में प्रवेश किया था। अनाज एकत्र करने से लेकर माल उत्पादन की नयी तकनीक के विकास की बाध्यता और अमीर तथा गरीब के रूप में विकसित दो वर्गीय शक्तियों के बीच गहराते संघर्ष ने इन तीनों भाषा ग्रुपों (मुंडा, सिनो-तिब्बती और द्रविड़) में विशेष परिवर्तन किये। द्रविड़ियन भाषा सर्वाधिक विकसित भाषा थी और इसमें अनेक बोलियों का विभेद भी नहीं था।

दास मालिकों के समाज ने सामाजिक व्यवहार और भारतीय अर्थव्यवस्था में गुणात्मक परिवर्तन को जन्म दिया। अब समाज पशुपालन की अर्थव्यवस्था से कृषि

आधारित व्यवस्था की ओर विकसित हो गया। नवोदित सामन्त वर्ग और पुराने दास मालिकों के बीच वर्ग संघर्ष तेज हो गया। इस वर्ग संघर्ष और इस परिवर्तन से नयी परिस्थिति का जन्म हुआ और इन भाषाओं के विकास को नयी गति मिली। विकास के इस चरण में प्राकृत भाषा ग्रुप का चारों तरफ विस्तार हुआ।

जब नयी उत्पादक शक्तियों के साथ नयी उत्पादन पद्धति का विकास हुआ और नये उत्पादन सम्बन्धों के साथ गाँवों की स्थापना हुई और लोग स्थायी रूप से गाँवों में रहने लगे, तब अपनी अनेक विशेषताओं के साथ स्थानीय भाषाएँ भी दिखाई देने लगीं। इस समय एक प्राकृत भाषा अनेक आंचलिक प्राकृत भाषाओं में दिखाई दी जो आधुनिक भारतीय भाषाओं का पुराना स्वरूप था। इन विभिन्न तरह की आंचलिक प्राकृत भाषाओं के लगभग दो हजार वर्षों के विकास में विभिन्न प्रकार के परिवर्तन हुए और ऐतिहासिक परिस्थितियों की अनुकूलता के कारण प्राकृत भाषा की एक शाखा *खड़ी बोली* को महत्त्व मिला और आज यह उत्तर भारत की एक धारा के दो अलग-अलग रूपों में हिन्दी और उर्दू प्रचलित है। प्राकृत भाषा के अनेक आंचलिक प्राकृत भाषाओं में हुए परिवर्तन के समकालीन ही द्रविड़ भाषा भी विभिन्न आंचलिक बोलियों के ग्रुप में विभक्त हुई और द्रविड़ भाषा में भी विभिन्न आंचलिक परिवर्तन हुए और लगभग 1000 ईसवी सन् में यह दक्षिण भारतीय भाषा ग्रुप भी उत्तर की प्राकृत भाषा की तरह एक उन्नत भाषा के रूप में विकसित हुआ और यह परिवर्तन प्रथम मिलेनियम में किसानों और सामन्तों के बीच घटित संघर्ष का परिणाम था।

भारत के भाषायी परिदृश्य में 1200 से 1700 ईसवी सदी के बीच फारसी और अरबी भाषा के प्रभाव स्वरूप परिवर्तन घटित हुआ। उत्तर भारत के भाषा ग्रुप में इस अवधि में नया विकास हुआ और इसी प्रकार दक्षिण भारतीय भाषाओं जैसे—तेलुगु, तमिल और कन्नड़ में भी विकास हुआ।

सोलहवीं शताब्दी में अकबर ने अपने साम्राज्य के प्रान्तों का गठन भाषा के आधार पर किया। सिंध के समतल क्षेत्र को मुल्तान और थाथ में विभाजित किया गया। पंजाब प्रान्त की राजधानी लाहौर बनाई गयी। अजमेर (वर्तमान राजस्थान में), दिल्ली, आगरा, अवध और इलाहाबाद को मध्य भाग बनाया गया। सर्वाधिक पूर्व वाले समतल इलाकों को बिहार के साथ मिलाकर बंगाल प्रान्त का गठन हुआ। पश्चिमी दक्कन के प्लेटू और इसके समुद्री किनारे की बेल्ट का विभाजन अहमदाबाद प्रान्त (गुजरात), खंदेश और बिरार प्रान्त के रूप में हुआ। केवल मालवा का क्षेत्र ऊपरी उच्च भूमि के भाग के रूप में साम्राज्य में शामिल किया गया था।

औरंगजेब ने इन भाषायी क्षेत्रों का पुनर्विभाजन किया। उसने मुल्तान और लाहौर को पंजाब प्रान्त के दो भागों के रूप में विभाजित किया। इन दोनों भागों में पंजाबी भाषा की दो शाखाएँ अलग-अलग बोली जाती थीं। इसके अतिरिक्त थाथ भाषा बोलने वालों का सिंध प्रान्त था। अजमेर प्रान्त में राजस्थानी भाषा बोली जाती थी और दिल्ली, आगरा, अवध और इलाहाबाद में हिन्दी भाषा प्रचलित थी। बिहार, बंगाल और उड़ीसा में बिहारी, बंगाली और उड़िया भाषा बोली जाती थी, मालवा और मध्य की ऊँची भूमि वाले क्षेत्र में मालवी भाषा, गुजरात में गुजराती, खंदेश में गिराव और बीजापुर प्रान्त में मराठी भाषा बोली जाती थी।

सामन्ती सत्ता के अन्तिम चरण में सत्रहवीं और अठारहवीं शताब्दी के बीच घटित भीषण वर्ग संघर्ष के समय आधुनिक भारतीय भाषाओं ने अपनी विकास प्रक्रिया में लम्बी छलाँग लगाई। उन्नीसवीं और बीसवीं सदी के साम्राज्यवाद विरोधी संघर्ष के दौरान देशभक्ति की प्रेरणा देने वाले सैकड़ों ग्रन्थों की रचना हुई। विभिन्न तरह के विषयों पर भारतीय भाषाओं में हुई रचनाओं के कारण भारतीय भाषाओं का विकास एक बार फिर लम्बे डग भरते हुए आगे बढ़ गया।

बारहवीं सदी के अन्तिम चरण में दिल्ली के राजा ने फारसी भाषा को राजकीय भाषा का दर्जा प्रदान किया। सरकारी कामकाज की फारसी भाषा की यह व्यवस्था 1838 तक चलती रही। फारसी एक विकसित और बोलचाल की भाषा भी है। हालाँकि संस्कृत भाषा को भी सामन्त वर्ग का संरक्षण प्राप्त हुआ, परन्तु इसका विकास बोलचाल की भाषा के रूप में नहीं हो सका। फारसी भाषा ने न सिर्फ सामन्त वर्ग की भाषा का स्तर प्राप्त किया बल्कि इससे एक कदम और आगे बढ़ गयी। सम्पूर्ण सामन्त वर्ग (हिन्दू और मुसलमान सभी ने) ने इसे अपनी वर्ग संस्कृति के रूप में संरक्षण प्रदान किया। इस सबके बावजूद यह भारत के किसी भी अंचल में जनता की भाषा की ऊँचाइयों तक नहीं पहुँच सकी। हालाँकि इसने आश्चर्यजनक रूप से भारत की सभी भाषाओं को प्रभावित किया। कश्मीरी, पंजाबी, सिंधी जैसी कुछ भाषाओं ने अपनी मूल लिपि को छोड़ कर फारसी के वर्णों की लिपि स्वीकार कर ली। बंगला, उड़िया, असमी, मराठी, मैथिली, हिन्दी, राजस्थानी, गुजराती, मलयालम, तेलुगू, कन्नड़, तमिल आदि ने अपनी मूल लिपि, परम्परागत स्टाइल और शब्दकोश को बनाये रखा।

जिस किसी भाषा को सामन्त वर्ग द्वारा संरक्षण प्रदान किया गया, वह अपने जनाधार और विकसित न होने के बावजूद प्रभुत्वशाली भाषा बन गयी। इस प्रकार फारसी भाषा ने अन्य भाषाओं पर अपना प्रभुत्व कायम किया और

अन्य जन भाषाओं में, जिन पर ध्यान नहीं दिया गया और जिनको विकसित होने का अवसर नहीं दिया गया, फारसी ने अतिक्रमण भी किया। सामन्त वर्ग के लोग हमेशा जनभाषा के विरोध में रहते थे और जनता की भाषा के मुकाबले एक अलग भाषा गढ़ते, उसे संरक्षण प्रदान करते और उसे श्रेष्ठ भाषा का दर्जा प्रदान करते थे। प्रत्येक राजकीय भाषा ने जनता की भाषा का विकास रोका है। दूसरी भाषाओं के ऊपर राजकीय भाषा की निरंकुशता, शासक वर्ग द्वारा, जनता की चेतना, ज्ञान और ज्ञान के स्रोतों तथा सूझ-बूझ को रोकने की सरकारी नीति मात्र है। भारत का भाषायी इतिहास इस बात का साक्षी है कि शोषक वर्ग ने अपने राजनीतिक हितों की पूर्ति के लिए कभी भी जनता की भाषा को संरक्षण नहीं दिया। शासक वर्ग ने भाषा के विषय को हमेशा जनता में विभाजन पैदा करने और उनके एकताबद्ध संगठित संघर्ष को कमजोर करने के लिए प्रयोग किया है।

फारसी भाषा के प्रभुत्व काल में, अरबी और संस्कृत भाषा को भी शासक वर्ग का प्रोत्साहन मिला। सामन्ती शासन ने केवल अपनी प्रशासनिक सुविधा के लिए फारसी लिपि में बोलचाल की भाषा खड़ी बोली को दिल्ली के आस-पास स्वीकृति प्रदान की और इसी क्रम में इसे दूसरी राजकीय भाषा भी बनाया गया।

उन्नीसवीं शताब्दी में ब्रिटिश शासन काल में फारसी के स्थान पर इंगलिश को राजकीय भाषा घोषित किया गया। इंगलिश न तो कभी जनता की भाषा थी और न आज है। यह औपनिवेशिक भाषा शासन और प्रशासन की भाषा थी और शिक्षा व्यवस्था में औपनिवेशिक प्रशासनिक ढाँचे के लिए कर्मचारी भर्ती करने का आधार थी। राजकीय भाषा के रूप में यह शासक वर्ग की भाषा थी। इंगलिश को शासक वर्ग द्वारा केवल संरक्षण ही नहीं दिया गया, बल्कि शासक वर्ग द्वारा जान-बूझकर नकारी गयी जनता की भाषाओं में इसे प्रवेश दिलाने के लिए दबाव भी पैदा किया गया। इस प्रकार यह औपनिवेशिक इंगलिश भाषा भारत की अन्य भाषाओं के ऊपर प्रभुत्व बना सकी और आश्चर्यजनक रूप से उनको प्रभावित कर सकी।

एक राजकीय भाषा को श्रेष्ठ स्थान प्राप्त होता है। प्रशासन को संचालित करने वाली भाषा शासक वर्ग की सेवा करती है। इंगलिश जो जनता की भाषा नहीं है, परन्तु इसे राजकीय दर्जा प्राप्त है और इस प्रकार शासक वर्ग के प्रशासन में कार्यरत लोगों को यह विशिष्ट बना देती है। यदि राजकीय भाषा शासक वर्ग की भाषा हो तो उसे इसका लाभ मिलता है। इस प्रकार शासक वर्ग की चाल और उसकी मशीनरी द्वारा लोगों को अपमानित किया जा सकता है। यही सब

बातें अंग्रेजी के साथ भी लागू होती हैं। जिन व्यक्तियों को अंग्रेजी का ज्ञान नहीं होता, उनको प्रशासन से दूर रखा जाता है। वे थोड़े से लोग जो इंगलिश जानते हैं, उनको प्रशासन में स्थान दिया जाता है। वे गुलामों की तरह शासक वर्ग की सेवा करते हैं। "वे शासक वर्ग के नमक के प्रति वफादारी निभाते हैं।" दूसरे शोषक वर्गों की ही तरह ब्रिटिश औपनिवेशिक शासन द्वारा इंगलिश को राजकीय भाषा बनाने से ब्रिटिशों द्वारा जनता का शोषण करने में सहायता मिली। भारतीय जनता इंगलिश से अनभिज्ञ होने के कारण हमेशा विनम्रतापूर्वक झुकी रहती थी और राजकीय भाषा (इंगलिश) का ज्ञान न होने से अनेक प्रकार से बड़ी सरलता से भारतीय जनता का शोषण होता था।

भारत की वर्तमान अर्द्धसामन्ती अर्द्ध-औपनिवेशिक सरकार ने भी इंगलिश को सरकारी कामकाज की राजकीय भाषा बनाये रखा जो वास्तव में भारत के कम्प्राडोर बुर्जुआ वर्ग और उसके साम्राज्यवादी मालिकों की कुशलतापूर्वक सेवा करने और भारतीय जनता का शोषण करने के लिए है। इंगलिश आज भी भारत में निर्देश देने की भाषा है, हालाँकि भारत की केवल 3 प्रतिशत जनसंख्या इंगलिश जानती है। वर्तमान शासक वर्गों द्वारा इस सत्ता को बनाये रखने के लिए इंगलिश को राजकीय भाषा बनाये रखा गया है।

भारत के भाषायी इतिहास का सार संकलन करने से ज्ञात होता है कि भारतीय जनता ने क्रान्तिकारी संघर्षों को विकसित करने के अपने सामाजिक व्यवहार के द्वारा भारतीय भाषाओं का विकास किया है और भारत के शोषक वर्गों ने अपने वर्गीय हितों की पूर्ति के लिए भाषा को एक हथियार के रूप में प्रयोग किया है। शोषक-शासक वर्ग ने अपने पक्ष की भाषा को जनता पर थोपा है और जनता की भाषा के विकास में बाधाएँ उत्पन्न की हैं।

दास-मालिक वर्ग और सामन्त वर्ग ने अपने-अपने शासन काल में अपनी-अपनी राजकीय भाषाओं को जन्म दिया (जैसे वैदिक और संस्कृत)। अपनी भाषा को ईश्वरीय भाषा कहा और जनता की भाषा को अशुद्ध, अपवित्र और अपरिष्कृत कहा। ब्रिटिश साम्राज्यवाद ने अपने शासनकाल में इंगलिश भाषा को जनता पर थोप दिया और यहाँ की जनता की भाषा को वर्नाकुलर (लेनिन के शब्दों के अनुसार, गुलामों की भाषा) भाषा कहा। ब्रिटिश ने हिन्दी और उर्दू भाषाओं को हिन्दू और मुसलमान की भाषा के रूप में प्रोत्साहित किया और इस प्रकार दोनों भाषाओं को दो धर्मों की भाषा बताया। इस प्रकार से हिन्दी और उर्दू के साथ पक्षपात करने से भारतीय जनता की एकता में विघटन उत्पन्न हुआ और भारतीय जनता में भाषा के प्रति सहनशीलता कम हुई और इन दोनों भाषाओं

ने अन्य भाषाओं पर अपना प्रभुत्व कायम किया और अन्य भारतीय भाषाओं के विकास में बाधा उत्पन्न की।

वर्तमान शासक वर्गों ने एक ऐसी भाषा नीति बनाई जो सभी भारतीय भाषाओं को समानता के अधिकार से वंचित करती है। यह नीति हिन्दी और गैर-हिन्दी भाषा-भाषी लोगों को एक-दूसरे के खिलाफ खड़ा करती है, द्रविड़ भाषा बनाम इंडो-ईरानियन, दक्षिण की भाषा बनाम उत्तर की भाषा का विवाद पैदा करती है। वर्तमान भारतीय शासकों की भाषा नीति ने दसियों लाख गरीब और मेहनतकश भारतीय जनता की एकता को विघटित किया है। शासक वर्ग सदा ही जनता के बीच विभाजन करने और अपने हितों की पूर्ति का प्रयास करता है। अब की बार उसने यह काम भाषा नीति के माध्यम से किया है। इस प्रकार उसने शासक-शोषक वर्गों के विरोध में क्रान्तिकारी आन्दोलन की ओर बढ़ रही जनता को फिर भ्रमित किया है।

इस भाषा समस्या का निदान केवल जनता की जनवादी क्रान्ति की सफलता के द्वारा ही हो सकता है और इस प्रकार भारत की कम विकसित भाषाओं के साथ न्याय किया जा सकता है।

जनता के जनवादी अधिनायकत्व में सभी बड़ी या छोटी भाषाओं को समान स्तर प्रदान किया जाएगा। किसी भी भाषा या बोली को किसी के विरोध में नहीं खड़ा किया जाएगा। यहाँ तक कि कम जनसंख्या वाली जनजातियों की बोली को भी समान महत्त्व दिया जाएगा। हालाँकि उर्दू भी भारत के किसी भी अंचल के बहुसंख्यक लोगों की भाषा होने का दावा नहीं करती, फिर भी इसे समान स्तर दिया जाएगा। इंगलिश राजभाषा नहीं होगी, परन्तु अन्तर्राष्ट्रीय महत्त्व को ध्यान में रखते हुए इसके अध्ययन को प्रोत्साहित किया जाएगा। हिन्दी तथा अन्य भाषाओं के विकास को समान रूप से सुविधाएँ दी जाएँगी और हर स्तर पर इनको अनुदेश का माध्यम बनाया जाएगा। भाषाएँ वैज्ञानिक और साहित्यिक उत्पाद निर्मित करती हैं और इनके माध्यम से सरकार का सभी स्तर पर, न्यायपालिका और प्रशासन के स्तर पर सारा काम होता है, इसलिए सभी भारतीय भाषाओं को विकास के समान अवसर प्रदान किये जाएँगे।

परिशिष्ट-16 की सूची में 1971 की जनगणना के अनुसार भारत की प्रमुख मातृ भाषाओं का विवरण दिया गया है। भारतीय समाज की संस्कृति के विशद अध्ययन के लिए हमें भारतीय राष्ट्रीयता को अवश्य विस्तार से जानना चाहिए। आइए, हम जानें कि राष्ट्र किसे कहते हैं।

राष्ट्रवाद

राष्ट्रवाद : राष्ट्र ऐतिहासिक रूप से निर्मित लोगों का एक समुदाय है। एक राष्ट्र की पहचान सर्वप्रथम वहाँ के लोगों की सामान्य भौतिक परिस्थितियों, जैसे—सीमाएँ, आर्थिक जीवन, उस समुदाय की भाषा, मनोवैज्ञानिकता और कुछ राष्ट्रीय चरित्र व प्रवृत्तियाँ जो उनकी राष्ट्रीय सांस्कृतिक विशेषता के रूप में अभिव्यक्त होती हैं। राष्ट्र किसी मानव समुदाय का सबसे विशाल रूप है जो पूँजीवादी संरचना के साथ ही साथ दिखाई देता है। एक देश में सामन्ती विभाजन की समाप्ति, एक अंचल में आर्थिक सम्बन्धों का सुदृढ़ीकरण और स्थानीय बाजारों का एक राष्ट्रीय बाजार में विलय, एक राष्ट्र के घनीभूत होने के आर्थिक आधार के रूप में काम करता है। इस अवधि में बुर्जुआ ही राष्ट्रों की नेतृत्वकारी शक्ति होता है और उस राष्ट्र के सामाजिक-राजनीतिक और धार्मिक पहलुओं पर अपनी निश्चित छाप छोड़ जाता है। जैसे-जैसे बुर्जुआ राष्ट्र का विकास होता है, उनके बीच में सामाजिक मतभेद तीक्ष्ण होते जाते हैं और वर्गों के बीच मतभेद स्पष्ट हो जाते हैं। बुर्जुआ इन मतभेदों/अन्तर्विरोधों को छुपाने और राष्ट्रों के बीच अन्तर्विरोधों को बढ़ाने का प्रयास करता है। बुर्जुआ वर्ग राष्ट्रवाद और राष्ट्रीय स्वार्थपरता की वकालत करता है। राष्ट्रों के बीच मनमुटाव और नफरत, राष्ट्रों के बीच झगड़े, पूँजीवाद का अपरिहार्य परिणाम है।

बुर्जुआ राष्ट्रवाद के मुकाबले सर्वहारा वर्ग, सर्वहारा अन्तर्राष्ट्रवाद की नीति और सिद्धान्त प्रस्तुत करता है। पूँजीवाद की समाप्ति के साथ-साथ राष्ट्रवाद की अवधारणा में रेडिकल परिवर्तन होता है। पुराने बुर्जुआ राष्ट्र, मजदूर वर्ग और मेहनतकश किसानों के साथ संशय कायम कर नये वर्ग आधार पर नये सोशलिस्ट राष्ट्रों में रूपान्तरित हो जाते हैं।

सोशलिस्ट राष्ट्रों के बीच आपसी शत्रुता समाप्त हो जाती है। राष्ट्रों के बीच पुराने अविश्वास के अवशेष धीरे-धीरे समाप्त होते हैं और राष्ट्रों की जनता के बीच मित्रता निरन्तर विकसित होती है। राष्ट्रीय उत्पीड़न की समाप्ति और राष्ट्रों की जनता के बीच समानता की स्थापना, उनका परस्पर सहयोग, और

उनके विकास में बाधक आर्थिक और सांस्कृतिक पिछड़ेपन के उन्मूलन आदि ने सोवियत यूनियन में एक सोशलिस्ट राष्ट्र के निर्माण की सभी शर्तों को पूरा कर दिया है। सोशलिस्ट समाज में एक तरफ राष्ट्रों का विकास होता है, वे फलते-फूलते हैं और दूसरी तरफ एक-दूसरे के सन्निकट भी आते हैं। भविष्य में कम्युनिज्म की पूर्ण विजय के बाद चारों तरफ एक-दूसरे के समीप आ रहे राष्ट्रों के बीच की दूरी और राष्ट्रीय भेद समाप्त हो जाएगा और एक नयी तरह की सामाजिक एकता, राष्ट्रों की तुलना में कहीं विशाल जनता का सोशलिस्ट समाज उभरेगा जो तमाम मानव जाति के एक परिवार के रूप में होगा। परन्तु इस प्रकार का कम्युनिस्ट समाज दीर्घकालीन सामाजिक प्रगति और पूर्ण रूपेण सामाजिक एकरूपता प्राप्त करने के बाद ही सम्भव होगा।

कामरेड स्टालिन ने कहा था : ''एक राष्ट्र ऐतिहासिक रूप से निर्मित लोगों का एक स्थायी समुदाय है, जिसका निर्माण समान भाषा, सीमा, आर्थिक जीवन और एक 'सामान्य' संस्कृति में उस समुदाय की मनोवैज्ञानिकता की अभिव्यक्ति है।'' कामरेड स्टालिन द्वारा इस परिभाषा की विस्तृत व्याख्या निम्नलिखित है। एक राष्ट्र प्रारम्भिक रूप से कुछ निश्चित लोगों का समुदाय है। यह न तो नृजातीय है और न ही आदिवासी, परन्तु ऐतिहासिक रूप से निर्मित एक स्थायी लोगों का समुदाय है। एक राष्ट्र की पहचान उसकी एक भाषा भी है। एक राष्ट्रीय समुदाय की अपनी एक भाषा होती है, जबकि किसी राज्य के लिए एक भाषा अनिवार्य नहीं है। एक राज्य में कई भाषा-बोली वाले लोग हो सकते हैं और कई राष्ट्र के लोग भी एक ही भाषा बोलने वाले हो सकते हैं।

एक सामान्य सीमा भी राष्ट्र की एक पहचान है। एक राष्ट्र का निर्माण, एक साथ कई पीढ़ियों तक रहने वाले लोगों के बीच परस्पर अन्तःक्रिया के द्वारा होता है और यह तभी सम्भव है जब वे सब लोग एक निश्चित सीमा के अन्दर ही रहते हों।

एक सामान्य आर्थिक जीवन अर्थात् आर्थिक साहचर्य राष्ट्र की एक और विशेषता है। यह सामान्य आर्थिक बन्धन ही है जो किसी राष्ट्र के तमाम लोगों को तमाम हिस्सों को एक साथ जोड़ देता है। परिणामस्वरूप उनमें कार्यों का बँटवारा और विकास होता है और संचार के साधन आदि विकसित होते हैं।

एक सामान्य मनोवैज्ञानिक मानसिकता, जिसकी अभिव्यक्ति एक सामान्य संस्कृति में होती है, यह किसी राष्ट्र की एक और विशेषता है। अर्थात् राष्ट्र का एक राष्ट्रीय चरित्र भी होना चाहिए जो राष्ट्र की सामान्य संस्कृति के रूप में दिखाई दे। हो सकता है किसी पर्यवेक्षक के लिए किसी राष्ट्र का चरित्र स्पष्ट

रूप से प्रकट न हो, परन्तु इसकी अभिव्यक्ति अर्थात् उस राष्ट्र की सामान्य संस्कृति ऐसी चीज है जो स्पष्ट रूप से दिखाई देती है और उसे नकारा नहीं जा सकता।

इस बात पर ध्यान देना बहुत आवश्यक है कि उक्त सभी लक्षण/विशेषताएँ एक राष्ट्र का निर्माण करने के लिए पर्याप्त हैं। यह सब गुण/विशेषताएँ मिला कर ही एक राष्ट्र का निर्माण होता है। यदि इनमें से एक भी विशेषता कम होगी तो वह राष्ट्र नहीं बन सकता। इनमें से एक राष्ट्र के लिए सभी विशेषताएँ अनिवार्य हैं, परन्तु किसी राष्ट्र के विकास के लिए यह अनिवार्य नहीं है।

उपरोक्त व्याख्या से यह स्पष्ट हो जाता है कि राष्ट्र एक निश्चित दौर में ऐतिहासिक परिघटना है, इसलिए इसमें परिवर्तन भी होता है। यह परिघटना दुर्बल होते सामन्तवाद और उदीयमान पूँजीवाद के काल में होती है। इस काल में ऐतिहासिक परिस्थिति कुछ राष्ट्रों के स्वतन्त्र राष्ट्र राज्य बनने के अनुकूल रही है। जहाँ सामन्तवाद का अभी पूर्ण उन्मूलन नहीं हुआ था और पूँजीवाद अभी भी कमजोर स्थिति में था। ऐसे ही स्थान और परिस्थिति में राष्ट्र राज्य की परिघटना सम्भव है। यह परिघटना (आयरलैंड के अतिरिक्त) पश्चिमी यूरोप और ब्रिटेन, फ्रांस, जर्मन, इटली में घटित हुई। एक समय जब पूँजीवाद, सामन्तवाद पर विजय प्राप्त करने के लिए आगे बढ़ा, परन्तु पूर्वी यूरोप में यह परिघटना भिन्न रूप में घटित हुई। एक कोई अकेला स्वतन्त्र राष्ट्र अस्तित्व में नहीं आया, परन्तु अनेक राष्ट्रीयताओं के साथ, बहुराष्ट्रीय राज्य अस्तित्व में आये जैसे आस्ट्रिया, चेकों और पोलों के साथ तथा क्रीट आदि। हंग्री में लेंट जाति के लोग, लिथुवानियन, उक्रेनियन, जार्जियन, अरमीनियनस आदि। रूस, पश्चिमी यूरोप और आयरलैंड में भी ऐसा ही घटित हुआ। यह परिघटना घटित हुई, जहाँ सामन्तवाद के ध्वंस के काल में पूँजीवाद का तेजी से विकास हुआ। उदीयमान पूँजीवाद और आर्थिक रूप से जीने योग्य राष्ट्रीयताएँ नीचे पड़ी थीं। जहाँ पर विकासशील पूँजीवाद ने व्यापार और विकास के साधनों में एक विस्फोट कर दिया, परिणामस्वरूप वहीं बड़ी संख्या में शहरों का उदय हुआ, राष्ट्रों को आर्थिक रूप से सुदृढ़ होने का अवसर प्राप्त हुआ और पूँजीवाद ने ''पृष्ठभूमि में पड़ी शान्त जीवन पद्धति वाली राष्ट्रीयताओं के बीच चुपके से प्रवेश किया।'' उसने यह काम ''इनको जाग्रत और कार्यवाहियों में उतार कर किया।'' परिणामस्वरूप रूस में डूमा और आस्ट्रिया में रिचरांग जैसी चुनी हुई संस्थाओं, थिएटर और प्रेस का विकास हुआ। इस प्रकार लोगों में मजबूत 'राष्ट्रीय' भावना और सुदृढ़ हुई। ''राष्ट्रीय विचार'' से ओत-प्रोत और जाग्रत

बुद्धिजीवी समुदाय ने इसी भावना के अनुसार कार्य किया। परन्तु यह राष्ट्रीयताएँ अब अपनी पुरानी स्थिति से निकल कर एक स्वतन्त्र स्थिति में आ चुकी थीं। लेकिन अपना स्वतन्त्र राज्य नहीं गठित कर सकी, क्योंकि एक स्वतन्त्र राष्ट्रीय नागरिकता उनकी राह की बाधा थी। पहले से ही राज्य की शासक प्रभुत्वशाली राष्ट्रीयता का शासक वर्ग उनका सशक्त विरोध कर रहा था।

लेकिन अब संघर्ष की शुरुआत हो चुकी थी और वाक्‌युद्ध जारी था। यह संघर्ष वास्तव में राष्ट्रीयताओं के बीच नहीं बल्कि प्रभुत्वशाली राष्ट्रीयताओं के शासक वर्गों और उनके पीछे के लोगों के बीच होता है, जबकि कुछ मामलों पर संघर्ष उत्पीड़ित राष्ट्रीयता के शहरी पेट-बुर्जुआ वर्ग द्वारा शासक राष्ट्रीयता के बड़े बुर्जुआ वर्ग के खिलाफ होता है (जैसे चेक और जर्मन) और दूसरे मामलों में यह संघर्ष उत्पीड़ित राष्ट्रीयता के ग्रामीण बुर्जुआ द्वारा प्रभुत्वशाली राष्ट्रीयता के सामन्त वर्ग के खिलाफ होता है (जैसे पोलैंड में यूक्रेनियों का संघर्ष)। इसके अतिरिक्त अन्य मामलों में उत्पीड़ित राष्ट्रीयता के 'राष्ट्रीय' बुर्जुआ वर्ग द्वारा प्रभुत्वशाली राष्ट्रीयता के अभिजात वर्ग के खिलाफ संघर्ष होता है। पोलैंड, लिथुआनिया, और रूस में यूक्रेन इसकी मिसाल हैं। इस प्रकार आप देखेंगे कि राष्ट्रीयता के संघर्षों में बुर्जुआ वर्ग ही केन्द्रीय भूमिका निभाता है।

अपने प्रारम्भिक काल में बुर्जुआ को बाजार की समस्या से जूझना पड़ता है। इसका उद्‌देश्य अपने बाजार का विस्तार करना होता है और इसके लिए उसे विभिन्न राष्ट्रीयताओं से होड़ में विजय प्राप्त करनी होती है। स्टालिन ने कहा कि "इसकी इच्छा 'अपने' 'घरेलू' बाजार को सुरक्षित रखना होता है और बाजार ही राष्ट्रीयता के बारे में शिक्षित होने की प्रथम पाठ़शाला है।" प्रभुत्वशाली राष्ट्रीयता की अर्द्धसामन्ती, अर्द्ध-बुर्जुआ नौकरशाही अपने प्रतिद्वन्द्वी के विरुद्ध बड़े प्रभावशाली, निर्णायक और चालाकीपूर्ण तरीके से दमनकारी अस्त्रों के साथ प्रवेश करती है और यह संघर्ष आर्थिक क्षेत्र से बढ़ कर राजनीतिक क्षेत्र में प्रवेश कर जाता है। प्रभुत्वशाली राष्ट्रीयता अपने प्रतिद्वन्द्वी के खिलाफ आने-जाने पर रोक, भाषा का दमन, मतदान के अधिकार से वंचित करना, स्कूलों को बन्द करना और धार्मिक हिदायत आदि के दमनकारी उपायों का प्रयोग करती है। इन कार्यवाहियों से प्रभुत्वशाली राष्ट्रीयता के बुर्जुआ और साथ ही साथ शासक वर्ग की नौकरशाही को भी लाभ होता है।

प्रभुत्वशाली राष्ट्रीयता के बुर्जुआ और नौकरशाही वर्ग द्वारा उत्पीड़ित राष्ट्रीयता के बुर्जुआ का हर प्रकार से दमन और शोषण होने से वह स्वाभाविक रूप से आन्दोलन करता है। वह अपने बचाव में 'पितृभूमि' की रक्षा का

अन्धराष्ट्रवादी नारा उछालता है और 'मातृभूमि' का प्रश्न उठाता है, मानो पूरा राष्ट्र ही खतरे में हो। बुर्जुआ अपने इस स्वार्थ को पूरे राष्ट्र और 'पितृ भूमि' पर खतरा बताता है। उत्पीड़ित राष्ट्र के पीड़ित लोग उसकी इस चिल्ल गोहार का साथ देने के लिए निकल पड़ते हैं और इस प्रकार राष्ट्रीय आन्दोलन का आविर्भाव होता है।

राष्ट्रीय आन्दोलन : राष्ट्रीय आन्दोलन, वहाँ के मजदूरों और किसानों को अपने प्रभाव में खींच लेता है, परन्तु उसकी शक्ति मजदूरों-किसानों की भागीदारी की संख्या और शक्ति पर निर्भर होती है। बुर्जुआ राष्ट्रवादी झंडे के नीचे राष्ट्रीय आन्दोलन में सर्वहारा की भागीदारी, सर्वहारा की वर्गीय चेतना और उसके संगठन पर निर्भर होती है। सर्वहारा जितना अधिक वर्ग सचेत होता है, वह राष्ट्रीय बुर्जुआ के पीछे उतना ही कम गोलबन्द होता है और अधिक से अधिक वह अपने विश्वस्त झंडे के साथ ही संगठित होता है। जहाँ तक किसानों की राष्ट्रीय आन्दोलन में भागीदारी का प्रश्न है, यह किसानों पर होने वाले दमन की प्रकृति और कठोरता पर निर्भर है। यदि भूमि के प्रश्न पर दमन होगा तो व्यापक किसान आन्दोलन में भागीदार होंगे।

राष्ट्रीय आन्दोलन की अन्तर्वस्तु, आन्दोलन की माँगों, समय और स्थान के अनुसार भिन्न-भिन्न होती है। उदाहरण के लिए यह आन्दोलन एक समय भाषा के प्रश्न पर, या फिर कृषि समस्या पर हो सकता है। यह आन्दोलन नागरिकों की समानता या धार्मिक स्वतन्त्रता पर या फिर सीमा के सवाल पर भी हो सकता है। जो भी हो, समस्या मूर्त और स्पष्ट होनी चाहिए।

इस स्तर पर यह पूर्णतः स्पष्ट हो जाता है कि पूँजीवाद के विकास के समय राष्ट्रीय संघर्ष विभिन्न बुर्जुआ वर्गों के बीच का आपसी संघर्ष है। कामरेड स्टालिन ने कहा : "कभी-कभी बुर्जुआ वर्ग अपने संघर्ष में सर्वहारा को खींच लेने में सफल हो जाता है, और तब राष्ट्रीय संघर्ष बाहर से एक 'राष्ट्रव्यापी' स्वरूप ले लेता है, परन्तु यह वास्तव में अपनी अन्तर्वस्तु में एक बुर्जुआ संघर्ष ही होता है।"

कामरेड स्टालिन ने इसको और स्पष्ट करते हुए कहा : "हमने जो कुछ ऊपर कहा है, इसका यह अर्थ नहीं निकालना चाहिए कि राष्ट्रीय दमन के विरोध में सर्वहारा को कोई नीति नहीं रखनी चाहिए बल्कि आन्दोलन की स्वतन्त्रता पर प्रतिबन्ध, मताधिकार वंचना और भाषा का दमन आदि सभी विषयों का किसी भी प्रकार बुर्जुआ वर्ग सर्वहारा वर्ग की तुलना में पूर्ण लाभ लेता है और वर्ग संघर्ष से सर्वहारा वर्ग का ध्यान भटकाता है। यह विषय सर्वहारा और

बुर्जुआ दोनों वर्गों के महत्त्व के हैं। परन्तु बुर्जुआ वर्ग विभिन्न राष्ट्रीयताओं के सर्वहारा वर्ग को एक ही संगठन में जोड़ने में अवरोध उत्पन्न करता है। जब तक सर्वहारा बुद्धिजीवी, बुर्जुआ वर्ग का गुलाम बना रहता है, तब तक यह स्थिति बनी रहती है।

'फूट डालो और राज करो' की नीति के तहत शासक वर्ग एक राष्ट्र को दूसरे के खिलाफ खड़ा करता है और विभिन्न राष्ट्रों के सर्वहारा को एक सूत्र में जोड़ने व संगठित करने की नीति का विरोध करता है। सर्वहारा की नीति विभिन्न राष्ट्रीयताओं के सर्वहारा को राज्यसत्ता के खिलाफ संगठित करना है। शासक वर्ग कभी-कभी उत्पीड़ित राष्ट्रीयता पर अत्यधिक दमन करता है और नरसंहार ऐसी स्थितियाँ भी खड़ी हो जाती हैं।

इसलिए सर्वहारा वर्ग द्वारा विभिन्न प्रकार के राष्ट्रीय दमन के खिलाफ ही नहीं बल्कि एक राष्ट्र को दूसरे राष्ट्र के खिलाफ खड़ा करने की धूर्तता के खिलाफ भी संघर्ष करना लाजिमी है। इसी प्रकार राष्ट्रीयताओं के आत्मनिर्णय के अधिकार को पहचाना जा सकता है।

राष्ट्रीयताओं के आत्मनिर्णय का अधिकार : एक राष्ट्रीय प्रश्न

''आत्मनिर्णय का अधिकार एक राष्ट्र को अपने भाग्य का स्वयं निर्णय करने का अधिकार है। किसी को भी उस राष्ट्र के जीवन में बलपूर्वक प्रवेश करने, उनके स्कूलों और अन्य संस्थाओं का विनाश करने, उसकी आदतों और रीति-रिवाजों का उल्लंघन करने, उसकी भाषा का दमन करने या उसके अधिकारों में कटौती करने का अधिकार नहीं है।'' इसका यह अर्थ नहीं है कि सर्वहारा एक राष्ट्र के हर रीति-रिवाज और संस्थाओं का समर्थन करे।

आत्मनिर्णय के अधिकार का मतलब ''एक राष्ट्र जैसे चाहे अपने जीवन को संगठित कर सकता है व स्वायत्तता के आधार पर अपनी जीवन पद्धति को सजा-सँवार सकता है। इसे दूसरे राष्ट्रों के साथ संघीय सम्बन्ध बनाने का अधिकार है। उसे अपने अधिवेशनों को आयोजित करने का अधिकार है। सभी राष्ट्र बराबर और संप्रभु हैं, उनको समान अधिकार हैं।'' (स्टालिन)

कामरेड स्टालिन ने कहा कि सर्वहारा को राष्ट्र की प्रत्येक माँग का समर्थन करना चाहिए परन्तु यदि कोई राष्ट्र अपनी पुरानी व्यवस्था में पुनः वापस आने की माँग करता है तो सर्वहारा उसका समर्थन नहीं करेगा। एक राष्ट्र का अधिकार और सर्वहारा का हित दो अलग-अलग वर्गीय हितों का प्रश्न है। सर्वहारा की नीति निश्चित रूप से राष्ट्र की माँगों का समर्थन करना है। परन्तु जब सर्वहारा

राष्ट्र के आत्मनिर्णय के अधिकार के पक्ष में संघर्ष करता है, तब वह राष्ट्रीय दमन की नीति को समाप्त करना चाहता है ताकि राष्ट्रों के बीच फूट डालने की नीति समाप्त हो और राष्ट्रों के बीच तनाव कम हो। परन्तु बुर्जुआ की नीति बिल्कुल इसके विपरीत है, परिणामस्वरूप वर्ग सचेत सर्वहारा बुर्जुआ के झंडे के पीछे-पीछे नहीं चलता है। किसी भी राष्ट्र में पूर्ण स्वतन्त्रता केवल समाजवादी शासन में ही मिल सकती है।

किसी राष्ट्र को आत्मनिर्णय का अधिकार हमेशा उस राष्ट्र के उत्पीड़ित जन और बहुसंख्यक जनता के हित में होना चाहिए। कामरेड स्टालिन ने कहा : "किसी भी राष्ट्र को अपनी जीवन पद्धति को सजाने-सँवारने की पूर्ण स्वायत्तता है। यहाँ तक कि उसे अलग होने का भी अधिकार है। परन्तु इसका यह अर्थ नहीं है कि उसे किसी भी परिस्थिति में, ऐसा करने की अनुमति है। किसी राष्ट्र के लिए यह हमेशा उसकी बहुसंख्यक जनता और उत्पीड़ित समुदाय के लिए भी लाभकारी नहीं होता।" यदि बुर्जुआ वर्ग छलकपट के द्वारा नेतृत्व हथिया लेता है और उस राष्ट्र के अलगाव का अधिकार लागू करता है, उस राष्ट्र की बहुसंख्यक जनता का समर्थन भी प्राप्त कर लेता है और राज्य से अलग होकर वही पुरानी व्यवस्था के नियम-कायदे लागू करना चाहता तो क्या सर्वहारा को व्यापक समुदाय के लिए लाभकारी अपनी नीति और राष्ट्र की समस्या का हल प्रस्तुत नहीं करना चाहिए और क्या उसे राष्ट्र की इच्छा को उस दिशा में मोड़ने का प्रयास नहीं करना चाहिए?

इसलिए किसी राष्ट्र की ठोस परिस्थिति पर यह निर्भर करता है कि उस राष्ट्र के व्यापक जन समुदाय और उत्पीड़ित जनता के हित में स्वायत्तता और अलगाव का अधिकार प्रदान किया जाए, यही सही हल होगा। किसी राष्ट्र की आर्थिक, राजनीतिक और सांस्कृतिक परिस्थितियाँ इसका हल निर्धारित करती हैं कि वह राष्ट्र अपनी जीवन-पद्धति को किस प्रकार निर्धारित करेगा और उसका भावी संविधान कैसा होगा। प्रत्येक राष्ट्र के लिए एक अलग विशेष हल की आवश्यकता होगी। राष्ट्र के प्रश्न को हल करने में आवश्यक तत्त्व क्या है?

हम देख चुके हैं कि आत्मनिर्णय का अधिकार एक आवश्यक तत्त्व है। इसके बगैर राष्ट्रीय स्वायत्तता बिल्कुल कृत्रिम, अव्यावहारिक और अनुचित है। कुछ घटनाओं के कारण देश के कोने-कोने में फैले एक ही संस्कृति वाले लोगों को एक अलग स्थान पर एकत्र कर देना, काल्पनिक, असंगत और वास्तविकता के विपरीत है।

इसके अतिरिक्त बुर्जुआ वर्ग 'राष्ट्रीय विशेषताओं' के आधार पर लोगों

के बीच भेद करता है और राष्ट्रीय विशेषता बनाये रखने के लिए राष्ट्रवाद को प्रेरित करता है। यह सब सर्वहारा की नीतियों का विरोधी है।

दूसरी तरफ राष्ट्र के प्रश्न को हल करने में आंचलिक स्वायत्तता, एक महत्त्वपूर्ण तत्त्व है। आंचलिक स्वायत्तता की पूर्व शर्त एक निश्चित सीमा में निश्चित लोगों का निवास, राष्ट्रीय रुकावटों को तोड़ना, एक दूसरी प्रकार से वर्ग आधार पर लोगों का विभाजन, उस अंचल के लिए राष्ट्रीय सम्पदा के उपभोग की योग्यता ताकि वह अपनी उत्पादक शक्तियों को विकसित कर सके और उन पर किसी केन्द्र का कोई दबाव न हो। इस प्रकार लोगों का राष्ट्र के अनुसार विभाजन नहीं होगा, यह राष्ट्रीय अवरोधों को भी कमजोर करेगा और यह समाधान व्यावहारिक भी है। इसमें प्रत्येक राष्ट्रीय अल्पसंख्यक अलग-अलग भी हैं और यह एक सम्पूर्ण राष्ट्र के रूप में एक साथ भी है। इसलिए इसके अस्वीकार करने का कोई कारण नहीं है। यहाँ बहुसंख्यक राष्ट्रीयता द्वारा अल्पसंख्यक राष्ट्रीयता के दमन की भी कोई सम्भावना नहीं है और यह एक स्वायत्त अंचल के रूप में पूर्ण स्वायत्तता और लोकतंत्र का लाभ उठाएगा।

यह भी एक प्रस्ताव है कि विभिन्न अल्पसंख्यक राष्ट्रीयताओं को एक राष्ट्रीय यूनियन में बाँध दिया जाए। वे राष्ट्रीय अल्पसंख्यक जो बहुसंख्यक राष्ट्रीयता वाले लोगों के बीच बसे हुए हों, वे इस प्रकार की कल्पित यूनियन नहीं चाहते। परन्तु जहाँ पर वे रह रहे हैं, वहाँ वे वास्तविक अधिकार पाते हैं तो इस प्रकार की यूनियन व्यर्थ है! उनका पूर्ण जनवाद उनकी पहुँच में ही होना चाहिए। एक अल्पसंख्यक का असन्तोष एक राष्ट्रीय यूनियन के न होने से नहीं है बल्कि उसे उसकी अपनी देशज भाषा से उसके स्कूलों से वंचित किया गया है, उसे उसके स्थान से बेदखल किया गया है, यही उसका दुःख है। उसकी आन्दोलन की, आम सहमति की स्वतन्त्रता छीनी गयी हैं। उनको यह स्वतन्त्रता प्रदान करने से अल्पसंख्यक राष्ट्रीयताओं का असन्तोष शान्त हो जाएगा और राष्ट्रीय यूनियन बनाने का प्रस्ताव धराशायी हो जाएगा। इस प्रकार-राष्ट्रों को सभी रूपों में (भाषा, स्कूल, धर्म आदि) समान अधिकार के समाधान के लिए यह एक आवश्यक हल है।

आइए, अब इस विषय पर विचार करें कि यदि मजदूर वर्ग को राष्ट्रीयताओं के अनुसार विभाजित कर दिया जाए तो क्या घटित होगा। मजदूरों की पार्टी को राष्ट्रीयताओं के आधार पर विभाजित करना होगा। ट्रेड यूनियनें विघटित हो जाएँगी। राष्ट्रीय तनाव सुनिश्चित होगा। राष्ट्रव्यापी हड़तालें विभाजित हो

जाएँगी। सर्वहारा पार्टी की कतारों में पूर्ण रूप से निराशा व्याप्त होगी। इसका एकमात्र यही इलाज है कि सभी राष्ट्रीयताओं के मजदूरों को स्थानीय रूप से एक ही यूनियन में संगठित किया जाए। एक "ऐसी सुगठित सामूहिकता वाला संगठन, जो इन स्थानीय सामूहिक संगठनों को एक पार्टी में गठित कर सके, जो एकताबद्ध पार्टी में किसी भी प्रकार की स्वायत्तता की कल्पना भी न करे। इस प्रकार का संगठन न केवल व्यावहारिक कार्य पर अपना प्रभाव डालता है बल्कि मजदूर वर्ग के दिल-दिमाग पर भी असर डालता है, उसके बौद्धिक विकास में सहायक होता है और उसे शिक्षित करता है।" इस प्रकार के संगठनों में मजदूर "दूसरी राष्ट्रीयता के कामरेडों से मिलते हैं, उनसे कन्धा-से-कन्धा मिलाकर एक ही उद्देश्य के लिए संघर्ष करते हैं और वे यह संघर्ष सामूहिक नेतृत्व के साथ करते हैं। इस प्रकार उसके मन-मस्तिष्क में यह विचार बैठ जाता है कि सभी वर्गीय मजदूर एक वर्गीय परिवार के सदस्य हैं और यह व्यापक मजदूर वर्ग के लिए एक शानदार, मूल्यवान शिक्षा होगी।" (कामरेड स्टालिन)।

परन्तु राष्ट्रीयताओं पर आधारित एक संगठन मजदूरों को भाईचारे का अनुभव नहीं कराता बल्कि एक राष्ट्रीयता के मजदूर को दूसरी राष्ट्रीयता के मजदूर से अलग करता है और उसे एक राष्ट्रीय पृथकता का विचार देता है। उसे संकुचित विचार वाला और रूढ़िवादी बनाता है।

दो प्रकार के संगठन हैं, एक अन्तर्राष्ट्रीय एकता पर आधारित और एक राष्ट्रीयताओं पर आधारित है। पहले वाले संगठन का चुनाव अनिवार्य है। इसमें कोई भी मध्यमार्ग या समझौते का रास्ता नहीं है। कामरेड स्टालिन ने कहा : "यहाँ कोई भी मध्य मार्ग नहीं है और सिद्धान्त की विजय के लिए वे कोई 'समझौता' नहीं करते। इसलिए यह स्पष्ट है कि मजदूरों की अन्तर्राष्ट्रीय एकजुटता का सिद्धान्त, राष्ट्रीयता के प्रश्न के समाधान में एक आवश्यक तत्त्व है।"

राष्ट्रीयता का प्रश्न मुक्ति का प्रश्न है और स्वतन्त्र विकास की एक शर्त है। राष्ट्रीयता के प्रश्न के प्रति हमें ऐतिहासिक दृष्टिकोण अपनाना चाहिए, क्योंकि विभिन्न कालावधि में इसकी अन्तर्वस्तु और महत्त्व एक-सा नहीं होता। राष्ट्रों की उत्पत्ति के समय राष्ट्रों का प्रश्न सामन्तवादी सत्ता को उखाड़ फेंकने और विदेशी राष्ट्र के दमन से मुक्ति का था। साम्राज्यवाद के काल में राष्ट्र का प्रश्न एक अन्तर्राज्यीय समस्या है जो औपनिवेशिक सत्ता से जनता को मुक्ति दिलाने के प्रश्न के साथ घुल-मिल गया और औपनिवेशिक शासन के खिलाफ एक राष्ट्रीय प्रश्न के रूप में विकसित हुआ। राष्ट्रीय आन्दोलन में किसानों की व्यापक भागीदारी के कारण यह किसानों की समस्याओं से भी सम्बन्धित है।

अक्टूबर क्रान्ति का दौर समाजवाद और राष्ट्रीय मुक्ति का दौर, औपनिवेशिक व्यवस्था की समाप्ति का दौर था।

वर्तमान काल में अनेक विकसित पूँजीवादी देशों में राष्ट्र का सवाल फिर एक बार सामने आया है। यह प्रश्न साम्राज्यवादी शक्तियों द्वारा विश्व प्रभुत्व स्थापित करने के प्रयासों के सन्दर्भ में उभरा है। दुनिया के बहुत से देशों में सर्वहारा और कम्युनिस्ट पार्टियों के सामने, राष्ट्रीय स्वतन्त्रता और सम्प्रभुता का झंडा बुलन्द करते हुए अपने चारों तरफ राष्ट्रों की तमाम देशभक्त जनवादी ताकतों को गोलबन्द करते हुए साम्राज्यवाद की पूर्वनियोजित योजना को उखाड़ फेंकने की जिम्मेदारी है।

साम्राज्यवाद के सिद्धान्तकार राष्ट्र की समस्या का एक ही समाधान बताते हैं कि नेतृत्वकारी विरोधी राष्ट्र को अलगाव में डाल दो और कुछ राष्ट्रों को दूसरे के अधीन बना दो। इसके विपरीत अक्टूबर क्रान्ति ने एक क्रान्तिकारी समाधान की अनिवार्यता को सामने रखा। उसके अनुसार पूँजीवाद को पूर्णतः नष्ट कर दें, राष्ट्रीय दमन को समाप्त करें और जनता के बीच मित्रता और सौहार्द कायम करें। प्रथम समाजवादी राज्य ने केवल राष्ट्रों की समानता की घोषणा ही नहीं की बल्कि न्यूनतम सम्भावित समय में पुरानी व्यवस्था से विरासत में मिली वास्तविक आर्थिक और सांस्कृतिक एकता स्थापित भी की।

भारत में राष्ट्र का प्रश्न : भारत की ऐतिहासिक विकास प्रक्रिया के परिणामस्वरूप भारत में अपनी भाषा, संस्कृति, परम्पराओं और रीति-रिवाजों के साथ अनेक राष्ट्रीयताएँ मौजूद हैं। वर्तमान शासक वर्ग भारत के इस बहुराष्ट्रीयता वाले चरित्र को नकारता है, सभी धार्मिक और राष्ट्रीय अल्पसंख्यकों के न्यायसंगत अधिकारों का दमन करता है, सभी राष्ट्रीयताओं के आत्मनिर्णय के अधिकार को अस्वीकार करता है। विशेष रूप से नागा, मीजो, कूकी और कश्मीरी राष्ट्रीयता के अधिकार को नकारता है। वर्तमान शासक वर्ग और उनकी सरकार भाषायी गैर-बराबरी की नीति को लागू करती हैं। गैर-हिन्दी भाषा-भाषी लोगों पर हिन्दी भाषा को थोपती है और अन्य भारतीय भाषाओं के साथ भेदभावपूर्ण व्यवहार करती है। हिन्दू साम्प्रदायिकता का स्थायीकरण विभिन्न राष्ट्रीयताओं की जनता के बीच भेदभाव और असहिष्णुता को जन्म देता है।

सन् 1947 से आज तक भारत में कम्प्राडोर बुर्जुआ और सामन्ती वर्ग शासन कर रहा है। वह भारतीय जनता का निरन्तर शोषण करता और साम्राज्यवाद तथा सामाजिक साम्राज्यवाद की लूट में सहायता प्रदान करता है। इस अर्द्धसामन्ती, अर्द्ध-औपनिवेशिक राज्य का वास्तविक चेहरा 'संसदीय लोकतंत्र',

'लोकतांत्रिक संविधान' और 'सोशलिस्ट योजना' है। इसकी वास्तविकता को इस तथ्य से समझा जा सकता है कि एक तरफ देशी-विदेशी शोषक वर्गों की सम्पदा दिन दूनी-रात चौगुनी रफ्तार से बढ़ रही है, वहीं दूसरी तरफ 90 प्रतिशत जनता की हालत दिन-पर-दिन बदतर होती जा रही है।

भारतीय समाज का ऐतिहासिक विकास बिल्कुल स्पष्ट कर देता है कि किसी एक निश्चित समय पर प्रभुत्वशाली वर्ग या शासक वर्ग जनता की संस्कृति, भाषा, धर्म आदि के खिलाफ, व्यवहार में अपना सामाजिक पूर्वग्रह लागू करता है।

वर्तमान राष्ट्र, विकासमान पूँजीवाद की उपज है। ऐतिहासिक भौतिकवाद ने निर्णायक रूप से यह स्थापित कर दिया कि सामन्तवाद के उन्मूलन और पूँजीवाद की विकास प्रक्रिया के साथ ही राष्ट्र के रूप में जनता संगठित होती है। राष्ट्र का निर्माण दिक् और काल के साथ, एक केन्द्रीकृत राज्य के निर्माण की शर्त के साथ घनिष्ठ रूप से जुड़ा है। जहाँ कहीं राष्ट्र स्वाभाविक रूप में राज्य का स्वरूप ग्रहण कर लेता है और एक स्वतन्त्र बुर्जुआ राष्ट्र राज्य हो जाता है। ऐसा ही ब्रिटेन में (आयरलैंड के अतिरिक्त), फ्रांस, इटली और कुछ अन्य देशों में घटित हुआ, जहाँ केन्द्रीय राज्य का निर्माण, सामन्तवाद की पूर्णतः समाप्ति से पहले ही अर्थात् राष्ट्र के निर्माण से पूर्व ही हो गया (यह विदेशी आक्रमण के आसन्न खतरे आदि के कारण हुआ)। इसके परिणामस्वरूप राष्ट्रों के राष्ट्र राज्य के स्थान पर अनेक मिश्रित बुर्जुआ राष्ट्र राज्यों का निर्माण हुआ। इस प्रकार इस मामले में एक बहुराष्ट्रीय बुर्जुआ राज्य, एक सशक्त प्रभुत्वशाली राष्ट्र का विकास हुआ जबकि अन्य राष्ट्र (जैसे, हंगरी, टर्की, रूस) पिछड़े रह गये।

आइए भारत की परिघटना पर एक दृष्टि डालें, और यह समझने का प्रयास करें कि अर्द्ध-सामन्ती औपनिवेशिक व्यवस्था द्वारा भारत की सामन्ती व्यवस्था का स्थान ले लेना क्या भारतीय समाज के विकास की तार्किक प्रक्रिया थी?

इस स्तर पर स्वाभाविक रूप से यह प्रश्न और इसका स्पष्ट उत्तर प्रासंगिक हो जाता है कि इस प्रक्रिया में राष्ट्रों की संरचना का रूपान्तरण किस प्रकार हुआ। भारत में सामन्ती व्यवस्था का कई हजार वर्ष का इतिहास है। क्या यह भारत का आर्थिक, राजनीतिक और सांस्कृतिक इतिहास है? विशाल ग्रामीण क्षेत्रों में फैले हुए भारत का मुख्य आधार कृषि थी। कृषि उत्पादकों के उपयोग से, बहुत अधिक उत्पादन होने से कस्बों के आस-पास बाजारों का विकास हुआ। बिहार में अफीम और नील, गुजरात में कपास और तम्बाकू, यू. पी. और बंगाल में गन्ना आदि ऐसी नकदी फसलों के उत्पादन को प्रोत्साहन मिला और इस प्रकार किसान परिवार बाजारों से जुड़ने लगे। इस प्रक्रिया में कुछ किसान अपनें

स्वाभाविक कृषि उत्पादन से दूर हटते हुए अधिकाधिक कृषि में माल उत्पादक शक्ति बने और इस क्रम में खेत-मजदूरों का वर्ग भी उत्पन्न हो गया। इसके साथ ही साथ एक शक्तिशाली भू-मालिकों (सामन्तों) का वर्ग भी अस्तित्व में आया। बाजारों के विकास के साथ ही फसलों का क्रय-विक्रय करने वाला और ब्याज पर धन देने वाला व्यापारियों-सूदखोरों के एक शोषक वर्ग का विकास हुआ। उपभोक्ता वस्तुओं के विनिमय ने विभिन्न प्रकार के औद्योगिक माल की माँग को प्रोत्साहित किया।

सूती कपड़ा, लोहा, स्टील, पीतल, पेपर, जूट मैन्यूफैक्चर, चमड़े का उत्पादन, लोहे का सामान, जलपोतों आदि के उत्पादन ने ध्यान आकर्षित किया। आवश्यकता के अनुसार छोटे स्तर पर उत्पादित हस्तशिल्प का स्थान धीरे-धीरे बड़े पैमाने के मिल उत्पादन ने ले लिया, परन्तु इस प्रक्रिया में केवल बहुमूल्य कच्चे माल, सस्ते मजदूर, श्रम के विभाजन और पहले से ही मौजूद कौशल का प्रयोग किया गया। किसी प्रकार की उन्नत उत्पादक शक्तियों और कुशल कारीगरों का विकास नहीं हो सका।

भारत में व्यापार का विस्तार हुआ और भारत की सीमाओं से बाहर विदेश में भी व्यापार होने लगा। देश के अन्दर और विदेशों में व्यापार के लिए यातायात के प्रमुख साधन के रूप में केवल जलमार्ग द्वारा जलपोतों का ही प्रयोग होता था। सर्वप्रथम मुगल शासन काल में सामन्ती शासकों के लिए हथियार, गोला-बारूद और मुद्रा निर्माण के लिए छोटे-छोटे कारखानों का निर्माण हुआ। व्यापार, उद्योग और धन की अर्थव्यवस्था ने गति पकड़ी, भारतीय व्यापारिक बुर्जुआ वर्ग का उदय हुआ और विकास की एक निश्चित अवधि और प्रक्रिया में इस वर्ग ने बड़े स्तर पर फाइनेंसिंग शुरू की। सर्राफों द्वारा वित्तीय विनिमय की एक व्यवस्था पहले से ही प्रचलित की। इसमें बिल के रूप में हुंडी का प्रयोग होता था, जिसको पूरे देश में मान्यता प्रात थी। भारत की यह वित्तीय (फाइनेंसिंग) व्यवस्था उस समय के यूरोप की वित्तीय व्यवस्था से काफी उन्नत थी।

उस समय भारत के व्यापारिक बुर्जुआ में सूरत के विजय बोरा, आन्ध्र प्रदेश के कोमातिस, पूर्वी कोस्ट में मलाया चेट्टी, बंगाल के मदन लाल-राम दयाल तथा अन्य सेठों का नाम उल्लेखनीय है। व्यापारिक बुर्जुआ वर्ग भारत के अनेक व्यापारिक केन्द्रों में फैला हुआ था। पंजाब में खत्री, लोहान, और भाटिया थे तो उत्तर-पश्चिम में सिंधी, यू. पी. और बिहार में अग्रवाल, मारवाड़ी, ओसवाल, जैन और राजस्थान और महाराष्ट्र में मारवाड़ी और गुजराती बनिया मालाबार तक फैले हुए थे।

आर्थिक विकास की प्रगति के साथ ही शहर भी बसने लगे। एक अध्ययन के अनुसार अकबर के शासनकाल में 120 शहर और 3200 टाउन थे। आगरा और लाहौर विश्व के सबसे बड़े शहर कहे जाते थे। आगरा लन्दन से बड़ा था और दिल्ली पेरिस से छोटी नहीं थी। सन् 1668 में बम्बई की जनसंख्या 10,000 थी और 1701 में यह जनसंख्या बढ़कर एक लाख पचास हजार हो गयी थी। ब्रिटिश ईस्ट इंडिया कम्पनी ने 1756 में जब कलकत्ता में टैक्स का अधिकार खरीदा था, उस समय वहाँ की जनसंख्या 10,000 थी।

इन तथ्यों से यह ज्ञात होता है कि ब्रिटिश के भारत में आने से पूर्व, भारत में तेजी से आर्थिक विकास के लिए सभी बुनियादी आवश्यक तत्त्व मौजूद थे और किसान सामन्तवाद को उखाड़ फेंकने के लिए संघर्षरत थे। एक बड़ी और शानदार छलाँग लगाने के लिए पूँजीवादी संक्रमण तीव्र गति से जारी था। इसी समय ब्रिटिश व्यापारिक साम्राज्यवाद के आने से सामन्तवाद से पूँजीवाद में संक्रमण की भारतीय प्रक्रिया बाधित हो गयी। पूर्व औपनिवेशिक भारत की आर्थिक स्थितियाँ, पूर्व-पूँजीवादी यूरोप से बहुत भिन्न थीं।

यदि यूरोप नौकायन आदि में अग्रणी था तो भारत भी सूती कपड़ा निर्माण, धातु विद्या आदि में दुनिया-भर में आगे था। भारत में दुनिया के तमाम देशों से विदेशी पर्यटक आते थे। ब्रिटिश यात्री टेवरनियर, वेनीटिअन फिजीशियन यात्री मनाउच, फ्रांसीसी यात्री बर्नियर आदि का 17वीं शताब्दी में आना इसका प्रमाण है। यहाँ तक कि इंडस्ट्रियल कमीशन (1916-18) की रिपोर्ट में भी भारत के शासकों की सम्पदा और कुशल शिल्पकारों तथा उच्च कोटि की शिल्पकारी का उल्लेख करते हुए कहा गया : "यहाँ तक कि काफी बाद के समय में, जब पश्चिम के व्यापारिक अन्वेषकों ने भारत में पहली बार प्रवेश किया, इस देश का औद्योगिक विकास किसी भी प्रकार से विकसित यूरोपीय राष्ट्र से कम नहीं था। भारत में ब्रिटिश शासन से पहले, स्टील और लोहे का उत्पादन काफी उन्नत स्तर का था, और यह इतने उन्नत स्तर का था कि भारत में आधुनिक उद्योग स्थापित करने की स्थितियाँ मौजूद थीं।" (टी. एच. हालैंड की 1899 की रिपोर्ट *मिनिरल रिसोर्स ऑफ इंडिया*)

"देशी तरीके से बनाया गया उच्च क्वालिटी का लोहा वर्तमान में यूरोप में निर्मित लोहे की तरह ही था जो आज उच्च कोटि के स्टील निर्माण में काम आता है। पीतल और ताँबे के नक्काशीदार, कलात्मक बर्तनों के उत्पादन ने तो भारत को एक समय धातुविद्या के क्षेत्र में विश्वस्तरीय ख्याति प्रदान की।" जार्ज वाल्थ ने 1885 में *रिसोर्सेज ऑफ इंडियन एग्रीकल्चर* की रिपोर्ट में

लिखा : "यदि देशों के अन्तर्निहित स्वाभाविक मूल्यों और स्रोतों को विकसित करने की योग्यता की दृष्टि से मूल्यांकन किया जाए तो भारत और दुनिया के कुछ ही देशों को कहा जा सकता है कि वहाँ धातु विद्या और कृषि के बारे में शानदार सम्भावनाएँ और ज्ञान मौजूद है।"

इंडियन फ्यूडल हिस्ट्री के विद्वान इतिहासकार डब्लू. एच. मोरलैण्ड ने अकबर की मृत्यु के समय कहा, "आज भी मेरे दिमाग में निर्विवाद रूप से यह बात स्पष्ट है कि उद्योग के मामले में भारत आज के यूरोप की तुलना में उस समय एडवांस था।"

पारकिंसन ने अपनी पुस्तक *ट्रेड ऑफ दि ईस्टर्न सी* के पेज नं. 50 पर लिखा : "जहाज निर्माण के मामले में उन्होंने (भारतीयों ने) शायद अंग्रेजों से सीखने के बजाय उनको पढ़ाया अधिक है।"

पूर्व-औपनिवेशिक भारत की परिस्थितियाँ यह प्रमाणित करती हैं कि भारत में वस्तुगत परिस्थिति परिपक्व होने के बावजूद आत्मगत शक्तियों के कमजोर होने के कारण औद्योगिक क्रान्ति सम्पन्न नहीं हो सकी।

भारतीय सर्वहारा का उदय नहीं हुआ था। भारतीय किसानों के समक्ष राजनीतिक परिप्रेक्ष्य स्पष्ट नहीं था, नवोदित व्यापारिक बुर्जुआ में भी राष्ट्रीय चेतना का विकास नहीं हुआ था और वह राजनीतिक रूप से कमजोर शक्ति था। 18वीं शताब्दी से पूर्व भारत कई स्वतन्त्र राज्यों में विभाजित था। यह परिस्थिति उचित समय पर राष्ट्रीय चेतना के विकास में बाधक थी। भारत का सामन्ती नेतृत्व कमजोर, निम्न कोटि का, पतित और विभाजित था। ऐसे ही समय पर राष्ट्रीय रूप से सचेत ब्रिटिश व्यापारिक बुर्जुआ ने पूँजीवादी-जनवादी क्रान्ति के द्वारा 17वीं शताब्दी में ब्रिटिशों को संगठित किया। इसी समय राजनीतिक और कार्यनीतिक रूप से भली प्रकार संगठित ब्रिटिश बुर्जुआ वर्ग ने भारत को अपना उपनिवेश बनाया।

ब्रिटिश की साम्राज्यवादी, सैनिक, राजनीतिक और आर्थिक आवश्यकताओं ने उसको ऊर्जा के नये स्रोतों को विकसित करने पर जोर दिया। ब्रिटिश ने ऊर्जा का नया स्रोत भाप (स्टीम), कोयला, और बिजली और इससे सम्बन्धित कुछ मशीनरी का विकास किया। मजदूरों-किसानों का श्रम ही ऊर्जा का मुख्य स्रोत था। हस्तशिल्प और मैन्युफैक्चरिंग उद्योग प्रभावशाली स्थिति में थे। सामन्ती अर्थव्यवस्था की तुलना में इस अर्द्धसामन्ती औपनिवेशिक सत्ता को अधिक पूँजी की आवश्यकता थी। सम्पूर्ण अर्थव्यवस्था को ब्रिटिश एकाधिकार प्राप्त बुर्जुआ वर्ग की सेवा के लिए गठित किया गया था। उस समय भारत एक कृषि प्रधान

और पारम्परिक औद्योगिक उत्पादन वाला देश था जो एक कृषक उपनिवेश में परिवर्तित हो गया, और ब्रिटिश के लिए कच्चा माल निर्यातक और मैन्युफैक्चर माल का आयातक बन गया। भारतीय कृषि अर्थव्यवस्था को बलपूर्वक, ब्रिटिश औद्योगिक अर्थव्यवस्था की सेवा में, और ब्रिटेन के माध्यम से विश्व पूँजीवाद की सेवा में लगा दिया गया। भारत की आय का नगण्य भाग केवल 4 प्रतिशत का व्यय, भारतीय अर्थव्यवस्था में होता था और भारतीय अर्थव्यवस्था से जो कुछ भी उत्पन्न होता था, ब्रिटिश उसको अतिरिक्त बताकर अपने ही चंद एजेण्टों द्वारा, अपने आदेश पर और अपने ही लाभ के लिए निवेश करवाता था। ब्रिटिश साम्राज्यवाद अपनी मैनेजिंग एजेंसियों, इंडिया लिमिटेड फर्मों और बैंकिंग व्यवस्था के द्वारा भारत की अर्थव्यवस्था का दोहन करता था। ब्रिटिश एकाधिकारी बुर्जुआ अपनी मैनेजिंग एजेंसी और अपने संरचनात्मक ढाँचे के द्वारा भारत की कम्प्राडोर पूँजी, और बाजार को नियंत्रित करता था। मुद्रा, नकद राशि, बैंक के कर्ज और राज्य के लिए फंड आदि का नियन्त्रण बैंकों द्वारा होता था। ब्रिटिश साम्राज्यवाद द्वारा भारत का दोहन और लूट अबाध गति से बढ़ती जा रही थी। दूसरे विश्वयुद्ध में ब्रिटिश साम्राज्यवाद कमजोर हुआ। साम्राज्यवाद विरोधी आन्दोलनों ने पूरे भारतवर्ष को झकझोर दिया था। ब्रिटिश साम्राज्यवाद ने भारत को लूटने का नया तरीका लागू किया। इसने भारतीय पूँजीपतियों को साथ मिलाकर अपनी पूँजी लगा दी ताकि वह देखने में भारतीय लगे और उनकी लूट जारी रही। 1945 में ब्रिटिश ने भारतीय पूँजीपतियों के साथ कई संयुक्त उद्योग स्थापित किये। अमेरिकी पूँजी ने भी भारत में अपना रास्ता बनाया।

बिड़ला और ब्रिटिश नफेल्ड के बीच, टाटा और यू.एस. स्टुडी वेकर और बाल चंद तथा यू. एस. रेआन कार्पोरेशन के बीच समझौते हुए। ब्रिटिश एकाधिकारी पूँजी ने राजाओं की रियासतों में भी प्रवेश किया। त्रावणकोर की रियासत ने अपने राज्य की थोरियम पदार्थ से भरपूर बालू को ब्रिटिश फर्म के हाथ बेच दिया।

हैदराबाद की रियासत ने गोदावरी घाटी प्रोजेक्ट की घोषणा की, इसमें 40 से 70 प्रतिशत पूँजी ब्रिटिश थी। जी. डी. बिड़ला और भारतीय कम्प्राडोर के बादशाह ने घोषणा कर दी कि ''मुझे यह विश्वास नहीं है कि (ब्रिटिश एकाधिकारी पूँजी) कभी भी भारत से बेदखल होगी। ब्रिटिश फर्में भारत में चलती रहेंगी।''

भारत के कम्प्राडोर बुर्जुआ ने जो भी थोड़े से उद्योगों की स्थापना की थी, वे भी सब पूर्ण रूप से ब्रिटिश एकाधिकारी पूँजी और उनकी तकनीकी जानकारी पर निर्भर थे।

ब्रिटिश शासकों ने अपने भारतीय उपनिवेश की प्रशासनिक व्यवस्था में आवश्यक संरचनागत परिवर्तन के लिए तथाकथित सामाजिक और धार्मिक सुधार और सांस्कृतिक विकास के नाम पर, भारत में इंगलिश भाषा को ऊपर से थोप दिया, मजदूरों और समाज के पिछड़े तबकों में ईसाई मिशनरियों के द्वारा ईसाई धर्म का प्रचार किया और इस प्रकार भारत में बहुराष्ट्रीय केन्द्रीकृत ब्रिटिश राज्य को स्थापित किया गया, जबकि स्वयं अपने प्रयासों से इसने बड़ी संख्या में रजवाड़ों की रियासतों की विभिन्न राष्ट्रीयताओं, विभिन्न धर्मों और संस्कृतियों वाली जनता के बीच प्रवेश किया।

भारत का सांस्कृतिक इतिहास बताता है कि जब से भारतीय समाज वर्गों में विभाजित हुआ। यहाँ पर एकताबद्ध या कोई कामन (एक समान) संस्कृति नहीं रही। न तो कभी मुस्लिम संस्कृति रही और न ही कभी कोई हिन्दू संस्कृति रही है। प्रत्येक सामाजिक व्यवहार का एक वर्गीय आधार होता है और हर वर्ग अपनी सामाजिक भूमिका के अनुसार अपनी संस्कृति को जन्म देता है। इसलिए संस्कृति का हमेशा एक वर्गीय चरित्र होता है, वह वर्गीय दृष्टिकोण का प्रतिनिधित्व करती है और उस वर्ग की राजनीति की सेवा करती है। समाज शोषक और शोषित वर्गों में विभाजित है। शोषकों की संख्या बहुत कम है जबकि शोषित वर्ग समाज की बहुसंख्या का निर्माण करता है और इस शोषित वर्ग की अपनी संस्कृति है। शोषक वर्ग की संस्कृति हमेशा मुट्ठी-भर शोषकों और उत्पीड़कों के हितों का पक्ष लेती है। शोषित वर्ग की संस्कृति व्यापक जनसमुदाय के हितों का प्रतिनिधित्व करती है और इसलिए इसे जनता की संस्कृति का नाम दिया जाता है।

किसी समाज में शोषक वर्ग की संस्कृति प्रतिक्रियावादी भूमिका निभाती है, हमेशा शोषक वर्गों का झंडा बुलन्द करती है और समाज में जाति, धर्म, रंग आदि भेदभाव को जन्म देती है, जनता को विघटित करती और वर्ग चेतना को कुंद कर वर्ग संघर्ष को धीमा करती है, इस प्रकार उनको दमन और शोषण का शिकार बनाती है।

शोषक वर्ग अपनी वर्गीय संस्कृति का प्रचार करता है, अपने तमाम संसाधन इसके प्रचार-प्रसार में लगाता है और इसे शोषक वर्ग के हाथ में, दमन और शोषण के लिए एक सशक्त हथियार के रूप में प्रयोग करता है। इसी प्रकार जाति प्रथा, धर्म, परम्पराएँ, रीति-रिवाज, अन्धविश्वास आदि के अस्तित्व की रक्षा कर शासक वर्ग अपने संकीर्ण वर्गीय स्वार्थ में इनका उपयोग करता है। भारतीय समाज में सामन्तवादी व्यवस्था के विकास तक राष्ट्रों की शत्रुता ने सिर नहीं

उठाया। जातीय समुदाय, धर्म और भाषा आदि के प्रश्न पर भी यह नहीं हुआ।

सामन्तवाद के विघटन और पतन के साथ ही राष्ट्रीयता का प्रश्न उभरकर सामने आया, यूरोप की परिघटना से यह स्पष्ट होता है। इतिहास बताता है कि ब्रिटिश साम्राज्यवाद ने भारतीय परिदृश्य में प्रवेश करते ही भारतीय समाज के विकास मार्ग में हस्तक्षेप किया, परिणामस्वरूप देशी (भारतीय) पूँजी का स्वतन्त्र रूप से विकास नहीं हो सका। कोई भी राष्ट्रीयता भारत में अपना प्रभुत्व नहीं स्थापित कर सकी और न ही कोई राष्ट्रीयता पीछे ढकेल दी गयी। किसी भी प्रभुत्वशाली राष्ट्रीयता का कोई प्रभुत्वशाली वर्ग अपने क्षेत्र से बाहर किसी बाजार का विस्तार नहीं कर सका। किसी भी राष्ट्रीयता द्वारा अपनी उत्पादक शक्तियों को विकसित करने का कोई अवसर नहीं था। सामन्तवाद का संक्रमण अर्द्ध-सामन्तवाद में हो गया और पूँजीवाद अभी भी आदिम पूँजीवादी स्तर में था। ब्रिटिश साम्राज्यवाद ने इस अर्द्धसामन्ती भारतीय समाज को अपना उपनिवेश बनाने के लिए बहुत उपयुक्त समझा और अपने औपनिवेशिक शासन को स्थायी और सुदृढ़ करने लगा। अपने औपनिवेशिक शासनकाल में ब्रिटिश शासन ने, अभी शैशवकाल में पनप रही राष्ट्रीयताओं के साथ उत्पीड़न की कार्यवाही की।

हर वर्ष ब्रिटिश साम्राज्यवाद जैसे-जैसे अपना शासन सुदृढ़ करता गया, वैसे ही ब्रिटिश एकाधिकारी बुर्जुआ द्वारा पोषित भारतीय बुर्जुआ भी अस्तित्व में आने लगा। भारतीय कम्प्राडोर बुर्जुआ ने राजनीतिक और आर्थिक दोनों प्रकार से औपनिवेशिक हितों की पूर्ति की। दूसरी तरफ ब्रिटिश साम्राज्यवाद ने अपने लाभ के लिए अर्द्धसामन्ती व्यवस्था को बनाये रखा और इस प्रकार सामन्ती शक्तियों से अपनी आर्थिक और राजनीतिक सेवा करवाई।

औपनिवेशिक और अर्द्धसामन्ती समाज में इनका व्यापार और वाणिज्य काफी विकसित हुआ। इस प्रकार भारत में अनेक टाउन और बाजारों का निर्माण हुआ, जिन्होंने प्रभुत्वशाली कम्प्राडोर बुर्जुआ और सामन्त वर्ग तथा उनके साम्राज्यवादी मालिकों की भरपूर सेवा की।

इस प्रकार भारतीय समाज में एक अर्द्धसामन्ती और औपनिवेशिक संस्कृति, प्रशासन, धर्म और भाषायी राजनीति का विकास हुआ।

शासक वर्ग ने हमेशा ही अपनी भाषा और धार्मिक नीतियों का अनुसरण किया और उन्होंने इस प्रकार से अपनी संस्कृति विकसित की, ताकि जनता में फूट कायम रहे और वह संघर्ष करने योग्य न हो सके और शासन मजबूती से चलता रहे। हम इससे पूर्व भाषा, धर्म, कम्युनिटी, जाति आदि पर अपने विचार रख चुके हैं।

अब हम भारत में राष्ट्रीयता के प्रश्न पर चर्चा करेंगे। भारत में भाषा और राष्ट्रीयता की अनोखी समस्या है। भारत में अनेक भाषाओं के साथ हिन्दी, तेलुगु, बंगला, मराठी, तमिल, गुजराती, कन्नड़, मलयालम, उड़िया, राजस्थानी, पंजाबी, कश्मीरी और असमियाँ भाषाएँ प्रमुख हैं। इन भाषाओं को बोलने वाले लोग अलग-अलग राष्ट्रीयता का भी निर्माण करते हैं। उर्दू बोलने वाले लोग दूसरी बहुसंख्यक राष्ट्रीयताओं वाले लोगों के साथ-साथ अल्पसंख्यक के रूप में पूरे देश में निवास करते हैं। भारत की इन राष्ट्रीयताओं का एक अनोखा पहलू है कि कोई भी एक भाषा दूसरी भाषा पर अपना प्रभुत्व नहीं स्थापित कर सकी और सभी भाषाएँ अपनी समान साहित्यिक समृद्धता, समान इतिहास और समान स्तर के साथ एक-दूसरे के साथ मिल कर रहती रही हैं।

ब्रिटिश साम्राज्यवाद के प्रवेश के साथ ही, भारत में देशी भारतीय पूँजी, उसके अनुकूल नया बाजार, व्यापार, वाणिज्य, उद्योग और आवश्यक बुनियादी ढाँचागत विकास की सम्भावनाएँ समाप्त हो गयीं। और इस प्रकार उक्त भाषा-भाषी किसी भी एक राष्ट्रीयता में न तो कोई प्रभुत्वशाली वर्ग विकसित हो सका और न ही कोई भाषा किसी पर अपना प्रभुत्व स्थापित कर सकी। साथ ही कोई राष्ट्रीयता दूसरी राष्ट्रीयता का दमन और शोषण भी नहीं कर सकी। यह सब इसलिए सम्भव हुआ कि व्यापार, उद्योग, वाणिज्य, व बाजार और सड़क, शहरी क्षेत्र आदि का बुनियादी ढाँचा सभी पर ब्रिटिश शासक वर्ग और उसके पिछलग्गू भारतीय शासक वर्गों का पूर्ण नियन्त्रण हो गया। भारत का सामन्त, कम्प्राडोर बुर्जुआ और भूस्वामी वर्ग साम्राज्यवादी पूँजी, उसके प्रभुत्व और ब्रिटिश शासन को बनाये रखने और फलने-फूलने में स्तम्भ की भूमिका निभाता रहा है। ब्रिटिश शासन द्वारा लागू की जा रही आर्थिक, राजनीतिक और सांस्कृतिक नीतियाँ, भारत की राष्ट्रीयताओं के दमन और शोषण को चिरस्थायी बनाती हैं।

इंगलिश भाषा को भारतीय जनता पर थोप दिया गया, इसे सरकार द्वारा काम-काज की राजकीय भाषा का दर्जा प्रदान किया गया। यह भाषा शिक्षा की संस्थाओं में निर्देश की भाषा हो गयी और शिक्षा के संस्थान ब्रिटिश शासकों के लिए इंगलिश पढ़े-लिखे कर्मचारी तैयार करने के संस्थान बन गये। किसी भी भारतीय भाषा को अकेले ही विशाल क्षेत्र की भाषा के रूप में पनपने और राष्ट्रीय भाषा बनने का अवसर प्रदान नहीं किया गया।

हमने पहले यह वर्णन किया है कि सामन्ती शासक वर्गों ने किस प्रकार संस्कृत को ईश्वरीय भाषा कहा और उसे अपने वर्ग की तथा राजकीय भाषा के रूप में स्थापित किया। भारत में मुगल शासन कायम होने के बाद फारसी

को राजकीय भाषा बनाया गया और 1838 के आस-पास इंगलिश ने फारसी का स्थान ले लिया और इस सम्पूर्ण प्रक्रिया में भारतीय भाषाओं को निरन्तर हाशिए पर ढकेला गया।

भारत की वर्तमान अर्द्ध-औपनिवेशिक अर्द्धसामन्ती सत्ता में इंगलिश भाषा यहाँ के शासक वर्गों के हितों के अनुकूल है। वे इसके माध्यम से अपने आर्थिक और राजनीतिक हितों की पूर्ति करते हैं। भारत के कम्प्राडोर बुर्जुआ वर्ग के उद्योग देश के कोने-कोने में फैले हैं। मारवाड़ी, गुजराती, मराठी आदि बड़े व्यापारियों और सामन्ती वर्गों की जमीनें और व्यापार पूरे देश के अनेक राज्यों में और पास-पड़ोस के देशों में भी फैला हुआ है। इसलिए यह शासक वर्ग भारत को बहुराष्ट्रीयता वाले चरित्र को मान्यता नहीं देता है और भारत में विभिन्न जातियों, भाषाओं और धार्मिक समुदायों को एक-दूसरे के खिलाफ भड़का कर भारतीय जनता के बीच अशान्ति पैदा कर उसकी एकता को भंग करता है। यह राष्ट्रीयताओं की आंचलिक स्वायत्तता का विरोध करता है। वहाँ की जनता द्वारा उत्पादक शक्तियों के विकास और उनके आंचलिक प्राकृतिक संसाधनों के प्रयोग में अवरोध खड़ा करता है और उनको स्वतन्त्रतापूर्वक निर्णय लेने के अधिकार से वंचित करता है। इस राष्ट्रीयता की समस्या का समाधान देश के पूर्ण लोकतंत्रीकरण के द्वारा, जहाँ पर यह राष्ट्रीयताएँ बसी हैं, वहीं पर उनको अपनी भाषा, शिक्षा, धार्मिकता आदि की स्वायत्तता प्रदान करने पर ही हो सकता है। राष्ट्रीयताओं की समस्या के समाधान के लिए देश का वास्तविक लोकतंत्रीकरण एक आवश्यक पहलू है।

राष्ट्रीयता के नाम पर मजदूर वर्ग के संगठन को संकीर्णता में नहीं फँसना चाहिए। अन्तर्राष्ट्रीयता के आधार पर मजदूर वर्ग के संगठन को विभिन्न राष्ट्रीयताओं के बीच आपसी भाईचारे की भावना बढ़ाना चाहिए, शिक्षा के महत्त्व को समझाना चाहिए और दूसरी राष्ट्रीयता के मजदूर वर्ग के साथ एकता विकसित करनी चाहिए। इस प्रकार राष्ट्रीयताओं की समस्या का समाधान करने में अन्तर्राष्ट्रीय एकता एक आवश्यक तत्त्व है।

मार्क्स ने 1840 में कहा था कि "राष्ट्रीयताओं के मतभेद और उनकी जनता की आपसी शत्रुता समाप्त हो रही है," और सर्वहारा की प्रभुसत्ता इसको समाप्त करने में सहायक होगी।

भारत की सभी राष्ट्रीयताएँ एक-दूसरे के साथ मेल-मिलाप से रहना चाहती हैं और इसी प्रकार उनका सर्वांगीण विकास सम्भव है। परन्तु यह तभी सम्भव है जब साम्राज्यवादियों और उनके भारतीय पिछलग्गू वर्गों द्वारा की जा रही

चिरस्थायी लूट समाप्त हो। राष्ट्रीयताओं की वास्तविक एकता जनता के शत्रुओं के खिलाफ संघर्षों में ही बनेगी और जनता की जनवादी क्रान्ति के सफल होने पर ही और सुदृढ़ होगी। केवल जनता की जनवादी क्रान्ति के द्वारा ही राष्ट्रीयताओं के विभिन्न अधिकारों की गारंटी की जा सकती है।

निजी सम्पत्ति और पूँजीवादी अर्थव्यवस्था निश्चित रूप से जनता के बीच असन्तोष, राष्ट्रीयताओं के बीच तनाव और विरोध को बढ़ाती है। सामूहिक, सम्पत्ति और संयुक्त रूप से श्रम करने की स्थिति अनिवार्य रूप से जनता के बीच आपसी सन्निकटता और भाईचारे को उन्नत करती है और राष्ट्रीयताओं के तनाव को कम करती है। कामरेड स्टालिन ने कहा : "जब किसानों (और सामान्य रूप से पेटी बुर्जुआ वर्ग) को पूर्ण राष्ट्रीय स्वतन्त्रता और शान्ति सुनिश्चित नहीं होगी, और किसान मजदूरों का अनुसरण करते हों, अर्थात् सर्वहारा का अधिनायकत्व सुनिश्चित हो, तभी अन्धराष्ट्रवादी राष्ट्रीयता के तनाव को समाप्त किया जा सकता है।"

राष्ट्रीयताओं को अलग होने के अधिकार की घोषणा से भारत की विभिन्न राष्ट्रीयताओं की मेहनतकश जनता के बीच सम्बन्धों में भारी परिवर्तन होगा, इससे उनकी आपसी शत्रुता कम होगी, राष्ट्रीय उत्पीड़न के तमाम कारकों की समाप्ति होगी और विभिन्न राष्ट्रीयताओं के मजदूरों के बीच भाईचारा और एकता मजबूत होगी। इस प्रकार विभिन्न राष्ट्रीयताओं के मजदूरों के बीच आत्मविश्वास मजबूत होगा और समान उद्देश्य के लिए संघर्ष करने के उत्साह में वृद्धि होगी।

महान लेनिन ने कहा : "रेशनलिस्ट लोग अलग होने के अधिकार का विरोध करते हैं वे चिल्लाकर कहते हैं, इसका अर्थ परिवार का विघटन है" परन्तु डिमोक्रेट्स को विश्वास है कि अलग होने की स्वतन्त्रता परिवार को 'विखंडित' नहीं करेगी, बल्कि इसके विपरीत उसे एक जनवादी आधार कर मजबूत एकता प्रदान करेगी। एक सभ्य समाज के लिए यही सम्भव और स्थायी समाधान है।"

लेनिन ने आगे कहा : "जो लोग राष्ट्रीयताओं के आत्मनिर्णय के अधिकार का समर्थन करते हैं, उनको गाली देना अर्थात् यह कहना कि अलग होने का अधिकार अलगाववाद को बढ़ावा देगा, वास्तव में मूर्खतापूर्ण और मनगढ़ंत तर्क है। यह उसी प्रकार का तर्क है जो लोग इसे परिवार का विघटन कहते हैं। वे बुर्जुआ विवाद में तलाक का भी विरोध करते हैं। यह तर्क वैसा ही है, जैसे बुर्जुआ समाज में सुविधासम्पन्न लोगों का समर्थन या शादी में भ्रष्टाचार का समर्थन और तलाक की स्वतन्त्रता का विरोध है। इस प्रकार एक पूँजीवादी समाज

में आत्मनिर्णय के अधिकार से इनकार करना प्रभुत्वशाली राष्ट्र की सुविधाओं का पक्ष लेना और जनवादी तरीके से शासन चलाने के बजाय निरंकुश तरीके से शासन चलाना है।''

भारत में राष्ट्र का प्रश्न और समाधान : भारतीय राष्ट्र के प्रश्न का समाधान खोजने के लिए हमें ''ठोस ऐतिहासिक परिस्थिति को अपना प्रस्थान बिन्दु बनाना चाहिए और इस प्रश्न की द्वन्द्वात्मक प्रस्तुति करनी चाहिए, जो कि किसी प्रश्न को प्रस्तुत करने का एकमात्र सही तरीका है।'' भारत की ठोस परिस्थिति यह चिन्हित करती है कि भारत के विकास का भविष्य निर्धारण यहाँ की कृषि की समस्या का समाधान है और इसलिए भारतीय राष्ट्र का प्रश्न भी कृषि प्रश्न के ही अधीन है। इसलिए भारतीय राष्ट्र के प्रश्न का समाधान भी भारतीय कृषि समस्या के समाधान से जुड़ा है। भारतीय राष्ट्र का प्रश्न एक स्वतन्त्र और निर्णायक प्रश्न न होकर भारत देश की मुक्ति के महत्त्वपूर्ण प्रश्न से सम्बद्ध और उसका एक अभिन्न भाग है। इस प्रकार जनता की जनवादी क्रान्ति की सफलता ही इस राष्ट्रीय प्रश्न का हल पेश करेगी।

हम इस निर्णय पर पहुँचे हैं कि यह स्थापित तथ्य है कि 1600 ईस्वी में ब्रिटिश साम्राज्यवादियों के द्वारा एक व्यापारिक ग्रुप के रूप में प्रवेश भारतीय जनता के खिलाफ एक षड्यन्त्र (कांस्पिरेसी) था और उसके बाद षड्यन्त्रों की एक शृंखला के द्वारा ब्रिटिश ने ईस्ट इंडिया कम्पनी को गठित कर कोलकाता में उसका मुख्यालय बनाया। षड्यन्त्र के द्वारा ही राजाओं को एक-दूसरे के खिलाफ खड़ा किया गया। ब्रिटिश ने षड्यन्त्रों के द्वारा 1757 में भारत पर एकछत्र शासन स्थापित किया। इसने हमेशा भारतीय जनता के खिलाफ षड्यन्त्र किया और उसके शानदार विरोध का दमन किया। ब्रिटिश ने भारत के कम्प्राडोर बुर्जुआ वर्ग के बुद्धिजीवियों के साथ मिलकर बड़ी धूर्ततापूर्वक जनता के विद्रोहों के खिलाफ षड्यन्त्र रचे और इस प्रकार अपने शासन को सुदृढ़ किया। कांग्रेस और ब्रिटिश का सम्पूर्ण इतिहास जनता के खिलाफ विशाल षड्यन्त्रों से भरा है। ब्रिटिश साम्राज्यवाद के प्रत्यक्ष और परोक्ष संरक्षण के द्वारा कांग्रेस की उत्पत्ति, इसका पालन-पोषण और इसकी समस्त कार्यवाही भारतीय जनता के खिलाफ एक विशाल षड्यन्त्र है। सत्याग्रह, नागरिक अवज्ञा आन्दोलन, चरखा चलाना और सूत कातना, कांग्रेस और गाँधी द्वारा आत्मशुद्धि के लिए व्रत करना, यह सब जनता के साथ छल-कपट करने के उदाहरण हैं और इसीलिए यह सब जनता के खिलाफ किये गये षड्यन्त्र हैं।

साम्राज्यवादियों और कांग्रेस के बीच अनेक संवाद, वार्ताएँ, पत्रों के

आदान-प्रदान, कान्फ्रेंसें, वक्तव्य, घोषणाएँ, समझौते, सन्धिपत्र आदि सब कुछ जनता के विरुद्ध किये गये षड्यन्त्र थे।

अनेक प्रतिनिधि मण्डलों का मिलना, कमीशनों और मिशनों का आगमन और नियुक्ति, अनेक अवार्डों और राजनीतिक, आर्थिक, प्रशासनिक और संवैधानिक सुधारों की घोषणा सब जनता के खिलाफ रचे गये षड्यन्त्र थे।

1919 का रालेट ऐक्ट का काला कानून, डिफेंस ऑफ इंडिया ऐक्ट एंड रूल्स भी जनता के खिलाफ षड्यन्त्र है।

मांटेग्यू-चेम्सफोर्ड रिफार्म्स 1918, दि गवर्नमेंट ऑफ इंडिया ऐक्ट 1918, दि गवर्नमेंट ऑफ इंडिया ऐक्ट, 1935, साइमन कमीशन की रिपोर्ट, 1933 में तीन बार हुई गोलमेज कान्फ्रेंसें, क्रिप्स मिशन रिपोर्ट, कैबिनेट मिशन डिक्लेरेशन, लन्दन में सम्पन्न ऐटले वेवली, नेहरू-जिन्ना कॉन्फ्रेंस यह सब भारतीय जनता के खिलाफ किये गये घृणित षड्यन्त्र हैं।

कांस्टीचुऐंट असेम्बली षड्यन्त्र है।

भारत का विभाजन षड्यन्त्र है।

15 अगस्त 1947 को हुआ सत्ता-हस्तान्तरण एक षड्यन्त्र है।

ब्रिटिश किंग जार्ज पंचम की प्रशंसा में रवीन्द्रनाथ टैगोर द्वारा लिखा गया स्तुति गान जनता के खिलाफ षड्यन्त्र है।

भारत का तथाकथित संविधान एक षड्यन्त्र है।

भारत का तथाकथित गणतंत्र षड्यन्त्र है।

संसदीय लोकतंत्र षड्यन्त्र है।

पंचवर्षीय योजनाएँ, योजनाबद्ध षड्यन्त्र हैं।

प्रतिक्रियावादी सरकार की राजनीतिक, आर्थिक और सामाजिक नीतियाँ षड्यन्त्र हैं।

महाशक्तियों की पक्षधर विदेश नीति एक षड्यन्त्र है।

भारत की विस्तारवादी नीति षड्यन्त्र है।

राष्ट्रों को आत्मनिर्णय का अधिकार न देना षड्यन्त्र है।

भारत-सोवियत 30 वर्षीय सन्धि षड्यन्त्र है।

भारत का शासक वर्ग निरन्तर जनता के खिलाफ षड्यन्त्र कर सत्ता में बैठा है।

इमरजेंसी की घोषणा, डी.आई.आर., मीसा, सी.पी.आई. (एम.एल.) के तमामं ग्रुपों पर प्रतिबन्ध लगाना, मौलिक अधिकारों पर डाका, यह सब मानवाधिकार के साथ दुष्कर्म हैं। लोगों के एकत्र होने के अधिकार को छीनना, संवाद और

सम्मेलनों पर प्रतिबन्ध, आन्दोलनों पर प्रतिबन्ध यह सब जनता के खिलाफ षड्यन्त्र है।

इन्दिरा गाँधी का वर्तमान 20 प्वाइंट का आर्थिक प्रोग्राम भी एक षड्यन्त्र है।

आपातकाल घोषित कर लोगों की गिरफ्तारी और उनको जेल में बन्दी बनाना एक षड्यन्त्रकारी कार्यवाही है।

क्रान्तिकारियों के खिलाफ लगाये गये षड्यन्त्र के मुकदमे, दमन के तरीके, यातनाएँ, ठंडे दिमाग से की गयी हत्याएँ, कम्प्राडोर बुर्जुआ और सामन्ती वर्ग द्वारा की गयी जनता की लूट और दमन, भारत की प्रतिक्रियावादी सरकार द्वारा शोषकों-लुटेरे वर्गों को दिया गया संरक्षण सब जनता के खिलाफ षड्यन्त्र हैं।

शासक-शोषक वर्गों द्वारा रचाए गये इन तमाम षड्यन्त्रों के बावजूद भारत की मेहनतकश जनता चुप नहीं बैठी है। इन साजिशों के खिलाफ वह कभी झुकी नहीं है। वह इन सभी साजिशों के खिलाफ बहादुरी के साथ संघर्ष करती रही है। हमने ऊपर 1947 के संघर्षों का वर्णन किया है। भारत की बहादुर मेहनतकश जनता ब्रिटिश शासकों के खिलाफ बार-बार विद्रोह करती रही है। आइए, अब हम 1947 के बाद से 1967 तक के क्रान्तिकारी संघर्षों का मूल्यांकन करें।

भारतीय जनता का संघर्ष और कम्युनिस्ट आन्दोलन

भारतीय जनता का संघर्ष (1946-1967) : भारत के सत्ता-हस्तान्तरण से पूर्व 1946 में उत्तरी बंगाल के बटाईदार किसानों ने अपनी माँग उठाई। बटाईदार (अधियार या वर्गादार) को अभी तक, भूमि का मालिक, उत्पादित फसल का आधा भाग देता था। अब बटाईदार उत्पीड़ित किसानों ने फसल में दो-तिहाई भाग लेने की माँग उठाई, इसीलिए इस आन्दोलन का नाम तेभागा आन्दोलन पड़ा। तेभागा किसान विद्रोह के समय भूस्वामी फसल का अधिकांश भाग ले लेता था और बटाईदार को बहुत कम फसल मिलती थी। नक्सलबाड़ी किसान विद्रोह (1967) के समय तक जमींदार का भूमि से अधिकार समाप्त हो चुका था और जोतदार भूमि के मालिक हो गये थे। इस क्षेत्र में 1930 के दशक में मध्यम किसानों ने कानूनी लगान या टैक्स के अतिरिक्त ज़मींदारों द्वारा वूसली जा रही लेवी के खिलाफ संघर्ष संचालित किया था।

1946-47 में चलाया गया तेभागा आन्दोलन किसान सभा की प्रान्तीय शाखा द्वारा संगठित व संचालित था। किसान सभा की सदस्य-संख्या 1937 में 11,080 थी जो 1945 में बढ़कर 2,50,000 हो गयी। कोलकाता से प्रकाशित *स्टेट्समैन* अखबार ने किसानों के जुझारूपन को प्रत्यक्षदर्शी के रूप में प्रमाणित करते हुए लिखा : "विगत कई शताब्दियों से गूँगी जनता आज बदल गयी है और नारे लगा रही है। उन किसानों को अपने कन्धे पर राइफल की तरह लाठी रखे और सबसे आगे लाल झंडा फहराते हुए खेतों से होकर निकलना काफी उत्साहित करता है। आज यह सुनना काफी आश्चर्यजनक लगता है कि वे बाँस की झाड़ियों की छाँव में एक-दूसरे का शान्तिपूर्वक स्वागत करते थे और मुट्ठी तान कर माथे तक हाथ उठाकर फुसफुसाकर 'इन्कलाब कामरेड' कहते थे।"—(सुमित कुमार सेन द्वारा सम्पादित पुस्तक ***एगरेरियन स्ट्रगल इन बंगाल,*** दिल्ली-1972 में पेज 38 पर उद्धृत) इसी प्रकार का संघर्ष महाराष्ट्र के गिरिजन किसानों द्वारा और आन्ध्र प्रदेश के कृष्णा जिले के चल्लापल्ली जमींदारी इलाके के किसानों द्वारा संचालित हो रहा था।

तेलंगाना किसान विद्रोह (1946-48) में किसानों की प्रमुख माँग नवाबों और देशमुखों (ज़मींदारों) द्वारा गैर-कानूनी टैक्स वसूली की समाप्ति थी और फिर बाद में किसानों ने कर्ज माफी की माँग भी उठाई। इस आन्दोलन ने धीरे-धीरे किसान विद्रोह का रूप धारण कर लिया और 1951 में किसानों ने सशस्त्र संघर्ष भी संचालित किया। इसके बारे में विस्तार से आगे के पृष्ठों पर चर्चा होगी।

तमिलनाडु के तंजौर जिले में ज़ोतदार किसानों द्वारा लगान घटाने और भूमि छीनों और खेत-मजदूरों की मजदूरी दूनी करने की माँग पर किसानों का आन्दोलन संचालित हुआ।

नक्सलबाड़ी किसान विद्रोह का विषय भूमि थी। बंगाल का एक भूमि ऐक्ट था, जिसके प्रावधान के अनुसार, जमींदारी उन्मूलन के अनुसार जो जोतदार भूमि के मालिक हो गये थे, वह जमीन गरीबों में वितरित की जानी थी, परन्तु जोतदारों ने जमीन देने से इनकार किया। हथियारबंद किसानों ने और उनकी यूनियन ने संघर्ष संचालित किया और जोतदारों को भूमि से बेदखल कर दिया। सारी भूमि गरीब किसानों और भूमिहीनों के बीच वितरित कर दी गयी।

आन्ध्र प्रदेश के वारंगल, खम्माम और करीम नगर जिलों में 1969 में कम्युनिस्टों के नेतृत्व में संचालित किसान संगठन ने ज़मींदारों द्वारा बलपूर्वक कब्जा कर ली गयी भूमि को पुनः प्राप्त करने के लिए सशस्त्र संघर्ष संचालित किया। उस भूमि को अपने अधिकार में लेकर स्थानीय आदिवासी किसानों में पुनः वितरित कर दिया।

ऊपर वर्णित संघर्ष के सभी क्षेत्रों में किसान संगठनों ने ज़मींदारों को बाहर खदेड़ दिया था और अस्थायी रूप से अपनी सत्ता स्थापित कर ली थी। वहाँ जनता किसान संगठनों के प्रति आस्था रखती थी और इन क्षेत्रों में लम्बी अवधि तक संगठन का प्रभुत्व बना रहा। इस प्रकार का सबसे बड़ा और दीर्घकाल तक चलने वाला किसान विद्रोह तेलंगाना किसान विद्रोह था। यहाँ किसानों ने दो हजार गाँवों के पन्द्रह हजार वर्ग मील के क्षेत्र में अपने प्रभाव का विस्तार किया था। चालीस लाख आबादी वाले इस ग्रामीण क्षेत्र में पाँच हजार किसानों की सेना गठित हो गयी थी।

केरल में भी 1948-49 के दौरान किसानों ने ज़मींदारों और सरकार के साथ भीषण संघर्ष किये। इन संघर्षों में पुनप्पा-वायलार का संघर्ष ऐतिहासिक था। 1946 में बड़े ज़मींदारों की जंगल की परती जमीन पर कब्जा करने, जोतने के संघर्षों के साथ-साथ खेत-मजदूरों द्वारा मजदूरी में वृद्धि के प्रश्न पर सफल हड़तालों का आयोजन हुआ। 1930 के दशक में इस क्षेत्र के मध्यम किसानों

ने ज़मींदारों द्वारा वसूली जा रही अवैध लेवी के खिलाफ जुझारू संघर्ष चलाया। सरकार ने आन्दोलन का बर्बर दमन किया, अनेक किसान और कम्युनिस्ट कार्यकर्ताओं की जानें गयीं; कम्युनिस्ट पार्टी आंशिक रूप से भूमिगत हो गयी। किसानों के सशस्त्र सैनिक दस्तों ने अनाजों से भरे ट्रकों और ज़मींदारों के अनाज भंडारों पर कब्जा किया और अनाज को गरीब जनता के बीच बाँट दिया। इन घटनाओं के बीच पुलिस और कांग्रेस समर्थित ज़मींदारों ने अनेक नेतृत्वकारी किसानों और कम्युनिस्ट कार्यकर्त्ताओं की हत्या की और अनेक लोग गिरफ्तार भी किये गये।

इन तमाम संघर्षों का नेतृत्व 1964 तक भारतीय कम्युनिस्ट पार्टी के हाथ में रहा और इसके बाद तंजौर और अन्य क्षेत्रों के अनेक संघर्षों का नेतृत्व भाकपा (मा) ने किया और इसके बाद 1967 में कम्युनिस्ट क्रान्तिकारियों ने संगठित होकर उत्तर बंगाल के नक्सलबाड़ी क्षेत्र में किसान संघर्ष प्रारम्भ किया जो किसानों के मुक्ति आन्दोलन के रूप में आज भी चर्चित है। इसका वर्णन हम आगे करेंगे।

सत्ता-हस्तान्तरण के बाद 1947 से 1967 तक भारतीय मजदूर वर्ग के ट्रेड यूनियन आन्दोलन का नेतृत्व मुख्य रूप से भारत की कम्युनिस्ट पार्टी (भाकपा) की यूनियन ए. आई. टी. यू. सी. (एटक) द्वारा संचालित हुआ और बाद के समय में भाकपा (मा) के नेतृत्व वाली यूनियन सी. आई. टी. यू. (सीटू) द्वारा संघर्ष संचालित हुआ।

पूरी बीस साल की इस अवधि में मजदूरों द्वारा कई अखिल भारतीय और स्थानीय स्तर के बन्द आयोजित हुए, मजदूरों ने प्रबन्धकों व संस्थानों का घेराव किया। देश के विभिन्न भागों में छात्रों-युवाओं ने जुझारू संघर्ष संचालित किये। देश के कई राज्यों में सफेद कालर कर्मचारियों ने लम्बी-लम्बी हड़तालें, धरना और प्रदर्शन के द्वारा अपना विरोध प्रकट किया। पश्चिम बंगाल और उड़ीसा के बालीमाला प्रोजेक्ट के मजदूरों का संघर्ष पूरे देश में फैल गया और इसने शासक वर्ग की चूलें हिला दीं।

यहाँ पर स्थानाभाव के कारण हम किसानों के मुक्ति संघर्ष, कम्युनिस्ट आन्दोलन से अलग संचालित हुए ट्रेड यूनियन आन्दोलनों का विस्तार से वर्णन नहीं कर सकते। इस सम्बन्ध में विस्तृत जानकारी के लिए हमें कम्युनिस्ट पार्टी के इतिहास का अध्ययन करना चाहि । यहाँ पर हमने काफी संक्षेप सार रूप में प्रस्तुति की है।

भारत का कम्युनिस्ट आन्दोलन साम्राज्यवादी विश्व-व्यवस्था की जंजीरों

से जकड़ी हुई इस दुनिया के छठे भाग को (रूस), कम्युनिस्ट क्रान्तिकारियों के नेतृत्व में सम्पन्न अक्टूबर क्रान्ति द्वारा मुक्त कराया गया और विश्व की सर्वप्रथम समाजवादी व्यवस्था की स्थापना हुई। साम्राज्यवाद की इस मजबूत जंजीर की एक कमजोर कड़ी रूस को मुक्त करा लेने से विश्व-साम्राज्यवाद के प्रभुत्व पर कोई विशेष प्रभाव नहीं पड़ा। जब तक विश्व साम्राज्यवाद को पूर्णतः ध्वस्त नहीं किया जाता, अक्टूबर क्रान्ति की सफलता को टिकाए नहीं रखा जा सकता। इसलिए क्रान्ति अपरिहार्य है और सर्वहारा क्रान्ति पूर्णतः मूर्त और अनिवार्य है। महान अक्टूबर क्रान्ति के संरक्षण में विश्व के विभिन्न भागों में कम्युनिस्ट विचारधारा और सरकारें स्थापित हुईं। अक्टूबर क्रान्ति के प्रभावस्वरूप विश्व के कई देशों में सर्वहारा वर्ग उत्साहित होकर उठ खड़ा हुआ और मार्क्सवादी-लेनिनवादी सिद्धान्त को समझना प्रारम्भ कर दिया।

मार्च 1919 में तीसरे कम्युनिस्ट इंटरनेशनल का गठन हुआ। अक्टूबर क्रान्ति से प्रेरित होकर और कामरेड लेनिन के कठोर प्रयासों के फलस्वरूप अर्द्ध-औपनिवेशिक देशों के क्रान्तिकारियों ने इस इंटरनेशनल में भाग लिया। तीसरे कम्युनिस्ट इंटरनेशनल और उससे पूर्व के दो कम्युनिस्ट इंटरनेशनलों के अनुभवों का सार-संकलन किया। पेरिस कम्युन और अक्टूबर क्रान्ति का सार-संकलन करते हुए व्यापक रूप से मार्क्सवादी-लेनिनवादी सिद्धान्त पर आधारित सर्वव्यापी महत्त्व का सूत्रीकरण किया।

सर्वहारा, क्रान्ति की नेतृत्वकारी शक्ति है। सर्वहारा के अगुआ तत्त्व अपने राजनैतिक संगठन अर्थात् कम्युनिस्ट पार्टी का निर्माण करते हैं। कम्युनिस्ट पार्टी मार्क्सवाद-लेनिनवाद को अपनी कार्यवाहियों का और पार्टी के नेतृत्व में सर्वहारा द्वारा राजनीतिक सत्ता पर कब्जा करने का नीति निर्देशक सिद्धान्त मानती है।

क्रान्ति की सफलता की प्रक्रिया में कम्युनिस्ट पार्टी के नेतृत्व में सर्वहारा वर्ग व्यापक जनता को अपने साथ जोड़ते हुए, मजदूर-किसान एकता पर आधारित सर्वहारा के अधिनायकत्व में अपनी सत्ता स्थापित करता है।

क्रान्ति के बुनियादी नियम के रूप में इस सामान्यीकरण को सर्वव्याषी रूप से लागू होने वाले सिद्धान्त के रूप में स्थापित कर कम्युनिस्ट इंटरनेशनल ने दुनिया के विभिन्न देशों में, विशेष रूप से तीसरे इंटरनेशनल के बाद प्रस्फुटित होने वाली कम्युनिस्ट पार्टियों के गठन में महत्त्वपूर्ण भूमिका निभाई।

एम.एन. राय जिन्होंने अमेरिका और मैक्सिको का दौरा किया, वह कोमिन्टर्न (कम्युनिस्ट इंटरनेशनल) और भारत के कम्युनिस्ट आन्दोलन के बीच सम्पर्क स्थापित करने वाले प्रथम व्यक्ति थे। एम. एन. राय ने जुलाई-अगस्त 1920 में

सम्पन्न हुई कोमिन्टर्न की दूसरी कांग्रेस में मैक्सिकन प्रतिनिधिमंडल का नेतृत्व किया। इस कांग्रेस में राष्ट्रीयता और औपनिवेशिक देशों के प्रश्न पर, विशेष रूप से भारत के सम्बन्ध में एम.एन. राय ने अपनी एक पूरक थीसिस (लेनिन द्वारा संशोधित) पेश की। यह थीसिस लेनिन द्वारा प्रस्तुत प्रारम्भिक मसौदा थीसिस के पूरक के रूप में पेश की गयी और पारित हो गयी। कोमिन्टर्न के नये सेंट्रल एशियन ब्यूरो के तीन सदस्यों में से एक के रूप में एम. एन. राय ताशकंद (रूस) गये। भारतीय प्रवासी के रूप में शौकत उस्मानी ने ताशकंद में प्रवासी 'इंडियन कम्युनिस्ट पार्टी' का गठन किया, हालाँकि यह संगठन अधिक समय तक जीवित नहीं रहा।

कोमिन्टर्न के कार्यकारी सदस्य के रूप में एम.एन. राय ने बर्लिन से कोमिन्टर्न के प्रयासों को भारत में निर्देशित करने के लिए 'वैन गार्ड फार इंडियन इंडिपेंडेंस' नामक एक द्विमासिक पत्रिका का प्रकाशन किया। 1928 तक राय को अनेक बार इसका नाम परिवर्तित करना पड़ा। इस पत्रिका के साथ-साथ कोमिन्टर्न की अधिकृत पत्रिका 'इम्प्रिकर' भारत में अपना स्थान बना रही थी।

भारत में 1923 तक कोलकाता, कानपुर, मद्रास, बाम्बे और लाहौर में अनेक कम्युनिस्ट ग्रुप काम कर रहे थे (बॉम्बे क्रानिकल 24.4.1924)। "मुजफ्फर अहमद और अन्य लोगों के एक प्रवासी भारतीय ग्रुप ने 1920 में विदेश में इंडियन कम्युनिस्ट पार्टी का गठन किया। इसी प्रकार भारतीय प्रवासियों द्वारा जर्मनी में भी एक अन्य कम्युनिस्ट ग्रुप का गठन हुआ।"

भारत के अनेक कम्युनिस्ट ग्रुपों में मद्रास का सिंगरावेलू चोट्टिया ग्रुप, बॉम्बे में डांगे का ग्रुप और कोलकाता में मुजफ्फर अहमद के ग्रुप महत्त्वपूर्ण थे। कई अन्य कारणों के साथ एम. एन. राय की गुटबाजी ने भारत में एक सही कम्युनिस्ट पार्टी के निर्माण में बाधा डाली, परिणामस्वरूप भारत के कम्युनिस्ट आन्दोलन के अन्दर अनेक ग्रुपों का गठन हुआ। कानपुर कांस्पिरेसी केस (1924) के कारण भी भारत में कम्युनिस्ट पार्टी-गठन में विलम्ब हुआ।

अभी कानपुर कांस्पिरेसी केस के सम्बन्ध में तमाम कम्युनिस्ट जेल में ही थे, उसी समय कानपुर में 1925 में घाटे, डांगे और कुछ अन्य लोगों ने मिल कर कम्युनिस्ट पार्टी ऑफ इंडिया के गठन की घोषणा कर दी।

यह स्मरण रखना चाहिए कि संशोधनवादी प्रमुख एस. ए. डांगे ने कानपुर कांस्पिरेसी केस (1924) में जेल में बन्द रहते हुए ब्रिटिश साम्राज्यवादियों को अपनी सेवाएँ देने के लिए गद्दारी से भरा हुआ पत्र लिखा था।

कोमिन्टर्न की पाँचवीं कांग्रेस ने साम्राज्यवादी देशों तथा उनके उपनिवेशों

की कम्युनिस्ट पार्टियों के बीच घनिष्ठ सम्बन्ध की समस्या का समाधान किया। 1925 में *कम्युनिस्ट पार्टी ऑफ ग्रेट ब्रिटेन* ने इस सम्बन्ध को बनाने के लिए औपनिवेशिक देशों के कम्युनिस्टों की एक टीम का गठन किया।

अगस्त-सितम्बर 1928 में कोमिन्टर्न की छठी कांग्रेस में 'रिवोल्यूशनरी मूवमेंट इन कॉलोनीज एंड सेमीकॉलोनीज' शीर्षक से अपनी प्रसिद्ध थीसिस पेश की। इस थीसिस में कोमिन्टर्न ने औपनिवेशिक देशों में बुर्जुआ जनवादी क्रान्ति का आवाहन किया। उसने भारत के लिए स्पष्ट विशेष लक्ष्य निर्धारित किया और पूरे देश के सभी कम्युनिस्ट ग्रुपों और व्यक्तियों को एक स्वतन्त्र और केन्द्रीकृत कम्युनिस्ट पार्टी में एकताबद्ध होने का आवाहन किया और कहा कि छल-कपट और फूट की गतिविधियों से पूर्ण इंडियन नेशनल कांग्रेस की भूमिका का 'भंडाफोड़' करना होगा।

भारत के सभी कम्युनिस्ट ग्रुप 1929 में 'कम्युनिस्ट पार्टी ऑफ इंडिया' (सी.पी.आई.) में संगठित रूप से एकताबद्ध हुए और कोमिन्टर्न ने इसको मान्यता प्रदान की।

ब्रिटिश साम्राज्यवाद ने सी. पी. आई. पर भारी दमन किया और 20 मार्च 1929 को कम्युनिस्ट पार्टी और ट्रेड यूनियन के 31 लोगों को जेल में ठूँस कर मेरठ कांस्पिरेसी केस का अभियुक्त बना दिया। इस प्रकार ब्रिटिश सरकार ने भारत में कम्युनिस्ट पार्टी को समाप्त करने के लिए घातक प्रहार किया।

कम्युनिस्ट पार्टी ने जन-संगठनों के स्तर पर अपना कार्य जारी रखा। किसानों और मजदूरों के बीच इंडियन नेशनल कांग्रेस की सुधारवादी कार्यवाहियों का भंडाफोड़ जारी रखा। कांग्रेस ने, मजदूरों के संगठन ऑल इंडिया ट्रेड यूनियन कांग्रेस (एटक) में फूट डाली। इसके बाद कम्युनिस्टों के अवसरवादी गुट द्वारा पार्टी विभाजन की धमकी से घबराए बगैर सी. पी. आई. ने रेड ट्रेड यूनियन कांग्रेस की स्थापना की।

1935 में सम्पन्न होने वाली कोमिन्टर्न की सातवीं कांग्रेस में भारत के प्रतिनिधि शामिल नहीं हो सके। इस कांग्रेस में कोमिन्टर्न ने औपनिवेशिक देशों की कम्युनिस्ट पार्टियों के लिए एक नयी लाइन स्थापित की। इसके पश्चात सी.पी.आई. ने इंडियन नेशनल कांग्रेस के प्रति नरम रुख अख्तियार कर लिया, साम्राज्यवाद विरोधी मोर्चे का निर्माण किया और कम्युनिस्टों ने इसे बुर्जुआ राष्ट्रवाद के रूप में चिन्हित किया। रजनी पाम दत्त और सी. पी. जी. बी. (कम्युनिस्ट पार्टी ऑफ ग्रेट ब्रिटेन) के बेन्जामिन ब्रैडली ने इस कांग्रेस में भागीदारी की थी और 'दत्ता-ब्राडले' थीसिस के नाम से दस्तावेज़ प्रस्तुत किया

था। सी. पी. आई. ने वामपन्थी एकता के लिए कांग्रेस और सोशलिस्ट पार्टी के साथ मिलकर नीचे से संयुक्त मोर्चे के गठन का प्रयास किया। इसी प्रकार के प्रयास कांग्रेस ने भी किये।

अगस्त 1939 में जर्मनी और सोवियत रूस के बीच सन्धि हुई। हिटलर ने पोलैण्ड पर आक्रमण किया। उस समय सी.पी.आई. का स्टैंड साम्राज्यवादी युद्ध के विरोध में अभियान चलाना था। सी.पी.आई. वस्तुतः 1930 से ही प्रतिबन्धित थी। उसके प्रतिबन्ध की पुनः घोषणा जुलाई 1934 में की गयी। सोवियत द्वारा फासीवाद विरोधी युद्ध में भागीदारी करने से सी.पी.आई. 1942 में विश्व जनयुद्ध (पीपुल्स वार) की लाइन पर सक्रिय हुई और जुलाई 1942 में सी. पी. आई. को वैधानिक दर्जा प्राप्त हुआ। सी. पी. आई. से प्रतिबन्ध हटा लिया गया।

फरवरी 1946 में ब्रिटिश कैबिनेट मिशन के भारत आगमन पर ब्रिटिश ने अगले 18 माह में 20 फरवरी 1947 को भारत छोड़ने की घोषणा की। इसके बाद माउंटबेटन आया और क्लेमेंट ऐटली ने इंगलैंड के हाउस ऑफ कामन्स में 3 जुलाई 1947 को सत्ता-हस्तान्तरण की तारीख 15 अगस्त 1947 की घोषणा की।

सत्ता-हस्तान्तरण के चरित्र को लेकर सी. पी. आई. पूरे ऊहापोह की स्थिति में थी। सी. पी. आई. ने जून 1947 में दस दिन तक दिल्ली में केन्द्रीय कमेटी की बैठक के बाद जवाहरलाल नेहरू की सरकार को पूर्ण समर्थन और एक 'राष्ट्रीय मोर्चे' के गठन का आवाहन किया। प्रस्तावों में माउंटबेटन अवार्ड में 'राष्ट्र के विकास के लिए नयी सम्भावनाओं ' को स्वीकार किया और "भारत रिपब्लिक को लोकतंत्र की नींव पर निर्मित करने के विशाल लक्ष्य और भारत की राष्ट्रीय एकता के लिए" कांग्रेस के समक्ष महान उत्तरदायित्व को पूरा करने में पूर्ण समर्थन देने की घोषणा की। इसने सभी प्रगतिशील, कम्युनिस्ट, कांग्रेस और लीग के अन्दर के वामपन्थी तत्त्वों को लेकर एक "विशाल संयुक्त मोर्चा" बनाने का प्रयास किया। सी. पी. आई. ने 1947 के सत्ता-हस्तान्तरण के बाद के काल को "संकटपूर्ण संक्रमण काल" की संज्ञा दी और इस समय इसने मजदूरों-किसानों के सामने विशाल 'राष्ट्रीय मोर्चा' निर्मित करने का कार्यभार प्रस्तावित किया और वास्तविक आजादी की अन्तिम विजय के लिए "देश के सभी प्रगतिशील और वाम तत्त्वों के साथ कन्धे-से-कन्धा मिलाकर" काम करने का आवाहन किया। हालाँकि यहाँ पर औपचारिक रूप से अवार्ड का विरोध यह कहकर किया गया कि यह प्रत्यक्ष सत्ता से अप्रत्यक्ष सत्ता में हस्तान्तरण का छल-कपट है। यह बात अपने आप में विरोधाभासी थी। सी. पी. आई. नेतृत्व ने यह वक्तव्य एक नीति के रूप में दिया था (*पीपुल्स* एज, 29 जून 1947)

और कहा कि यह सत्ता-हस्तान्तरण उपमहाद्वीप पर ब्रिटिश का नियन्त्रण और स्थायी बनाने की चाल है। स्वाभाविक था कि यह अवसरवादी प्रस्ताव सी. पी. आई. के अन्दर कुछ लोगों को स्वीकार्य नहीं था।

ई. एम. जुकोव ने जुलाई 1947 में **रशियन** में 'द इंडियन सिचुएशन' शीर्षक से एक लेख लिखा। इस लेख में कांग्रेसी नेतृत्व का चरित्र चित्रण, ब्रिटिश के साथ आर्थिक और सैनिक सम्बन्धों को बनाये रखते हुए और औपचारिक रूप से स्वतन्त्रता दर्शाने वाले बड़े बुर्जुआ के प्रतिनिधि के रूप में किया गया है।

सितम्बर 1947 में सम्पन्न हुई कोमिन्टर्न की बैठक में उद्घाटन के समय ही जुदानोव ने साम्राज्यवाद के खिलाफ एक रणनीतिक खाका पेश करते हुए रिपोर्ट पेश की और तमाम कम्युनिस्ट कतारों को ''एक साम्राज्यवाद विरोधी और जनवादी कामन प्लेटफार्म के आधार पर और जनता की तमाम जनवादी और देशभक्त शक्तियों को जोड़ते हुए'' एकताबद्ध होने का आवाहन किया। यह एक ऐसा समय है, जब विश्व दो बड़े विरोधी खेमों में बँटा था और यह उपनिवेशवाद के संकट का समय था। जो लोग सी. पी. आई. के अन्दर जून 1947 की लाइन के खिलाफ संघर्ष कर रहे थे, जुदानोव के वक्तव्य से उनको थोड़ी राहत मिली।

जून 1947 की सी. पी. आई. की लाइन ने उसको कांग्रेस पार्टी का दुमछल्ला बना दिया था। इस लाइन के आधार पर, सी. पी. आई. कांग्रेस के अन्दर संश्रयकारी शक्तियों को खोज रही थी। इसे बुर्जुआ के नेतृत्व वाली लोकप्रिय सरकार कहकर इसके पीछे 'राष्ट्रीय एकता' को सम्भव बनाने में प्रयत्नशील थी। भारत विभाजन के समय हुए साम्प्रदायिक दंगों व चारों तरफ उथल-पुथल की स्थिति में उसने कांग्रेस के खिलाफ संघर्ष को त्याग दिया। दिसम्बर 1947 में केन्द्रीय कमेटी की बैठक में पार्टी के अन्दर दूसरी लाइन ने ठोस रूप लिया। दिसम्बर 1947 की पार्टी लाइन ने जून 1947 की पार्टी लाइन को अवसरवादी लाइन कहा और भारतीय सत्ता का विश्लेषण करते हुए कहा कि सत्ता में बैठे बुर्जुआ ने साम्राज्यवाद के खिलाफ संघर्ष छोड़कर उससे समझौता कर लिया है और यह ''साम्राज्यवाद विरोधी राष्ट्रीय मोर्चे के खिलाफ प्रतिक्रियावादी शक्ति है।'' माउंटबेटन अवार्ड को एंग्लो-अमेरिकी साम्राज्यवाद के समक्ष आत्मसमर्पण और इस अवार्ड के अनुसार प्राप्त स्वतन्त्रता को 'झूठी' स्वतन्त्रता कहा। आगे कहा कि यह अवार्ड ''वास्तव में साम्राज्यवाद के पीछे हटने का संकेत नहीं है बल्कि यह भारतीय जनता के बीच जागरूक हो रही शक्तियों के खिलाफ चालाकीपूर्ण प्रतिघात है।''

सी. पी. आई. की दूसरी पार्टी कांग्रेस 1948 के प्रारम्भ में कोलकाता में सम्पन्न हुई। इस कांग्रेस में राजनीतिक सत्ता पर बलपूर्वक कब्जा करने की नीति की व्याख्या प्रस्तुत की गयी। इसमें जनता की जनवादी क्रान्ति और मजदूरों-किसानों और पेटी बुर्जुआ के संयुक्त मोर्चे द्वारा सत्ता पर कब्जा करने की नीति पेश की गयी।

सी. पी. आई. में गुटबाजी और गुटों के बीच झगड़ों के कारण वह कोई भी कार्यनीतिक लाइन लागू नहीं कर सकती थी। शासक वर्ग का प्रहार बहुत आक्रामक और दमनात्मक था। 1949 के प्रारम्भ में ही कई राज्यों में सी. पी. आई. को प्रतिबन्धित कर दिया गया। रेल मजदूरों और कर्मचारियों की अखिल भारतीय हड़ताल को सरकार के छल-कपट और फूट डालने की नीति द्वारा असफल कर दिया गया था। पार्टी द्वारा शहरी विद्रोहों पर अधिक जोर दिया गया। सरकार द्वारा मजदूरों की दूसरी और भी कई हड़तालों को छल-कपट और दमन के आधार पर असफल कर दिया गया। जेलों के अन्दर बन्दी कम्युनिस्ट कार्यकर्ताओं और जेल के सुरक्षाकर्मियों के बीच खूनी संघर्ष की अनेक घटनाएँ घटित हुईं। शहरों में आम हड़ताल और विद्रोह का आवाहन व्यवहार में लागू नहीं हो सका।

भारत की कम्युनिस्ट पार्टी (सी. पी. आई.) और तेलगाना का सशस्त्र संघर्ष

हैदराबाद रियासत के तेलुगु भाषा-भाषी क्षेत्र में सी. पी. आई. की आन्ध्र प्रदेश कमेटी किसानों के आन्दोलन को संचालित कर रही थी। 1946 के प्रारम्भ से ही किसानों का संघर्ष सशस्त्र संघर्ष के रूप में विकसित हो रहा था। सी. पी. आई. की आन्ध्र प्रदेश कमेटी किसानों को बलपूर्वक सत्ता दखल करने की लाइन पर संगठित कर रही थी और इसके लिए किसानों को एक कृषि कार्यक्रम के आधार पर गोलबन्द और आन्दोलित किया जा रहा था। वर्ष 1946 में 10,000 किसानों को केवल नालगोंडा जेल में बन्द किया गया था और बड़ी संख्या में महिलाओं के साथ दुष्कर्म हुआ था। 150 गाँवों से प्रारम्भ हुआ यह संघर्ष 1947 में सैकड़ों गाँवों तक फैल गया ('तेलंगाना पीजेण्ट्स फाइट फार फ्रीडम'–*पीपुल्स* एज, 25 जनवरी 1948)। सी. पी. आई. की दूसरी पार्टी कांग्रेस के समय, तेलंगाना के संघर्षशील किसानों ने सरकार और ज़मींदारों की परती-बंजर भूमि को गरीब किसानों में वितरित कर दिया, पट्टेदार किसानों की बेदखली पर रोक लगा दी। स्थानीय किसान संगठन के प्राधिकार को स्वीकारने वाले ज़मींदारों और भूस्वामियों पर उचित टैक्स

लगाया। किसान संगठन के प्राधिकार को न मनने वाले ज़मींदारों को जमीन से बेदखल कर दिया गया। किसानों पर लगे टैक्सों में भारी कटौती की गयी। खेत-मजदूरों को न्यूनतम मजदूरी की गारंटी की गयी। किसानों पर लगाये गये अतिरिक्त टैक्स और लेवी को समाप्त कर दिया गया (*पीपुल्स एज*, 15 फरवरी 1948)। हैदराबाद के विशाल क्षेत्र में निजाम का शासन पूर्णतः अप्रभावी हो गया था। यह सब आन्ध्र महासभा, सी. पी. आई. और उसके नेतृत्व में चल रहे किसान संगठन तथा जन-संगठनों द्वारा संचालित मुक्ति-संघर्ष और कृषि कार्यक्रम के व्यापक प्रभाव का प्रतिफल था।

सी. पी. आई. की दूसरी पार्टी कांग्रेस में पार्टी द्वारा भारत में जनवादी क्रान्ति की परिस्थिति के परिपक्व न होने की थीसिस प्रस्तावित की गयी। तेलंगाना के प्रतिनिधियों ने इस थीसिस की तीव्र आलोचना करते हुए भारत की जनवादी क्रान्ति के महत्त्व पर दृढ़तापूर्वक विचार रखे। तेलंगाना के संघर्षों से सम्बन्धित एक विशेष प्रस्ताव भी तेलंगाना के प्रतिनिधियों ने प्रस्तावित किया। उनका यह प्रस्ताव पार्टी कांग्रेस द्वारा स्वीकार कर लिया गया।

तेलंगाना का जनसंघर्ष प्रतिदिन तीव्रगति से आगे बढ़ रहा था। निजाम हैदराबाद की निरंकुशता ध्वस्त की जा रही थी। चालीस लाख जनसंख्या वाले विशाल क्षेत्र को पहले ही मुक्त करा लिया गया था। कुछ सप्ताह के संघर्ष के फलस्वरूप लगभग दो लाख अन्य किसानों ने अपना क्षेत्र मुक्त करा लिया था। निजाम की पुलिस और सेना तथा ज़मींदारों की निजी सेना रजाकार के खिलाफ किसान गुरिल्लों का सशस्त्र संघर्ष चल रहा था। जनयुद्ध के द्वारा मुक्त इलाकों की सत्ता का सुदृढ़ीकरण और निरन्तर संघर्ष विकसित हो रहा था। किसानों ने नालगोंडा और वारंगल जिलों का अधिकांश क्षेत्र रियासत से मुक्त करा लिया था और अपनी सत्ता स्थापित कर ली थी। जन-मिलीशिया का निर्माण हो चुका था और जहाँ-तहाँ जनता की अदालतें प्रस्फुटित होने लगी थीं। (*पीपुल्स* एज, 21 मार्च 1948)

पार्टी की दूसरी कांग्रेस सम्पन्न होने के चार माह उपरान्त आन्ध्र प्रदेश पार्टी कमेटी ने जून 1948 में केन्द्रीय कमेटी को एक पत्र के द्वारा दस्तावेज़ प्रस्तुत किया। यह दस्तावेज़ 'आन्ध्र लेटर' के नाम से जाना जाता है। दूसरी पार्टी कांग्रेस के बाद आठ माह तक, बी. टी. रणदिवे के नेतृत्ववाली पोलिट ब्यूरो कमेटी की मीटिंग नहीं हो सकी। सितम्बर से दिसम्बर 1948 के बीच पोलिट ब्यूरो की मीटिंग हुई और इस मीटिंग में *'स्ट्रगल फॉर पीपुल्स डिमोक्रेसी एंड सोशलिज्म—सम क्वेश्चन्स ऑफ स्ट्रेटिजी एंड टैक्टिस'* दस्तावेज़ प्रस्तुत किया

गया। परन्तु बी. टी. रणदिवे ने किसानों के प्रश्न और विशाल ग्रामीण क्षेत्र पर ध्यान नहीं दिया। इसे महत्त्वहीन समझा और शहरी सर्वहारा को संगठित, आन्दोलित करने और आम हड़तालें संगठित करने की जिद्द पर अड़े रहे और पेटी बुर्जुआ क्रान्तिकारिता की लाइन पर नेतृत्व करते रहे। इस प्रकार इस क्रान्तिकारी आन्दोलन की अनिवार्य परिणति भारी धक्के और पराजय के रूप में सामने आई।

इसी समय तेलंगाना की भूमि पर एक अन्य महत्त्वपूर्ण घटना घटित हो रही थी। निजाम हैदराबाद ने अपनी रियासत को कांग्रेस सरकार के अधीन नहीं किया और उसे अलग रखा। उसने तेलंगाना किसान विद्रोह से निपटने के लिए ब्रिटिश से सहायता प्राप्त करने का प्रयास किया और इस विषय को संयुक्त राष्ट्रसंघ (यू. एन. ओ.) में उठवाना चाहा। निजाम नेहरू सरकार से भी वार्ता करना चाहता था, परन्तु नेहरू की सरकार सैनिक हस्तक्षेप के द्वारा हैदराबाद रियासत पर कब्जा करना चाहती थी। भारत सरकार की सेना ने सितम्बर 1948 में ही हैदराबाद पर आक्रमण कर दिया, परन्तु तेलंगाना का सशस्त्र किसान आन्दोलन आगे बढ़ता रहा।

भारत में पहली बार बी. टी. रणदिवे की दुस्साहसवादी हरकतों को चुनौती देते हुए आन्ध्र प्रदेश की पार्टी कमेटी ने 1948 में 'आन्ध्र लेटर' के नाम से प्रसिद्ध दस्तावेज़ के माध्यम से भारत में कामरेड माओ-त्से-तुंग की नव-जनवादी क्रान्ति की लाइन के ठोस व्यवहार को प्रस्तुत किया था। हालाँकि इस दस्तावेज़ में यह बात सुस्पष्ट रूप से नहीं प्रस्तुत की जा सकी कि "हमारी क्रान्ति कई मायने में क्लासिकल रूसी क्रान्ति से भिन्न है और चीनी क्रान्ति से काफी कुछ मिलती-जुलती है। यहाँ का परिप्रेक्ष्य आम हड़ताल और सामान्य रूप से ग्रामीण विद्रोह के द्वारा मुक्ति संघर्ष का नहीं है, बल्कि कठोर प्रतिरोध और किसानों के दीर्घकालीन क्रान्तिकारी आन्दोलन के द्वारा गृहयुद्ध और अन्त में जनवादी मोर्चे द्वारा सत्ता पर कब्जा करना है।"

आन्ध्र प्रदेश का पार्टी नेतृत्व गुरिला युद्ध संचालित करने और धनी किसानों सहित सभी किसानों का संयुक्त मोर्चा निर्मित करने की नीति पर विश्वास करता था। यह बड़े बुर्जुआ और बड़े ज़मींदारों के वर्ग को अपना शत्रु समझता था। आन्ध्र प्रदेश कमेटी द्वारा दिये गये पत्र में लिखा था : "मध्यवर्गीय किसान क्रान्ति के मजबूत संश्रयकारी हैं और वे क्रान्ति में भागीदारी करते हैं। एक वर्ग के रूप में गैर सामन्ती व्यवहार वाले धनी किसानों को तटस्थ किया जा सकता है, परन्तु तेलंगाना और रायलसीमा के क्षेत्रों में जहाँ सामन्तवाद बहुत

शक्तिशाली है, इन क्षेत्रों में धनी किसानों के एक हिस्से को (यद्यपि वे ढुलमुल होंगे) संघर्ष में शामिल किया जा सकता है।" इस प्रकार संयुक्त मोर्चे की दिशा और निरन्तर सशस्त्र संघर्ष आन्ध्र प्रदेश कमेटी (सी. पी. आई.) का आधार और राजनीतिक लाइन थी।

सितम्बर से दिसम्बर 1948 तक चली पोलिट ब्यूरो की मीटिंग में बी. टी. रणदिवे ने आन्ध्र प्रदेश कमेटी की थीसिस पर जोरदार हमला किया। रणदिवे ने चीनी कम्युनिस्ट पार्टी और कामरेड माओ के खिलाफ भी अपने क्रोध का प्रदर्शन किया। उसने अपने वाद-विवाद के शस्त्रागार में चार धारों वाला हथियार विकसित किया।

आन्ध्र प्रदेश कमेटी के 'आन्ध्र लेटर' में संदर्भित 'जनता के जनवाद' पर रणदिवे ने सर्वप्रथम प्रहार किया और इस बारे में उसने 1928 में सम्पन्न हुई कोमिन्टर्न की छठी कांग्रेस की लाइन का सहारा लिया और कहा कि भारत से साम्राज्यवाद की समाप्ति हो गयी है और भारत अब सोशलिस्ट क्रान्ति के युग में प्रवेश कर चुका है। इसके बाद उसने बेझिझक पार्टी (सी. पी. आई.) की कोलकाता कांग्रेस की थीसिस को भी तोड़-मरोड़ कर पेश किया और भारत में किसी भी प्रकार के औपनिवेशिक शासन से इनकार करते हुए भारत को एक 'पिछलग्गू राज्यसत्ता' कहा। उसने देश के अन्दर पूँजीवाद की पराजय को वास्तविक स्वतन्त्रता बताते हुए इस विषय का अतिसामान्यीकरण कर दिया। रणदिवे के लिए स्वतन्त्रता और आजादी का यही अर्थ था। उनका मतलब इस या उस 'साम्राज्यवाद' से नहीं बल्कि विश्व पूँजीवाद से स्वतन्त्रता था। रणदिवे के अनुसार "भारतीय बुर्जुआ ने एक राष्ट्र राज्य का दर्जा पा लिया है, वह विश्व पूँजीवाद से जुड़ा है, अतः वह एक पिछलग्गू सत्ता है।"

दूसरा बिन्दु इस दस्तावेज़ में 'भारत में कृषि प्रश्न' था; रणदिवे ने हठपूर्वक धनी किसानों में पूँजीवाद को देखते हुए, सामन्तवाद विरोधी संघर्ष को धनी किसान विरोधी संघर्ष भी बताया। इस तर्क को उसने कोलकाता कांग्रेस के राजनीतिक प्रसंग से खोज निकाला, जिसमें मुख्य रूप से भारत की अर्थव्यवस्था के सामन्ती चरित्र पर और खेत-मजदूरों को आधार बना कर सामन्तवाद विरोधी संघर्ष विकसित करने पर जोर दिया गया है। उसने मध्यम किसान और पेटी बुर्जुआ को एक ढुल-मुल शक्ति चिन्हित किया। संयुक्त मोर्चे की उसकी अवधारणा में केवल शहरी सर्वहारा और ग्रामीण सर्वहारा तथा गरीब किसानों के बीच ही मजबूत मोर्चा बन सकता था।

उस दस्तावेज़ का तीसरा बिन्दु 'वर्तमान संशोधनवाद के खिलाफ' था।

रणदिवे ने संशोधनवाद के खिलाफ लड़ने वाले का लबादा धारण कर आन्ध्र प्रदेश की पार्टी कमेटी को 'संशोधनवादी' करार देकर खूब लताड़ा। उसने बड़े परिश्रम के साथ युगोस्लाविया के टीटो, यू. एस. ए. की कम्युनिस्ट पार्टी के कामरेड अर्ल ब्राउडर और कामरेड माओ-त्से-तुंग को संशोधनवादी कहा। उसने अपनी रुचि और सनक के अनुसार पार्टी कमेटियों का गठन किया।

दस्तावेज़ का चौथा बिन्दु 'जनता के जनवाद और समाजवाद के लिए संघर्ष, रणनीति और कार्यनीति सम्बन्धी कुछ प्रश्न' था। रणदिवे ने पुनः इस प्रश्न पर भारत में सर्वहारा क्रान्ति की तार्किकता की दावेदारी पेश की और भारत के बुर्जुआ को मुख्य शत्रु चिन्हित किया।

रणदिवे ने आन्ध्र प्रदेश कमेटी पर झूठा आरोप लगाते हुए उसकी निन्दा की कि वह कमेटी साम्राज्यवाद और सामन्तवाद विरोधी संघर्ष में सभी वर्गों का अर्थात् शोषितों और शोषकों सबका मोर्चा बनाना चाहती है और इसे "शर्मनाक वर्ग सहयोग का सिद्धान्त" कहा। इस प्रकार वर्ग विश्लेषण की संशोधनवादी अवधारणा का बहाना बना कर उसने "आन्ध्र प्रदेश पार्टी कमेटी को लेनिनवाद विरोधी, पार्टी विरोधी और पार्टी की राजनीतिक थीसिस का परित्याग करने वाला" कहा।

अपने निन्दा अभियान में रणदिवे के कदम यहीं पर नहीं रुके, उसने कामरेड माओ की भी आलोचना की।

इस दस्तावेज़ (आन्ध्र लेटर) में कहा गया था : "चीन के ऐतिहासिक मुक्ति संघर्ष के नेता माओ-त्से-तुंग ने अपने अनोखे और समृद्ध अनुभव और अध्ययन के आधार पर नव-जनवाद के सिद्धान्त का सूत्रीकरण किया। यह उपनिवेशों और अर्द्ध-उपनिवेशों में क्रान्तिकारी संघर्षों को सोशलिज्म की दिशा में अग्रसर करने का नया तरीका है। कामरेड माओ ने सर्वहारा की तानाशाही को एक भिन्न और नये तरीके से नव-जनवाद के रूप में आगे बढ़ाया।" विश्वासघाती रणदिवे नव-जनवाद के सिद्धान्त में कुछ भी नया नहीं देख सका, उसने इसे मार्क्सवाद का विकास नहीं माना। वह स्थापित मार्क्स-एंगेल्स, लेनिन और स्टालिन के अतिरिक्त किसी को मार्क्सवादी नहीं मानता था। उसने कामरेड माओ को संशोधनवादी कहा और उनको ब्राउडर और टीटो के साथ एक ही कतार में खड़ा कर दिया। रणदिवे के अनुसार, माओ द्वारा मार्क्सवाद को समृद्ध करने की बात और इसी प्रकार टीटो और ब्राउडर द्वारा किया गया दावा केवल संशोधनवाद के ऊपर डाला गया महीन-सा आवरण है। उसने आगे कहा कि "माओ द्वारा किये गये कई सूत्रीकरणों को कोई भी कम्युनिस्ट पार्टी स्वीकार

नहीं कर सकती, यह सिद्धान्त विश्व के बारे में कम्युनिस्ट पार्टियों की समझ के विरोध में है।" उसने माओ के नेतृत्व में संचालित महान चीनी कम्युनिस्ट पार्टी को यह कह कर कलंकित करने का प्रयास किया कि चीन को एक लम्बे भयावह गृहयुद्ध का सामना करना होगा, क्योंकि वहाँ की कम्युनिस्ट पार्टी का नेतृत्व "सर्वहारा के अधिनायकत्व के लिए संघर्ष करने और सर्वहारा के नेतृत्व में अधिकांश लोगों का संयुक्त मोर्चा गठित करने में असफल रहा है और इसके द्वारा अमल में लायी गयी कार्यनीति इसे विनाश की ओर ही ले जाएगी।" जुलाई 1949 में जब चीनी कम्युनिस्ट पार्टी अपनी विजय प्राप्त करने वाली थी, उसी समय रणदिवे बुरी तरह से इन उलझनों में फँसा था।

जून 1949 में यू. एस. एस. आर. अकेडमी ऑफ साइंसेज की एक मीटिंग को सम्बोधित करते हुए ई. एम. जुकोब ने नव-जनवाद पर आधारित चीनी रणनीति से परिचित कराया। जुकोव ने अन्य देशों के सशस्त्र विद्रोहों का वर्णन करने के साथ-साथ 'भारत के किसान विद्रोह' की चर्चा की और इसकी विशेषता का वर्णन करते हुए कहा कि यह "राष्ट्रीय मुक्ति आन्दोलन की नयी और उच्च अवस्था है।"

यू. एस. एस. आर. अकेडमी ऑफ साइंसेज की मीटिंग होने से ठीक पूर्व प्रावदा (रूस का अखबार) में सी. पी. सी. (चीन की कम्युनिस्ट पार्टी) का एक पैम्फ्लेट *इंटरनेशनलिज्म एंड नेशनलिज्म* प्रकाशित हुआ। इसमें "भारत सहित एशिया की कम्युनिस्ट पार्टियों को दृढ़ प्रतिज्ञा के साथ साम्राज्यवाद के समक्ष समर्पण करने वाले प्रतिक्रियावादी बड़े बुर्जुआ के खिलाफ संघर्ष संचालित करने और साथ ही साथ जनता के साम्राज्यवाद विरोधी संघर्ष को बाधित न करने वाले राष्ट्रीय बुर्जुआ के साथ संश्रय कायम करने का आवाहन किया गया था।"

विद्वान वी. बाला बुशीविच की रिपोर्ट में तेलंगाना के संघर्ष को "भारत में जनता की जनवादी व्यवस्था स्थापित करने का प्रथम प्रयास" और "कृषि क्रान्ति का अग्रदूत" कहा गया। नवम्बर 1949 में पेकिंग में आयोजित और आस्ट्रेलियाई देशों की ट्रेड यूनियनों की कॉन्फ्रेंस में सी. पी. सी. के एक नेतृत्वकारी कामरेड ने सम्बोधित करते हुए घोषणा की कि माओ का रास्ता अन्य औपनिवेशिक देशों की मुक्ति का रास्ता है और इस दिशा में भारत में सशस्त्र संघर्ष प्रारम्भ हो चुका है।

कोमिन्टर्न के सम्पादकीय में सामान्य रूप से पेकिंग में व्यक्त उक्त विचारों का उल्लेख करते हुए विशेष रूप से उद्धृत किया कि "राष्ट्रीय मुक्ति आन्दोलन की विजेता चीनी कम्युनिस्ट पार्टी का अनुभव दर्शाता है कि मजदूर वर्ग को

साम्राज्यवाद और उसके पिछलग्गू वर्गों के खिलाफ संघर्ष करने को उत्सुक सभी वर्गों, पार्टियों, ग्रुपों और संगठनों को अवश्य ही एकताबद्ध करना चाहिए और मजदूर वर्ग और इसकी अगुआ कम्युनिस्ट पार्टी के नेतृत्व में राष्ट्रव्यापी व्यापक संयुक्त मोर्चा निर्मित करना चाहिए।'' (27 जनवरी 1950)

उक्त सम्पादकीय के एक महत्त्वपूर्ण पैराग्राफ में भारत का उल्लेख करते हुए कहा गया : ''इन परिस्थितियों में भारतीय कम्युनिस्टों का कार्य, चीन तथा अन्य देशों के राष्ट्रीय मुक्ति आन्दोलन की सफलता से शिक्षा लेते हुए, अपने देश में तत्काल, कृषि संघर्षों को सुदृढ़ करने के लिए मजदूर वर्ग को किसानों के साथ संश्रय बनाना चाहिए। ब्रिटिश-अमेरिकी साम्राज्यवाद, और इसके साथ गठजोड़ कायम करने वाले भारत के बड़े बुर्जुआ और सामन्ती राजाओं के दमन और शोषण के खिलाफ भारत की स्वतन्त्रता और मुक्ति के साझा लक्ष्य के लिए संघर्ष करने को इच्छुक सभी वर्गों, पार्टियों, ग्रुपों और संगठनों को एकताबद्ध करना होगा।'' (27 जनवरी, 1950)

रणदिवे ने अपनी स्थिति से बहुत आगे बढ़कर, सी. पी. आई. के नेतृत्व वाली आन्ध्र प्रदेश कमेटी, कामरेड माओ और चीन की कम्युनिस्ट पार्टी पर प्रहार किये, यहाँ तक कि वह कोमिन्टर्न के सम्पादकीय पर भी कीचड़ उछालने में पीछे नहीं रहा। सी. पी. सी. के लीडर द्वारा पेकिंग में ट्रेड यूनियनों की कॉन्फ्रेंस में दिये गये भाषण और भारत के विषय में उसके दस्तावेज़ में उल्लिखित सामग्री से अब बी. टी. रणदिवे की दुस्साहसवादी लाइन का भंडाफोड़ हुआ और वह अपने वामपन्थी बचकाना मर्ज के लिए बदनाम हुआ। उसने पोलिट ब्यूरो की ओर से, 6 अप्रैल 1950 को जारी किये गये वक्तव्य में कहा कि भारतीय परिस्थिति के बारे में सी. पी. आई. का मूल्यांकन ट्राटस्कीवादी भटकाव का शिकार है। आन्ध्र प्रदेश कमेटी के नये नेतृत्व ने शीघ्र ही उग्र रणदिवे की मूर्खताओं का पहला उत्तर, चीन की कम्युनिस्ट पार्टी का स्वागत कर दिया। नये नेतृत्व ने अपने विचारों की पुनरावृत्ति करते हुए कहा : ''तेलंगाना के बहादुर योद्धाओं ने यह प्रमाणित किया है कि चीन का रास्ता भारत का भी रास्ता है'' (सी. पी. सी. की 29वीं वर्षगाँठ पर स्वागत करते हुए, 7 जुलाई 1950, *कम्युनिस्ट*, जुलाई-अगस्त 1950)।

जून 1950 में सी. पी. आई. के केन्द्रीय नेतृत्व ने चीन के रास्ते के साथ अपना समर्थन प्रदर्शित करते हुए वक्तव्य जारी किया और घोषणा की कि ''नयी नीति चीन के राष्ट्रीय मुक्ति आन्दोलन पर आधारित होगी। जिस मार्ग पर चीन चल रहा है और दक्षिण-पूर्व एशिया के देश जिसका अनुसरण कर रहे

हैं, वही रास्ता हमारे देश की जनता का भी सही मार्ग है।" ('स्टेटमेंट ऑफ दि सेण्ट्रल कमेटी ऑफ इंडियन कम्युनिस्ट पार्टी' *प्रावदा* और *इजवेस्टिया*, दोनों पत्रिकाओं में 23 जुलाई 1950 को प्रकाशित)

कम्युनिस्ट पत्रिका के नये सम्पादक मंडल ने 'आन्ध्र लेटर' (दस्तावेज़) की रणदिवे द्वारा की गयी चारों आलोचनाओं को रद्द कर दिया। रणदिवे द्वारा की गयी आलोचना को वापस लिया और इस प्रकार रणदिवे की लाइन से पार्टी को दूर हटाया और कामरेड माओ और चीन की कम्युनिस्ट पार्टी को "गम्भीर प्रायश्चित्" का सन्देश भेजा।

एस. ए. डांगे ने जेल से बाहर आते ही आन्ध्र प्रदेश के पार्टी नेतृत्व और किसानों के सशस्त्र संघर्ष के खिलाफ आक्रमण किया। यहाँ तक कि सी. पी. आई. के नेतृत्व को अपेक्षित निर्णय करने का भी अवसर नहीं दिया। इसके बाद शीघ्र ही रणदिवे और राजेश्वर राव की कार्यनीतिक लाइनों पर आक्रमण करते हुए एस. ए. डांगे, घाटे तथा अजय घोष का एक दस्तावेज़ प्रकाश में आया। बम्बई में एक अलग मुख्यालय स्थापित किया गया और पार्टी (सी. पी. आई.) के नेतृत्व के खिलाफ अभियान प्रारम्भ हो गया। सी. पी. आई. के नेतृत्व ने अपने विश्लेषण में सरदार बल्लभ भाई पटेल को ब्रिटिश-अमेरिकी साम्राज्यवाद को समर्थन देने वाले बड़े व्यापारिक वर्ग का प्रतिनिधि और जवाहरलाल नेहरू को भारत के इजारेदार बड़े बुर्जुआ के प्रतिनिधि के रूप में चिन्हित किया।

1951 में सी. पी. आई. की विशेष कॉन्फ्रेंस कोलकाता में सम्पन्न हुई और इसके द्वारा एक मसविदा कार्यक्रम को आगे बढ़ाया गया। इस कार्यक्रम में "वर्तमान गैर-जनवादी और अलोकप्रिय सरकार के स्थान पर देश के अन्दर की साम्राज्यवाद और सामन्तवाद विरोधी, तथा सभी जनवादी शक्तियों के संश्रय पर आधारित नयी जनता की जनवादी सरकार की स्थापना" के औचित्य को बिल्कुल उचित कहा गया था। इस कार्यक्रम में आगे कहा गया : "हमारी पार्टी देश की पूर्ण स्वतन्त्रता, और सामन्ती उत्पीड़न से किसानों की मुक्ति, दसियों लाख उत्पीड़ित जनता, मजदूर वर्ग और साथ ही साथ देश की स्वतन्त्रता, विकास और समृद्धि चाहने वाले राष्ट्रीय पूँजीपति वर्ग को एक एकल जनवादी संयुक्त मोर्चे में एकत्र होने का आवाहन करती है।" इस कार्यक्रम में भारत को शान्तिप्रिय खेमे के रूप में अपनी पहचान बनाने का आवाहन किया गया था।

सी. पी. आई. द्वारा तैयार की गयी यह कार्यनीतिक लाइन 'टैक्टिकल लाइन' के नाम से जानी जाती थी। इसमें कहा गया कि "कम्युनिस्ट पार्टी, स्वतन्त्रता और जनवाद के संघर्षों को संगठित करने और उनको अग्रगति प्रदान करने

के लिए संघर्ष के सर्वाधिक प्राथमिक तरीकों से लेकर संघर्ष के सभी रूपों का प्रयोग करती है और जनता को संगठित करने के लिए सभी सम्भव कानूनी सम्भावनाओं का प्रयोग करते हुए हमेशा दृढ़ता से विश्वास करती है कि वर्तमान भारतीय अर्द्ध-औपनिवेशिक सरकारी ढाँचे में वास्तविक जनवादी स्वतन्त्रता, कानूनी और संसदीय सम्भावनाएँ सीमित हैं और इसलिए वर्तमान साम्राज्यवादी सामन्ती राज्य सत्ता के स्थान पर एक जनता की जनवादी राज्य सत्ता स्थापित करना केवल जनता की सशस्त्र क्रान्ति द्वारा ही सम्भव है।'' इसमें आगे कहा गया कि ''जैसे-जैसे संकट गहराता है, जनता की सांगठनिक चेतना विकसित होती है, जैसे-जैसे पार्टी की शक्ति और प्रभाव बढ़ता है और शत्रु किसानों के आन्दोलनों का दमन करने के लिए अधिकाधिक घोर दमनकारी साधनों का प्रयोग करता है वैसे-वैसे शस्त्रों का प्रयोग कब, कहाँ और कैसे किया जाए, यह पार्टी के एजेण्डा पर आ जाता है।'' भारत ऐसे विशाल देश में जहाँ जनता की चेतना बहुत ही असमान रूप से विकसित है, इसे ध्यान में रखते हुए पार्टी को एक युद्ध के लिए पूरे देश में एक साथ जन-उभार पैदा होने की प्रतीक्षा नहीं करनी चाहिए। पार्टी को आवश्यक और आपातस्थिति के अनुसार कई क्षेत्रों में उस समय सशस्त्र संघर्ष का समर्थन करना चाहिए। पार्टी ''अपरिपक्व विद्रोह और दुस्साहसवादी कार्यवाहियों'' का विरोध करती है। उस दस्तावेज़ में आगे कहा गया : ''यदि ऐसी परिस्थिति में, यथार्थपूर्ण जन आन्दोलन और एकता के तरीकों पर आधारित कोई देशभक्तिपूर्ण युद्ध प्रारम्भ किया जाता है और यदि इसे सही तरीके से निर्मित और नेतृत्व प्रदान किया जाता है तो सभी क्षेत्र के किसानों पर इसका जाग्रत और प्रेरित करने वाला प्रभाव पड़ेगा और इससे उनके स्वयं के संघर्ष का स्तर उन्नत होगा।''

तेलंगाना में अभी किसानों का सशस्त्र संघर्ष जारी था, हालाँकि अब पार्टी आन्ध्र प्रदेश कमेटी नेतृत्व का कर्णधार नहीं थी, फिर भी आन्ध्र प्रदेश का पार्टी नेतृत्व संघर्ष से पीछे नहीं हटा। सी. पी. आई. के केन्द्रीय कमेटी नेतृत्व ने चालबाजी करना प्रारम्भ कर दिया था। केन्द्रीय कमेटी ने अपने एक प्रस्ताव में ''किसान संघर्षों की उपलब्धियों की रक्षा करने और सामान्य स्थिति को पुनःस्थापित करने'' का विचार रखा। 15 जून 1951 को 'क्रास रोड' में 'सी. पी. आई. रेडी फार निगोशिएटेड सप्लिमेंट' शीर्षक से प्रकाशित लेख इस विषय पर प्रकाश डालता है कि सी. पी. आई. का नेतृत्व तेलंगाना के सशस्त्र संघर्ष का परित्याग करने के लिए कितना उत्सुक था।

सी. पी. आई. की केन्द्रीय कमेटी ने सरकार के समक्ष, किसानों के अधिकारों

की रक्षा, तेलंगाना क्षेत्र में जनवादी अधिकारों व मानवाधिकारों की पुनःस्थापना, क्षेत्र से भारतीय सेना की वापसी सहित सात माँगें पेश कीं। इसके बाद ए. के. गोपालन, मुजफ्फर अहमद और ज्योति बसु का एक प्रतिनिधिमंडल हैदराबाद भेजा गया। इस प्रतिनिधिमंडल ने वार्ता में निम्नलिखित माँगें पेश कीं—आम चुनाव सम्पन्न होने तक किसानों की बेदखली पर रोक, जमीन के प्रश्न को निर्वाचित विधान सभा के समक्ष रखा जाए, तेलंगाना क्षेत्र से सेना को वापस बुलाया जाए और सी. पी. आई. को आम चुनाव में भागीदारी करने के लिए कम्युनिस्ट बंदियों को रिहा किया जाए। (देखें, लेख 'सी. पी. आई. स्टेट्स बेसिस ऑफ तेलंगाना सप्लिमेंट' क्रास रोड्स, जुलाई 27, 1951)

इस विषय में भारत सरकार ने अड़ियल रुख अपनाया।

सी. पी. आई. की केन्द्रीय कमेटी और आन्ध्र प्रदेश कमेटी की तरफ से अक्टूबर 1951 में गोपालन ने बिना शर्त संघर्ष की वापसी की घोषणा कर दी (देखें, आलेख, 'सी. पी. आई. एडवाइसेज स्टापेज ऑफ पार्टीशन ऐक्शन इन तेलंगाना' क्रास रोड्स 26 अक्टूबर 1951)। जब सरकार ने वार्ता करने से इनकार कर दिया, तब केन्द्रीय कमेटी ने सलाह दी कि "तेलंगाना के किसान और संघर्षरत सभी गुरिल्ला दस्ते अपनी गुरिल्ला गतिविधियाँ रोक दें" और उनको तथाकथित आम चुनाव में कूद पड़ने का आदेश दिया। सी. पी. आई. की केन्द्रीय कमेटी ने बहुत ही अप्रतिरोधी तरीके से तेलंगाना के संघर्ष का आत्मसमर्पण किया। परिणामस्वरूप सभी "गुरिल्ला क्षेत्रों" और सभी मुक्त "ग्रामीण सोवियतों" को भारतीय सेना के समक्ष समर्पण करना पड़ा।

इसी अवधि में गाँधी के दूसरे ब्रांड विनोबा भावे द्वारा संचालित भूदान आन्दोलन पर चर्चा करना अप्रासंगिक न होगा। विनोबा भावे ने तेलंगाना क्षेत्र के पूचमपल्ली गाँव में 'भूदान' आन्दोलन संचालित किया। इसे वास्तव में आन्दोलन कहा ही नहीं जा सकता। इसके द्वारा विनोबा भावे ने सिर्फ जनता को क्रान्तिकारी मार्ग से भटकाने का प्रयास किया। ज़मींदारों और सामन्तों का हृदय परिवर्तन कर उनको भूमि दान करने के लिए तैयार करने की अधिभूतवादी कोशिश की समाप्ति असफलता में ही होनी थी। बाद की घटनाओं ने इसे सत्य प्रमाणित किया। 'सर्वोदय' का काल्पनिक विचार, भ्रामक 'सम्पूर्ण क्रान्ति' और भ्रान्तिपूर्ण 'भूदान' यह सब गाँधी द्वारा हिंसा को लाइसेंस प्रदान करने के सिद्धान्त हैं अर्थात् गाँधी की 'अहिंसा' का सिद्धान्त वर्ग विरोधों से भरे समाज, जनता को प्रभावित करने और उसे क्रान्तिकारी मार्ग से विचलित करने में असमर्थ रहे हैं।

भारतीय कम्युनिस्ट पार्टी (सी. पी. आई.) और नेहरू सरकार

मदुरई में सम्पन्न हुई सी. पी. आई. की तीसरी कांग्रेस (दिसम्बर 1953–जनवरी 1954), मदुरई कांग्रेस के नाम से जानी जाती है। इस कांग्रेस में 1951 में पारित पार्टी कार्यक्रम को अप्रचलित और पुराना घोषित कर दिया गया। मदुरई कांग्रेस में बहस इस विषय के इर्द-गिर्द होती रही कि भारत वास्तव में ब्रिटिश या अमेरिकी साम्राज्यवाद से स्वतन्त्र है या ब्रिटिश और अमेरिकी साम्राज्यवाद भारत का मुख्य शत्रु है, या इन दोनों अमेरिका और ब्रिटिश साम्राज्यवादियों में कौन मुख्य शत्रु है। इसी प्रश्न के हल से नेहरू सरकार के प्रति पार्टी का रुख निर्धारित होगा। तीसरी पार्टी कांग्रेस ने दोनों साम्राज्यवादियों के साथ समान रूप से संघर्ष करने की लाइन निर्धारित की, जिसका व्यावहारिक अर्थ नेहरू सरकार के पीछे खड़े होने और उसका समर्थन करने के आवाहन के रूप में सामने आया।

सी. पी. आई. की पोलिट ब्यूरो और विशेष रूप से पोलिट ब्यूरो सदस्य और *न्यूएज* के सम्पादक पी. राममूर्ति ने 'शान्ति के लिए राष्ट्रीय मंच' (नेशनल प्लेटफार्म फार पीस) के निर्माण का आवाहन किया जिसका अर्थ यदि कांग्रेस के साथ संश्रय नहीं बनाया जाता तो उसके खिलाफ संघर्ष था। ई. एम.एस. नंबूदरीपाद ने भी उनके स्वर में स्वर मिलाया! सितम्बर 1954 में पार्टी की केन्द्रीय कमेटी की मीटिंग में इस नारे को अस्वीकार किया गया, क्योंकि ब्रिटिश साम्राज्यवाद से गठबन्धन करने वाले सामन्तों और एकाधिकारी पूँजीपतियों के प्रभुत्व वाली कांग्रेस पार्टी एक दीर्घकालीन शान्ति की पक्षधर नीति का समर्थन नहीं कर सकती। इसलिए केन्द्रीय कमेटी ने कांग्रेस को हटाकर एक जनवादी सरकार के गठन को ही लागू करने का निर्णय लिया।

सी. पी. आई. ने नवगठित आन्ध्र प्रदेश राज्य के विधानसभा चुनावों में बड़े उत्साह से मार्च 1955 में भागीदारी की, परन्तु सन्तोषजनक परिणाम नहीं प्राप्त हुआ, परिणामस्वरूप सी.पी.आई. का नेतृत्व उलझन में पड़ गया।

इसके बाद तीव्रता से एक के बाद एक घटित होने वाली घटनाओं ने, जैसे–नवम्बर 1954 में नेहरू द्वारा चीन का दौरा, जनवरी 1955 में टीटो द्वारा भारत आगमन; जून 1955 में जवाहरलाल नेहरू द्वारा सोवियत यूनियन का दौरा और 1955 का अन्त होते-होते बुल्गारिया के नेता और ख्रुश्चेव द्वारा भारत का दौरा, कांग्रेस द्वारा भारत के विकास के लिए "समाजवादी पद्धति" का भ्रामक नारा देना और इस सबके बाद 26 जनवरी 1955 के भारतीय गणतंत्र दिवस के अवसर पर **प्रावदा** के सम्पादकीय में नेहरू की नीतियों के गुणगान ने सी. पी. आई. के नेतृत्व को और अधिक भ्रमित कर दिया।

पार्टी के अन्दर मौजूद दो विरोधी लाइनों के बीच सामंजस्य स्थापित करने और विरोध को हल करने के लिए नवम्बर 1954 में केन्द्रीय कमेटी ने एक कमीशन नियुक्त किया। कमीशन के प्रयास के फलस्वरूप जून 1955 में केन्द्रीय कमेटी की एक माह तक चली मीटिंग की बहस के बाद, नेहरू की विदेश नीति का विरोध और उसकी घरेलू नीतियों पर हमला करने की लाइन का सूत्रीकरण हुआ। अपने परिवर्तित दृष्टिकोण के अनुसार पार्टी कार्यक्रम में सुधार करने के लिए केन्द्रीय कमेटी की मीटिंग सितम्बर 1955 में आहूत की गयी।

सी. पी. आई. के केन्द्रीय नेतृत्व ने विचार-विमर्श किया कि क्या भारत का राष्ट्रीय बुर्जुआ वर्ग दो भागों में विभाजित हो गया है, अर्थात् एक हिस्सा एकाधिकारी बुर्जुआ, भारतीय सामन्तवाद और साम्राज्यवाद के साथ समझौता और साँठ-गाँठ करता है और दूसरा भाग इन दोनों शत्रुओं से संघर्ष करता है।

सी. पी. आई. में एक लाइन ने नेहरू की 'प्रगतिशील' नीतियों की प्रकृति और नेहरू सरकार में सामन्ती शक्तियों और बड़े बुर्जुआ को साम्राज्यपरस्त के रूप में चिन्हित किया। इस लाइन के समर्थक कामरेडों ने नेहरू सरकार की शान्तिपूर्ण सह-अस्तित्व और सोशलिस्ट देशों के साथ सहयोग और साम्राज्यवादियों के साथ सहयोग को त्यागने वाली नीतियों में प्रगतिशील भारतीय बड़े पूँजीपति की उपस्थिति को देखा। इस लाइन के अनुसार कामरेडों ने नेहरू की औद्योगीकरण की नीति में अर्द्ध-औपनिवेशिक और पूँजीवादी विकास का विलय और कुछ आधार उद्योगों का राष्ट्रीयकरण देखा।

इस लाइन के समर्थकों ने नेहरू सरकार को विश्व शान्ति समर्थक खेमे के साथ संश्रय बनाने और साम्राज्यवाद विरोध को एक बड़े प्रगतिशील परिवर्तन के रूप में चिन्हित किया। इस प्रकार इस लाइन में साम्राज्यवाद और सामन्तवाद-परस्त हमले के प्रतिरोध के लिए एक राष्ट्रीय मोर्चे के निर्माण की वकालत की ताकि राष्ट्रीय एकता वाली सरकार के लिए रास्ता तैयार रहे।

सी. पी. आई. के अन्दर उपस्थित दूसरी लाइन 1951 में पारित कार्यक्रम की तरह ही थी। इसके अनुसार, भारत साम्राज्यवाद मुख्य रूप से ब्रिटिश साम्राज्यवाद पर निर्भर एक अर्द्ध-औपनिवेशिक देश है और भारत सरकार का नेतृत्व ब्रिटिश साम्राज्यवादियों से समझौता करने वाला बड़े बुर्जुआ और सामन्ती शक्तियों का वर्ग था।

अप्रैल, 1956 में पालघाट में सम्पन्न हुई सी. पी. आई. की चौथी कांग्रेस में मध्यमार्गी लाइन उभर कर सामने आई। इस कांग्रेस ने सूत्रीकरण किया कि भारत सरकार बुर्जुआ वर्ग के नेतृत्ववाली सामन्तों और बुर्जुआ वर्ग की सरकार

है। चौथी कांग्रेस ने यह भी स्थापित किया कि सरकार की "नीतियाँ भारत को स्वतन्त्र पूँजीवादी देश के विकास की इच्छा से प्रेरित हैं। बुर्जुआ वर्ग, केवल जनता के साथ लोकप्रिय सम्बन्धों के आधार पर ही अपनी स्थिति सुदृढ़ नहीं करना चाहता; यह साम्राज्यवाद और सामन्तवाद के साथ अपने संघर्ष को जनता की कीमत पर हल करना चाहता है।"

सी. पी. आई. की चौथी कांग्रेस में, राजनीतिक पार्टी, कांग्रेस के माध्यम से राज्य सत्ता पर कब्जा जमाए भारतीय 'बुर्जुआ' वर्ग के वर्गीय चरित्र का विश्लेषण इस प्रकार किया गया : बुर्जुआ वर्ग "शोषण के सामन्ती तरीकों को समाप्त करने; भूमि के मालिक सामन्तों व ज़मींदारों को पूँजीवादी भूस्वामियों में बदलने, 'बुर्जुआ शासन' का सामाजिक आधार निर्मित करने के लिए धनी किसान का एक विशाल तबका निर्मित करने, वर्तमान परिस्थिति में स्वयं पूँजीवाद के विकास के लिए आवश्यक, ग्रामीण क्षेत्र में सार्वजनिक संस्थानों को विकसित करने का कठोर प्रयास कर रहा है।" ('पोलिटिकल रिजोल्यूशन' *न्यू एज*, 20 मई 1956) इसमें आगे कहा गया कि 'बुर्जुआ' का वर्ग चरित्र इसकी सरकार के साथ, साम्राज्यवाद और सामन्तवाद के साथ और कभी-कभी बुर्जुआ के एक हिस्से के साथ भी विरोध को जन्म देगा। इस प्रकार प्रस्ताव में सरकार के सभी सामन्तवाद और साम्राज्यवाद विरोधी कार्यों का समर्थन करने की माँग की गयी और साम्राज्यवाद, सामन्तवाद और एकाधिकारी बुर्जुआ की सहायता करने वाले कार्यों का विरोध करने की माँग की गयी। चौथी पार्टी कांग्रेस ने कांग्रेस पार्टी और कम्युनिस्ट पार्टी के संयुक्त मोर्चे की दिशा में विकसित होने वाले, 'आम संयुक्त मोर्चे' की लाइन को अस्वीकार किया और साथ ही साथ कहा कि इसका अर्थ कांग्रेस विरोधी मोर्चा बनाना भी नहीं है। इसने एक ऐसे जनवादी मोर्चे के गठन की वकालत की, जिसमें जनवादी शक्तियों के साथ-साथ जनवादी विचार के कांग्रेसी भी शामिल हों, अर्थात् ऐसा जनवादी विपक्ष जो सरकार की नीतियों को सही करने के लिए संघर्ष करे। इस पालघाट की कांग्रेस में सरकार की प्लानिंग और उसके अन्दर निहित तनावों और संकटों का मूल्यांकन किया गया। राजनैतिक और सैद्धान्तिक विवाद के प्रश्नों से यह कांग्रेस दूर ही रही। पार्टी की इस कांग्रेस में काफी बड़ी संख्या में प्रतिनिधियों ने कांग्रेस पार्टी के साथ आम संयुक्त मोर्चा निर्मित करने के पक्ष में तर्क दिये, परन्तु मतदान के समय यह प्रस्ताव पारित नहीं हो सका। पालघाट पार्टी कांग्रेस सम्पन्न होने के कुछ वर्षों बाद ही, अल्पमत जो कांग्रेस के साथ गठबन्धन बनाने के लिए आतुर था, बहुत अधिक मुखर था और अपनी लाइन को लागू करना चाहता था।

एक सोवियत लेखक मोडेस्टे राबिंसटिन ने अपने लेख में लिखा : नेहरू सरकार समाजवाद (सोशलिज्म) की ओर बढ़ रही है। (*न्यू एज,* अक्टूबर 1956 में पुनप्रकाशित)। अजय घोष के नेतृत्व वाली केन्द्रीय कमेटी ने इस आलेख के पीछे छिपी अवधारणा को अस्वीकार कर दिया और दृढ़तापूर्वक विचार व्यक्त किया कि बुर्जुआ के नेतृत्व वाली भारत सरकार समाजवाद के रास्ते पर कभी भी नहीं चल सकती। इसलिए मजदूर वर्ग के नेतृत्व में जनवाद और समाजवाद की पक्षधर शक्तियों के साथ जनवादी क्रान्ति सम्पन्न करने की आवश्यकता पर दृढ़ विचार व्यक्त किये। इस प्रकार राबिंसटिन के लेख के माध्यम से कांग्रेस के नेतृत्व में आम संयुक्त मोर्चा तथा कांग्रेस-कम्युनिस्ट गठबन्धन वाली लाइन फिर पराजित हो गयी।

सी. पी. आई. की पालघाट कांग्रेस सम्पन्न होने के बाद भारत में कुछ महत्त्वपूर्ण परिवर्तन हुए। सी. पी. आई. के नेतृत्व में 1957 में केरल प्रान्त की सरकार में मंत्रिमंडल कार्य कर रहा था। दक्षिणपन्थी प्रतिक्रियावाद खतरनाक ढंग से अपना सिर उठा रहा था। कांग्रेस का संकट दिन-पर-दिन गहराता जा रहा था। सरकार 6 से 7 प्रतिशत तक की राष्ट्रीय वृद्धि की योजना बना रही थी। यदि कांग्रेस ने केरल की सी. पी. आई. नेतृत्व वाली सरकार को भंग करने की गलती न की होती तो कांग्रेस-कम्युनिस्ट गठजोड़ की माँग करने वाले लोगों का आधार निश्चय ही मजबूत हुआ होता।

ऐसी ही परिस्थितियों में जनवरी 1958 में सी. पी. आई. की पाँचवीं कांग्रेस अमृतसर में सम्पन्न हुई। 1957 में आये मास्को डिक्लेरेशन ने निश्चित रूप से अमृतसर कांग्रेस को प्रभावित किया और समाजवाद की ओर शान्तिपूर्ण संक्रमण की दिशा में प्रेरित किया। दूरगामी राजनीतिक परिवर्तनों पर इसका प्रभाव पड़ा। अमृतसर पार्टी कांग्रेस के संविधान की भूमिका में इसे स्वीकार किया गया। बाद में सी. पी. आई. के जनरल सेक्रेटरी अजय घोष ने स्पष्ट किया कि "शान्तिपूर्ण तरीके हमारे लिए न तो कोई सिद्धान्त है और न ही कार्यनीति, यह एक नीति है–एक गम्भीर अवस्था की नीति।" (*न्यू एज,* 18 मई 1958)। यदि 1951 की कार्यनीतिक लाइन, क्रान्तिकारी लाइन की पराकाष्ठा थी तो अमृतसर कांग्रेस भारतीय क्रान्ति का अधो बिन्दु था। यह तेलंगाना सशस्त्र संघर्ष से लेकर अमृतसर की पार्टी कांग्रेस की; क्रान्तिकारी सशस्त्र संघर्ष से निष्ठाहीन शान्तिपूर्ण संक्रमण (समाजवाद में) की, विषम कहानी है। सी. पी. आई. ने अब संसदीय मार्ग का रास्ता निश्चित कर लिया था और कांग्रेस पार्टी के नेतृत्व में, कांग्रेस पार्टी के साथ आम संयुक्त मोर्चा निर्मित कर जनवादी क्रान्ति के द्वारा

शान्तिपूर्ण संक्रमण के मार्ग से समाजवाद को सुसाध्य बनाने की नीति निर्धारित कर ली थी। इस प्रकार सी. पी. आई. में दक्षिणपन्थी अवसरवाद ने अपनी जड़ें जमा लीं।

राष्ट्रीय और अन्तर्राष्ट्रीय स्तर पर 1958 से 1961 का समय पार्टी लाइन के संघर्ष और संकीर्ण गुटबाजी का समय था। इस मध्यावधि में दो प्रमुख घटनाएँ घटित हुईं; एक विश्व कम्युनिस्ट आन्दोलन में सैद्धान्तिक व विचारधारात्मक संघर्ष और दूसरी भारत द्वारा चीन पर आक्रमण। घोर संशोधनवादी, ख्रुश्चेव ने मार्क्सवाद-लेनिनवाद त्याग दिया और सैद्धान्तिक रूप से सही चीन की कम्युनिस्ट पार्टी की लाइन पर संशोधनवादी हमला तेज कर दिया। सोवियत रूस की कम्युनिस्ट पार्टी की बीसवीं कांग्रेस के बाद ख्रुश्चेव द्वारा किया गया संशोधनवादी हमला आपसी वार्तालाप की सीमाओं को पार कर गया और जून 1960 में बुखारेस्ट सम्मेलन में खुले विरोध के रूप में सामने आ गया।

इसी समय भारत-चीन सीमा पर भी तनाव बढ़ रहा था। भारत-चीन सीमा पर भारत निरन्तर तनाव बढ़ा रहा था। सीमा पर स्थित कलिंग पोंग में भारत सरकार ने अपना अड्डा स्थापित किया, जहाँ से भारत मई 1959 से तिब्बत में सीधे समस्या उत्पन्न कर रहा था। ल्हासा से भागने के बाद दलाई लामा को भारत में शाही अतिथि की तरह शरण प्रदान की गयी। दलाई लामा को भारत में रह कर चीन विरोधी प्रचार करने की सभी सुविधाएँ प्रदान की गयीं और भारत सरकार की निगरानी में उसने तेजपुर में चीन के खिलाफ अपना वक्तव्य दिया। 25 अगस्त 1959 में भारत ने पहली बार चीन की सीमा में अतिक्रमण किया, यह सीमा-विवाद की पहली घटना थी। नेहरू शब्दों में तिब्बत को चीन का भाग कहते थे, परन्तु व्यवहार में 'पंचशील' की भावना को धता बताते हुए समस्या का समाधान न करने के लिए, घोर प्रतिक्रियावादी दलाई लामा का खुला समर्थन करने लगे और इस प्रकार चीन के आन्तरिक मामले में हस्तक्षेप किया।

एक छोटे गाँव के मुखिया की तरह सी. पी. आई. का नेतृत्व भारत सरकार की चीन विरोधी प्रतिक्रियावादी नीतियों के खिलाफ अनिर्णय और भ्रम की स्थिति में रहा और कोई स्पष्ट स्टैंड नहीं ले सका। ख्रुश्चेव की नीतियों के प्रति नरम रुख रखने वाले सी. पी. आई. के विंग ने इन मुद्दों के प्रति दिशाहीन रुख अपनाया। इस विषय में सी. पी. आई. के नेतृत्व ने एक अवसरवादी प्रस्ताव पारित किया। 'साम्राज्यवादियों' द्वारा भारत की विदेश नीति में परिवर्तन कराने के प्रयासों को नेहरू ने अस्वीकार कर दिया; सी. पी. आई. ने इस पर प्रसन्नता व्यक्त की और चीन द्वारा भारत पर लगाये गये विस्तारवादी नीति के आरोप

को 'भारत के कुछ प्रतिक्रियावादी सर्किल के खिलाफ' कहा न कि नेहरू सरकार के खिलाफ। इसके बाद सी. पी. आई. की सेक्रेटेरियट ने निर्लज्जतापूर्वक बहुत ही गोल-मोल तरीके से भारत और चीन दोनों देशों की सरकारों को तटस्थता, अहस्तक्षेप पर अमल करने और अपने-अपने देशों की सीमाओं को विरोध और शत्रुता की गतिविधियों का अड्डा न बनाने को कहा। इसने नेहरू सरकार द्वारा तिब्बत के प्रश्न पर एक 'सही रुख' लेने की प्रशंसा की। सी. पी. आई. की यह दुविधापूर्ण नीति दो माह तक जनता के बीच प्रचारित होती रही, यद्यपि पार्टी तिब्बत के बारे में नेहरू सरकार की "दुर्भाग्यपूर्ण और गलत कदमों" की नीति से भली प्रकार परिचित थी। यहाँ तक कि सितम्बर 1960 में केन्द्रीय कार्यकारी समिति ने अपने प्रस्ताव में स्वीकार किया था कि "तिब्बत में प्रतिक्रियावादी विद्रोह और दलाई लामा को भारत में स्थान देकर और चीन-विरोधी अभियान चलाने की छूट देकर भारत सरकार ने भारत-चीन मित्रता में पहली दरार उत्पन्न की थी।"

भारत सरकार द्वारा दलाई लामा को कलिंगपोंग-विद्रोहियों के एक केन्द्र के रूप में प्रयोग करने की स्वीकृति देना और उससे तेजपुर में वक्तव्य जारी करवाना, स्वीकार करने योग्य कृत्य नहीं है। यह भारत सरकार की विस्तारवादी नीति का परिणाम था।

सी. पी. आई. ने 3 और 5 मई 1959 को चीन की कम्युनिस्ट पार्टी को पत्र लिख कर ऊपर लिखे विषयों पर अपना विरोध प्रकट किया और नेहरू तथा चाउ एन लाई की एक मीटिंग की आवश्यकता पर जोर दिया। 20 अगस्त 1959 को भी सी. पी. आई. ने चीन की कम्युनिस्ट पार्टी को पत्र लिख कर भारत सरकार की विदेशनीति और लोकतंत्र की रक्षा के लिए सहायता की माँग की। अजय घोष ने अपने पत्र में कहा : "इसलिए मैं यह जानना चाहूँगा कि इन मतभेदों (भारत-चीन विवादों) को हल करने के लिए क्या करना चाहिए और क्या किया जा सकता है, यह हमारे देश में लोकतंत्र और विदेशनीति की रक्षा के लिए अति आवश्यक विषय है (!)।" विस्मयादिबोधक चिह्न हमारा है।

भारत-चीन सीमा पर भारत सरकार की 'आगे बढ़ने' की नीति ने सीमा पर तनाव पैदा किया और अगस्त 1959 के अन्त में लांगजू में भारत द्वारा आक्रमण करने से यह तनाव चरम सीमा पर पहुँच गया। अजय घोष ने सी. पी. आई. के सेक्रेटेरियट की ओर से 3 सितम्बर को चीनी कम्युनिस्ट पार्टी को पत्र लिख कर भारत और चीन के बीच सरकारों के स्तर पर वार्ता की आवश्यकता पर बल दिया। परन्तु सी. पी. आई. ने इस बात पर कतई ध्यान

नहीं दिया कि 23 जून से 28 अगस्त 1959 के बीच 8 बार पत्राचार हो चुका था और चीनी कम्युनिस्ट पार्टी ने भारत सरकार से उस विवाद के कारणों पर प्रकाश डालने को कहा था।

इसी मौके पर 8 सितम्बर 1959 को मास्को (रूस) के संशोधनवादी गुट ने प्रावदा को एक वक्तव्य प्रकाशित करने की अनुमति प्रदान की। इस वक्तव्य में रूस के नेतृत्व वाले सरकिल में, लांगजू में भारतीय आक्रमण में चीन और भारत को समान रूप से जिम्मेदार कहा। यहाँ तक कि ताश न्यूज एजेंसी ने 9 सितम्बर 1959 के अपने स्टेटमेंट में सोवियत सरकार पर आरोप लगाया कि चीन की सरकार द्वारा पेकिंग में 6 सितम्बर को इस विवाद की स्पष्टता के लिए "सीमा विवाद के मित्रतापूर्ण हल" के लिए नेहरू को लिखा पत्र भी दिखाया और इसे प्रकाशित भी किया। रूस की सरकार ने अपने वक्तव्य में लांगजू की घटना की गोल-मोल निन्दा की, चीन को धौंस दिखाई और भारत के मसले पर सोवियत-चीन विवाद को आम जनता में प्रचारित किया। सी. पी. आई. की सेक्रेटेरियट ने 6 सितम्बर 1959 के ताश एजेंसी के स्टेटमेंट को 30 सितम्बर '59 को प्रचारित किया और इसके बाद दल-त्यागी ख्रुश्चेव ने चीन को बदनाम करते हुए बयान दिया कि चीन "पूँजीवादी व्यवस्था की स्थिरता को शक्ति द्वारा टेस्ट करना चाहता है", हालाँकि चीन की सरकार ने 2 अक्टूबर 1959 को ख्रुश्चेव को चीन-भारत सीमा विवाद की समस्या को समझाने की कोशिश की। फिर भी ख्रुश्चेव ने अधिभूतवादी तरीके से जोर देकर कहा कि युद्ध में जनता का मरना गलत है।

इसी बीच सी. पी. आई. के नेतृत्व वाली पुरानी केरल सरकार को नेहरू सरकार द्वारा गिरा दिया गया। इस परिघटना की मुख्य कर्णधार इन्दिरा गाँधी थी। इसी समय सोवियत सरकार द्वारा भारत सरकार को रु. 3000 मिलियन की सहायता की घाषेणा से सी. पी. आई. के एक हिस्से ने, उसे सोवियत रूस द्वारा नेहरू सरकार की विदेश और घरेलू नीति के प्रति झुकाव समझा और इससे प्रभावित हुआ।

सोवियत रूस के इस स्टैंड ने सी. पी. आई. के नेतृत्वकारी एक भाग को और शक्ति प्रदान की और सी. पी. आई. का यह हिस्सा भारत-चीन विवाद में मुखर होकर भारत का पक्षपोषण करने लगा। अजय घोष के मास्को से वापस आने के बाद सितम्बर 1959 के अन्त में सी. पी. आई. की केन्द्रीय कार्यकारिणी ने बिना पूर्व शर्त के भारत-चीन के बीच वार्ता का आवाहन किया और आवाहन करते हुए कहा : "सोशलिस्ट देश चीन भारत के खिलाफ कभी आक्रमण नहीं

कर सकता।'' इसके बाद एक समीकरण जोड़ दिया कि ''ठीक उसी प्रकार हमारे देश का भी चीन की सीमा के अतिक्रमण का कोई इरादा नहीं है'' (?) और सी. पी. आई. के नेतृत्व ने खुल कर घोषणा की कि ''भारत के खिलाफ किसी भी आक्रमण का मुकाबला पार्टी करेगी।'' इसके बाद सी. पी. आई. की कोलकाता कांग्रेस का सुस्पष्ट रूप से नेहरू सरकार को समर्थन करने का प्रस्ताव आया। लेकिन एक अक्टूबर को चीनी क्रान्ति की दसवीं वर्षगाँठ के अवसर पर भारत से सी. पी. आई. का जो प्रतिनिधिमंडल चीन गया, वह चीन की सरकार द्वारा सीमा विवाद को वार्ता के द्वारा हल करने की आतुरतापूर्ण कोशिश और नेहरू-चाउ एन लाइ की मीटिंग के लिए पहल से काफी प्रभावित हुआ।

परन्तु 21 अक्टूबर 1959 को भारत की 'हमलावर नीति' के कारण भारत-सीमा पर महाविपत्ति की घटना हुई। पूर्वी लद्दाख के कोंगका दर्रे पर भारत और चीन की सेनाओं में भिड़ंत हो गयी। सी. पी. आई. का प्रतिनिधिमंडल अभी बीजिंग से वापस आया ही था, पार्टी के सेक्रेटेरियट ने कोंगका दर्रे की सशस्त्र मुठभेड़ को 'अन्यायपूर्ण' घटना कहा और सच्चाई को ध्यान दिये बगैर भारत और चीन दोनों को समान रूप से इस घटना का जिम्मेदार कहा। सी. पी. आई. ने चीन की कम्युनिस्ट पार्टी को सन्देश भेज कर सीमा पर हुई 'झड़प' और 'हानि' के लिए खेद प्रकट करने को कहा और वार्ता की पहल करने का सुझाव दिया।

जब सी. पी. आई. की केन्द्रीय कार्यकारिणी की मीटिंग मेरठ में चल रही थी, उसी समय 7 नवम्बर 1959 को वार्ता के द्वारा सीमा विवाद हल करने के सुझाव के साथ नेहरू के नाम चाउ-एन लाई का पत्र आया। केन्द्रीय कार्यकारिणी की बैठक के ठीक बाद (11-15 नवम्बर, 1959) पार्टी की नेशनल कौन्सिल की मीटिंग मेरठ में सम्पन्न हुई। इसी समय दल-त्यागी, गद्दार एस. ए. डांगे का घटिया बयान आया : ''मैं चीन की कम्युनिस्ट पार्टी के अपने मित्रों से कहना चाहता हूँ कि आप एक गलत लाइन पर चल रहे हैं और शीघ्र ही आप को इसमें सुधार करना होगा'' और नंबूदरीपाद ने कहा : ''देश पर आक्रमण की स्थिति में हम सब भारत सरकार के साथ हैं, परन्तु वर्तमान भारत सरकार को यह निर्णय करना होगा कि आक्रमण हुआ या नहीं।'' क्या अद्भुत तर्क है!

चीनी क्रान्ति की वर्षगाँठ से वापस आने पर ख्रुश्चेव ने सुप्रीम सोवियत को 31 अक्टूबर 1959 को रिपोर्ट पेश की और दो पड़ोसी देशों (भारत-चीन) के बीच सीमा विवाद पर अफसोस जाहिर किया और वार्ता विवाद को हल करने की अपील को दोहराया। उसने मास्को में सी. पी. आई. के मुखपत्र के संवाददाता को इस सीमा विवाद को ''दुखद और मूर्खतापूर्ण'' घटना बताया।

ईरान के साथ सोवियत रूस द्वारा सीमा विवाद हल करने को आदर्श बताते हुए याद किया और कहा : "हमने जितना प्राप्त किया, उससे कहीं अधिक छोड़ दिया। सोवियत यूनियन ऐसे देश के लिए कुछ किलोमीटर की भूमि क्या मायने रखती है?" ख्रुश्चेव के इस बयान ने सी. पी. आई. के एक हिस्से को नेहरू सरकार को पूर्ण समर्थन देने के लिए प्रेरित किया। सी. पी. आई. ने नेशनल कौंसिल के अपने प्रस्ताव में कहा : "मैक मोहन लाइन की वास्तविकता जो भी हो, इस तथ्य से इनकार नहीं किया जा सकता कि अनेक वर्षों से यह भारत की सीमा रही है और इसके दक्षिण का भाग भारत के नियन्त्रण में रहा है। नेशनल कौंसिल यह मानती है कि मैक मोहन लाइन से दक्षिण का भाग भारत का है।" पश्चिमी क्षेत्र में अर्थात् लद्दाख क्षेत्र में सी. पी. आई ने भारत सरकार के स्टैंड को 'सही' कहा और पारम्परिक रूप से स्थापित सीमा को ही स्वीकार करने का समर्थन किया। नेफा (एनईएफए) क्षेत्र में भी इसने नेहरू सरकार के स्टैंड का समर्थन किया। नेशनल कौंसिल द्वारा चीन विरोधी बयान देने के बाद भी चीन की कम्युनिस्ट पार्टी पीछे नहीं हटी और सी. पी. आई. अपने रास्ते पर चलती रही।

रूस, चीन और भारत की कम्युनिस्ट पार्टी, दो लाइन का संघर्ष

सोवियत यूनियन की कम्युनिस्ट पार्टी (सी. पी. एस. यू.); चीन की कम्युनिस्ट पार्टी (सी. पी. सी); भारत की कम्युनिस्ट पार्टी (सी. पी. आई.) के अन्तर सम्बन्धों, अन्तःक्रियाओं और इस सबका सी.पी.आई. के अन्दर दो लाइन के संघर्ष पर पड़नेवाले प्रभाव का संक्षिप्त विवरण प्रस्तुत करना आवश्यक है।

सी. पी. एस. यू. की बीसवीं कांग्रेस में लेनिनवाद के साथ विश्वासघात करने वाले दल-त्यागी ख्रुश्चेव को सी. पी. सी. द्वारा संचालित भीषण सैद्धान्तिक संघर्ष का सामना करना पड़ा। जब तक ख्रुश्चेव ने रूमानिया की कम्युनिस्ट पार्टी की कांग्रेस में अपने संशोधनवादी विचारों को अभिव्यक्त नहीं किया था तब तक सी. पी. आई. के अतिरिक्त विश्व की किसी भी पार्टी को विश्व कम्युनिस्ट आन्दोलन में चल रहे दो लाइन के संघर्ष के बारे में सम्भवतः कोई जानकारी नहीं थी। अभी तक यह संघर्ष रूसी और चीनी कम्युनिस्ट पार्टी के बीच आपसी बहस के रूप में चल रहा था। जून 1959 में सोवियत यूनियन ने चीन के साथ किये 1957 के सैनिक समझौते को एकतरफा तरीके से तोड़ दिया और चीन को किसी भी प्रकार की तकनीकी एटामिक जानकारी देने से इनकार कर दिया। हम पहले बता चुके हैं कि 9 सितम्बर 1959 को सोवियत यूनियन ने भारत-चीन सीमा विषय में भारत को समर्थन और सहयोग प्रदान किया। शीघ्र ही ख्रुश्चेव अमेरिका से लौटते समय अपने सैद्धान्तिक और विदेश नीति सम्बन्धी विषयों के बारे में पता लगाने के लिए पेकिंग में रुका। 10 सितम्बर 1959 और 30 जनवरी 1960 के बीच चीन के नेताओं ने पेकिंग में सोवियत रूस के राजदूत से छह बार, सोवियत सरकार और सी. पी. एस. यू. द्वारा भारत-चीन सीमा विवाद के बारे में जनता के बीच अपना निष्पक्ष स्टैंड (जिसका अर्थ अप्रत्यक्ष रूप से भारत का समर्थन था) रखने के बारे में वार्ता की। 6 फरवरी 1960 को सी. पी. एस. यू. की केन्द्रीय कमेटी ने सी. पी.

सी. की केन्द्रीय कमेटी को सूचित किया कि कमजोर भारत देश, सशक्त चीन के खिलाफ कभी भी सैनिक हमला नहीं कर सकता; यह विवादित स्थिति के "संकीर्ण राष्ट्रवादी रुख का ही विस्तार था" और भारत-चीन सीमा पर झड़पों का समय ख्रुश्चेव की आइजनहावर से मिलने की यात्रा के समय "सोवियत यूनियन की शान्तिपूर्ण बातों को हानि पहुँचाने के लिए की गयी थी।" 22 जून 1960 को बुखारेस्ट में ख्रुश्चेव की भेंट एक चीनी प्रतिनिधिमंडल से हुई। ख्रुश्चेव ने चीनी प्रतिनिधिमंडल से कहा : "मुझे मालूम है कि युद्ध क्या होता है। चूँकि भारतीय सैनिक मारे गये थे, इसका मतलब है कि चीन ने हमला किया था हम कम्युनिस्ट हैं। हमारे लिए यह महत्त्वपूर्ण नहीं है कि सीमा कहाँ से होकर जाती है।" ख्रुश्चेव ने क्या मूर्खतापूर्ण तर्क पेश किया।

सोवियत रूस ने भारत को हमेशा अपने प्रभुत्ववादी निर्णयों और अपनी इच्छा के अनुसार रखने के लिए नेहरू सरकार को अच्छा कहा और अपनी आवश्यकताओं के अनुरूप रखने के लिए भारत की प्रशंसा की। यह आधुनिक संशोधनवादी वास्तव में सी. पी. आई. को कांग्रेस पार्टी का पिछलग्गू बनाये रखने का इच्छुक था। ख्रुश्चेव ने अभी-अभी भारत की यात्रा की थी। केरल में जहाँ नेहरू सरकार ने सी. पी. आई. के नेतृत्व वाली सरकार को बलपूर्वक सत्ता से बाहर कर दिया था। वहाँ निर्वाचन कार्यवाही में सी. पी. आई. को काफी हानि हुई। सी. पी. आई. के सैद्धान्तिक संघर्ष को धक्का लगा और यह बहस एक विचित्र मार्ग पर चल पड़ी। बहस इस विषय पर चलने लगी कि इस घटना का भारत-चीन सीमा विवाद पर क्या प्रभाव पड़ेगा और इसमें सी. पी. आई. की सैद्धान्तिक स्थिति क्या होगी और विश्व कम्युनिस्ट आन्दोलन में इसका क्या प्रभाव पड़ेगा। सी. पी. आई. नेतृत्व का अवसरवादी हिस्सा, सी. पी. एस. यू. के नेतृत्व वाली संशोधनवादी लाइन के प्रति लालायित हो उठा, जबकि ढुल-मुल नेतृत्व ख्रुश्चेव और नेहरू की देश तथा विदेश नीति का थोड़ा-बहुत आलोचक था, परन्तु सी. पी. सी. द्वारा प्रचारित सही लाइन के प्रति काफी शंकालु था।

सी. पी. सी. के विस्तीर्ण सैद्धान्तिक स्टैंड के साथ, अप्रैल 1960 में रेड फ्लैग में 'लांग लिव लेनिनिज्म' शीर्षक से एक लेख प्रकाशित हुआ। सी. पी. सी. ने ख्रुश्चेव के इस बड़े भाई वाले व्यवहार और विश्व कम्युनिस्ट आन्दोलन पर 'लाठी' के बल पर नियन्त्रण करने की नीति का प्रतिवाद किया। बुखारेस्ट की कांग्रेस में दो भारतीय प्रतिनिधियों में से कामरेड वासू पुन्नइआ ने बोलने से मना कर दिया और भूपेश गुप्ता ने अपनी बारी आने पर पूँजीवाद से सोशलिज्म

में संक्रमण, युद्ध, राष्ट्रीय मुक्ति आन्दोलन के प्रति रुख ऐसे बुनियादी विषयों को सम्बोधित किये बगैर अपना विचार व्यक्त किया।

सितम्बर 1960 में सी. पी. आई. की केन्द्रीय कार्यकारिणी, बुखारेस्ट घोषणा को लागू करने के प्रस्ताव पर विभाजित थी। इस प्रस्ताव में स्पष्ट रूप से सी. पी. सी. की निन्दा की गयी थी और युद्ध, सोशलिज्म में संक्रमण और राष्ट्रीय मुक्ति आन्दोलन के मुद्दों पर सोवियत रूस की लाइन लागू करने का प्रस्ताव था। इसमें भारत-चीन सीमा-विवाद का अन्तर्राष्ट्रीयकरण किया गया था, सोवियत स्टैण्ड का समर्थन किया गया था और भारतीय परिस्थिति के बारे में चीन के मूल्यांकन का खंडन किया गया था।

सी. पी. आई. की पश्चिम बंगाल राज्य कमेटी ने इस प्रस्ताव को सी. पी. एस. यू. की अवसरवादी लाइन का समर्थक और अन्धभक्ति वाला प्रस्ताव कहा और अस्वीकार कर दिया। अन्य राज्य कमेटियों में भी इस प्रस्ताव का कड़ा विरोध हुआ।

नवम्बर 1960 में 81 कम्युनिस्ट पार्टियों तथा विश्व की अन्य वामपन्थी पार्टियों की एक कॉन्फ्रेंस मास्को में सम्पन्न हुई। इस कॉन्फ्रेंस के लिए दस्तावेज़ तैयार करने वाली कमेटी में सी. पी. आई. के प्रतिनिधि को भी शामिल किया गया। इस दस्तावेज़ को सी. पी. एस. यू. द्वारा सी. पी. सी. को लिखे गये 84 पेज के पत्र, सी. पी. सी. द्वारा सी. पी. एस. यू. को दिये गये 160 पेज के उत्तर, और सी. पी. आई. की केन्द्रीय कार्यकारिणी द्वारा पेश किये गये 12 पेज के प्रस्तावों तथा कुछ अन्य दस्तावेज़ों के आधार पर तैयार करना था। परन्तु बाद में सी. पी. आई. को केवल सी. पी. एस. यू. का पत्र ही दिया गया और सी. पी. सी. द्वारा दिया गया उत्तर नहीं दिया गया। सी. पी. आई. की केन्द्रीय कार्यकारिणी या नेशनल कौंसिल 81 पार्टियों के मास्को स्टेटमेंट पर भी विचार नहीं कर सकी।

81 पार्टियों के मास्को स्टेटमेंट में तीसरी दुनिया के देशों, विशेष रूप से गुट निरपेक्ष देशों की परिस्थिति में जहाँ, राष्ट्रीय पूँजीपति वर्ग प्रगतिशील भूमिका निभा सकता है, वहाँ समाजवाद में संक्रमण के लिए एक राष्ट्रीय जनवादी राज्य की अवधारणा का सूत्रीकरण किया गया था। इस राष्ट्रीय जनवादी राज्य की प्राप्ति व्यापक साम्राज्यवाद विरोधी मोर्चे के माध्यम से होगी, जिसमें मजदूर वर्ग उसके स्वाभाविक नेतृत्व के रूप में विकसित होगा। अक्टूबर 1961 में सी. पी. एस. यू. की बाईसवीं कांग्रेस के समय ऊपर वर्णित अवधारणा का खंडन करते हुए सी. पी. सी. का विचार *पीपुल्स डेली* में प्रकाशित हुआ।

सी. पी. आई. की छठी पार्टी कांग्रेस के लिए दो अलग-अलग कार्यक्रम और दो राजनीतिक प्रस्ताव तैयार किये गये। इन दोनों लाइनों के आधार पर दस्तावेज़ के दो सेटों में बुनियादी रूप से राष्ट्रीय जनवादी मोर्चे की बात स्वीकार की गयी, परन्तु मोर्चे की दोनों अवधारणाओं में काफी फर्क था। तथाकथित 'वाम' दस्तावेज़ में देश की स्वतन्त्रता को अपूर्ण कहा गया तथा ब्रिटिश शासकों से सत्ता-हस्तान्तरण के बाद भारतीय बुर्जुआ वर्ग ने विदेशी पूँजी से सम्बन्ध तोड़ने के बजाये साम्राज्यवादियों और भारतीय प्रतिक्रियावादियों से समझौता किया और विदेशी तथा देशी पूँजी को मजबूत करने का काम किया है। इस लाइन ने सोवियत रूस से प्राप्त सहायता की प्रशंसा की, उसे भारत के आर्थिक विकास और पश्चिमी देशों से अधिक सहायता लेने के लिए मोल-भाव (बारगेनिंग) करने में लाभप्रद कहा। इस दस्तावेज़ में आगे कहा गया कि इस राष्ट्रीय जनवादी मोर्चे का आधार सर्वहारा, खेत मजदूर और ग्रामीण गरीबों की एकता होगी, मध्यवर्गीय कर्मचारी, बुद्धिजीवी और पेटी बुर्जुआ और जनता के जनवाद की स्थापना का इच्छुक राष्ट्रीय पूँजीपति वर्ग इसके ढुल-मुल संश्रयकारी होंगे।

दूसरी दक्षिणपन्थी लाइन के दस्तावेज़ में स्वीकार किया गया कि भारत स्वतन्त्र है, इसकी साम्राज्यवाद विरोधी और 'औपनिवेशिक' नीतियों के विरुद्ध स्वतन्त्र नीति है। इस लाइन ने कुछ दुविधाओं के साथ सोवियत यूनियन और भारत के संश्रय का जोरदार ढंग से समर्थन किया। इसने सोवियत यूनियन और अभी-अभी स्वतन्त्रता प्राप्त देशों के बीच एकता का स्वागत किया। इस लाइन ने सोवियत यूनियन की सहायता और भारतीय सार्वजनिक संस्थान की भूरि-भूरि प्रशंसा की। इस लाइन के अनुसार भारतीय बुर्जुआ के असामान्य चरित्र के कारण निर्मित भारत की आन्तरिक नीतियों से भारत की स्वतन्त्रता को खतरा था और इसी प्रकार यह विदेशी निजी पूँजी के खतरे को भी समझता था। यह सरकार की 'प्रगतिशील' नीतियों का समर्थन करना चाहता था। इसने ''राष्ट्रीय बुर्जुआ से लेकर मजदूर वर्ग तक सभी वर्गों का और नेहरूवादी कांग्रेसियों और कम्युनिस्टों सभी को शामिल कर एक राष्ट्रीय जनवादी मोर्चा'' निर्मित करने का विचार प्रस्तुत किया। संक्षेप में कहा जाए तो यह विचार बुर्जुआ जनवाद के अन्दर से राष्ट्रीय जनवाद के विकसित होने का विचार था। छठी कांग्रेस से पूर्व दोनों दस्तावेज़ों को विचारार्थ वितरित किया गया। हालाँकि पार्टी कांग्रेस में तथाकथित वामपन्थी लाइन को ही स्वीकृति मिली। यह दोनों दस्तावेज़ 81 पार्टियों के 'मास्को स्टेटमेंट' पर आधारित होने का दावा करते थे।

सी. पी. आई. की छठी कांग्रेस अप्रैल 1961 में विजयवाड़ा में सम्पन्न हुई।

इस कांग्रेस में दोनों दस्तावेज़ों के समर्थकों के बीच शक्ति परीक्षण अपरिहार्य देख कर सी. पी. एस. यू. की केन्द्रीय कमेटी के सचिव एम. शुसलोव ने बहुत ही असामान्य तरीके से हस्तक्षेप किया। शुसलोव ने सी. पी. आई. कांग्रेस के लिए सी. पी. एस. यू. का अभिनन्दन सन्देश पढ़ते हुए बहुत परिश्रमपूर्वक, चक्करदार तरीके से 'दक्षिणपन्थी' दस्तावेज़ के पक्ष में अपना प्रभाव डाला। एम. शुसलोव के नेतृत्व वाला यह सी. पी. एस. यू. का सबसे बड़ा पाँच कामरेडों का प्रतिनिधिमंडल था। संशोधनवादी समझ के सभी प्रमुख बिन्दुओं के साथ एक समझौता प्रस्ताव पारित हुआ। इस प्रकार समझौताहीन मतभेदों को थोड़े समय के लिए टाल तो दिया गया, परन्तु उनका हल नहीं हो सका। पार्टी का सांगठनिक गतिरोध चरम बिन्दु पर पहुँच गया, परिणामस्वरूप अवसरवादी तरीके से संगठन बनाये रखने के लिए विशाल नेशनल कौंसिल, राष्ट्रीय कार्यकारिणी और सेंट्रल सेक्रेटेरियट का गठन हुआ। विश्व कम्युनिस्ट आन्दोलन में वैचारिक संघर्ष की गड़गड़ाहट निश्चित रूप से सुनाई दे रही थी, परन्तु स्थिति विस्फोटक नहीं थी। सी. पी. आई. की छठी कांग्रेस में सी. पी. सी. का कोई प्रतिनिधि नहीं आया परन्तु सी.पी.सी. ने अपना अभिनन्दन सन्देश भेजा। इस सन्देश से स्पष्ट था कि सी.पी.सी. ने प्रत्यक्ष या अप्रत्यक्ष रूप से न तो सी.पी.आई. की कांग्रेस पर अपना प्रभाव डालने का प्रयास किया और न ही अपनी लाइन को छुपाने का प्रयास किया। कार्यक्रम के बुनियादी मुद्दों, राजनीतिक उद्देश्यों और संगठन की दृष्टि से सी.पी.आई. की विजयवाड़ा कांग्रेस सर्वाधिक अवसरवादी और व्यर्थ पार्टी कांग्रेस थी। विजयवाड़ा कांग्रेस के बाद, केन्द्रीय कार्यकारिणी और सेण्ट्रल सेक्रेटेरियट के चुनाव के लिए नेशनल कौंसिल की मीटिंग सम्पन्न हुई।

ख्रुश्चेव द्वारा, सी.पी.एस.यू. की 22वीं कांग्रेस को एक मंच की तरह प्रयोग कर अल्बानिया के नेतृत्व को उखाड़ फेंकने का आवाहन किया गया।

ख्रुश्चेव ने कामरेड स्तालिन के शव को मकबरे से बाहर निकालने और उनकी निन्दा करने का जघन्य अपराध दोहराया। परन्तु इस बार ख्रुश्चेव के इस कुकृत्य के खिलाफ, स्तालिन और अल्बानिया पर किये गये हमले के खिलाफ, सी.पी.आई. की कतारों में व्यापक प्रतिक्रिया हुई। आन्ध्र प्रदेश, केरल और पश्चिम बंगाल की राज्य कमेटियों ने मुखर होकर ख्रुश्चेव के इस कुकृत्य की निन्दा की।

1956 में सम्पन्न हुई सी.पी.एस.यू. की बीसवीं कांग्रेस में गद्दार ख्रुश्चेव द्वारा की गयी स्तालिन की निन्दा से पीड़ित सी.पी.आई. की कतारें अभी उलझन से उबर भी नहीं पाई थीं कि जैसा कि अजय घोष के पत्र से पता चलता है, सी.पी.आई. की व्यापक कतारों के दबाव के कारण सी.पी.आई. के प्रतिनिधिमंडल

ने सी.पी.एस.यू. को अपना प्रतिवाद प्रस्तुत किया। अजय घोष ने पत्र में लिखा : "यह तथ्यगत है कि हमारी पार्टी के अधिकांश सदस्य और कुछ अन्य लोग, आपके द्वारा कामरेड स्टालिन का शव मकबरे से निकालने के निर्णय से आहत हुए हैं। बहुत से कामरेडों ने इस बारे में अपनी संवेदनात्मक अभिव्यक्ति हमें भेजी है। हमारा प्रतिनिधिमंडल इस विषय में जो कुछ सोचता है, वह सी. पी.एस.यू. के समक्ष प्रस्तुत किया जा चुका है।" (*न्यू एज,* 10 दिसम्बर 1961)

इन विषयों पर सी.पी.सी. ने बहुत स्पष्ट शब्दों में सी.पी.एस.यू. की भर्त्सना की। (देखें–'दि ओरिजिन एंड डेवलपमेंट ऑफ डिफरेंसेज बिटविन दि लीडरशिप ऑफ सी.पी.एस.यू. एंड अवर सेल्वस–कमेंट्स आन दि ओपेन लेटर आफ दि सेण्ट्रल कमेटी ऑफ दि सी.पी.एस.यू.', *पेकिंग रिव्यू,* 13 सितम्बर 1963)

अजय घोष ने भारत-चीन सीमा की स्थिति पर, भारत सरकार की एकतरफा रिपोर्ट के आधार पर, 21 नवम्बर 1961 को चीन की सरकार की आलोचना की। उसने चीन से भारतीय सीमा पर अतिक्रमण रोकने और ऐसी घटना की पुनरावृत्ति न करने की माँग की। *पीपुल्स डेली* में प्रकाशित लेख के माध्यम से सी.पी.सी. ने नेहरू द्वारा भारत में चीन विरोधी उन्माद फैलाने से बाज आने और बाध्य होकर सी.पी.आई. को मुँहतोड़ जवाब देते हुए चीन विरोधी बक-बक न करने और भारत द्वारा सीमा पर उकसाने की कार्यवाही के प्रति आँखें बन्द रखने के प्रति चेतावनी दी और कहा कि इसी कारण सीमा पर फिर तनाव पैदा हुआ है। *पीपुल्स* डेली के लेख में कहा गया कि सी.पी.आई. का नेतृत्व "नेहरू का पिछलग्गू है और सच्चाई की जानकारी किये बगैर, सही और गलत की जाँच किये बगैर ही चीन विरोधी बयान जारी कर रहा है" (*पीपुल्स डेली,* 7 नवम्बर 1961)

तीसरे आम चुनाव में कांग्रेस को धक्का लगा सी.पी.आई. कांग्रेस पार्टी के कमजोर होने पर विलाप करती रही जबकि सी.पी.आई. ने स्वयं भी चुनाव में बहुत खराब प्रदर्शन किया था। चुनाव के मूल्यांकन पर सी.पी.आई. की नेशनल कौंसिल विभाजित थी। नेशनल कौंसिल का एक हिस्सा, गैर-कांग्रेसी दक्षिणपन्थी प्रतिक्रियावाद को हराने के लिए कांग्रेस के साथ संश्रय बनाने का पक्षधर था जबकि दूसरे हिस्से का विचार था चूँकि व्यापक जनता का असन्तोष कांग्रेस की दिवालिया नीतियों के खिलाफ है, इसलिए गैर-कांग्रेसी दक्षिणपन्थी शक्तियों के हमले, साम्प्रदायिकता और अलगाववाद का सामना, कांग्रेस को मजबूत करके नहीं किया जा सकता। एक बार फिर सी.पी.आई. नेतृत्व की अवसरवादी चालबाजी से चुनाव समीक्षा स्वीकृत हो गयी।

यही समय था जब जनवरी 1962 में सी.पी.आई. के वरिष्ठ कामरेड अजय घोष का निधन हो गया। जैसा ऊपर बताया जा चुका है, सी.पी.आई. में गम्भीर सैद्धान्तिक मतभेद मौजूद थे। अजय घोष के निधन से पार्टी में गम्भीर सांगठनिक संकट भी उत्पन्न हो गया।

अप्रैल 1960 में चीन के प्रधानमंत्री चाउ-एन-लाइ भारत आये। भारत के प्रधानमंत्री जवाहरलाल नेहरू से भेंट की और वार्ता के द्वारा यह निर्णय हुआ कि दोनों देशों की जाँच टीमें स्वतन्त्र रूप से सीमा पर जाँच कर अपनी-अपनी रिपोर्ट प्रस्तुत करेंगी और तब तक सीमा पर शान्ति कायम थी। अगस्त 1960 में सी.पी.आई. की नेशनल कौंसिल की मीटिंग हैदराबाद (आन्ध्र प्रदेश) में सम्पन्न हुई। इसी मीटिंग में नेहरू सरकार के ''शान्तिपूर्ण वार्ता के द्वारा सीमा विवाद को हल करने और देश की सुरक्षा के उपाय करने'' का समर्थन किया गया। भारत-चीन सीमा पर और विशेष रूप से पूर्वी सीमा पर भारत-चीन की सेनाओं में और झड़पें होने पर अक्टूबर 1960 में सी.पी.आई. की नेशनल कौंसिल की मीटिंग दिल्ली में हुई। इस मीटिंग में भारत द्वारा चीन की सीमा पर बाधा डालने के तथ्य को नजरअन्दाज किया गया और मिथ्याभिमान में कहा गया कि ''भारत सरकार की रिपोर्टें दर्शाती हैं चीन की सेनाओं ने मैकमाहन लाइन के दक्षिणी ओर सीमा उल्लंघन किया; हालाँकि चीन इससे इनकार करता है। सी. पी.आई. ने हमेशा मैकमाहन लाइन को सीमा माना है। इसलिए सीमा की रक्षा के लिए भारत द्वारा उठाए गये सभी कदम उचित हैं।'' पार्टी कतारों का एक अच्छा-खासा हिस्सा इस पर विश्वास नहीं करता था कि नेफा (एन.ई.एफ.ए.) में चीन ने मैकमाहन लाइन का अतिक्रमण किया है।

डांगे गुट ने सी.पी.आई. की सेक्रेटेरिएट को सम्मिलित करते हुए एक प्रस्ताव पेश किया, जिसमें चीन को मैकमाहन लाइन का अतिक्रमणकर्ता कहा गया, चीन से वापस जाने की माँग की गयी, नेहरू सरकार द्वारा अपनाये गये सुरक्षा उपायों का तथा डॉ. राधाकृष्णन द्वारा देश की रक्षा के लिए सभी राजनीतिक पार्टियों को एक होने की अपील का स्वागत किया गया। इस प्रस्ताव में डॉ. राधाकृष्णन की अपील और चीन द्वारा मैकमाहन लाइन के अतिक्रमण के आरोप से इनकार करने वाले अंश को संशोधित करके प्रस्ताव पारित हो गया। इसके बाद ही दल-त्यागी डांगे ने इस प्रस्ताव की अपनी व्याख्या करते हुए जनता के बीच बयान दिया कि देश की रक्षा में चीन को मैकमाहन लाइन के उत्तर में खदेड़ना भी शामिल है।

20 अक्टूबर 1962 को भारत और चीन के बीच युद्ध तीव्र हो गया, शासक

वर्ग ने सम्पूर्ण भारत में बुर्जुआ अन्धराष्ट्रवाद की हवा फैला दी। सी.पी.आई. का सम्पूर्ण नेतृत्व "भारत सरकार की सुरक्षा तैयारियों (!)" का समर्थन करने लगा। चीन को आक्रामक कहा, विश्वासघाती डांगे के साथ अधिकांश नेतृत्व ने नेहरू सरकार को बिना शर्त समर्थन दिया और चीन से 8 सितम्बर 1962 से पहले की (सीमा) स्थिति में वापस जाने की माँग की और भारत द्वारा "एकतरफा युद्ध विराम न करने" और "महाबली के सामने आत्मसमर्पण न करने" पर बल दिया। किसी भी देश से व्यापारिक आधार पर सैनिक मदद लेने का समर्थन किया। जब तक चीन 8 सितम्बर 1962 की पूर्व स्थिति तक वापस न जाए तब तक कोई वार्ता न की जाए। सी.पी.आई. नेतृत्व का अल्पमत वाला हिस्सा केवल पश्चिमी साम्राज्यवादी देशों से सैनिक सहायता लेने और वार्ता के लिए ऊपर लिखी शर्त रखने का विरोध करता था।

अक्टूबर-नवम्बर में सम्पन्न हुई नेशनल कौंसिल की बैठक में प्रस्ताव पारित किया गया, जिसका निम्न अंश केवल नेहरू को भेजा गया : "शान्तिप्रिय भारत के प्रति सोशलिस्ट चीन के व्यवहार ने 1960 की 81 पार्टियों की कॉन्फ्रेंस की समझ और कम्युनिस्ट जगत की सामान्य समझ का भी उल्लंघन कर दिया है। इसने शान्तिपूर्ण सहअस्तित्व और नव स्वतन्त्र देशों के प्रति, युद्ध और शान्ति के प्रश्न पर भी इस समझ का उल्लंघन किया है। सोशलिस्ट चीन भारत के प्रति अपने व्यवहार में विश्वशान्ति और साम्राज्यवाद विरोध की कीमत पर अपने संकीर्ण राष्ट्रवादी विचार का शिकार हुआ है।" इस प्रकार घोर विश्वासघाती डांगे गुट नेहरू सरकार का दुमछल्ला बन गया और संशोधनवादी ख्रुश्चेव को प्रसन्न किया।

इस प्रकार डांगे गुट को वर्चस्व प्राप्त हुआ और जो उससे मतभेद रखते थे, उनको जेल में बन्दी बना दिया गया। डांगे की इच्छा के अनुरूप पार्टी का सांगठनिक ढाँचा उसे मिल गया। डांगे गुट ने तत्कालीन गृहमंत्री गुलजारी लाल नन्दा के एजेण्ट के रूप में काम किया और उससे मतभेद रखने वाले सी.पी. आई. के सदस्यों की गुप्त रूप से सूची तैयार करने में सरकार की सहायता की इस प्रकार भारी संख्या में पार्टी कामरेड सरकार द्वारा बन्दी बना लिए गये। डांगे ने केन्द्रीय सेक्रेटेरिएट के 20 नवम्बर 1962 के एक पत्र के द्वारा, भारत सरकार के एजेण्ट की तरह बिरादराना पार्टियों को सहमत करने का प्रयास प्रारम्भ किया। डांगे ने अपने निर्णय का प्रचार करने के लिए शीघ्र ही मास्को तथा कुछ पूर्वी यूरोपीय देशों का दौरा किया।

भारत-चीन सीमा पर होने वाली घटनाओं और प्रगति से सोवियत रूस

को समय-समय पर अवगत कराया जाता था। 8 अक्टूबर 1962 को चीन सरकार के अधिकारी और चीन के एक नेता द्वारा पेकिंग में सोवियत रूस के राजदूत को चीन की सीमा पर भारत द्वारा आक्रमण की तैयारी के बारे में, सोवियत रूस में निर्मित हेलीकाप्टरों और मालवाहक हवाई जहाजों के भारत द्वारा सीमा पर प्रयोग के बारे में सूचित किया गया। इसके बाद 13-14 अक्टूबर को ख्रुश्चेव ने मास्को में चीन के राजदूत से कहा कि सोवियत रूस को प्राप्त सूचना के अनुसार भारत की युद्ध की तैयारी के समान ही चीन भी युद्ध की तैयारी कर रहा है। सोवियत यूनियन ने चीन के राजदूत को विश्वास दिलाया कि यदि भारत द्वारा चीन पर आक्रमण किया गया तो यह हमारी तटस्थता के साथ विश्वासघात होगा और चीन ने भी स्पष्ट कर दिया कि ऐसी स्थिति में चीन आत्मरक्षा की कार्यवाही करेगा।

जब भारत और चीन के बीच युद्ध छिड़ गया तो प्रारम्भ में सोवियत यूनियन तटस्थ रहा, परन्तु धीरे-धीरे उसने अपने स्टैंड में परिवर्तन किया और सी.पी.आई. नेतृत्व से सहमत हो गया। ख्रुश्चेव ने पहले जो कुछ कहा था, उससे बिल्कुल पलट गया और बातूनी ढंग से दिसम्बर 1962 को सुप्रीम सोवियत को सूचित किया कि "चीन और भारत के बीच विवादित क्षेत्र में जनसंख्या नगण्य है और मानव जीवन के लिए भी यह किसी महत्त्व का क्षेत्र नहीं है। सोवियत यूनियन सम्भवतः इस बात पर भरोसा नहीं कर सकता कि भारत-चीन के साथ युद्ध प्रारम्भ कर सकता है। वास्तव में यह बहुत अच्छा था कि चीन ने एकतरफा युद्ध विराम की घोषणा की और अपने सैनिकों को वापस बुला लिया। परन्तु क्या यह अधिक उचित नहीं होता कि चीन की सेना ने अपनी मूल सीमा रेखा से आगे प्रस्थान न किया होता?" (*पीपुल्स डेली,* 2 नवम्बर 1963)। सोवियत यूनियन ने भारत की प्रतिक्रियावादी सरकार को साज-सामान दिया और नैतिक समर्थन देना जारी रखा। अमेरिका की सैनिक सहायता के साथ-साथ सोवियत रूस की सैनिक सहायता का भारत में अम्बार लग गया और अमेरिका और भारत के बीच हवाई सैन्य अभ्यास का समझौता भी हो गया।

सी.पी.आई. की नेशनल कौंसिल और केन्द्रीय कार्यकारिणी की मीटिंगें फरवरी 1963 में नयी दिल्ली में सम्पन्न हुईं। इन बैठकों में प्रस्तुत किये गये तीन प्रस्तावों में से सुधार और संशोधन के बाद तैयार किये गये एक प्रस्ताव पर सहमति हुई। इस प्रस्ताव में सी.पी.आई. ने विश्व कम्युनिस्ट आन्दोलन में विभाजन के विषय पर बिना शर्त सोवियत संशोधनवाद का पक्ष लिया और सी.पी.सी. तथा अल्बानिया की लेबर पार्टी पर सभी आरोप मढ़ दिये। इसने

कहा कि "प्राथमिक रूप से चीन की कम्युनिस्ट पार्टी और अल्बानिया की लेबर पार्टी द्वारा सामान्य समझदारी" के उल्लंघन से विश्व कम्युनिस्ट आन्दोलन में मतभेद उत्पन्न हो गये हैं। यह मतभेद 1957 के मास्को डिक्लेरेशन और 1960 के मास्को स्टेटमेंट की समझ से उत्पन्न हुए हैं। इस प्रस्ताव के साथ सी.पी.आई. के अन्दर चल रहा दो लाइन का संघर्ष नयी ऊँचाइयों पर पहुँच गया। चीन द्वारा अग्रसित वैकल्पिक जनरल लाइन पर पूर्णतः अन्तःपार्टी बहस किये बगैर ही नेशनल कौंसिल ने सोवियत रूस की जनरल लाइन को स्वीकार कर लिया।

पीपुल्स डेली ने 9 मार्च 1963 को और पीकिंग रिव्यू ने 15 मार्च 1963 को 'व्हाट काइंड ऑफ स्टफ इज नेहरूज मच एडवरटाइड सोशलिज्म' शीर्षक से लेख प्रकाशित किया। इस लेख में डांगेवादियों द्वारा भारत में जनता को नेहरू के पीछे बिना शर्त समर्थन करने के विचार का भंडाफोड़ किया गया। इस लेख में कहा गया कि "नेहरू का सोशलिज्म किसलिए है, इसकी व्याख्या किये बगैर ही वे (डांगेवादी) भारतीय कम्युनिस्टों और भारतीय जनता से नेहरू की सोशलिज्म की नीति पर विश्वास करने को और उसे बिना शर्त समर्थन करने को कहते हैं। इस प्रकार वे प्रतिक्रियावादी बुर्जुआ द्वारा सर्वहारा को समाप्त करने के प्रयासों में सहायता करते हैं और मजदूरों के आन्दोलन के साथ सर्वहारा के सोशलिज्म के स्थान पर बुर्जुआ के 'सोशलिज्म' को स्थापित करने का प्रयास करते हैं।" डांगे ने इस लेख के विपरीत अपनी सफाई में 90 पेज का दस्तावेज़ ही लिख डाला, परन्तु अपनी रक्षा में उसका इस प्रकार गिड़गिड़ाना व्यर्थ ही साबित हुआ।

भारत-चीन युद्ध के थोड़े ही समय बाद, अन्तर्राष्ट्रीय महत्त्व की ऐतिहासिक घटना घटित हुई, जो विश्व को विश्वयुद्ध की तबाही के किनारे तक घसीट ले गयी। यह घटना कैरेबियन संकट के नाम से जानी जाती है। 22 अक्टूबर 1962 को अमेरिका के प्रेसिडेंट जान एफ. कनेडी ने सोवियत रूस के मिसाइल वाहक जलपोतों को सोवियत बेस में वापस जाने का अल्टीमेटम दे दिया और लौट जाने को बाध्य कर दिया। सोवियत रूस ने अपनी ताकत दिखाने का प्रयास किया, परन्तु उसे लज्जाजनक रूप से पीछे हटना पड़ा। चीन द्वारा इसे क्यूबा के मिसाइल संकट के साथ विश्वासघात कहा गया। सी. पी. आई. ने सोवियत यूनियन का पक्ष लिया और इसे रूस द्वारा विश्व शान्ति के लिए सही तरीके से संकट का हल निकालना कहा और शान्तिपूर्ण सहअस्तित्व की नीति का पक्ष-पोषण किया।

जब यू.एस.ए. की कम्युनिस्ट पार्टी ने सी.पी.एस.यू. द्वारा कैरेबियन संकट

को दक्षतापूर्वक हल करने की प्रशंसा की और सी.पी.सी. के स्टैंड पर आक्रमण किया तब बहुत सतर्कता के साथ चीन और सोवियत रूस का सीमा-विवाद सामने आने लगा।

यू.एस.ए. की कम्युनिस्ट पार्टी ने चीन के कामरेडों को फुसलाते हुए कहा कि वे ताइवान, हांगकांग और मकाओ के बारे में कोई उत्साही नीति पर अमल नहीं कर रहे हैं, जबकि वह दूसरों के मामलों में ऐसे विषय पर वकालत करते हैं।

वे ऐसा दोहरा मापदंड क्यों अपनाते हैं? ऐसा प्रतीत हुआ कि उस समय यू.एस.ए. की कम्युनिस्ट पार्टी, सी.पी.एस.यू. की प्रवक्ता हो गयी है। चीन ने *पीपुल्स डेली* में 3 मार्च 1963 को एक लेख के माध्यम से इसका उत्तर दिया। उसने रूसी जारों के समय से रूस और चीन के बीच हुए समझौतों की याद दिलाते हुए जारों द्वारा चीन की विशाल सीमा के पास रूस द्वारा दबा ली गयी भूमि की भी याद दिलाई। उसने कहा कि चीन इन सारे समझौतों के दस्तावेज़ पुनः खोलेगा और प्रत्येक की अन्तर्वस्तु के अनुसार उनको "मान्यता प्रदान करेगा, रद्द करेगा, संशोधित करेगा और पुनः समझौता करेगा।" सोवियत यूनियन इस सच्चाई के प्रति पहले से ही चौकन्ना था और इसलिए उसने चीन के खिलाफ भारत को सर्वोत्तम मोहरा समझा और परिणामस्वरूप भारत में सोवियत सैनिक सहायता का प्रचुर भंडार हो गया। सोवियत रूस द्वारा भारत की सहायता से सी.पी.आई. के अन्दर डांगे गुट को प्रोत्साहन मिला और भारत-चीन सीमा विवाद में उसने राष्ट्र की रक्षा के नाम पर नेहरू सरकार का समर्थन किया।

रूस और चीन के बीच राजनीतिक, सैद्धान्तिक और सैनिक सभी मोर्चों पर दिन-प्रतिदिन होने वाली गिरावट को ध्यान में रखते हुए (यहाँ तक कि रूस-चीन सीमा पर 1962 में पाँच हजार घटनाएँ हुईं) सी.पी.एस.यू. को सी.पी.आई. के डांगे गुट की बड़ी आवश्यकता थी, क्योंकि वह डांगे गुट के माध्यम से सी. पी. आई. में चीन के प्रभाव को समाप्त करना चाहता था। परन्तु सी. पी. आई. में अपना गुट बनाना सी. पी. सी. की न तो कोई नीति थी और न ही यह उसका स्वार्थ था। उसके विपरीत सी. पी. एस. यू. के आधुनिक संशोधनवादी नेतृत्व ने ऐसा किया।

सी. पी. आई. द्वारा अपनी कतारों व सदस्यों के बीच सी. पी. एस. यू. द्वारा प्रकाशित 14 जुलाई 1963 का खुला पत्र वितरित किया गया था। सी. पी. सी. का 14 जून 1963 का पत्र जिसमें सी. पी. सी. ने सही जनरल लाइन का वर्णन किया था, उसे सी. पी. आई. ने अपनी कतारों से छुपा लिया। इस पत्र में सी. पी. एस. यू. की गलत लाइन तथा दूसरी कम्युनिस्ट पार्टियों पर

इसके प्रभुत्व का भंडाफोड़ किया गया था। सी. पी. एस. यू. के खुले पत्र में, भारत का भी नाम उन देशों की सूची में था, जहाँ सी. पी. सी. तथाकथित रूप से "पार्टी विरोधी गद्दारों के गुटों को संगठित और समर्थन प्रदान कर रही थी।" इस 'खुले पत्र' का वर्णन भारत में अपना अधिक प्रभाव नहीं डाल सका परन्तु इस पत्र से सी. पी. एस. यू. की गलत मंशा का तो पता चलता है। इसके बाद सी. पी. आई. ने पार्टी में विघ्न-बाधा उत्पन्न कर रहे 'गद्दारों' को निकाल बाहर करने का आवाहन कर दिया, हालाँकि अभी तक तमाम मतभेदों के बावजूद सी.पी.आई ने किसी को 'गद्दार' घोषित नहीं किया था। *न्यू एज* 21 जुलाई 1963 में 'खुले पत्र' (ओपेन लेटर) के पुनरुत्पादन के रूप में "मतभिन्नता रखने वालों" के स्थान पर 'गद्दार' शब्द का प्रयोग होने लगा परन्तु अभी तक प्रभावशाली संशोधनवादी गुट द्वारा किसी को भी सी. पी. आई. से निष्काषित नहीं किया गया था।

सी.पी.आई. का नेतृत्वकारी संशोधनवादी गुट पूर्ण रूप से नेहरू सरकार का पिछलग्गू हो गया था और इसने इस सीमा तक बुर्जुआ राष्ट्रवाद के समक्ष समर्पण कर दिया था कि इसके प्रभुत्ववाली केन्द्रीय कार्यकारिणी ने वह सब भी कह डाला जो नेहरू सरकार कहने का साहस नहीं कर सकी थी। चीन द्वारा अपनी रक्षा में 20 अक्टूबर 1962 को की गयी सफल कार्यवाही को सी. पी. आई. ने असम के चाय बागानों और तेल भंडारों पर कुदृष्टि कहा और अपनी मीटिंग (22 नवम्बर–1 दिसम्बर 1962) में चीन के एकतरफा युद्ध विराम को (जिसकी घोषणा चीन ने 21 नवम्बर 1962 को की थी) 'विश्वासघाती' और 'दुष्टतापूर्ण' कहा जबकि सम्पूर्ण शान्तिप्रिय विश्व ने चीन की इस कार्यवाही का स्वागत और प्रशंसा की। चीन ने नेफा (एन. ई. एफ. ए.) से पूर्णतः अपनी सेना को वापस बुला कर यह प्रमाणित किया कि भारतीय सीमा में रहना उसका उद्देश्य नहीं है। सी.पी.आई. की केन्द्रीय कार्यकारिणी का कोलम्बो प्रपोजल (कोलम्बो प्रस्ताव) पर कोई स्वतन्त्र विचार नहीं था और वह केवल नेहरू सरकार के वक्तव्य की प्रतीक्षा कर रही थी और सी.पी.आई. ने नेहरू द्वारा चीन के सामने सम्पूर्ण प्रस्तावों को स्वीकार करने की माँग को ही दोहराया।

सी.पी.आई. का डांगे गुट पूर्णरूप से नेहरू सरकार का पिछलग्गू और वर्ग सहयोगी हो गया था। इसने मजदूरों के साथ विश्वासघात किया और बुर्जुआ के समक्ष दीन-हीन होकर आत्मसमर्पण किया। इस सम्बन्ध में यहाँ कुछ घटनाओं का उल्लेख करना उचित होगा।

डांगे ने आल इंडिया ट्रेड यूनियन कांग्रेस के जनरल सेक्रेटरी होते हुए,

यूनियन की कमेटी से विचार-विमर्श किये बगैर ही, ट्रेड यूनियनों की ओर से औद्योगिक युद्ध विराम के प्रति वचनबद्धता स्वीकार की। वह चाहता था कि मजदूर हड़तालों को दीर्घकाल के लिए स्थगित कर दें। जब कभी भी मालिकों ने यूनियनों के साथ हुए समझौतों को तोड़ा, या मुद्रास्फीति के खिलाफ या वास्तविक मजदूरी में वृद्धि आदि के लिए मजदूरों/कर्मचारियों ने हड़ताल करना चाहा तो डांगे ने उनको हतोत्साहित किया। परन्तु डांगे की इस गतिविधि के बावजूद हड़तालें हुईं। जब नेहरू सरकार ने गोवा बन्दरगाह के मजदूरों से हड़ताल वापस लेने को कहा तो उसे जरा भी संकोच नहीं हुआ। हालाँकि उसकी बात का मजदूरों पर कोई असर नहीं हुआ और हड़ताल जारी रही। यद्यपि आल इंडिया ट्रेड यूनियन कांग्रेस (ए.आई.टी.यू.सी.) के नेतृत्व ने टेक्सटाइल मजदूरों की किसी भी हड़ताल का समर्थन नहीं किया, इसके बावजूद कोयम्बटूर की टेक्सटाइल मिलों में तीन माह में बीस हड़तालें हुई। निरन्तर मूल्यवृद्धि के खिलाफ जब सोशलिस्टों के नेतृत्ववाली हिन्द मजदूर सभा (एच. एम. एस.) ने बम्बई में मजदूरों की आम हड़ताल का आवाहन किया तो उस समय भी डांगे इस हड़ताल को स्थगित करवाना चाहता था। नेहरू सरकार के प्रति डांगे की चाटुकारिता का यह एक और प्रमाण है। जब उसकी हड़ताल स्थगन की सलाह धराशायी हो गयी तो अपनी बदनामी से बचने के लिए अन्तिम समय उसने ए.आई.टी.यू.सी. द्वारा हड़ताल के समर्थन की घोषणा की। यह आश्चर्यजनक नहीं है कि इस अवधि में कांग्रेस के नेतृत्व वाली इंडियन नेशनल ट्रेड यूनियन कांग्रेस (आई.एन.टी.यू.सी.) ने सी.पी.आई. के नेतृत्व वाली ए.आई.टी.यू.सी. से अधिक हड़तालों को नेतृत्व प्रदान किया।

सी.पी.आई. नेतृत्व के डांगेवादियों ने उत्तर प्रदेश में 25 प्रतिशत लैंडलेवी में वृद्धि का समर्थन किया, जबकि कांग्रेस पार्टी के कुछ सदस्यों ने भी शोषण की इस कार्यवाही का विरोध किया था। उसके अतिरिक्त डांगे केन्द्र और राज्य की कांग्रेस सरकारों द्वारा वार्षिक बजट में जनता के ऊपर लगाये गये रु. 250 करोड़ के अतिरिक्त करों के बोझ का भी विरोध नहीं करना चाहता था।

डांगे गुट की आपराधिक गतिविधियों का अनुमान इस बात से लगाया जा सकता है कि जो लोग उसकी राजनीतिक लाइन के समर्थक नहीं थे, उनको ब्लैक मेल करने के लिए उन पर 'चीन समर्थक' होने का लेबिल लगाया गया और ऐसे पार्टी सदस्यों के नाम सरकारी तंत्र तक पहुँचाए गये। डांगे, जवाहरलाल नेहरू द्वारा अन्धराष्ट्रवाद के विषवमन का शिकार हुआ और इस प्रकार उसके कुकृत्यों से अनेक कामरेड नेहरू और उसकी सरकार के भयानक काले कानूनों

और दमनकारी मशीनरी का शिकार बने और लम्बी अवधि तक भारत सरकार की जेलों में बन्द रहे। सी.पी.आई. द्वारा डांगे के नेतृत्व में उन कामरेडों को जेल से रिहा कराने और इमरजेंसी को समाप्त कराने का कोई प्रयास नहीं हुआ। इमरजेंसी के कारण नेहरू सरकार को निरंकुशतापूर्वक, बन्दूक के बल पर शासन करने का अधिकार प्राप्त हो गया था। कम्युनिस्ट बंदियों की रिहाई के लिए पार्टी पत्रिका में एक पैराग्राफ प्रकाशित होना था, परन्तु सम्पादक मण्डल में बहुमत के विरोध के कारण यह पैरा प्रकाशित नहीं हो सका। डांगे के नेतृत्व में सी.पी.आई. ने नेहरू सरकार का सभी मोर्चों पर, सभी कार्यवाहियों का संसद के अन्दर और बाहर समर्थन किया।

डांगे गुट ने जनता के बीच अपनी छवि बनाये रखने के लिए 13 सितम्बर 1963 को विशाल संसद मार्च आयोजित किया और नेहरू सरकार के समक्ष माँग पत्र पेश किया, परन्तु इस माँगपत्र में अपनी ही पार्टी के बंदियों की रिहाई की माँग नहीं उठाई गयी। डांगे ने भारत के मजदूर वर्ग द्वारा ली जा रही अखिल भारतीय हड़ताल और 'भारतबन्द' ऐसी पहलकदमियों का विरोध किया और इस प्रकार नेहरू सरकार के हाथ मजबूत करने का काम किया।

डांगे ने राजनीतिक और सांगठनिक रूप से पार्टी के अन्दर भी विघटनकारी भूमिका निभाई। जो कामरेड उसकी संशोधनवादी लाइन के समक्ष नतमस्तक नहीं हुए, उनके खिलाफ 'कठोर कार्यवाही' करने का निर्देश दिया, पार्टी ने तमाम सदस्यों पर छिपे हुए 'चीन समर्थक' होने तथा गलत विचारधारा से प्रेरित होने का आरोप लगाया। उसने पार्टी के कई कामरेडों पर 'देश विरोधी' होने का आरोप लगाकर सरकार द्वारा उनकी गिरफ्तारी में सहायता की।

नेशनल कौंसिल के कुछ सदस्यों के जेल चले जाने से कौंसिल में डांगे गुट का वर्चस्व हो गया। इसलिए जून-जुलाई 1963 में सम्पन्न हुई नेशनल कौंसिल की मीटिंग में डांगे द्वारा अपने राजनीतिक प्रस्तावों को पारित कराना आसान हो गया। कौंसिल में प्रस्तुत राजनीतिक मसविदा प्रकाशित नहीं होना था, परन्तु यह तत्कालीन गृहमंत्री (केन्द्र सरकार) गुलजारी लाल नन्दा के पास पहुँच गया। गुलजारी लाल नन्दा ने अपनी स्थिति मजबूत करने के लिए संसद सत्र में कम्युनिस्टों को गिरफ्तार करने और राजनीतिक रूप से किनारे लगाने का प्रस्ताव पेश किया।

सी.पी.आई. के अन्दर तथाकथित 'वाम' नेतृत्व ने भी, चीन द्वारा विश्व कम्युनिस्ट आन्दोलन के लिए प्रतिपादित सामान्य रूप से सही लाइन को स्वीकार नहीं किया। ये कामरेड विश्व कम्युनिस्ट आन्दोलन में मौजूद दोनों धाराओं (रूस

और चीन) से राजनीतिक और सैद्धान्तिक रूप से समान दूरी बनाये रखने के पक्षधर थे। ये लोग सही और गलत लाइन के बीच फर्क नहीं कर पा रहे थे। इन्होंने नेहरू सरकार द्वारा 'देश की रक्षा' के लिए अपनाई गयी अन्धराष्ट्रवादी नीति का समर्थन किया, भारत-चीन युद्ध में जिन सैनिकों ने "मातृभूमि की रक्षा के लिए अपने प्राण दिये" उनको श्रद्धांजलि दी और जनता की जनवादी सत्ता स्थापित करने के लिए राष्ट्रीय जनवादी मोर्चे की अवधारणा को स्वीकार किया। इन कामरेडों ने भारत के प्रधानमन्त्री द्वारा देश की रक्षा के उपायों सहित सीमा विवाद में शान्तिपूर्ण हल के लिए किये गये प्रयासों और नीतियों का समर्थन किया। इन लोगों ने स्वीकार किया कि "भारत सरकार द्वारा मैकमाहन लाइन के दक्षिण किये जा रहे सुरक्षा के उपाय सही हैं। चीन की सेना नेफा (एन.ई.एफ.ए.) और लद्दाख दोनों स्थानों पर उत्तर की ओर आगे बढ़ रही है, इसलिए इसे रोकने में हम सरकार के सभी कार्यों में उसके साथ हैं।"

सी.पी.आई. की नेशनल कौंसिल में डांगे गुट ने पहले ही बहुमत स्थापित कर लिया था। पार्टी कांग्रेस के दस्तावेज़ की तैयारी समिति में छलकपट के द्वारा उसने अपनी पसन्द के लोगों को लगा दिया। परन्तु पार्टी का तथाकथित वाम हिस्सा अभी भी पार्टी एकता का राग अलापता रहा।

सी.पी.आई. के संशोधनवादी नेतृत्व द्वारा नेहरू सरकार के सैनिक बजट, साम्राज्यवादी सैनिक सहायता का स्वागत व समर्थन तथा मजदूरों के आन्दोलन के साथ विश्वासघात करने से उनका चेहरा धीरे-धीरे बेनकाब होने लगा। जैसे-जैसे संशोधनवादी डांगे का चेहरा बेनकाब होने लगा वैसे-वैसे सी.पी.आई. की कतारों व सदस्यों का विरोध भी खुलकर सामने आने लगा, भारतीय कम्युनिस्टों को स्पष्ट नजर आने लगा कि डांगे एंड कम्पनी भारतीय कम्युनिस्ट पार्टी और भारत राष्ट्र के लिए अभिशाप है। पार्टी कतारों ने कम्युनिस्टों की शानदार परम्परा को पुनःस्थापित करने के लिए संघर्ष प्रारम्भ कर दिया। यही संघर्षशील कतारें भारतीय सर्वहारा की सच्ची प्रतिनिधि और भारतीय जनता की आशा थी। सी.पी.सी. द्वारा डांगे को फटकार लगाते हुए दिया गया जवाब या सी.पी.एस.यू. द्वारा किया गया उसका खंडन तोड़-मरोड़कर पेश किया गया और इनको सामान्य रूप से विश्व कम्युनिस्ट आन्दोलन में और खास कर सी.पी.आई. के लिए विघटनकारी कार्यवाही कहा गया। वास्तव में सी.पी.एस.यू. ने अपनी संशोधनवादी लाइन के पक्ष में 'बहुमत' बनाने के लिए छल-कपटपूर्ण अभियान संचालित किया और जो कम्युनिस्ट पार्टी उससे सहमत नहीं हुई, वहाँ गुट निर्मित करने का प्रयास किया। सी.पी.एस.यू. विशेष रूप से सी.पी.आई. को अपने खेमे में शामिल करने

पर आमादा थी और विरोधी नेतृत्व को निकाल फेंकना चाहती थी। परन्तु पार्टी में अभी भी सच्चे मार्क्सवादी-लेनिनवादी मौजूद थे।

पार्टी में जो लोग संशोधनवादी लाइन का विरोध कर रहे थे, उन पर पार्टी कतारों की तरफ से डांगे एंड कम्पनी के खिलाफ संघर्ष चलाने का दबाव पड़ रहा था, परन्तु यह लोग खुद किसी एकताबद्ध अवधारणा और कार्यवाही के बारे में स्पष्ट नहीं थे। यह कामरेड अभी भी औपचारिकताओं में फँसे रहे जबकि व्यावहारिक रूप में दो समानान्तर ग्रुप अलग-अलग कार्यरत थे।

ऐसे ही समय *'दि करेंट'* अखबार ने समाचार छापा कि कानपुर कांस्पिरेसी केस का बन्दी रहते हुए डांगे ने 1924 में तत्कालीन भारत में ब्रिटिश वायसराय को पत्र लिखा, माफी माँगी और क्षमा करने के बदले अपनी सेवाएँ देने का वचन दिया। डांगे ने इस पत्र को जाली और साजिशाना योजना का हिस्सा कहा। इसी आधार पर सेण्ट्रल सेक्रेटेरियट ने इस आरोप को अस्वीकार कर दिया और इसे गुटबाजी की कार्यवाही कहा।

सी.पी.आई. डांगे गुट, और पार्टी विभाजन

सी.पी.एस.यू. द्वारा विश्व कम्युनिस्ट आन्दोलन में विभाजन की अन्तिम मुठभेड़ के बारे में सी.पी.आई. को पहले से ही जानकारी थी और इससे प्रोत्साहित होकर डांगे गुट ने सी.पी.आई. के अन्दर भी विघटन के संकट को और बढ़ाने का कार्य किया। " 'विघटनकारी ग्रुपों' दिग्भ्रमित विचारधारा के गद्दार, ट्राटिस्कीवादी, दुस्साहसवादी और मार्क्सवादी-लेनिनवादी पार्टियों के खिलाफ पीकिंग की गुटबाजी पूर्ण लड़ाई के गन्दे कचरे को धक्का देकर बाहर निकालो। इनमें अधिकांश नैतिक रूप से भ्रष्ट लोग हैं।" (पार्टी लाइफ नं. 11 पार्ट-1 में 'अगेंस्ट दि स्प्लिटर फार यूनिटी इन दि कम्युनिस्ट मूवमेंट *न्यू एज* के 5 जुलाई 1964 अंक में पुनः प्रकाशित)। सी.पी.एस.यू. ने बड़ी तत्परता के साथ यह विचार व्यक्त किया कि यदि सी.पी.आई. में तथाकथित 'वाम' को और अधिक पैर फैलाने का अवसर दिया गया तो इसका भय है कि डांगेवादी पूरी सी.पी.आई. से अपना प्रभाव खो देंगे। यह याद रखना चाहिए कि डांगे के प्रभुत्ववाली नेशनल कौंसिल ने 10 अपैल 1964 को नेशनल कौंसिल के 32 सदस्यों को निलंबित कर दिया।

पार्टी एकता बनाये रखने के लिए नेशनल कौंसिल के 32 निष्कासित सदस्यों के प्रतिनिधियों और सेण्ट्रल सेक्रेटेरियट के सदस्यों के बीच एक मीटिंग हुई, परन्तु सिद्धान्तहीन एकता के लिए किया गया यह प्रयास भी दयनीय रूप से असफल रहा।

एक सप्ताह बाद इन 32 निष्कासित नेशनल कौंसिल सदस्यों ने तेनाली में कम्युनिस्टों की एक अखिल भारतीय कॉन्फ्रेंस आयोजित की। इसे कम्युनिस्ट पार्टी ऑफ इंडिया का कन्वेंशन कहा गया। चूँकि इस तथाकथित 'वाम' नेतृत्व के प्रति तमाम पार्टी कतारों में एक भ्रम था इसलिए तेनाली कन्वेंशन में बहुसंख्यक पार्टी कतारों ने भागीदारी की। परन्तु तेनाली कन्वेंशन के प्रारम्भ से ही यह हिस्सा अन्तर्राष्ट्रीय कम्युनिस्ट आन्दोलन में चल रहे दो लाइन के संघर्ष में तटस्थ रहना चाहता था। डांगे गुट ने अपने को सी.पी.आई. कहा और नये गुट को सी.पी.आई. (मार्क्सवादी) कहा जाने लगा। इस सी.पी.आई. (एम) की सातवीं कांग्रेस अक्टूबर-नवम्बर 1964 में कलकत्ता (कोलकाता) में सम्पन्न हुई और डांगे गुट सी.पी.आई. की कांग्रेस दिसम्बर 1964 में बाम्बे (मुम्बई) में सम्पन्न हुई। डांगे और सी.पी.आई. ने अन्तर्राष्ट्रीय कम्युनिस्ट आन्दोलन में सी.पी.एस.यू. के प्रति अपनी प्रतिबद्धता स्थापित की। कम्युनिस्ट पार्टी आफ इंडिया (मार्क्सवादी) (सी.पी.आई.एम.) में अपने कार्यक्रम और कार्यनीतिक लाइन (टैक्टिकल लाइन) के दस्तावेज़ में संशोधनवादी लाइन की आलोचना तो की परन्तु विश्व कम्युनिस्ट आन्दोलन में सी.पी.सी. द्वारा स्थापित सही लाइन का समर्थन नहीं किया। पार्टी की व्यापक कतारें सी.पी.सी. द्वारा प्रतिपादित जनरल लाइन के सही होने के प्रति आश्वस्त थी, जबकि अवसरवादी नेतृत्व हिचक रहा था। सी.पी.आई. (एम) को व्यर्थ में ही संशोधनवाद के खिलाफ संघर्ष करने का सम्मान प्राप्त हुआ। वास्तव में यह सब डांगे गुट और भारत सरकार द्वारा सी.पी.आई. (एम) के कामरेडों को 'चीन समर्थक' चिन्हित करने और अन्धराष्ट्रवाद की चाल का परिणाम था। हमने पहले भी चर्चा की है कि सी.पी.आई. की 1961 में सम्पन्न हुई विजयवाड़ा पार्टी कांग्रेस में सी.पी.एस.यू. के प्रतिनिधि एम. शुसलोव ने सी.पी.आई. को नेतृत्वकारी कतारों में सी.पी.सी. के प्रभाव को चिन्हित करते हुए कहा था कि "तुम्हारी पार्टी में चीन का प्रभाव काफी है।" सी.पी.एस.यू. के प्रतिनिधि ने ऐसा केवल उनके संरक्षण में चल रहे डांगे गुट का विरोध देख कर ही कहा था। उस समय सी.पी.आई. का आन्तरिक संघर्ष विश्व कम्युनिस्ट आन्दोलन में दो लाइन के संघर्ष की देन नहीं था। उस समय का संघर्ष रूस-चीन के बीच संघर्ष को प्रतिबिम्बित नहीं करता था।

सी.पी.आई. और सी.पी.आई.(एम) दोनों ने अपने-अपने कार्यक्रम के दस्तावेज़ में लिखा है कि अर्द्ध-औपनिवेशिक और अर्द्धसामन्ती भारतीय व्यवस्था के शान्तिपूर्ण तरीके से समाजवाद में संक्रमण में दृढ़ विश्वास करते हैं और भारत के संसदीय लोकतंत्र को सच्चा लोकतंत्र मानते हैं। हालाँकि सी.पी.आई. (एम)

के नेताओं ने क्रान्तिकारी आवरण ओढ़ रखा है, फिर भी उनकी रणनीति और कार्यनीति का निर्धारण इसी बुनियादी सैद्धान्तिक प्रस्थापना से होता है। सी. पी. आई. (एम) के नेतृत्वकारी कामरेडों में एक हिस्सा ऐसा भी था जो भारत के बड़े बुर्जुआ की प्रगतिशील भूमिका को भी स्वीकार करता था। सी.पी.आई. और सी.पी.आई. (एम) के बीच सैद्धान्तिक रूप से मतभेद, कांग्रेस सरकार के चरित्र निर्धारण और राष्ट्रीय जनवादी व्यवस्था की स्थापना के प्रश्न पर था। सी. पी. आई. का विचार था कि भारत में नेशनल डेमोक्रेसी, बुर्जुआ डेमोक्रेसी के माध्यम से आएगी जबकि सी. पी. आई. (एम) का विचार था कि भारत में यह *पीपुल्स* डेमोक्रेसी के माध्यम से आएगी। हालाँकि दोनों पार्टियों ने नेशनल डेमोक्रेसी की अवधारणा को स्वीकार किया और 81 पार्टियों की कॉन्फ्रेंस के मास्को स्टेटमेंट को अपना आधार बनाया।

तत्कालीन भारत सरकार के गृहमन्त्री गुलजारी लाल नन्दा ने, इमरजेंसी के कठोर कानूनों के द्वारा एक झपट्टा मारा और तमाम सच्चे क्रान्तिकारियों सहित सी.पी.आई. (एम) के समस्त नेतृत्व को जेलों में बन्दी बना दिया। पूरे देश में करीब नौ सौ कार्यकर्ता और नेतृत्वकारी कामरेड जेलों में ठूँस दिये गये। भारतीय संसद में 12 मार्च 1965 को गृहमन्त्री गुलजारी लाल नन्दा ने सी. पी.आई. (एम) के कामरेड के पीकिंग से प्रेरित होकर भारत में चीन समर्थक, देश विरोधी दस्तावेज़ पारित करने उसका प्रचार करने, चीन को आक्रामक न कहने, और चीन द्वारा बिना शर्त वार्ता करने के विचार को प्रचारित न करने और अन्तर्राष्ट्रीय कम्युनिस्ट आन्दोलन में 'नयी दिशा' को न मानने और इस प्रकार देश के प्रति विश्वासघात करने का आरोप लगाया। सी.पी.आई. (एम) के इस 'क्रान्तिकारी' चेहरे के पीछे की किसी अति महत्त्वपूर्ण बात को समझने के लिए 1966 में जेल में बन्द सी.पी.आई. (एम) के लीडर एम. वासुपुन्नैया ने गृहमन्त्री की बात का उत्तर देते हुए कहा, "इस नये मूल्यांकन के आधार पर ही हम लोगों ने अपने पार्टी कार्यक्रम में, पूँजीवाद से समाजवाद में शान्तिपूर्ण संक्रमण की नयी अवधारणा को लागू किया है। इस अवधारणा का सूत्रीकरण और आमतौर से शासक वर्गों द्वारा जारी हिंसा के खिलाफ सामान्य चेतावनी जो कि डांगे द्वारा अपने कार्यक्रम में प्रस्तुत की गयी है, दोनों मौजूद हैं। तब इस 'नयी दिशा' और कुछ अन्य बातों का विरोध करने का प्रश्न कहाँ उठता है? यह सरासर झूठी निन्दा है।" (एम. वासुपुन्नैया 'रिप्लाइ टु नन्दा', *पीपुल्स* डेमोक्रेसी 30 जनवरी, 1966) इस पर कोई भी टिप्पणी करना व्यर्थ है।

दोनों पार्टियों के अपने-अपने कार्यक्रम की स्थिति 1961 की विजयवाड़ा

कांग्रेस से पूर्व की स्थिति जैसी ही थी। सी.पी.आई. 15 अगस्त 1947 को स्वतन्त्रता का दिवस ''सिर्फ भारत की जनता के लिए नहीं बल्कि समस्त मानवता के लिए ऐतिहासिक महत्त्व का दिन'' मानती है तो सी.पी.आई. (एम) इसे कांग्रेस-मुसलिम लीग और ब्रिटिश के बीच सत्ता-हस्तान्तरण की औपचारिकता और 'समझौते' का दिन मानती है।

सी. पी. आई.; साम्राज्यवाद पर बढ़ती निर्भरता के साथ अर्थव्यवस्था को गतिरुद्ध नहीं बल्कि इसे ''राजनीतिक स्वतन्त्रता का सुदृढ़ीकरण और आर्थिक पुनरुत्पादन में एक और अगला कदम'' मानती है, जबकि सी. पी. आई. (एम) मानती है कि भारतीय अर्थव्यवस्था भारतीय और विदेशी शोषक पूँजीपतियों की सेवक है और भारतीय पूँजीवाद की प्लानिंग बिल्कुल असफल है।

सी.पी.आई. का विचार है कि भारत सरकार का चरित्र ''सम्पूर्ण रूप से राष्ट्रीय बुर्जुआ वर्ग के वर्गीय शासन का है'' जबकि सी. पी. आई. (एम) इसे बुर्जुआ और सामन्ती वर्गों का वर्गीय शासन मानती है, जिसका नेतृत्व बड़ा बुर्जुआ वर्ग करता है।

सी. पी. आई. भारत सरकार की विदेश नीति को कुछ अस्थायी आत्मसमर्पण और भूलों के साथ मुख्य रूप से उपनिवेशवाद विरोधी, शान्ति और गुट-निरपेक्षता की नीति मानती है और स्पष्ट रूप से सी. पी. सी. को भारत-चीन सीमा पर आक्रामक मानती है, जबकि सी. पी. आई. (एम) भारत की विदेश नीति को ''अमेरिकी साम्राज्यवाद की नव-औपनिवेशिक और आक्रामक'' नीति की समर्थक और ''शान्ति, जनवाद, स्वतन्त्रता और समाजवाद की शक्तिशाली धारा'' को अलगाव में डालनेवाली मानती है।

सी. पी. आई. (एम) का नव-संशोधनवाद

1964 की कलकत्ता (कोलकाता) कांग्रेस में ''विश्व कम्युनिस्ट आन्दोलन की सही लाइन पर कुछ पोलित ब्यूरो सदस्यों की मतभिन्नता के कारण सी. पी. आई. (एम) द्वारा स्पष्ट सैद्धान्तिक परिप्रेक्ष्य और आधार का वायदा पूरा नहीं हो सका।'' ताजा अन्तर्राष्ट्रीय परिवर्तन के समय जब जून 1966 में केन्द्रीय कमेटी की मीटिंग तेनाली में सम्पन्न हुई तब भी पार्टी सैद्धान्तिक लाइन को ग्रहण करने में असफल रही और चौथे आम चुनाव को बहाना बनाकर इस विषय को स्थगित कर दिया हालाँकि पोलित ब्यूरो ने, केन्द्रीय कमेटी की पहली मीटिंग में आधे मन से इस विषय पर थोड़ी बहस संचालित की थी। इस बहस के साथ ही सैद्धान्तिक विषय और ''कुछ बिरादराना पार्टियों द्वारा भारतीय परिस्थितियों

पर व्यक्त किये गये विभिन्न विचारों पर सी.पी.आई. में विराम लग गया।'' इसके बाद केन्द्रीय कमेटी ने अपने कार्यक्रम के सही होने पर जोर दिया और पार्टी कार्यक्रम से भिन्नता रखने वाले सभी विचारों को अस्वीकार करने का निर्देश राज्य कमेटियों को जारी किया।

अब केन्द्रीय कमेटी पूर्णतः चौथे आम चुनाव की तैयारी में लग गयी, और चुनावी संघर्ष के द्वारा सत्ता प्राप्ति के प्रयासों में सी. पी. आई. (एम) ने सी. पी. आई. के साथ भी चुनावी समझौते और संयुक्त कार्यवाही सम्पन्न की। इस प्रक्रिया में सी. पी. आई. (एम) ने अपने सम्पूर्ण व्यवहार में सी. पी. आई. के साथ सारतः कोई खास सैद्धान्तिक फर्क नहीं रखा। केवल कांग्रेस सरकार के चरित्र-विश्लेषण पर ही उनका अन्तर बना रहा। 'चुनावों' में इसकी तुलनात्मक विजय और विशेष रूप से आठ राज्यों में कांग्रेसी शासन को उखाड़ फेंकने से, अप्रैल 1967 में सम्पन्न केन्द्रीय कमेटी की समीक्षा मीटिंग में चुनावों के आशावाद में सी. पी. आई. (एम) ने अपने कार्यक्रम को अजेय घोषित किया। केरल और बंगाल में वाम मोर्चा के नेतृत्व में सरकार गठित हो जाने के बाद सी. पी. आई. (एम) सरकार चलाने और प्रशासन की मशीनी कार्यवाही में लग गयी। अपने शासन को किसी भी कीमत पर बचाने के लिए लुका-छिपी तरीके से केन्द्र की कांग्रेस सरकार के साथ सम्पर्क साधे रखा। सी. पी. आई. (एम) जिन प्रान्तों में सत्ता में थी, वहीं पर नहीं बल्कि जहाँ वह संकट में भी थी, वहाँ पर भी उसने वर्ग संघर्ष को स्थगित कर दिया। सी. पी. आई. (एम) की केन्द्रीय कमेटी को विश्वास था कि ''हमारी पार्टी यह अनुभव करती है और इसे अति महत्त्वपूर्ण समझती है कि पार्टी का भविष्य बहुत कुछ इस पर निर्भर करता है कि केरल और पश्चिम बंगाल की सरकारों को हम कितनी योग्यतापूर्वक चला सकते हैं।''

सी. पी. आई. (एम) का 'नयी परिस्थिति और पार्टी के कार्यभार' दस्तावेज़ स्पष्ट रूप से दर्शाता है कि वर्ग संघर्ष को शवगृह में रख दिया गया और चुनाव के द्वारा केन्द्र में गैर-कांग्रेसी सरकार के गठन की आशा की जा रही है। इस प्रकार वर्ग संघर्ष से की गयी छुट्टी को इस दावेदारी से समझा जा सकता है, ''चूँकि सम्पूर्ण पार्टी का भविष्य इन दो राज्यों में मंत्रिमंडलों के संचालन और इसमें हमारी पार्टी की भूमिका पर निर्भर है, इसलिए देश-भर में पूरी पार्टी को इन दो गैर-कांग्रेसी सरकारों द्वारा स्वीकृत कार्यक्रमों का समर्थन करने पर गोलबन्द करना चाहिए और यह ध्यान देना चाहिए कि इनको पूरी निष्ठा से लागू किया जाए।''

जब यह समझ लिया गया कि केन्द्र में सत्ता प्राप्ति गैर संसदीय तरीके के

बजाय संसदीय तरीके से प्राप्त की जा सकती है और संसदवाद के विवेक को तथा शार्टकट को समझ लिया गया तो वर्ग संघर्ष को अन्तिम नमस्कार करने की बात सी. पी. आई. (एम) के दस्तावेज़ से समझी जा सकती है। दस्तावेज़ में कहा गया, "गैर-कांग्रेसी सरकारों के साथ, विभिन्न विधान सभाओं, संसद और राज्यों में विभिन्न जनवादी पार्टियों और ग्रुपों तथा जनता के बीच की जनवादी शक्तियों का संघर्ष ही जनवादी शक्तियों द्वारा प्राप्त एकता को सुदृढ़ और विस्तारित कर सकता है और केन्द्र में गैर-कांग्रेसी जनवादी सरकार की स्थापना के नारे के परिप्रेक्ष्य को जनता की अनुभूति तक पहुँचा सकता है।"

संसदवाद के दलदल में पूरी तरह से धँसी हुई सी. पी. आई. (एम) केरल और बंगाल में सत्ता में फरवरी 1967 में संयुक्त मोर्चा सरकार गठन कर चुकी थी और अन्य तीन राज्यों की गैर-कांग्रेसी सरकारों का समर्थन कर रही थी। जब सी. पी. आई. (एम) ने सी. पी. आई. के डांगे गुट का पर्दाफाश किया था और सी. पी. आई. (एम) के रूप में इसका उभार हुआ था तब से सी. पी. आई. (एम) के बारे में अस्पष्ट सच्ची क्रान्तिकारी कतारें भी इसके साथ चल रही थीं। परन्तु उन्होंने अब सी. पी. आई. (एम) को मात्र एक नव-संशोधनवादी पार्टी के रूप में काम करते देखा जिसमें पार्टी की शानदार परम्परा के कामरेड भी काम कर रहे थे। सी. पी. आई. (एम), के "नयी परिस्थिति और पार्टी के कार्य" नव संशोधनवादी कार्यक्रम का देश-भर की सच्ची क्रान्तिकारी कतारों ने विरोध किया। पश्चिम बंगाल, केरल, पंजाब, उत्तर प्रदेश और आन्ध्र प्रदेश के कामरेडों ने विशेष रूप से इसका विरोध किया। सी. पी. आई. (एम) के नेतृत्व पर "डांगेवादी कतारों ने भी हमला किया, परन्तु डांगे ने नहीं।" जेल में बन्द होते हुए सी.पी.आई. (एम) के नेतृत्व ने सैद्धान्तिक प्रश्नों पर गम्भीर बहस की थी और सैद्धान्तिक विषय पर एक अवसरवादी मध्यमार्गी लाइन के पक्ष में दृढ़ स्टैंड लिया था। एक पालिट ब्यूरो सदस्य जो जेल से पेरोल पर रिहा होकर अपने इलाज के लिए रूस गये थे। उन्होंने रूस के कामरेडों के साथ विचार-विमर्श करके भारत के कामरेडों को पत्र द्वारा राष्ट्रीय और अन्तर्राष्ट्रीय विषयों पर अपना विचार प्रस्तुत किया। यह पत्र प्रेस को लीक कर दिया गया। पोलित ब्यूरो ने भारत-पाकिस्तान युद्ध के समय जेल के अन्दर और बाहर चीन विरोधी अभियान चलाया, परिणामस्वरूप पार्टी के अन्दर गम्भीर संघर्ष शुरू हो गया। एक-दूसरे पोलित ब्यूरो सदस्य ने जी. एल. नन्दा (गृहमन्त्री) को लिखा कि शान्तिपूर्ण संक्रमण के प्रश्न पर पार्टी का कार्यक्रम सी.पी.आई. से भिन्न नहीं है। केन्द्रीय कमेटी ने मदुरई ड्राफ्ट को ही वितरित किया और कोई भी वैकल्पिक दस्तावेज़ वितरित करने से

मना कर दिया और जो लोग पार्टी की स्वीकृत लाइन का विरोध कर रहे थे, उनके खिलाफ पार्टी के मुखपत्रों का जमकर प्रयोग हुआ।

28 जनवरी 1965 और अप्रैल 1967 के बीच कामरेड चारु मजूमदार ने विवादास्पद 'आठ दस्तावेज़' लिखे। इन दस्तावेज़ों ने 1958 से संशोधनवाद के खिलाफ चल रहे संघर्ष में सहायता प्रदान की (देखें परिशिष्ट XVII)। पश्चिम बंगाल के कुछ कामरेड सी.पी.आई. (एम) के नव-संशोधनवाद के खिलाफ संघर्ष संचालित कर रहे थे, परिणामस्वरूप 1967 में नक्सलबाड़ी के किसानों का संघर्ष प्रारम्भ हुआ, जिसे व्यापक रूप से 'नक्सलबाड़ी विद्रोह' का नाम दिया गया। इस किसान विद्रोह के बाद सी. पी. आई. (एम) का वास्तविक स्वरूप सामने आ गया और वर्ग संघर्ष के प्रति उसकी समझौतावादी नीति स्पष्ट हो गयी। परन्तु नक्सलबाड़ी के किसानों का संघर्ष अपने चरम स्वरूप में सामने था। सी. पी. आई. (एम) इसे शान्तिपूर्ण संसदीय मार्ग से हल करना चाहती थी और इसने सर छुपा कर केन्द्र सरकार के साथ यथासम्भव समझौता किया। नक्सलबाड़ी का किसान विद्रोह इसकी परीक्षा थी कि सी. पी. आई. (एम) किसानों के मुक्ति संघर्ष में विश्वास करती है या नहीं।

केरल और पश्चिम बंगाल की संयुक्त-मोर्चा सरकारों के प्रति भारतीय क्रान्तिकारियों का मूल्यांकन, सी. पी. सी. के मूल्यांकन के समान ही था। भारतीय क्रान्तिकारियों का मूल्यांकन था कि भारत सरकार द्वारा केरल और पश्चिम बंगाल की संयुक्त मोर्चा सरकारों का इस्तेमाल आसन्न क्रान्ति का मुकाबला करने के लिए किया जा रहा है। केरल और पश्चिम बंगाल की सरकारें भी भारत के बड़े बुर्जुआ और सामन्तों की राज्य मशीनरी का हिस्सा है और जब तक यह सरकारें केन्द्र सरकार के अधीन रहेंगी तब तक उनकी यही स्थिति रहेगी। जब तक यह स्थिति रहेगी तब तक कोई महत्त्वपूर्ण पुनर्निर्माण नहीं हो सकता और कम्प्राडोर बुर्जुआ और सामन्ती उत्पादन सम्बन्धों में कोई भी परिवर्तन सम्भव नहीं है। क्रान्तिकारियों ने इस बात पर भी जोर दिया कि केन्द्र सरकार कभी भी संयुक्त मोर्चों की राज्य सरकार को गिरा सकती है, जैसे उसने 1959 में केरल में सी.पी.आई. की नेतृत्व वाली सरकार को गिरा दिया था। भारतीय क्रान्तिकारियों ने रंग-बिरंगे सभी प्रकार के संशोधनवाद से संघर्ष करते हुए भारत के लिए क्रान्तिकारी लाइन को समझा। उन्होंने सार रूप में यह समझा कि जनता की जनवादी क्रान्ति द्वारा राजनीतिक सत्ता पर हिंसक माध्यम से कब्जा किये बगैर और पुरानी राज्य मशीनरी को ध्वस्त किये बगैर भारत की सामाजिक व्यवस्था में कोई भी परिवर्तन नहीं हो सकता और न ही कोई

वास्तविक सामाजिक क्रान्ति हो सकती है। 11 मई 1967 को पीकिंग रेडियो द्वारा उद्घोषणा की गयी कि "भारतीय क्रान्ति के खिलाफ डांगे गुट का कोई भी कुचक्र और विश्वासघात, हर प्रकार से असफल ही होगा" और 24 फरवरी 1967 को *'पीकिंग रिव्यू'* ने भी ऐसा ही विचार व्यक्त किया।

10 जून 1967 को *पीपुल्स डेली* में प्रकाशित लेख को संदर्भित कर पीकिंग रेडियो ने बार-बार जनता की जनवादी क्रान्ति के मार्ग की व्याख्या की उद्घोषणा की। उसने कहा कि मार्क्सवाद-लेनिनवाद, माओ विचारधारा का सही प्रतिपादन "भारत में वसन्त का वज्रनाद है।" चीनी क्रान्ति की ही तरह भारतीय क्रान्ति का महत्त्वपूर्ण पहलू प्रतिक्रान्तिकारी हिंसा का मुकाबला क्रान्तिकारी हिंसा से करना है। चूँकि क्रान्तिकारी शक्तियाँ अस्थायी रूप से प्रतिक्रियावादी शक्तियों से कमजोर हैं, इसलिए क्रान्तिकारियों को 'जनयुद्ध' की सभी रणनीतियों को लचीले तरीके से लागू करना चाहिए और दीर्घकालीन जनयुद्ध संचालित करना चाहिए। नक्सलबाड़ी के किसानों का मुक्ति संघर्ष ऐसे ही दसियों लाख किसानों के संघर्ष का पूर्वाभास कराता है।

8 सितम्बर 1967 को *पीकिंग रिव्यू* में प्रकाशित एक लेख में सी.पी.आई. और नव संशोधनवादी सी. पी. आई. (एम) द्वारा भारतीय क्रान्ति के विरुद्ध किये गये अपराधों की विश्लेषणात्मक व्याख्या प्रस्तुत की गयी। सी. पी. आई. द्वारा 1946 से 1951 तक चले महान तेलंगाना संघर्ष के साथ विश्वासघात किया गया था और अब सी.पी.आई. (एम) का नेतृत्व नक्सलबाड़ी किसान विद्रोह के साथ विश्वासघात करने को तैयार खड़ा था और केरल की सी.पी.आई. (एम) की संयुक्त मोर्चा सरकार से और "केन्द्र सरकार के फासिस्ट शासन" से भी यही अपेक्षा कर रही थी। यह बिल्कुल स्पष्ट था कि सी. पी. आई. (एम) के नेतृत्ववाली संयुक्त मोर्चा सरकार भी सामन्तों और बड़े नौकरशाह बुर्जुआ के हित में कार्यरत सरकारी मशीनरी का ही एक हिस्सा थी।

सी. पी. आई. (एम) में दो लाइन का संघर्ष

सी. पी. आई. (एम) अभी भी विश्व कम्युनिस्ट आन्दोलन में विवाद के विषय पर निर्णय नहीं कर सकी थी। परन्तु उसने अपने कार्यक्रम में 'नयी परिस्थिति और पार्टी के कार्य' शीर्षक दस्तावेज़ के द्वारा नव-संशोधनवादी लाइन को लागू कर दिया था। यह दस्तावेज़ विश्व कम्युनिस्ट आन्दोलन में मार्क्सवाद-लेनिनवाद के बुनियादी सूत्रीकरण से बहुत भिन्न था।

सी. पी. आई. (एम) की अधिकृत पार्टी लाइन, भारतीय बुर्जुआ वर्ग को

अमेरिकी नेतृत्व वाले साम्राज्यवाद और सामाजिक साम्राज्यवाद पर निर्भर और परोपजीवी वर्ग नहीं मानती और यह भी नहीं मानती कि भारत में इसका नेतृत्व भारत का कम्प्राडोर नौकरशाह बुर्जुआ कर रहा है तथा कांग्रेस सरकार इस वर्ग का सबसे शक्तिशाली हथियार है। पार्टी की केन्द्रीय कमेटी ने भ्रान्तिपूर्ण विचारों को प्रस्तुत किया कि भारत में नौकरशाह पूँजीवाद है, परन्तु यह भारत की प्रधान चारित्रिक विशेषता नहीं है। इसका विचार है कि भारत के बड़े बुर्जुआ वर्ग की भूमिका चीन के स्वतन्त्रता-पूर्व कम्प्राडोर नौकरशाह बुर्जुआ वर्ग से भिन्न है। सी. पी. आई. (एम) की अधिकृत लाइन, पार्टी कार्यक्रम में लिए गये इस स्टैंड पर दृढ़ है कि भारत सरकार एक बुर्जुआ सामन्ती सरकार है, जिसका नेतृत्व विदेशी एकाधिकार पूँजीवाद से संश्रयकारी भारत का बड़ा बुर्जुआ वर्ग कर रहा है।

साम्राज्यवाद के खिलाफ संघर्ष में संशोधनवादी नेतृत्ववाली पार्टियों और राज्यों के साथ कार्यवाही की एकता को निरर्थक कहने वाले सिद्धान्त को, सी. पी. आई. (एम) की अधिकृत लाइन ने अस्वीकार कर दिया और सबसे घृणित शत्रु साम्राज्यवाद को अलगाव में डालने के लिए यथासम्भव सभी आवश्यक शक्तियों के साथ एकता के सिद्धान्त का पक्ष-पोषण किया।

वास्तव में सी.पी.आई. (एम) के "इस सिद्धान्त को मार्क्सवादी-लेनिनवादियों और संशोधनवादियों के बीच एकता बनानेवाला सिद्धान्त कहना (सीपीसी का स्टैंड) और इसके आधार पर इसे अस्वीकार करना वास्तव में संशोधनवादियों को अलगाव में डालने के बजाय उस राज्य और वहाँ की जनता को संशोधनवादी बनाने के समतुल्य है।"

सोवियत यूनियन, विश्व स्तर पर सत्ता प्रभुत्व में अपना स्थान बनाने के लिए निरन्तर अमेरिकी साम्राज्यवाद के साथ गुत्थम-गुत्थी कर रहा है, सी. पी. आई. (एम) की अधिकृत लाइन ने इसे 'पूर्णतः भ्रामक' कहकर अस्वीकार किया और कहा कि इस प्रकार की समझ सोवियत रूस को सोशलिस्ट कैम्प से बाहर कर देगी।

सी. पी. आई. (एम) की अधिकृत लाइन ने नेहरू सरकार की घरेलू और विदेश नीति की प्रशंसा करने की भ्रामक समझदारी पैदा की। रूस द्वारा भारत को दी जाने वाली सहायता के बारे में सी. पी. आई. (एम) अपने नव-संशोधनवादी विश्लेषण पर अड़ी रही। इसके बाद भारतीय परिस्थिति में 'गहराते आर्थिक संकट' का सही मूल्यांकन न करने की भूल की। "यह राजनीतिक संकट का आरेम्भिक चरण" था, हालाँकि यह कोई क्रान्तिकारी संकट या कोई परिपक्व क्रान्तिकारी परिस्थिति नहीं थी।

सी. पी. आई. (एम) के राजनीतिक, सैद्धान्तिक, कार्यनीतिक और कार्यक्रम सम्बन्धी समझ में नव-संशोधनवाद इतनी गहराई तक फैल गया था कि युद्ध और शान्ति, शान्तिपूर्ण सहअस्तित्व, शान्तिपूर्ण प्रतिस्पर्द्धा, स्टालिन, जनता की पार्टी और सम्पूर्ण जनता का राज्य, कम्युनिस्ट पार्टियों की स्वतन्त्रता (चाहे वह बड़ी हो या छोटी) इन विषयों पर उसके लिए सही स्टैंड का कोई मतलब नहीं था बल्कि वह नव-संशोधनवादी स्टैंड से सहमत थी।

सी. पी. आई. (एम) द्वारा अप्रैल 1968 में बर्दवान (पं. बंगाल) में आयोजित प्लेनम में ऊपर वर्णित विषयों पर आधारित मसविदा दस्तावेज़ ही बहस का विषय था। परिणामस्वरूप केन्द्रीय कमेटी में दो लाइन का संघर्ष शुरू हो गया।

पार्टी की अधिकृत लाइन के विरोध में खड़ी दूसरी लाइन का आधार अन्तर्राष्ट्रीय कम्युनिस्ट आन्दोलन, भारतीय क्रान्ति के सम्बन्धित सामान्य विषय और सैद्धान्तिक मसले पर सी. पी. सी. द्वारा प्रस्तावित सामान्य लाइन थी। इस लाइन के समर्थक कामरेडों का मत था कि पार्टी की अधिकृत लाइन सोवियत संशोधनवादी नेतृत्व के न तो वर्ग आधार को देख रही है और न ही उसके विश्वासघाती चरित्र को समझने का प्रयास कर रही है, जिसके कारण विश्व कम्युनिस्ट आन्दोलन कमजोर हो रहा था और समाजवादी खेमा, देशों के मुक्ति आन्दोलन और विश्व का मजदूर वर्ग आन्दोलन कमजोर और विघटित हो रहा था।

दूसरी लाइन के समर्थक पार्टी की अधिकृत लाइन के विरोध में इसलिए थे कि वह देख रहे थे कि सोवियत संशोधनवादी नेतृत्व समाजवाद को नष्ट करने और पूँजीवाद को पुनर्स्थापित करने, सोवियत समाजवादी राज्य को साधारण पूँजीवादी राज्य में बदलने और सोवियत कम्युनिस्ट पार्टी को साधारण बुर्जुआ पार्टी में परिवर्तित करने का प्रयास कर रहा है। सोवियत नेतृत्व अब विशेषाधिकार और सुविधाओं के साथ नयी पूँजीवादी शक्तियों का प्रतिनिधित्व करने वाला गिरोह मात्र रह गया था।

दूसरी लाइन सोवियत नेतृत्व को अमेरिकी साम्राज्यवाद के साथ साँठ-गाँठ कर विश्व स्तर पर प्रभुत्व कायम करने में प्रयत्नशील और परिणामस्वरूप समाजवादी व्यवस्था, समाजवादी खेमे और विश्व कम्युनिस्ट आन्दोलन का विरोधी मानती थी।

दूसरी लाइन के समर्थकों का मानना था कि अधिकृत लाइन यह समझने से इनकार कर रही है कि इस नये युग में राष्ट्रीय मुक्ति आन्दोलन की निर्णायक भूमिका है और इसकी विजय के लिए जनयुद्ध ही एकमात्र युद्ध का रूप है। उसने सोवियत नेतृत्व द्वारा राष्ट्रीय मुक्ति आन्दोलनों और मार्क्सवादी-लेनिनवादी कतारों में छल-कपट द्वारा घुसने और विघटन करने के उद्देश्य से प्रस्तावित

'कॉमन प्रोग्राम', 'कॉमन यूनिटी', 'यूनिटी फार ऐक्शन' के नारों को सी. पी. सी. द्वारा अस्वीकार करने का समर्थन किया।

सी.पी.आई.(एम) की अधिकृत लाइन का मत था कि राज्य में कम्प्राडोर बुर्जुआ की भूमिका बहुत कम है, औद्योगिक बुर्जुआ शक्तिशाली होकर उभरा है और राज्य तथा सरकार में वह प्रभावशाली है। पार्टी की अधिकृत लाइन का मानना था कि भारत के बड़े व्यापारी वर्ग को साम्राज्यवाद विरोध के लिए अभी सशक्त होना है। यह धीरे-धीरे साम्राज्यवाद के प्रभाव में जा रहा है। यह अभी भी साम्राज्यवाद की गोद में नहीं चला गया है। दूसरी लाइन ने इस सूत्रीकरण को अस्वीकार कर दिया।

पार्टी कार्यक्रम में यह जोड़ने पर कि भारत को प्राप्त सोवियत सहायता इसके आर्थिक संकट को समाप्त करेगी, भारतीय बुर्जुआ को साम्राज्यवाद विरोध के लिए शक्ति प्रदान करेगी। नये मुक्त हुए देशों को गैर-पूँजीवादी मार्ग पर चलने में सोवियत सहायता सहायक होगी। दूसरी लाइन के समर्थक कामरेडों ने इसका विरोध किया, इसे अस्वीकार किया और कहा कि सोवियत सहायता से विकसित तथाकथित सार्वजनिक क्षेत्र एकाधिकारी पूँजीपति के विकास में सहयोगी होगा, इसके द्वारा सोवियत संशोधनवादी गुट उन देशों में अपना प्रभाव क्षेत्र विकसित करेगा।

दूसरी लाइन के पक्षधर कामरेडों ने सी. पी. आई. (एम) की संसदीय समझौतावादी, संशोधनवादी लाइन का भंडाफोड़ किया और वर्ग संघर्ष को दबा कर रखने का विरोध किया। सी. पी. आई. (एम) को चाहे जितना अवसरवादी ढंग से बुर्जुआ वर्ग और संशोधनवादियों से समझौता करना पड़े, उसका यह कार्यक्रम उसे सत्ता में बनाये रखने के लिए था।

दूसरी लाइन के समर्थक कामरेडों ने निश्चित रूप से राजनीतिक, सैद्धान्तिक और सांगठनिक तैयारी की भूमिका के साथ सशस्त्र संघर्ष और जन युद्ध की लाइन पर जोर दिया, जिसके बारे में देश के अन्य प्रान्तों से विशेष रूप से पश्चिम बंगाल से आये कामरेडों को पूर्वापेक्षा थी। दूसरी लाइन के समर्थक कामरेडों ने दृढ़ता से यह विचार प्रस्तुत किया कि विश्व की जनता (सोवियत रूस की जनता सहित) और सोवियत संशोधनवाद के बीच अन्तर्विरोध शत्रुतापूर्ण है, इसलिए सी.पी.ए.यू. और सी.पी.सी. के बीच एकता सम्भव नहीं है।

नक्सलबाड़ी और उसके बाद : मई 1967 में नक्सलबाड़ी का महान किसान विद्रोह फूट पड़ा और इसकी चिनगारी पूरे देश में फैल गयी। प्रतिक्रियावादी दमन से पीड़ित श्रीकाकुलम की जनता उबल रही थी, और उन्नत स्तर का वर्ग

संघर्ष अब किसानों के मुक्ति संघर्ष के रूप में विकसित हो रहा था। शान्तिपूर्ण संसदीय मार्ग को निर्धारित करने वाले सी. पी. आई. (एम) के नेतृत्व के पास श्रीकाकुलम की इस स्थिति का कोई उत्तर नहीं था और आन्ध्र प्रदेश में चल रहे इसी प्रकार के अन्य संघर्षों के लिए भी उसके पास कोई उत्तर नहीं था।

सी. पी. आई. (एम) के बर्दवान प्लेनम में पार्टी की अधिकृत लाइन पारित हुई और दूसरी लाइन बहुमत से अस्वीकार हो गयी। इस समय तक आल इंडिया कोआर्डीनेशन कमेटी ऑफ कम्युनिस्ट रिवोल्यूशनरीज (एआईसीसीसीआर) अस्तित्व में आ चुकी थी।

भारतीय किसानों का मुक्ति संघर्ष देश के कोने-कोने में प्रारम्भ हो गया था। भारत के क्रान्तिकारियों ने, क्रान्तिकारी विचारधारा से लैस एक क्रान्तिकारी पार्टी के गठन की आवश्यकता को महसूस किया। 22 अप्रैल 1969 को सी. पी. आई.(एम-एल) पार्टी का गठन हुआ। आठवीं पार्टी कांग्रेस ने सामान्य रूप से सही दिशा वाला एक कार्यक्रम प्रस्तुत किया।

सैद्धान्तिक और राजनीतिक रूप से सही एक क्रान्तिकारी लाइन आसमान से नहीं टपकती या दूसरी चीजों की ही तरह स्वतःस्फूर्त ढंग से उत्पन्न और विकसित नहीं होती। इसकी उत्पत्ति और विकास अन्तर्विरोध के सार्वभौम नियम से नियंत्रित होता है। अन्तःपार्टी संघर्ष के रूप में क्रियाशील अन्तर्विरोध भी और कुछ नहीं, केवल समाज में चल रहे वर्ग संघर्ष का ही प्रतिबिम्ब है। यही कारण है कि पार्टी के अन्दर निरन्तर दो लाइन का संघर्ष चलता रहता है, जबकि कुछ लोग 'दक्षिण' या 'वाम' पोजीशन लेते रहते हैं। इसमें कुछ भी भयभीत करनेवाला या आश्चर्यजनक नहीं है। सर्वाधिक महत्त्वपूर्ण प्रश्न यह है कि हम सही तरीके से इसे कैसे समझें और इसका हल निकालें।

देश और विदेश का ऐतिहासिक अनुभव हमें यह शिक्षा देता है कि राजनीतिक और वैचारिक रूप से सही या गलत लाइन ही प्रत्येक चीज का निर्धारण करती है। यदि पार्टी लाइन सही है तो क्रान्तिकारी संघर्ष आगे बढ़ता जाता है। यदि पार्टी लाइन गलत है तो क्रान्तिकारी संघर्ष को धक्का लगता है, उसे नुकसान उठाना पड़ता है। कोई भी सिद्धान्त यहाँ तक कि वर्तमान युग का मार्क्सवाद-लेनिनवाद, माओ विचारधारा भी यदि वस्तुगत सच्चाई के साथ मेल नहीं खाती तो यह निष्प्रभावी हो जाएगी। इसलिए हमें वस्तुगत सच्चाई का अध्ययन करना होगा।

जिस प्रकार वर्ग संघर्ष समाज के विकास को गति प्रदान करता है, उसी प्रकार दो लाइन का संघर्ष पार्टी के विकास और अग्रगति को प्रेरित करता है।

प्रशान्ति विकास का नियम नहीं है, शुद्धता आभासी है और निरपेक्ष शुद्धता के बारे में विश्व भी नहीं जानता। इसी प्रकार शुद्ध पार्टी मात्र एक कालदोष है।

सारतः : दो लाइन का संघर्ष वास्तविकता है, यह दो विश्व दृष्टिकोण का संघर्ष है। यह द्वन्द्ववादी विश्व दृष्टिकोण और अधिभूतवादी वर्ग दृष्टिकोण के बीच संघर्ष है। अधिभूतवादी दृष्टिकोण पर अमल करने वाले की नियति दक्षिण या वाम अवसरवादी व्यवहार की ही है।

अन्तर्राष्ट्रीय कम्युनिस्ट आन्दोलन अपने उद्भव काल से ही दो लाइन के भीषण संघर्ष और विभिन्न प्रकार की जटिलताओं का सामना करता रहा है। करीब पचास वर्षों तक प्रूदो, लासाल, बकुनिन और डयूरिंग की अवसरवादी लाइन के खिलाफ संघर्ष करते हुए मार्क्स और एंगेल्स आगे बढ़ सके, अन्तर्राष्ट्रीय मजदूर आन्दोलन में मार्क्सवाद का प्रचार-प्रसार कर सके और सर्वहारा की राजनीतिक पार्टी को स्थापित और विकसित कर सके। लेनिन ने आजीवन अविचल रूप से बर्नस्टीन, काउत्सकी, ट्राटस्कीवादियों, और बुखारिनवादियों के खिलाफ समझौताहीन संघर्ष संचालित किया, और इस प्रकार बोल्शेविक पार्टी को सुदृढ़ और समृद्ध कर सके और विश्व के छठे भाग (रूस) में समाजवादी सत्ता की स्थापना कर सके। स्टालिन ने आजीवन अवसरवाद के खिलाफ संघर्ष करते हुए विश्व के प्रथम समाजवादी देश की सत्ता को सुदृढ़ किया।

चीन की कम्युनिस्ट पार्टी ने अपने आरंभिक समय से ही माओ-त्से-तुंग के नेतृत्व में चेनतु-शू, वांग-मिंग, लिलीशान, ल्यूश्याओ ची और लिन प्याओ आदि के खिलाफ बड़े-बड़े दो लाइन के संघर्ष संचालित किये।

भारतीय कम्युनिस्ट आन्दोलन में भी दीर्घ काल से दो लाइन का संघर्ष चल रहा है। यह दो लाइन का संघर्ष सर्वाधिक बुनियादी और निर्णायक विषयों पर है; अर्थात् क्या भारतीय क्रान्ति मार्क्सवाद-लेनिनवाद की सार्वभौमिक सच्चाई के मार्ग पर कदम रखेगी, अर्थात् सशस्त्र बल द्वारा सत्ता पर कब्जा करने के मार्ग पर चलेगी या अधिभूतवादी, अवसरवादी और छल-कपट के मार्ग अर्थात् समझौता और शान्तिपूर्ण आत्मसमर्पण के मार्ग पर चलेगी।

भारतीय कम्युनिस्ट आन्दोलन में इस दो लाइन के संघर्ष में पार्टी नेतृत्व की ओर से समय-समय पर किये गये प्रति-क्रान्तिकारी आक्रमण का सामना क्रान्तिकारी कतारों को करना पड़ता और मार्क्सवादी-लेनिनवादी विश्व दृष्टिकोण की रक्षा के लिए आघात सहना पड़ता था। भारत की कम्युनिस्ट कतारों द्वारा स्पष्ट और ठोस मार्क्सवादी परिप्रेक्ष्य, मार्क्सवादी-लेनिनवादी व्यवहार, रुख और पद्धति पर गम्भीरता से अमल के लिए खोज की, दो लाइन के संघर्ष के अनुभव

से शिक्षा ली, और इस प्रकार छद्म और सही मार्क्सवाद लेनिनवाद के बीच फर्क कर सके, और कभी-कभी प्रतिक्रान्तिकारी लाइन का भंडाफोड़ कर सके, परन्तु इसे उखाड़ नहीं सके और आम तौर पर यह कतारें छद्म मार्क्सवादी नेतृत्व की कपट चाल का शिकार होती रही। राजनीतिक रूप से धोखेबाज, कपटी और नोचू-खसोटू नेतृत्व प्रारम्भ से ही पार्टी में घुस गया, नेतृत्व पर कब्जा कर लिया, पार्टी पर शासन किया, कार्यकर्त्ताओं, क्रान्तिकारी जनता को क्रान्तिकारी लफ्फाजी और छल-कपट से धोखा दिया।

ऊपर वर्णित भारतीय कम्युनिस्ट आन्दोलन के इतिहास ने हमें स्पष्ट रूप से सिखाया है कि यह दुरंगी नीति वाले अपने संसदीय, शान्तिपूर्ण संक्रमण के अवसरवादी मार्ग, धोखाधड़ी और विश्वासघात के द्वारा शासकों के साथ सत्ता में भागीदारी करते हैं, किसानों के सशस्त्र संघर्ष और मजदूरों के जुझारू संघर्षों का दमन करते हैं। अपने गुट के द्वारा दुरभिसन्धि करते हैं, भारतीय क्रान्ति के साथ विश्वासघात करते हैं और पार्टी को एक फिसलन भरे खतरनाक मार्ग पर धकेल देते हैं।

यदि सार रूप में भारतीय कम्युनिस्ट आन्दोलन के बारे में कहा जाए तो सी. पी. आई. की स्थापना और निर्माण में कुत्सित लोगों का होना, पार्टी स्थापना के बीस वर्ष बाद प्रथम पार्टी कांग्रेस होना, कृषि प्रधान देश में असामान्य विलम्ब से किसान संगठन (किसान सभा) का गठन, डांगे द्वारा जेल से ब्रिटिश सरकार को पत्र लिख कर माफी माँगना और बदले में अपनी सेवाएँ देने का प्रस्ताव भेजना। औपनिवेशिक काल (1936-1946 के बीच) में चुनावों में सी. पी. आई. को वस्तुतः कांग्रेस का पिछलग्गू बना देना, दूसरे विश्वयुद्ध काल में सी. पी. आई. को ब्रिटिश हुकूमत का पिछलग्गू बनाना, 1945-47 के बीच देश में आम उथल-पुथल के समय मुसलिम लीग और कांग्रेसी एकता के साम्राज्यवादी नारे का प्रचार करना। कैबिनेट मिशन के लीडरों को गैर-मार्क्सवादी, अवसरवादी ज्ञापन पेश करना (देखें, परिशिष्ट VIII), तेलंगाना किसान विद्रोहियों और संशस्त्र संघर्ष का आत्मसमर्पण करना। दल-त्यागी बी. टी. रणदिवे द्वारा माओ-त्से-तुंग को संशोधनवादी कहना, अमृतसर कांग्रेस की शान्तिपूर्ण संक्रमण की थीसिस को स्वीकार करना; चीन के सर्वहारा के खिलाफ भारत के शासक वर्गों का समर्थन करना, संयुक्त मोर्चा सरकारों के द्वारा भारत के प्रतिक्रियावादी शासकों की अधीनता स्वीकार करना, समाजवादी चीन का विरोध और सामाजिक साम्राज्यवादी रूस का समर्थन करना, भारत-पाकिस्तान के सम्बन्धों और काश्मीर के प्रश्न पर अन्धराष्ट्रवादी रुख अपनाना आदि और ऐसे बहुत से बिन्दु हैं जो

कम्युनिस्ट नेतृत्व द्वारा पार्टी, जनता और क्रान्ति के प्रति चरम विश्वासघात, कपट को दर्शाते हैं। इसलिए वस्तुगत अनुकूल परिस्थितियाँ होने के बावजूद, उसके समरूप वस्तुगत एक सही मार्क्सवादी-लेनिनवादी लाइन और क्रान्तिकारी नेतृत्व के अभाव में, भारतीय क्रान्ति को इसकी तार्किक परिणति अर्थात् विजय तक नहीं पहुँचाया जा सका।

भारतीय कम्युनिस्ट आन्दोलन में निरन्तर आनेवाले भटकावों को नेतृत्व के बीच सैद्धान्तिक मतभेदों से अधिक, नेतृत्व में व्याप्त वर्गीय प्रभावों से उत्पन्न गुटबाजी के कारण एक अखिल भारतीय पार्टी में संगठित न होने की असफलता में देखा जा सकता है। सी.पी.आई. ने वास्तव में भारत के ग्रामीण आधार को छोड़ दिया था। इसका नेतृत्व पेटी बुर्जुआ था और कुछ राज्यों से आनेवाले किसान कार्यकर्ताओं के अतिरिक्त इसकी व्यापक कतारें सफेद कालर कर्मचारी और पेशागत लोगों के वर्गीय आधार से आती थीं। सी.पी.आई. के नियन्त्रण वाली ट्रेड यूनियन एआईटीयूसी में असंगठित मजदूरों का 25 प्रतिशत भी संगठित नहीं था और औद्योगिक मजदूरों में इसका आधार बहुत कम था।

चीन में सम्पन्न हो रही चीनी क्रान्ति से सी.पी.आई. ने कोई शिक्षा नहीं ग्रहण की। प्रसिद्ध लेखक ऐड्गर स्नो ने अपनी पुस्तक *रेड स्टार ओवर चाइना* के 1968 में प्रकाशित परिवर्द्धित संस्करण के पृष्ठ 94 पर लिखा कि "माओ ने भारत के बारे में अनेक पुस्तकें पढ़ी थीं और भारत के बारे में उनका निश्चित मत था कि कृषि क्रान्ति के बिना भारत कभी भी स्वतन्त्रता नहीं प्राप्त कर सकता।"

नक्सलबाड़ी कोई स्वतःस्फूर्त परिघटना नहीं है। यह ईश्वरीय देन नहीं है। यह किसी व्यक्ति के दिमाग की उत्पत्ति नहीं है। यह किसी व्यक्ति की पैतृक सम्पत्ति या किसी की अहंकारपूर्ण कल्पना या शुभेच्छा नहीं है। यह पार्टी के अन्दर चल रहे दो लाइन के संघर्ष की लाजिमी परिणति है। यह दो लाइन के संघर्ष में एक निर्णायक बिन्दु है। यह एक प्रकाश स्तम्भ है जो भारतीय क्रान्ति के मार्ग को दीप्यमान करता है। नक्सलबाड़ी के क्रान्तिकारियों ने संशोधनवाद और नव-संशोधनवाद के खिलाफ संघर्ष की परीक्षा में तपकर विश्वास हासिल किया है और इस संघर्ष का ही परिणाम यह नक्सलबाड़ी का विस्तार है। यह मार्क्सवाद-लेनिनवाद और माओ-त्से-तुंग विचारधारा की संशोधनवाद और नव-संशोधनवाद पर विजय है।

भारत की कम्युनिस्ट पार्टी (मार्क्सवादी-लेनिनवादी)

हमारी पार्टी भारत की कम्युनिस्ट पार्टी (मार्क्सवादी-लेनिनवादी), भाकपा (मा-ले)

का आविर्भाव भारतीय कम्युनिस्ट आन्दोलन में एक निर्णायक बिन्दु है। हमारी पार्टी की बुनियादी विचारधारा माओ-त्से-तुंग विचारधारा है जो वर्तमान युग में मार्क्सवाद-लेनिनवाद का सर्वोच्च विकास है। आइए, हम अपनी पार्टी की वैचारिक स्थिति के वर्णन के साथ, विश्व कम्युनिस्ट आन्दोलन और भारतीय कम्युनिस्ट आन्दोलन की चर्चा करें।

हमें विश्वास है कि *पीपुल्स रिपब्लिक ऑफ चाइना* (पी.आर.सी.) विश्व कम्युनिस्ट आन्दोलन का एक विश्वसनीय सहारा है। पी.आर.सी. क्रान्ति के आयात-निर्यात में विश्वास नहीं रखता। यह विश्व कम्युनिस्ट आन्दोलन में सर्वहारा के कर्त्तव्यों का पालन करता है। देशों के बीच परस्पर शान्तिपूर्ण अस्तित्व *पी.आर.सी.* की सुसंगत नीति है। *पी.आर.सी.* किसी प्रकार के महाशक्ति के दुराग्रह से ग्रसित नहीं है, जैसा कि कामरेड माओ-त्से-तुंग ने कहा, "जब तक हम पर आक्रमण नहीं होगा हम आक्रमण नहीं करेंगे।" चीन उन बहुत कम देशों में है, जिसका एक भी सैनिक किसी दूसरे देश में नहीं है। राष्ट्रों के बीच आपसी शिष्टाचार में चीन किसी भी देश के साथ गैर-बराबरी का व्यवहार नहीं करता चाहे वह देश छोटा या बड़ा हो, कमजोर हो या शक्तिशाली हो। यह किसी भी प्रकार के महाशक्ति के प्रभुत्ववाद और दुनिया को अपने-अपने प्रभाव क्षेत्र में बाँटने के खिलाफ है। चीन, सर्वहारा अन्तर्राष्ट्रवाद के आधार पर देशों को निःस्वार्थ सहायता प्रदान करता है। यह परमाणुविक ब्लैक मेल का विरोध करता है। *पीपुल्स रिपब्लिक ऑफ चाइना* विश्व के समाजवादी खेमे का गढ़ है।

हमारा विश्वास है कि माओ-त्से-तुंग के नेतृत्व में चलनेवाली सी. पी. सी. एक शानदार और सही कम्युनिस्ट पार्टी है। यह सभी, बड़े या छोटे देशों की कम्युनिस्ट पार्टियों के साथ समानता और भाईचारे का व्यवहार करती है। यह बिरादराना पार्टियों के अन्तर्राष्ट्रीय मसलों पर अहस्तक्षेप की नीति पर अमल करती है। सी.पी.सी. के चेयरमैन माओ-त्से-तुंग ने मार्क्सवाद-लेनिनवाद की विरासत की रक्षा की और उसे माओ-त्से-तुंग विचारधारा तक विकसित किया। सी.पी.सी. दुनिया-भर के सर्वहारा और उत्पीड़ित जनता और राष्ट्रों के साथ और साम्राज्यवादी आक्रमण, अधीनता, हस्तक्षेप और दबंगयी द्वारा नियन्त्रण से पीड़ित देशों के साथ एकता को मजबूत बनाएगी। यह साम्राज्यवाद की उपनिवेशवादी, नव-उपनिवेशवादी नीतियों और विशेष रूप से अति महाशक्तियों (अमेरिका और सोवियत रूस) के प्रभुत्ववाद के खिलाफ व्यापकतम संयुक्त मोर्चा निर्मित करेगी। विश्व स्तर पर संशोधनवाद के खिलाफ अन्त तक संघर्ष करने के लिए, यह विश्व-भर में सभी सही कम्युनिस्ट पार्टियों और संगठनों को संगठित करेगी।

लेनिन के कहा कि हम साम्राज्यवादी युग में हैं, "साम्राज्यवाद पूँजीवाद की चरम अवस्था है।" साम्राज्यवाद परजीवी, पतनशील, मरणासन्न, एकाधिकारी पूँजीवाद है। साम्राज्यवाद, पूँजीवाद के तमाम अन्तर्विरोधों को चरम स्थिति तक बढ़ा देता है। इसलिए लेनिन ने कहा, "साम्राज्यवाद सर्वहारा की समाजवादी क्रान्ति की पूर्व सन्ध्या है" और उन्होंने साम्राज्यवाद के युग में सर्वहारा, क्रान्ति की रणनीति और कार्यनीति का सूत्रीकरण पेश किया। कामरेड स्टालिन ने कहा, "लेनिनवाद सर्वहारा क्रान्ति और साम्राज्यवाद के युग का मार्क्सवाद है।" सी. पी.सी. की दसवीं कांग्रेस में इसका पूर्णतः सही विश्लेषण किया गया। लेनिन के निधन के बाद विश्व की परिस्थिति में बड़े-बड़े परिवर्तन हुए हैं, परन्तु कोई युग परिवर्तन नहीं हुआ है। लेनिनवाद के बुनियादी सिद्धान्त पुराने नहीं हुए हैं। वे आज भी हमारा सैद्धान्तिक आधार हैं और हमारे चिन्तन और व्यवहार के दिशा-निर्देशक हैं।

अन्तर्राष्ट्रीय परिदृश्य

वर्तमान अन्तर्राष्ट्रीय परिस्थिति का विश्व की सर्वाधिक अव्यवस्था वाली स्थिति के रूप में चरित्र-चित्रण करना सर्वाधिक उचित है। "मीनारों को छूकर आनेवाली तीव्र हवाएँ, पहाड़ों पर उठने वाले तूफान की घोषणा कर रही हैं।" विश्व की व्यापक अव्यवस्था का क्रम जारी रहेगा जबकि थोड़े समय की शान्ति एक अस्थायी, सतही या आभासी परिघटना है। माओ-त्से-तुंग ने कहा था कि ऐसी व्यापक अव्यवस्था कोई बुरी बात नहीं है बल्कि अच्छी बात है। यह शत्रुओं के बीच भ्रम पैदा करती है और उनमें विभाजन को जन्म देती है, जबकि यह जनता को जाग्रत और उत्तेजित करती है। इस प्रकार निरन्तर संघनित होती अन्तर्राष्ट्रीय परिस्थिति जनता के पक्ष में और साम्राज्यवाद, नव-संशोधनवाद और सभी प्रकार के प्रतिक्रियावाद के विरोध में विकसित होती है।

"देश स्वतन्त्रता चाहते हैं, राष्ट्र मुक्ति चाहते हैं, जनता क्रान्ति चाहती है," यह आज की अप्रतिरोध्य ऐतिहासिक प्रवृत्ति है। तीसरी दुनिया के लोग जाग्रत हो रहे हैं और आश्चर्यजनक शक्ति के रूप में उभर रहे हैं। अति महाशक्तियों के प्रभुत्ववाद के खिलाफ तीसरी दुनिया के देश दृढ़ता से एकताबद्ध हो रहे हैं और अन्तर्राष्ट्रीय शक्ति-सन्तुलन की राजनीति में महत्त्वपूर्ण भूमिका निभा रहे हैं। वियतनाम, लाओस और कंबोडिया की जनता द्वारा संचालित राष्ट्रीय मुक्ति संघर्षों में अमेरिकी साम्राज्यवाद के खिलाफ युद्ध में हासिल विजय ने साम्राज्यवाद और उपनिवेशवाद विरोधी विश्व के क्रान्तिकारी आन्दोलन को और

सुदृढ़ किया है। कोरियाई जनता द्वारा अपनी पितृभूमि के पुनर्एकीकरण और स्वतन्त्रता के लिए शान्तिपूर्ण प्रयास एक नयी परिस्थिति के विकास को दर्शाते हैं। फिलिस्तीन और अन्य अरब की जनता द्वारा हमलावर इजराइली सियोनवाद के खिलाफ संघर्ष अफ्रीकी जनता द्वारा रंगभेद और उपनिवेशवाद के खिलाफ संघर्ष और लैटिन अमेरिकी जनता द्वारा 200 समुद्री मील लम्बी समुद्री सीमा या अर्थव्यवस्था के लिए संघर्ष, यह सभी संघर्ष उत्तरोत्तर मजबूत हो रहे हैं। एशिया-अफ्रीका और लैटिन अमेरिकी जनता द्वारा अपनी राष्ट्रीय स्वतन्त्रता, अपने राज्य की सम्प्रभुता और राष्ट्रीय स्रोतों की रक्षा का मसला और अधिक गहरा और व्यापक हो रहा है; तीसरी दुनिया की जनता का न्यायोचित संघर्ष और यूरोप की जनता का संघर्ष भी व्यापक हो रहा है। एशिया, यूरोप और उत्तरी अमेरिका की जनता एक-दूसरे का समर्थन और उत्साहवर्धन कर रही है।

कामरेड लेनिन ने कहा है कि ''साम्राज्यवाद की एक खास विशेषता कई महाशक्तियों के बीच प्रभुत्व के लिए प्रतिद्वन्द्विता है।'' आज यह प्रतिद्वन्द्विता मुख्य रूप से परमाणु हथियारों वाली दो महाशक्तियों, सोवियत रूस और अमेरिका के बीच है। ''यह दोनों विश्व-प्रभुत्व के लिए प्रतिद्वन्द्वी हैं जबकि विश्व-भर में निःशस्त्रीकरण का हो-हल्ला मचा रहे हैं। यह दोनों स्ट्रैटजिक आर्म्स लिमिटेशन टास्क (एस. ए. एल. टी.) समझौता और परमाणु अप्रसार सन्धि के लिए शोर मचा रहे हैं। वे प्रतिदिन अपने-अपने शस्त्र भंडारों में कटौती करने के लिए आग्रह कर रहे हैं। उनका उद्देश्य विश्व प्रभुत्व के लिए प्रतियोगिता है। वे एक-दूसरे से प्रतियोगिता करते हैं और समझौता भी करते हैं। उनके समझौते और अधिक विरोध को जन्म देते हैं।'' टकराव और विरोध शाश्वत और दीर्घकालीन है, जबकि समझौता, सापेक्ष और सामयिक है। 1973 को 'इयर ऑफ यूरोप' घोषित किया गया है, परन्तु यूरोपियन सिक्योरिटी कॉन्फ्रेंस चिन्हित करती है कि टकराव का प्रधान क्षेत्र यूरोप ही है। यूरोप की सुरक्षा के उपाय गिने-चुने ही हैं। पश्चिम का क्षेत्र विशाल है और स्वाभाविक रूप से वह खतरे को चीन की तरफ मोड़ सकता है और तूफान को शान्त कर सकता है। चीन के प्रति सभी लालायित हैं, परन्तु यह सब दुष्प्रयोजनीय है। अभी संशोधनवादी रूस यूरोप में अपना दावा जताते हुए कदम रख रहा है और वह भूमध्य सागर, हिन्दमहासागर में विस्तार करना चाहता है और जहाँ तक उसका प्रभाव विस्तार हो सके, वहाँ सभी जगहों पर वह अपना कब्जा चाहता है। रूस और अमेरिका के बीच टकराव का कारण विश्व की जनता का शान्त रहना है और अधिकाधिक देश यह देखना चाहते हैं कि यह दो महाशक्तियाँ कैसे प्रभुत्व

स्थापित करती हैं, जिसका झूठा स्वरूप उनके सामने है। अभी-अभी समाप्त हुई आल यूरोपियन्स सिक्योरिटी कॉन्फ्रेंस सम्पूर्ण रूप में एक झूठा प्रदर्शन है। और इसके बाद जून 1973 की बातचीत, बालाडिवास्टो की बातचीत ऐसी घटनाएँ सब व्यर्थ हैं। तीसरी दुनिया के देश उनके झूठे खेल का प्रतिरोध करेंगे, जापान और पश्चिमी यूरोपीय देशों ने पहले ही अपना प्रतिवाद प्रकट कर दिया है। सी. पी. सी. की दसवीं कांग्रेस में चाउ एन लाई द्वारा प्रस्तुत रिपोर्ट में कहा गया है "बाहर और भीतर से सर्वोत्तम, अमेरिका और रूस दो महाशक्तियाँ साथ-साथ चल रही हैं और यह उनके लिए बहुत कठिन भी है। यह उसी कहावत की तरह है कि "फूल तो गिरते ही हैं, इसमें कोई क्या कर सकता है।" वे दोनों वास्तव में बड़ी पीड़ादायी और दुखद स्थिति में है। कामरेड लेनिन ने बार-बार संकेत दिया है कि साम्राज्यवाद का अर्थ आक्रमण और युद्ध है। माओ-त्से-तुंग ने अपने 20 मई 1970 के प्रसिद्ध वक्तव्य में कहा था : "एक नये विश्वयुद्ध का खतरा आज भी है, सभी देशों की जनता को तैयार रहना चाहिए। परन्तु क्रान्ति वर्तमान विश्व की मुख्य प्रवृत्ति है।" कामरेड माओ ने आगे कहा : "विश्वयुद्ध के बारे में दो तरह की जिम्मेदारियाँ हैं, एक तो यह कि विश्वयुद्ध क्रान्ति को अग्रगति देगा और दूसरी यह कि क्रान्ति विश्वयुद्ध को रोक देगी।"

आज विश्व में चार प्रमुख अन्तर्विरोध हैं–

(1) साम्राज्यवाद, सामाजिक, साम्राज्यवाद और उपनिवेशों एवं नव उपनिवेशों के बीच का अन्तर्विरोध।

(2) पूँजीवादी और संशोधनवादी देशों में सर्वहारा और बुर्जुआ के बीच अन्तर्विरोध।

(3) साम्राज्यवादी देश और सामाजिक साम्राज्यवादी देशों के बीच तथा आपस में साम्राज्यवादी देशों के बीच अन्तर्विरोध।

(4) समाजवादी देश और साम्राज्यवादी, सामाजिक साम्राज्यवादी देशों के बीच का अन्तर्विरोध।

आइए, आज के अन्तर्विरोध के बारे में और स्पष्टता से समझें। साम्राज्यवाद तेजी से पतनशील है, परन्तु अभी भी प्रभुत्वशाली है। चीन तथा पूर्वी यूरोपीय देशों की मुक्ति, कोरिया में अमेरिकी आक्रामकता की पराजय, सोवियत रूस द्वारा आश्चर्यजनक रूप से परमाणुविक तकनीक के विकास से अमेरिका के परमाणुविक ब्लैक मेल पर रोक से वास्तव में एक ऐसा समय आया जब पूर्वी हवा पश्चिमी हवा पर हावी होने लगी, अर्थात् साम्राज्यवाद की तुलना में समाजवादी शक्तियाँ मजबूत दिखने लगी थीं। परन्तु प्रथम सोवियत समाजवादी

सत्ता के विश्व की शोषक सामाजिक साम्राज्यवादी सत्ता में परिवर्तित होने से, एक सबसे शक्तिशाली समाजवादी राज्य से, एक साम्राज्यवादी महाशक्ति के रूप में परिवर्तित होने से विश्व राजनीति में एक संकटपूर्ण परिवर्तन आ गया। वास्तव में इस संक्रमणकाल में, इस परिवर्तन ने विश्व समाजवादी खेमे को कमजोर किया और अस्थायी रूप से दमनकारी शक्ति साम्राज्यवाद को मजबूत किया और इस प्रकार अब तक शानदार अग्रगति प्राप्त इतिहास के पहिए को कुछ कदम पीछे धकेल दिया। अमेरिकी साम्राज्यवाद द्वारा कोरिया में पराजित होने पर पहली बार खुले रूप में अपने पतन की प्रक्रिया को स्वीकार किया। चीन और अल्बानिया समाजवादी राह पर अग्रसर हैं। अमेरिकी साम्राज्यवाद की वियतनाम, कम्बोडिया और लाओस में शर्मनाक हार चीन की महान सर्वहारा सांस्कृतिक क्रान्ति के खिलाफ ल्यूश्याओ ची गुट की संशोधनवादी साजिश की समाप्ति और लिनप्याओ गुट की पराजय, वर्तमान रूसी सामाजिक साम्राज्यवादी सत्ता के लुटेरे चरित्र का निरन्तर भंडाफोड़ और धीरे-धीरे विश्व स्तर पर इन दो महाशक्तियों के खिलाफ बढ़ता संघर्ष तथा रूस और अमेरिका के बीच निरन्तर बढ़ते विरोध ने पुरानी स्थिति को पुनः वापस ला दिया है और इसे पुरानी स्थिति से काफी आगे पहुँचा दिया है।

सोवियत समाजवादी सत्ता के पुनः सामाजिक साम्राज्यवाद में पीछे लौटने की घटना ने विश्व के तमाम कम्युनिस्ट अग्रदूतों के अन्दर मार्क्सवादी-लेनिनवादी चेतना को और गहरा और प्रखर कर दिया है। उनको समाजवाद के संक्रमणकालीन चरित्र के बारे में गम्भीरता से सचेत किया है। इतने विशाल समाजवादी क्षेत्र के निर्माण के स्तर तक पहुँचने के बाद भी इतिहास के रास्ते पर थोड़ी-सी असतर्कता से घात लगी, जिसने विश्वासघाती चालों के बारे में उनको सचेत किया है।

उत्तरी अमेरिका, पश्चिमी यूरोप, आस्ट्रेलिया, दक्षिण अफ्रीका, रोडेशिया और सामाजिक साम्राज्यवादी रूस सहित सभी साम्राज्यवादी देश, सभी पिछड़े (अविकसित) देशों विशेषकर विश्व के कृषि आधारित देशों को लूट रहे हैं। परन्तु विश्व शोषण के इस मोर्चे पर साम्राज्यवादी देशों के बीच भी आपसी झगड़े और तनाव हैं। विगत एक दशक से कुछ ज्यादा समय में अमेरिका और सोवियत रूस दो अति महाशक्तियों के रूप में उभरे हैं, इन्होंने न केवल तीसरी दुनिया के देशों को बल्कि दूसरे कम शक्तिशाली साम्राज्यवादी देशों को भी अपने अधीन कर लिया है। इसलिए इस समय, इन दो साम्राज्यवादी महाशक्तियों और साम्राज्यवादी देशों की जनता सहित दुनिया के तमाम देशों की जनता के

बीच का अन्तर्विरोध प्रधान अन्तर्विरोध है, हालाँकि दूसरे पूँजीवादी देशों की तुलना में तीसरी दुनिया के देशों और इन महाशक्तियों के बीच अन्तर्विरोध अधिक प्रखर है।

इन अन्तर्विरोधों का अस्तित्व और विकास निश्चित रूप से क्रान्तिकारी उभार को जन्म देगा। प्रथम और द्वितीय विश्वयुद्ध का ऐतिहासिक अनुभव बताता है कि यदि साम्राज्यवादी, सामाजिक साम्राज्यवादी और प्रतिक्रियावादी विश्व की जनता पर तीसरा विश्वयुद्ध थोप देंगे तो यह केवल इन अन्तर्विरोधों को गहरा करेगा, विश्व की जनता को क्रान्ति के प्रति जागरूक करेगा और इन प्रतिक्रियावादी और साम्राज्यवादी महाशक्तियों को कब्र में दफना देगा।

हम एक ऐसे युग में हैं, जब विश्व साम्राज्यवाद तीव्रगति से पतन की ओर जा रहा है और विश्व-भर में क्रान्तिकारी आन्दोलन विजय की ओर अग्रसर हैं।

विगत दो दशकों से सोवियत रूस में संशोधनवादी ख्रुश्चेव से लेकर ब्रेजनेव तक ने समाजवादी रूस को एक सामाजिक साम्राज्यवादी देश में पतित किया है।

वर्तमान रूसी समाज के वास्तविक चरित्र के बारे में एक स्पष्ट और वैज्ञानिक समझ प्राप्त करने के लिए निम्न बिन्दुओं पर अध्ययन करना अति आवश्यक है। हमें सामाजिक विकास के द्वन्द्ववाद का, मूल्य के पूँजीवादी नियम की कार्य प्रणाली का, साम्राज्यवाद पूँजीवाद की चरम अवस्था और समाजवादी समाज के चरित्र का अध्ययन करना चाहिए। इसके साथ ही समाजवादी समाज को सामाजिक साम्राज्यवाद में पतित करने वाले, मूल्य के पूँजीवादी नियम की पुनर्स्थापना की सम्भावित प्रक्रिया का अध्ययन करना चाहिए।

सामाजिक विकास की द्वन्द्वात्मक प्रक्रिया

सामाजिक व्यवस्था का अध्ययन करते समय मार्क्सवादी लोग सबसे पहले उत्पादन सम्बन्धों पर ध्यान देते हैं। उत्पादन सम्बन्धों के अध्ययन से उत्पादन की प्रक्रिया में शामिल समाज के वर्गों और उत्पादन के साधनों के बीच के सम्बन्धों और उनके आपसी सम्बन्धों का ज्ञान होना है। उत्पादन सम्बन्धों के साथ उत्पादन में प्रयुक्त यंत्रों/औजारों के विकास का स्तर और खुद श्रम शक्ति (लेबर फोर्स) उस समाज का चरित्र निर्धारण करते हैं।

समाज में सबसे पहले उत्पादन के लिए संघर्ष प्रकृति के खिलाफ होता है। आदिम काल में प्रकृति की आश्चर्यजनक शक्ति के मुकाबले मनुष्य लगभग शक्ति-हीन था, उसको प्रकृति के नियमों की कोई जानकारी नहीं थी। ऐसी परिस्थिति में मनुष्य छोटे-छोटे समुदायों में रहता था और वे लोग पशुपालन या जंगलों से कुछ बटोरने या शिकार द्वारा जो कुछ प्राप्त करते थे, उसे आपस में बाँट कर प्रयोग करते थे। यह उत्पादन की शक्तियों के बिल्कुल अविकसित होने का समय था। इसे आदिम सामुदायिक उत्पादन के सम्बन्ध कहते हैं।

परन्तु जैसे-जैसे समाज में उत्पादन की वृद्धि हुई, यह वर्गीय विभाजन का आधार बना। मार्क्सवादी-लेनिनवादी विश्व दृष्टिकोण के अनुसार एक वर्ग द्वारा दूसरे वर्ग का शोषण, वर्गीय समाज के विभिन्न चरणों के विकास का चरित्र-चित्रण करता है। दास समाज, सामन्ती समाज, पूँजीवादी समाज या समाजवादी समाज के उत्पादन के सम्बन्ध, सम्बन्ध किस प्रकार हो सकते हैं, यह इस पर निर्भर करता है कि वे केवल अपने उपभोग के लिए उत्पादन कर रहे हैं या अपने उत्पादन का किसी दूसरी चीज से विनिमय के लिए उत्पादन कर रहे हैं।

दास प्रथा सर्वाधिक आदिम कालीन शोषण की पद्धति है। दास प्रथा में दास वर्ग, शोषक वर्ग (दास मालिक) की सम्पत्ति होता है। दास प्रथा के अन्तर्गत सम्पदा का उत्पादन सीमित होता है।

दास प्रथा से सामन्तवादी व्यवस्था का विकास भूमि पर केवल कुछ ही सामन्तों के नियन्त्रण के द्वारा हुआ, जिन्होंने धीरे-धीरे अपना निरंकुश प्रभुत्व

कायम किया। यह कृषि दासता की स्थिति थी, यह सामन्तवाद का सबसे कठोर रूप था, जिसमें सामन्त के अधीन बड़ी संख्या में किसान कृषि करते थे। दास प्रथा और सामन्ती प्रथा दोनों में स्वाभाविक उत्पादन होता था, अतिरिक्त उत्पादन नहीं होता था। विनिमय के लिए माल उत्पादन प्रचलित नहीं था। केवल धीरे-धीरे माल के विनिमय का विकास ही समाज के इन प्राचीन स्वरूपों की बुनियाद को कमजोर कर सका।

सामन्ती व्यवस्था में जैसे ही उत्पादन को कुछ अच्छी तरह व्यवस्थित किया जाने लगा, सामन्ती व्यवस्था विघटित होने लगी। इसकी अपनी ही आवश्यकताओं की पूर्ति करने वाली आर्थिक व्यवस्था समाप्त हो गयी। माल का उत्पादन तेजी से बढ़ने लगा। विनिमय के लिए उत्पादन ने समाज में अपना स्थान बनाया और उत्पादन तेजी से विकसित होने लगा। सामन्तवाद से पूँजीवाद के संक्रमणकाल में विनिमय के लिए उत्पादन या माल का उत्पादन बहुत ऊँचाइयों तक नहीं विकसित हुआ। इस अर्द्धसामन्ती या पूँजीवाद के आरंभिक स्तर में माल उत्पादन नये क्षेत्रों में प्रवेश करने की तैयारी कर रहा था, जहाँ यह पूँजीवादी उत्पादन सम्बन्धों में परिवर्तित हो जाएगा। (वह उत्पादित वस्तु जिसका दूसरे माल से विनिमय किया जाए या मुद्रा के बदले दिया जाए, और उत्पादन कर्ता द्वारा सीधे उसका प्रयोग न किया जाए, उसे माल कहते हैं।)

भारत में माल उत्पादन का विकास कुछ समय के लिए गतिरुद्ध रहा और जब ब्रिटिश साम्राज्यवाद ने भारत को अपना उपनिवेश बना लिया तो माल का उत्पादन एक नये ढाँचे में ही शुरू हुआ। यह माल-उत्पादन साम्राज्यवाद के लिए था। उत्पादक शक्तियों पर औपनिवेशिक सत्ता, बुर्जुआ और सामन्तों का नियन्त्रण हो गया। बाद के समय में जब भारत की सत्ता का हस्तान्तरण हुआ तब इन उत्पादक शक्तियों का नियन्त्रण सामन्तों, कम्प्राडोर बुर्जुआ और इन वर्गों की प्रतिनिधि सरकार के हाथ में चला गया। इस अर्द्ध-औपनिवेशिक, अर्द्धसामन्ती भारतीय व्यवस्था में विनिमय के लिए माल उत्पादन इन वर्गों के साथ-साथ साम्राज्यवादी शक्तियों की सेवा के लिए है।

पूँजीवाद और मूल्य का नियम

पूँजीवाद के अन्तर्गत उत्पादन किस प्रकार संगठित किया जाता है? पूँजीवादी समाज में माल का उत्पादन, बिक्री के लिए होता है और माल का उत्पादन केन्द्रीय रूप से अपना निर्णायक स्थान ले लेता है हालाँकि दास प्रथा और सामन्ती समाज में भी माल उत्पादन होता था, परन्तु इन व्यवस्थाओं में उत्पादन का

यह चरित्र नहीं था। पूँजीवादी व्यवस्था में माल का भविष्य बाजार पर निर्भर है और बाजार ही उत्पादन को निर्धारित करता है। पूँजीवादी व्यवस्था में उत्पादन मुनाफे के लिए होता है। इससे उत्पादन में अव्यवस्था पैदा होती है और फिर इस अव्यवस्था को नियंत्रित करने के लिए एक प्रक्रिया तैयार की जाती है। इस प्रक्रिया को 'मूल्य का **नियम**' कहते हैं। यह नियम बताता है कि सामान्य रूप से बाजार का सभी **माल**, लम्बी अवधि में प्रत्येक वस्तु के उत्पादन में प्रयुक्त, सामाजिक रूप से **आवश्यक** श्रम समय (लेबर टाइम) द्वारा निर्धारित मूल्य पर बिकने लगेगा।

पूँजीपति अपना काम धन से प्रारम्भ करता है। मशीन कच्चा माल आदि धन के बदले लेता है, मजदूरों को मजदूरी पर काम में लगाता है (उनकी श्रमशक्ति के बदले धन देता है)। इस सब का प्रयोग कर वह नया माल उत्पादित करता है–इस माल को वह लागत मूल्य से और अधिक राशि लेकर बेचता है। इस प्रकार "मुद्रा-माल और अधिक मुद्रा (मुद्रा-माल-मुद्रा) का चक्र चलता है। यह ऊपर वर्णित प्रक्रिया को दर्शाता है और प्रथम दृष्टया पूँजी के प्रचलन को उद्‌घाटित करता है।" (कार्ल मार्क्स, कैपिटल वाल्यूम 1, पृ. 155, इंगलिश)

मजदूर द्वारा बेची गयी श्रमशक्ति एक विशेष प्रकार का माल है; यह मशीन, कच्चा माल या किसी दूसरे माल से बिल्कुल भिन्न है। श्रम शक्ति का जैसे ही प्रयोग होता है, यह मूल्य निर्मित करती है। पूँजीपति मजदूर वर्ग की श्रमशक्ति को खरीदता है और इसे काम में लगाता है, नये उत्पाद निर्मित करता है। यह उत्पाद केवल मशीनरी और कच्चे माल तथा मजदूर को दी गयी मजदूरी से ही नहीं निर्मित होता बल्कि इसके साथ मूल्य की अतिरिक्त राशि भी होती है।

ऐसा इसलिए होता है, क्योंकि मजदूर अपनी श्रमशक्ति के मूल्य से कम **समय की मजदूरी** प्राप्त करता है। उसके द्वारा किये गये कार्य का मुद्रा के रूप में **मूल्य कार्य करने** के लिए और मजदूरों की नयी पीढ़ी को जन्म देने के लिए होता है। इसलिए जितने समय तक वह कार्य करता है, उसमें कुछ समय वह अपने लिए कार्य करता है, अर्थात् वह अपनी मजदूरी पूरी करने के लिए काफी मूल्य का उत्पादन करता है और अपने कार्य के समय का एक हिस्सा पूँजीपति के लिए नया मूल्य निर्मित करने में खर्च करता है, जिसके बदले उसे कुछ भी नहीं मिलता। इस प्रकार उसके द्वारा किये गये कार्य दिवस में से उसे एक भाग की मजदूरी मिलती है और बाकी दूसरे भाग की मजदूरी नहीं मिलती है।

मजदूर के कार्य दिवस में गैर-भुगतान वाले समय में निर्मित मूल्य को 'अतिरिक्त मूल्य' कहते हैं–यह वह मूल्य है जो मजदूर द्वारा अपने को जीवित

रखने और नयी पीढ़ी के प्रजनन के लिए आवश्यक मूल्य से अतिरिक्त होता है।

मजदूरों द्वारा निर्मित अतिरिक्त मूल्य को पूँजीपति वर्ग द्वारा विभिन्न रूपों में चुरा लिया जाता है और इसे वह वर्ग अपनी इच्छा और आवश्यकता के अनुसार खर्च करता है, यह पूँजीवाद की एक प्रख्यात विशेषता है। पूँजीवाद की यह विशेषता इसे अन्य व्यवस्थाओं से, विशेष रूप से समाजवाद से अलग करती है। समाजवादी व्यवस्था मनुष्य द्वारा मनुष्य के शोषण पर आधारित नहीं है और यह कम्युनिज्म के लिए एक संक्रमणकालीन चरण है। कम्युनिज्म का अर्थ सभी वर्गों की समाप्ति है।

प्रतियोगिता के द्वारा अनियमित ढंग से काम करके, मजबूत फर्मों द्वारा कमजोर फर्मों को निगल कर विशेष रूप से अपने आवश्यक और पुनर्प्राप्ति के अति तनावपूर्ण समय में पूँजीवाद विशाल, अति सघन और केन्द्रीकृत उत्पादन के साधनों का विकास करता है। इस प्रक्रिया में मजदूरों का भी समाजीकरण होता है। एक व्यक्ति लम्बे समय तक उत्पादन की सम्पूर्ण प्रक्रिया पर नियन्त्रण नहीं रख सकता। सामूहिक रूप से मजदूर, जिनमें विभिन्न कौशल वाले अनेक मजदूर शामिल होते हैं, एक विशेष कार्य के लिए एक-दूसरे का सहयोग करते हुए बड़े-बड़े उद्योगों में काम करने की स्थिति उत्पन्न कर सकते हैं।

पूँजीपति वर्ग द्वारा चोरी किया गया अतिरिक्त मूल्य, उसका बिल्कुल निजी होता है। इस गैर-उत्पादक वर्ग की संख्या बहुत कम होती है और यह परजीवी के रूप में बहुसंख्यक समाज से दूर रहता है। पूँजीपति वर्ग (बुर्जुआ) निरन्तर मजदूरों से अधिक से अधिक अतिरिक्त मूल्य ऐंठने का प्रयास करता है।

प्रत्येक पूँजीपति को माल के उत्पादन और बिक्री के द्वारा अर्थात् मजदूरों के शोषण द्वारा अधिक से अधिक मुनाफा अर्जित करना चाहिए, यही तथ्य पूँजीवाद का आधार है। माल उत्पादन और विनिमय से पूँजीपति वर्ग द्वारा की गयी अतिरिक्त मूल्य की चोरी, उसे विवेकपूर्ण, सर्वांगीण और समाज को सहयोग प्रदान करने वाली योजना बनाना असम्भव कर देता है। जब तक पूँजीपति वर्ग को जनता के लिए आवश्यक चीजों से मुनाफा सुनिश्चित नहीं होता तब तक वह उन वस्तुओं का उत्पादन नहीं करेगा।

पूँजीपतियों के बीच प्रतियोगिता होती ही है। पूँजीपति वर्ग अपने उत्पादित माल का विनिमय मूल्य कम कर उस पूँजीपति पर आघात करता है जो ऐसा नहीं करता। उसको अपना मुनाफा बढ़ाना ही होता है, नहीं तो वह कुछ भी नहीं कर पाएगा और अन्ततः या तो बाजार से बाहर हो जाएगा या प्रतियोगी पूँजीपति द्वारा उसे निगल लिया जाएगा। इस प्रकार पूँजीपति वर्ग हमेशा मजदूरी

कम करता है (श्रम शक्ति का कम मूल्य देने के लिए) और काम के घंटे बढ़ाता है। जहाँ तेज काम होता है, उस मशीन को चालू रखता है और अन्य मजदूरों को ले ऑफ कर देता है। यह सब केवल मजदूरी प्राप्त करने वाले मजदूरों पर मजदूरी न प्राप्त करने वाले मजदूरों का बोझ बढ़ाने के लिए होता है। (पेड लेबर पर अनपेड लेबर का बोझ बढ़ाने के लिए) उनको पूँजीपति बने रहने के लिए यह करना ही होगा।

अधिक से अधिक मुनाफा अर्जित करने का यह निष्ठुर अभियान अर्थात् अतिरिक्त मूल्य प्रदान करने वाली शक्तियों का अधिक से अधिक विस्तार करने के लिए पूँजीपति वर्ग उत्पादन बढ़ाता है, ताकि वह अधिक मुनाफा कमा सके। चुराए हुए अतिरिक्त मूल्य का बड़ा भाग और अधिक उत्पादन के लिए निवेश कर देता है और इससे फिर अतिरिक्त मूल्य अर्जित करता है। उक्त अतिरिक्त मूल्य का एक छोटा भाग ही अपने उपभोग के लिए रखता है।

पूँजीपति वर्ग केवल मुनाफे वाला माल ही उत्पादित करता है और मजदूर के लिए आवश्यक वस्तुओं को उत्पादित नहीं करता। इस प्रकार के अराजक, अनियोजित उत्पादन को बनाये रखने के लिए, पूँजीपति वर्ग मुद्रास्फीति को लागू करता है। जैसे सरकार के खर्चों को बढ़ाना। उत्पादन के सामाजिक चरित्र और अतिरिक्त मूल्य की चोरी से उत्पन्न निजी पूँजी के बीच के बुनियादी अन्तर्विरोध को सर्वहारा क्रान्ति के द्वारा ही हल किया जा सकता है।

उत्पादन की व्यवस्था और उत्पादन तथा उपभोग के विभिन्न क्षेत्रों के बीच सम्बन्ध, इन सब का निर्धारण माल उत्पादन के नियमों, मूल्य के नियम और समाज के थोड़े से अनुत्पादक लोगों के लिए मुनाफा कमाने के नियमों से होता है, जैसा कि हम लोग बाद में देखेंगे। इन्हीं नियमों के द्वारा हम सोवियत यूनियन में एकाधिकारी पूँजीवाद की प्रक्रिया को समझ सकते हैं।

निरन्तर एक के बाद एक संकट से कमजोर पूँजीवादी उद्यमों को सशक्त उद्यम निगल जाते हैं और प्रत्येक पूँजीपति द्वारा अपनी पूँजी के विस्तार के लिए चलाए गये निष्ठुर अभियान के कारण पूँजीवादी व्यवस्था अपना रूप बदलने लगती है।

एक समय असंख्य निजी फर्मों व उद्योगों की प्रतियोगी निजी पूँजीपतियों के रूप में चिन्हित यह पूँजीवाद अपने विपरीत में परिवर्तित हो जाता हैं। अब उत्पादन के प्रमुख क्षेत्र में कुछ विशाल एकाधिकारी पूँजीपति हैं और उनके द्वारा "सामूहिक कारपोरेट मालिकाने का आधिपत्य" होता है। पूँजीवादी विकास का यह चरण (जो 1880 के प्रारम्भ से ही शुरू हो गया था और इसने इस

सदी के शुरू में ही कुछ विकसित देशों में अपना प्रमुख रूप स्थापित कर लिया था) एकाधिकारी पूँजीवाद या साम्राज्यवाद कहलाता है।

एकाधिकारी पूँजीवाद या साम्राज्यवाद

साम्राज्यवाद एक उजरती श्रम की व्यवस्था है, जिसका आधार और लक्ष्य अतिरिक्त मूल्य का दोहन है। यह पूँजीवाद की सर्वोच्च और अन्तिम अवस्था है। इसके पाँच मुख्य लक्षण हैं जो इससे पूर्व के 'प्रतिस्पर्द्धात्मक पूँजीवाद' के स्वरूप से इसे अलग करते हैं।

कामरेड लेनिन ने अपनी पुस्तिका 'इम्पीरियलिज्म इज दि हाइएस्ट स्टेज ऑफ कैपिटलिज्म' (साम्राज्यवाद पूँजीवाद की चरम अवस्था) में इन पाँच लक्षणों को चिन्हित किया है–

1. किसी देश के प्रमुख उद्योगों में एकाधिकारी पूँजीवाद का प्रभुत्व, एकाधिकारी पूँजीवाद और साम्राज्यवाद एक ही है।

2. औद्योगिक पूँजी और बैंक पूँजी का एक-दूसरे में विलय होना, यही पूँजी और निवेश का प्रमुख स्वरूप होता है।

3. दीर्घ-अवधि के कर्ज और निवेश या फैक्ट्री, मशीनों आदि के रूप में बड़ी एकाधिकारी पूँजी द्वारा निर्यात। एकाधिकारी पूँजीपतियों द्वारा बड़े पैमाने पर चुराया गया अतिरिक्त मूल्य जिसे लाभकारी तरीके से वह अपने देश में निवेश नहीं कर पाते, यह स्थिति उनके द्वारा अन्तर्राष्ट्रीय स्तर पर पूँजी के निर्यात को अनिवार्य बना देती है। यह वित्तीय पूँजी दूसरे देशों के साथ, तैयार माल की बिक्री के प्रमुख पूँजीवादी आर्थिक सम्बन्ध का स्थान ले लेती है। एकाधिकारी पूँजीवाद और साम्राज्यवाद दोनों के एक होने का यह एक और कारण है।

4. विभिन्न साम्राज्यवादी देशों के बड़े एकाधिकारी पूँजीपतियों के बीच अन्तर्राष्ट्रीय कार्टेलों का निर्माण। यह कार्टेल अपने सदस्यों की अपनी-अपनी आर्थिक शक्ति के आधार पर विश्व बाजार का बँटवारा कर लेते हैं और कीमतों को ऊँचा रखने के लिए प्रतिस्पर्द्धा को दबा देते हैं। जो भी हो, सभी चोरों की तरह यह सब भी आखिरकार एक-दूसरे से झगड़ा करते हैं और हमेशा उनके समझौते टूटते रहते हैं।

5. अन्त में बड़ी पूँजीवादी शक्तियाँ विश्व में सीमा के बँटवारे के लिए बाध्य होती हैं और विभिन्न साम्राज्यवादी देश दुनिया को पुनः विभाजित करने के लिए आपस में एक-दूसरे से युद्ध करते हैं। यही कारण है कि साम्राज्यवाद अपरिहार्य रूप से युद्ध को जन्म देता है।

वित्तीय पूँजी

मौद्रिक पूँजी ही जिस पूँजीपति के लिए माल है, उस पूँजी का स्वयं गुणात्मक महत्त्व वित्तीय पूँजी के प्रभुत्व और पूँजी के निर्यात में वृद्धि से है। यह वित्तीय पूँजीपति मौद्रिक पूँजी उधार देते हैं, जिस पर वे ब्याज प्राप्त करते हैं। ब्याज की यह राशि मजदूर वर्ग द्वारा उत्पादित माल के अतिरिक्त मूल्य की चोरी से अर्जित होती है। इस प्रकार यह वित्तीय पूँजीपति उत्पादन के साधनों पर सीधे और पूर्ण मालिकाना अधिकार के बिना ही मजदूरों का शोषण और नियन्त्रण करते हैं। पहले पूँजीवाद के अन्तर्गत बैंक कर्ज देने वाली मध्यस्थ संस्था के रूप में थे। बैंक पूँजीपतियों से मुद्रा के रूप में पूँजी लेते, उस पूँजी को मुद्रा के रूप में प्राप्त करते, जिसका प्रयोग वह उस समय नहीं करता तथा पेटी बुर्जुआ और अच्छी आमदनी वाले मजदूर वर्ग से बचत के रूप में धनराशि एकत्र करते और उन लोगों को कर्ज उपलब्ध कराते, जिनको उत्पादन के लिए पूँजी की आवश्यकता होती थी। परन्तु पूँजीवाद के विकास के साथ, बैंक एक औद्योगिक उद्यम के रूप में अपना स्वरूप और टर्न ओवर निरन्तर बढ़ाते गये और बैंकों ने अत्यधिक पूँजी एकत्र कर ली। इस पूँजी का बड़ा भाग व्यवहार में दूसरों का था, परन्तु बैंक की अपनी पूँजी में भी वृद्धि होती है। इस प्रकार की पूँजी एकत्र हो जाने पर बैंकर अपने निर्णय के आधार पर उद्योगपतियों से घनिष्ठता बनाते और दोनों के बीच विलय हो जाता है। बैंकर्स उद्योगपति हो जाते हैं, जबकि उद्योगपति अपने बैंक खोलने लगते हैं। इस प्रकार वित्तीय पूँजी का जन्म होता है।

इस प्रकार पूँजीवादी उत्पादन सम्बन्धों के आधार पर सामूहिक मालिकाने का आधार तैयार होता है। इधर-उधर बिखरे हुए पूँजीपति अब तक सामूहिक पूँजीपति में परिवर्तित हो जाते हैं। हालाँकि इस प्रकार की सामूहिकता पूँजीवादी उत्पादन की अराजकता से परे नहीं होती, क्योंकि प्रत्येक सामूहिक यूनिट, प्रत्येक कार्पोरेशन या एकाधिकारी अपने निजी हित के अनुसार कार्य करता है। परिशिष्ट-ई में प्रस्तुत सारणी, 50 सबसे बड़े औद्योगिक कार्पोरेशनों की 'बाजार अर्थव्यवस्था' की भयावह तस्वीर दर्शाती है। इसमें सबसे ऊपर अमेरिका है, कोई भी आसानी से यह समझ सकता है कि साम्राज्यवाद तीसरी दुनिया के देशों का दोहन इतनी आसानी से क्यों कर सकता है।

साम्राज्यवाद पूँजीवाद के किसी भी आन्तरिक अन्तर्विरोध को दूर नहीं करता। यह इन अन्तर्विरोधों को और गहरा करता और उनको विश्व-भर में विस्तारित करता है।

साम्राज्यवाद के बारे में हम ऊपर काफी वर्णन कर चुके हैं। आइए, अब समाजवाद के बारे में कुछ समझें।

समाजवाद : पूँजीवादी व्यवस्था द्वारा उत्पन्न की गयी अराजकता, बर्बादी और गरीबी को केवल समाजवादी क्रान्ति ही समाप्त कर सकती है। उत्पादन के साधनों से निजी मालिकाना और मेहनतकश जनता द्वारा सामूहिक, और सामाजिक श्रम के द्वारा उत्पादित अतिरिक्त उत्पादन की, निजी पूँजीपति द्वारा की गयी चोरी को समाप्त कर समाजवाद, पूँजीवाद के बुनियादी अन्तर्विरोध को हल करता है।

समाजवाद के अन्तर्गत उत्पादन का लक्ष्य मुनाफा नहीं होता बल्कि उत्पादन जनता के प्रयोग, मेहनतकश जनता के फायदे के लिए होता है। यह समाज के सुविधासम्पन्न, गैर-उत्पादक छोटे से तबके को समृद्ध करने के लिए नहीं होता।

समाजवाद सर्वप्रथम मजदूर वर्ग के हितों और उनकी आवश्यकताओं पर ध्यान देता है। सारे समाज को मेहनतकशों की सेवा के लिए दिशा प्रदान की जाती है। समाजवाद में आपसी सहयोग समानता और बन्धुत्व का मुख्य स्तम्भ हैं, जबकि गलाकाट प्रतियोगिता पूँजीवाद का बुनियादी नियम है।

"जब तक सर्वहारा सत्ता का शासक नहीं है, तब तक समाजवाद अकल्पनीय है।" (लेनिन) सत्ता पर कब्जा करना और सर्वहारा की सत्ता स्थापित करना समाजवाद की राह पर पहला और सबसे निर्णायक कदम है, तभी मजदूर वर्ग राजसत्ता उत्पादन के साधनों पर अपना अधिकार जता सकता है और मुनाफे की व्यवस्था को समाप्त कर सकता है। केवल तभी सत्ता के माध्यम से मजदूरों द्वारा निर्मित सम्पदा पर समाज का सामूहिक नियन्त्रण और उपभोग हो सकता है और इसे पूँजी के रूप में बुर्जुआ की जेब में जाने से रोका जा सकता है।

समाजवाद का अर्थ मात्र उत्पादन के साधनों पर सामाजिक मालिकाना नहीं है बल्कि इससे आगे एक व्यवस्था पर आधारित स्वयं उजरती मजदूरी का उन्मूलन है।

उजरती मजदूरी की समाप्ति से, मजदूरों द्वारा किया गया उत्पादन माल नहीं रह जाएगा; अब मूल्य के अन्धे नियम के अनुसार उत्पादन और वितरण को नियंत्रित नहीं किया जाएगा, बल्कि पूर्ण रूप से सचेत सामाजिक निर्णय के आधार पर किया जाएगा।

अपनी पुस्तक *'एंटी डयूरिंग'* (डयूरिंग मत खंडन) में एंगेल्स कहते हैं कि सामाजिक हित, सामाजिक आवश्यकता और उपयोगिता, समाजवाद के अन्तर्गत उत्पादित माल की मात्रा और गुणवत्ता को निर्धारित करते हैं।

उन समाजों में भी जहाँ सर्वहारा का अधिनायकत्व सत्ता में है, जिसे हम

समाजवादी समाज कहते हैं, मूल्य का नियम निरन्तर लागू रहता है। समाजवादी सम्बन्धों की अन्तिम विजय, सचेतन वर्ग संघर्ष के द्वारा एक प्रक्रिया में होती है और इसमें समय लगता है। यह कार्य लम्बी प्रक्रिया में निरन्तर सर्वहारा के अधिनायकत्व को मजबूत करने के जरिए होता है। धीरे-धीरे, दृढ़ कदमों से अपनी शक्ति को बढ़ाते हुए मजदूर का अपना समाज होगा। यह उत्पादक शक्तियों के विकास के साथ उपफल (बाइ प्रोडक्ट) के रूप में अपने आप नहीं होता। जैसा कि कामरेड माओ-त्से-तुंग ने कहा है : ''राजनीतिक कार्य सभी आर्थिक कार्यों की रगों में प्रवाहित रक्त है।''

मनुष्य द्वारा मनुष्य का शोषण हमेशा उत्पादन के साधनों पर निजी नियन्त्रण पर आधारित होता है। हालाँकि इस शोषण को सर्वहारा अधिनायकत्व, एक समाजवादी समाज, मजदूर वर्ग की राजनीतिक और सामाजिक सत्ता को निरन्तर मजबूत बनाते हुए प्रभावशाली तरीके से उजरती श्रम की समाप्ति और वास्तविक समाजीकरण के द्वारा अन्तिम रूप से समाप्त किया जा सकता है। परन्तु केवल साम्यवाद में ही जब मानसिक और शारीरिक श्रम के बीच, मजदूरों किसानों के बीच, शहरों और देहात के बीच विभाजन को समाप्त कर दिया जाएगा और वितरण के समाजवादी सिद्धान्त ''प्रत्येक को उसके कार्य के अनुसार'' के स्थान पर ''प्रत्येक को उसकी आवश्यकता के अनुसार'' की वितरण प्रणाली लागू होगी, तभी सारी सामाजिक असमानताएँ समाप्त हो जाएँगी।

पूँजीवाद की पुनःस्थापना : सार रूप में कहा जाए तो समाजवादी व्यवस्था में पूँजीवादी उत्पादन सम्बन्धों के अवशेष, पूँजीवाद की पुनःस्थापना के लिए वस्तुगत आधार प्रदान करते हैं। परन्तु इससे यह नहीं समझना चाहिए कि अर्थव्यवस्था और समाज पूँजीवादी है। हम कह सकते हैं कि जब वास्तव में मजदूर वर्ग सत्ता में होता है तब समाजवाद का अस्तित्व होता है। यहाँ मूल्य के नियम के व्यावहारिक क्षेत्र का दायरा न्यूनतम स्तर तक (जहाँ तक आर्थिक और राजनीतिक वास्तविकताएँ अनुमति देती हैं, वहाँ तक) घटा दिया जाता है। जहाँ नये श्रम विभाजन सहित नये उत्पादन सम्बन्धों के विकास में मजदूर वर्ग द्वारा ली गयी पहल को पार्टी और राज्य सत्ता द्वारा प्रोत्साहित किया जाता है। मजदूर वर्ग और उसकी कम्युनिस्ट पार्टी के नेतृत्व में समाज के सभी क्षेत्रों में पूरे उत्साह के साथ क्रान्तिकारी परिवर्तन को लागू किया जाता है।

एक देश में जहाँ मजदूर वर्ग ने कम्युनिस्ट पार्टी के नेतृत्व में सत्ता पर कब्जा किया है, ऐसे समाजवादी देश में पूँजीवादी व्यवस्था की पुनःस्थापना किस प्रकार सम्भव है?

इसका उत्तर इस तथ्य में निहित है कि समाजवाद आसमान से नहीं टपकता है। यह क्रान्ति द्वारा पूँजीवादी व्यवस्था को उखाड़ कर स्थापित होता है, परन्तु जैसा कि मार्क्स ने 'गोथा कार्यक्रम की आलोचना' नामक पुस्तिका में लिखा है कि इस (समाजवादी) व्यवस्था पर "आर्थिक, नैतिक और बौद्धिक हर पहलू से आज भी पुरानी व्यवस्था से जन्म लेने के चिह्न अंकित हैं।"

समाजवादी देशों की उपस्थिति एक ऐसे विश्व में है, जहाँ पूँजीपतियों ने सम्पदा और सत्ता के बारे में अपनी खोज और लालसा को छोड़ा नहीं है। पुराने शोषक वर्गों से अपनी सत्ता और सम्पत्ति को शान्तिपूर्वक छोड़ देने की आशा नहीं की जा सकती।

वे सशस्त्र-प्रतिक्रान्ति द्वारा इसे पुनः प्राप्त करने का प्रयास करेंगे और उनके इस प्रयास में विदेशी साम्राज्यवादी सरकारों का सहयोग अवश्य ही प्राप्त होगा।

समाजवादी व्यवस्था में पूँजीवाद की पुनःस्थापना के लिए बुर्जुआ विचारधारा एक शक्तिशाली हथियार के रूप में हमेशा ही मौजूद रहती है, इसलिए उसके खिलाफ हमेशा संघर्ष करना अनिवार्य है। यह विचारधारा शून्य में नहीं रह सकती और उत्पादन सम्बन्ध कोई अधिभूतवादी अवधारणा नहीं है बल्कि जनता और वर्गों के बीच वास्तविक सम्बन्ध हैं। अभी भी समाजवादी राज्य में पूँजीवाद का आर्थिक आधार बना रहता है। इस प्रकार एक समाजवादी देश में बुर्जुआ या सम्भावित बुर्जुआ ग्रुपों की निरन्तर उपस्थिति पूँजीवाद की पुनःस्थापना के आधार को दर्शाता है।

सोवियत यूनियन में हमें ऐसे अनेक ग्रुप दिखाई देते हैं जो पूँजीवादी पुनःस्थापना का मुख्य आधार रहे हैं।

सर्व प्रथम 'कुलक' वर्ग; जब तक कृषि का सामूहिकीकरण नहीं हुआ था, कुलक वर्ग ग्रामीण भूमिहीनों का, उजरती मजदूर या बटाईदार किसानों का शोषण करता था। शहरी सर्वहारा को ब्लैकमेल करने के लिए उन्होंने खाद्य उत्पादन पर अपना नियन्त्रण कायम करने का प्रयास किया और उन्होंने निजी सम्पत्ति और निजी व्यापार को और मजबूत करने के लिए आम सहमति बनाने का प्रयास किया। सोवियत यूनियन में सर्वहारा अधिनायकत्व वाली सत्ता के प्रारंभिक दिनों में लेनिन ने इस कुलक वर्ग को ग्रामीण बुर्जुआ का दर्जा दिया, जो पूँजीवाद की पुनःस्थापना में साम्राज्यवाद के साथ मुख्य शक्ति था। लेनिन ने चिन्हित किया कि किसी पिछड़े राज्य में कृषि का उत्पादन किसानों का निजी उत्पादन होता है, यह पूँजीवाद के लिए आधार उपलब्ध कराता है, चूँकि "छोटा उत्पादन पूँजीवाद को जन्म देता है और बुर्जुआ हर दिन, हर घंटे, स्वतःस्फूर्त और बड़े स्तर पर

इसे आधार प्रदान करता है," और यहाँ तक कि 1920 के दशक में कुलक वर्ग को तोड़ देने के बाद भी बहुत लोगों ने अपना रास्ता बना लिया। जहाँ कहीं सामूहिक फार्मों में अधिकारी सामाजिक हितों के मुकाबले निजी हितों को लाभ देनेवाली लाइन लागू कर रहे थे और सामूहिकता को सरकार के खिलाफ खड़ा कर देते थे; वहाँ उन्होंने अपना स्थान बना लिया।

दूसरे नम्बर पर, प्रबन्धक और तकनीशियन और अन्य 'प्रोफेशनल', बुद्धिजीवी और मानसिक श्रम करने वाले, यद्यपि यह सब मजदूरों के राज्य में नौकरी करते थे; परन्तु मैनेजर जब संस्थानों में जाते तो वे वहाँ पर इस प्रकार निर्देशन करते जैसे वह स्वयं अपने निजी संस्थान को चला रहे हों और वे अपने को मजदूरों से ऊपर स्थापित करते। इसी प्रकार तकनीशियन और अन्य लोग तथा इसी प्रकार का कार्य करने वाले अन्य लोग, यहाँ तक कि मजदूर परिवारों से आये हुए कई लोग (जैसे ब्रेजनेव) भी सोचते थे कि उनकी विशेषज्ञता के चलते उनके लिए विशेष सुविधाओं पर विचार होना चाहिए और वे उसे पाने के अधिकारी हैं। वे अक्सर ही तकनीकी समस्याओं के हल के लिए मजदूरों के अनुभवों पर ध्यान देने से इनकार कर देते।

इन ग्रुपों ने सोवियत रूस में पूँजीवाद की पुनःस्थापना के लिए मुख्य सामाजिक आधार तैयार किया, जबकि उनकी वस्तुगत स्थिति उनको बुर्जुआ प्रभाव में असुरक्षित बनाती थी। हमें यह ध्यान देना चाहिए कि पार्टी के अन्दर और राज्यसत्ता के ढाँचे में बैठे उच्च नौकरशाह, जो केवल समाज को पीछे की तरफ, पूँजीवादी मार्ग पर ले जाने में नेतृत्व कर सकते थे, उन्होंने वास्तव में पूँजीवादी लाइन के अनुसार ही उत्पादन को संगठित किया।

पार्टी के और सर्वहारा राज्य के ऐसे अधिकारियों और पदाधिकारियों ने स्वयं मार्क्सवाद-लेनिनवाद को त्याग दिया और बुर्जुआ के विश्व दृष्टिकोण और वर्गीय पक्ष को स्वीकार कर लिया। इन्होंने 'मध्य वर्ग' के निचले तबके को अपना सामाजिक आधार बनाया, उनकी सुविधाओं और प्रवृत्तियों को बुर्जुआ विचारधारा के अनुसार प्रोत्साहित किया और उनका इस्तेमाल मजदूर वर्ग की पहलकदमियों में बाधा डालने के लिए किया।

सी. पी. एस. यू. और सोवियत यूनियन की राज्य सत्ता में नेतृत्वकारी सच्चे कम्युनिस्टों ने, जो सर्वहारा विश्व दृष्टिकोण और वर्ग स्टैंड के आधार पर मार्क्सवाद-लेनिनवाद की रक्षा में डटे रहे, जनता और मजदूर वर्ग के साथ घनिष्ठ सम्बन्ध बनाये रखा, उन पर भरोसा किया, वही लोग समाजवाद के मार्ग पर आगे बढ़े और इस कठोर संघर्ष को पूरी योग्यता-क्षमता से आगे बढ़ाते रहे।

इसलिए यह देखा गया कि पार्टी के उच्च नेतृत्व के बीच समाजवादी मार्ग पर चलने वालों और पूँजीवादी रास्ते को स्वीकारने वालों के बीच निरन्तर कठोर संघर्ष चलता रहा। यह समाजवादी राज्य व्यवस्था में चारों तरफ बुर्जुआ और सर्वहारा के बीच चल रहे संघर्ष का एक हिस्सा है।

इससे आगे सर्वहारा के अधिनायकत्व में "कौन-सा वर्ग शासन करेगा," यह प्रश्न अभी हल नहीं हुआ है। यह अपरिहार्य है कि बुर्जुआ शक्तियाँ उठ खड़ी हों और निजी सम्पत्ति को पुनःस्थापित करने का प्रयास करें या मजदूर वर्ग की सामाजिक सम्पत्ति को एक नये बुर्जुआ राज्य की सामूहिक सम्पत्ति के रूप में उपभोग करें।

कामरेड माओ-त्से-तुंग ने सही ही कहा था कि "समाजवादी समाज एक यथेष्ट लम्बे ऐतिहासिक समय को स्थान देता है। समाजवाद के ऐतिहासिक काल में वर्ग, वर्ग अन्तर्विरोध और वर्ग संघर्ष जारी रहता है। समाजवादी रास्ते और पूँजीवादी रास्ते के बीच संघर्ष जारी रहता है, और पूँजीवाद की पुनःस्थापना का खतरा बना रहता है। सर्वहारा अधिनायकत्व के औजार को और अधिक सुदृढ़ करना चाहिए, उसे किसी भी प्रकार कमजोर नहीं होना चाहिए।"

पार्टी की निर्णायक भूमिका तब और तीखी आलोचना के रूप में सामने आती है जब हम देखते हैं कि सोवियत यूनियन या अन्य संशोधनवादी देशों में "किले के अन्दर से कब्जा किया गया" और पूँजीवाद को पुनःस्थापित किया गया। ख्रुश्चेव, ब्रजनेव और कोसिगिन ऐसे दल-त्यागी गद्दारों के नेतृत्व में पार्टी के उच्च अधिकारियों ने सर्वहारा के अधिनायकत्व के साथ विश्वासघात किया और एक नये बुर्जुआ राज्य को पुनःस्थापित किया।

साम्राज्यवाद का आर्थिक सार एकाधिकारी पूँजीवाद है। घरेलू एकाधिकारी शासक, पूँजी के निर्यात और आर्थिक प्रभाव के विस्तार के साथ अन्तर्राष्ट्रीय एकाधिकारी पूँजीवाद के रूप में विकसित होता है और वह आधिपत्य लागू करने को बाध्य है; यहाँ तक कि वह अपनी-अपनी शक्ति के अनुसार विश्व को बाँटने के लिए युद्ध भी करते हैं। दुनिया में जब तक एकाधिकारी पूँजीवाद का शासन है तब तक साम्राज्यवादी देशों की बुनियादी नीति में कोई परिवर्तन नहीं होगा। इसलिए लेनिन ने कहा था : "बैंकों और ट्रस्टों की नीति के खिलाफ एक 'लड़ाई' जो अर्थव्यवस्था पर कोई असर नहीं डालती, यह केवल सुधारवाद है और पवित्र भावनाओं को शान्तिकर, हितकर और भोली अभिव्यक्ति है।" लेनिन द्वारा प्रतिपादित यह बुनियादी सिद्धान्त कि साम्राज्यवाद का आर्थिक आधार इसकी नीति को निर्धारित करता है। यह केवल पूँजी के साम्राज्य पर

ही नहीं बल्कि समान रूप से सामाजिक साम्राज्य पर भी लागू होता है। (पेकिंग रिव्यू, नं. 20, 17 मई 1974)

पूँजी के साम्राज्यवाद की ही तरह सोवियत सामाजिक साम्राज्यवाद का भी आर्थिक आधार एकाधिकारी पूँजीवाद है। सोवियत यूनियन में पूँजीवाद की पुनःस्थापना से पूर्व, मजदूर वर्ग ने राज्य के मालिकाने के रूप में उत्पादन के साधनों को अपने अधिकार में लिया। उत्पादन के इन साधनों का चरित्र निर्धारण भी राज्य के चरित्र के अनुसार ही हुआ। ''संशोधनवादियों के सत्ता में पहुँचने का अर्थ बुर्जुआ का सत्ता में पहुँचना है। संशोधनवादियों द्वारा सोवियत की राज्य सत्ता पर कब्जा कर लेने और पागलों की तरह उसे संशोधनवादी लाइन पर आगे बढ़ाते हुए, ख्रुश्चेव, ब्रेजनेव गद्दार गिरोह ने सर्वहारा के अधिनायकत्व को बड़े बुर्जुआ के अधिनायकत्व में परिवर्तित कर दिया और इसे जर्मन फासिस्ट हिटलर की सत्ता जैसा बना दिया। वास्तव में राज्य सत्ता का चरित्र परिवर्तित होते ही उसी के अनुसार सरकारी मालिकाने के संस्थानों का चरित्र भी बदल जाता है। समाजवादी राज्य का मालिकाना परिवर्तित होकर नौकरशाह एकाधिकार पूँजीवादी अर्थव्यवस्था के हाथ में चला गया।'' (*पेकिंग रिव्यू*, नं. 20, 17 मई 1974)

सोवियत सामाजिक साम्राज्यवाद अमेरिकी साम्राज्यवाद से अधिक खतरनाक है। अमेरिकी साम्राज्यवाद अपनी 'स्वतन्त्रता' और 'लोकतन्त्र' की पाखंडी और अश्लील बातें करते-करते बहुत बेनकाब हो चुका है, परन्तु सोवियत यूनियन 'शान्ति' और 'समाजवाद' की बातें करता है, जबकि वह रूसी क्रान्ति को पीछे धकेल कर दुनिया के प्रथम समाजवादी देश में पूँजीवाद की पुनःस्थापना कर रहा है। रूस के नये शासक शर्मनाक तरीके से अपने साम्राज्यवादी कारनामों और विश्वासघात को छुपाने के लिए रूस के शानदार इतिहास का इस्तेमाल कर रहे हैं।

परन्तु जैसा कि लेनिन ने कहा था—हमें किसी के शब्दों से अधिक उसके व्यवहार को देखना चाहिए। सोवियत यूनियन शब्दों में शान्ति और तनाव शैथिल्य की बात करता है, परन्तु व्यवहार में रूस ने बड़े-बड़े मिसाइलों का विशाल भंडार एकत्र किया है और अमेरिकी साम्राज्यवाद के साथ हथियारों की होड़ का खतरनाक मोर्चा खोल दिया है।

रूस शब्दों में राष्ट्रीय मुक्ति संघर्षों का समर्थन करता है, परन्तु व्यवहार में ऐसे संघर्षों का दमन या उनसे विश्वासघात करता है। उदाहरण के लिए सोवियत यूनियन ने प्रिंस नरोदम सिंहानुक के नेतृत्व वाली रायल गवर्नमेंट आफ नेशनल यूनियन ऑफ कम्बोडिया को मान्यता न देकर लोननोल की कठपुतली सरकार

को मान्यता प्रदान की और यहाँ तक कि सोवियत की स्टेट इंश्योरेंस एजेंसी ग्रासट्राका ने लोननोल गिरोह के हथियारों के जहाज का बीमा भी कर दिया।

सोवियत रूस शब्दों में अल्पसंख्यक लोगों और यू. एस. एस. आर. के अन्दर रिपब्लिक की समानता की बात करता है, परन्तु व्यवहार में विगत 15 वर्षों से जो भी समानता मिली थी, उसका उलटा ही हो रहा है। उस महान समाजवादी रूस के समय की तुलना में अब इस विषय में उलटी धारा ही बह रही है।

शब्दों में रूस अपने देश में समाजवाद के निर्माण की बात करता है, जबकि वहाँ पूँजीवाद की पुनःस्थापना हो रही है।

शब्दों में सोवियत रूस, अमेरिका पोषित सिओनवाद के खिलाफ फिलिस्तीनियों या अन्य अरब जनता के संघर्षों का समर्थन करता है जबकि व्यवहार में सोवियत रूस मध्य-पूर्व में अपना प्रभुत्व स्थापित करने के लिए अमेरिकी साम्राज्यवाद से कड़ी प्रतिस्पर्द्धा कर रहा है और यह दोनों महाशक्तियाँ, फिलिस्तीन और अरबी जनता के वास्तविक क्रान्तिकारी संघर्षों के दमन के लिए साँठ-गाँठ करती हैं। यह दोनों महाशक्तियाँ मध्य-पूर्व में "नो वार, नो पीस" समझौते के प्रदर्शन के पीछे कुछ पका रही हैं। यह सब रचना वास्तविक क्रान्ति को रोकने की और साम्राज्यवादी कलह के नाम पर हस्तक्षेप की योजना है।

सोवियत यूनियन शब्दों में राष्ट्रों के आत्मनिर्णय के अधिकार का समर्थन करता है और दूसरे देश की सम्प्रभुता का सम्मान करता है। परन्तु व्यवहार में इसने 1971 में कश्मीरियों को भारत द्वारा आत्मनिर्णय का अधिकार न देने का समर्थन किया और भारत द्वारा पाकिस्तान के विभाजन को संगठित किया। यह एक ऐसी चाल थी, जिसने दोनों देशों के क्रान्तिकारी आन्दोलन का दमन करने में सुविधा प्रदान की।

शब्दों में सोवियत रूस समाजवादी कैम्प की एकता का दावा करता है, परन्तु 1960 में ही सोवियत यूनियन ने दुष्टतापूर्वक अपने सभी सलाहकारों, तकनीशियनों को *पीपुल्स रिपब्लिक ऑफ चाइना* से वापस बुला लिया, यहाँ तक कि अपूर्ण प्रोजेक्ट के ब्लू प्रिंट (नक्शे) भी वापस ले लिए, और उसने ऐसा ही विश्वासघाती व्यवहार अल्बानिया से भी किया। आज चीन की सीमा पर सोवियत रूस के 12,00,000 सैनिक तैनात हैं और इन्होंने 2 मिलियन जनसंख्या वाले *पीपुल्स रिपब्लिक ऑफ मंगोलिया* की सीमा पर भी अपना अड्डा जमा लिया है।

शब्दों में सोवियत यूनियन मजदूर वर्ग के अधिकारों और हित, तथा सामान्य जनता को सच्चे जनवाद की बात करता है। वास्तव में इसने अपने सामाजिक

साम्राज्यवादी शासन के खिलाफ आवाज उठाने वाले हजारों सोवियत नागरिकों को बन्दी बना रखा है।

शब्दों में सोवियत यूनियन अमेरिकी साम्राज्यवाद के खिलाफ विश्व की तमाम जनता के संघर्ष का समर्थन करता है, परन्तु व्यवहार में सोवियत का शासक वर्ग क्रान्ति का दमन करने और दूसरे राष्ट्रों के अन्दरूनी मामलों में हस्तक्षेप करने के लिए अमेरिकी साम्राज्यवाद के साथ मिल कर साजिश करता है, जबकि इसके साथ ही साथ विश्व प्रभुत्व स्थापित करने में अमेरिकी साम्राज्यवाद से झगड़ा भी करता है। यहाँ तक कि अपने लक्ष्य की पूर्ति के लिए मुक्ति-आन्दोलनों और अन्य क्रान्तिकारी संघर्षों को अपने काम में लगाने का प्रयास करता है। अंगोला और पुर्तगाल इसका ताजा उदाहरण हैं।

विश्व-भर में लोगों ने ऊपर वर्णित घटनाओं तथा अनेक अन्य तथ्यों द्वारा सोवियत यूनियन की अवसरवादी नीति को समझा है।

आज सोवियत समाज के सभी भागों में एक नये प्रकार के नौकरशाह एकाधिकारी पूँजीवाद का प्रभुत्व है। इस गिरोह के शासन में पूँजीवादी व्यवस्था की तमाम सामाजिक बुराइयाँ, भ्रष्टाचार और पतन आदि बुरी तरह से व्याप्त हैं। 'भौतिक प्रोत्साहन' और 'मुनाफा पहले' नीति पर चलने वाला नये प्रकार का नौकरशाह एकाधिकारी पूँजीपति वर्ग वास्तव में लालची, मुनाफाखोर शोषकों का एक गिरोह है। इसमें अधिकारियों को बड़े-बड़े वेतन, बोनस और सभी प्रकार के भत्ते मिल रहे हैं। उनके वेतन मजदूरों और किसानों की आय से 12 गुना, यहाँ तक कि सौ गुना भी हैं। परन्तु इसके बाद भी वह अपनी धन की भूख शान्त नहीं कर पा रहे हैं।

आज सोवियत यूनियन में चारों तरफ भ्रष्टाचार, कदाचार फैला हुआ है। झूठा आउटपुट दिखा कर 'बोनस' लेना, फर्जी बिल देकर और उत्पादन फंड का गबन कर, अकूत मुनाफा कमाने के लिए गैर-कानूनी ढंग से फैक्ट्रियों को चलाना, अतिरिक्त सुविधाएँ, एक परजीवी जीवन, अन्धाधुन्ध शराब पीना, ड्रग के आदी होना, बाल अपराध, व्यापक पैमाने पर धार्मिक अन्ध-विश्वास ने सोवियत समाज को तबाह कर दिया है।

रिपोर्ट के अनुसार सोवियत यूनियन 40 से अधिक देशों को आर्थिक 'सहायता' प्रदान करता है, 5,000 मिलियन रूबल से अधिक कर्ज देता है। इस 'सहायता' और कर्ज के द्वारा उन प्राप्तकर्ता देशों के प्रमुख आर्थिक विभागों पर नियन्त्रण बनाये रखने का मार्ग बनाता है और धीरे-धीरे उनको अपने ऊपर निर्भर बना देता है।

"सशस्त्र दुश्मनों का सफाया कर देने के बाद, निहत्थे दुश्मन बने रहेंगे; वे निराश होकर हमारे खिलाफ लड़ने को बाध्य हैं, और हमें ऐसे शत्रुओं को कभी भी कम नहीं समझना चाहिए। यदि हम आज और अभी इस समस्या को नहीं समझते और इस समस्या को नहीं उठाते तो हम एक गम्भीर गलती करेंगे।" (चीन की कम्युनिस्ट पार्टी की सातवीं केन्द्रीय कमेटी के दूसरे प्लेनरी सेशन की रिपोर्ट) कामरेड माओ ने मार्च 5, 1949 को कहा था। (देखें, *माओ सेलेक्टेड वर्क्स, वाल्यूम* IV, पृ. 364)

इसके बाद 21 सितम्बर 1949 को माओ-त्से-तुंग ने फिर चाइनीज पीपल्स पालिटिकल कांसूलेटिव कॉन्फ्रेंस के प्रथम प्लेनरी सेशन में कहा, "साम्राज्यवादी और घरेलू प्रतिक्रियावादी निश्चित रूप से नतमस्तक हो अपनी हार नहीं मानेंगे और वे आखिरी साँस तक लड़ेंगे। जब पूरे देश में शान्ति और कानून व्यवस्था ठीक होगी, ऐसे समय भी वे विश्वासघात करेंगे और विभिन्न प्रकार से बाधाएँ उत्पन्न करेंगे और हर दिन, हर मिनट सत्ता में वापस आने का प्रयास करेंगे। इस पर कोई शक नहीं, और यह अपरिहार्य है, और किसी भी परिस्थिति में हमें अपनी सतर्कता में ढील नहीं आने देना चाहिए।"

उन्होंने 27 फरवरी 1957 को अपने महत्त्वपूर्ण दार्शनिक लेख 'आन दि करेक्ट हैंडलिंग ऑफ कांट्राडक्शन एमंग दि पीपुल' (जनता के बीच के अन्तर्विरोधों को सही ढंग से हल करने के बारे में) में कहा, "हालाँकि चीन में मुख्य रूप से उत्पादन के साधनों पर मालिकाने की व्यवस्था का समाजवादी रूपान्तरण पूरा हो गया है और क्रान्ति-पूर्व व्यापक स्तर पर बहुसंख्यक जनता द्वारा संचालित संघर्ष और उथल-पुथल का दौर समाप्त हो चुका है। परन्तु अपनी सत्ता से बेदखल किये गये सामन्तों और कम्प्राडोर बुर्जुआ वर्ग के अवशेष अभी भी बाकी हैं, बुर्जुआ और पेटी बुर्जुआ वर्गों के स्वभाव-परिवर्तन के प्रयास अभी प्रारम्भ ही हुए हैं। अभी भी वर्ग संघर्ष समाप्त नहीं हुआ है। सर्वहारा और बुर्जुआ के बीच लम्बा चक्करदार संघर्ष जारी रहेगा और ऐसा भी समय आएगा जब यह संघर्ष बहुत तीक्ष्ण भी हो जाएगा। सर्वहारा अपने विश्व-दृष्टिकोण के अनुसार दुनिया को रूपान्तरित करना चाहता है और बुर्जुआ अपने वर्ग-दृष्टिकोण के अनुसार यह काम करना चाहता है। इस सम्बन्ध में अभी यह प्रश्न हल नहीं हुआ है कि समाजवाद विजयी होगा या पूँजीवाद।"

"हमारे देश में समाजवादी विचारधारा और पूँजीवादी विचारधारा के बीच हो रहे संघर्ष का फैसला लम्बे समय बाद ही होगा। इसका कारण है कि पुराने समाज से आये बुर्जुआ और बुद्धिजीवियों का तथा उनकी वर्गीय विचारधारा

का असर हमारे समाज में लम्बे समय तक रहेगा। इस बात को भली-भाँति न समझना या बिल्कुल ही न समझना एक भारी गलती होगी और वैचारिक संघर्ष संचालित करने की आवश्यकता पूर्णतः उपेक्षित रहेगी।''

इसी प्रकार कामरेड माओ समाजवादी चीन में पूँजीवाद की पुनःस्थापना के खतरे के बारे में निरन्तर सचेत करते रहते थे और इसीलिए उन्होंने अपने नेतृत्व में महान सर्वहारा सांस्कृतिक क्रान्ति का प्रारम्भ किया।

कामरेड माओ के नेतृत्व में महान सर्वहारा सांस्कृतिक क्रान्ति संचालित कर, *पीपुल्स रिपब्लिक ऑफ चाइना* को पूँजीवाद की पुनःस्थापना के खतरे से बचा लिया गया।

16 मई 1966 को चीन की कम्युनिस्ट पार्टी की केन्द्रीय कमेटी ने माओ के नेतृत्व में सांस्कृतिक क्रान्ति की जनरल लाइन के बारे में एक सरकुलर जारी किया। इसके अनुसार सांस्कृतिक क्रान्ति की मुख्य शिक्षाओं को निम्नलिखित रूप से सूत्रबद्ध किया जा सकता है।

1. सांस्कृतिक क्रान्ति ने पूँजीवाद की पुनःस्थापना को रोकने और बुर्जुआ द्वारा नियन्त्रण कर ली गयी संस्थाओं में सर्वहारा द्वारा पुनः सत्ता प्राप्त करने के तरीके का प्रदर्शन किया है। यह तरीका जनता द्वारा क्रान्तिकारी संघर्ष और नीचे से सत्ता पर कब्जा करने का तरीका है।

2. जनता को जाग्रत कर, उसे आलोचना के लिए प्रोत्साहित कर कम्युनिस्ट पार्टी में शुद्धिकरण के लिए सांस्कृतिक क्रान्ति एक शानदार संघर्ष था। कामरेड माओ और सर्वहारा हेडक्वार्टर द्वारा पार्टी से प्रति-क्रान्तिकारी और पतित तत्त्वों को निकालने, पार्टी में नयी शक्तियों को भर्ती करने और पार्टी की राजनीतिक और वैचारिक एकता को सुदृढ़ कर बुर्जुआ हेडक्वार्टर को अलगाव में डाल पराजित किया गया।

3. सांस्कृतिक क्रान्ति ने, शिक्षा, संस्कृति और कला आदि ऊपरी संरचना के सभी पहलुओं सहित सभी क्षेत्रों में मजदूर वर्ग के अधिनायत्व को लागू करने की आवश्यकता को प्रभावित किया।

4. सांस्कृतिक क्रान्ति सर्वहारा जनवाद में एक ऐसा प्रयोग था, जिसमें क्या गलत है और क्या सही, इसके लिए जनता स्वयं संघर्ष करती, वह जो कुछ अपने हित में नहीं समझती, उसकी आलोचना करती और पार्टी तथा राज्य पर निगरानी करती थी।

5. सांस्कृतिक क्रान्ति ने प्रभावशाली तरीके से इस मार्क्सवादी-लेनिनवादी सिद्धान्त को प्रमाणित किया है कि समाजवादी निर्माण को जनता पर भरोसा कर,

सर्वहारा राजनीति पर नियन्त्रण रखते हुए करना चाहिए; जैसा कि "क्रान्ति को आत्मसात करो और उत्पादन को बढ़ाओ" नारे में कहा गया है। यही उत्पादन की शक्तियों और उत्पादन के सम्बन्धों के बीच उचित सम्बन्धों का सारतत्त्व है।

6. भीषण और जटिल व्यापक संघर्षों के दौरान मार्क्सवाद-लेनिनवाद को गहराई से आत्मसात करने वाली चीन की जनता के लिए सांस्कृतिक क्रान्ति एक गम्भीर शिक्षा थी और यह क्रान्तिकारी उत्तराधिकारियों को वर्ग युद्ध की ट्रेनिंग का शानदार स्कूल था।

सच्चे मार्क्सवाद और छद्म मार्क्सवाद के बीच निर्णय करने की चीनी जनता की चेतना और योग्यता को उन्नत और सुदृढ़ किये बगैर चीन की व्यापक जनता बुर्जुआ हेडक्वार्टर को पहचानने और ध्वस्त कर पाने में सफल नहीं हो सकती थी और अन्तिम रूप में कहा जाए तो चीन में पूँजीवाद की पुनःस्थापना को रोकना सम्भव नहीं होता। सांस्कृतिक क्रान्ति का यह सर्वाधिक महत्त्वपूर्ण और निर्णायक योगदान है।

सर्वहारा के अधिनायकत्व को और सुदृढ़ करने के लिए चीन में लिनप्याओ और कनफ्यूशियस की आलोचना के जरिए एक नया जनसंघर्ष छिड़ गया है।

सी. पी. सी. की दसवीं पार्टी कांग्रेस (1973) में, चीनी क्रान्ति में दो लाइन के संघर्ष का सार संकलन करते हुए (बुर्जुआ और सर्वहारा लाइन के बीच, मार्क्सवाद और संशोधनवाद के बीच कम्युनिस्ट पार्टी के अन्दर का संघर्ष) माओ-त्से-तुंग ने मूल शिक्षा पर जोर दिया कि "सैद्धान्तिक और राजनीतिक लाइन का सही या गलत होना प्रत्येक चीज का निर्णय करता है।"

कामरेड माओ-त्से-तुंग ने सांस्कृतिक क्रान्ति के दौरान बार-बार दोहराया कि भविष्य में इस प्रकार की अनेक क्रान्तियों की आवश्यकता होगी। उन्होंने पहले भी कहा था कि "समाजवादी समाज एक लम्बा ऐतिहासिक काल होगा। समाजवाद के इस ऐतिहासिक काल में वर्ग, वर्ग अन्तर्विरोध और वर्ग संघर्ष मौजूद रहता है, इसलिए समाजवादी रास्ते और पूँजीवादी रास्ते का संघर्ष भी बना रहता है और पूँजीवाद की पुनःस्थापना का खतरा भी बना रहता है। हमें इस संघर्ष की दीर्घकालीन और जटिल प्रकृति को अवश्य समझना होगा। हमें कठोर निगरानी करनी होगी। हमें वर्ग अन्तर्विरोध और वर्ग संघर्ष को सही तरीके से समझना और हल करना होगा। अपने और शत्रु के बीच के अन्तर्विरोध, और जनता के बीच आपसी अन्तर्विरोधों के बीच फर्क को समझना होगा, उनको सही ढंग से हल करना होगा। अन्यथा यह हमारा समाजवादी देश पूँजीवादी देश में बदल जाएगा और पूँजीवाद पुनःस्थापित हो जाएगा। आज

से ही हमें अपने को प्रत्येक वर्ष, प्रतिमाह और प्रतिदिन इसे याद करना होगा ताकि हम लोग तुलनात्मक रूप से इस समस्या को भली-भाँति समझ सकें और मार्क्सवादी-लेनिनवादी लाइन तय कर सकें।''

कामरेड माओ ने कहा ''जब महान सर्वहारा सांस्कृतिक क्रान्ति हो रही थी : पूरे देश में व्याप्त अव्यवस्था व्यवस्था की ओर ले जा रही थी। इसी प्रकार प्रत्येक सात-आठ साल बाद राक्षस और दुष्ट छलाँग लगाकर सामने आ जाते। अपने वर्ग चरित्र के अनुसार वे कठिनाइयाँ उत्पन्न करने को बाध्य हैं। वर्ग संघर्ष की यह वास्तविक सच्चाई ऊपर कही गयी बातों को सही प्रमाणित करती हैं और करती रहेंगी।''

सोवियत यूनियन का नकारात्मक अनुभव इसका स्पष्ट प्रमाण है। परन्तु सांस्कृतिक क्रान्ति का शानदार सकारात्मक अनुभव और चीन के हर क्षेत्र में बुर्जुआ तथा पूँजीवादी रास्ते पर चलने वालों के खिलाफ निरन्तर जनता का संघर्ष दर्शाता है कि मजदूर वर्ग समाजवादी रूपान्तरण की प्रक्रिया को न केवल शुरू कर सकता है बल्कि जारी रख सकता है, क्रान्ति कर सकता है, समाजवादी रास्ते पर आगे बढ़ सकता है और विश्व की जनता को साम्यवाद के मार्ग पर ले जाने में नेतृत्व कर सकता है।

जब से ब्रेजनेव ने सोवियत यूनियन की सत्ता पर कब्जा किया है, तब से ही वह अपने देश में और विदेश में कठिनाइयों से घिरा है और निरन्तर पतनशील है। सोवियत रूस का संशोधनवादी गद्दार गिरोह सामाजिक साम्राज्यवादी नीतियों को लागू कर रहा है, देश के अन्दर सोवियत रूस की जनता का दमन कर रहा है और चारों तरफ तेजी से पूँजीवाद की पुनःस्थापना कर रहा है। विश्व स्तर पर अमेरिकी साम्राज्यवाद के साथ साँठ-गाँठ कर विभिन्न देशों की जनता के क्रान्तिकारी संघर्षों का दमन कर रहा है, पूर्वी यूरोपीय देशों और मंगोलिया पर दमघोंटू शिकंजा कस रहा है। चीन के खिलाफ आक्रमण का खतरा बढ़ रहा है, चेकोस्लोवाकिया पर कब्जा और चीन की चेनपाओ आइसलैंड की सीमा पर उकसावे की कार्यवाही इसकी कुटिल गतिविधियों का प्रमाण है। ब्रेजनेव का 'सोशलिस्ट कम्युनिटी' का सिद्धान्त हमें हिटलर द्वारा प्रतिपादित 'न्यू आर्डर ऑफ यूरोप', जापानी सैन्यवादियों के 'ग्रेटर ईस्ट एशिया के—प्रासपेरिटी स्फियर' और अमेरिकी साम्राज्यवाद के 'फ्री वर्ल्ड कम्युनिटी' के सिद्धान्त की याद दिलाता है। सोवियत संशोधनवादियों का 'सीमित सम्प्रभुता' (लिमिटेड सावरनिटी) का सिद्धान्त दूसरे देशों की सम्प्रभुता को सीमित करता है जबकि रूसियों को असीमित सम्प्रभुता का अधिकार प्रदान करता है। इसका दूसरे 'अन्तर्राष्ट्रीय

अधिनायकत्व' का सिद्धान्त रूस के उपनिवेश देशों की जनता पर अधिनायकत्व स्थापित करने के अतिरिक्त और कुछ नहीं है।

हमें दृढ़ विश्वास है कि सोवियत यूनियन का सर्वहारा वर्ग और व्यापक जनता अपनी शानदार क्रान्तिकारी परम्परा के साथ निश्चय ही उठ खड़ी होगी और इन मुट्ठी-भर लोगों के गिरोह को उखाड़ फेंकेगी। इस सन्दर्भ में कामरेड माओ ने कहा : "सोवियत यूनियन प्रथम समाजवादी देश था और सी. पी. एस. यू. को कामरेड लेनिन ने स्थापित किया था। हालाँकि सी. पी. एस. यू. के नेतृत्व और सोवियत राज्य सत्ता पर संशोधनवादियों ने कब्जा कर लिया है। मैं कामरेडों को सलाह देता हूँ कि वे दृढ़ विश्वास रखें कि सोवियत यूनियन की जनता, पार्टी सदस्य और कार्यकर्त्ता अच्छे और ईमानदार हैं, वे क्रान्ति चाहते हैं और संशोधनवादी शासन अधिक समय तक नहीं चलेगा।"

आइए, अब हम भारतीय परिस्थितियों का अध्ययन करें। हमने इससे पूर्व भारतीय परिस्थिति के बारे में संशोधनवादी सी. पी. आई. और सी. पी. आई. (एम) के मूल्यांकनों की विस्तार से चर्चा की है। सी. पी. आई. (एम एल) का प्रादुर्भाव उक्त दोनों संशोधनवादी पार्टियों की लाइन के ऊपर मार्क्सवादी-लेनिनवादी पार्टी लाइन की विजय को दर्शाता है। आज संशोधनवाद का नेतृत्व सोवियत रूस कर रहा है और यह भारतीय क्रान्ति तथा विश्व कम्युनिस्ट आन्दोलन का मुख्य ख़तरा है। सी. पी. आई. (एम एल) द्वारा भारतीय परिस्थितियों का विश्लेषण सही है।

सी. पी. आई. (एम एल) ने भारतीय राज्य को अर्द्धसामन्ती, अर्द्ध-औपनिवेशिक राज्य विश्लेषित किया है। इस पर हम पहले विस्तार से चर्चा कर चुके हैं। आइए, अब मार्क्सवादी-लेनिनवादी दृष्टिकोण से भारतीय समाज का विश्लेषण करें। इस दृष्टिकोण से भारतीय समाज में निम्नलिखित वर्गों को समझा जा सकता है।

कम्प्राडोर बुर्जुआ : इससे पहले 'सत्ता-हस्तान्तरण' से पूर्व भारतीय कम्प्राडोर बुर्जुआ के चरित्र तथा विकास और भारतीय संविधान पर विस्तार से चर्चा हो चुकी है। आइए, अब हम 'सत्ता-हस्तान्तरण' के बाद के भारत में कम्प्राडोर बुर्जुआ की स्थिति और विकास पर एक नजर डालें।

भारत सरकार सबसे बड़ी कम्प्राडोर है। हमने काफी विस्तार से अमेरिकी साम्राज्यवाद के (निजी और सरकारी कर्जों और भारत में इसके प्रतिनिधियों को प्राप्त सहायता) और सामाजिक साम्राज्यवाद के (भारत में निजी और सरकारी या सार्वजनिक संस्थानों) सम्बन्धों के बारे में पहले चर्चा की है। हमने इस बारे

में 'सहायता' देने वाले जिन देशों की सूची प्रस्तुत की है, उनमें अब पश्चिमी जर्मनी जापान और कुछ अन्य देश भी जुड़ गये हैं।

रिजर्व बैंक ऑफ इंडिया द्वारा अगस्त 1971 में प्रकाशित एक संपूरक रिपोर्ट में 'विदेशी सहायता' के विषय में लिखा गया है–

"15 अगस्त 1947 से 31 मार्च 1971 तक 18225 मिलियन डॉलर विदेशी सहायता प्राप्त हुई, जिसमें 12,666 मिलियन डॉलर या 70 प्रतिशत कर्ज, 440 मिलियन डॉलर या 24 प्रतिशत पी. एल. 480/664 के रूप में प्राप्त हुई और तीसरे देश की मुद्रा के रूप में सहायता यू. एस. एस. आर. से प्राप्त हुई और शेष 1,159 मिलियन डॉलर या 6 प्रतिशत राशि अनुदान के रूप में प्राप्त हुई। भारतीय मुद्रा में यह राशि 10,000 करोड़ रुपये से कुछ अधिक है।"

भारत सरकार हथियारों, सार्वजनिक क्षेत्र के प्रोजेक्टों, बड़े उद्योगों की तकनीकी जानकारी, पूँजीगत माल, स्पेयर पार्ट्स, फर्टिलाइजर, कृषि और औद्योगिक कच्चे माल और खाद्यान्न के लिए टैक्सों, सार्वजनिक कर्जों और विदेशी कर्जों पर निर्भर है। कर्ज के रूप में वित्त पोषण भारत सरकार का स्थायी आधार बन गया है।

भारत सरकार एक बड़ा कम्प्राडोर बन गयी है जो कर्जों से मुनाफा कमाती है, हालाँकि यह सरकार खुद विदेशी वित्तीय सहायता पर करोड़ों रुपये ब्याज का भुगतान करती है।

कर्ज देने वाले देशों से प्राप्त राशि का 1/3 भाग इन देशों से बड़े उद्योगों की मशीनरी, और सहायक सामान खरीदने में खर्च हो जाती है। यह बड़े उद्योग अपने स्पेयर पार्ट्स आदि के लिए विदेशी निर्माता पर ही निर्भर रहते हैं। बड़े उद्योगों के लिए आवश्यक स्पेयर पार्ट्स और पूँजीगत माल के लिए भारत सरकार केवल एक बिक्री एजेण्ट के रूप में काम करती है।

लगभग 60 प्रतिशत कर्ज औद्योगिक और कृषि सामान आयात करने में खर्च होता है। इनको गैर-प्रोजेक्ट वाले कर्ज कहा जाता है। इस प्रकार भारत सरकार यहाँ पर भी विदेशी माल के सेल्समैन की भूमिका निभाती है। इन विदेशी मालों की बिक्री से प्राप्त मुनाफे का बँटवारा भारत सरकार और विदेशी पूँजीपति के बीच होता है।

भारत सरकार ने खाद्यान्न और कृषि का कच्चा माल जैसे सोयाबीन का तेल, अमेरिका से खरीदा है। भारत ने अमेरिका से लगभग 3000 करोड़ रुपये का सोया तेल खरीदा। इस अतिरिक्त माल को किसी न किसी रूप में भारत में बेचना ही है। अमेरिका इस सामग्री को भारत या दूसरे देशों में बेच कर

अपनी वित्तीय पूँजी में निरन्तर वृद्धि कर रहा है। निश्चित रूप से भारत सरकार इस सामग्री को बेचकर, अमेरिकी निवेश के लिए एक दलाल की ही भूमिका निभा रही है।

स्टेट ट्रेडिंग कारपोरेशन एक कम्प्राडोर सार्वजनिक संस्थान है। शुरू के दिनों में यह संस्थान सोवियत यूनियन और पूर्वी यूरोपीय देशों से पूँजीगत माल तथा अन्य सामग्री आयात करता था और भारत में उस माल की बिक्री से काफी लाभ कमाता था। अब इसने अपना कार्य क्षेत्र विस्तारित किया है और यह विभिन्न पूँजीवादी दीशों से औद्योगिक और कृषि सामानों का आयात करता है।

हमारे देश में विभिन्न तरह के आवरणों में विदेशी पूँजी का तीव्र प्रवाह हो रहा है। इसमें से कुछ तो सीधे मुख्य विदेशी संस्थान हैं और कुछ उनकी सहायक संस्थाएँ हैं। इसके अतिरिक्त भारतीय पूँजी के साथ संश्रय करने वाले अनेक संस्थान और उद्योग हैं। इस संस्थान में रोज नये-नये संस्थान बढ़ रहे हैं। भारत में इस तरह के संश्रय के अनेक रूप हैं। पूँजी, उपकरण, तकनीकी जानकारी यह सब एक साथ या अलग-अलग। इनकी आपूर्ति इस प्रकार के सहयोग का मुख्य पहलू है। भारत में यह तीनों विदेशी पूँजी द्वारा संचालित हो रहे हैं। भारतीय पूँजीपतियों को औद्योगिक निर्माण और चालू खर्च के लिए मौद्रिक पूँजी मुख्य रूप से भारत सरकार के वित्तीय संस्थानों द्वारा उपलब्ध कराई जाती है। काफी बड़ी संख्या में नाममात्र की विदेशी पूँजी निवेश वाली भारतीय संस्थाओं का नियन्त्रण विदेशी पूँजी करती है। ऐसी संस्थाएँ भी हैं, जहाँ सर्वाधिक पूँजी और नियन्त्रण विदेशी हैं, भारतीय पूँजी नगण्य है यह संस्थाएँ केवल नाम के लिए भारतीय हैं, इनमें विदेशियों का सम्पूर्ण अधिकार है।

सट्टा बाजार को स्थापित करना भी एक प्रकार का समझौता या सहयोग है। भारतीय पूँजीपति वर्ग इस प्रकार की व्यवस्था के वशीभूत हो जाते हैं, क्योंकि उनको बगैर कुछ किये मुनाफा सुनिश्चित हो जाता है। वे बहुत कम पूँजी लगाते या फिर कुछ और प्रयास करते हैं। भारत में कार्यरत कम्प्राडोर बुर्जुआ का यह एक और महत्त्वपूर्ण रूप है।

केन्द्र सरकार और राज्य सरकारों ने देशी और विदेशी दोनों बड़े उद्योगों को वित्तीय सहायता प्रदान करने के लिए अनेक कारपोरेशन का गठन किया है। यह संस्थाएँ सरकारी और विदेशी कर्जों को वितरित करती हैं और इस प्रकार कम्प्राडोर और शत्रु-सहयोगी के रूप में कार्यरत हैं। विदेशी कर्जों का लाभ उठाने वाला भारतीय पूँजीपतियों का वर्ग, भारतीय कम्प्राडोर बुर्जुआ है

और वह इस प्रकार के कर्जों का लाभ उठाकर मजबूत होता है। विश्व बैंक और इससे जुड़े हुए संस्थान और अन्य विदेशी बैंक इस प्रकार के संस्थानों/संगठनों को कर्ज प्रदान करते हैं।

भारत सरकार, भारत का बड़ा बुर्जुआ वर्ग और विदेशी पूँजीपति एक साथ मिलकर औद्योगिक रूप से पिछड़े देशों में शासक वर्गों के साथ समझौता कर संयुक्त उद्यम स्थापित कर रहे हैं। इस पूरी प्रक्रिया में भारत सरकार मात्र एक दलाल के रूप में सक्रिय रहती है, जबकि विदेशी और देशी पूँजीपति वर्ग उन देशों की जनता का शोषण करने में भारत सरकार का इस्तेमाल करते हैं और दलाल को अपने विदेशी बड़े भाइयों से दलाली के कुछ टुकड़े प्राप्त होते हैं।

विदेशी उद्योगों के उत्पाद और आयातित माल को प्रोत्साहन देने और बेचने के लिए हमारे देश में प्रचुर संख्या में सेल्समैन उपलब्ध हैं। फार्मूस्यूटिकल और फर्टिलाइजर में विदेशियों का एकाधिकार है। इस प्रकार के सभी उत्पादों के लिए भारत में थोक और फुटकर व्यापारी मौजूद हैं। इसमें कम्प्राडोर बुर्जुआ वर्ग बिचौलिया और विक्रेता व्यापारी है।

सोवियत सामाजिक साम्राज्यवाद से प्राप्त कर्ज सार्वजनिक क्षेत्र के संस्थानों में खर्च किया जाता है। परन्तु अब सोवियत सहायता को निजी उद्योगों में भी खर्च किया जा रहा है। सार्वजनिक क्षेत्र का बड़ा भाग सोवियत यूनियन का कम्प्राडोर है। यह निजी पूँजीपतियों के माध्यम से मशीनरी, ट्रैक्टर आदि को बेचता है जो इसके बदले सोवियत यूनियन के कम्प्राडोर बुर्जुआ की तरह ही कार्य करते हैं। इस प्रकार भारतीय कम्प्राडोर बुर्जुआ अमेरिका, ब्रिटेन, पश्चिमी जर्मनी के कम्प्राडोर बुर्जुआ के हितों की पूर्ति करते हैं।

भारत सरकार केवल कम्प्राडोर बुर्जुआ की ही प्रतिनिधि नहीं है, बल्कि नौकरशाह बुर्जुआ भी है।

नौकरशाह पूँजी : यह सबको मालूम है कि पूँजीपति वर्ग अपने मुनाफे के लिए बजट का इस्तेमाल करता है। उनके द्वारा सार्वजनिक आय में से एक निश्चित हिस्सा (शेयर) प्रत्यक्ष या अप्रत्यक्ष रूप से चुरा लिया जाता है और वे ऐसी पूँजी पर लाभ कमाते हैं जो उनकी है ही नहीं। यह पूँजीवादी व्यवस्था का एक अभिन्न अंग है और कम या अधिक सभी पूँजीवादी देशों में ऐसा होता है। भारत ऐसे आर्थिक रूप से पिछड़े देशों में यह प्रक्रिया व्यापक रूप से लागू होती है। इसे नौकरशाह पूँजी कहते हैं।

भारत सरकार रेलवे, विद्युत उत्पादन आदि पर हर वर्ष अपने बजट से विशाल राशि खर्च करती है, हालाँकि ये संस्थान विदेशी कर्ज पर ही निर्भर

हैं। भारत सरकार के बजट में कर्ज वापसी शामिल रहता है। यह संस्थान सार्वजनिक क्षेत्र के लिए अधिक उपयोगी होते हुए भी जनता के मुकाबले निजी संस्थानों की अधिक सेवा करते हैं। विद्युत उत्पादन और रेलवे अक्सर ही घाटे का बोझ उठाते हैं जबकि ये निजी सेक्टर की ही सेवा करते हैं। निजी सेक्टर इन संस्थानों (उद्यमों) के लिए सहायता पाते हैं जबकि भारत सरकार को हानि उठानी पड़ती है।

भारत ऐसे अविकसित देशों का निजी क्षेत्र बड़े उद्योग लगाने की क्षमता नहीं रखता, क्योंकि इसमें लम्बी अवधि तक इसे हानि उठानी होगी। इसलिए निजी क्षेत्र उपभोक्ता वस्तुओं वाले उद्योग लगाता है, जहाँ उसको तुरन्त लाभ की गारंटी होती है और विशाल उद्योग नहीं स्थापित करता, जहाँ प्रारम्भ में केवल नुकसान ही होता है। परन्तु निजी क्षेत्र को मुनाफा देने के लिए अर्थात् उपभोक्ता उत्पादन वाले उद्योग जो सीधे-सीधे विशाल उद्योगों पर निर्भर हैं, उनकी सहायता के लिए भारत सरकार विशाल उद्योगों की स्थापना करती है। इस प्रकार भारत सरकार निजी क्षेत्र के पूँजीपतियों को उपभोक्ता सामग्री से अधिक लाभ कमाने में सहायता करती है।

'राष्ट्रीयकृत' बैंक, भारतीय जीवन बीमा निगम, इंडस्ट्रियल डेवलपमेंट कारपोरेशन आदि सार्वजनिक वित्तीय संस्थाएँ हैं। इंडस्ट्रियल डेवलपमेंट कारपोरेशन्स की स्थापना सरकार द्वारा प्रारंभिक पूँजी लगाने की शर्त पर हुई। हर वर्ष सरकार द्वारा इसमें और पूँजी लगाई जाती रही। जीवन बीमा कम्पनी का राष्ट्रीयकरण होने पर क्षतिपूर्ति सरकार की वित्तीय संस्थाओं से की गयी। जीवन बीमा निगम (एल. आई. सी.) का कोष जनता की बचत से निर्मित होता है, परन्तु उसके उस फंड का उपयोग बड़े बुर्जुआ और सरकार की सेवा के लिए होता है। 'राष्ट्रीयकृत' बैंकों की भी क्षतिपूर्ति बजट से ही होती है, परन्तु इसकी जमा पूँजी हमेशा की तरह बड़े पूँजीपतियों के हित में ही प्रयोग होती है। इस प्रकार वित्तीय पूँजी की यह संस्थाएँ नौकरशाह पूँजी की ही संस्थाएँ हैं।

सहकारी चीनी मिलें, कपड़ा मिलें, कोऑपरेटिव (सहकारी) उद्योग हर दिन स्थापित हो रहे हैं। सहकारी चीनी मिलें, कपड़ा मिलें और राइस मिलें इसके कुछ उदाहरण हैं। यह न तो कृषि से सम्बन्धित हैं और न ही कर्ज देने वाले संस्थान हैं। इसकी मूल पूँजी बजट से ही प्रदान की गयी। इन सहकारी उद्योगों का इस्तेमाल स्थानीय सामन्तों, उच्च धनाढ्यों, सत्ता से जुड़े बड़े धनवान राजनीतिज्ञों द्वारा किया जाता है। इसलिए इन संस्थानों में सरकार द्वारा निवेश की गयी पूँजी नौकरशाह पूँजी है।

टैक्स में छल-कपट करने वालों के द्वारा कई सौ करोड़ रुपया गटक लिया

जाता है। इस स्थिति के कारण बजट में वित्तीय घाटा होता है। इस धन राशि का पूँजी के रूप में उपयोग किया जाता है। टैक्स की चोरी को सामान्य रूप से ऊपर से सहारा मिलता है। निश्चित रूप से सभी गरीबों से सारा टैक्स वसूल किया जाता है। गरीबों से एकत्र किया गया टैक्स बड़े बुर्जुआ के लिए पूँजी उपलब्ध कराता है, जबकि चुराई गयी टैक्स की राशि बड़े बुर्जुआ, करोड़पतियों और उनसे जुड़े हुए व्यापारियों के लिए पूँजी प्रदान करती है। स्मगलिंग एक लाभप्रद व्यापार है, बड़े भूस्वामी, अनुभवी करोड़पति और उनसे जुड़े लोग इस व्यापार में लगे रहते हैं। टैक्स चोरी की ही तरह स्मगलिंग भी बड़े बुर्जुआ को पूँजी प्रदान करती है।

ठेकेदारी प्रथा हमारे देश में काफी कुछ नियंत्रित करती है। रक्षा, रेलवे, सिंचाई, परिवहन, भवन निर्माण तथा अन्य निर्माण कार्यों वाले पी. डब्ल्यू. डी. ऐसे सरकारी विभागों में ठेकेदार बड़ी भूमिका निभाते हैं। निर्माण-कार्य का बड़ा भाग इन ठेकेदारों को सौंपा जाता है, जिनको कानूनी रूप से इस कार्य में निश्चित शेयर मिलता है। इन कार्यों में गैर-कानूनी तरीके से धनराशि हड़पने के अनेक रास्ते हैं। यह ठेकेदार पूरे देश में केन्द्र से लेकर गाँव तक फैले हैं। जंगल और आबकारी ठेकेदार भी इस श्रेणी में आते हैं। सभी ठेकेदार राज्य मशीनरी के साथ घनिष्ठ और मजबूत सम्बन्ध स्थापित करते हैं, जिन सम्बन्धों के बल पर वह अपनी और उनकी आमदनी सुनिश्चित करते हैं। इस प्रकार वे धनाढ्‌य बन जाते हैं। उनमें से कुछ उद्योगपति और कुछ व्यवसायी और व्यापारी बन जाते हैं। यह भी नौकरशाह पूँजीपति की श्रेणी में आते हैं।

सरकारी और सार्वजनिक संस्थानों की अफसरशाही, शिखर पर बैठे अधिकारी वेतन और भत्तों के रूप में भारी धनराशि प्राप्त करते हैं और इसके अतिरिक्त उनकी अवैध आय भी है। यह लोग भी व्यापार और उद्योग में पूँजी निवेश करते हैं। यह भी उसी नौकरशाही पूँजी की श्रेणी में आते हैं।

कम्प्राडोर बुर्जुआ विभिन्न तरीकों से बजट पर डाका डालता है। इस प्रकार लूटा गया धन भी नौकरशाह पूँजी है।

नव-उपनिवेशवादी सत्ता के हाथों में खाद्यान्न एक औजार हो गया है। अमेरिकी साम्राज्यवाद द्वारा इस मद में बड़ी धनराशि की सहायता से भारतीय मुद्रा पर उसका शिकंजा कस गया और यह अमेरिका की दया पर निर्भर हो गयी। इसने धीरे-धीरे भारत के कुछ हाथों में ही आर्थिक शक्ति के केन्द्रीकरण को बढ़ाया। खाद्यान्न के माध्यम से अमेरिकी पूँजी के निर्यात ने भारत में अमेरिकी दूतावास को हेरा-फेरी की शक्ति प्रदान की और इसने कुछ पूँजीपतियों

के साथ समझौता कर पूँजी निवेश किया या फिर सीधे अमेरिकी उद्यमों को स्थापित किया। यह एक नव उपनिवेशवादी पद्धति है। अमेरिकी दूतावास से नियंत्रित पूँजी से लाभ पाने वाले वाशिंगटन निवासी ठेकेदार हैं, जिनका भारत की घरेलू और विदेश नीति में काफी प्रभाव है। और इस प्रकार भारत में उँडेला गया बड़ी मात्रा में दीर्घकालीन कर्ज और पूरक धनराशि किसी भी काम की नहीं है। (परिशिष्ट XIX में सारणी देखें।)

भारतीय राज्य-व्यवस्था के इस अर्द्ध-औपनिवेशिक चरण में विदेशी निवेश निरन्तर बढ़ रहा है। इंडो-फारेन ज्वाइंट इंटरप्राइसेज के माध्यम से विदेशी कम्पनियों ने भारत में अपनी गतिविधियों का क्षेत्र विस्तार किया है। भारत के अनेक सबसे बड़े पूँजीपति इस ज्वाइंट बेंचर में हिस्सेदार हो गये हैं। अर्द्ध-औपनिवेशिक भारत की कम्प्राडोर अर्थ-व्यवस्था में विदेशी वित्तीय पूँजी और भारतीय शक्तिशाली उद्योगपतियों का मिला-जुला हित एक महत्त्वपूर्ण विशेषता है। (परिशिष्ट XX में सारणी देखें)

अर्द्ध-औपनिवेशिक देश में राष्ट्रीयकरण नौकरशाह पूँजी के संकेन्द्रण को प्रोत्साहित करता है और यह करदाताओं के पैसे से उद्योग स्थापित करता है ताकि बड़े व्यापारी को सर्वाधिक लाभ मिल सके। भारत सरकार के सर्वोच्च अधिकारी लाइसेंस देने के अपने अधिकार के साथ अपने प्रभाव का विस्तार करते हैं। यही बैंकों, जीवन बीमा कम्पनी, एयर लाइन, रेडियो, परिवहन आदि के 'राष्ट्रीयकरण' और भरत सरकार की 436 कम्पनियों की रु. 994.62 करोड़ की प्रदत्त पूँजी (पेड अप कैपिटल) का नियन्त्रण करते हैं। इस सब स्थिति ने भारत के उच्च नौकरशाहों की स्थिति बहुत मजबूत की है। (देखें, परिशिष्ट XXI) एक अर्द्ध-औपनिवेशिक देश में तथाकथित राष्ट्रीयकरण केवल नौकरशाह पूँजी को फलने-फूलने में सहायता करता है जो फिर कम्प्राडोर पूँजी की ही सेवा करती है।

अर्द्ध-औपनिवेशिक भारत की अर्थव्यवस्था के दो पक्ष हैं। एक का सम्बन्ध अमेरिकी साम्राज्यवाद से है और दूसरे का सामाजिक साम्राज्यवाद से; प्रत्येक पक्ष एक-दूसरे का पूरक है और एक-दूसरे में व्याप्त है। चेकोस्लोवाकिया, पूर्वी जर्मनी, हंगरी ऐसे पूर्वी यूरोपीय देशों और यू. एस. एस. आर. की भारत में गतिविधियाँ भारत की नौकरशाही पूँजी के सुदृढ़ीकरण में सहायक हैं जबकि अमेरिका, ग्रेट ब्रिटेन का एड इंडिया क्लब, विश्व बैंक, पी एल-480 और 665 आदि संयुक्त रूप से कार्य करनेवाले पक्ष को मजबूत करते हैं। भारत में बैंकों और मिलों के राष्ट्रीयकरण के खेल का कभी भी भंडाफोड़ नहीं हुआ बल्कि

इसे भारतीय करोड़पतियों और सोवियत सामाजिक साम्राज्यवाद के पूर्ण सहयोग से मजबूत ही किया गया।

प्रथम विश्वयुद्ध के दौरान और इसके बाद भारत में कुछ सहायक उद्योगों की स्थापना ब्रिटिश और भारतीय मिली-जुली पूँजी के निवेश से हुई। इसी के बाद एम. एन. राय द्वारा प्रस्तुत वि-औपनिवेशीकरण (डि-कोलोनाइजेशन) का गैर-मार्क्सवादी, संशोधनवादी सिद्धान्त विश्व कम्युनिस्ट आन्दोलन में दिखाई दिया। कम्युनिस्टों के एक हिस्से ने वित्तीय पूँजी की प्रगतिशील भूमिका को रेखांकित किया (!)। कामरेड स्टालिन ने 1925 में तीन प्रकार के उपनिवेशों के विश्लेषण में अपना प्रसिद्ध सात सूत्री विश्लेषण प्रस्तुत किया और भारतीय कम्युनिस्टों के लिए कुछ दिशा-निर्देश बनाए, जब भारतीय "बुर्जुआ का सबसे धनी और प्रभावशाली हिस्सा, क्रान्ति के शत्रु साम्राज्यवादियों के साथ मजदूरों और किसानों के खिलाफ खेमे-बन्दी कर रहा था।" कामरेड स्टालिन ने भारतीय कम्युनिस्टों से, इस समझौता-परस्त बुर्जुआ की विश्वासघाती नीति को बेनकाब करने, भारत की मेहनतकश जनता को इसके प्रभाव से मुक्त कराने और व्यवस्थित तरीके से भारतीय जनता के मुक्ति आन्दोलन पर सर्वहारा का प्रभुत्व कायम करने, बुर्जुआ को प्रभावशाली स्थिति से धीरे-धीरे बेदखल करने को कहा। इस प्रकार कामरेड स्टालिन ने भारत के कम्युनिस्टों के सामने तत्काल पूरा करने वाले कार्यभार प्रस्तुत किये।

द्वितीय विश्वयुद्ध की समाप्ति के बाद साम्राज्यवाद के समर्थकों ने यह प्रचार प्रारम्भ किया कि पिछड़े देशों को अपने 'स्वयं' के उद्योग स्थापित करने के लिए विदेशी वित्तीय पूँजी का सहयोग अवश्य ही लेना चाहिए।

1920 के दशक में विश्वासघाती एम.एन. राय का वि-औपनिवेशीकरण (डि-कोलोनाइजेशन) का जो सिद्धान्त एक बार दफना दिया गया था, वह फिर सर उठाने लगा, हालाँकि इस बार वह संशोधनवादियों के आत्मिक दिशा निर्देश के आवरण में दिखाई दिया।

1950 के दशक में कामरेड स्टालिन एक बार फिर मैदान में उतरे। उन्होंने अपनी पुस्तक 'इकनॉमिक प्राब्लम्स ऑफ सोशलिज्म इन दि यू.एस.एस.आर.' में सर्वाधिक मुनाफा के सिद्धान्त पर विचार रखते हुए संशोधनवादी प्रवृत्ति को परास्त करने के लिए "आधुनिक पूँजीवाद के बुनियादी आर्थिक नियमों" पर चर्चा की। परन्तु कामरेड स्टालिन के निधन के बाद वे परास्त कायर लोग जो उस समय मुँह भी नहीं खोलते थे, वे फिर सिर उठाने लगे। विश्व-भर के संशोधनवादियों के अभिन्न अंग इटली के तुगलियाती ने पूँजीवादी अर्थव्यवस्था

में, राजकीय एकाधिकार वाले उद्यमों की प्रगतिशील भूमिका को सैद्धान्तिक रूप देना प्रारम्भ किया।

माओ-त्से-तुंग के नेतृत्व में चीन की कम्युनिस्ट पार्टी (सी. पी. सी.) ने तुगलियाती की पुस्तक 'थ्योरी ऑफ स्ट्रक्चरल रिफार्म' द्वारा राजनीतिक-आर्थिक क्षेत्र में उत्पन्न किये गये संशोधनवादी खतरे को समझा। तुगलियाती राज्य एकाधिकार वाले उद्यमों की प्रगतिशील भूमिका का जोर-शोर से प्रचार कर रहा था। सी. पी. सी. ने, लेनिनवाद की समस्याओं का गम्भीर अध्ययन करने के बाद अपनी पुस्तक *'मोर आन दि डिफरेंसेज बिटविन कामरेड तुगलियाती एंड अस'* तथा अन्य पुस्तकों में भी तुगलियाती के संशोधनवादी सूत्रीकरण का उत्तर दिया।

सामन्ती बुर्जुआ वर्ग : सम्पूर्ण भारत में आज भी पूर्व राजा, महाराजा और बड़े-बड़े भू-स्वामी चारों तरफ मौजूद हैं। उन्होंने अपनी सम्पत्ति का एक भाग कम्प्राडोर बुर्जुआ के उद्योगों में लगाया और उनकी कतार में शामिल हुए। यह पूर्व राजे-महाराजे और बड़े भूस्वामी वर्ग के लोग दोहरी भूमिका निभा रहे हैं। वे एक तरफ कम्प्राडोर बुर्जुआ की भूमिका में हैं और दूसरी तरफ बड़े भूस्वामी वर्ग की तरह सक्रिय हैं। सूदखोरों और भूस्वामी वर्ग से भी एक बुर्जुआ वर्ग विकसित हो रहा है। वे अपनी अतिरिक्त धन राशि व्यापार और उद्योग में निवेश कर रहे हैं। यह वर्ग सामन्ती बुर्जुआ वर्ग है।

राष्ट्रीय बुर्जुआ : आर्थिक रूप से साम्राज्यवाद और सामाजिक साम्राज्यवाद का विरोध करनेवाला वर्ग राष्ट्रीय बुर्जुआ वर्ग होता है। जो बुर्जुआ विदेशी पूँजी से कोई सम्बन्ध नहीं रखता, वही राजनीतिक रूप से साम्राज्यवाद का विरोध कर सकता है। इसलिए हमारे देश का बड़ा बुर्जुआ वर्ग राष्ट्रीय बुर्जुआ नहीं है और यह कम्प्राडोर बुर्जुआ है। इस वर्ग के प्रतिनिधित्व वाली भारत सरकार कम्प्राडोर सरकार है, यह राष्ट्रीय सरकार नहीं है।

हमारे देश में छोटे-छोटे उद्योग, व्यापार और व्यवसाय (आढ़त) आदि का काम करने वाले हैं, जिनका न तो विदेशी पूँजी से कोई सम्बन्ध है और न ही वह उस पर निर्भर हैं। इन उद्योगों, व्यापार और व्यवसाय का मालिक बुर्जुआ, राष्ट्रीय बुर्जुआ वर्ग है। परन्तु हमारे देश में यह अभी तक न तो राजनीतिक शक्ति के रूप में विकसित हुआ है और न ही इसके हितों की रक्षा करने वाली कोई राजनीतिक पार्टी है।

कम्प्राडोर बुर्जुआ के प्रतिनिधित्व वाली वर्तमान भारत सरकार, आत्मनिर्भरता जैसे अनेक राष्ट्रीय नारों द्वारा राष्ट्रीयकृत बैंकों से छोटे उद्योगों और छोटे व्यापारियों को कर्ज प्रदान कर, भारत के राष्ट्रीय बुर्जुआ को तुष्ट करती है और इस प्रकार

उनको अपने समर्थन में खड़ा करती है। विदेशी पूँजी और भारतीय कम्प्राडोर पूँजी के प्रभुत्व के कारण छोटे उद्योग बन्द होते जा रहे हैं या दिवालिया होने के कगार पर हैं। विदेशी पूँजी और भारतीय कम्प्राडोर वर्ग के दोहरे दबाव में राष्ट्रीय बुर्जुआ विकास करने की स्थिति में नहीं है। शासक वर्गों द्वारा, पाखंडी प्रगतिशील नजरिए की छीना-झपटी के अधीन उठाए गये कुछ औपचारिक कदम इस वर्ग की कोई समस्या हल नहीं करते और उनको कोई दिशा भी नहीं देते। सामान्य रूप से राष्ट्रीय बुर्जुआ को विदेशी पूँजी और भारतीय कम्प्राडोर बुर्जुआ वर्ग का शिकार बनना पड़ता है। इनके जाल में फँसकर छटपटाता हुआ वह इन दोनों के खिलाफ कोई भी निर्णायक कदम उठाने में अक्षम हो जाता है। भारत की वर्तमान परिस्थिति में राष्ट्रीय बुर्जुआ वर्ग इतना कमजोर है कि वह न तो सीधा खड़ा हो सकता है और न ही विदेशी पूँजी और देशी कम्प्राडोर पूँजी का प्रभावी विरोध कर सकता है। वह इन दोनों द्वारा उत्पन्न की गयी उथल-पुथल में और इनके तुष्टीकरण से शान्त हो जाता है। भारत का राष्ट्रीय बुर्जुआ वर्ग आज किस हालत में है, उस पर, नव जनवादी क्रान्ति के व्यवहार में और अधिक मूल्यांकन की आवश्यकता है।

जहाँ तक मजदूर वर्ग के शोषण की बात है, सभी बुर्जुआ एक हैं और समझदार हैं। परन्तु जहाँ तक साम्राज्यवादियों से इनके सम्बन्धों की बात है सामान्य रूप से बुर्जुआ कम्प्राडोर बुर्जुआ और राष्ट्रीय बुर्जुआ वर्ग में विभाजित होता है। नव-जनवादी क्रान्ति के सन्दर्भ में उनकी भूमिकाएँ बिल्कुल अलग-अलग हैं। आज की परिस्थिति में वास्तविक सच्चाई के रूप में राष्ट्रीय बुर्जुआ का अस्तित्व बहुत कम है, इसका चरित्र क्रान्तिकारी है और यह क्रान्ति का सहयोगी है। बड़ा बुर्जुआ जो साम्राज्यवाद से साँठ-गाँठ करता है और सामन्त या बड़े भूस्वामी, ये सभी प्रतिक्रियावादी, प्रतिक्रान्तिकारी और देश विरोधी हैं।

सर्वहारा वर्ग और ट्रेड यूनियन आन्दोलन

सर्वहारा वर्ग : कांग्रेस के नेता बाल गंगाधर तिलक को छह वर्ष की सजा सुनाये जाने के विरोध में बम्बई (मुम्बई) के मिल मजदूरों द्वारा राजनीतिक उद्देश्य के लिए की गयी जनरल स्ट्राइक (हड़ताल) की घटना से कामरेड लेनिन ने निष्कर्ष निकाला और 1908 में कहा था : 'भारत का सर्वहारा वर्ग, वर्ग सचेत राजनीतिक वर्ग संघर्ष संचालित करने के लिए काफी परिपक्व है और इसी कारण आज भारत में एंग्लो-एशियन पद्धतियाँ पुरानी पड़ गयी हैं।'' परन्तु गैर-मार्क्सवादी दृष्टिकोण के लोग 1914 से पूर्व के भारतीय मजदूर वर्ग की संख्या और गुणवत्ता की सच्चाई को नहीं समझ सके। प्रथम विश्वयुद्ध से पूर्व भारत का मजदूर वर्ग निश्चित रूप से राजनीतिक परिदृश्य के पीछे था। परन्तु प्रथम विश्वयुद्ध की समाप्ति पर 1918 से 1921 के बीच हड़तालों और आन्दोलन की बाढ़ आ गयी।

1928 में सर्वहारा के वर्ग सचेत हिस्से द्वारा एक बड़ी जुझारू हड़ताल संचालित की गयी। उस समय से मजदूर वर्ग एक संगठित शक्ति के रूप में सामने आया और आन्दोलनों में सीधे अपनी भूमिका निभाने लगा।

भारत सरकार की तरफ से 'लीग ऑफ नेशन्स' की कौंसिल में बोलते हुए चेम्स फोर्ड ने भारत में बीस मिलियन 'वेतनभोगी औद्योगिक सर्वहारा' की संख्या का दावा किया। यह साम्राज्यवादियों द्वारा आठ औद्योगिक अगुआ देशों में धोखाधड़ी से भारत का नाम जोड़ने का कपटपूर्ण प्रयास था। ऐसा दिखा कर वह लीग ऑफ नेशन्स की कौंसिल में अपनी सरकार के लिए एक और वोट प्राप्त करना चाहता था। यदि वह मजदूरों की कम संख्या पेश करता तो कोई भी मजदूरों के अनुसार भारत में आधुनिक उद्योगों को मानने को तैयार न होता। इसी प्रकार जब 1927-28 में ब्रिटिश ट्रेड यूनियन कांग्रेस का प्रतिनिधिमंडल भारत आया तो उसने मजदूरों की संख्या 25 मिलियन बताई, जबकि मुश्किल से उद्योगों में संगठित करने योग्य मजदूरों की संख्या 3.5 मिलियन थी। 1931 की भारत की जनगणना में कुल 5 मिलियन संगठित मजदूरों की संख्या उल्लिखित है।

"सम्भवतः 1931 में 50 लाख संगठित मजदूरों का आँकड़ा ठीक है।" (देखें, परिशिष्ट-XXII)

इंडियन फ्रेंचाइज कमेटी द्वारा भारत में मजदूरी अर्जित करनेवाले मजदूरों की संख्या 56.5 मिलियन बताई है। (देखें, परिशिष्ट-XXII)

औद्योगिक जनगणना 1921 के अनुसार छोटे उद्योगों के अतिरिक्त बड़े आधुनिक उद्योगों में औद्योगिक सर्वहारा की संख्या 2.6 मिलियन थी, जबकि 1931 की जनगणना में यह संख्या 3.5 मिलियन दर्शायी गयी है। 1934 के फैक्ट्री ऐक्ट के अनुसार 1938 में पावर से चलने वाले बड़े उद्योगों की श्रेणी में आने वाले औद्योगिक मजदूरों की संख्या 1,737,755 दर्शायी गयी है। यह संख्या अधिक सही और अधिकृत लगती है। इस फैक्ट्री ऐक्ट की सांख्यकी में 1944 तक मजदूरों की संख्या में वृद्धि दर्शायी गयी है। (देखें, परिशिष्ट–XXIII)

ए. ए. पुरेल और जे. हाल्सवर्थ द्वारा 1928 में ट्रेड यूनियन कांग्रेस को प्रस्तुत 'रिपोर्ट आन लेबर कंडीशन इन इंडिया' के पृष्ठ 8-10 पर भारतीय मजदूरों द्वारा प्राप्त मजदूरी, आवासीय स्थिति और जीवन स्थिति का वर्णन है। इसके अतिरिक्त इस विषय में अधिक जानकारी इंटरनेशनल लेबर कॉन्फ्रेंस, जिनेवा में गये भारतीय मजदूरों के प्रतिनिधि एस. वी. पारुलेकर की 1938 की रिपोर्ट से प्राप्त होती है। भारत में मजदूरी की कोई सामान्य दर उस समय भारत में निर्धारित नहीं थी। यहाँ तक कि एक ही औद्योगिक केन्द्र में एक ही प्रकार के कार्य के लिए भी मजदूरों को समान मजदूरी नहीं प्राप्त होती थी। मजदूरों को मिलनेवाली अत्यधिक कम मजदूरी में भी कमीशन, जुर्माना, प्रचलित घूस, और कर्ज के भारी बोझ पर असीमित ब्याज आदि की अनेक कटौतियाँ होती थीं। व्हिटले कमीशन की रिपोर्ट में 1937 में गणना की गयी कि "अधिकांश औद्योगिक केन्द्रों में कर्ज में डूबे व्यक्तियों या परिवारों की संख्या दो तिहाई से कम नहीं है" और "अधिकांश मामलों में कर्ज की राशि तीन माह के वेतन से भी अधिक है और कभी-कभी तो यह राशि बहुत ही अधिक हो जाती है।"

बन्दरगाहों में कार्यरत मजदूरों का वेतन विस्मयकारी रूप से कम था। रिज कमेटी (1946) ने अपनी जाँच रिपोर्ट में दर्शाया कि कोचीन बन्दरगाह में 30 प्रतिशत मजदूरों को प्रतिदिन रु. 1/ से कम मिलता था और 68 प्रतिशत मजदूरों को रु. 1 से 2 के बीच मिलता था और सिन्धिया शिपयार्ड में 82 प्रतिशत मजदूरों को रु. 1/ प्रतिदिन से कम मिलता था।

नाबालिग मजदूरों और इंडियन कोल फील्ड में कार्यरत कुल मजदूरों की मजदूरी हास्यास्पद तरीके से कम थी। इंडियन कोल फील्ड्स की रानीगंज और

झरिया की कोयला खदानों में कार्यरत मजदूरों का 4/5 भाग अर्थात् 80 प्रतिशत मजदूर नाबालिग थे। 1914 से पूर्व इन नाबालिग मजदूरों को 6 आना प्रतिदिन मजदूरी मिलती थी। विश्वयुद्ध के बाद 1929 में यह मजदूरी 12 आना प्रतिदिन हो गयी और 1936 तक यह मजदूरी घट कर 7.75 आना प्रतिदिन हो गयी। (नोट 1 रुपया = 16 आना, 1 आना = 4 पैसे)

बागान मजदूरों की स्थिति सर्वाधिक खराब थी। आसाम और बंगाल भारत में सबसे अधिक चाय उत्पादन के क्षेत्र थे। आसाम के चाय बागानों के रहने वाले मजदूरों की मासिक आय रु. 7/- 13 आना थी और महिलाओं की आय रु. 5/- 14 आना और बच्चों की मासिक आय रु. 4/- 4 आना थी। (*दि इंडस्ट्रियल वर्कर* – शिवा राव, 1937, पृ. 128) सूरमा घाटी में बागान मजदूरों की मजदूरी आसाम की तुलना में रु. 2 मासिक कम थी। दक्षिण भारत के बागान मजदूरों को और भी कम मजदूरी मिलती थी। इनकी मजदूरी में पुरुषों को प्रतिमाह 4 आना कम मिलता था और महिलाओं को 3 आना कम मिलता था।

विश्व आर्थिक मंदी ने भारत के उद्योगों को भी बुरी तरह प्रभावित किया। राष्ट्रीयकरण के साथ-साथ मुनाफा कम न हो, इसलिए मजदूरों के वेतन में निर्दयतापूर्वक कटौती की गयी। यह कटौती विशेष रूप से सूती कपड़ा उद्योग में की गयी।

मजदूरों के लिए सामाजिक कानून भी बहुत पिछड़े थे, इसलिए उनसे कोई आशा करना व्यर्थ था। भारत में सबसे पहले 1881 में फैक्ट्री कानून लागू हुआ जो कि अपने पिछड़ेपन के कारण लम्बी अवधि तक बेकार ही बना रहा।

फैक्ट्री ऐक्ट 1934, 2.5 मिलियन मजदूरों पर 1944 में लागू हुआ। इस कानून ने स्थायी फैक्ट्रियों में मजदूरों को प्रतिदिन 10 घंटा और सप्ताह में 54 घंटे काम का नियम लागू किया। सीजनल मिलों में प्रतिदिन 11 घंटे और सप्ताह में कुल 60 घंटे का नियम लागू हुआ। उसके साथ ही ओवर टाइम की व्यवस्था के साथ अधिक से अधिक 13 घंटे काम करने का नियम बनाया गया।

माइन्स ऐक्ट 1934 से खदानों के अन्दर काम करनेवालों को 9 घंटा और जमीन के ऊपर 10 घंटा मजदूरी का समय निर्धारित किया। रेलवे में मजदूरों व कर्मचारियों के लिए एक सप्ताह में 60 घंटे कार्य की सीमा निर्धारित की गयी।

इंडियन पोर्ट ऐक्ट 1934 करीब 6 मिलियन मजदूरों पर प्रभावी था, लेकिन इसके द्वारा कभी भी किसी को दंडित करने का भय नहीं दिखाया गया।

दि पेमेंट ऑफ वेजेज ऐक्ट 1936 ने एक माह काम के बाद वेतन भुगतान

का नियम बनाया और यह भुगतान माह के बाद आने वाले एक सप्ताह में अवश्य होना चाहिए और जुर्माना तथा विवेकाधीन कटौती की भी सीमा निर्धारित की।

यह सारे नियम-कानून मिलाकर 2 से 3 मिलियन मजदूरों पर ही प्रभावी थे, जबकि कई मिलियन मजदूर अनियमित उद्योगों में काम करते थे जो इन नियमों से बाहर थे। बाल मजदूरों, यहाँ तक कि किशोरों से भी मजदूरी करवाना आम बात थी। उनको प्रतिदिन 2 आना मजदूरी पर 10 से 12 घंटे काम करना होता था।

स्वास्थ्य-बीमा, चिकित्सकीय सहायता, बीमारी के कारण मिलने वाली सुविधाएँ और वृद्धा अवस्था के लिए प्रावधान, शिक्षा, बेरोजगारी आदि के लिए कोई भी सामाजिक कानून नहीं था। यह सब विषय सरकार की सूची में विचारार्थ ही नहीं थे।

यह सब विवरण तो भारतीय मजदूर वर्ग आन्दोलन की पृष्ठभूमि है। आइए, अब हम इस पर विचार करें कि भारत में मजदूर वर्ग-आन्दोलन ने किस प्रकार स्वरूप ग्रहण किया।

भारत में मजदूर वर्ग के आन्दोलन की शुरुआत को प्रथम विश्वयुद्ध के पहले से देखा जा सकता है। परन्तु एक संगठित आन्दोलन के रूप में यह प्रथम विश्वयुद्ध के बाद ही दिखता है। उन्नीसवीं सदी के उत्तरार्द्ध में मजदूर आन्दोलन का एक कमजोर रूप देखने को मिलता है।

यह बिल्कुल द्वन्द्ववादी नियम के अनुसार ही है कि 1870 के दशक में फैक्ट्री और उद्योगों के स्थापित होने की परिस्थिति तैयार हो गयी और उद्योग स्थापित हो गये, तो वह जितने भी असंगठित हों परन्तु हड़तालों का भी होना अपरिहार्य हो गया। 1877 में इम्प्रेस मिल, नागपुर में मजदूरों ने हड़ताल की। 1882 से 1890 के बीच बाम्बे और मद्रास प्रेसीडेंसी में 25 हड़तालें हुईं।

बम्बई (मुम्बई) के एक स्थानीय सम्पादक, एन. एम. लोखंडे ने 1884 में मजदूरों की एक मीटिंग बुलाई और उसमें मजदूरों की ओर से एक माँगपत्र तैयार किया। बाम्बे मिल मजदूरों की ओर से तैयार किये गये इस माँगपत्र में आठ घंटे का कार्य दिवस, सप्ताह में एक दिन की छुट्टी, दोपहर में खाना खाने की छुट्टी और मजदूर को चोट लगने पर मुआवजा देने की माँगें प्रस्तुत की गयीं। यह माँगपत्र उनके द्वारा फैक्ट्री कमीशन के समक्ष प्रस्तुत किया गया। उन्होंने 'बाम्बे मिल हैण्ड्स एसोसिएशन' नामक एक संगठन बनाया, जिसके वह प्रेसिडेंट थे और उन्होंने *'दी बन्धु'* नाम का एक जनरल भी प्रकाशित किया। 'बाम्बे मिल हैण्ड्स एसोसिएशन' की न तो कोई सदस्यता थी, न कोई संविधान

या नियमावली थी और न ही फंड था। इसलिए इस संगठन को ट्रेड यूनियन की श्रेणी में नहीं रखा जा सकता।

हालाँकि प्रथम विश्वयुद्ध से पहले के दशकों में मजदूर वर्ग संगठित नहीं था, परन्तु उसमें आरंभिक वर्ग चेतना मौजूद थी और कार्यवाहियों में वह शक्तिशाली एकता का प्रदर्शन करता था। एक अकेली मिल में मजदूर मैत्रीपूर्ण तरीके से कार्यवाही संचालित करते थे। एक ब्वायलर के निरीक्षक ने 1892 में लिखा कि मजदूरों के बीच एकता का एक अतिरिक्त और बगैर नाम का अनुबन्ध है, यह अद्भुत है। सैसून डेविड ने 1908 में कहा कि "यद्यपि मजदूरों के बीच कोई व्यवस्थित संगठन नहीं है, फिर भी उनके बीच एक संगठन है।" बाम्बे प्रेसीडेंसी में तत्कालीन डाइरेक्टर ऑफ इंडस्ट्रीज ब्रांच ने लिखा : "मालिकों के खिलाफ मजदूर काफी शक्तिशाली थे और वे संगठित हो जाते थे, हालाँकि उनका ट्रेड यूनियन संगठन नहीं था।" इस समय के असंगठित मजदूर आन्दोलन ने तत्कालीन वर्धा के ब्रिटिश डिप्टी कमिश्नर को सचेत कर दिया। उन्होंने लिखा : "मजदूरों का मामला परिस्थितियों पर निर्भर है, परन्तु मजदूरों के मुकाबले मिल मालिकों को सुरक्षा की अधिक आवश्यकता है।" (डी. एच. बुखानन *दि डेवलपमेंट ऑफ कैपिटलिस्ट इंटरप्राइसेज इन इंडिया,* पृ. 425)

1895 में बजबज (बंगाल) जूट मिल के मजदूरों ने छह माह में दो बार हड़ताल संगठित की और जूट मिल लगभग 6 सप्ताह तक बन्द रही।

1895 में ही अहमदाबाद में 8000 बुनकरों ने **अहमदाबाद मिल ओनर्स एसोसिएशन** के खिलाफ अपनी माँगों के लिए हड़ताल संगठित की।

1905 से 1909 के दौरान तो जैसे हड़तालों की बाढ़ आ गयी थी। काम के घंटों में वृद्धि के प्रश्न पर बम्बई की मिलों में हड़ताल हुई। रेलवे के मजदूरों ने हड़ताल की। यह हड़ताल मुख्य रूप से ईस्टर्न बंगाल स्टेट रेलवे में हुई। इसके बाद उसी अवधि में रेलवे के वर्कशापों में तथा गवर्नमेंट प्रेस, कोलकाता के मजदूरों, कर्मचारियों ने हड़ताल की।

1908 में जब कांग्रेस के नेता बाल गंगाधर तिलक को न्यायालय ने छह वर्ष के कारावास का फैसला सुनाया तो इसके खिलाफ बम्बई के मजदूरों ने प्रतिवाद स्वरूप छह दिनों की राजनीतिक हड़ताल संगठित की। यह हड़ताल भारत के मजदूर आन्दोलन में ध्रुव तारा है। 1910 से पूर्व भारत में मजदूर वर्ग का कोई संगठन दिखाई नहीं देता। एक लोकोपकारी व्यक्ति ने 1910 में बम्बई में 'कामगार हितवर्धक सभा' नामक संगठन निर्मित किया। इस संगठन का उद्देश्य मजदूरों की ओर से सरकार के सामने याचिका देना और मालिक

तथा मजदूर के बीच उत्पन्न विवादों को हल करना था। 1914 से पूर्व यदि किसी प्रकार की ट्रेड यूनियन थी तो वह रेलवे और सरकारी कर्मचारियों के बीच यूरोपीय और एंग्लो-इंडियन उच्च पदाधिकारियों के बीच ही थी। 1897 में **एमलगमेटेड सोसाइटी ऑफ रेलवे सर्वेण्ट्स** का गठन हुआ और इसे कम्पनी ऐक्ट के अन्तर्गत रजिस्टर्ड भी कराया गया। इसने 1928 में अपना नाम बदल कर **नेशनल यूनियन ऑफ रेलवे मेन्स** कर दिया, परन्तु भारत के मजदूर वर्ग आन्दोलन में इसका कोई विस्तृत विवरण या मूल्यांकन नहीं मिलता।

भारत में आधुनिक मजदूर आन्दोलन का स्वरूप ऐतिहासिक रूसी क्रान्ति के बाद ही दिखाई देता है। देश में हड़तालों का सिलसिला 1918 में शुरू हुआ और 1919 तथा 1920 में हड़तालों और मजदूर आन्दोलन ने पूरे देश को हिला दिया। 1918 की विश्व मंदी से प्रभावित बम्बई की सूती मिलों में विशाल हड़ताल हुई। इस हड़ताल में लगभग 1,25,000 मजदूरों ने भागीदारी की और जनवरी 1919 तक बम्बई की लगभग सभी मिलों के मजदूर हड़ताल में सक्रिय रहे। 1919 की बसंत ऋतु में जब रालेट ऐक्ट के खिलाफ 'हड़ताल' का आह्वान किया गया तो मजदूरों ने हड़ताल को सफल कर अपनी शानदार राजनीतिक भूमिका निभाई। मजदूर हड़ताल का यह आन्दोलन 1919 के अन्त तक और 1920 के मध्य तक अपने शिखर पर पहुँच गया। 1920 के पूर्वार्द्ध में 200 हड़तालें हुईं, जिसमें 1.5 मिलियन मजदूर शामिल हुए।

हड़तालों के इस आन्दोलन से भारतीय ट्रेड यूनियन का जन्म हुआ। प्रारम्भ में तात्कालिक मुद्दों पर संघर्ष के समय हड़ताल कमेटियाँ गठित होती थीं। यह संगठन का सबसे प्रारंभिक स्वरूप था। हालाँकि अभी तक समाजवादी विचारधारा, वर्ग संघर्ष या मजदूर वर्ग की अवधारणा पर आधारित कोई भी राजनीतिक आन्दोलन नहीं था। मजदूर संगठन का काम अभी तक मुख्य रूप से गैर-मजदूर वर्ग के लोगों के हाथों में था और इसीलिए भारतीय मजदूर वर्ग आन्दोलन की वर्ग संघर्ष की धार भोथरी हो गयी। यही वस्तुगत स्थिति लम्बे समय तक बनी रही और इसके अवशेष आज भी मौजूद हैं।

ब्रह्म ज्ञानवादी श्रीमती एनीबेसेंट और उनके सहयोगी बी. पी. वाडिया ने 1918 में मद्रास लेबर यूनियन का गठन किया। इसे भारतीय मजदूर वर्ग के ट्रेड यूनियन आन्दोलन का वास्तविक प्रारम्भ कहा जाता है। वास्तव में उसी समय सम्पूर्ण भारत में भी ट्रेड यूनियन गठन के प्रयास जारी थे। अहमदाबाद की सूती मिलों के मजदूरों ने 1917 में ट्रेड यूनियन गठित की, परन्तु मद्रास लेबर यूनियन के गठन का प्रयास काफी व्यवस्थित था।

बिन्नी मिल के मजदूर जब मालिकों को ज्ञापन देने के बाद सन्तुष्ट नहीं हुए तो उन्होंने हड़ताल संगठित करने पर जोर दिया। इस समय मिस्टर वाडिया ने हड़ताल करने का विरोध किया और ब्रिटिश साम्रज्यवाद की सेवा में पूर्णतः समर्पित दिखे। इस समय उनका वास्तविक स्वरूप सामने आया और यूनियन के प्रेसिडेंट की हैसियत से उन्होंने कहा :

"यदि आप लोग हड़ताल के द्वारा **मेसर्स बिन्नी एंड को.** की जेब से कुछ निकलवाना चाहते हैं, तो हमें इसमें कोई आपत्ति नहीं है, क्योंकि वे बहुत अधिक धन कमा रहे हैं, परन्तु (हड़ताल) उस कदम के द्वारा आप मित्र राष्ट्रों को हानि पहुँचाएँगे। हमारे सैनिकों के कपड़ों की आपूर्ति प्रभावित होगी, इससे वे परेशान होंगे और हमें उन सैनिकों को परेशानी में डालने का कोई अधिकार नहीं है, क्योंकि वे हमारे राजा (ब्रिटेन) का युद्ध लड़ रहे हैं। चूँकि मिल से सम्बन्धित कुछ यूरोपीय लोग और यह सरकार आप के साथ बुरा व्यवहार कर रही है, इसलिए हमें हड़ताल नहीं करनी चाहिए।" इस 'देश भक्ति' पूर्ण भाषण से मिस्टर वाडिया ने हड़ताल तो रोक दी, परन्तु मिल मालिकों द्वारा लाकआउट तथा मजदूरों को प्रताड़ित करने की अन्य कार्यवाही नहीं रोक सके। यह एक शाकाहारी मेमने द्वारा शेर को शाकाहारी होने की शिक्षा देना था।

दूसरे औद्योगिक केन्द्रों पर भी ट्रेड यूनियन संगठन का कार्य बहुत अच्छा नहीं हुआ। अहमदाबाद में गाँधी ने मिल मालिकों के साथ मिल कर मजदूरों को 'वर्ग शान्ति' की लाइन पर संगठित किया। गाँधी द्वारा गठित **अहमदाबाद लेबर एसोसिएशन** लगभग 20 वर्षों तक भारतीय मजदूर आन्दोलन से अलग ही बना रहा।

1920 में आल इंडिया ट्रेड यूनियन कांग्रेस (ए आई टी यू सी) का गठन हुआ। दिसम्बर 1920 में इसका उद्घाटन सत्र हुआ और लाला लाजपत राय को इसका प्रेसिडेंट चुना गया। इस संगठन के नेतृत्व का मजदूर वर्ग आन्दोलन से लेशमात्र का भी सम्बन्ध नहीं था। इसकी स्थापना का उद्देश्य अन्तर्राष्ट्रीय लेबर कॉन्फ्रेंस (जेनेवा) में मात्र एक प्रतिनिधि को नामित कराना था।

ऑल इंडिया ट्रेड यूनियन कांग्रेस (ए. आई. टी. यू. सी.) नेतृत्व के घृणित मजदूर वर्ग विरोधी दृष्टिकोण का मूल्यांकन इसके औपचारिक अध्यक्षीय भाषण से किया जा सकता है। उन्होंने सिद्धान्तहीन वर्ग शान्ति, मजदूरों के नैतिक और सामाजिक सुधार की भूरि-भूरि प्रशंसा की और कल्याणकारी प्रावधानों के साथ मजदूरों के लिए कानून (लेबर लेजिस्लेशन) बनाने की माँग उठाई। इसी

प्रकार का एक सम्बोधन ए. आई. टी. यू. सी. के छठे अधिवेशन में 1926 में भी पढ़ा गया था।

"मैं सेण्ट्रल लेबर बोर्ड बाम्बे द्वारा प्रारम्भ किये गये **प्योरिटी मिशन** (आत्म शुद्धि मिशन) के अच्छे कार्यों के लिए आपकी सराहना करता हूँ। इस मिशन की शुरुआत मजदूरों को चरित्रहीनता से मुक्त कराने, उनको ईमानदारी, शान्त और सन्तोषी जीवन बिताने के लिए प्रेरित करने, सामाजिक कार्यकर्ताओं द्वारा स्थानीय मजदूर बस्तियों में जाकर मजदूरों को शराब पीने, जुआ खेलने और भ्रष्ट प्रवृत्तियों को छोड़ने के लिए शिक्षित करने से हुई थी। यह एक प्रकार की शिक्षा है जो मजदूरों के लिए आवश्यक है। इससे वह सामाजिक और आर्थिक दोनों तरह से एक अच्छा इंसान बनेगा।" (ए. आई. टी. यू. सी. के प्रेसिडेंट वी. वी. गिरी द्वारा इसके छठे सम्मेलन में भाषण का अंश, मद्रास 1926)

इंडियन ट्रेड यूनियन कांग्रेस के हड़तालों के प्रति दृष्टिकोण की झलक 1927 में सम्पन्न हुए कानपुर सम्मेलन में महासचिव द्वारा प्रस्तुत रिपोर्ट के एक अंश से भी मिलती है, "जिस काल की यह रिपोर्ट प्रस्तुत की जा रही है, उस समय में एक्जीक्यूटिव कौंसिल ने किसी भी हड़ताल की अनुमति नदीं दी, परन्तु अत्यधिक कठिन औद्योगिक परिस्थितियों के कारण भारत के विभिन्न भागों और विभिन्न ट्रेड के उद्योगों में कुछ हड़तालें और लाकआउट हुए, जिसमें हमारी ट्रेड यूनियन कांग्रेस के पदाधिकारियों को भी समर्थन करना पड़ा।" (जनरल सेक्रेटरी एन. एम. जोशी द्वारा आठवीं ट्रेड यूनियन कांग्रेस, कानपुर, 1927 में प्रस्तुत रिपोर्ट का अंश)

ए. आई. टी. यू. सी. ने 1927 तक अपने साथ सत्तावन यूनियनों को सम्बद्ध किया और 150,55 की रिकार्ड सदस्यता की, परन्तु 1927 तक इस यूनियन का मजदूर वर्ग आन्दोलनों के साथ शायद ही कोई सम्बन्ध था।

अवसरवादी, सुधारवादी और गैर-मजदूर वर्गीय नेतृत्व होने के बावजूद मजदूर वर्ग आन्दोलन शानदार ढंग से विकसित हो रहा था, अतः शासक वर्ग चिन्तित हो उठा और सरकार ने भी इसे गम्भीरता से लिया। सरकार ने 1921 में *बंगाल कमेटी आन इंडस्ट्रियल डिसप्यूट* नियुक्त की और 1922 में *बाम्बे इंडस्ट्रियल डिसप्यूट कमेटी* की नियुक्ति की। 1919-20 के बीच मद्रास लेबर डिपार्टमेंट बनाया गया और इसके बाद बाम्बे लेबर डिपार्टमेंट बनाया गया। 1921 में एक ट्रेड यूनियन बिल तैयार किया गया, परन्तु यह अन्तिम रूप से 1926 में ही पारित हो सका।

सरकारें मजदूर आन्दोलन के बारे में बहुत सचेत थीं और वे मजदूर आन्दोलन

के विकास को साम्राज्यवाद के सम्पूर्ण आधार के लिए बड़ा खतरा समझती थीं। बढ़ते हुए मजदूर आन्दोलन को देख कर शासक वर्ग ने उसे 'सुरक्षित' मार्ग से दूसरी दिशा में मोड़ने और 'सही' ट्रेड यूनियन आन्दोलन विकसित करने के उपाय निकाले।

सोशलिस्ट और कम्युनिस्ट विचार धीरे-धीरे भारत में पहुँच रहे थे और 1920 तक भारतीय मजदूर वर्ग के पास कम्युनिस्ट साहित्य भी पहुँचने लगा था। सरकार ने हमला करने में जरा-सी भी देरी नहीं की। एस. ए. डांगे, ए. आई. टी. यू. सी. के सहायक सचिव थे। 1924 में ब्रिटेन में लेबर पार्टी की सरकार थी और इसी समय भारत में चार मजदूर नेता एस. ए. डांगे, शौकत उस्मानी, मुजफ्फर अहमद और दास गुप्ता के खिलाफ कानपुर कांस्पिरेसी केस आरोपित किया गया। प्रत्येक लीडर को चार-चार वर्ष के कारावास का दंड दिया गया। जेल में अपनी सजा भुगतते हुए डांगे ने औपनिवेशिक सरकार से प्रार्थना करते हुए घृणित पत्र लिखा, जिसमें उसने जेल से छोड़े जाने के बदले ब्रिटिश सरकार को अपनी सेवाएँ देने की बात लिखी थी।

बंगाल में वर्कर्स एंड पीजेंट पार्टी के गठन के साथ ही 1926 में नयी तरह के राजनीतिक और सोशलिस्ट संगठन का उदय होने लगा। शीघ्र ही बम्बई में वर्कर्स एंड पीजेंट पार्टी का गठन हुआ और संयुक्त प्रान्त तथा पंजाब के सभी प्रान्तों के इन संगठनों ने मिलकर 1928 में आल इंडिया वर्कर्स एंड पीजेंट्स पार्टी की स्थापना की और दिसम्बर 1928 में इसकी प्रथम कांग्रेस सम्पन्न की।

1927 के बसन्त में ए. आई. टी. यू. सी. का अधिवेशन दिल्ली में सम्पन्न हुआ। उसमें ब्रिटिश कम्युनिस्ट एम. पी. ने भागीदारी की और इसके बाद 1929 में सम्पन्न कानपुर अधिवेशन में नेतृत्व के जुझारू विचार उद्घाटित होने लगे। नये नेतृत्व ने सुधारवादी ट्रेड यूनियन पद्धति का विरोध किया और अधिकांश ट्रेड यूनियनों के व्यापक समर्थन के आधार पर नया नेतृत्व विजयी हुआ। 1927 में पहली बार बम्बई में एक मई को मजदूर दिवस मनाया गया और इस प्रकार भारतीय मजदूर आन्दोलन को एक नयी दिशा भी प्रदान की गयी।

फरवरी 1928 में साइमन कमीशन के आगमन पर बम्बई के मजदूरों ने पूरी शक्ति के साथ चारों तरफ राजनीतिक हड़ताल, आन्दोलनों और प्रदर्शनों के द्वारा शानदार तरीके से विरोध प्रकट किया।

कांग्रेसी और सुधारवादी नेतृत्व जो इस हड़ताल और आन्दोलन के आवाहन से अप्रसन्न थे, वे इसकी सफलता से अचंभित थे। बम्बई म्यूनिसिपल वर्कर्स जो पहले ही अपनी नौकरी से निकाले जा चुके थे या निलंबित किये गये थे, इस

जुझारू संघर्ष के परिणामस्वरूप उनको पुनः नौकरी में ले लिया गया।

1928 में हुई हड़तालों के द्वारा कुल 31.5 मिलियन कार्य दिवसों की हानि हुई अर्थात् उतनी हानि जितनी इससे पूर्व पाँच वर्षों में नहीं हुई थी। हालाँकि बम्बई मजदूर आन्दोलन का केन्द्र था, परन्तु संघर्ष सम्पूर्ण भारत में चल रहा था। मजदूर मालिकों के बीच हुए 203 विवादों में 111 बम्बई में, 60 बंगाल में, 8 बिहार-उड़ीसा में, मद्रास में 7 और पंजाब में 2 विवाद हुए, 110 विवाद रेलवे तथा रेलवे वर्कशाप में और कोयला खदान में हुए। बम्बई की टेक्सटाइल हड़ताल सबसे बड़ी हड़ताल थी। इस हड़ताल में 1,50,000 मजदूर 6 महीने तक चट्टान की तरह एकताबद्ध रहा। अप्रैल से अक्टूबर तक मजदूरों ने सरकार की हिंसा और एन. एम. जोशी की सुधारवादी पुरानी बांबे टेक्सटाइल यूनियन का भी सामना किया जो आरम्भ में हड़ताल का विरोध करती रही और मूक दर्शक बनी रही परन्तु बाद में आन्दोलन के झंझावात ने उनको भी संघर्ष में शामिल होने के लिए मजबूर कर दिया। हड़ताल तभी समाप्त हुई जब 7.5 प्रतिशत मजदूरी की कटौती और दूसरी माँगें मान ली गयीं।

ट्रेड यूनियन संगठनों का काफी तेजी से विकास हो रहा था। इनमें सबसे तीव्र गति से विकसित होने वाली यूनियन गिरिनी कामगार (रेड फ्लैग) यूनियन थी। बाम्बे मिल मजदूरों की इस यूनियन ने 1923 के प्रारम्भ में 324 सदस्यों की संख्या से प्रारम्भ किया और दिसम्बर 1923 में उसकी सदस्यता 54000 हो गयी और 1929 के प्रथम तीन माह में यह संख्या बढ़ कर 65,000 सदस्यों तक हो गयी (गवर्नमेंट लेबर गजट रिटर्न की रिपोर्ट से) परन्तु पुरानी बाम्बे टेक्सटाइल लेबर यूनियन अपने सुधारवादी नेतृत्व के कारण गतिरुद्ध बनी रही।

इसी बीच साम्राज्यवादियों द्वारा भारत में ट्रेड यूनियन के विस्तार को रोकने की योजनाएँ और साजिश भी चलती रही। ऑल इंडिया ट्रेड यूनियन कांग्रेस द्वारा 1927-28 में चलाया गया मिशन साम्राज्यवाद की ही योजना और उसकी आशा थी परन्तु इसे यूरोप के संशोधनवादी इंटरनेशनल ट्रेड यूनियन से सम्बद्धता नहीं मिल सकी। *लन्दन टाइम्स* ने लिखा : "ब्रिटिश ट्रेड यूनियन कांग्रेस ने भारतीय मजदूर आन्दोलन में जो रुचि दिखाई है, उसमें देर तो हो गयी है परन्तु यह बहुत लाभदायक है, यदि यह भारतीय लेबर यूनियन के संगठन को अच्छा नेतृत्व प्रदान कर सके और कम्युनिस्टों को निकाल बाहर कर सके।"

तत्कालीन वायसराय इरविन ने लेजिस्लेटिव असेंबली में जनवरी 1929 में कहा : "बेचैन करने वाले कम्युनिस्ट सिद्धान्तों का फैलाव मुझे आशंकित कर रहा है," और घोषणा की कि सरकार इसका उपाय करेगी। सरकार की

ऐनुअल रिपोर्ट आन इंडिया, 1928-29 में कम्युनिस्ट प्रचार-प्रसार और औद्योगिक मजदूरों में इनके प्रभाववश विशेष रूप से कुछ बड़े शहरों में इनके बारे में एक रिपोर्ट तैयार ही गयी, जिसने अधिकारियों के बीच भारी चिन्ता को जन्म दिया। इंग्लैंड और भारत के अखबार साम्राज्यवादियों की स्थापनाओं को ही प्रतिध्वनित करते रहे कि भारत के मजदूर वर्ग आन्दोलन में कम्युनिस्टों का स्थान बनाना औपनिवेशिक शासन को बहुत चिंतित कर रहा है। इंडियन ट्रेड यूनियन कांग्रेस के सुधारवादी नेता शिवा राव जो कि ट्रेड यूनियन कांग्रेस के अध्यक्ष थे, उन्होंने मई 1922 में घोषणा की कि "अब समय आ गया है कि भारत के ट्रेड यूनियन आन्दोलन में से सांगठनिक गड़बड़ी करनेवालों को बाहर निकाल दिया जाए। एक चेतावनी जारी करना भी आवश्यक है, क्योंकि संगठन के कुछ व्यक्ति हड़ताल के सिद्धान्त का पाठ पढ़ाते रहते हैं।"

भारत की पिछलग्गू सरकार 1929 में अपने पूरे हमलावर तेवर से भारत के मजदूर वर्ग आन्दोलन को समाप्त करने के लिए मैदान में उतरी। सितम्बर 1928 में जब पब्लिक सेफ्टी बिल लेजिस्लेटिव असेंबली में पारित नहीं हो सका तो "वायसराय ने इसे एक विशेष अध्यादेश के द्वारा लागू कर भारत में कम्युनिस्ट गतिविधियों को नियंत्रित करने का प्रयास किया। व्हिटले कमीशन की नियुक्ति हुई। जनता के हित के नाम पर हड़तालों को प्रतिबन्धित करने, हड़तालों के समर्थन को रोकने और विवादों को हल करने के लिए निपटारा मशीनरी के रूप में **ट्रेड डिसप्यूट ऐक्ट** पारित किया गया। **बाम्बे राइट इनक्वायरी कमेटी** गठित की गयी और इस बात की सिफारिश की गयी कि बम्बई में कम्युनिस्टों की गतिविधियों के खिलाफ सरकार को कठोर कदम उठाने चाहिए।" इस कमेटी ने यह भी प्रश्न उठाया कि ट्रेड यूनियन ऐक्ट में ऐसा संशोधन होना चाहिए ताकि "रजिस्टर्ड ट्रेड यूनियनों के प्रबन्धन से कम्युनिस्टों को बाहर निकाला जा सके।"

मार्च 1929 में सरकार ने भारतीय मजदूर आन्दोलन पर एक भयंकर आक्रमण किया। मजदूर वर्ग के सभी महत्त्वपूर्ण नेताओं को पूरे देश में गिरफ्तार किया गया और एक छोटे शहर मेरठ में लाया गया, जहाँ कोई औद्योगिक केन्द्र नहीं था। इन नेताओं पर चलाया गया मुकदमा इतिहास का सबसे लम्बा और चर्चित मुकदमा था (केवल वर्तमान मुकदमा ही उससे लम्बा है और वर्तमान सरकार उस समय से कहीं अधिक दमनकारी और प्रतिक्रियावादी है)। 31 नेताओं पर मुकदमा चला और एक नेता को बाद में इस मुकदमे में अभियुक्त बनाया गया। यह मुकदमा इतिहास के पन्नों में मेरठ कांस्पिरेसी केस के नाम से लिखा गया।

मेरठ कांस्पिरेसी केस क्यों चलाया गया? इसका उत्तर बंगाल सरकार के इंटेलीजेंस विभाग की रिपोर्ट में है : "कम्युनिस्टों की गतिविधियाँ, पद्धति और साहित्य के प्रशंसकों की संख्या बढ़ रही थी और इसका विस्तार हो रहा था, इसलिए वर्तमान मेरठ कांस्पिरेसी केस को लागू करना जरूरी था।" (आई-बी रिपोर्ट 366/1929, लार्ड सिन्हा रोड, कोलकाता)

भारतीय मजदूर वर्ग आन्दोलन के नेताओं ने दृढ़ता से इस मुकदमे का सामना किया, उनका समर्पण भारतीय मजदूर वर्ग के आन्दोलन में एक शानदार उदाहरण है। अपने बचाव में इन नेताओं द्वारा दिये गये भाषण भारतीय मजदूर आन्दोलन के अत्यधिक महत्त्वपूर्ण दस्तावेज़ हैं। इन दस्तावेज़ों में उनकी क्रान्तिकारी अवधारणाएँ स्पष्ट रूप से सामने आती हैं। इस मुकदमे की सुनवाई में भारतीय मजदूर आन्दोलन को अग्नि परीक्षा देनी पड़ी और इसने अन्तर्राष्ट्रीय मजदूर आन्दोलन के सर्वोच्च मानक को स्थापित किया, एक आदर्श कायम किया और लाल झण्डे के नेतृत्व में चलने वाले तमाम आन्दोलनकारियों को प्रेरित किया।

सरकार ने इस मुकदमे का फैसला करने में चार वर्ष का समय लगाया और इस प्रकार मजदूर वर्ग के विद्वान और जुझारू नेतृत्व को मजदूर आन्दोलन से अलग रखा।

अभियुक्तों ने कोई भी 'कांस्पिरेसी' (षड्यन्त्र) नहीं की थी। उन्होंने अपने कम्युनिस्ट सिद्धान्तों का खुला प्रचार किया था और यह सिद्धान्त सभी के सामने स्पष्ट थे। उन्होंने इनकी स्पष्ट घोषणा की थी और मजदूर आन्दोलन में सक्रिय मजदूर संगठन भी समान रूप से खुले हुए थे। अभियोग पत्र में लगाया गया अभियोग सच्चाई को उद्घाटित करता है। इसमें कहा गया कि "पूँजी और मजदूर के बीच विरोध को बढ़ाना।" "वर्कर्स-पीजेंट्स पार्टी, यूथ लीग, और यूनियनों आदि का गठन" और "हड़तालों को प्रोत्साहन देना।" गवाहों का सारा जोर इन गतिविधियों पर ही था, विशेष रूप से "ट्रेड यूनियन गतिविधियों पर अधिक जोर था।" बंगाल जूट वर्कर्स यूनियन के सचिव के खिलाफ अभियोक्ता ने कहा कि "इसने जब से कलकत्ता के सफाई कर्मचारियों की हड़ताल में भागीदारी की, तभी से इसका षड्यन्त्रकारी कैरियर शुरू हुआ।" इस कांस्पिरेसी केस चलाने की उसकी मंशा जज द्वारा प्रस्तुत सार-संक्षेप से स्पष्ट हो जाती है। जज ने अपने सारांश में कहा : "सम्भवतः बांबे टेक्सटाइल वर्कर्स द्वारा 1928 की हड़ताल करने और गिरनी कामगार यूनियन की क्रान्तिकारी नीतियों की गम्भीरता के कारण अभियुक्तों पर यह केस लगा।"

जब लेबर पार्टी ब्रिटेन में सत्ता में थी, डायमंड शील्ड ने लेबर पार्टी के

कॉन्फ्रेंस में 1929 में कहा कि सेक्रेटरी ऑफ स्टेट भारत सरकार को मजबूत संरक्षण दे रहा है। "1 अक्टूबर 1929 को आई.एन.टी.यू.सी. द्वारा ब्रिटिश ट्रेड यूनियन कांग्रेस को की गयी अपील के उत्तर में वाल्टर सिटरिन ने लिखा कि यथाशीघ्र मुकदमे की सुनवाई पूरी करना चाहिए। अभियुक्तों पर लगाये गये अभियोग राजनीतिक हैं और जनरल कौंसिल का विचार है कि यह अभियोग सीधे-सीधे भारतीय ट्रेड यूनियन आन्दोलन को प्रभावित नहीं करते हैं।" इसके बाद जब 1933 में लेबर पार्टी सत्ता से बाहर थी तब ब्रिटिश ट्रेड यूनियन कांग्रेस की ज्वाइंट कौंसिल और लेबर पार्टी ने संयुक्त रूप से प्रकाशित पम्फ्लेट में कहा कि इस मुकदमे की "प्रारम्भ से लेकर अन्त तक की कार्यवाही पूर्ण रूप से असमर्थनीय है और यह एक प्रकार से न्यायिक घोटाले की प्रकृति है।"

मेरठ कांस्पिरेसी केस के अभियुक्तों (क्रान्तिकारियों) को जनवरी 1933 में बर्बर ढंग से सजाएँ सुना दी गयीं : एक को आजीवन कारावास, पाँच को 12-12 वर्ष की सजा, तीन को 10-10 वर्ष का दंड, और इसी प्रकार बाकी अभियुक्तों को तीन-तीन साल का सश्रम दंड दिया गया। अन्तर्राष्ट्रीय स्तर पर अभियुक्तों के पक्ष में चल रहा आन्दोलन इनकी सजा कम करवाने में पूर्णतः सफल रहा।

इन गिरफ्तारियों से भारतीय मजदूर आन्दोलन को तत्काल एक धक्का लगा और उसमें अस्थायी रूप से बिखराव भी आया, परन्तु इस बड़े धक्के के सामने इसने हर बार की ही तरह भावी शक्ति का प्रदर्शन किया।

1929 के अन्त में ट्रेड यूनियन कांग्रेस के नागपुर अधिवेशन में वामपन्थी खेमा, बहुसंख्य शक्ति के रूप में उभर कर सामने आया। सुधारवादी नेतृत्व बहुमत के निर्णय को स्वीकार नहीं सका और न ही उसने जनतांत्रिक प्रक्रिया का सम्मान किया और ट्रेड यूनियन कांग्रेस में विभाजन कर दिया। अपने समर्थकों को लेकर एक अन्य ट्रेड यूनियन फेडरेशन का गठन कर लिया।

ट्रेड यूनियन कांग्रेस के नेतृत्व का वामपन्थी खेमा भी भली प्रकार एकताबद्ध नहीं था और कुछ लोगों ने असन्तोषजनक नोट प्रस्तुत किया। परिणामस्वरूप संगठन में एक और विभाजन हो गया। यह विभाजन मुख्य रूप से मजदूर वर्ग की स्वतन्त्र राजनीतिक भूमिका के विषय पर हुआ। कम्युनिस्ट खेमा जो मजदूर वर्ग की स्वतन्त्र राजनीतिक भूमिका का पक्षधर था, उसने रेड ट्रेड यूनियन कांग्रेस का गठन किया।

ट्रेड यूनियन में हुए इन विभाजनों के बावजूद मजदूर वर्ग हड़तालों का संचालन करता रहा। अधिकांश संघर्षों का नेतृत्व कम्युनिस्ट कर रहे थे। इस

तथ्य को सरकार ने भी अपनी (1932-33) कि रिपोर्ट में स्वीकार किया। सरकार ने कहा यद्यपि अधिकांश नेतृत्वकारी मेरठ जेल में थे, फिर भी कम्युनिस्टों का "खतरा बना हुआ था और इसका विस्तार हो रहा था।"

1934 में लहरों की तरह बढ़ती हड़तालों में 4,775,559 कार्य दिवसों की हानि हुई जो 1933 की तुलना में दुगनी संख्या थी। बम्बई की टेक्सटाइल जनरल हड़ताल अप्रैल से जून तक चली और शोलापुर के मजदूरों की हड़ताल फरवरी से मई माह तक चली। सरकार के भारी दमन के बावजूद निरन्तर बढ़ता मजदूर आन्दोलन इसका प्रमाण था कि भारत के मजदूर आन्दोलन ने पुनः पहल ले ली है। इसी मोड़ पर सरकार ने एक बार फिर आक्रमण किया।

सरकार ने आपातकालीन अधिकारों वाला अध्यादेश लागू कर दिया और कम्युनिस्टों तथा ट्रेड यूनियन नेताओं को बगैर मुकदमा चलाए ही जेलों में डाल दिया गया। कम्युनिस्ट पार्टी और एक दर्जन से अधिक रजिस्टर्ड ट्रेड यूनियनों को गैर-कानूनी घोषित कर दिया गया। यंग वर्कर्स लीग को प्रतिबन्धित कर दिया गया। मजदूर वर्ग के आन्दोलन का दमन करने और सरकारी आतंक कायम करने के लिए चारों तरफ अन्धाधुन्ध गोलियाँ चलाई गयीं।

शक्तिशाली हड़तालों और मजदूर आन्दोलनों ने 1935 में रेड ट्रेड यूनियन और आल इंडिया ट्रेड यूनियन कांग्रेस (ए.आई.टी.यू.सी.) को एकताबद्ध होने के लिए बाध्य कर दिया। आल इंडिया ट्रेड यूनियन कांग्रेस के पन्द्रहवें अधिवेशन में नेशनल फेडरेशन के सुधारवादी नेतृत्व से मजदूरों के केन्द्रीय नेतृत्व के साथ सहमत होने की अपील की गयी। नेशनल फेडरेशन द्वारा वर्ग संघर्ष और ट्रेड यूनियन आन्दोलन और ट्रेड यूनियन के आन्तरिक जनवाद पर मत-भिन्नता रखने के कारण 1936 में केवल एक संयुक्त बोर्ड का गठन हो सका और फिर 1938 में नागपुर में नेशनल फेडरेशन ऑफ ट्रेड यूनियन्स की सम्बद्धता आल इंडिया ट्रेड यूनियन कांग्रेस से हो सकी।

1937 में जब कांग्रेस पार्टी ने विभिन्न प्रान्तों में सत्ता सँभाली और अपने मंत्रिमंडलों का गठन किया तो एक बार फिर मजदूर वर्ग आन्दोलन में उभार आया, अनेक नयी ट्रेड यूनियनों का उदय हुआ। (देखें, परिशिष्ट-XXV)

इस अवधि में बंगाल के जूट मिलों की हड़ताल काफी प्रसिद्ध हुई और हड़ताल की इस लहर का अहमदाबाद तक विस्तार होना एक नयी विशेषता थी। गाँधी के 'वर्ग शान्ति' ट्रेड यूनियनवाद के मजबूत गढ़ में यह वर्ग-संघर्ष की नीति पर आधारित ट्रेड यूनियन आन्दोलन का प्रवेश था। प्रतिक्रियावादी फजलुल हक के मंत्रिमंडल ने उक्त हड़ताल पर दमनचक्र चलाया, परन्तु फरवरी

से मई तक मजदूर दृढ़ता से एकताबद्ध रहा, जनता के साथ भी एकजुटता हासिल की। जनता ने हड़ताल फंड में सक्रिय योगदान दिया।

1937 में कानपुर के टेक्सटाइल मिलों में हड़ताल प्रारम्भ हो गयी। इसके समर्थन में दियासलाई फैक्टरी, बर्मा शेल और लोहा ढलाई फैक्ट्रियों के मजदूरों ने हड़ताल की। इंडस्ट्रियल डिस्प्यूट बिल के खिलाफ बम्बई में नवम्बर 1938 में प्रतिरोध हड़ताल हुई।

सितम्बर 1939 में द्वितीय विश्वयुद्ध प्रारम्भ होते ही भारत के मजदूर वर्ग ने 2 अक्टूबर 1939 को युद्ध विरोधी प्रतिवाद हड़ताल संगठित की। युद्ध के आर्थिक संकट के कारण महँगाई-भत्ते के मुद्दे पर 5 मार्च 1940 को बम्बई टेक्सटाइल के 175,000 मजदूरों ने हड़ताल संगठित की। चालीस दिनों तक पूर्ण हड़ताल रही। पुलिस ने मजदूरों के घरों में घुसकर उनके परिजनों को पीटा। विभिन्न स्थानों और फैक्ट्रियों में काम करनेवाले सभी मजदूरों ने उक्त हड़ताल के साथ एकजुटता प्रदर्शित की और आल इंडिया ट्रेड यूनियन कांग्रेस के आवाहन पर 350,000 मजदूरों ने 10 मार्च 1940 को एक दिन की हड़ताल सम्पन्न की।

देश-भर में एक के बाद एक हड़ताल का क्रम जारी था। बम्बई के टेक्सटाइल मजदूरों की हड़ताल के बाद, कानपुर के टेक्सटाइल मजदूरों ने हड़ताल की। इसके बाद कलकत्ता के म्यूनिसिपल वर्कर्स हड़ताल पर चले गये और फिर बंगाल और बिहार के जूट मिल मजदूरों ने हड़ताल कर दी, जमशेदपुर के स्टील उद्योग के मजदूरों ने भी अपनी माँगों के लिए हड़ताल का मार्ग अपनाया। इसके अतिरिक्त महँगाई-भत्ते की माँग को लेकर पूरे देश में सैकड़ों हड़तालें हुईं।

सरकार ने एक बार फिर मजदूर नेतृत्व पर आक्रमण किया और करीब 700 कम्युनिस्ट व कम्युनिस्ट समर्थक नेतृत्वकारी मजदूर नेताओं को डिफेंस इंडिया रूल के तहत बगैर मुकदमा चलाए जेलों में डाल दिया।

"सभी राजनीतिक प्रश्नों, यहाँ तक कि हड़ताल और विदेशी फेडरेशनों से सम्बद्धता का निर्णय 3/4 बहुमत से करने" की शर्त पर नेशनल फेडरेशन ऑफ ट्रेड यूनियन्स और आल इंडिया ट्रेड यूनियन कांग्रेस का पूर्ण विलय हो गया। आल इंडिया ट्रेड यूनियन कांग्रेस का कानपुर अधिवेशन फरवरी 1942 में सम्पन्न हुआ। विश्वयुद्ध के कारण मजदूर वर्ग की स्थिति दिन-पर-दिन खराब हो रही थी। ट्रेड यूनियन आन्दोलन का केन्द्रीय नेतृत्व स्पष्ट, सही राजनीतिक दिशा देने में नाकाम रहा।

1942-45 का समय पूरे देश के लिए और मजदूर वर्ग के लिए कठिन परीक्षा का समय था। इस अवधि में कम्युनिस्ट पार्टी के नेतृत्व में भारत के

मजदूर वर्ग ने दृढ़ता से सामने आकर साम्राज्यवादी दमन का विरोध किया। आल इंडिया ट्रेड यूनियन कांग्रेस ने 25 सितम्बर 1942 को दमन विरोधी दिवस मनाने का आवाहन किया।

सितम्बर 1946 की एक सरकारी जाँच के बाद 7,00,000 सदस्यता वाली आल इंडिया ट्रेड यूनियन कांग्रेस को निर्णायक रूप से भारतीय ट्रेड यूनियनों का प्रतिनिधि स्वीकार किया गया।

अभी तक हमने 1947 से पूर्व के भारतीय मजदूर आन्दोलन पर चर्चा की है। अब आगे बढ़ने से पूर्व हमें उस संशोधनवादी ट्रेड यूनियनवाद पर विचार कर लेना चाहिए, जिसके अवसरवादी नेतृत्व ने व्यवस्थित ढंग से मजदूर वर्ग और इसके आन्दोलन को दलदल में ढकेल दिया। एक ने यदि ट्रेड यूनियन का मतलब सामाजिक उत्थान, सामाजिक कल्याण और ट्रेड यूनियन की नैतिकता समझा तो दूसरे ने इसे केवल अर्थवाद और राजनीति से वंचित रखना समझा। यदि एक ने ट्रेड यूनियन में कोई राजनीति नहीं का शोर मचाया तो दूसरे ने स्वतःस्फूर्त अर्थवाद को व्यवस्थित और प्रेरित किया; अर्थात् आर्थिक मुद्दों के साथ पूर्ण तन्मयता। यदि एक ट्रेड यूनियन आन्दोलन को सीधे अपना पिछलग्गू बनाना चाहता था तो दूसरे ने इसे अप्रत्यक्ष रूप से किया। हमें यह याद रखना चाहिए कि शासक वर्ग ने ट्रेड यूनियनों पर सावधानीपूर्ण हाथ रखने की शर्त पर ही ट्रेड यूनियन आन्दोलन को कानूनी अधिकार प्रदान किया। यहाँ तक कि आवश्यक रूप से और सांगठनिक रूप से भी उनको राज्य मशीनरी का भाग बनाने के लिए मान्यता प्रदान की। कामरेड लेनिन ने चिन्हित किया था कि ट्रेड यूनियनों में कोई राजनीति न करने का अर्थ ट्रेड यूनियन में बुर्जुआ राजनीति करना है। उन्होंने कहा : "समाजवादी विचारधारा को किसी भी प्रकार छोटा करने या थोड़ा-सा भी इसकी तरफ से नजर मोड़ने का मतलब बुर्जुआ विचारधारा को मजबूत करना है। स्वतःस्फूर्तता पर काफी चर्चा है, परन्तु मजदूर वर्ग आन्दोलन का स्वतःस्फूर्त विकास उसे बुर्जुआ विचारधारा के अधीन कर देगा क्योंकि स्वतःस्फूर्त मजदूर वर्ग आन्दोलन ट्रेड यूनियनवाद है और ट्रेड यूनियनवाद का मतलब मजदूर वर्ग द्वारा बुर्जुआ वर्ग की वैचारिक गुलामी है। इसलिए हमारा कार्य, सामाजिक जनवाद (पढ़ें—कम्युनिज्म या मार्क्सवाद-लेनिनवाद) का कार्य, स्वतःस्फूर्तता से संघर्ष है, ताकि मजदूर वर्ग को इस स्वतःस्फूर्त ट्रेड यूनियनवाद की धारा से मोड़ कर क्रान्तिकारी सामाजिक जनवादी धारा के अन्तर्गत लाया जा सके।" (लेनिन की पुस्तक 'व्हाट इज टु बी डन')—हिन्दी में 'क्या करें।'

भारत में ट्रेड यूनियनों को अर्द्धसामन्ती, अर्द्ध-औपनिवेशिक विचारधारा

के अधीन रखने के एक उपाय के रूप में पंचाट (मध्यस्थता) की एक कानूनी व्यवस्था विकसित की गयी है। यहाँ तक कि सत्ता-हस्तान्तरण, 15 अगस्त 1947 के बाद भी समाधान की प्रक्रिया को निरन्तर एक के बाद एक कानून द्वारा मजबूत किया गया है। हड़तालों को गैर-कानूनी करार देकर, ट्रेड यूनियनों को नियम-कानून के जाल में फँसाकर, द्वेषपूर्ण आर्थिक दंड की धमकी आदि तरीकों को निरन्तर विकसित किया गया है। शासकों ने ट्रेड यूनियनों को 'स्वीकार' कर लिया है, उनके विद्रोही चरित्र को समाप्त करने और अपने प्रतिक्रियावादी चरित्र को ट्रेड यूनियनों में विकसित करने का प्रयास कर रहा है। कामरेड लेनिन ने ऐसे ट्रेड यूनियन नेताओं को मजदूरों के बीच पूँजीवाद के लेबर लेफ्टिनेंट कहा। उनके नेतृत्व में ट्रेड यूनियनों ने काफी परिसम्पत्ति विकसित की है, बड़े-बड़े ऑफिस, बहुत-सा स्टाफ, मोटरकार आदि। ट्रेड यूनियन का पदाधिकारी होना एक सम्मानजनक कैरियर हो गया है। लेनिन ने इनको समय-सेवक पदलोलुप कहा है।

लेनिन ने ट्रेड यूनियनों के जनता के साथ होने पर जोर दिया है। उनका आशय विशेष रूप से जनता को क्रान्तिकारी संघर्ष के लिए जाग्रत करना था। परन्तु (लेनिन की पुस्तक **वामपन्थी कम्युनिज्म एक बचकाना मर्ज** से उद्धृत करते हुए) इन विचारों की एक नकारात्मक व्याख्या की जाती है न कि मजदूरों के बीच एक सक्रिय क्रान्तिकारी राजनीति करने के लिए। संक्षेप में कहें तो लेनिन के विचारों को ट्रेड यूनियनवाद की सीमा में ट्रेड यूनियन कार्य करने के लिए दोहराया जाता है। यह लेनिन की शिक्षाओं के विपरीत है। लेनिन की शिक्षा है—ट्रेड यूनियनों में जनता के साथ रहते हुए जनता को क्रान्तिकारी संघर्ष के लिए जाग्रत करना, रूढ़िवादी ट्रेड यूनियन नेताओं द्वारा जनता पर थोपे गये ट्रेड यूनियनवाद के विचारों को ध्वस्त करना, ट्रेड यूनियन के प्रतिक्रियावादी पक्ष से मुक्ति हासिल करना, ट्रेड यूनियन को राज्यसत्ता से बाँधनेवाली बेड़ियों को काटना, पूँजीवाद के लेबर लेफ्टिनेंटों को परास्त करना और समय के सेवक पदलोलुपों से छुटकारा पाना। मजदूरों को प्रतिक्रियावाद के खिलाफ अवश्य ही विद्रोह करना चाहिए। ट्रेड यूनियन में जनता के साथ होने का अर्थ है कम्युनिस्टों को हमेशा जन-संघर्षों में मजदूरों के साथ होना चाहिए।

1947 के बाद भारत में आर्थिक महत्त्व की दृष्टि से संगठित क्षेत्र के वेतन-भोगी (मजदूर) दूसरों से भारी पड़ते हैं, हालाँकि उनकी संख्या काफी कम है। मार्च 1974 के अन्त में कुल मजदूरों की संख्या 180 मिलियन थी। इनमें 72 मिलियन मजदूर वेतन पाने वाले थे, जो कुल मजदूरों की 40 प्रतिशत संख्या निर्मित करते थे। करीब 47.5 मिलियन खेत मजदूर थे। शेष 17.5 मिलियन

मजदूर संगठित क्षेत्र में और करीब 7 मिलियन मजदूर गैर-कृषि असंगठित क्षेत्र में थे। इन संगठित क्षेत्र के वेतन पाने वाले 17.5 मिलियन मजदूरों में से 10.7 मिलियन सार्वजनिक क्षेत्र में, 6.8 मिलियन निजी क्षेत्र में हैं। 1961 और 1971 की जनगणना के अनुसार कुल मजदूरों में, खेतिहरों, खेत मजदूरों और अन्य मजदूरों का प्रतिशत-विभाजन परिशिष्ट-डी की सूची में दिया गया है।

(यह आँकड़े इंडियन लेबर स्टैटिक्स 1973, लेबर ब्यूरो, मिनिस्ट्री ऑफ लेबर एंड रिहैवीटेशन, गवर्नमेंट ऑफ इंडिया के हैं।)

भारत सरकार द्वारा लागू की गयी अनिश्चित और दिवालिया वेतन नीति वेतन भोगियों के बीच असमानता को जन्म देती है। यह उद्योगों और भिन्न-भिन्न अंचलों के बीच तथा वेतन पानेवाले और नियमित वेतन न पाने वालों के बीच, सरकारी और प्राइवेट वर्करों के वेतन और मजदूरी में फर्क करती है। यह मजदूर विरोधी वेतन नीति चक्करदार तरीके से मुद्रास्फीति को बढ़ावा देती है, बेरोजगारी को बढ़ाती है, उत्पादन को घटाती है, औद्योगिक विस्तार को कम करती है और सर्वोपरि यह मजदूर वर्ग को उत्पादन की शक्तियों का मालिक और उत्पादन सम्बन्धों का नियंत्रक बनाने से रोकती है। सभी वेतन समितियाँ, आजीविका योग्य मजदूरी की सभी अवधारणाएँ, शुद्ध मजदूरी और जीविका योग्य मजदूरी, यह सभी वेतन/मजदूरी सम्बन्धी अवधारणाएँ हमें न्यूनतम वेतन की अवधारणा तक ले जाती हैं जो कि इस अर्द्धसामन्ती, अर्द्ध-औपनिवेशिक दलदल में फँसी हैं। इसने केवल मेहनतकश जनता को आज की शोषक अर्थव्यवस्था और राजनीतिक सत्ता का गुलाम बनाने का काम किया है।

1947 के बाद भारत के मजदूर आन्दोलन का नेतृत्व केवल ट्रेड यूनियनवादी नेताओं ने ही किया। ट्रेड यूनियन आन्दोलन की जुझारू क्षमता को कुंद किया गया, बड़े आन्दोलन जरूर हुए, परन्तु वे सरकारी ट्रेड यूनियन आन्दोलन के शिकंजे में फँसे रहे। यदि एक प्रकार के ट्रेड यूनियनवादियों ने इसका विरोध किया तो दूसरे ट्रेड यूनियनवादी नेताओं ने ऐसे संघर्षों का इस्तेमाल क्रान्तिकारी आन्दोलन को गति देने के लिए नहीं बल्कि अपने विरोधियों को धकियाने के लिए किया।

हमने देश में मौजूद वस्तुगत स्थिति का विस्तार से वर्णन किया है। इस व्यवस्था में अन्तर्व्याप्त आर्थिक संकट, उलझी हुई राजनीतिक व्यवस्था, गहराता सांस्कृतिक संकट; मुद्रास्फीति, बेरोजगारी, महामारी, भूख, आवासहीनता, शोषण और दमन पूरे देश में प्रबल रूप से फैला है। ऐसी स्थिति ने आम जनता में असन्तोष और बेचैनी को जन्म दिया है और मजदूर और किसान वर्ग की

जनता में यह बेचैनी विशेष रूप से प्रदर्शित होती है। मजदूर वर्ग का आन्दोलन निरन्तर विकसित हो रहा था। इसका संगठन भी विकसित हो रहा था। परन्तु अनेक बुर्जुआ राजनीतिक पार्टियों, प्रतिक्रियावादी पार्टियों, साम्प्रदायिक पार्टियों ने मजदूर वर्ग की शक्ति से अपना-अपना हिस्सा निकाल लिया और अपने-अपने ट्रेड यूनियन आन्दोलन पर अपना नियन्त्रण बना लिया। मजदूर वर्ग का बड़ा हिस्सा कांग्रेस पार्टी के नेतृत्व वाली **आई. एन. टी. यू. सी.** और **सी. पी. आई.** के नेतृत्व वाली **ए. आई. टी. यू. सी.** को मिला, सी. पी. आई. (एम) की सीटू, सोशलिस्ट पार्टी की एच. एम. एस. और इसी प्रकार सब हिस्से में मजदूर वर्ग बँट गया। बंगाल में आयोजित हुए अनेक बन्द और जुझारू राजनीतिक प्रदर्शनों को नव-संशोधनवादी सी. पी. आई. (एम) द्वारा केवल 'चुनावी युद्ध' के काम में लगाया गया। मुद्रास्फीति और महामारी के खिलाफ वहाँ मजदूर वर्ग आन्दोलन की लहरें उठ रही थीं और पूरे देश में मजदूर आन्दोलन उभार पर था। विभिन्न राज्यों में एन. जी. ओ. संगठनों ने महँगाई-भत्ते के लिए आवाज उठाई और केंद्र सरकार के कर्मचारियों ने भी काम रोको आन्दोलन किया। जहाजी कुलियों और एयर लाइंस के पाइलटों ने भी कभी-कभी काम रोको आन्दोलन और हड़ताल संगठित की। पश्चिम बंगाल पुलिस एसोसिएशन ने भी एक बार प्रतिरोध हड़ताल गठित की। उत्तर प्रदेश में पी. ए. सी. ने सशस्त्र विद्रोह किया। अभी-अभी गिरनी कामगार यूनियन के नेतृत्व में लम्बी अवधि का काम रोको आन्दोलन संचालित हुआ। परन्तु डांगे ने इस आन्दोलन के साथ विश्वासघात किया। भारत के मजदूर आन्दोलन ने नग्न ट्रेड यूनियनवाद को देखा है और वर्तमान अवसरवादी नेतृत्व का विश्वासघात भी सहा है।

भारतीय मजदूर वर्ग आन्दोलन का इतिहास दर्शाता है कि जब कभी भी संकट आया, प्रतिक्रियावादियों और संशोधनवादियों ने आन्दोलन में फूट डाली और ट्रेड यूनियन में विभाजन किया। परन्तु उनका उद्‌देश्य हमेशा अपने मालिकों, साम्राज्यवादियों, कम्प्राडोर और सामन्ती भूस्वामी वर्ग की सेवा करना ही था।

ट्रेड यूनियन में पहला विभाजन कांग्रेस पार्टी ने किया। उन्होंने इंडियन नेशनल ट्रेड यूनियन कांग्रेस (आई. एन. टी. यू. सी.) का गठन किया। इसके बाद 1948 में सोशलिस्ट पार्टी ने अलग एच. एम. एस. का गठन किया, रणदिवे ने एक और विभाजन के लिए बाध्य किया और यू. टी. यू. सी. को रास्ता दिया। विभाजन यहीं समाप्त नहीं हुआ। एच. एम. एस. का और विभाजन हुआ और एच. एम. के. पी. का गठन हुआ और यू. टी. यू. सी. भी दो भागों में विभाजित हो गयी।

ए. आई. टी. यू. सी. के गुंटूर अधिवेशन में नव-संशोधनवादियों ने विभाजन का प्रयास किया, परन्तु उनको सफलता नहीं मिली। तो भी 28-31 मई 1970 को कोलकाता अधिवेशन में अन्नतः वह विभाजन हो गया। इससे पूर्व गोवा कन्वेंशन में नव संशोधनवादियों ने कॉन्फ्रेंस की और कन्वेंशन आयोजित करने के लिए कारणों को निश्चित करने का प्रस्ताव स्वीकार किया। जैसी कि आशा थी, नव-संशोधनवादियों ने सभी कारणों को बताया परन्तु किसानों के सशस्त्र संघर्ष के द्वारा, मजदूर वर्ग और व्यापक जनता को साम्राज्यवादियों और सामाजिक-साम्राज्यवादियों तथा इसकी पिछलग्गू भारतीय राज्य-व्यवस्था को उखाड़ फेंकने की आवश्यकता को चिन्हित नहीं किया।

संशोधनवादी और नव-संशोधनवादी दोनों ने संसदीय राजनीति का मार्ग अपनाया। अनुभव ने यह प्रमाणित किया कि जब कभी भी जुझारू वर्ग लाइन स्वीकार की गयी, डांगे गुट कभी भी खड़ा नहीं रह सका। 1963 में जब ए. आई. टी. यू. सी. ने दिल्ली के 'ग्रेट मार्च' के समय राजनीतिक बंदियों की रिहाई की माँग ग्रेट पेटीशन (माँगपत्र) में नहीं जोड़ी तो इसका जोरदार विरोध हुआ था।

ए. आई. टी. यू. सी. के द्वारा सितम्बर 1963 में आयोजित विशेष अधिवेशन में सच्चे क्रान्तिकारी प्रतिनिधियों ने बोनस कमीशन का विरोध किया था, परन्तु उस समय कामरेड राममूर्ति ने डांगे के साथ समझौता कर लिया था। आवश्यकता आधारित वेतन के प्रश्न पर, फैक्टरी गेट पर भूख हड़ताल का सहारा लिया गया और इसी प्रकार औद्योगिक युद्ध विराम के प्रस्ताव का भी विरोध हुआ और हड़ताल-संघर्ष संचालित हुआ।

यह नेता किस प्रकार के वर्ग संघर्ष की वकालत करते या संचालित करते थे? उनके लिए 'वर्ग संघर्ष' चुनाव में कुछ सीट जीतने, मंत्रिमंडलों का गठन करने और उनके मालिकों की सेवा के लिए था। इसी उद्देश्य के तहत 1967 के आम चुनाव में विजय हासिल करने के लिए पश्चिम बंगाल में बस और ट्राम वर्कर्स की हड़तालें हुईं और वापस भी ले ली गयीं। इसी प्रकार इंजीनियरिंग, जूट और सूती उद्योगों में जनरल हड़ताल की गयी और फिर वापस ले ली गयी। परिणामस्वरूप बड़े पैमाने पर मजदूरों की छँटनी और मिलबन्दी हुई। नव-संशोधनवादियों ने पेट्रोलियम मजदूरों से भी विश्वासघात किया। बी. पी. टी. यू. सी. की एक 'गैर कानूनी' हड़ताल का उन्होंने विरोध किया। नव-संशोधनवादी वहाँ पर पूर्ण बहुमत में थे परन्तु इन्होंने टेक्समाको, एम. एन. सी. आदि में मजदूरों के संघर्ष पर ध्यान नहीं दिया, और इस प्रकार हड़ताल को अलगाव में डाल दिया। परिणामस्वरूप मजदूरों को हानि उठानी पड़ी। इस सब के बावजूद

इन विभिन्न रंगों के संशोधनवादियों ने पश्चिम बंगाल में मंत्रिमंडल का गठन किया। पश्चिम बंगाल में मिलबन्दी और तालाबन्दी को लेकर कोई भी संघर्ष संचालित नहीं किया गया। छँटनी किये गये मजदूरों को पुनः नौकरी में लगाने, बेरोजगारों की संख्या की जाँच करने या सर्विस कांडक्ट रूल को समाप्त करने के लिए कोई कदम नहीं उठाये गये। दूसरी तरफ औद्योगिक शान्ति और विवादों को समाधान के तरीकों से हल करने के लिए औद्योगिक समझौता कर लिया। इस प्रकार मजदूरों की पीठ में छुरा घोंप दिया। उन्होंने मजदूर वर्ग से त्रिपक्षीय कॉन्फ्रेंसों में शामिल होने, वेतन के लिए त्रिपक्षीय कमेटियों में भागीदारी करने को कहा। वे छँटनी कमेटियों में शामिल हुए और उत्पादन वृद्धि वाले समझौतों पर हस्ताक्षर किये, जबकि मिल मालिकों द्वारा "छँटनी न करने" की कोई गारंटी नहीं दी गयी। इन्होंने रु. 381/-महँगाई-भत्ते (डी.ए.) का एरियर छोड़ दिया और बोनस ऐक्ट के अन्तर्गत 4 प्रतिशत बोनस, तदर्थ भुगतान के रूप में 13 दिनों का वेतन स्वीकार लिया। इस विषय में न तो मजदूरों को बताया और न ही उनकी कोई सलाह ली। ट्रामवे वर्कर्स (ट्रामवे मजदूरों) के अधिकारों में कटौती प्रस्तावित की और उनके वेतन के पुनरीक्षण को स्वीकार किया। बदली वर्कर्स और अन्य हजारों वर्कर्स की छँटनी स्वीकार की, दुर्गापुर आई.एस.आई. में आटोमेशन को स्वीकार किया। पश्चिम बंगाल की संयुक्त मोर्चा सरकार ने संघर्षशील मजदूरों-किसानों के खिलाफ व्यापक दमन चलाया और हजारों क्रान्तिकारी और संघर्षशील लोगों को जेलों में डाल दिया। ऐसी ही परिस्थितियों में कम्युनिस्ट क्रान्तिकारियों द्वारा वहाँ क्रान्तिकारी ट्रेड यूनियन ग्रुपों का निर्माण हुआ और इसी प्रक्रिया में सी.पी.आई. (एम. एल.) पार्टी का भी गठन हुआ। लेनिन ने कहा था : "जब तक सर्वहारा संगठन का सर्वोच्च रूप, जैसे—सर्वहारा की क्रान्तिकारी पार्टी सामने नहीं आती (जो पार्टी अपने वर्ग के लोगों तथा जनता को एक एकताबद्ध ढाँचे में बाँधना सीख नहीं लेती तब तक वह क्रान्तिकारी पार्टी के नाम की पात्र नहीं है) तब तक ट्रेड यूनियनें निश्चित रूप से प्रतिक्रियावादी कदम उठाती रहेंगी। उनके अन्दर अपने काम की संकीर्णता, गैर-राजनीतिक बनने की प्रवृत्ति, एक प्रकार की जड़ता आदि बनी रहेगी। परन्तु विश्व-भर में कहीं भी सर्वहारा का विकास ट्रेड यूनियन से अलग न हुआ है न हो सकता है। इसका विकास ट्रेड यूनियनों के द्वारा और सर्वहारा की पार्टी के साथ इसकी अन्तक्रिया के बगैर नहीं हो सकता।" (लेनिन सेलेक्टेड वर्क्स, 12 वाल्यूम संस्करण, वाल्यूम-10, पृ. 90-91)

सी. पी. आई. (एम. एल.) ने संसदीय मार्ग, सुधारवाद, वर्ग-शान्तिवादी

ट्रेड यूनियनवाद और संशोधनवाद का विरोध किया और इनके खिलाफ संघर्ष संचालित किया।

चीन में क्रान्ति-पूर्व 1926 में दो मिलियन मजदूर थे, जबकि आज से पचास वर्ष पूर्व भारत में मजदूर वर्ग की संख्या इससे कई गुना अधिक थी और वे जगह-जगह केन्द्रित थे। हालाँकि आज पचास वर्ष बाद भी, ऐतिहासिक परिस्थितियों के तहत भारतीय सर्वहारा का सैद्धान्तिक और क्रान्तिकारी उपकरण (क्रान्तिकारी पार्टी) उतनी सुस्पष्ट नहीं है, जितना कि 1926 में चीनी सर्वहारा की पार्टी चीन की कम्युनिस्ट पार्टी थी।

अध्यक्ष माओ द्वारा व्यक्तिगत रूप से 1974 में *पीपुल्स रिपब्लिक ऑफ चाइना* के नये संविधान में मजदूरों द्वारा हड़ताल करने का अधिकार जुड़वाया गया। एक देश में जहाँ उजरती मजदूरी को पूर्ण रूप से हल कर लिया गया है और मजदूरों के साथ होने वाली अन्य पूँजीवादी बुराइयों को समाप्त कर दिया गया है; वहाँ अधिकारियों की किसी गड़बड़ी या सर्वहारा के हितों के उल्लंघन के खिलाफ सर्वहारा को हड़ताल करने का अधिकार संवैधानिक रूप से प्राप्त है। महान सर्वहारा सांस्कृतिक क्रान्ति के दौरान सर्वहारा ने अपने इस अधिकार का पूर्ण रूप से इस्तेमाल किया।

परन्तु इसी अवधि में अर्द्ध-औपनिवेशिक, अर्द्धसामन्ती भारत के मजदूर आन्दोलन को पुलिस के बर्बर दमन का शिकार होना पड़ा। शोषित और उत्पीड़ित मजदूर वर्ग के हड़ताली संगठनों को प्रतिक्रियावादी सरकार द्वारा प्रचुर मात्रा में हड़ताल स्थगन के उपदेश दिये गये। मजदूर वर्ग की क्रान्तिकारी धार को कुंद करने के लिए, उनको वार्ताओं में उलझाने और विवाद-समाधान के लिए उच्च संगठनों के छल-कपट में फँसाया गया। संघर्षरत मेहनतकश जनता पर शिकंजा कसने के लिए कठोर कानून बनाए गये और आज भी बनाए जा रहे हैं। इसका एक ताजा उदाहरण इन्दिरा गाँधी की चापलूस उड़ीसा की मुख्यमंत्री श्रीमती नन्दनी सत्पथी द्वारा बनाया गया कानून है। इस कानून के अनुसार जनता के आन्दोलनों से प्रभावित किसी भी क्षेत्र में आन्दोलनों से हुई सम्पत्ति की हानि की भरपाई वहाँ की जनता पर सामूहिक जुर्माना लगाकर वसूली जाएगी। यह मजदूर विरोधी, जनविरोधी कानून, जनता से जनता को लड़वाने का प्रयास है और यह इस सरकार के अर्द्ध-औपनिवेशिक अर्द्धसामन्ती चरित्र का प्रमाण है। सरकार द्वारा जनता को दमन करने के लिए ऐसे भयंकर कानूनों का प्रयोग होता है जबकि बाल श्रम, बँधुआ मजदूरी, तथाकथित भूमि सुधार आदि जन-कल्याणकारी कानून केवल कागजों पर ही हैं और उन्हें कभी लागू नहीं

किया जाता। यहाँ तक कि औद्योगिक इकाइयों को खरीदने के लिए काले धन के प्रयोग की छूट दी जाती है।

भारतीय कृषि व्यवस्था बुनियादी रूप से सामन्ती व्यवस्था रही है और इसीलिए इसका न कभी भली प्रकार विकास हो सका और न ही यह उद्योगों को बड़े स्तर पर सामग्री प्रदान कर सकी।

1947 से पूर्व और बाद में भी कृषि प्रोत्साहन और सहयोग के लिए भारत विदेशी पूँजी और टेक्नालॉजी पर निर्भर रहा है। वर्षों बाद भी आज भारतीय कृषि गतिरुद्धता का शिकार है जबकि देश विदेशी कर्ज में डूबा हुआ है, कर्ज पर आधारित औद्योगिक विकास दिखाई दे रहा है। आज भारत में जो भी औद्योगिक विकास दिखाई दे रहा है वह सामन्तवाद विरोधी भारतीय बुर्जुआ पर किसी क्रान्तिकारी संघर्ष द्वारा आर्थिक विकास का परिणाम नहीं है। यह सारा ढाँचा अन्तर्राष्ट्रीय एकाधिकारी पूँजी (साम्राज्यवादियों) द्वारा निर्मित और भारतीय सामन्ती व्यवस्था पर आरोपित है। इस औद्योगिक ढाँचे ने देश के तमाम समृद्ध स्रोतों को विदेशी वित्तीय पूँजी के अधीन कर दिया है। भारतीय पूँजी और भारतीय बुर्जुआ दयनीय हालत में उसकी सेवा में लगा है। भारत की ऐतिहासिक परिस्थिति ने (क्रान्ति-पूर्व) चीन से बहुत भिन्न, भारतीय बुर्जुआ के कम्प्राडोर विकास को ही गति प्रदान की है और साथ ही साथ भारतीय सर्वहारा के वैचारिक विकास को भी बाधित किया है। भारत का पेटी बुर्जुआ वर्ग, जिसके बीच से सर्वहारा का नेतृत्व विकसित हुआ, वह प्रारम्भ से ही प्रतिक्रियावादी सामन्ती औपनिवेशिक प्रभाव में बुरी तरह डूबा रहा है। हालाँकि भारतीय सर्वहारा राजनीतिक रूप से आगे बढ़ने में परिपक्व हुआ और सचेत राजनीतिक संघर्ष संचालित किया, परन्तु इसके विकास की ऐतिहासिक परिस्थितियों, पेटी बुर्जुआ प्रभाव वाले कम्युनिस्ट नेतृत्व ने इसे शान्त और सौम्य बना दिया। अब सी. पी. आई. (एम. एल) के उदय के साथ भारतीय सर्वहारा ने अपने अतीत के संशोधनवादी अवशेषों को छोड़ने और अग्रदूत की भूमिका में खड़े होने के प्रयास प्रारम्भ किये हैं।

शहरी और ग्रामीण भारत

(1947 के बाद वर्ग विश्लेषण)

1947 से बाद का शहरी और ग्रामीण भारत

भारत की 80 प्रतिशत ग्रामीण जनता बुरी तरह से सामन्ती अर्थव्यवस्था में जकड़ी हुई है। इस विषय में हम पहले विस्तार से चर्चा कर चुके हैं। हम भारतीय समाज के वर्तमान अर्द्ध-औपनिवेशिक अर्द्धसामन्ती स्तर तक विकास की प्रक्रिया पर भी चर्चा कर चुके हैं। परन्तु हमने वर्तमान भारतीय ग्रामीण समाज का वर्ग विश्लेषण नहीं किया है। आइए, अब इस विषय पर चर्चा करें। ग्रामीण क्षेत्र में कौन-कौन से वर्ग मौजूद हैं, उनकी स्थिति क्या है, इसे समझने के लिए ग्रामीण वर्ग-विश्लेषण सारतः एक द्वन्द्वात्मक पद्धति है। इसे स्पष्टता और निर्णायक रूप से जानना अति आवश्यक और महत्त्वपूर्ण है ताकि क्रान्ति के शत्रुओं के खिलाफ क्रान्ति के सभी मित्रों को एक व्यापक मोर्चे में गोलबन्द किया जा सके। कामरेड माओ-त्से-तुंग ने सर्वाधिक वैज्ञानिक तरीके से वर्ग-विश्लेषण की गाइड लाइन प्रस्तुत की है, हर वर्ग के आर्थिक आधार सहित उसके वर्ग चरित्र का वर्णन और क्रान्ति के प्रति हर वर्ग के रुख का विश्लेषण किया है।

सामन्त या जमींदार वर्ग : यह वर्ग भूमि का मालिक होता है, परन्तु यह स्वयं या इसके परिवार के सदस्य उत्पादन में भागीदारी नहीं करते। यह वर्ग मजदूरों का शोषण करता है और सूदखोरी के द्वारा आम लोगों का भी शोषण करता है। इस वर्ग को बड़ा सामन्त, मध्यम या मझोला सामन्त और छोटा सामन्त की श्रेणियों में विभाजित किया जा सकता है।

आर्थिक रूप से गरीब और पिछड़ा, अर्द्ध-औपनिवेशिक, अर्द्ध-सामन्ती भारत, सामन्त वर्ग द्वारा आतंककारी दमन और शोषण के लिए स्वर्ग है। सामन्त और कम्प्राडोर बुर्जुआ वर्ग "अन्तर्राष्ट्रीय बुर्जुआ के पिछलग्गू हैं और अपने विकास और अस्तित्व के लिए साम्राज्यवाद पर पूर्णतः निर्भर हैं।" सामन्त वर्ग देश की उत्पादक शक्तियों को विकसित नहीं होने देता। हमारे देश की जनता द्वारा अपने

लक्ष्य प्राप्ति और इच्छा की आकांक्षा की पूर्ति में साम्राज्यवाद एक बड़ी बाधा है। सामन्त वर्ग साम्राज्यवाद का साथ देता है और उसके हितों की पूर्ति करता है। इसके हित भारतीय क्रान्ति से मेल नहीं खाते और इसलिए यह भारतीय क्रान्ति के सफल न होने तक फलता-फूलता रहेगा। यह घोर प्रतिक्रान्तिकारी वर्ग है। भारत में कांग्रेस तथा अन्य बुर्जुआ राजनीतिक पार्टियाँ इसका राजनीतिक प्रतिनिधित्व करती हैं।

सामन्त वर्ग के पास उत्पादन का प्रमुख साधन भूमि होती है। यह जमीन पर अपने पारम्परिक पैतृक अधिकार और सूदखोरी के द्वारा किसानों का शोषण करता है। शोषण के यह दोनों तरीके अर्द्धसामन्ती शक्तियों का आर्थिक आधार हैं। वर्तमान भारत में यह अर्द्ध-सामन्ती उत्पादन सम्बन्ध गुलाम-मालिक समाज के सम्बन्धों की ही तरह हैं। यह कृषि में बँटाईदारी प्रथा, किसानों का कर्ज में डूबा होना, सूदखोरी के द्वारा उनका शोषण, और किसानों को बाजार की अनुपलब्धता के रूप में सामने आता है। सामन्त द्वारा इच्छाधीन किसान को भूमि से बेदखल करने का अधिकार भी निर्मम शोषण और बेगारी का आधार है। सामन्त वर्ग किसानों से घर छवाने, जलावन की मुफ्त आपूर्ति जैसे बेगारी के काम कराते हैं। यहाँ तक कि किसानों के परिवार की महिलाएँ सामन्तों के घरेलू काम में बगैर किसी मजदूरी के काम करती हैं।

सामन्त स्थानीय त्योहारों के अवसर पर आयोजित होने वाले कार्यक्रमों को संरक्षण प्रदान करते हैं और ग्रामीणों के आपसी विवाद में बिचौलिया या निरंकुश न्यायाधीश के रूप में उनकी पैतृक शासन-शक्ति दिखाई देती है। इस प्रकार वे स्थानीय स्तर पर सत्ता का नियन्त्रण करते हैं।

सामन्त वर्ग के लोग सामुदायिक सम्पत्ति पर नियन्त्रण द्वारा भी शोषण करते हैं। दिवालिया जमींदार भूमि पर कार्य करने से बहुत दूर रह कर किसानों को झाँसा-पट्टी में फँसाकर लूटते हैं और मध्यवर्ग से अच्छी स्थिति में रहते हैं। वे लोग भी सामन्त की ही श्रेणी में आते हैं।

जो लोग सामन्तों की दलाली करते हैं, उनकी जमीनों और परिवार की देख-रेख करते हैं, भूमि पर निर्भर होते हुए भी धोखा देकर किसानों को लूटते हैं और जिनकी आय का मुख्य स्रोत शोषण है, मध्यवर्ग की आर्थिक स्थिति से अच्छी हालत में रहते हैं। वे भी सामन्त की श्रेणी में आते हैं।

जिनकी आय का मुख्य स्रोत सूदखोरी है और वह मध्यवर्ग से अच्छी स्थिति में जीवन-यापन करते हैं, वे भी इसी श्रेणी में आते हैं।

सामन्त वर्ग केवल अपनी सम्पत्ति और जमींदारी के बल पर ही राजनीतिक

सत्ता संचालित नहीं करते बल्कि वे शासक सत्ता के स्तम्भ हैं। मन्त्री से लेकर पुलिस के सिपाही तक तथा अनेक सरकारी कर्मचारी सभी उनके घरों पर आकर उनका सामाजिक और राजनीतिक मान बढ़ाते हैं और वे इस स्थिति का लाभ लेकर जनता का शोषण करते हैं।

इस प्रकार सामन्त वर्ग, व्यापक जनता का शत्रु है और क्रान्तिकारी शक्तियों का टारगेट है।

मध्य बुर्जुआ वर्ग : भारतीय सन्दर्भ में क्या वास्तव में कोई मध्य बुर्जुआ वर्ग है। आइए देखें सामान्य रूप से और विशेष रूप से चीन में मध्य बुर्जुआ वर्ग का विश्लेषण क्या है?

भारतीय क्रान्ति साम्राज्यवाद, सामाजिक साम्राज्यवाद, सामन्तवाद और नौकरशाह पूँजीवाद के खिलाफ है। इसका संचालन सर्वहारा के नेतृत्व में व्यापक जनता द्वारा हो रहा है? व्यापक जनता में साम्राज्यवाद, सामन्तवाद, नौकरशाह पूँजीवाद से शोषित और पीड़ित "मजदूर, किसान, सैनिक, बुद्धिजीवी, व्यापारी और अन्य देश-भक्त लोग" आते हैं।

चीन की क्रान्ति साम्राज्यवाद, सामन्तवाद, नौकरशाह पूँजीवाद के खिलाफ मजदूरों, किसानों, सैनिकों, बुद्धिजीवियों, व्यापारियों और अन्य व्यापक जनता द्वारा संचालित संघर्ष था। सम्पूर्ण राष्ट्रीय बुर्जुआ वर्ग साम्राज्यवाद द्वारा उत्पीड़ित और दमित था अर्थात् मध्यम बुर्जुआ और पेटी बुर्जुआ व्यापक जनता का हिस्सा थे, परन्तु वह मुख्य भाग नहीं थे।

चीन में राष्ट्रीय बुर्जुआ वर्ग ने 1924-27 तक क्रान्तिकारी आन्दोलन का साथ दिया और 1927-31 के दौरान इसका एक छोटा हिस्सा प्रतिक्रियावादी चाङ काई शेक का समर्थक हो गया। सी. पी. सी. द्वारा मुख्य शत्रु के खिलाफ संघर्ष संचालित करते हुए राष्ट्रीय बुर्जुआ के आर्थिक और राजनीतिक हितों की रक्षा करते हुए उसे क्रान्ति के पक्ष में लाने का प्रयास किया गया। क्वोमितांङ और सी. पी. सी. के बीच चल रहे प्रतिरोध युद्ध में राष्ट्रीय बुर्जुआ ने युद्ध में भागीदारी की।

मध्यम बुर्जुआ वर्ग जो पूँजीवादी उत्पादन सम्बन्धों का प्रतिनिधि था, वह बड़े बुर्जुआ का पिछलग्गू हो गया। क्रान्ति के प्रति इस वर्ग का रुख ढुलमुल रहता है और यह क्रान्ति का विश्वसनीय सहयोगी वर्ग नहीं होता।

पेटी बुर्जुआ वर्ग : कामरेड माओ ने पेटी बुर्जुआ वर्ग को कृषि क्षेत्र से लेकर औद्योगिक क्षेत्र में कार्यरत लोगों की सीमाओं के आर-पार देखा, परन्तु वह किसानों के बीच मौजूद विभिन्न वर्गों का विश्लेषण भिन्न तरीके से

करते हैं। वह पेटी बुर्जुआ की श्रेणी में "मालिक किसानों, मालिक दस्तकारों, बुद्धिजीवियों के निचले तबके, छात्रों, प्राइमरी तथा मिडिल स्कूलों के अध्यापकों, निम्नवर्ग के सरकारी कर्मचारियों, कार्यालयों के क्लर्क, छोटे वकीलों और छोटे व्यापारियों" को रखते हैं।

वस्तुगत उत्पादन सम्बन्धों, उनके व्यवहार और मूल्यों आदि की चारित्रिक विशेषता के सन्दर्भ में तथा उनके जीवन स्तर को ध्यान में रखते हुए कामरेड माओ इन वर्गों को पेटी बुर्जुआ की श्रेणी में रखते हैं। इस प्रकार "पहला तबका वह है जो अपने शारीरिक या मानसिक श्रम के सहारे, अपने वार्षिक खर्च से अधिक कुछ अनाज या धन अर्जित कर लेता है।" दूसरा तबका "आर्थिक रूप से आत्मनिर्भर" होता है। तीसरा तबका वह है, "जिसका जीवन स्तर निरन्तर नीचे गिरता रहा है।"

पेटी बुर्जुआ वर्ग के पहले तबके के बारे में कामरेड माओ लिखते हैं कि "ऐसे लोग धनी बनने के इच्छुक होते हैं जबकि उनको बहुत अधिक संचय कर पाने का भ्रम नहीं है। वे मध्य बुर्जुआ की श्रेणी में पहुँचने को आतुर रहते हैं। इस प्रकार के लोग कायर होते हैं और सरकारी अधिकारियों से डरते हैं और क्रान्ति से भी घबराते हैं।" यह वर्ग "साम्राज्यवाद और युद्ध सरदारों के खिलाफ संचालित आन्दोलनों की सफलता के प्रति सशंकित रहता है आन्दोलन में शामिल होने से झिझकते हैं और उदासीन रहते हैं, परन्तु वे क्रान्ति का कभी भी विरोध नहीं करते।" तीसरे तबके के लोग "इनके अतीत और वर्तमान में इतना बड़ा विरोधाभास है कि वे लोग हमेशा ही मानसिक परेशानी में रहते हैं।"

आइए, हम पहले किसान समुदाय से इतर पेटी बुर्जुआ वर्ग पर विचार करें। इसके लिए हम जनसंख्या के उस भाग पर विचार करेंगे, जिसे भारत में पेटी बुर्जुआ कहा जा सकता है। इसलिए भारतीय मध्यवर्ग, सफेद कॉलर कर्मचारी, बुद्धिजीवी, छोटे उद्योगों के मालिक, छोटे व्यापारी आदि की तरह पेटी बुर्जुआ वर्ग के सामाजिक आधार पर भी विचार करना आवश्यक है।

आइए, भारतीय 'मध्यवर्ग' की सामाजिक श्रेणी पर एक नजर डालें। क्या मार्क्सवादी सिद्धान्त के नियमों के अनुसार इसकी सीमाएँ निर्धारित करते हुए इस वर्ग को चिन्हित किया जा सकता है। नहीं, मार्क्सवादी सिद्धान्त या उत्पादन सम्बन्धों के आधार पर इसका वर्गीकरण नहीं किया जा सकता। इस मध्यवर्ग में सुपरिभाषित दूसरे वर्ग भी शामिल होते हैं, पेटी बुर्जुआ वर्ग जो मार्क्सवाद में सुपरिभाषित हैं, वह भी इसमें घुल-मिल जाता है। भारतीय समाज में महत्त्वपूर्ण भूमिका निभाने वाला यह ढीला-ढाला वर्ग ही मध्यवर्ग है।

हालाँकि उत्पादन सम्बन्धों की दृष्टि से मध्यवर्ग कोई 'वर्ग' नहीं है, परन्तु यह मार्क्सवादी विश्व दृष्टिकोण में भली प्रकार मौजूद है। इसका यह भी अर्थ नहीं है कि इसकी वस्तुगत आर्थिक भूमिका एक समान है।

भारत के ग्रामीण क्षेत्र में भूमि का मालिक उच्च जाति का परिवार मध्यवर्ग का है, यहाँ तक कि छोटी जोत का मालिक और प्रति व्यक्ति आय कम होने पर भी वह इस वर्गीय स्थिति का लाभ उठाता है। दूसरी तरफ एक निम्न जाति का किसान परिवार जिसके सदस्य कृषि कार्य में शारीरिक श्रम करते हैं, वह मध्यवर्ग में नहीं आते। यदि उनके पास भूमि तथा प्रति व्यक्ति आय अधिक हो तब भी उनको मध्यवर्ग में शामिल नहीं किया जा सकता।

बगैर किसी बड़ी आर्थिक भिन्नता वाले व्यापारी जैसे–पुस्तक विक्रेता, स्टेशनरी दुकानदार, दवा की दुकान वाले आदि, इसके अतिरिक्त सब्जी, मांस-मछली विक्रेता या परचून दुकानदार यह सभी मध्यवर्ग में आते हैं। थोक विक्रेता, अनाज के आढ़ती तथा खाद विक्रेता आदि बड़ा व्यापारी वर्ग में कुछ लोग मध्यवर्ग में नहीं आते हैं, जबकि छोटे कपड़ा विक्रेता और भोजनालय मालिक, नाई और जूता बनाने वाले मध्यवर्ग में नहीं आते जबकि पेशेवर डॉक्टर और बड़े वकील मध्यवर्ग की श्रेणी में आते हैं। उद्योगों में काम करने वाले उच्च तकनीशियन, बैंक मैनेजर, सफेद कालर कर्मचारी सभी मध्यवर्ग में आते हैं।

सामान्य रूप से शिक्षा के क्षेत्र में प्राइमरी स्कूल से विश्वविद्यालय तक कार्यरत हर शिक्षक मध्यवर्ग की श्रेणी में आते हैं, जबकि निम्न तबके के फिटर और मिकैनिक आदि को इस श्रेणी में नहीं रखा जा सकता।

प्रशासन के क्षेत्र में कार्यरत विभिन्न स्तर के लगभग सभी लोग जूनियर क्लर्क और टाइपिस्ट आदि सभी मध्यवर्ग में आते हैं, परन्तु चपरासी, ड्राइवर और गार्ड को इस श्रेणी में नहीं रखा जा सकता। उच्च नौकरशाहों के हित शासक वर्गों के हितों से मेल खाते हैं और वे शासक वर्ग का ही हिस्सा होते हैं।

इस प्रकार हम देखते हैं कि मध्यवर्ग में ऐसे तबके मौजूद हैं, जिनके हितों में आपसी टकराहट भी है। व्यापारिक फर्मों के उच्च अधिकारियों के हित उनके पूँजीवादी मालिकों से मेल खाते हैं, जबकि सफेद कालर कर्मचारियों के हित तथाकथित नीले कालर वाले या शारीरिक श्रम करने वाले कर्मचारियों के अधिक समीप हैं। इसी प्रकार उच्च नौकरशाह, इंजीनियर, डॉक्टर, वकील, अध्यापक आदि को इस व्यवस्था में काफी सुविधाएँ हैं, इसलिए सामाजिक स्थिति में रेडिकल परिवर्तन होने पर उनको अपने सामाजिक सम्मान और मूल्यों पर ठेस लगने का खतरा महसूस होता है। उनके आर्थिक हित भी शासक वर्ग से काफी

मेल खाते हैं। छोटे स्तर के क्लर्क और छोटे वकील, छोटे डॉक्टर और स्कूल के अध्यापक को एक नया संसार चाहिए, वर्तमान सामाजिक जकड़न से मुक्ति और रेडिकल मान्यताओं वाला समाज चाहिए। आधुनिक उद्योगों के आधुनिक उत्पादों के उच्च सेल्समैन के आर्थिक हित, कम्प्राडोर बुर्जुआ या उस उत्पाद के आयातकों से अधिक समीप हैं।

इस वर्ग में व्याप्त वर्ग हितों की विषमांगता इसमें विभिन्न तबकों की अलग-अलग आय और सम्पत्ति के कारण है। मध्यवर्ग के लोगों में एक-दूसरे के व्यापार, कार्य और पेशे में बहुत अन्तर है। एक ही पेशे या व्यापार में होते हुए भी मध्यवर्गीय परिवारों की आर्थिक स्थिति में बहुत फर्क है। इसका कारण मध्यवर्ग परिवार की मध्यवर्गीय मानसिकता भी है। इसके वस्तुगत कारण भी हैं, जैसे मध्यवर्गीय परिवारों में युवकों की बेरोजगारी की समस्या, प्रतिक्रियावादी सरकार द्वारा लागू की गयी और अवसरवादी ट्रेड यूनियनों द्वारा स्वीकृत नकारात्मक आय की योजना। आइए, इसकी तुलना दो परिवारों की स्थिति से करें। एक मध्यवर्गीय परिवार में अकेले कमाने वाले व्यक्ति पर उसके माता-पिता, सास-ससुर, पत्नी, विवाह योग्य बहिन और स्कूल जाने वाले भाई हैं और उसी के सहकर्मी समान वेतनभोगी परिवार में दोनों पति-पत्नी कमाते हैं और उनके केवल तीन बच्चे उन पर निर्भर हैं। इन दोनों परिवारों की वस्तुगत स्थितियाँ बहुत-सी भिन्नता दर्शाती हैं। पहला परिवार कोई भी विलासिता की वस्तु का प्रयोग नहीं कर सकता, भाइयों की पढ़ाई के लिए उसे कर्ज भी लेना पड़ सकता है, बच्चों का भविष्य अभी अनिश्चित है; जबकि दूसरा परिवार विलासिता की अनेक चीजों का उपभोग कर सकता है। इन परिवारों की परिघटना समाज में उत्पादन सम्बन्धों की स्थिति का प्रतिबिम्ब है। एक परिवार उपभोक्ता समाज के पूँजीवादी मूल्यों के भँवर में फँसा है, जबकि दूसरा परिवार कर्ज के कारण, स्वाभिमान की कमी, असमानता और असम्मान का शिकार है। एक तरफ पद-स्थिति है और दूसरी तरफ ऐसे परिवारों के योग्य रोजगार का प्रश्न कोई यूनियन भी नहीं उठाती है।

इस वर्ग की समांगता की व्याख्या, इनके एक-सी परम्पराओं, रीति-रिवाजों, रुचियों, प्राथमिकताओं, मूल्य-पद्धति और रुख की समानता से की जा सकती है। यह विशेष प्रकार की उपभोक्ता आदतों से जुड़ी एक जीवन शैली में रहता है। इस वर्ग के बीच मौजूद आर्थिक असमानताएँ विभिन्न मध्यवर्गीय परिवारों में प्रयुक्त उपभोक्ता सामानों में प्रदर्शित होती हैं।

क्रान्तिकारी आन्दोलन और समाज में बुद्धिजीवियों की भी अहम भूमिका की

चर्चा करते हुए कामरेड माओ ने क्रान्ति में बुद्धिजीवियों की महत्त्वपूर्ण भूमिका पर विशेष जोर दिया है। उन्होंने एक लेख लिखा, 'भारी तादाद में बुद्धिजीवियों को भर्ती करो', 'बुद्धिजीवियों की भागीदारी के बगैर, क्राति में विजय प्राप्त करना असम्भव है।' उन्होंने अपने लेख 'चीनी क्रान्ति और चीन की कम्युनिस्ट पार्टी' में लिखा : ''क्रान्तिकारी बुद्धिजीवियों की भागीदारी के बगैर, न तो क्रान्तिकारी शक्तियों को सफलतापूर्वक संगठित किया जा सकता है और न ही क्रान्तिकारी कार्य को सफलतापूर्वक संचालित किया जा सकता है।''

बुद्धिजीवी और छात्र कोई वर्ग निर्मित नहीं करते। परन्तु उनकी पारिवारिक उत्पत्ति, उनकी जीवन स्थितियाँ, उनका राजनीतिक दृष्टिकोण उनके वर्ग चरित्र को निर्धारित करते हैं। आज भारत में बुद्धिजीवियों और छात्रों में भारी उभार आया है और वे तेजी से विकास कर रहे हैं। बुद्धिजीवियों का एक तबका साम्राज्यवादियों तथा बड़े बुर्जुआ से घनिष्ठ सम्बन्ध रखता है और जनता का विरोध कर उनकी सेवा करता है। के.जी.बी. या सी.आई.ए. द्वारा अपने काम में लगाये गये युवाओं के अतिरिक्त युवाओं पर बड़े बुर्जुआ, साम्राज्यवाद और सामन्तवाद की नीतियों का प्रभाव बेरोजगारी, नौकरी या शिक्षा छूट जाने के आतंक के रूप में स्पष्ट है। इस प्रकार इन छात्रों-बुद्धिजीवियों की बड़ी संख्या को पेटी बुर्जुआ की श्रेणी में वर्गीकृत किया जा सकता है और उनकी क्रान्तिकारी भूमिका को समझा जा सकता है।

भारत में मार्क्सवादी-लेनिनवादी विचारधारा का प्रचार-प्रसार सबसे पहले छात्रों-बुद्धिजीवियों के बीच हुआ था।

प्रारम्भ में अपनी शिक्षा के दौरान अकादमिक अनुशासन और बुर्जुआ शिक्षा से छात्र प्रभावित होते हैं और उनके विचारों में पूँजीवादी प्रभाव दिखता है। वह प्रभाव बुर्जुआ कला और विज्ञान में भी दिखता है। इनमें से अधिकांश अपनी रोजी-रोटी की तलाश और कैरियर बनाने में लग जाते हैं। परन्तु इनमें से वे लोग जो जनता के क्रान्तिकारी संघर्षों के साथ अपनी पहचान निर्मित करते हैं या फिर जनता के हितों की पूर्ति के लिए समर्पित हो जाते हैं, वे जनता से घुल-मिल जाते हैं, दृढ़ संकल्प के साथ आदर्शवाद और मनोगतवाद से छुटकारा पाने का प्रयास करते हैं, व्यवहार में भ्रामक विचारों और ढुलमुलपन को त्याग देते हैं, वही क्रान्तिकारी आन्दोलन में शामिल होकर महत्त्वपूर्ण भूमिका निभाते हैं।

क्रान्तिकारी बुद्धिजीवियों को कठोर जन-संघर्षों के लम्बे मार्ग से गुजरना होता है, तभी वह एक सच्चे क्रान्तिकारी के रूप में विकसित होकर क्रान्ति की अन्तिम विजय तक डटे रहते हैं। बुद्धिजीवियों का एक हिस्सा शासक वर्ग का

पक्ष लेता है और दूसरा एक तबका निष्क्रिय होकर पीछे हट जाता है। निश्चित रूप से क्रान्तिकारी बुद्धिजीवियों की एक बड़ी संख्या भारतीय क्रान्ति के अग्रदूत या अग्रिम मोर्चे के सैनिकों की भूमिका निभा रही है और निभाएगी।

कामरेड माओ ने 1 दिसम्बर 1939 को केन्द्रीय कमेटी को भेजे एक प्रस्ताव 'बड़ी संख्या में बुद्धिजीवियों को शामिल करो' में लिखा : "पार्टी के सभी कामरेडों को यह अवश्य समझना चाहिए कि बुद्धिजीवियों के प्रति एक सही नीति क्रान्ति की सफलता की एक महत्त्वपूर्ण शर्त है। सर्वहारा अपने आप बुद्धिजीवी नहीं बन सकता जब तक कि वह पहले से ही मौजूद बुद्धिजीवियों की सहायता नहीं लेता।"

छोटा व्यापारी वर्ग : सामान्य रूप से छोटे व्यापारी और छोटे व्यवसायी छोटा व्यापार ही करते हैं। वे छोटी-छोटी दुकानें रखते हैं, दो-चार कर्मचारी रखते हैं या कई दुकानदार अकेले ही सब काम करते हैं। यह तबका बड़े बुर्जुआ और साम्राज्यवादी शोषण का शिकार होते है। कभी-कभी दिवालिया भी हो जाता है। इसलिए वे क्रान्ति की प्रेरक शक्ति हैं। दुकानों पर कार्य करने वाले सहायक या कर्मचारी अपने थोड़े से वेतन से परिवार का पालन-पोषण करते हैं, वे केवल परिवार के भोजन लायक वेतन कमा पाते हैं। वर्ष में शायद ही उनका वेतन बढ़ता हो जबकि महँगाई जरूर बढ़ती है। वे शीघ्रता से क्रान्ति के प्रति अपनी प्रतिक्रिया व्यक्त करते हैं। फेरीवाले गाँव-गाँव घूमकर सामान बेचते हैं, उनके पास बहुत कम राशि होती है और उनकी आमदनी भी बहुत कम होती है। वे आधा पेट खाते और फटे-पुराने कपड़े पहन कर गुजारा करते हैं। उनको क्रान्ति की आवश्यकता है और वे शीघ्रता से क्रान्तिकारी आन्दोलन से जुड़ते हैं।

दस्तकार वर्ग : दस्तकारी, भारतीय ग्रामीण अर्थव्यवस्था का मुख्य स्तम्भ है। यह केवल ग्रामीण अर्थव्यवस्था के साथ ही नहीं बल्कि भारत के ग्रामीण जीवन की कला, संस्कृति और जीवन का अभिन्न अंग है। दस्तकारों की बड़ी संख्या है। उत्पादन के साधन उनके स्वयं के होते हैं। वे कोई सहायक या मजदूर कठिनाई से ही काम पर लगाते हैं। कभी-कभी वह एक या दो सहायक मजदूरी पर लगा लेते हैं। इन दस्तकारों की स्थिति मध्यम किसानों से मिलती-जुलती है।

छोटे दस्तकार और मालिक दस्तकार के बीच फर्क किया जा सकता है। छोटा दस्तकार अर्द्ध-सर्वहारा होता है। उनके पास छोटे-छोटे उत्पादन के साधन होते हैं, जिन पर यह स्वयं ही कार्य करते हैं, उनको मजबूर होकर मजदूरी करनी पड़ती है, वे निरन्तर आर्थिक संकट से घिरे रहते हैं। उनको हमेशा बेरोजगारी का भय सताता रहता है। वे परिवार के बोझ से दबे होते हैं और उनकी आमदनी

और खर्च के बीच बड़ी खाई होती है। उनको क्रान्ति की अति आवश्यकता है और वे शीघ्र ही क्रान्ति में शामिल हो जाते हैं।

पेशों से जुड़े लोग (प्रोफेशनल्स) : वकील और डॉक्टर जैसे प्रोफेशनल लोगों में जो कुछ शीर्ष पर हैं उनको छोड़ कर बाकी छोटे वकील और डॉक्टर कम ही शोषण करते हैं। कम प्रैक्टिस वाले डॉक्टरों और वकीलों की स्थिति सामन्तों और साम्राज्यवादियों द्वारा शोषित दस्तकारों जैसी ही है। वे पैसे-पैसे के लिए परेशान रहते हैं और सामाजिक असम्मान सहते हैं। वे पेटी बुर्जुआ का वाम पक्ष हैं और क्रान्ति में शामिल होते हैं।

आइए, अब हम पेटी बुर्जुआ के ग्रामीण हिस्से पर विचार करें।

धनी किसान : धनी किसान के पास अपनी जमीन होती है। कुछ धनी किसानों के पास कम जमीन होती है और वे दूसरों की जमीन बटाई या ठेके पर लेते हैं। कुछ के पास बिल्कुल जमीन नहीं होती और वे दूसरों की जमीन ठेके पर या बटाई पर लेते हैं। धनी किसान के पास निश्चित रूप से अपने उत्पादन के उपकरण होते हैं और कृषि में खर्च करने के लिए प्रचुर मात्रा में लागत पूँजी भी होती है। वह अपनी आय के लिए पूर्ण रूप से या आंशिक रूप से कृषि उत्पादन में श्रम करता है। वह मुख्य रूप से मजदूरों को कृषि कार्य में लगा कर उनका शोषण करता है, वह कभी-कभी अपनी भूमि का एक हिस्सा बटाई पर भी देता है, सूदखोरी करता है और सामूहिक सम्पत्ति का उपयोग करता है।

कुछ धनी किसान औद्योगिक उद्यमों और व्यापार में भी भागीदारी करते हैं। उनकी आमदनी का मुख्य भाग शोषण से आता है।

धनी किसानों की संख्या काफी कम होती है, परन्तु वे ग्रामीण शक्तियों के संतुलन में काँटे की भूमिका निभाते हैं। इनको ग्रामीण बुर्जुआ भी कहा जा सकता है। परन्तु उनके शोषण के तरीके अर्द्ध-सामन्ती होते हैं। वे स्वयं कृषि कार्य में श्रम करते हैं, इसलिए उनको किसानों की श्रेणी में रखा जाता है। कृषि उत्पादन में शारीरिक श्रम के साथ उनकी भागीदारी एक लाभदायक सामाजिक गतिविधि है।

धनी किसान ग्रामीण इलाके की सत्ता में भागीदारी करते हैं। वे कभी समिति या पंचायत की सदस्यता, ग्राम प्रधान के पद, सहकारी समिति के डाइरेक्टर आदि पदों पर आसीन होकर जनता का शोषण करते हैं और सामन्त के पिछलग्गू होते हैं। परन्तु सामन्तवाद और साम्राज्यवाद विरोधी संघर्ष में इस वर्ग की क्या भूमिका है? भारत में हम इसे क्रान्तिकारी व्यवहार के द्वारा निर्धारित करेंगे। हम यहाँ चीनी क्रान्ति के अनुभव पर एक नजर डालते हैं। कामरेड माओ ने

दिसम्बर 1939 को अपने लेख 'चीनी क्रान्ति और चीन की कम्युनिस्ट पार्टी' में लिखा : "परन्तु सामान्य रूप से धनी किसान स्वयं श्रम की भागीदारी करता है, और इसलिए वह किसानों का हिस्सा है। उनकी उत्पादकता भविष्य में सहायक होगी। वे साम्राज्यवाद विरोधी संघर्ष में भागीदारी भी कर सकते हैं और सामन्तों के खिलाफ कृषि क्रान्ति में तटस्थ भी रह सकते हैं। इसलिए हमें न तो उनको सामन्त वर्ग में शामिल करना चाहिए और न ही उनके साथ घुलने-मिलने की अपरिपक्व नीति अपनानी चाहिए।" भारतीय सर्वहारा को धनी किसान के बड़े हिस्से को अपने पक्ष में करना होगा, जबकि बाकी छोटे हिस्से को तटस्थ करना होगा। धनी किसानों का एक अति अल्प हिस्सा ही क्रान्ति के शत्रुओं का साथ देगा।

मध्यम किसान : अधिकांश मध्यम किसानों के पास अपनी जमीन होती है। कुछ मध्यम किसान अपनी जमीन का एक भाग ठेके पर दे देते हैं और बाकी जमीन पर स्वयं खेती करते हैं। कुछ के पास एकदम भूमि नहीं होती और वे दूसरे की जमीन ठेके पर लेते हैं और खेती करते हैं। मध्यम किसान के पास पर्याप्त उत्पादन के साधन होते हैं। उसका अपना श्रम या मुख्यतः उसका श्रम ही कृषि उत्पादन का और उसकी आमदनी का आधार होता है।

वह कभी किसी का शोषण नहीं करता और अक्सर खुद शोषण का शिकार होता है। सामन्त उससे अधिक लगान वसूलता है और उसे कर्ज पर भारी ब्याज चुकाना पड़ता है। अपना श्रम बेचने का समय उसके पास नहीं होता।

मध्यम किसानों का एक सम्पन्न तबका कुछ समय के लिए मजदूरों को काम पर लगाता है, परन्तु यह उनके काम की मुख्य प्रवृत्ति नहीं है।

भारतवर्ष में मध्यम किसानों की संख्या सम्पूर्ण किसानों का 25 प्रतिशत है। आर्थिक रूप से मध्यम किसान आत्मनिर्भर होता है और कभी-कभी आवश्यकता से अधिक फसल उगा लेता है। उसकी यह अतिरिक्त आय मजदूरों को मजदूरी देने या ब्याज चुकाने में समाप्त हो जाती है। शोषण न करना उसकी मुख्य प्रवृत्ति है और कभी-कभी ही वह मजदूरों का शोषण करता है। साम्राज्यवाद, बड़ा बुर्जुआ और सामन्त सभी मध्यम किसान का शोषण करते हैं। यह कभी भी राजनीतिक लाभ नहीं प्राप्त कर पाता।

मध्यम किसान वर्ग क्रान्ति की प्रेरक शक्ति है। वह सामन्तवाद-साम्राज्यवाद विरोधी संघर्ष में और कृषि क्रान्ति में भागीदारी करता है।

कामरेड माओ ने लिखा : "इसलिए सम्पूर्ण मध्यम किसान वर्ग, सर्वहारा का विश्वसनीय मित्र हो सकता है। यह क्रान्ति की महत्त्वपूर्ण प्रेरक शक्ति है।

क्रान्ति के प्रति मध्यम किसान का रुख, क्रान्ति की जीत या हार का निर्णय करेगा और कृषि क्रान्ति की सफलता के बाद ग्रामीण क्षेत्र में जब मध्यम किसानों की संख्या काफी बढ़ जाती है, तब यह प्रश्न और महत्त्वपूर्ण हो जाता है।"

गरीब किसान : अधिकांश गरीब किसानों के पास भूमि नहीं होती, परन्तु कुछ के पास थोड़ी भूमि हो भी सकती है। वे अपने जीविकोपार्जन के लिए दूसरों से बटाई और ठेके पर जमीन लेते हैं, मजदूरी करते हैं और संकट के समय कर्ज भी लेते हैं। इनके पास खेती के पर्याप्त उपकरण नहीं होते और इनको हमेशा ही कर्ज लेना पड़ता है। मध्यम किसान अपना श्रम बेचता नहीं है परन्तु गरीब किसान को अनिवार्यतः अपना श्रम बेचना पड़ता है।

ऐसे किसानों की काफी संख्या है जो दूसरों की जमीन ठेके या बटाई पर लेते हैं और अपनी जमीन भी जोतते हैं। वे अति गरीब किसान हैं। गरीब किसान और थोड़ी-सी जमीन के मालिक किसानों की संख्या काफी है और यह मिलकर अर्द्ध-सर्वहारा वर्ग का निर्माण करते हैं।

जमीन के अर्द्ध-मालिक अर्थात् ठेके या बटाई पर जमीन लेने वाले किसान, गरीब किसान और दस्तकार यह सब छोटे स्तर के उत्पादन से जुड़े होते हैं।

वे साल में 6 महीने का ही अनाज उत्पादन कर पाते हैं, और बाकी 6 माह की आवश्यकता पूर्ति के लिए जमीन ठेके या बटाई पर लेते हैं, मजदूरी करते हैं, भारी ब्याज पर कर्ज लेते हैं, फसल पकने से काफी पहले ही उनका अनाज समाप्त हो जाता है। मालिक किसानों की तुलना में इनको कठिनाई भरा जीवन बिताना पड़ता है।

गरीब किसानों के पास जमीन नहीं होती या 6 माह से कम फसल उत्पादन योग्य भूमि होती है। गरीब किसान और बटाईदार किसान का सीधा शोषण सामन्त वर्ग करता है। गरीब किसान जिनके पास कुछ धन होता है और वे मछली मारना, लकड़ी काटना, सूअर पालन या मुर्गी पालन करते हैं और इस प्रकार दो समय का भोजन जुटा पाते हैं। इनकी हालत काफी खराब होती है। इन पर कर्ज का बोझ दिन-पर-दिन बढ़ता जाता है।

भूमिहीन खेत-मजदूरों और गरीब किसानों को मिलाकर हमारे देश की ग्रामीण जनसंख्या का एक-तिहाई भाग है। गरीब किसान क्रान्ति की सर्वाधिक प्रेरक शक्ति और सर्वहारा के दृढ़ सहयोगी हैं। यह भारत की सबसे महत्त्वपूर्ण क्रान्तिकारी शक्ति हैं। "गरीब किसान और मध्यम किसानों की मुक्ति सर्वहारा के नेतृत्व में ही हो सकती है, और जब सर्वहारा गरीब किसानों के साथ दृढ़ एकता बनाएगा, तभी वह क्रान्ति को विजय तक ले जाएगा अन्यथा यह असम्भव

है। 'किसान' शब्द मुख्य रूप से गरीब और मध्यम किसान के लिए सन्दर्भित है।" (माओ-1939, वही)

ग्रामीण सर्वहारा : खेत-मजदूरों में फार्मों पर काम करने वाले मजदूर भी हैं। नियमानुसार न उनके पास जमीन होती है न कोई उपकरण होते हैं। अपवादस्वरूप किसी खेत-मजदूर के पास थोड़ी-सी भूमि या कोई कृषि उपकरण हो सकता है। खेत-मजदूर पूर्णतः अपने श्रम की बिक्री पर ही (अर्थात् मजदूरी पर) निर्भर रहता है। हम इनको ग्रामीण सर्वहारा भी कहते हैं। यह दैनिक, साप्ताहिक, मासिक और वार्षिक आधार पर मजदूरी करते हैं। कामरेड माओ ने इनके बारे में उचित ही कहा था : "वे सबसे खराब स्थितियों में सबसे कम मजदूरी पर, सर्वाधिक घंटों तक कार्य करते हैं, उनको रोजगार की कोई सुरक्षा नहीं है। ग्रामीण क्षेत्र में वे सर्वाधिक उत्पीड़ित हैं और किसान आन्दोलन में उनकी उपस्थिति गरीब किसानों की तरह ही महत्त्वपूर्ण है।"

औद्योगिक और शहरी सर्वहारा : भारत का आधुनिक औद्योगिक सर्वहारा संख्या की दृष्टि से किसी दूसरे अर्द्ध-सामन्ती, अर्द्ध-औपनिवेशिक देश या 1947 से पूर्व के भारत या क्रान्ति से पूर्व चीन या अन्य किसी औपनिवेशिक अर्द्ध-सामन्ती देश की तुलना में अधिक है। परन्तु भारत की जनसंख्या को देखते हुए इसकी संख्या बहुत अधिक नहीं है।

औद्योगिक सर्वहारा का सम्बन्ध सर्वाधिक आधुनिक अर्थव्यवस्था से होता है। इसमें संगठन की जबरदस्त भावना होती है, यह सर्वाधिक अनुशासित होता है। एक स्थान पर केंद्रित रूप से होना ही इसकी शक्ति है। इसके पास अपना कोई भी उत्पादन का साधन नहीं होता। इसके पास काम करने के दो हाथ हैं, हालाँकि वह भी साम्राज्यवाद, सामाजिक साम्राज्यवाद और सामन्तवाद की जंजीरों से बँधे हैं। यह भारत की नयी उत्पादक शक्तियों का प्रतिनिधि है। यह बुरी तरह से शोषित और उत्पीड़ित होता है और कभी भी धनी होने की आशा नहीं रखता। प्रगतिशीलता और जुझारू होना इसका चरित्र है। कुली, बोझा उठाने वाले पल्लेदार, रिक्शा चालक, टैक्सी चालक, गाड़ीवान, सफाई कर्मचारी आदि के पास भी किसी प्रकार के उत्पादन के साधन नहीं होते और इन पर भी ध्यान देना चाहिए। आर्थिक रूप से इनकी हालत औद्योगिक सर्वहारा की ही तरह है। इधर-उधर बिखरे होने के नाते, उत्पादन में इनकी कम भूमिका होती है। परन्तु यह भी शहरी सर्वहारा की श्रेणी में ही आते हैं।

भारतीय सर्वहारा सांगठनिक और राजनीतिक रूप से सचेत है। न तो 1947 से पूर्व न बाद में संशोधनवाद भारतीय सर्वहारा को अपनी धारा में नहीं बहा

सका, जैसा कि यूरोप की आर्थिक परिस्थितियों में सम्भव हो सका। भारत में सुधारवादी, संशोधनवादी, और अवसरवादी ट्रेड यूनियन नेतृत्व में ऐसी प्रवृत्ति जरूर रही है, परन्तु अपनी संघर्षशील परम्परा के साथ प्रगतिशील सर्वहारा ने इन प्रतिक्रान्तिकारी प्रवृत्तियों के खिलाफ निरन्तर संघर्ष किया और भारतीय क्रान्तिकारी आन्दोलन का नेतृत्व करने में बार-बार उठ खड़ा हुआ है। इसने सही मार्क्सवादी-लेनिनवादी पार्टी के नेतृत्व में, भारतीय क्रान्ति में अपनी दावेदारी जताई है। भारतीय किसानों के गाँवों से बाहर निकलने के कारण सर्वहारा का संख्यात्मक विकास बड़ी तेजी से हुआ है। इस प्रकार भारत के मजदूर-किसान स्वाभाविक रूप से एकताबद्ध हैं और वे एक आवश्यक संश्रय को सुविधापूर्ण बनाते हैं।

भारत का सर्वहारा अकेले भारतीय क्रान्ति को सफल नहीं कर सकता, ''क्रान्ति की सफलता के लिए, इसे विभिन्न परिस्थितियों में सभी सम्भव क्रान्तिकारी वर्गों और तबकों के साथ एक क्रान्तिकारी संयुक्त मोर्चे का गठन करना होगा। इन सभी वर्गों में चीनी समाज में मजदूर वर्ग का सबसे दृढ़ संश्रयकारी किसान है, शहरी पेटी बुर्जुआ विश्वसनीय सहयोगी है जबकि राष्ट्रीय बुर्जुआ विभिन्न परिस्थितियों में एक सीमा तक साथ दे सकता है। आधुनिक चीनी क्रान्ति के इतिहास ने इस बुनियादी नियम को प्रमाणित किया है।''

लम्पट सर्वहारा : मजदूरों की तरह लम्पटों के पास भी कोई सम्पत्ति नहीं होती, परन्तु वे बेरोजगार हैं। आर्थिक रूप से अविकसित देशों में विभिन्न प्रकार के लम्पट सर्वहारा की संख्या नगण्य है। ग्रामीण लम्पट बेरोजगार और भूमिहीन होते हैं, इनमें से कुछ छोटे चोर हो जाते हैं। आधारहीन होने के कारण वे शहरी लम्पटों की तरह बदमाश नहीं हो सकते। एक बार उनका नाम हो जाने पर वे आसपास के गाँवों में भी आवारागर्दी करने लगते हैं।

शहरी लम्पट सर्वहारा 'आधुनिक' होते हैं, सुन्दर कपड़ों में बने-ठने और चारों तरफ फैले रहते हैं। सरकार की यह आधुनिक ''बेरोजगारी की इलेक्ट्रॉनिक इंडस्ट्री'' अपने लक्ष्य से अधिक शहरी लम्पट सर्वहारा का उत्पादन कर रही है। शासक वर्ग अपने हितों के लिए इनका पोषण करते हैं। उनके सबसे मजबूत स्तंभ और संरक्षक केन्द्र और राज्य सरकारों में विभिन्न मंत्री हैं। इनमें से कुछ गैर-कानूनी शराब बिक्री के व्यापार में लगे होते हैं। कुछ के पास विशाल बिल्डिंगें हैं और वे झोंपड़-पट्टी में गिरोह चलाते हैं और मंत्रियों का समर्थन करते हैं। इनमें से कुछ कच्ची शराब, मिलावटी शराब का धंधा करते हैं, कुछ सट्टेबाजी करते हैं, छल-कपटपूर्ण बोलियाँ लगाते हैं और दलाली करते हैं। यह लम्पट सर्वहारा इसी प्रकार के अनिश्चित, अविश्वसनीय, अस्थायी आमदनी के स्रोतों

से बँधे होते हैं और रेल यात्री या यात्रियों की जेब काटना, चेन या पर्स छीनना आदि इनकी आसान आमदनी का स्रोत है। बैंक डकैती आदि जैसे बड़े काम वे खुद नहीं कर पाते, परन्तु बड़े डकैतों के गिरोह उनका इस्तेमाल करते हैं। यह छोटे और धोखेबाज लम्पटों का निचला तबका हैं। यह लम्पट गुंडागीरी करने के साथ-साथ घुमन्तू गिरोहों को भी संगठित करते हैं। इस श्रेणी में स्कूल से पढ़ाई छोड़नेवाले, अपने अभिभावकों की आमदनी से पैसा उड़ाने वाले, लाटरी खेलने वाले युवक हैं।

कुछ लम्पटों को पुलिस भी संरक्षण देती है और वह पुलिस संरक्षण में काम भी करते हैं। अच्छी संख्या में पुलिस इनसे मुखबिर का काम भी लेती है। इनमें से कुछ पूर्णकालिक, अर्धकालिक और मौसमी उठाईगीर भी होते हैं।

लम्पटों के अपने संगठन होते हैं, उनके अपने कोड होते हैं यहाँ तक कि राजनीतिक पार्टियों में घुस जाने के बाद भी वे अपने पितृ संगठन से सम्बन्ध-विच्छेद नहीं करते। इनके अतिरिक्त चम्बल घाटी के डकैतों के गिरोह भी हैं जो देश के अन्य भागों के डकैत गिरोहों की तरह ही हैं।

इन लम्पट सर्वहाराओं के बारे में एक मार्क्सवादी-लेनिनवादी का क्या दृष्टिकोण होना चाहिए?

माओ-त्से-तुंग ने दिसम्बर 1939 में 'चीनी कम्युनिस्ट पार्टी और चीनी क्रान्ति' नामक लेख में लिखा : "चीन की औपनिवेशिक और अर्द्ध-औपनिवेशिक व्यवस्था ने, शहर और देहात दोनों क्षेत्रों में बड़ी संख्या में बेरोजगारी को जन्म दिया है। इनके पास जीविका के वैध साधन न होने से यह बेरोजगार, डकैत गिरोह, भिखारी, वेश्यावृत्ति और तमाम प्रकार के अन्धविश्वासी कार्यों में लिप्त हैं। यह सामाजिक तबका ढुलमुल चरित्रवाला होता है। इसके एक हिस्से को प्रतिक्रियावादी आकर्षित कर लेते हैं जबकि दूसरे हिस्से को क्रान्तिकारी शक्तियाँ अपने पक्ष में मोड़ सकती हैं। इनमें निर्माण के गुणों की तुलना में तोड़-फोड़ और विघटन के गुण अधिक होते हैं। क्रान्तिकारी आन्दोलन में शामिल होने के बाद ये क्रान्तिकारी कतारों में घुमंतू विद्रोही और अराजकता का वैचारिक स्रोत बन जाते हैं। इसलिए इनको सुधारने और इनकी विघटनकारी आदतों पर नियन्त्रण करना हमें मालूम होना चाहिए।"

कामरेड माओ ने आगे 'चीनी समाज में वर्ग-विश्लेषण' में कहा कि जिन किसानों से जमीनें छीन ली गयीं और जिनकी दस्तकारी का काम बन्द हो गया, ऐसे किसानों में से बड़ी संख्या में लोग लम्पट सर्वहारा बन गये हैं। वे बहुत ही अनिश्चय का जीवन बिता रहे हैं। देश के हर भाग में उनके गुप्त संगठन

हैं जो वास्तव में उनके राजनीतिक-आर्थिक संघर्ष में परस्पर सहायता के लिए निर्मित किये गये थे, चीन की एक बड़ी समस्या इन लोगों से निटपने की है। यह बहादुर और लड़ाकू हैं, परन्तु विघटनकारी कार्यों के आदी हैं। यदि इनको उचित निर्देशन मिले तो ये क्रान्तिकारी शक्ति में रूपान्तरित हो सकते हैं।

परन्तु कुछ बुद्धिजीवी बगैर किसी क्रान्तिकारी व्यवहार के ही चीन में प्रमाणित उक्त व्यवहार को अस्वीकार करते हैं। फ्रेड्रिक एंगेल्स ने ('पीजेण्ट्स वार इन जर्मनी') कहा था कि "यह सभी वर्गों से निकले दुश्चरित्र लोग, बड़े शहरों में अपने प्रमुख अड्डे बनाते हैं। यह सबसे खराब संश्रयकारी हैं। यह कुली-कबाड़ी पूर्णतः भ्रष्ट और पतित हैं। यदि फ्रांसीसी मजदूरों ने अपनी प्रत्येक क्रान्ति में 'चोरों को मार दो' का नारा दिया और यहाँ तक कि कुछ को गोली भी मार दी तो उन्होंने ऐसा सम्पत्ति कब्जा करने के लिए नहीं किया बल्कि वे ऐसे गिरोहों को अपने से दूर रखना चाहते थे, इसलिए उन्होंने ऐसा किया। मजदूरों का कोई भी नेता जो इन बदमाशों को रक्षक के रूप में इस्तेमाल करता है या इन पर भरोसा करता है, तो वह अपनी इस गतिविधि से आन्दोलन का गद्दार ही साबित होता है।"

यह दो विरोधी विचार आमने-सामने हैं और एक-दूसरे का खंडन करते प्रतीत होते हैं। एंगेल्स की तुलना में माओ-त्से-तुंग ने किसी भी प्रकार लम्पट सर्वहारा के खतरे को कम करके नहीं आँका है। क्रान्ति में लम्पट सर्वहारा पर निर्भरता के विचार का खंडन एंगेल्स ने बहुत सही तरीके से किया है। कामरेड माओ ने व्यवहार के दौरान एंगेल्स के विचार को समृद्ध किया है। लम्पट सर्वहारा का जैसा चरित्र है उसके अनुसार, सुरक्षा के उपाय और सावधानी के बगैर उन पर भरोसा करना क्रान्ति से विश्वासघात करना है।

लम्पट लोग जुझारू और बहादुर हैं। उनके पास न कोई उत्पादन का साधन है न कोई सम्पत्ति है। इस प्रकार वे, दरिद्र भी हैं। वे अराजक हैं और उनमें कोई भी राजनीतिक चेतना नहीं है। उनके साथ सावधानी और चौकसी से व्यवहार करना, जनसंघर्षों में उनको शामिल करना, सुरक्षित तरीके से उनको क्रान्तिकारी विचार से शिक्षित करना, उनको संगठन के अनुशासन में बाँधना और इस प्रकार उनको क्रान्तिकारी आन्दोलन की सेवा योग्य तैयार करना सम्भव है। हमेशा ही किसी भी मामले में उनकी विनाशकारी प्रवृत्ति और अराजक कदमों पर निगरानी और अति सावधानी रखना चाहिए। इसी प्रकार उनको क्रान्ति के लिए रूपान्तरित किया जा सकता है।

भारतीय क्रान्ति का चरित्र

भारतीय क्रान्ति का चरित्र : हमने वर्तमान भारतीय समाज की विशेषताओं का विस्तार से अध्ययन किया है। यह अर्द्ध-सामन्ती अर्द्ध-औपनिवेशिक समाज है। हमने भारतीय क्रान्ति के इस चरण में शत्रु और मित्रों के बारे में भी विचार किया है और क्रान्ति के मुख्य शत्रु को भी चिन्हित किया है। क्रान्ति का शत्रु विश्व साम्राज्यवाद है, जिसका अगुआ अमेरिकी साम्राज्यवाद और सोवियत सामाजिक साम्राज्यवाद है; भारत में सामन्तवाद, कम्प्राडोर नौकरशाह पूँजीवाद इनका मजबूत आधार है। यह शोषक-शासक वर्ग भारतीय जनता पर बर्बर दमन करता है और भारतीय समाज की अग्रगति में बाधा उत्पन्न करता है। यह शासक वर्ग और इनके एजेंट भारतीय जनता का दमन करने के लिए षड्यन्त्र करते हैं।

भारतीय क्रान्ति के यह शत्रु बहुत शक्तिशाली हैं और इनकी ताकत को कम आँकना भारी भूल होगी। दीर्घ काल में अर्थात् रणनीतिक तौर पर शत्रु कमजोर अर्थात् 'कागजी बाघ' है और वर्तमान समय में अर्थात् कार्यनीतिक रूप में वह धनलोलुप और काफी शक्तिशाली है।

भारतीय क्रान्ति का बुनियादी कार्य जनता के इन शत्रुओं को उखाड़ फेंकना है। भारतीय जनता के ऊपर साम्राज्यवाद, सामाजिक साम्राज्यवाद, दलाल नौकरशाह पूँजीवाद और सामन्तवाद का बोझ है। भारतीय जनता इन चारों के बोझे से कराह रही है, अतः भारतीय जनता द्वारा इस बोझ को उतार फेंकना अति आवश्यक है। यह भारतीय क्रान्ति के वर्तमान स्तर को निर्धारित करता है। अतः हमें आज भारतीय क्रान्ति के चरित्र को निर्धारित करना है।

एक औपनिवेशिक और अर्द्ध-सामन्ती देश में क्रान्ति का प्रधान शत्रु साम्राज्यवाद और सामन्तवाद होता है। इसलिए उस देश की क्रान्ति का चरित्र "राष्ट्रीय और जनवादी क्रान्ति होगा और उसका उद्देश्य इन दो शत्रुओं को उखाड़ फेंकना होगा।" भारत एक अर्द्ध-सामन्ती, अर्द्ध-औपनिवेशिक देश है और भारतीय क्रान्ति का लक्ष्य साम्राज्यवाद और सामन्तवाद सहित इसकी सहयोगी प्रतिक्रियावादी शक्तियों को उखाड़ फेंकना है। अभी तत्काल इसका उद्देश्य

किसी पूँजीवादी वर्ग को उखाड़ फेंकना नहीं है, इसलिए भारतीय क्रान्ति किसी भी पूँजीवादी तबके के खिलाफ लक्षित नहीं है। यह वर्ग अभी भी साम्राज्यवाद और सामन्तवाद विरोधी संघर्ष में भागीदारी कर सकता है। इसलिए भारतीय क्रान्ति का चरित्र जनवादी क्रान्ति है, क्योंकि वर्तमान में भारतीय क्रान्ति का निशान पूँजीवाद या उसकी सम्पत्ति नहीं है। भारतीय क्रान्ति का वर्तमान चरित्र सर्वहारा समाजवादी क्रान्ति नहीं है।

वर्तमान भारत में बुर्जुआ जनवादी क्रान्ति वैसी पुरातन ऐतिहासिक यूरोप या अमेरिका जैसी नहीं है, जिसका अनिवार्य परिणाम पूँजीवादी तानाशाही में हुआ था।

हमारे देश में जारी और सम्पन्न होनेवाली क्रान्ति पुरानी जनवादी क्रान्ति नहीं है बल्कि यह 'विशेष' और नयी क्रान्ति है, जिसके द्वारा चीन में सफलता मिली है और इसका विकास औपनिवेशिक और अर्द्ध-औपनिवेशिक देशों में हुआ है। चीन में इसे नव-जनवादी क्रान्ति कहा गया। राजनीतिक रूप से इसका अर्थ सर्वहारा के नेतृत्व में कई क्रान्तिकारी वर्गों का संयुक्त अधिनायकत्व है। यह अधिनायकत्व भारतीय जनता पर बुर्जुआ अधिनायकत्व लागू करने वाली साम्राज्यवाद और उसकी सहयोगी प्रतिक्रियावादी शक्तियों पर लागू होगा।

कामरेड माओ ने कहा : "आर्थिक रूप से इसका (नव-जनवादी क्रान्ति का) मतलब सभी बड़े बुर्जुआ और साम्राज्यवादी तथा उनके सहयोगियों के उद्यमों का राष्ट्रीयकरण, बड़े-बड़े भूस्वामियों (सामन्तों) की भूमि का किसानों में वितरण और साथ ही साथ निजी पूँजीपतियों के उद्यमों की सुरक्षा और धनी किसान की अर्थ व्यवस्था को बनाये रखना है। यह क्रान्ति जहाँ एक तरफ पूँजीवाद के लिए मार्ग प्रशस्त करेगी, वहीं समाजवाद के लिए पूर्वाधार निर्मित करेगी।"

भारतीय क्रान्ति का वर्तमान चरण, अर्द्ध-सामन्ती अर्द्ध-औपनिवेशिक समाज की समाप्ति और नव-जनवादी क्रान्ति के द्वारा समाजवादी समाज की स्थापना के बीच का संक्रमणकालीन चरण है। नव-जनवादी क्रान्ति सर्वहारा के नेतृत्व में व्यापक जनता की क्रान्ति है। यह साम्राज्यवाद, सामाजिक साम्राज्यवाद, कम्प्राडोर नौकरशाह, पूँजीवाद और सामन्तवाद के खिलाफ संचालित है। भारत की नव-जनवादी क्रान्ति, विश्व समाजवादी क्रान्ति का एक अंग है। भारतीय क्रान्ति के दो कार्य हैं, अर्थात् भारतीय क्रान्ति दो चरणों को पूरा करेगी, पहला नवजनवादी क्रान्ति और दूसरा चरण सर्वहारा समाजवादी क्रान्ति का होगा। कामरेड माओ ने कहा कि जनवादी क्रान्ति और समाजवादी क्रान्ति के दो चरण वास्तव में "दो भिन्न-भिन्न चरित्र वाली क्रान्तिकारी प्रक्रियाएँ हैं और जनवादी

क्रान्ति का चरण पूरा होने के बाद ही समाजवादी क्रान्ति के चरण में प्रवेश किया जा सकता है। जनवादी क्रान्ति समाजवादी क्रान्ति की आवश्यक तैयारी है और समाजवादी क्रान्ति जनवादी क्रान्ति का आवश्यक परिणाम है और कम्युनिस्टों का अन्तिम लक्ष्य समाजवादी समाज और फिर साम्यवादी समाज की स्थापना है।''

इसलिए भारत की नव-जनवादी क्रान्ति मजदूर वर्ग के नेतृत्व में मेहनतकशों, किसानों, शहरी पेटी बुर्जुआ और राष्ट्रीय बुर्जुआ का अधिनायकत्व स्थापित करेगी। यह वर्ग भारत की बहुसंख्यक जनता है। यह भारतीय जनता के जनवादी राज्य की स्थापना करेगी, 90 प्रतिशत जनता को जनवाद की गारंटी करेगी और मुट्ठी-भर जनता के शत्रुओं पर अधिनायकत्व लागू करेगी। इस प्रकार यह जनता का जनवाद या लोकतंत्र होगा।

भारतीय क्रान्ति ऐसे समय में सम्पन्न हो रही है जब ''विश्व स्तर पर साम्राज्यवाद अपने पूर्ण विनाश की ओर अग्रसर है और समाजवाद विश्व स्तर पर विजय की ओर अग्रसर है,'' और आज क्रान्ति विश्व की मुख्य प्रवृत्ति है। भारत का मजदूर वर्ग ही भारतीय क्रान्ति का सफलतापूर्वक नेतृत्व कर सकता है। मजदूर वर्ग ही हमारे समाज का सबसे दृढ़ और एकताबद्ध क्रान्तिकारी वर्ग है।

मजदूर वर्ग के नेतृत्व में संचालित नव-जनवादी क्रान्ति की मुख्य शक्ति किसान हैं। मजदूर वर्ग, भूमिहीन-गरीब किसानों पर पूरा भरोसा करता है, मध्यम किसानों के साथ दृढ़ एकता बनाता है, धनी किसानों के एक हिस्से को क्रान्ति के पक्ष में जीत लेता है, दूसरों को तटस्थ करता है जबकि धनी किसानों का छोटा हिस्सा ही क्रान्ति के शत्रुओं का साथ देता है। हमारे देश के शहरी पेटी बुर्जुआ और क्रान्तिकारी बुद्धिजीवी क्रान्ति की संश्रयकारी शक्तियाँ हैं। राष्ट्रीय पूँजीपति वर्ग और पूँजीवादी बुद्धिजीवी एक सीमा और अवधि तक ही क्रान्ति की सहयोगी शक्तियाँ हैं। भारतीय सर्वहारा को 'संयुक्त मोर्चा' निर्मित करने के बुनियादी लक्ष्य को प्राप्त करना होगा। भारतीय क्रान्ति के शत्रुओं को परास्त करने में प्रयुक्त ''तीन जादुई हथियारों'' में एक जनवादी संयुक्त मोर्चा है और क्रान्तिकारी संघर्षों में तप कर ही यह मोर्चा शक्तिशाली होगा।

यहाँ एक प्रश्न यह भी उठता है कि क्या क्रान्ति के अतिरिक्त सत्ता-परिवर्तन का और भी कोई मार्ग है? यदि है तो क्या वह शान्तिपूर्ण परिवर्तन का मार्ग है?

इस प्रश्न का उत्तर एंगेल्स ने बहुत पहले 1847 में ही अपने लेख 'प्रिंसिपल ऑफ कम्युनिज्म' में दिया है। वह प्रश्न करते हैं कि ''क्या शान्तिपूर्ण रास्ते से निजी सम्पत्ति को समाप्त किया जा सकता है?'' और फिर निम्नलिखित उत्तर देते हैं, ''यदि ऐसा सम्भव हो तो यह बिल्कुल वांछनीय है और इसका विरोध

करने वाले सबसे आखिरी व्यक्ति कम्युनिस्ट होंगे। कम्युनिस्ट इस बात को भली प्रकार जानते हैं कि क्रान्ति केवल बेकार की चीज ही नहीं है बल्कि हानिकारक भी है। वे यह भी समझते हैं कि क्रान्तियाँ सोद्‌देश्य या मनमाने तरीके से सम्पन्न नहीं होतीं बल्कि हर जगह और हमेशा ही, सभी वर्गों और किसी पार्टी के निर्देशन और इच्छा से स्वतन्त्र परिस्थितियों का आवश्यक परिणाम होती हैं। परन्तु वह यह भी देखते हैं कि लगभग सभी सभ्य देशों में सर्वहारा का हिंसक दमन हुआ है और इस प्रकार कम्युनिज्म के विरोधी स्वयं ही पूरी शक्ति से क्रान्ति के लिए कार्य कर रहे हैं। यदि दमित-उत्पीड़ित सर्वहारा अन्त में क्रान्ति की ओर ढकेल दिया जाता है तो हम कम्युनिस्ट व्यवहार में सर्वहारा के हितों की रक्षा करेंगे जो आज हम शब्दों में कर रहे हैं।''

एंगेल्स का उत्तर बिल्कुल स्पष्ट है। हम मार्क्सवादी-लेनिनवादी लोग बड़े प्यार से यह देखना चाहते हैं कि कुछ शोषक जिस सत्ता पर कब्जा किये हैं, वह सत्ता सर्वहारा के नेतृत्व में आम जनता के हाथों में आ जाए। परन्तु जोर देकर यह बात कही जा सकती है कि इतिहास में एक भी ऐसा उदाहरण नहीं है कि शोषक और दमनकारी शासकों ने स्वेच्छा से सत्ता छोड़ दी हो। मार्क्स, एंगेल्स और माओ-त्से-तुंग ने इसे बार-बार स्पष्ट किया है कि राज्यसत्ता दमन का औजार है, और कभी भी किसी शासक वर्ग ने अपने आप सत्ता नहीं छोड़ी है और शोषक-शासक वर्ग जनता पर हिंसा करके ही सत्ता में बना रहता है। हम लोगों ने भी भारतीय शासकों और भारतीय राज्यसत्ता को ऐसा ही करते देखा है।

भारतीय जनता के शत्रुओं ने सभी प्रकार के राजनीतिक अधिकारों और स्वतन्त्रता से वंचित भारतीय जनता द्वारा कोई शान्तिपूर्ण राजनीतिक कार्यवाही करना असम्भव कर दिया है। इसलिए जहाँ तक भारतीय क्रान्ति के प्रधान साधनों के प्रमुख रूप का प्रश्न है, यह शान्तिपूर्ण के बजाये सशस्त्र है। क्रान्तिकारी हिंसा को प्रतिक्रान्तिकारी हिंसा का मुकाबला करना है; सशस्त्र क्रान्ति द्वारा सशस्त्र प्रतिक्रान्ति का मुकाबला करना है। तेलंगाना से लेकर नक्सलबाड़ी तक के सशस्त्र विद्रोहों, भारत के क्रान्तिकारी संघर्षों ने और श्रीकाकुलम और देश के अन्य भागों के किसान संघर्षों ने इन नियमों को सही प्रमाणित किया है।

भारत आर्थिक, राजनीतिक और सांस्कृतिक रूप से असमान विकास वाला देश है। यह एक विशाल अर्द्ध-सामन्ती अर्द्ध-औपनिवेशिक देश है। भारत का औद्योगिक विकास विभिन्न इलाकों में अलग-अलग है। कुछ राज्यों में उद्योगों का अधिक केन्द्रीकरण है जबकि दूसरी जगहों पर उद्योग बहुत कम हैं। उद्योगों की दृष्टि से महाराष्ट्र पहले नम्बर पर आता है जबकि तमिलनाडु और पश्चिम

बंगाल दूसरे और तीसरे नम्बर पर हैं। इन तीनों राज्यों के अतिरिक्त अन्य राज्यों को विशेष फंड मिलता है। कर्ज देने के मामले में सरकार द्वारा लागू असमानता की नीति का परिणाम है कि विदेशी वित्तीय पूँजी वाले उद्योग अपने पैर जमाते हैं और इन राज्यों में वित्तीय संस्थाएँ और बड़ा बुर्जुआ वर्ग अपना शिकंजा कसता जाता है। परिणामस्वरूप आर्थिक और सांस्कृतिक क्षेत्र में आवश्यक रूप से असमान विकास होगा।

यहाँ की अर्थव्यवस्था निश्चित रूप से अर्द्ध-सामन्ती प्रभुत्व में है? यहाँ क्रान्ति का चरित्र नवजनवादी है। यहाँ 80 प्रतिशत जनसंख्या गाँवों में निवास करती है। यहाँ की 80 प्रतिशत भूमि पर 20 प्रतिशत लोगों का कब्जा है और 80 प्रतिशत ग्रामीणों के पास 20 प्रतिशत भूमि है। 50 प्रतिशत ग्रामीणों के पास या तो नाम मात्र की भूमि है या वे पूर्णतः भूमिहीन हैं। इनको अपने कृषि उत्पादन का 50 प्रतिशत भूस्वामी को देना पड़ता है। सूदखोरों का शोषण उनको दिन-पर-दिन गरीब बनाता है। किसानों की भूमि से बेदखली रोज की घटना है। सामन्ती भूस्वामियों द्वारा अनुसूचित जाति, अनुसूचित जनजाति के किसानों की हत्याएँ, उनको जिन्दा जलाना, महिलाओं के साथ बलात्कार, उनके घरों की सम्पत्ति लूटना और घरों को जला देना आये दिन की घटनाएँ हैं। यह मध्यकालीन लूट और दमन आज भी जारी है। इसलिए सर्वहारा की सच्ची पार्टी, कम्युनिस्ट पार्टी के नेतृत्व में किसानों का संघर्ष जारी है।

कामरेड माओ ने सशस्त्र संघर्ष की व्याख्या करते हुए कहा : ''हमारी पार्टी संघर्ष के प्रमुख रूप सशस्त्र संघर्ष के साथ पहले ही प्रत्यक्ष या अप्रत्यक्ष संयोजन करने योग्य हो चुकी थी, अब इसे राष्ट्रीय स्तर पर संघर्ष के अन्य आवश्यक रूपों, मजदूरों के संघर्ष, किसानों के संघर्ष (जो प्रमुख संघर्ष है), छात्रों-युवाओं के संघर्ष, महिलाओं तथा जनता के अन्य तबकों के संघर्षों, राजनीतिक सत्ता के संघर्षों, आर्थिक मोर्चे के संघर्षों, जासूसी विरोधी और सैद्धान्तिक मोर्चे पर और संघर्ष के अन्य रूपों के साथ इसे समन्वित करना था। और यह संघर्ष सर्वहारा के नेतृत्व में किसानों का विद्रोह था।''

इसलिए भारतीय क्रान्ति के शत्रुओं को परास्त करने के लिए सशस्त्र संघर्ष दूसरा बुनियादी प्रश्न है और क्रान्ति के तीन 'जादुई हथियारों' में यह दूसरा हथियार है।

तीसरा बुनियादी प्रश्न और भारतीय क्रान्ति के शत्रुओं को परास्त करने के लिए आवश्यक तीन 'जादुई हथियारों' में तीसरा हथियार पार्टी है; एक सही मार्क्सवादी-लेनिनवादी पार्टी। पार्टी निर्माण का कार्य कृषि क्रान्ति के दौरान ही पूरा होता है। मार्क्सवाद-लेनिनवाद, माओ विचारधारा के विरोधी विचारों को परास्त

कर ही पार्टी निर्माण का कार्य आगे बढ़ता है। भारतीय क्रान्ति और विश्व क्रान्ति में भी संशोधनवादी विचार मुख्य खतरा है। अपने तमाम रूपों और चालबाजी के द्वारा संशोधनवाद पार्टी में प्रवेश करता है। यदि पार्टी को आगे बढ़ना है तो इसे परास्त करना होगा। संशोधनवाद से संघर्ष करते हुए दुस्साहसवादी भटकाव का खतरा मौजूद रहता है। पार्टी को हमेशा इससे सावधान रहना चाहिए। भारतीय क्रान्ति के शत्रु, बड़ा बुर्जुआ वर्ग और सामन्त एक मिनट भी शान्त नहीं बैठेगा। पार्टी के विकास के दौरान पार्टी में कैरियरवादी, धोखेबाज और बुरे तत्त्वों का चुपके से घुसने का खतरा रहता है। इसे रोकने के लिए क्रान्तिकारी सतर्कता आवश्यक है। संघर्षों के बीच पार्टी दिन पर दिन मार्क्सवाद-लेनिनवाद और माओ विचारधारा को आत्मसात् करती है और तपकर मजबूत होती है। भारतीय क्रान्ति का नेतृत्व करते हुए पार्टी क्रान्तिकारी कार्यों में घुल-मिल जाती है और जनता के बीच पार्टी के सम्मान में वृद्धि होती है। एक सही क्रान्तिकारी पार्टी के बगैर, एक सही मार्क्सवादी-लेनिनवादी पार्टी के बगैर भारतीय क्रान्ति को विजय तक नहीं पहुँचाया जा सकता, सशस्त्र संघर्ष विकसित नहीं हो सकता और न ही संयुक्त मोर्चा विकसित हो सकता है। क्रान्तिकारी सिद्धान्त अर्थात् मार्क्सवाद-लेनिनवाद माओ विचारधारा के बगैर कोई भी सच्ची मार्क्सवादी-लेनिनवादी पार्टी नहीं हो सकती। वर्तमान में माओ विचारधारा, मार्क्सवाद-लेनिनवाद का सर्वोच्च विकास है। इसलिए पार्टी निर्माण एक बुनियादी प्रश्न है।

इन तीनों बुनियादी बातों, संयुक्त मोर्चो, सशस्त्र संघर्ष और पार्टी निर्माण के बीच क्या अन्तःसम्बन्ध है? क्या तीनों एक-दूसरे से अलग-अलग स्वतन्त्र हैं? क्या तीनों में से किसी एक का भी अस्तित्व बाकी दो के बगैर रह सकता है? इन तीनों के बीच सम्बन्धों की व्याख्या के लिए हम कामरेड माओ का उद्धरण पेश करते हैं :

"हमारा अठारह वर्ष का अनुभव दर्शाता है कि शत्रु को परास्त करने के लिए संयुक्त मोर्चा और सशस्त्र संघर्ष दो बुनियादी हथियार हैं। संयुक्त मोर्चा, सशस्त्र संघर्ष संचालित करने के लिए संयुक्त मोर्चा है और पार्टी वह बहादुर योद्धा है जो शत्रु पर धावा बोलने, उसे तितर-बितर करने के लिए अपने दोनों हाथों में सशस्त्र संघर्ष और संयुक्त मोर्चे के हथियारों को सँभाले हुए है। इस प्रकार यह तीनों एक-दूसरे से सम्बन्धित हैं।"

साम्राज्यवाद, सामाजिक साम्राज्यवाद, सामन्तवाद और कम्प्राडोर नौकरशाह पूँजीवाद, इन चार खूँखार शत्रुओं के खिलाफ भारतीय क्रान्ति का रास्ता दीर्घकालीन और कठोर संघर्षों का मार्ग है। चूँकि शत्रु खूँखार और शक्तिशाली

है, इसलिए क्रान्तिकारी शक्तियों को लम्बे समय तक तैयारी करनी संघर्षों में तपकर शक्तिशाली होना और एक ऐसी शक्ति अर्जित करनी होगी जो अन्ततः शत्रु को पराजित कर दे।

"चूँकि शत्रु द्वारा भारतीय क्रान्ति पर क्रूर प्रहार हो रहा है, इसलिए क्रान्तिकारी शक्तियाँ अधिक समय तक अपनी स्थिति में डटी नहीं रह सकतीं और शत्रु पर तब तक विजय नहीं प्राप्त कर सकतीं जब तक वे अपने को संघर्षों में तपा कर दृढ़ नहीं बनातीं।" अन्य औपनिवेशिक-अर्द्ध-औपनिवेशिक और अर्द्ध-सामन्ती देशों की तरह भारत की भी मुक्ति का रास्ता दीर्घकालीन जन संघर्ष है। यह जनता का क्रान्तिकारी जन संघर्ष होगा और यह केवल जनता पर ही भरोसा कर, उसको संगठित और गोलबन्द कर संचालित किया जा सकता है।

मई 1967 में घटित हुए नक्सलबाड़ी किसान विद्रोह का वज्रनाद पूरे देश के कोने-कोने में प्रतिध्वनित हुआ। नक्सलबाड़ी ने, संशोधनवाद, नव-संशोधनवाद की बेड़ियों को तोड़कर भारतीय क्रान्ति की मार्क्सवादी-लेनिनवादी-माओ विचारधारा की सम्भाव्य शक्तियों को गति प्रदान की, भारतीय जनता को जनयुद्ध के मार्ग (संसदीय मार्ग पर नहीं) पर अग्रसर किया। भारत की ठोस परिस्थितियों में यही मार्ग सही तरीके से व्यवहार्य है, न कि संसदीय मार्ग।

संशोधनवादी पार्टी सी. पी. आई. ने सुनिश्चित और सुरक्षित संसदीय मार्ग अपना लिया है। नव-संशोधनवादी पार्टी सी. पी. आई. (एम) विभाजन के बाद से विप्लवी मार्ग पर चलने की घोषणा कर रही है। विप्लव (विद्रोह) का मार्ग पूँजीवादी देशों में लागू हो सकता है, भारत ऐसे अर्द्ध-औपनिवेशिक, अर्द्ध-सामन्ती देश में यह रास्ता लागू नहीं हो सकता। सी. पी. आई. (एम) का मार्ग भी संसदीय मार्ग ही रहेगा और जोर-शोर से घोषित विद्रोह का मार्ग वह कभी भी नहीं अपना सकेगी। चीन की क्रान्ति में सफलता से टेस्ट किया गया और प्रमाणित जनयुद्ध का मार्ग कई अन्य अर्द्ध-औपनिवेशिक अर्द्ध-सामन्ती देशों ने अपनाया है और सही प्रमाणित हुआ है। जनयुद्ध के मार्ग पर चल कर 1975 के अन्त में कंबोडिया और दक्षिणी वियतनाम ने सफलता हासिल की है। यह सफलता इसके सही होने का प्रमाण है। यही मार्ग भारतीय क्रान्ति के लिए भी व्यवहार्य है।

भारत द्वारा जनयुद्ध का मार्ग अपनाने पर इसके विरोध में अनेक भ्रामक और गलत सिद्धान्त निरूपित किये गये हैं। यह सर्वविदित है कि हर देश की अपनी विशेषताएँ और ठोस परिस्थितियाँ होती हैं। हम यह भूल जाते हैं कि भिन्न-भिन्न देशों की अपनी-अपनी विशेषताओं और ठोस परिस्थितियों में एक

ही सिद्धान्त लागू नहीं हो सकता। बिल्कुल महत्त्वपूर्ण एक बात और भूल जाते हैं कि "जिन देशों के राज्य का चरित्र, क्रान्ति का परिप्रेक्ष्य और उसकी चारित्रिक विशेषताएँ, सामाजिक विकास का स्तर बुनियादी रूप से भिन्न है, वहाँ भी वही सिद्धान्त लागू नहीं होता। परन्तु सामाजिक विकास का समान स्तर, राज्य का समान चरित्र और क्रान्ति के समान चारित्रिक विशेषताएँ होने पर बाकी सभी विवरणों की कार्बन कॉपी करने की आवश्यकता नहीं है। किसी देश के क्रान्तिकारी व्यवहार द्वारा प्रमाणित सिद्धान्त को, दूसरे देश में लागू करते समय उस देश की विशेषताओं को ध्यान में रखना चाहिए जो उस देश की ठोस परिस्थिति में उस सिद्धान्त को जीवंत ढंग से लागू करने की आवश्यकता को सामने लाता है। जनयुद्ध का सिद्धान्त चीनी क्रान्ति के व्यवहार से निकला है और चीन के ही अर्द्ध-औपनिवेशिक, अर्द्ध-सामन्ती सत्ता वाले देशों में सफलतापूर्वक लागू भी हुआ है। भारत भी अर्द्ध-औपनिवेशिक अर्द्ध-सामन्ती देश है इसलिए यह सिद्धान्त यहाँ भी व्यवहार्य है।

यह तर्क पेश किया जाता है कि भारत का औद्योगिक विकास मुक्ति-पूर्व चीन से काफी अधिक है। भारत में कुल फैक्ट्री मजदूरों की संख्या 4.6 मिलियन है जबकि मुक्ति-पूर्व चीन में यह संख्या केवल 2 मिलियन थी। यहाँ गलत तरीके से तर्क पेश किया जा रहा है। कामरेड स्टालिन का एक सूत्रीकरण है कि 1947 से पूर्व भारत अन्य देशों की तुलना में औद्योगिक रूप से अधिक विकसित था। शायद प्रतिवादवादी लोग यह भूल जाते हैं कि लेनिन ने 1908 में कहा था कि "वर्ग सचेत, राजनीतिक जनसंघर्ष संचालित करने के लिए भारतीय सर्वहारा पर्याप्त परिपक्व हो गया है—और मामला यह है कि भारत में एंग्लो-एशियन पद्धतियों पर व्यवहार हो रहा है।" क्या लेनिन के इस उद्धरण से वह लोग यह कहना चाहते हैं कि भारतीय क्रान्ति नव-जनवादी न होकर सर्वहारा समाजवादी क्रान्ति होगी? यह सही है कि स्टालिन ने उक्त वाक्य कहा था, परन्तु उन्होंने यह कभी नहीं कहा कि भारत 1947 से पूर्व औपनिवेशिक अर्द्ध-सामन्ती और सत्ता-हस्तान्तरण के बाद अर्द्ध-औपनिवेधिक अर्द्ध-सामन्ती देश बना रहेगा। तत्कालीन चीन की तुलना में भारतीय सर्वहारा की अधिक संख्या केवल भारत की एक विशेषता को दर्शाती है। स्टालिन या लेनिन का कथन हमें भारत में केवल सर्वहारा की भूमिका के बारे में सचेत करता है। वास्तव में आज भारत का औद्योगिकीकरण उस समय से बहुत आगे है, जब स्टालिन ने उक्त वक्तव्य दिया था। भारत में तमाम औद्योगिक विकास होने के बावजूद यहाँ साम्राज्यवादी, सामाजिक साम्राज्यवादी और अर्द्धसामन्ती सम्बन्धों का प्रभुत्व है जो भारत को

अर्द्ध-औपनिवेशिक, अर्द्ध-सामन्ती ढाँचे में रखता है। इस प्रकार यह स्पष्ट होता है कि मुक्ति पूर्व चीन के औद्योगिकीकरण और भारत की वर्तमान औद्योगिक स्थिति में बड़ा अन्तर होने से भारत की अर्धऔपनिवेशिक, अर्द्धसामन्ती स्थिति पर कोई फर्क नहीं पड़ता है।

यह तर्क दिया जाता है कि भारत में एक संसदीय व्यवस्था का लाभ मिलता है जबकि मुक्ति पूर्व चीन में संसदीय व्यवस्था नहीं थी। हमने पहले ही इस संसदीय व्यवस्था के खोखलेपन पर चर्चा की है। यह स्पष्ट है कि भारतीय संसदीय व्यवस्था की जड़ें, पश्चिमी देशों की तरह पूँजीवादी जनवादी आधार पर नहीं हैं। वास्तव में भारतीय संसदीय व्यवस्था की जड़ें अर्द्ध-सामन्ती, अर्द्ध-औपनिवेशिक समाज में हैं। हमारे सामने केवल एक दिखावटी संसदीय व्यवस्था और खोखला संविधान है। यह प्रतिक्रियावादी सरकार किसी भी समय संविधान के एक भाग या सम्पूर्ण संविधान को रद्द कर सकती है। व्यवहार में हम देखते हैं कि यह सरकार निरंकुशतापूर्ण व्यवहार करती है तथा निर्ममतापूर्वक जनता का दमन करती है। यह सरकार अकारण ही सैकड़ों नागरिकों को अनन्त काल तक जेल में बन्दी बना कर रखती है। यह जनता के जनवादी और क्रान्तिकारी संघर्षों का दमन करती है, यह संविधान और संसदीय व्यवस्था केवल जनता को धोखा देने के लिए है। ताकि उनको क्रान्तिकारी मार्ग से भटकाया जा सके। इस प्रकार हम देखते हैं कि भारत की यह तथाकथित संसदीय व्यवस्था केवल भारतीय क्रान्ति को रोकने के लिए है। अतः क्रान्तिकारियों को इससे सचेत रहने की आवश्यकता है कि यहाँ पर एक निरंकुश सरकार शासन कर रही है। यह सरकार हथियारबंद सेना, संसदीय पुलिस आदि हथियारबंद दस्तों से लैस है और इसी के बलबूते यह सत्ता स्थापित है। संसदवाद और कानून व्यवस्था केवल उनके हितों के लिए है जो इस प्रतिक्रियावादी सरकार की नीतियों और दिखावटी लोकतंत्र के समर्थक हैं।

एक और तर्क पेश किया जाता है कि भारत को कभी भी सशस्त्र प्रतिक्रान्ति का सामना नहीं करना पड़ा, जैसा कि आज हो रहा है। अधिक से अधिक यह कहा जाता है कि 1947 से पूर्व कुछ सशस्त्र संघर्ष थे और आज कुछ सशस्त्र संघर्ष चल रहे हैं। भारत की कम्युनिस्ट पार्टी के पास कभी भी अपनी सेना नहीं रही, परन्तु चीन की कम्युनिस्ट पार्टी ने जब कोमिंताग से सम्बन्ध तोड़ा तो उसके पास 40,000 सशक्त सेना थी। कामरेड स्टालिन ने कहा था कि चीन में सशस्त्र क्रान्ति, सशस्त्र प्रतिक्रान्ति का सामना कर रही है और कामरेड माओ ने इसका समर्थन किया था। इसमें कोई शक नहीं कि भारत की यही ठोस स्थिति

है, ''भारत की इस विशेष परिस्थिति में, जनयुद्ध के सिद्धान्त को ठोस व्यवहार में सशस्त्र कृषि क्रान्ति से प्रारम्भ करने पर *पीपुल्स आर्मी* का निर्माण होगा।''

यह भी तर्क पेश किया जाता है कि चीन में क्रान्ति सम्पन्न होने से पूर्व उसके पड़ोसी मित्र देश से उसे आवश्यक सहायता मिल जाती थी। भारत के पास ऐसा कोई पड़ोसी देश नहीं है। यह सच है कि मित्र पड़ोसी होना काफी लाभप्रद होता है और भारत का ऐसा पड़ोसी न होना भारतीय क्रान्तिकारियों के लिए अलाभकर है। परन्तु हमें यह नहीं भूलना चाहिए कि एक मित्रवत पड़ोसी देश वहाँ से क्रान्ति आयात करने में कोई सहायता नहीं करता, क्योंकि कोई भी मार्क्सवादी-लेनिनवादी, क्रान्ति के आयात-निर्यात में विश्वास नहीं करता। भारतीय क्रान्ति की सफलता क्रान्तिकारी सर्वहारा के नेतृत्व में व्यापक जनता की शक्ति पर निर्भरता से ही होगी। प्रत्येक क्रान्ति को अन्तर्राष्ट्रीय समर्थन मिलता है और भारतीय क्रान्ति को भी मिलेगा। कामरेड माओ ने कहा : ''मुक्ति संघर्ष में उत्पीड़ित जनता सर्वप्रथम अपने संघर्षों पर भरोसा करती है और इसके बाद ही उसको कोई अन्तर्राष्ट्रीय सहायता प्राप्त करनी चाहिए। वह जनता जो स्वयं संघर्ष में विजय पा चुकी है, उनको मुक्ति के लिए संघर्षरत लोगों की सहायता करनी चाहिए, यह हमारा अन्तर्राष्ट्रीय कर्त्तव्य है।'' (अफ्रीकी मित्रों के साथ बातचीत, 3 अगस्त 1963) उन्होंने आगे कहा : ''सभी देशों के न्यायपूर्ण संघर्ष एक-दूसरे की सहायता करते हैं।'' प्रत्येक क्रान्ति की अपनी सुविधाएँ और कठिनाइयाँ होती हैं। मार्क्सवादी-लेनिनवादी सुविधाओं का प्रयोग क्रान्ति की सफलता के लिए करते हैं और वे सावधानीपूर्वक संघर्ष संचालित कर सही रणनीति और कार्यनीति विकसित कर कठिनाइयों को अपने पक्ष में रूपान्तरित कर लेते हैं। भारतीय क्रान्ति की अपनी सुविधाएँ और कठिनाइयाँ हैं। जनयुद्ध का मार्ग ही इन कठिनाइयों पर विजय दिला सकता है, सुविधाओं को काम में लगा सकता है और क्रान्ति को विजय की मंजिल तक पहुँचा सकता है।

इसके बाद यह भी तर्क दिया गया कि भारत में बहुत अच्छी यातायात और संचार व्यवस्था है, जैसा कि मुक्ति-पूर्व चीन में नहीं थी। भारत एक विशाल देश है और यहाँ बीहड़ पहाड़ी और वन क्षेत्र हैं, जहाँ आज भी यातायात और संचार व्यवस्था नहीं पहुँची है। इस दिशा में उन क्षेत्रों में जो कुछ भी विकास हुआ है, वह नगण्य और प्रभावहीन है। भू-भाग और स्थल की बनावट (टरेन और टोपोग्राफी) निश्चित रूप से संघर्ष के लिए सहायक होते हैं। भारत का विकास असमान है और यहाँ संचार और परिवहन का विकास भी असमान है। मिनिस्ट्री ऑफ शिपिंग एंड ट्रांसपोर्ट की 1972-73 की एक रिपोर्ट के अनुसार

भारत में सड़कों की लम्बाई, 1,337,288 किलोमीटर है। परन्तु इनमें बहुत-सी सड़कों का निर्माण वन विभाग, 'कम्युनिटी डेवलपमेंट' और 'नेशनल एक्सटेंशन सर्विस' के कार्यक्रमों के अनुसार हुआ है, इसलिए उनकी स्थिति अच्छी नहीं है। इस प्रकार वास्तविक व्यवहार योग्य सड़कों की लम्बाई 837,000 कि. मी. है जो 1950-51 के 400,104 कि. मी. के आँकड़े से दो गुना है। भारत को ध्यान में रखते हुए यह कोई बहुत अच्छी स्थिति नहीं है। संघर्ष के लिए कम विकसित क्षेत्र अधिक सुविधाजनक होते हैं। हालाँकि विकसित परिवहन और संचार व्यवस्था संघर्ष में कठिनाइयाँ उत्पन्न करती है, परन्तु इससे भारतीय क्रान्ति का चरित्र नहीं बदलता। इस प्रकार की विकसित परिवहन और संचार व्यवस्था ज्यादा से ज्यादा क्रान्ति को थोड़ा और दीर्घकालीन बना सकती है, परन्तु दीर्घकालीन जनयुद्ध मार्ग पर चल कर ही इस कठिनाई पर विजय हासिल की जा सकती है।

यह भी तर्क पेश किया जाता है कि चीन की चाङ्काई शेक सरकार की तुलना में भारत की कांग्रेसी सरकार की विदेश नीति और देश में लागू होने वाली नीतियाँ प्रगतिशील हैं। यह तर्क अपने आप में विचित्र और लोगों को भ्रमित करने वाला तथा क्रान्ति के मार्ग से भटकाने वाला है। वास्तव में इस प्रकार का दावा केवल व्यर्थ की प्रशंसा मात्र है। जनता अनुभव कर रही है और हमने भी इसे समझा है कि इस प्रतिक्रियावादी सरकार की देशी और विदेश नीति कितनी प्रगतिशील है। इस वक्तव्य का उत्तर देने के लिए हम यहाँ पर सार-संक्षेप में भारत की स्थिति का वर्णन करेंगे।

आज का भारत

आज का भारत : चूँकि भारत सरकार द्वारा लागू की गयी नीतियाँ प्रगतिशील नहीं बल्कि प्रतिक्रियावादी हैं, इसलिए देश आर्थिक, राजनीतिक और सांस्कृतिक संकट में डूब रहा है। वस्तुओं के दाम आसमान छू रहे हैं, मुद्रास्फीति की भयावह स्थिति है, उपभोक्ता वस्तुएँ आम आदमी की पहुँच से बाहर होती जा रही हैं। देश के छोटे उद्योग और व्यापारी दिवालिया हो रहे हैं, दस्तकारों और शिल्पकारों का तेजी से उन्मूलन हो रहा है। मजदूरों, किसानों, सरकारी कर्मचारियों, शिक्षकों आदि पेटी बुर्जुआ तबके की स्थिति तेजी से नीचे गिर रही है। दसियों लाख लोग भूखे, नंगे और बेघर हैं। लाखों लोग मौत के कगार पर हैं। प्रतिदिन बढ़ती बेरोजगारी की महामारी ने लाखों लोगों को अकिंचन बना दिया है।

देश में जन्मे एक हजार बच्चों में सौ बच्चे अपने पहले जन्मदिन तक जीवित नहीं रहते। बचे हुए 900 बच्चों में 300 बच्चे पाँच वर्ष का जीवन पूरा नहीं कर पाते और कुपोषण का शिकार करीब दस लाख बच्चे हर वर्ष कालकवलित हो जाते हैं। 6 अगस्त 1973 को सरकार ने लोकसभा को सूचना दी कि प्रत्येक 10 व्यक्तियों में से 4 गरीबी रेखा से नीचे निवास करते हैं। एक खेत-मजदूर की औसत प्रतिमाह आय रु. 109/- है। पूरे देश में दसियों लाख भिखारी घूम रहे हैं। 1971 में 40,000 लोग अपना खून बेचकर जी रहे थे। ग्रामीण क्षेत्र में 3,330,000 परिवारों के पास घर नाम से कुछ भी नहीं है। बम्बई (मुम्बई) में 59,000, कोलकाता में 49,000, मद्रास (चेन्नई) में 9000 और दिल्ली में 7000 लोग सड़कों के किनारे फुटपाथ पर रहते हैं।

63,000 ग्रेजुएट इंजीनियर, 14,000 कृषि विज्ञान के ग्रेजुएट, 10,000 डिग्री प्राप्त डॉक्टर और 75,000 वैज्ञानिक बेरोजगार थे। यह आँकड़ा 1971 के प्रारम्भ का है अब तक तो यह संख्या काफी बढ़ गयी होगी। दूसरी तरफ प्रतिक्रियावादी सरकार की प्रतिक्रियावादी आर्थिक नीतियों के द्वारा मुट्ठी-भर कम्प्राडोर नौकरशाह पूँजीपतियों और सामन्तों की तिजोरियाँ भर रही हैं।

यह प्रतिक्रियावादी सरकार जनता पर अपना निरंकुश शासन चलाने के

लिए एक तरफ जनता पर दमन चक्र चलाती है तो दूसरी तरफ राजनीतिक भ्रम फैलाती है। मजदूरों, किसानों, छात्रों, शिक्षकों, सरकारी कर्मचारियों और दूसरे पेटी बुर्जुआ तबके के लोगों के न्यायसंगत आन्दोलनों को पुलिस की लाठियों और काले कानूनों के बल पर दबा दिया जाता है। आन्दोलनकारी जनता पर पुलिस द्वारा लाठी गोली चलाना तो साधारण घटना हो गयी है। जनता द्वारा संचालित संघर्षों के दमन के लिए सरकार ने अपने को अनेक काले कानूनों से लैस किया है। देश के कई हिस्सों को 'अशान्त क्षेत्र' घोषित किया गया है। देश पर हमेशा ही आपातकाल के काले बादल मँडराते रहते हैं। क्रान्तिकारी बुद्धिजीवियों, छात्रों, ट्रेड यूनियन नेताओं, जनता के अगुवा लोगों को अनन्त काल के लिए जेलों में ठूँस दिया गया है। सेना, सी.आर.पी.एफ., बी.एस.एफ., ई.एफ.आर. और पुलिस द्वारा क्रान्तिकारियों की बलि चढ़ाई जा रही है। सी.पी.आई. (एम.एल.) को शासक वर्ग ने अपना निशाना बनाया है और इसके नेताओं तथा कार्यकर्त्ताओं की योजनाबद्ध हत्या की जा रही है। हजारों क्रान्तिकारियों को, अति यातनापूर्ण और वीभत्स स्थितियों में जेल में डाला गया है। बहुत की तुच्छ और लापरवाही के बहाने बना कर क्रान्तिकारियों की जेल में हत्याएँ की जा रही हैं। 1970 से लेकर जेलों में कम से कम तीन बड़े जनसंहार हो चुके हैं। इनमें सी. पी. आई. (एम. एल.) के सदस्यों को मुख्य निशाना बनाया गया है। 26 नवम्बर 1971 की घटना में पुलिस ने स्वीकार किया कि हिरासत में 6 नक्सलवादियों की पीटते-पीटते मृत्यु हो गयी और 237 घायल हुए (कुछ दूसरे सूत्रों के अनुसार 50 लोग मारे गये और रिपोर्टिंग के समय तक अनेक घायल जिन्दगी और मौत के बीच झूल रहे थे)। (*फ्रंटियर*, कोलकाता, दिसम्बर, 5, 1971 और *दि मंडे*, पेरिस 30 नवम्बर 1971)

क्रान्तिकारियों की गिरफ्तारी के बाद पुलिस और गुंडों द्वारा उन पर किये गये अत्याचार तो अवर्णनीय हैं। क्रान्तिकारी महिलाओं को दी गयी पैशाचिक यातनाएँ और उन पर किये गये शारीरिक हमलों को तो लिखना भी सम्भव नहीं है। इस विषय में दिल दहलाने और रोएँ खड़े करनेवाली कुछ रिपोर्टं सार्वजनिक हुई हैं।

कई प्रदेशों के विशाल क्षेत्र सेना की छावनी में परिवर्तित हो गये हैं। जनता द्वारा साधारण और आंशिक मुद्दों पर भी यदि कोई आवाज उठाई जाती है तो सेना उन पर आक्रमण कर देती है। किसान संगठनों और ट्रेड यूनियन कार्यालयों और इन संगठन के नेताओं और कार्यकर्त्ताओं पर पुलिस द्वारा निरन्तर छापा मारने और गिरफ्तारी की घटनाएँ हो रही हैं। सामान्य नागरिक अधिकार भी

मात्र मजाक बन गये हैं। नागरिक के मौलिक अधिकार बस संविधान में लिखे हैं और उसको भी लोहे की अलमारी में बन्द कर दिया गया है। देश में चारों तरफ पूर्णतः निरंकुश शासन स्थापित है।

भारत की प्रतिक्रियावादी सरकार सभी राष्ट्रीयताओं, राष्ट्रों और धार्मिक अल्पसंख्यकों के उचित अधिकारों का दमन कर रही है। नागा, कूकी, मीजो, काश्मीरी जनता के आत्मनिर्णय के अधिकार को नकार दिया गया है। सभी भाषाओं को समान मान्यता की बात नकार दी गयी। गैर-हिन्दीभाषी जनता की सलाह लिए बगैर ही उन पर हिन्दी थोप दी गयी है। मुसलमानों की देशभक्ति पर शंका की जा रही है। उनके साथ दूसरे दर्जे के नागरिक जैसा व्यवहार होता है। सरकार की गैर-सेक्यूलर, साम्प्रदायिक, प्रतिक्रियावादी राजनीति जनता के बीच फूट पैदा कर इसका लाभ उठाती है। 'राष्ट्रीय समन्वय' और 'अनेकता में एकता' के नारे अब मिथक बन गये हैं। भारतीय समाज का बँटवारा और आपसी भेदभाव आज की सच्चाई बन गयी है।

प्रतिक्रियावादी शासक वर्ग अपनी फासिस्ट तानाशाही को छुपाने के लिए कई छलावा भरे उपाय करता है। कई नकाब पहन लेता है। इन नकाबों में एक नकाब संसदीय व्यवस्था का है। संशोधनवादी, नव-संशोधनवादी और शासक वर्ग संसदवाद को एक धार्मिक सूत्र या वेद वाक्य के रूप में दोहराते हैं। वे इसे जनता की स्वतन्त्र इच्छाओं की वास्तविक अभिव्यक्ति कहते हैं और शान्तिपूर्ण संसदीय मार्ग से समाजवाद में संक्रमण का पक्षपोषण करते हैं। वे ''समाजवाद का भारतीय मार्ग'' (इंडियन रोड टु सोशलिज्म) का बोर्ड लगाकर खड़े हैं। यह वर्गविहीन राजनीति की कोरी बकवास है। यह व्यापक जनता को क्रान्तिकारी मार्ग से भटकाने की पूँजीवादी चाल है।

इसके अतिरिक्त जनता को भ्रमित करने के और भी उपाय किये गये हैं। देशी रियासतों को भारतीय गणतंत्र में मिलाना, जमींदारी उन्मूलन ऐक्ट या रियासतों के उन्मूलन द्वारा 'जमींदारी प्रथा' की समाप्ति। 'भूमि की सीलिंग' निर्धारित करना और जमीनों की 'चकबन्दी' आदि ऐसे अनेक तथाकथित 'भूमि सुधार'; पूर्व राजाओं के 'प्रिवीपर्स' की समाप्ति, बैंकों और जीवन बीमा कम्पनियों का राष्ट्रीयकरण और इसी प्रकार के अन्य 'सुधारों' के द्वारा सरकार द्वारा जमीन को सामन्ती जकड़न से मुक्त कराने की घोषणा की गयी है, जबकि व्यवहार में सामन्ती जकड़न को मजबूत किया गया है।

इसी प्रकार जिस 'सार्वजनिक क्षेत्र' का बड़ा शोर मचाया जा रहा है, वह भी एक बहुत बड़ा धोखा है। कई साम्राज्यवादी देशों द्वारा हमारे देश के सस्ते

श्रम और कच्चेमाल के दोहन के लिए सार्वजनिक क्षेत्र में अपनी पूँजी लगाई जा रही हैं। 'सार्वजनिक क्षेत्र' भारतीय जनता की आँखों पर पट्टी बाँधने का एक चालाकी भरा उपाय है, इससे अधिक यह कुछ भी नहीं है। यह राज्य-पूँजीवाद है, अर्थात् नौकरशाह पूँजीवाद है।

विदेश नीति के मामले में यह सरकार पूरी तरह से प्रतिक्रान्तिकारी और प्रतिक्रियावादी शक्तियों के साथ है। इसके द्वारा स्वतन्त्रता, शक्ति और गुट निरपेक्षता पर आधारित विदेश नीति लागू करने का दावा, व्यवहार और वास्तविकता में बिल्कुल झूठ साबित हुआ है।

सत्ता-हस्तान्तरण के बाद के इतने वर्षों में इस प्रतिक्रियावादी राज्य व्यवस्था ने न सिर्फ ब्रिटिश साम्राज्यवाद के शोषण को जारी रखा बल्कि इसने हमारे प्रिय देश में अमेरिकी साम्राज्यवादी पूँजी की लूट को बढ़ावा दिया है। 1958 से अब तक ब्रिटेन ने भारत को कुल 972 करोड़ की सहायता दी है। भारत में करीब 400 ब्रिटिश कम्पनियाँ व्यापार कर रही हैं। इसमें से 50 प्रतिशत का प्रबन्धन भारतीय निदेशक द्वारा किया जाता है। 1970 में ब्रिटिश ने भारत को 73 मिलियन पाउंड का माल भेजा और 1971 में यह राशि बढ़ कर 138 मिलियन पाउंड हो गयी। भारत से ब्रिटेन को किया गया निर्यात 1970 में 91 मिलियन पाउंड का था और 1971 में यह छलाँग लगा कर 111 मिलियन हो गया। मार्च 1971 तक भारत में 120 अमेरिकी कम्पनियाँ थीं, अब उनकी संख्या काफी बढ़ गयी होगी।

कामरेड स्टालिन के निधन के बाद जब सोवियत रूस में संशोधनवादी गिरोह सत्तासीन हुआ और वहाँ पूँजीवाद की पुनःस्थापना हो गयी, रूस एक सामाजिक साम्राज्यवादी देश बन गया तो उसने भी हमारे देश के शोषण और लूट में हिस्सेदारी शुरू कर दी।

विश्व स्तर पर ब्रिटिश साम्राज्यवाद के कमजोर होते ही अमेरिकी साम्राज्यवाद के शोषण का युग प्रारम्भ हो गया और शीघ्र ही रूसी सामाजिक साम्राज्यवाद भी रंगमंच पर दिखाई देने लगा। विश्व पर अपना-अपना प्रभुत्व स्थापित करने के झगड़े और समझौते के खेल में, विश्व को अपने-अपने प्रभाव के खेमे में बाँटने की कोशिश में दोनों को भारत एक आसान शिकार नजर आया। चीन और कम्युनिज्म का विरोध करते हुए, भारत सहित विश्व-भर के राष्ट्रीय मुक्ति आन्दोलनों का दमन किया और आक्रामक युद्ध संचालित किये। भारत के कच्चे माल, बाजार, सैनिक और सामरिक महत्त्व के अड्डों और राजनीतिक प्रभाव के क्षेत्रों पर कब्जा करने के लिए दो महाशक्तियाँ प्रतिद्वंद्विता कर रही हैं। हमारे

समय की यह दो सबसे बड़ी शोषक शक्तियाँ हमारे देश की अर्थव्यवस्था, राजनीति, संस्कृति और सेना पर प्रभुत्व स्थापित कर रही हैं। हालाँकि भारत के शासक वर्गों पर अमेरिका का अधिक प्रभुत्व है, फिर भी वर्तमान में सामाजिक साम्राज्यवाद ने अपना प्रभुत्व जमाया है। हमारे देश में उनकी प्रतिद्वंद्विता अन्य देशों की ही तरह स्थायी है, जबकि उनका समझौता अस्थायी और सामयिक है।

भारत में बड़े पैमाने पर विदेशी पूँजी की भरमार, विदेश को की जाने वाली भारी अदायगी और मुनाफा, सैकड़ों सहयोगी उद्यमी कम्पनियाँ, साम्राज्यवादी अनुदान और 'कर्ज' पर पूर्ण निर्भरता। पूँजीगत माल, तकनीकी जानकारी तथा सैनिक अड्डे बनाने, बाजार और असमान व्यापार आदि के लिए आर्डिनेंस फैक्ट्रियों और सैनिक साज-सामान के आपूर्तिकर्ताओं की उपस्थिति और सामाजिक साम्राज्यवाद पर पूर्ण निर्भरता ने हमारे देश में उसका प्रभावशाली प्रभुत्व स्थापित कर दिया है।

सोवियत सामाजिक साम्राज्यवाद ने हमारे देश की अर्थव्यवस्था के अत्यावश्यक क्षेत्रों पर अपना प्रभुत्व स्थापित कर लिया है। उसने राजकीय क्षेत्र के उद्योगों पर अपना नियन्त्रण बना लिया है और अब निजी पूँजी के साथ समझौते कर निजी क्षेत्र में प्रवेश कर रहा है।

सोवियत रूस ने निजी क्षेत्र या सार्वजनिक क्षेत्र का भेदभाव किये बगैर, व्यापारिक शर्तों पर भारत में तमाम उद्योगों के साथ सहयोग करने का प्रस्ताव पेश किया इसने पूर्वी यूरोप के सोवियत प्रभाव वाले देशों के अलावा अन्य देशों में निजी फर्मों के साथ समझौते किये हैं। आज भारत को जिन 121 उद्योगों में विदेशी सहयोग चाहिए, इनमें से सोवियत यूनियन ने भारत के सामने 58 उद्योगों की सूची प्रस्तावित की है। इन उद्योगों में वह उपकरण और जानकारी देने को तैयार है। सोवियत रूस के इस प्रस्ताव को अमेरिकी सहयोग के स्थगन तथा निजी औद्योगिक सहयोग की अनिश्चितता के सन्दर्भ में देखना चाहिए। (*इंडियन एक्सप्रेस* का सम्पादकीय-25-2-71, विजयवाड़ा संस्करण)

भारत के निजी क्षेत्र के उद्योगों में अमेरिकी प्रभुत्व है और अब वह सरकारी संस्थानों और उद्योगों में प्रवेश करने का प्रयास कर रहा है। अमेरिका द्वारा सहयोग में दी गयी धन राशि से उसे एक डॉलर के बदले तीन डॉलर प्राप्त होता है और इसीलिए उससे सहायता प्राप्त करने वाले देशों में अमेरिका की रुचि तेजी से विकसित हुई है। सोवियत सामाजिक साम्राज्यवाद ने अमेरिका की तुलना में हमारे देश के सैनिक और रक्षा क्षेत्र के उद्योगों पर अधिक प्रभाव कायम किया है।

9 अगस्त 1971 को भारत और सोवियत रूस के बीच हुआ समझौता

सारतः एक सैनिक समझौता है। इससे भारत सोवियत रूस का एक सेटेलाइट राज्य हो जाएगा, जबकि भारत पर अमेरिका की पकड़ भी काफी मजबूत है।

क्या साम्राज्यवादी देश निःस्वार्थ सहायता करते हैं? बिल्कुल नहीं। भारत की प्रतिक्रियावादी सरकार विदेशी सहायता पर आधारित तथाकथित विकास की योजना बनाती है और स्वघोषित, तटस्थ और स्वतन्त्र अन्दरूनी और विदेश नीति की तमाम अनाप-शनाप बातें करती है। भारत सरकार इस बात को भली प्रकार समझती है कि वह साम्राज्यवादी सहायता के बदले भारत की राजनीति, अर्थनीति और संस्कृति का व्यापार कर रही है। यह सहायता साम्राज्यवादियों द्वारा ली गयी जमानत है। यहाँ तक कि इस जमानत के कारण कोई किसी प्रकार भी साम्राज्यवादी पकड़ से बाहर नहीं जा सकता और जैसा कि अभी-अभी अमेरिकी साम्राज्यवादी नीति ने, यू. एन. ओ. में अमेरिकी हितों के लिए नग्न रूप से सहायता प्राप्त देशों को सहयोग करने को कहा, यू.एन.ओ. में अमेरिका की नीति का समर्थन न करने का अर्थ 'सहायता' गँवाना होगा। मिस्टर वारेन डब्ल्यू. उन्ना द्वारा 10-1-1976 को वाशिंगटन में लिखा लेख 14.1.1976 को *स्टेट्समैन* में छपा। इस लेख में मिस्टर उन्ना ने लिखा : "सरकारी विभाग के अधिकारियों ने यह स्वीकार किया कि अमेरिका, 'पुरस्कार और दंड' की नीति तैयार कर रहा है कि सहायता लेने वाले देशों में कौन-कौन देश अमेरिकी हित में वोट देगा और कौन नहीं देगा, इसके आधार पर उनकी सहायता स्वीकृत होगी।"

अमेरिकी लोकगीत के अनुसार वह गधे को युक्ति से चलाने के लिए 'गाजर और डंडे' (पुरस्कार और दंड) दोनों का प्रयोग करता है। इस सिद्धान्त को अब कूटनीति तक विकसित किया गया है और इसे अमेरिकी प्रौद्योगिकी पर भी लागू किया जाता है। भारत की प्रतिक्रियावादी सरकार भी साम्राज्यवादी सहायता के खेल के नियमों को भली प्रकार जानती है। परन्तु भारत सरकार एक आज्ञाकारी गधे की तरह है। वास्तव में वह महाशक्तियों के आपसी सहयोग और विरोध की स्वार्थ सिद्धि करती है।

भारत की विदेश नीति साम्राज्यवाद और सामाजिक साम्राज्यवाद की सहायता पर निर्भर है। भारत-सोवियत समझौता स्वयं ही भारत की "स्वतन्त्रता, शान्ति और गुट-निरपेक्षता" की नीति के झूठ का भंडाफोड़ कर देता है। भारत की प्रतिक्रियावादी सरकार अन्तर्राष्ट्रीय स्तर पर निरन्तर चीन-विरोध की लाइन लागू करती है और भारत तथा चीन की जनता के बीच वैमनस्यता पैदा करती है। यह चीन को "घेरने और दमन करने" की नीति पर सोवियत रूस का साथ देती है। चीन के खिलाफ एक से अधिक बार सैनिक कार्यवाही कर चुकी है।

भारत की प्रतिक्रियावादी सरकार अपने पड़ोसी देशों के साथ विस्तारवादी नीति लागू करती है। यह पड़ोसियों के अन्दरूनी मामलों में निर्लज्जतापूर्वक हस्तक्षेप करती है। उनको अपना पिछलग्गू, संरक्षित राज्य या मातहत बनाना चाहती है। पाकिस्तान के खिलाफ छेड़े गये युद्ध और उसे निरन्तर धमकी देना, नेपाल, भूटान और श्रीलंका पर दबाव, विस्तारवादी नीति का ही नतीजा है।

आज भारत खुद छोटी या उप-महाशक्ति की तरह व्यवहार करता है। भारत की अति पिछड़ी आन्तरिक आर्थिक नीतियों और निरन्तर साम्राज्यवादियों की अधीनता इसे महाशक्तियों के विशाल स्रोत वाले स्थानीय एजेंट में परिवर्तित कर रही है और यह महाशक्तियों की आंचलिक नीतियों को लागू करने वाला एजेंट बन रहा है।

अमेरिकी संरक्षण और नियन्त्रण में ही भारत ने तिब्बत में गड़बड़ी करने और चीन की सीमा के अतिक्रमण का प्रयास किया था। इसके बाद भारत सोवियत सामाजिक साम्राज्यवाद के संरक्षण में उसकी आंचलिक नीतियों को लागू करने का प्रयास करता है। भारतीय विस्तारवाद वास्तव में देश के गहराते आर्थिक संकट पर आधारित और एक या दूसरी साम्राज्यवादी शक्ति की मातहती का परिणाम है।

भारत की प्रतिक्रियावादी सरकार को अपनी मुनाफा प्रेरित अर्थनीति के कारण विदेशी बाजार चाहिए; ऐसा नहीं है कि इसने देशी बाजार की आवश्यकता की पूर्ति कर दी है। मुनाफे के लिए पागल भारत का कम्प्राडोर बुर्जुआ और नौकरशाह बुर्जुआ, विदेशी वित्तीय पूँजी का एक भाग अविकसित देशों को निर्यात कर देता है। यह काम वह अन्तर्राष्ट्रीय वित्तीय पूँजी के वास्ते करता है। इस प्रकार भारत अन्य देशों में साम्राज्यवाद के हित में काम करता है और बदले में इसके विस्तारवादी हित की पूर्ति होती है। यह विकसित और अविकसित देशों में संयुक्त उद्यम भी स्थापित करता है।

भारत के समझौतापरस्त पूँजीपतियों ने अमेरिका, ब्रिटेन, पश्चिम जर्मनी, जापान, कनाडा और आस्ट्रेलिया जैसे 6 विकसित देशों सहित 27 देशों में संयुक्त उद्योग स्थापित किये हैं। यदि उन संयुक्त उद्योगों को भी शामिल किया जाए जिन पर काम आगे नहीं बढ़ पाया तो कुल संयुक्त उद्योगों की संख्या 102 हो जाएगी। इनमें से 37 उद्योगों में उत्पादन प्रारम्भ हो गया है और 62 में शीघ्र ही उत्पादन शुरू हो जाएगा। इन उद्योगों में उत्पादन और इनको प्रारम्भ करने के लिए भारत का क्रमशः निवेश 7 करोड़ और 11 करोड़ है। भारत ने इन संयुक्त उद्योगों के लिए मशीनरी और कच्चा माल आपूर्ति कर 31 मार्च 1972

तक रु. 6.84 करोड़ का स्वतन्त्र विदेशी विनिमय अर्जित किया है। यह राशि भारत की इक्विटी भागीदारी पर किये गये निर्यात की राशि से अतिरिक्त है। पश्चिमी जर्मनी, थाईलैंड और इथोपिया में दो-दो, यू. के. कनाडा, आयरलैंड, सिंगापुर और ईरान में एक-एक तथा मलेशिया में आठ और श्रीलंका तथा नाइजीरिया में तीन-तीन संयुक्त उद्योगों में उत्पादन प्रारम्भ हो चुका है। इसके अतिरिक्त यू. के., पश्चिम जर्मनी, जापान, घाना, फिजी और साऊदी अरब में एक-एक और अमेरिका, कनाडा, ईरान, नाइजीरिया में दो-दो तथा मारिशस, अफगानिस्तान और इंडोनेशिया में चार-चार तथा मलेशिया में बीस उद्योगों में उत्पादन प्रारम्भ होने की प्रक्रिया में है।

भारत का रक्षा बजट : भारत की प्रतिक्रियावादी सरकार ने अपनी उप-महाशक्ति और विस्तारवादी नीतियों के अनुरूप ही अपनी रक्षा और सैनिक नीति निर्मित की है। चीन और पाकिस्तान के मुकाबले भारत की रक्षा के नाम पर भारत का शासक वर्ग रक्षा बजट में बेतहाशा धनराशि खर्च कर रहा है। औपनिवेशिक देश के रूप में भारत ब्रिटिश साम्राज्यवाद पर निर्भर था। (परिशिष्ट-26 में देखें कि 1946 तक कितने मूर्खतापूर्ण तरीके से रक्षा बजट में वृद्धि की गयी थी, रिजर्व बैंक ऑफ इंडिया की रिपोर्ट 'रिपोर्ट आन करेंसी एंड फाइनेंस, 1945-46)। आज एक अर्धऔपनिवेशिक देश की प्रकृति के अनुसार भारत अपनी रक्षा के लिए भी प्रमुख साम्राज्यवादी देशों पर निर्भर है।

भारत की चीन विरोधी तैयारियों के दौरान 1962-65 के बीच अमेरिका ने सैनिक सहायता के रूप में सीधे 83 मिलियन डॉलर की सहायता प्रदान की। भारत-चीन युद्ध के शुरुआती समय में अमेरिका ने अपने सहायता कार्यक्रम के अन्तर्गत, तिब्बत की सीमा के पास वायुसेना व्यवस्था में पूर्व सूचना के लिए 6 राडार सेट, 24 फेयर चिल्ड पैकेट एयर क्राफ्ट, स्माल आर्म्स फैक्ट्री के लिए मशीनरी, आर्डिनेंस फैक्ट्री में प्रयोग के लिए कुछ मरम्मत किये हुए यांत्रिक उपकरण, बर्फ हटाने वाले और जमीन खोदने वाले उपकरण, वायरलेस सेट, बहुत ऊँचाई (पहाड़ियों) पर उपयोग करने वाले कपड़े और गोला-बारूद दिया। 1947 से 1972 के बीच भारत ने केवल अमेरिका से 100 मिलियन डॉलर की सैनिक सामग्री खरीदी है।

भारत की प्रतिक्रियावादी सरकार पाकिस्तान द्वारा अतिक्रमण का शोर मचाती है, जबकि खुद भी पाकिस्तान की सीमा का अतिक्रमण करती है। 1972 में भारत के पास पाकिस्तान से तीन गुना सेना, दूनी टैंक पावर, 15 गुना हेलीकाप्टर सहित सैनिक, 3 गुना वायुसेना की ताकत, कई गुना नौसेना

और जहाज ले जाने वाला विक्रान्त। परिशिष्ट में इसका विवरण प्रस्तुत है। इसके अतिरिक्त भारत के पास अपने शस्त्रागारों को भरने वाली कई आर्डिनेंस फैक्ट्रियाँ हैं।

यह सही नहीं है कि पाकिस्तान ने भारतीय सीमा का अतिक्रमण किया बल्कि भारत अपनी विस्तारवादी नीति के चलते ही पाकिस्तान से युद्ध छेड़ता है। भारत को विदेशों से प्राप्त अधिकांश सैनिक सहायता, और भारत सरकार का रक्षा पर खर्च जनता की जानकारी में नहीं आता है।

सरकार द्वारा संचालित आर्डिनेंस फैक्ट्रियों का मालिकाना विदेशी है, विशेष रूप से ब्रिटिश डिफेंस इंडस्ट्री जो आज भी रक्षा उपकरणों के प्रमुख पुर्जे आपूर्ति करती है। आज सोवियत रूस के सहयोग से भी कुछ रक्षा उद्योग स्थापित किये गये हैं। जैसे–सुनावेदा (कोरापुट) उड़ीसा में एम. आई. जी. के इंजन निर्माण की फैक्ट्री। इलेक्ट्रॉनिक उपकरणों का कारखाना बेंगलूर (कर्नाटक) में और नासिक में बाडी बनाने का उद्योग और विशाखापत्तनम (आन्ध्र प्रदेश) में पनडुब्बी का कारखाना स्थापित हुआ है। इनमें से अधिकांश कारखाने केवल कल-पुर्जे जोड़ने वाले हैं, जहाँ पर तकनीकी जानकारी पूर्णतः विदेशी नियन्त्रण में है तथा सभी आधुनिक, उन्नत मशीनरी विदेश से आयात की जाती है।

भारत की प्रतिक्रियावादी सरकार ने *पीपुल्स रिपब्लिक चीन* के साथ सीमा विवाद पैदा किया जो 20 अक्टूबर को जनता के सामने आया। इस घटना को युद्धरत सैनिकों के साथ संचार व्यवस्था की कठिनाई बताकर 10 दिन तक जनता से छुपाए रखा गया। भारत सरकार अपने देश के अन्दरूनी संकट से जनता का ध्यान हटाने के लिए चीन के साथ सीमा पर किचकिच कर रही थी। एक चुने हुए निश्चित दिन पर इस सूचना को जनता के बीच प्रसारित होने से पूर्व ही भारत की प्रतिक्रियावादी सरकार विश्व-भर में अपने सैनिक बल का ढिंढोरा पीटने लगी। सरकार द्वारा बहुत सोच-समझ कर प्रेस वक्तव्य जारी किया गया कि भारत पूरी तरह से सैनिक चुनौती के लिए तैयार है और हमारे पास 8.25 मिलियन की सशस्त्र सैन्य शक्ति, वायुसेना और नौसेना के साथ अजेय सैन्य शक्ति है।

दोनों महाशक्तियों के बीच चल रही हथियारों की दौड़ में विश्व के इस भाग में अपने-अपने प्रभुत्व के क्षेत्र स्थापित करने की प्रतिस्पर्द्धा में झगड़े-झंझट और सहयोग का खेल चलता रहता है और झगड़े बरकरार रहते हैं। इस सम्बन्ध में अमेरिका के प्रेसिडेंट रिचर्ड एम. निक्सन का वक्तव्य याद करना प्रासंगिक होगा। यह वक्तव्य 1971 में पाकिस्तान के विभाजन पर भारत द्वारा विस्तारवादी

हस्तक्षेप करने से पूर्व "स्टेट ऑफ वर्ल्ड" के सन्देश के रूप में था। निक्सन ने कहा : "हमने रूस से बार-बार कहा कि दो महशक्तियों को शान्ति बनाये रखने वाली शक्ति की तरह व्यवहार करना चाहिए, हमने रूस को सम्भव संयुक्त कार्यवाही के लिए बुलाया।" जो भी हो, अन्त में "सोवियत यूनियन ने एक निरोधक की भूमिका" निभाई। दक्षिण एशिया में संकट के दौरान और अन्य आंचलिक झगड़ों में रूस की खतरनाक भूमिका रही है, नवम्बर में भारत और पाकिस्तान के बीच एक बड़ा युद्ध छिड़ गया। 1965 में युद्ध के बाद 6 वर्षों में अमेरिका ने भारत और पाकिस्तान दोनों को 70 मिलियन डॉलर के हथियार बेचे जबकि रूस ने अकेले भारत को 730 मिलियन डॉलर के हथियार बेचे। 1965 के बाद से भारत का सम्पूर्ण सैनिक खर्च "चीन के साथ तनाव बढ़ने के समय के अतिरिक्त" पाकिस्तान की तुलना में चार गुना था। पाकिस्तान की तुलना में भारत ने विदेशों से दोगुना हथियार खरीदे। इसके साथ ही साथ भारत ने खुद भी भारी हथियार निर्माण की शक्ति विकसित की जो पाकिस्तान के पास है ही नहीं।"

विश्व का यह भाग अमेरिका द्वारा चीन को घेरने की महत्त्वपूर्ण रणनीतिक कड़ी के रूप में इस्तेमाल होता था। अब सोवियत सामाजिक साम्राज्यवाद अमेरिका का स्थान ले रहा है, जबकि अमेरिकी साम्राज्यवाद इसे ध्यान से देख रहा है। सोवियत रूस पर पैनी निगाह रखने वाले एक अमेरिकी पत्रकार सी. एल. खुलीवर्गर ने 19-2-1972 को *न्यूयार्क टाइम्स* में लिखा : "एक समय विकासशील भारत के साथ की जा रही अमेरिका की कार्यवाहियों को रूस ने सँभाल लिया है ताकि एशिया में चीन की शक्ति को रोका जा सके और दूसरी तरफ ब्रिटेन के पास से सोवियत नौ सेना को हिन्द महासागर में लगा दिया गया।" भारत-चीन युद्ध की सम्भावनाओं पर आधारित एक सोवियत कूटनीतिक की दूरदृष्टि (?) का यह सच्चा प्रतिबिम्ब सोवियत सामाजिक साम्राज्यवाद के दिमाग में रहना अच्छा होगा। उसी कूटनीतिक की भविष्यवाणी है कि "पहले दिन हम 100,000 चीनियों को बन्दी बनाएँगे, दूसरे दिन एक मिलियन, तीसरे दिन दस मिलियन, चौथे दिन 100 मिलियन और पाँचवें दिन वे आत्मसमर्पण करा देंगे।" यदि सोवियत सामाजिक साम्राज्यवाद चीन की इस अन्तर्राष्ट्रीय प्रतिबद्धता का कि, "जब तक हम पर आक्रमण नहीं होगा, हम आक्रमण नहीं करेंगे और यदि हम पर आक्रमण हो गया तो हम निश्चित रूप से प्रति-आक्रमण करेंगे" का गलत अर्थ लगाता है तो इसके लिए केवल उसी को दोषी कहा जा सकता है। कामरेड माओ ने सही ही कहा था कि "जब हम कहते हैं कि साम्राज्यवाद आक्रामक

है'' तो इसका अर्थ है कि ''इसकी प्रकृति कभी नहीं बदलेगी, साम्राज्यवादी कभी अपने सर्वनाश के समय तक भी बुद्ध नहीं हो सकते।''

''साम्राज्यवाद का मतलब युद्ध है,'' लेनिन ने कहा था : ''साम्राज्यवाद युद्ध की विशाल मशीनें निर्मित करता है, हथियारों की दौड़ में लगा रहता है, युद्ध के लिए उकसाता है, आक्रमण करता है।'' इसे समझने के लिए हम साम्राज्यवादियों द्वारा हथियारों और हथियार निर्माण पर किये गये विशाल खर्च पर एक नजर डालते हैं। 1974-75 में अमेरिका का रक्षा बजट 88,000 मिलियन डॉलर था। सोवियत रूस का 1972 में रक्षा बजट 17,900 मिलियन रूबल या रु. 14,910 करोड़ था, यह राशि रूस के राजस्व का लगभग 10 प्रतिशत थी। 1973-74 में ब्रिटेन का रक्षा बजट 3365 मिलियन पौंड या रु. 6393 करोड़ था। यह राशि इससे पूर्व वर्ष की राशि से 523 मिलियन पौंड अधिक थी। जापानी सैन्यवादियों का पाँच वर्ष 1972-77 का सैन्य बजट-16000 मिलियन डॉलर था। चौथी पंचवर्षीय योजना में यूनाइटेड नेशन्स के जनरल सेक्रेटरी डॉ. कुर्त बालधिम ने विश्व-निःशस्त्रीकरण कॉन्फ्रेंस की याद दिलाते हुए कहा कि 200,000 मिलियन डॉलर से अधिक राशि एक वर्ष में विश्व भर में सैन्य कार्यों पर खर्च होती है। (*इंडियन एक्सप्रेस* के विजयवाड़ा संस्करण का सम्पादकीय 6.3.1972) विश्व-निःशस्त्रीकरण कमेटी के दस वर्ष से अस्तित्व में होने के बावजूद विश्व का सैनिक खर्च प्रति वर्ष 120,000 मिलियन डॉलर से बढ़ कर 200,000 मिलियन डॉलर हो गया है। विश्व-भर में 20 मिलियन लोग वर्दीधारी सैनिक हैं, जबकि 400 मिलियन लोग दूसरे सैनिक कार्यों में कार्यरत हैं तथा अत्याधुनिक हथियारों की संख्या बढ़ती ही जा रही है। एस. ए. एल. टी. के बावजूद, दोनों अति महाशक्तियों के बीच हथियारों की पागलपन भरी दौड़ बढ़ती ही जा रही है। (देखें, परिशिष्ट-27-ए) प्रतिवर्ष राष्ट्रों की सैन्य शक्ति में रु. 38,000 करोड़ जुड़ता जा रहा है। विश्व का सैनिक खर्च प्रति वर्ष 8 प्रतिशत बढ़ रहा है। जापान इस वर्ष सैन्य बजट पर दूनी राशि अर्थात् 5682,200 मिलियन येन खर्च करेगा, जो किसी भी समय के खर्च से अधिक है। विश्व के सैन्य खर्च 200 बिलियन डॉलर का 75 प्रतिशत केवल तीन महाशक्तियों, ब्रिटेन, फ्रांस और पश्चिमी जर्मनी द्वारा किया जाता है।

भारत अपनी विस्तारवादी नीति के पक्ष में और एक उप-महाशक्ति के रूप में कार्यरत है। यह एक भारतीय किस्म के साम्राज्यवाद (विस्तारवाद) को गति देने के लिए उत्तेजित होकर अपनी युद्ध मशीनरी को निर्मित करता है। भारत का रक्षा खर्च (देखें, परिशिष्ट-28) 1973-74 के लिए 1,600 करोड़ है जबकि

1960-61 में यह राशि 280.94 करोड़ रु. थी। भारत की अविकसित अर्थव्यवस्था को देखते हुए यह एक विशाल खर्च है। 1973-74 में भारत के रक्षा बजट में भारतीय राजस्व से 1,404 करोड़ रु. खर्च किया गया। (देखें, परिशिष्ट-29)

सैनिकों की संख्या तेजी से बढ़ाई जा रही है। इस जनविरोधी सेना का इस्तेमाल भारतीय जनता के खिलाफ, मजदूरों, किसानों, और राष्ट्रीयता के आन्दोलनों का दमन करने के लिए होता है। भारतीय सेना अपनी विस्तारवादी नीति में भाड़े की सेना की तरह काम करती है। इसे विदेशों में लोकप्रिय आन्दोलनों के दमन के लिए भेजा जाता है, पाकिस्तान को दो हिस्से में विभाजित करने और सिक्किम को भारत में मिलाने के लिए अन्तर्राष्ट्रीय कानून के उल्लंघन के लिए प्रयोग किया जाता है।

भारत द्वारा सिक्किम पर कब्जा : अन्तर्राष्ट्रीय मामलों में सभी सभ्य देशों के निर्देशक सिद्धान्तों का उल्लंघन करते हुए 3 मई 1973 को भारत ने सिक्किम को अपने देश में मिला लिया। भारत सरकार ने तर्क दिया कि 1890 में चीन के प्रतिनिधि और भारत में तत्कालीन ब्रिटिश सरकार के प्रतिनिधि (मिस्टर ओल्फ कारोई, भारत के राजनीतिक विभाग के ब्रिटिश प्रमुख) के बीच हुए समझौते के अनुसार सिक्किम भारत का हिस्सा है। (मिस्टर ओल्फ ने ब्रिटिश राज में 1935-45 तक फारेन सेक्रेटरी आफ इंडिया के पद पर काम किया।) इससे पूर्व जब ब्रिटिश साम्राज्यवादियों ने धमकी दी तो उसने पत्र लेने या बातचीत करने से इनकार कर दिया और तिब्बत पर इसका कोई असर नहीं पड़ा। जून 1887 में सिक्किम के राजा ने ब्रिटिश साम्राज्यवादियों से विनम्रतापूर्वक वार्ता करने को अस्वीकार कर दिया और दार्जिलिंग आने से मना कर दिया। राजा ने स्पष्ट रूप से विनम्रतापूर्वक कहा कि 1886 में हुए एक समझौते के अनुसार सिक्किम केवल तिब्बत और चीन के अधीन है, अतः यह तिब्बत की पूर्वानुमति के बगैर दार्जिलिंग आने में असमर्थ है। (मिस्टर एच. एच. रिसले की भूमिका, गजेटियर ऑफ सिक्किम 1894 से) इसी के बाद ब्रिटिश ने सिक्किम पर कब्जा कर लिया।

इस प्रकार यह स्पष्ट है कि अपने साम्राज्यवादी व्यापार और वाणिज्यिक हितों की रक्षा के लिए, ब्रिटिश ने सिक्किम में चीनी प्रभाव को बहाना बनाकर उस पर कब्जा कर लिया। उस समय चीन, नेपाल और सिक्किम भी काफी कमजोर थे, इसलिए सशक्त ब्रिटिश का प्रतिरोध नहीं कर सके।

इतिहास बताता है कि इसी प्रक्रिया में ब्रिटिश ने बर्मा और श्रीलंका पर भी अपने नियन्त्रण और प्रशासन का विस्तार किया था। 1890 का समझौता एक शक्तिशाली ब्रिटिश द्वारा कमजोर चीन और कमजोर सिक्किम पर थोपा गया था। यह तथ्य इस सच्चाई को स्पष्ट करता है कि ब्रिटिश द्वारा सिक्किम

को भारत का संरक्षित राज्य बनाया गया था। यदि इस गैर-सैद्धान्तिक बात को नियम के रूप में स्वीकार किया जाता है तो इसमें कोई शक नहीं कि ब्रिटिश शासन में बर्मा और श्रीलंका भी भारत का ही हिस्सा थे। इस प्रकार भारतीय विस्तारवाद को इसमें भी कोई पापशंका नहीं होने चाहिए। भारत ने सिक्किम को 1973 में एक असमान समझौते में बाँध लिया और यह उसने 1890 की असमान सन्धि के आधार पर किया। भारत ने इस असमान सन्धि को एक 'जनवादी आवरण' पहनाया, सिक्किम के लिए संविधान बनाया और सिक्किम को भारत राज्य का हिस्सा बनाने के लिए चुनाव की व्यवस्था की। यह सारा कार्य सामाजिक साम्राज्यवाद के राजनीतिक और भौतिक संरक्षण में तथा बुद्धिहीन सैनिक शक्ति के बल पर हुआ। इस प्रकार सिक्किम की जनता को उसकी पवित्र सम्प्रभुता से वंचित कर दिया गया। सिक्किम की साजिशपूर्ण घृणित घटना से विश्व की जनता के सामने भारतीय सत्ता का निर्लज्जतापूर्ण, आक्रामक और विस्तारवादी चरित्र बेनकाब हुआ है।

पोखरन विस्फोट : भारत सरकार ने 18 मई 1974 को राजस्थान प्रान्त के जैसलमेर जिले में पोखरन स्थान पर परमाणु उपकरण का परीक्षण किया। जब भारत की करोड़ों जनता भुखमरी, महामारी और पैसे-पैसे के संकट से गुजर रही है, ऐसे में विशाल धनराशि खर्च कर इस प्रकार के विस्फोट का उद्देश्य क्या है? (ध्यान देने योग्य बात है कि विस्फोट से पूर्व भारत के डिफेंस सेक्रेटरी ने रक्षामंत्री से कुछ मिनट गुप्त वार्ता की)। इसके बाद हाइड्रोजन बम के विस्फोट की धमकी दी गयी। भारत द्वारा सेटेलाइट का सर्कस एक और बड़ा खर्च है। इसका निर्देशन सामाजिक साम्राज्यवादी रूस कर रहा है। यह सब केवल उप-महाशक्ति और अन्धराष्ट्रवाद का दिखावा और इसके पीछे भारत सरकार की विस्तारवादी नीति है। यह भारत सरकार द्वारा पड़ोसी देशों पर रुतबा कायम करने, सामाजिक साम्राज्यवाद की आंचलिक आकांक्षा पूरी करने वाली विदेश नीति का परिणाम है।

युद्ध उन्मादी इन्दिरा सरकार : भारत सरकार की विदेश नीति को गुट-निरपेक्ष और शान्तिप्रिय कहने के लिए कोई आधार नहीं है। यह वास्तव में सामान्य रूप में अमेरिकी साम्राज्यवाद और विशेष रूप से सामाजिक साम्राज्यवाद के साथ संश्रय बनाए हुए है और *पीपुल्स रिपब्लिक ऑफ चीन* के खिलाफ है। भारत ने पाकिस्तान के साथ तीन आक्रामक युद्ध किये हैं और चीन के साथ भी एक बड़ा युद्ध किया है। यह सब युद्ध केवल दस वर्षों के अन्दर ही हुए हैं। भारत का शासक वर्ग साम्राज्यवाद और सामाजिक साम्राज्यवाद के इशारे पर चीन को

घेरने का प्रयास कर रहा है। हमारे देश की जनता ऐसे युद्ध का विरोध करती है और इस या उस साम्राज्यवाद का पिछलग्गू नहीं होना चाहती। भारत की जनता स्वतन्त्रता और शान्ति चाहती है। यह साम्राज्यवाद व सामाजिक साम्राज्यवाद का विरोध करती है और पड़ोसी देशों के साथ तथा विश्व की जनता के साथ विशेष रूप से चीन की जनता के साथ मित्रता और भाईचारा चाहती है। हम भारत को साम्राज्यवाद विरोधी मोर्चे में शामिल होने का आवाहन करते हैं। भारत एक अर्द्ध-औपनिवेशिक देश होने के कारण गुटनिरपेक्ष और शान्ति की नीति पर आधारित विदेश नीति पर अमल नहीं करता और अर्द्ध-सामन्ती देश होने के कारण एक प्रगतिशील, क्रान्तिकारी जनवादी नीति लागू नहीं कर सकता। अपने अर्द्ध-औपनिवेशिक चरित्र के अनुसार यह एक या दूसरी साम्राज्यवादी शक्ति से संश्रय बनाए रखेगा और युद्ध के खेमे में बना रहेगा। अपने अर्द्ध-सामन्ती चरित्र के अनुसार यह प्रतिक्रियावादी, प्रतिक्रान्तिकारी फासिस्ट नीतियों को लागू करेगा।

भारत की जनता इस अर्द्ध-सामन्ती, अर्द्ध-औपनिवेशिक समाज को समाप्त कर समाजवादी समाज की स्थापना करना चाहती है। इस अर्द्ध-औपनिवेशिक सत्ता को समाप्त करने की प्रक्रिया में जनता की जनवादी क्रान्ति आवश्यक है। हमारे देश में जनता की जनतावादी क्रान्ति पूरी होने के बाद ही समाजवादी समाज के निर्माण की प्रक्रिया प्रारम्भ होगी।

जनता का जनवादी राज्य

जनता का जनवादी राज्य : हम जनता की जनवादी क्रान्ति को सफल करने और जनता का जनवादी राज्य स्थापित करने के लिए प्रयत्नशील हैं। जनता की जनवादी क्रान्ति की सफलता के लिए हमें सभी क्रान्तिकारी वर्गों का संयुक्त मोर्चा गठित करना आवश्यक है। जनता का जनवादी राज्य सभी क्रान्तिकारी वर्गों का अधिनायकत्व होगा। सभी क्रान्तिकारी वर्गों के जनवादी अधिकारों की गारंटी होगी और उन्हें क्रान्ति की सफलता का पूरा लाभ मिलेगा। साम्राज्यवाद, सामाजिक साम्राज्यवाद, बड़े पूँजीपतियों और सामन्तवाद के ऊपर अधिनायकत्व लागू होगा।

जनता का जनवादी राज्य निम्नलिखित कार्यभारों को पूरा करेगा। जनता की जनवादी क्रान्ति के द्वारा बड़े पूँजीपतियों और सामन्तों की राज्य व्यवस्था को उखाड़ फेंकने के बाद विजयी क्रान्ति, मजदूरों-किसानों तथा अन्य क्रान्तिकारी वर्गों के शासन अर्थात् जनता के जनवादी राज्य की स्थापना करेगी और निम्नलिखित कार्य पूरा करेगी–

(i) जनता की सम्प्रभुता की गारंटी अर्थात् जनता के हाथों में सर्वोच्च राजनीतिक सत्ता का केन्द्रीकरण होगा।

(ii) 18 वर्ष से ऊपर के हर भारतीय नागरिक को सार्विक, समान और प्रत्यक्ष मताधिकार की गारंटी। मताधिकार से वंचित किये गये प्रतिक्रान्तिकारियों को मताधिकार नहीं होगा। चुने हुए प्रतिनिधियों को वापस बुलाने का अधिकार, ताकि उनकी खरीद-बिक्री और सत्ता के दुरुपयोग को रोका जा सके।

(iii) प्रत्येक स्तर पर सार्विक, समान, प्रत्यक्ष मतदान के आधार पर निर्वाचित निकायों के द्वारा जनता की राजनीतिक सत्ता की गारंटी और एक सदनीय व्यवस्था।

(iv) जनता के मौलिक अधिकारों की गारंटी, जैसे–प्रेस और विचार की अभिव्यक्ति की स्वतन्त्रता, जनता को एकत्र होने और संगठन बनाने का अधिकार। परन्तु यह अधिकार जनता के शत्रुओं को नहीं होंगे।

भारत में जब तक विदेशी पूँजी, कम्प्राडोर नौकरशाह पूँजी और सामन्ती शक्तियों का प्रभुत्व और अस्तित्व रहेगा तब तक भारत का औद्योगिक विकास नहीं हो सकता। इसलिए जनता का जनवादी राज्य–

(v) सभी विदेशी वित्तीय पूँजी, विदेशी बैंकों और उद्योगों को अपने अधीन कर लेगा और समस्त विदेशी कर्ज को समाप्त कर देगा।

(vi) कम्प्राडोर बुर्जुआ के अधिकार वाले सभी उद्योग, उद्यम बैंक और अन्य कम्प्राडोर नौकरशाह पूँजीपतियों की समस्त परिसम्पत्तियों को जब्त कर लेगा।

(vii) राष्ट्रीय बुर्जुआ की परिसम्पत्तियों, व्यापार और उद्योग की रक्षा करेगा।

(viii) आठ घंटे के कार्य दिवस को लागू करेगा, वेतनों में वृद्धि करेगा, मजदूरों के जीवन स्तर को उन्नत करेगा, समान कार्य के लिए समान वेतन (मजदूरी) सुनिश्चित करेगा, सभी प्रतिक्रियावादी मजदूर विरोधी कानूनों को समाप्त कर देगा सामन्तवाद और सामन्ती अवशेषों को समाप्त करते हुए जनता की जनवादी क्रान्ति सफलता की मंजिल प्राप्त करेगी, अतः जनता का जनवादी राज्य–

(ix) सामन्तों, ज़मींदारों की तमाम भूमि का कोई मुआवजा दिये बगैर उसे जब्त कर लेगा और भूमिहीन, गरीब किसानों के बीच कृषि का विकास 'जमीन जोतने वाले को' के सिद्धान्त के आधार पर वितरित कर देगा।

(x) उत्पीड़ित जनता और किसानों के समस्त कर्जे माफ करेगा और सूदखोरी को गैर-कानूनी घोषित करेगा।

(xi) कृषि में किसी भी प्रकार की विदेशी पूँजी को समाप्त करेगा।

नये जनवादी समाज का विकास सुनिश्चित करने के लिए, समस्त साम्राज्यवाद-सामन्तवादपरस्त संस्कृति, शिक्षा और सामाजिक पहलुओं को समाप्त करेगा और जनवादी समाज के विकास के लिए आवश्यक वैज्ञानिक उपलब्धियों को और विकसित करेगा।

(xii) जाति, रंग, समुदाय, लिंग, धर्म और राष्ट्रीयता का भेद किये बगैर सभी नागरिकों के समान नागरिक अधिकार सुनिश्चित करेगा और साम्प्रदायिकता, जातिवाद और सामाजिक उत्पीड़न के तमाम रूपों को समाप्त करेगा।

(xiii) जनता को बेहतर जीवन स्तर की गारंटी करेगा और बेरोजगारी को समाप्त करेगा।

(xiv) शिक्षा व्यवस्था और शिक्षा संस्थानों में मौलिक परिवर्तन करेगा और नयी शिक्षा व्यवस्था व संस्थानों की स्थापना करेगा। सेकेंड्री कक्षाओं तथा सबको मुफ्त और अनिवार्य शिक्षा की व्यवस्था करेगा। निरक्षरता को समाप्त करेगा और हर स्तर पर मातृभाषा को शिक्षा व निर्देश के माध्यम की गारंटी करेगा।

(xv) औपनिवेशिक और सामन्ती संस्कृति का उन्मूलन और जनता की जनवादी संस्कृति का विकास।

(xvi) राष्ट्रीय भाषाओं की समानता के स्तर तथा बगैर भेदभाव के विकास की गारंटी।

(xvii) तमाम अल्पसंख्यक समूहों में अपनापन, बराबरी, सुरक्षा की भावना भरते हुए अलग होने के अधिकार समेत राष्ट्रीयताओं को आत्मनिर्णय के अधिकार को मान्यता देगा और भारतीय गणतंत्र को स्वैच्छिक राष्ट्र-राज्य पर संगठित होने की गारंटी करेगा।

(xviii) अनेक प्रकार के मूल्यांकनों पर आधारित अत्यधिक शोषण वाले करों को समाप्त कर एक समेकित प्रगतिशील कर-व्यवस्था लागू करेगा।

जनता की जनवादी क्रान्ति के दौरान जनता की सेना का निर्माण होगा। इस प्रकार जनता का जनवादी राज्य—

(xix) भाड़े की इस सेना और पुलिस के स्थान पर जनसेना (जन मलीशिया) को स्थापित करेगा जो भारतीय सीमाओं की साम्राज्यवाद से रक्षा करेगी और प्रतिक्रान्ति से जनता की रक्षा करेगी।

(xx) यह भारत को सैनिक साज-सामान में आत्मनिर्भर बनाएगा।

भारतीय जनता का जनवादी राज्य विश्व के साम्राज्यवाद विरोधी राज्यों में एक होगा। इसलिए यह राज्य—

(xxi) जन विरोधी, राष्ट्र विरोधी, और असमान सन्धियों, समझौतों और प्रतिक्रियावादी भारतीय सरकार द्वारा विभिन्न साम्राज्यवादियों के साथ किये गये पैक्टों को समाप्त कर देगा। विशेष रूप से भारत-सोवियत सन्धि को समाप्त कर देगा।

(xxii) भारत की विस्तारवादी सरकार द्वारा दूसरे देशों के साथ किये गये सन्धि, समझौते और पैक्ट विशेष रूप से सिक्किम के साथ किये गये पैक्ट को समाप्त कर देगा, और सिक्किम की स्वतन्त्रता को सुनिश्चित करेगा।

(xxiii) तीसरी दुनिया के देशों का शोषण और अन्य देशों में पूँजी-निवेश द्वारा किये जा रहे शोषण को रोकेगा।

(xxiv) साम्राज्यवादियों एवं सामाजिक साम्राज्यवादियों द्वारा भारत की भूमि तथा भारतीय समुद्रों को अपना सैनिक अड्डा नहीं बनाने देगा, शान्ति स्थापित करने का प्रयास करेगा और *पीपुल्स रिपब्लिक ऑफ चीन* की सैनिक घेरेबन्दी का विरोध करेगा।

(xxv) समाजवादी देशों के साथ समानता, बन्धुत्व और सर्वहारा

अन्तर्राष्ट्रीयतावाद के आधार पर मित्रतापूर्ण सम्बन्ध विकसित करेगा।

(xxvi) अति महाशक्तियों के प्रभुत्व के खिलाफ संघर्षरत तीसरी दुनिया के छोटे या कमजोर सभी देशों के साथ बराबरी का व्यवहार करेगा।

(xxvii) विभिन्न सामाजिक व्यवस्थाओं वाले राज्यों के साथ निम्नलिखित आधार पर सम्बन्ध कायम करेगा–

(अ) उसकी सम्प्रभुता और अखंडता का सम्मान करेगा।

(आ) अनाक्रमण।

(इ) राज्यों के अन्दरूनी मामलों में अहस्तक्षेप।

(ई) समानता और परस्पर लाभ।

(उ) शान्तिपूर्ण सहअस्तित्व।

ऊपर लिखित कार्यक्रम को लागू कर भारतीय जनता साम्राज्यवाद, सामाजिक साम्राज्यवाद, कम्प्राडोर नौकरशाह पूँजीवाद और सामन्तवाद से मुक्ति हासिल करेगी और समाजवादी तथा स्वतन्त्र देशों के बीच भारतीय जनता का जनवादी राज्य अपना स्थान ग्रहण करेगा। इस प्रकार मार्क्सवाद-लेनिनवाद और माओ विचारधारा के आधार पर भारत समाजवाद की ओर लम्बे डग भरेगा।

भारत की जनवादी क्रान्ति में पहले ही काफी देर हो चुकी है। भारत में जनता की जनवादी क्रान्ति जारी है। इसका मार्ग टेढ़ा-मेढ़ा, कठिनाइयों से भरा हुआ और दीर्घकालिक है। जनता निरन्तर जनयुद्ध की ओर बढ़ रही है। भारत की जनता कभी भी पीछे मुड़कर नहीं देखेगी। दुनिया की कोई भी ताकत न उसको भ्रमित कर सकती है न उसकी अग्रगति को रोक सकती है। भारतीय जनता को शीघ्र और सरलता से क्रान्ति की सफलता प्राप्त करने में कोई भ्रम नहीं है। उसे अपने अनुभव से मालूम है कि निर्भय और कठोर संघर्ष के बगैर, और बगैर खून-पसीना बहाए क्रान्ति की विजय सम्भव नहीं है। वह जानती है कि क्रान्ति का मार्ग सीधा नहीं है। यह चक्करदार काँटों से भरा हुआ रास्ता है। भारतीय जनता भली प्रकार जानती है कि क्रान्ति की सफलता के लिए उसे भारी कीमत चुकानी होगी।

भारतीय जनता पर शत्रु का दमन और प्रलोभन

भारतीय जनता पर शत्रु का दमन : भारत की प्रतिक्रियावादी सरकार चौतरफा संकट में फँसी है और आतंकित है। यह जानते हुए भी कि भारतीय जनता ने इसे उखाड़ फेंकने के लिए हथियार उठा लिए हैं, यह सत्ता में बनी रहने का पूर्ण प्रयास कर रही है। इस सरकार को अभी केवल नक्सलबाड़ी, श्रीकाकुलम, लखीमपुर खीरी, डेबरा-गोपी बल्लभपुर, मुशहरी इत्यादि का पहला प्रहार झेलना पड़ा है। जनता द्वारा निरन्तर प्रहार हो रहे हैं। एक घायल शेर की तरह यह चारों तरफ दहाड़ रही है और चारों तरफ जो भी मिल रहा है, उसकी हत्या कर रही है। सरकार फासिस्ट हिंसा पर उतारू है और चारों तरफ श्वेत आतंक कायम कर रही है। इस सरकार ने घर फूँकने की नीति के सारे पूर्ववर्ती रिकार्ड तोड़ दिये हैं।

1968 के अन्त में जब श्रीकाकुलम में लाल शक्तियों (क्रान्तिकारियों) का संघर्ष प्रारम्भ हुआ, तभी 1969 में ही श्रीकाकुलम के 11 ताल्लुकों में से 7 ताल्लुकों को 'अशान्त क्षेत्र' घोषित कर दिया गया। करीब पचास हजार आदिवासी किसानों (गिरिजनों) को झुंड के रूप में घेर दिया गया, ठीक वैसे ही जैसे अमेरिकी सैनिकों ने वियतनाम की जनता को जगह-जगह झुंड के रूप में घेरकर बन्दी बना लिया था। उनके घरों को या तो पूर्णतः ध्वस्त कर दिया गया या जला कर राख कर दिया गया, उनकी सम्पत्ति लूट ली गयी और उनकी महिलाओं के साथ अमानवीय व्यवहार किया गया। आपराधिक तरीके से उनकी स्वतन्त्रता पर हमला किया गया। सरकार द्वारा बनाये गये यह नजरबन्दी-गृह वास्तव में सरकार की खुली जेल हैं। अपनी दैनिक क्रियाओं को किये बगैर ही उनको सूर्यास्त से पूर्व इन कैम्पों में ढकेल दिया जाता है, उनको अपने खेतों में भोजन नहीं पकाने दिया जाता ताकि वह पहाड़ी पर संघर्षरत क्रान्तिकारियों को खाना न पहुँचा सकें। इन 'अशान्त क्षेत्रों' की पुलिस को अत्यधिक अधिकार प्रदान किये गये हैं। पुलिस किसी भी बाहरी व्यक्ति को गिरफ्तार कर सकती है, उसको यातनाएँ देती है, अनिश्चित समय तक जेल में बन्द करती है तथा

उसको प्रताड़ित करती है। इसके अतिरिक्त खम्माम और वारंगल ऐसे ताल्लुकों को भी 'अशान्त क्षेत्र' घोषित किया गया है। पुलिस और अर्धसैनिक बलों ने इस पूरे क्षेत्र में अनेक नजरबन्दी कैम्प बना दिये हैं। हजारों लोगों को जेल में डाला गया है। हजार से अधिक लोगों पर मुकदमे कायम किये गये हैं। इसी न्यायालय में इस पार्वतीपुरम कांस्पिरेसी केस के अतिरिक्त अनेक लोगों पर मुकदमे चल रहे हैं। इनमें 142 अभियुक्त पिछले चार वर्षों से विचाराधीन कैदी हैं। इस कसाई सरकार ने खुद ही स्वीकार किया है कि उसने 120 कामरेडों की हत्या की है। यह सरकार उन्हें मुठभेड़ में मारे गये बता रही है। यह संख्या दिन पर दिन बढ़ रही है। इन शब्दों को लिखते समय भी गुंटूर जिले में दो कामरेडों की हत्या हुई है। परिशिष्ट-30 में केवल आन्ध्र प्रदेश के शहीद (मार डाले गये) कामरेडों की सूची है। इसके अतिरिक्त पश्चिम बंगाल तथा देश के अन्य भागों में शहीद हुए कामरेडों की जानकारी उपलब्ध नहीं है। इस क्रम में अनेको अनाम शहीद हुए हैं। कुछ शहीदों के नाम यहाँ पर दिये जा रहे हैं। आन्ध्र प्रदेश से वी. सत्यनारायना, पंचाद्री कृष्णमूर्ति, अदिभाटला कैलाशम, मादापरप्पू वेंकटा रामास्वामी, सुब्बाराओ पाणिग्रही, थमाडा गनपति, डॉ. छगन्नी भास्कर राव, डॉ. मल्लिकार्जुना राव, इनकाम्मा सरस्वती, पी.यू.सी. अप्पाराव, मलायसु उमापती कोरान्ना, मागन्ना, रिनजिय, अरिका सोमालू बालाकृष्ण, राजा रेड्डी, रेड्डी अपाला स्वामी, रेड्डी चिन्नमा नायडू, सांगमासू, बथूला वेंकटेश्वरली, बिक्की रामुलू, श्याम, वेंकटेश्वरलू और अन्य; उड़ीसा से—कामरेड रमेशचंद्र साहू और निरंजन, केरल से कामरेड वेर्धच तथा अन्य; पश्चिम बंगाल से—का. चारु मजूमदार, सरोज दत्त, सुशीतल राय चौधरी, बाबूलाल विश्वकर्मा और अन्य सैकड़ों साथी। इसके अतिरिक्त, भटिंडा-पंजाब और बिहार के जिला भोजपुर और अन्य जिलों से भी सैकड़ों कामरेड शहीद हुए। पश्चिम बंगाल में कलकत्ता की सड़कों पर अनेक लोगों को मा-ले (अर्थात मा. क. पा. मा. ले.) वालों का बताकर बड़े-बड़े जनसंहार किये। पुलिस के खुशामदी टट्टुओं ने पूछताछ के नाम पर गिरफ्तारी के बाद कामरेडों और जनता पर राक्षसी दमन किया और तीसरी डिग्री के तरीकों का इस्तेमाल किया। दमन और यातनाओं की कुछ घटनाएँ तो इतनी भयावह हैं कि उनको सुनना भी कठिन है। अनेक कामरेडों के हाथ-पैर तोड़ दिये गये। कुछ को तो सदा के लिए विकलांग बना दिया गया और कामुक गुंडा पुलिस ने कभी भी महिलाओं को गिरफ्तार करके सामान्य रूप से छोड़ा ही नहीं। यहीं पर उनके बर्बर, वहशी, यातनादायी तरीकों का हिसाब समाप्त नहीं होता। पश्चिम बंगाल महिला एसोसिएशन *(अखिल बंग महिला*

समिति) की महिलाएँ बढ़ती महँगाई के खिलाफ प्रदर्शन कर रही थीं उनको गिरफ्तार कर कलकत्ता की प्रेसीडेंसी जेल की उन्हीं बैरकों में बन्द कर दिया गया, जहाँ नक्सलवाद के अभियोग में महिलाएँ कैद थीं। इस घटना की विस्तृत रिपोर्ट एमनेस्टी इंटरनेशनल ने लिखी और वह 21 सितम्बर 1974 के *इकनॉमिक एंड पॉलिटिकल वीकली* के पृ. 1613-14 पर प्रकाशित हुई। इसी प्रकार की एक विस्तृत रिपोर्ट उक्त पत्रिका के 27 जुलाई 1975 अंक में छपी है। यहाँ पर उसका कुछ अंश प्रस्तुत है। "उनको गिरफ्तार करने के बाद पूछताछ के नाम पर यातनाएँ दी गयीं और फिर जेल में डाल दिया गया। एक माह बाद अधिकांश लड़कियों को लाल बाजार पुलिस मुख्यालय भेज दिया गया वहाँ पर एक भूमिगत कमरे में उनको पूछताछ के लिए ले जाया गया। पूछा गया कि "तुम्हारे सैनिक दस्ते में कौन-कौन था? उनके नाम और पते बताओ।" जब वह सन्तोषजनक उत्तर नहीं देती तो तुरन्त उनको कठोर यातनाएँ दी जातीं। इन लड़कियों को नंगा करके एक मेज पर लिटाया जाता और फिर पुलिस वाले उनकी गर्दन, स्तनों, नितम्बों और अन्य गुप्त कोमल अंगों पर जलती सिगरेट लगाते। इन लड़कियों का कल्पनातीत अपमान किया गया। इसके बाद भी यदि किसी लड़की ने उनके अनुसार सूचना देने से इनकार किया तो उनके गुप्तांगों में लोहे का राड घुसा दिया जाता (परिणामस्वरूप कुछ दुर्भाग्यशाली लड़कियों का मलाशय और योनि के बीच का हिस्सा फट जाता)।" यह प्रक्रिया यातनागृह से बाहर लाने के बाद बार-बार लड़कियों के साथ दोहराई जाती।

आइए, अब नेहरू के शब्दों पर ध्यान दें जो उन्होंने मेरठ कांस्पिरेसी केस में जेल में बन्द यातना झेल रहे कम्युनिस्ट और ट्रेड यूनियन नेताओं के बारे में कहे थे। लोकप्रियता के लोभ और भारी जन-दबाव में नेहरू ने निम्नलिखित वक्तव्य दिया—"मैंने दूसरे दिन ध्यान दिया कि मेरठ कांस्पिरेसी केस से सम्बन्धित अभियुक्तों को जेल अधिकारियों ने भोजन आदि से सम्बन्धित विशेष सुविधाएँ देने से इनकार कर दिया मेरा खयाल है कि वे अभियुक्त बहुत आराम और विलासिता का जीवन पसन्द नहीं करते हैं, इसलिए उनमें से कोई भी सरकार से सुविधाएँ माँगने के पक्ष में नहीं है। परन्तु बड़ा प्रश्न यह है कि इन अभियुक्तों को प्रारंभिक जाँच किये बगैर ही गिरफ्तार किया गया और जेलों में महीनों बन्द किया गया है उनको सबसे साधारण सुविधाएँ भी प्रदान नहीं की गयीं और उनको बिल्कुल अपराधी कैदियों की तरह रखा गया है। भारतीय जेलों में रहने का मेरा कोई सुखद अनुभव नहीं है, परन्तु अत्यधिक गर्मियों के दिनों में बिल्कुल छोटे से जेल में बन्द करना तो भयावह है। सरकार एक कैदी पर

मात्र कुछ आना (1/16 रु. = 1 आना) प्रतिदिन खर्च करती है जबकि यही सरकार इन युवकों को सजा दिलवाने के लिए वकीलों और अन्य कर्मचारियों पर अत्यधिक धन राशि खर्च करती है। मैं आशा करता हूँ कि जनता इस अनुभव को भूलेगी नहीं।'' (*अमृत बाजार पत्रिका,* 21 मई, 1929)

क्या नेहरू इस बात को अधिक समय तक याद रख सके, क्या नेहरू औपनिवेशिक जेलों में नहीं रहे थे? क्या वह औपनिवेशिक काल के जेल मैनुअल को नहीं जानते हैं? क्या नेहरू ने कम्युनिस्टों पर अत्याचार नहीं किया? क्या उनकी पुत्री इन्दिरा गाँधी उसी मार्ग पर नहीं चल रही हैं?

एमनेस्टी इंटरनेशनल की रिपोर्ट के अनुसार केवल पश्चिम बंगाल में 1500 से 2000 लोगों को जेल में डाला गया है। यह रिपोर्ट भारतीय पत्र-पत्रिकाओं में छपी अनेक रिपोर्टों पर आधारित है। पश्चिम बंगाल में 5,151 छात्र गिरफ्तार किये गये। पश्चिम बंगाल सरकार के गृह विभाग ने स्वीकार किया कि ''नक्सलवाद के नाम पर 17,787 लोग गिरफ्तार हैं।''(*अमृत बाजार पत्रिका,* मार्च 17, 1973)

सी. पी. आई. (एम. एल.) के हजारों कार्यकर्त्ताओं और नेताओं के जेल जीवन की यातनाएँ वर्णनातीत हैं। कारागार की कुछ बैरकों में उनको एक के ऊपर एक आदमी के रूप में ठूँस दिया गया। भूखे शेर की तरह पिंजरों में आधा पेट खाना और न खाने योग्य भोजन देकर उनको प्रताड़ित किया गया। अत्यधिक अस्वास्थ्यकर और गन्दगी भरी स्थितियों में उन्हें जेल में रखा गया। औपनिवेशिक काल की इन जेलों को सावधानी से सुरक्षित रखा गया है, ताकि बंदियों को उनके सामान्य स्थान, रोशनी में रहने, ज्ञानार्जन करने और स्वास्थ्य सम्बन्धी मौलिक अधिकार से भी वंचित किया जा सके।

बाहरी ज़गत से उनका सम्बन्ध केवल पत्रों और साक्षात्कारों से रहता है। उनके ऊपर नियन्त्रण का जबरदस्त दबाव बनाया जाता है। इसके अतिरिक्त अधिकारियों की इच्छानुसार कभी-कभी समाचार भी सुनने को मिल जाता है। ''पश्चिम बंगाल, बिहार, उड़ीसा और केरल की जेलों की स्थिति बहुत खराब है। पश्चिम बंगाल में तथाकथित कम्युनिस्ट पार्टी शासन करती है। दूसरे प्रदेशों की जेलों के बारे में हमारी जानकारी सीमित है।'' (विस्तृत विवरण के लिए *इकनॉमिक एंड पॉलिटिकल वीकली* का 22 दिसम्बर 1973 का पृ.2245 देखें) 'कैलकटा प्रेसीडेंसी जेल' वही 21 सितम्बर 1973, 'डिटेंशन कंडीशंस इन वेस्ट बंगाल' एमनेस्टी इंटरनेशनल रिपोर्ट पृ. 161; वही अप्रैल, 27, 1974; 'मोर दैन लीगल ऐड' पृ. 666, फ्रंटियर 10 मार्च 1973, पृ. 12; 'लेटर फ्राम दमदम जेल'; वही, 10 नवम्बर 1974, 'नक्सलाइट प्रिजनर्स इन केरला'।

पुलिस द्वारा यातना दिये जाने के बाद यही प्रक्रिया जेल के अन्दर दोहराई जाती पुलिस और जेल अधिकारियों के बीच का यह अजीब सामंजस्य किसी को आश्चर्यचकित नहीं करता। सत्ताधीन विपक्षी राजनीतिज्ञों की तरह हम लोग भी राजनीतिक बन्दी ही हैं। परन्तु इस बात में जरा-सा भी आश्चर्य नहीं कि हम लोगों के साथ जबरदस्त बदले की कार्यवाही की जाती है। पश्चिम बंगाल की जेलों में सरकार द्वारा योजनाबद्ध तरीके से कराई गयी जेल की घटनाओं में काफी बड़ी संख्या में सी. पी. आई. (एम. एल.) के कामरेडों की हत्या की गयी या वे घायल हुए। एक पत्रिका *इकनॉमिक एंड पॉलिटिकल वीकली*–21 सितम्बर 1974, पृ. 16-17 के अंक में जेल की 'घटनाओं' का विवरण प्रकाशित किया गया है। इसके अनुसार 16 दिसम्बर 1970 और 28 मई 1971 के बीच बिहार और बंगाल की जेलों में 88 कामरेडों की हत्या हुई (देखें, परिशिष्ट-31), इसके अतिरिक्त परिशिष्ट-32 भी देखें, जिसमें सी. पी. आई. (एम. एल.) के 86 कार्यकर्त्ताओं के मारे जाने की सरकारी सूचना दी गयी है जबकि अन्य सूत्रों के अनुसार 126 लोग मारे गये। और 980 लोग (सरकारी आँकड़ा) घायल हुए, जबकि गैर-सरकारी सूत्रों के अनुसार 1018 लोग घायल हुए।

ऐसी भी घटनाएँ प्रकाश में आयी हैं जब कोई कामरेड यातनाओं के बाद जीवन भर के लिए विकलांग हो गया, और सी. पी. आई. नियन्त्रण वाली केरल की त्रिवेन्द्रम सेंट्रल जेल में जब 16 वर्षीय विचाराधीन कैदी को पीटने से उसका कूल्हा टूट गया तो महीनों तक उसका कोई इलाज भी नहीं हुआ। वह लड़का आज भी सरकार की संवेदनहीनता का प्रतीक है।

इस प्रकार की निर्भय, पैशाचिक और बर्बर पिटाई पर उत्पीड़कों को शर्म आनी चाहिए। क्रान्तिकारी साहस से इसका मुकाबला करते हैं और कभी भी शर्मिंदा नहीं होते। एक क्रान्तिकारी हमेशा "दृढ़, निर्भीक और बलिदानी होता है और क्रान्ति की सफलता के लिए हर कठिनाई पर विजय के लिए तत्पर रहता है।" उसके लिए मौत एक नगण्य घटना है। उसे मालूम है कि आवश्यकता पड़ने पर सैकड़ों कामरेडों ने अपने प्राण न्योछावर किये और हजारों-हजार शहीद होने को तैयार हैं। इतिहास गवाह है कि जनता की मुक्ति के लिए हजारों क्रान्तिकारियों ने शहादत दी है और उनके खून से "रक्तरंजित लाल झंडा" लेकर लाखों लोग आगे बढ़ रहे हैं। वह अपने जीवन की अन्तिम साँस तक क्रान्तिकारी बना रहना चाहता है। "वह अपने क्रान्तिकारी उद्‌देश्य में अडिग है।" उसे मालूम है कि कामरेड माओ ने कहा है : "जहाँ कहीं संघर्ष होता है, शहादतें होती हैं और मौत एक आम परिघटना हो जाती है। परन्तु हमारे

दिलों में जनता की तमाम परेशानियाँ हैं और जनता का हित हमारे दिलों में है। इसलिए हम जब जनता के हितों के लिए प्राण न्योछावर करते हैं तो यह एक शानदार मौत होती है।"

यह प्रतिक्रियावादी सरकार क्रान्तिकारियों की हत्या करने, विकलांग बनाने, यातनाएँ देने और जेल में बन्दी बनाने के बावजूद जनता के हथियारबंद संघर्ष को रोक नहीं सकी। इसने अनेक प्रयास किये परन्तु असफल रही है।

प्रतिक्रियावादी सरकार के प्रलोभन : प्रतिक्रियावादी सरकार ने क्रान्तिकारियों को अपनी चाल में फँसाने और छल-कपट के द्वारा क्रान्तिकारी सशस्त्र संघर्ष को भटकाने का प्रयास किया। उदाहरणस्वरूप आन्ध्र प्रदेश की प्रतिक्रियावादी सरकार ने जनता के आक्रोश को शान्त करने के कुछ उपाय किये। श्रीकाकुलम का सशस्त्र किसान संघर्ष शुरू हो जाने के बाद, सरकार द्वारा विशेष रूप से आदिवासियों के बीच इसके विस्तार को रोकने और जहाँ कहीं यह संघर्ष पहले ही पहुँच चुका था उसको शान्त करने के लिए सरकार ने कुछ योजनाएँ शुरू कीं। आदिवासियों की जनसंख्या आन्ध्र प्रदेश की सम्पूर्ण जनंसख्या का मात्र 4 प्रतिशत है। अचानक सरकार द्वारा इनकी स्थिति सुधारने के लिए प्राइमरी पाठशाला और स्वास्थ्य केन्द्र स्थापित होने लगे, गैर-लाइसेंसी सूदखोरों द्वारा दिया गया कर्ज समाप्त करने और आदिवासियों को कर्ज देने के लिए सरकारी क्रेडिट सोसाइटियों की स्थापना होने लगी। परन्तु यह कोई गोपनीय बात नहीं थी कि यह सब 'कल्याणकारी उपाय' कसाई द्वारा बकरे को खिलाने-पिलाने जैसे ही थे।

आन्ध्र प्रदेश सरकार की ट्रायबल कल्वरल रिसर्च एंड ट्रेनिंग इंस्टीट्यूट द्वारा आयोजित एक प्रतिनिधि सर्वे ग्रुप की रिपोर्ट के अनुसार, "इन आदिवासियों की प्रति व्यक्ति आय और राज्य की औसत प्रति व्यक्ति आय में बहुत बड़ा अन्तर है और इस प्रकार उनकी आर्थिक स्थिति किसी प्रकार भी सन्तोषजनक नहीं है।" रिपोर्ट में कहा गया है कि जमीनों को गिरवी रख कर कर्ज देने की सूदखोरी व्यवस्था यथावत जारी है। आदिवासियों पर कर्ज निरन्तर बढ़ता जा रहा है। यदि हम सरकार की गणना पर विश्वास करें तो पूरे राज्य में आदिवासियों की प्रति व्यक्ति आय 200 से 250 रु. प्रतिमाह है, जबकि पूरे राज्य की औसत प्रति व्यक्ति आय रु. 400/- से कुछ अधिक है।

गोथी (बँधुआ) और जीथा (अर्द्ध-बँधुआ) मजदूर प्रथा अभी भी कुछ बदले रूप में जारी है। गिरिजन कोऑपरेटिव सोसाइटी ने केवल नकारात्मक काम ही किया है। यह आदिवासियों के बीच निजी व्यापारियों से अधिक बड़ी और खूँखार शोषणकारी व्यापारी संस्था प्रमाणित हुई है। जिन आदिवासियों ने पहली

बार इन समितियों पर विश्वास किया, आप उनकी कराह को सुनिए। गिरिजन कोऑपरेटिव सोसाइटी के कर्ज देने वाली शाखाओं, कोऑपरेटिव क्रेडिट सोसाइटीज और ट्राइबल डेवलपमेंट ब्लाकों के द्वारा गिरिजनों के बीच एक नये वर्ग को जन्म दिया है। वे इन संस्थाओं से एक साथ बड़ा कर्ज लेकर उच्च ब्याज-दर पर गरीब आदिवासियों में कर्ज देते हैं। इनके ब्याज की दर गैर-आदिवासी सूदखोर से भी अधिक है।

भारत सरकार एक तरफ आजीविका का प्रलोभन दे रही है और दूसरे हाथ से इमरजेंसी का कोड़ा फटकार रही है। इनका प्रलोभन बीस सूत्री का कार्यक्रम है, इनका यह कार्यक्रम मीठी गोली है। और 26 दिसम्बर 1975 को विनोबा भावे ने देश के सामने गरीबी दूर करने का पाँच सूत्री कार्यक्रम प्रस्तुत किया।

वर्षों तक शान्त रहने के बाद विनोबा भावे ने इन्दिरा गाँधी द्वारा आरोपित इमरजेंसी की खुलकर प्रशंसा की, उसे शानदार अनुशासन का सैद्धान्तिक जामा पहनाया और इन्दिरा टाइप का अनुशासन कहा। इन्दिरा द्वारा इमरजेंसी लगा कर भारत को अनुशासित करने की विधि को गाँधीवादी विनोबा भावे से समर्थन प्राप्त हुआ। न तो गरीबों और उत्पीड़ित जन-समुदाय को अनुशासित करने का इन्दिरा गाँधी का दिवास्वप्न पूरा हो सका और न ही विनोबा भावे की लम्बी चुप्पी जनता को शान्त कर सकी। भारतीय जनता अपने को क्रान्तिकारी अनुशासन में बाँधकर संघर्षों में अग्रसर है। उसे इन्दिरा के बीस सूत्री और विनोबा के पाँच सूत्री कुल पच्चीस सूत्री कार्यक्रम की आवश्यकता नहीं है।

विनोबा भावे द्वारा 26 दिसम्बर 1975 को देश की दरिद्रता मिटाने के लिए पाँच सूत्री बताए गये–

(i) ब्रह्मचर्य के द्वारा परिवार नियोजन।

(ii) मांसाहार को त्यागना।

(iii) खादी और ग्रामोद्योग का बड़े पैमाने पर प्रचार-प्रसार।

(iv) अस्पृश्यता की समाप्ति।

(v) मद्य निषेध।

इन पाँचों कार्यक्रमों की व्याख्या करना व्यर्थ है।

विनोबा भावे कोई नये संत नहीं हैं। यहीं भारत में युगों से न जाने कितने संत-महात्मा हो चुके हैं। संत, योगी, महात्मा, बुद्ध, महाराज और न जाने कितने; फिर गाँधी और विनोबा भावे। जनता गाँधी के अनुशासन को जानती है। विनोबा भावे ने उसी अनुशासन की प्रशंसा की है। विनोबा भावे अपने अधिभूतवादी दृष्टिकोण से इन्दिरा गाँधी शासन के प्रति नैतिक आकर्षण रखते। इसी प्रकार

के प्रयासों में महात्मा गाँधी को अपने जीवन में असफलता मिली। विनोबा को भी निश्चय ही असफलता मिलेगी।

इन्दिरा गाँधी के बीस सूत्री कार्यक्रम का मीडिया द्वारा खूब ढोल पीटा गया परन्तु यह एक राजनीतिक कलाबाजी मात्र है। इसे घर में रहने वाली महिलाओं और बाहर काम करनेवालों द्वारा खूब अच्छी तरह पहचाना गया है। वे रोज ही इस न हल होने वाले आर्थिक संकट से जूझ रहे हैं। वे इसे केवल क्रान्तिकारी अनुशासन के संकट के रूप में देखते हैं। वे इन्दिरा शासन को अनुशासित करने और इसको उचित स्थान पर पहुँचाने के लिए क्रान्तिकारी अनुशासन की आवश्यकता महसूस करते हैं।

दि हिन्दू अखबार के एक गैर-मार्क्सवादी संवाददाता ने 31 दिसम्बर 1975 को अपनी रिपोर्ट में स्वीकार किया कि "साठ के दशक के अन्त में आन्ध्र प्रदेश के तीन-चार जिलों में नक्सलवाद का उदय हुआ। विभिन्न समुदायों और विशेष रूप से आदिवासियों के बीच काम करने वाले साहसी युवकों ने बड़े पैमाने पर खुले संघर्ष प्रारम्भ किये। उनका उद्देश्य जीवन के रहन-सहन और सामाजिक ढाँचे में परिवर्तन लाना था।"

"उस समय की उत्तेजक आर्थिक समस्याओं ने इन समर्पित युवाओं को जनता की समस्याओं पर कार्य करने का अवसर दिया। जिस पुलिस अधिकारी ने इन समस्याओं को हल किया था, उसके अनुसार नक्सलवादियों को समाज के एक अच्छे भाग का समर्थन प्राप्त था।"

"खम्माम जिले के कलक्टर मिस्टर पी. वी. आर. के. प्रसाद ने इस बात से सहमति जताई कि आदिवासियों में एक हद तक शोषण है। इसे रोकने के लिए शिक्षित आदिवासियों की एक *अभ्युदय समिति* का गठन किया गया। यह युवक जिला प्रशासन के कर्मचारियों को पट्टा देने, सम्पत्ति के हस्तान्तरण और इसी प्रकार के कार्यों में सहयोग करते हैं।" इस प्रकार यह शिक्षित युवकों को चालाकी से उनके ही लोगों के खिलाफ खड़ा करने का प्रयास है।

सरकार के कल्याणकारी उपायों का प्रचार करते हुए संवाददाता ने स्वीकार किया कि "नक्सलवाद प्रभावित जिलों से गुजरते हुए, गरीबों के बारे में सरकार के कल्याणकारी कार्यों के कार्यान्वयन की खराब हालत की शिकायतें सुनने को मिलती हैं। इससे यह धारणा बनती है कि सरकार के प्रचार और व्यवहार में बहुत भिन्नता है।"

"सदियों से, सबसे गरीब लोगों से भी आदिवासियों के बहुत कमजोर सम्बन्ध रहे हैं। वे जंगलों में रहने की अपनी आदतों के कारण लोगों से अलगाव में

रहते हैं। भद्राचलम और वेंकटापुरम ब्लाक में आज भी कोंडा रेड्डी आदिवासी पहाड़ियों पर रहते हैं और समतल के लोगों से नहीं मिलते।''

इस प्रतिक्रियावादी सरकार ने उनको भारतीय क्रान्ति की मुख्य धारा से बाहर निकालने के लिए अनेक कल्याणकारी शामक उपाय किये, परन्तु सरकार को कोई सफलता नहीं मिली। सरकार ने बार-बार छल-कपटपूर्ण उपाय किये, परन्तु बार-बार असफल हो गयी। यह नये-नये प्रयास करेगी और असफल होगी।

कामरेड माओ ने कहा था : ''कठिनाइयाँ पैदा करना, असफल होना और तब तक ऐसा करते रहना जब तक अन्त न हो जाए, यही दुनिया-भर के प्रतिक्रियावादियों और साम्राज्यवादियों का तर्क है। वे जनता के साथ ऐसा ही व्यवहार करते हैं और वे इस तर्क के विरुद्ध कभी नहीं जा सकते। यही मार्क्सवादी नियम है''

''संघर्ष करना, असफल होना, फिर संघर्ष करना, फिर असफल होना अपनी विजय तक संघर्ष करते रहना यह जनता का तर्क है और जनता कभी इसके खिलाफ नहीं जाएगी। यह दूसरा मार्क्सवादी नियम है। रूसी क्रान्ति ने इसी नियम पर अमल किया और चीन की क्रान्ति ने भी ऐसा ही अनुसरण किया और आगे भारतीय क्रान्ति भी इसी नियम पर आगे बढ़ेगी। विश्व प्रगति कर रहा है, भविष्य उज्ज्वल है और इतिहास के इस सामान्य नियम को कोई भी नहीं बदल सकता।''

निष्कर्ष

निष्कर्ष : आज क्रान्ति विश्व की धारा है। भारतीय क्रान्ति विश्व क्रान्ति का एक हिस्सा है। आज भारत में भी क्रान्ति की धारा चल रही है। यह वस्तुगत सच्चाई है कि भारत में आज क्रान्ति के लिए परिस्थिति जितनी परिपक्व और शानदार है, इससे पहले ऐसा कभी नहीं था।

अव्यवस्था, चारों तरफ अव्यवस्था। विश्व-भर में अव्यवस्था की स्थिति है। यह अच्छा है। कामरेड माओ ने कहा : "पूरे देश में विशाल अव्यवस्था हमें विशाल व्यवस्था की ओर ले जाएगी।"

भारत के कम्प्राडोर-बुर्जुआ और सामन्त वर्ग की भारतीय प्रतिक्रियावादी सरकार की प्रधानमंत्री इन्दिरा गाँधी ने 26 जून 1975 को, देश के अन्दर से राष्ट्रीय सुरक्षा के 'खतरे' के नाम पर इमरजेंसी लगा दी। भारत की जनता आज आक्रमणकर्ता और आक्रमण से प्रभावितों के बीच फर्क करने में सक्षम है। भारत आज अपने लोकतंत्र के खिलौने का परिहास कर रहा है।

इमरजेंसी के ऊपर इमरजेंसी लगी है। हम लोगों पर दोहरी इमरजेंसी लगी है। मीसा (मेंटेनेंस ऑफ इंटरनल सिक्योरिटी ऐक्ट), डी. आई. आर. (डिफेंस इंडिया रूल), पी. डी. ऐक्ट जैसे अनेक काले कानूनों (विभिन्न राज्यों में) अतिरिक्त अनेक दंडित करने वाले कानून निरन्तर मानव अधिकारों की धज्जियाँ उड़ा रहे हैं। हर दिन दिल्ली के राष्ट्रपति भवन से कोई न कोई अध्यादेश जारी होता है।

हम आज ऐसी तनावग्रस्त स्थिति में फँसे हैं, जहाँ देश में व्याप्त अव्यवस्था निरन्तर फैलती जा रही है।

इतिहास गवाह है कि किसी भी देश में इमरजेंसी की घोषणा वास्तव में वहाँ के शासक वर्गों की फासिस्ट तानाशाही को ही मजबूत करती है। इमरजेंसी के शासन काल में जनता के न्यायपूर्ण संघर्षों को रोकने और जनता के असन्तोष को दूसरी दिशा में मोड़ने के लिए सभी क्रान्तिकारी संगठनों, मानवाधिकार संगठनों, तथा जनता के सभी मौलिक अधिकारों का दमन होता है। इन्दिरा गाँधी के नेतृत्ववाली भारतीय प्रतिक्रियावादी सरकार ने यही किया है। हम

आज ऐसी तनावग्रस्त स्थिति में फँसे हैं, जहाँ देश में व्याप्त अव्यवस्था निरन्तर फैलती जा रही है।

वर्तमान भारत में केवल छद्म लोकतंत्र और छद्म संविधान है और बगैर इमरजेंसी के अबाध दमन जारी है। सामान्य तौर पर अनेक क्रान्तिकारियों और यहाँ इस केस में शामिल अनेक कामरेडों को, इस सरकार के अपने ही कानून के अनुसार, गिरफ्तारी के 24 घंटों के अन्दर कोर्ट के समक्ष प्रस्तुत नहीं किया गया। कामरेडों, और अन्य जनता के लोगों को भी काफी लम्बी-लम्बी अवधि तक पुलिस हिरासत में रखा गया है और उनको न्यायालय में पेश किये बगैर ही गिरफ्तारी के बाद पुलिस ने उनकी हत्या कर दी है। इमरजेंसी लगी हो या न लगी हो, क्रान्तिकारियों और क्रान्तिकारी जनता के लिए एक ही स्थिति होती है।

परन्तु 26 जून 1975 की काली घोषणा के बारे में एक और घृणित स्थिति यह है कि पहले से ही छद्म संविधान और छद्म लोकतंत्र की फटी हुई नकाब अब तार-तार हो गयी है। अब बीस सूत्री आर्थिक कार्यक्रम और देश के लिए नये समझौतों का प्रस्ताव आया है। परन्तु यह नया मुखौटा पहले से ही टूटा हुआ है और इन्दिरा गाँधी जिन कम्प्राडोर बुर्जुआ और सामन्त वर्गों का प्रतिनिधित्व करती हैं, उसने उन वर्गों के भय से अपनी तुच्छ बकबक और झूठी घोषणा को सुधारकर आल इन्दिरा रेडियो (आल इंडिया रेडियो से नहीं) से घोषणा की कि उद्योगों का राष्ट्रीयकरण नहीं होगा।

भारत की जनता, इन्दिरा गाँधी के समाजवादी चेहरे के बारे में कभी न भ्रमित थी न है। कामरेड लेनिन ने कहा था, "राष्ट्रीयकरण समाजवाद नहीं है। उत्पादन की शक्तियों पर मालिकाना नियन्त्रण या राज्य द्वारा उत्पादन के सम्बन्धों पर नियन्त्रण समाजवाद नहीं, जब तक कि राज्य पर खुद मजदूर वर्ग का अधिकार न हो।"

इस फटे हुए मुखौटे से इस सत्ता का असली भयावह चेहरा नजर आता है। यह फासीवाद का प्रतिनिधि चेहरा है।

इमरजेंसी की घोषणा के थोड़े समय बाद ही हमारी पार्टी, भारत की कम्युनिस्ट पार्टी (मार्क्सवादी-लेनिनवादी) सी. पी. आई. (एम. एल.) को भी प्रतिबन्धित कर दिया गया। हम लोगों को इस पर कतई आश्चर्य नहीं हुआ। जिस किसी ने भारत में व्याप्त इन वस्तुगत परिस्थितियों का गलत मूल्यांकन किया हो, उसे आश्चर्य हो सकता है।

भारत के कम्युनिस्ट आन्दोलन पर यह पहला फासिस्ट आक्रमण नहीं है।

ब्रिटिश साम्राज्यवाद ने जब 1934 में भारत की तमाम राजनीतिक पार्टियों

को अपने सामने नतमस्तक करने के लिए छल-कपटपूर्ण चुनाव की नीति लागू की तो कांग्रेस को पहले ही प्रतिबन्ध करने की धौंस जमाई और कांग्रेस पार्टी पर लगा प्रतिबन्ध जून 1934 में समाप्त कर दिया गया, परन्तु भारतीय कम्युनिस्ट पार्टी जब ब्रिटिश साम्राज्यवाद की चाल में नहीं फँसी और उसने विरोध किया और ब्रिटिश के सामने उसकी सबसे बड़ी मर्मांतक प्रहार करने वाली शक्ति के रूप में उभरी तो ब्रिटिश शासकों ने सी.पी.आई. को प्रतिबन्धित कर दिया।

भारत की कम्युनिस्ट पार्टी (सी. पी. आई.) पर यह प्रतिबन्ध आठ वर्षों तक लगा रहा। जब दूसरा विश्वयुद्ध शुरू हो गया और जर्मनी ने सोवियत रूस पर आक्रमण कर दिया तो सी. पी. आई. के संशोधनवादी नेतृत्व ने ब्रिटिश साम्राज्यवाद का बिना शर्त समर्थन किया। जनयुद्ध के सारतत्त्व को तोड़-मरोड़ कर पेश किया और पार्टी को साम्राज्यवाद का पिछलग्गू बना दिया। इसके बाद सी. पी. आई. को औपचारिक रूप से 1942 में कानूनी दर्जा मिल गया।

जनवरी 1947 में एक बार फिर सी. पी. आई. को प्रतिबन्धित किया गया। इस बार प्रतिबन्ध ब्रिटिश साम्राज्यवाद ने नहीं बल्कि उसकी पिछलग्गू भारत सरकार के गृहमंत्री बल्लभ भाई पटेल ने लगाया था। यह समय था जब कांग्रेस और मुसलिम लीग, बड़े बुर्जुआ और सामन्तवाद का प्रतिनिधित्व करते हुए हमारी प्रिय मातृभूमि का बँटवारा करने के लिए ब्रिटिश साम्राज्यवाद के साथ मिल कर सत्ता-हस्तान्तरण की साजिश, संविधान सभा का स्वाँगपूर्ण प्रीमियर शो आयोजित किया गया ताकि इसे अन्तिम रूप दिया जा सके। इसके बाद दिसम्बर 1946 में ही ऐटले वेवेल, नेहरू और जिन्ना ने लन्दन में एक कॉन्फ्रेंस के बीच बात की और भारत विभाजन के लिए साजिश रची गयी। उनको खून से लथपथ स्वतन्त्रता दिवस भेंट करने के लिए समय निर्धारित किया गया।

औपचारिक सत्ता-हस्तान्तरण की तारीख 1948 में कोई तारीख थी, जिसे समय से पूर्व 15 अगस्त 1947 में बदला गया ताकि कहीं निर्धारित तारीख के लिए रची गयी कांस्पिरेसी (साजिश) असफल न हो जाए, कहीं भारतीय जनता का उफनाता हुआ सशस्त्र संघर्ष पूरे देश में विद्रोह का स्वरूप न ले ले। जनता के इन शत्रुओं की साजिशाना योजना में सी. पी. आई. को सबसे गम्भीर अवरोध समझा गया और इसलिए भरत की कम्युनिस्ट पार्टी (सी. पी. आई.) को जनवरी 1947 में प्रतिबन्धित घोषित किया गया। इस अन्तिम बाधा को दूर कर देने के बाद कांग्रेस पार्टी और मुस्लिम लीग ने हिन्दू और मुसलमान जनता के खून से होली खेली और 15 अगस्त 1947 को सत्ता-हस्तान्तरण की

पूर्व वेला पर खून से लथ-पथ कराह रही हजारों जनता की लाशों और घायलों की बलि पर दोनों पार्टियों ने जश्न मनाया।

सी. पी. आई. प्रतिबन्धित थी, परन्तु जनता का क्रान्तिकारी संघर्ष निरन्तर आगे बढ़ रहा था। तेलंगाना के किसान संघर्ष ने प्रतिक्रियावादी भारतीय सरकार की चूलें हिला दीं। हमेशा शासक वर्ग को सहायता करने वाले, सी. पी. आई. के संशोधनवादी नेतृत्व ने सरकार के साथ निरर्थक वार्ता की और सशस्त्र संघर्ष को वापस लेकर सरकार के समक्ष आत्मसमर्पण किया और इस प्रकार भारतीय क्रान्ति के साथ विश्वासघात किया और तभी सी. पी. आई. के ऊपर से प्रतिबन्ध हटाया गया।

आज चारों तरफ से संकटों में घिरी भारत सरकार, इस अर्द्ध-सामन्ती, अर्द्ध-औपनिवेशिक व्यवस्था को सुदृढ़ करने, और जन-संघर्षों के तूफान को रोकने, विशेष रूप से मेहनतकश जनता के सशस्त्र संघर्षों को रोकने में तमाम क्रान्तिकारी ग्रुपों में सी. पी. आई. (एम.एल.) को सबसे बड़ा अवरोध देखती है और इसे सत्ता के लिए सबसे बड़ा खतरा मानती है। इसलिए क्रान्तिकारी संगठनों और क्रान्तिकारी-जनवादी साहित्य, कला, पत्रिकाओं, प्रेस आदि को प्रतिबन्धित किया गया। संगठन बनाने, संगठित होने, हड़तान करने, लिखने, भाषण देने और सभा करने की स्वतन्त्रता को मात्र एक स्वाँग बना दिया है। आज भारत की प्रतिक्रियावादी सरकार भारतीय जनता पर बर्बर दमन कर रही है।

इन्दिरा गाँधी ने इमरजेंसी लागू कर अपने पालतू अखबारवालों के द्वारा शब्दाडम्बरपूर्ण प्रचार चलाया जबकि पहले से ही पीत पत्रकार मौजूद थे। समर्पित, नियंत्रित और चापलूस प्रेस ही उसकी इमरजेंसी की प्रतिक्रिया थी, उसका हथियार था। उसके अनुसार उसकी कल्पना के स्वतन्त्र प्रेस का तात्पर्य केवल उसके विचारों की अभिव्यक्ति और प्रचार तथा दूसरे समस्त विचारों को दबा कर प्रेस की 'स्वतन्त्रता' की रक्षा करना था। वह देश, राष्ट्रों और जनता को जिस अनुशासन का उपदेश देती है, वह वास्तव में केवल उसके "लोकतंत्र" के मॉडल की पूर्ण स्वतन्त्रता के लिए है, वास्तव में वह फासिस्ट है। वह लोकतंत्र के अन्य अग्रदूतों से अपरिचित नहीं है, उसके पिता नेहरू भी जब यह जानेंगे कि वह भारत में लोकतंत्र के धूर्ततापूर्ण मॉडल का लाभ ले रही है तो वह कबर से निकल पड़ेंगे।

आइए जानें 30 दिसम्बर 1950 को नेहरू ने 'आज का विचार' में क्या कहा था—

"मेरी समझ से प्रेस की स्वतन्त्रता केवल विशाल दृष्टिकोण से दिया गया

एक नारा मात्र नहीं है बल्कि यह जनवादी प्रक्रिया का आवश्यक गुण है। मुझे इसमें कोई शक नहीं है कि यदि सरकार प्रेस द्वारा प्राप्त स्वतन्त्रता को खतरनाक भी समझती है, तो भी प्रेस की स्वतन्त्रता के साथ हस्तक्षेप गलत होगा। आप प्रतिबन्ध लगाकर, नियन्त्रण कायम कर कुछ भी बदल नहीं सकते हैं। आप कुछ चीजों के बारे में केवल जनता की अभिव्यक्तियों का दमन करते हैं और परिणामस्वरूप वह विचार अन्दर-अन्दर छुपे रूप में फैलते रहते हैं। इसलिए मैं एक दमित या नियंत्रित प्रेस की तुलना में चाहे वह स्वतन्त्रता का गलत प्रयोग करे, तो भी मैं पूर्ण स्वतन्त्र प्रेस चाहता हूँ।"

आज भारत में संशोधनवादियों के सरगना सी. पी. आई. के रूप में सामाजिक साम्राज्यवाद के भारतीय एजेंट और भारत सरकार द्वारा जनता के दमन में कठपुतली की तरह कार्य कर रहे हैं।

शासक वर्ग हमारे शत्रु और संशोधनवादी हमें 'चीन का एजेंट' कह कर कलंकित करते हैं। उनको हमारे खिलाफ ईश निन्दक और गैर-देशभक्त होने का आरोप लगाने दो। जैसे तेंदुआ अपना स्थान नहीं छोड़ता, उसी प्रकार हमारे शत्रु भी अपने ही रास्ते पर चलेंगे।

अन्धराष्ट्रवाद और देशभक्ति या राष्ट्रवाद असंगत हैं और यह एक म्यान में दो तलवारों की तरह हैं। दूसरी तरफ देशभक्ति या राष्ट्रवाद और सर्वहारा अन्तर्राष्ट्रीयवाद एक-दूसरे से जुड़े हैं और एक सिक्के के दो पहलू की तरह हैं।

शत्रु अपने सम्पूर्ण शोरगुल में राष्ट्रीय, अन्ध-देशभक्ति को चिल्लाता फिरता है। वह इसी के सहारे पर है। चौतरफा संकट के भँवर में डूबने से पूर्व यह उनका आखिरी अवलम्ब है। जनता के यह शत्रु जिन्होंने हमारे प्रिय देश को साम्राज्यवादियों और सामाजिक साम्राज्यवादियों के हाथ बेच डाला है, यह देश के वास्तविक गद्दार हैं जो आज देशभक्त होने का शोर मचा रहे हैं। सच्चे देशभक्तों को वह अपनी तोपों का निशाना बना रहे हैं।

कामरेड माओ ने मार्क्सवाद-लेनिनवाद को विकसित किया। उन्होंने सी.पी. सी. का नेतृत्व किया और चीन की जनता को विजय की मंजिल तक पहुँचाया। आज तीसरी दुनिया के देशों के लिए चीन के समृद्ध अनुभव हमारे सामने हैं। हम भारतीय क्रान्ति को सफलता की मंजिल तक पहुँचाने में निश्चय ही इन वैज्ञानिक शिक्षाओं का लाभ उठाएँगे। केवल हमारे शत्रु ही मार्क्सवादी-लेनिनवादी वैज्ञानिक सच्चाई को तोड़-मरोड़ कर पेश करते हैं। हम माओ विचारधारा और चीन के अनुभव से लाभान्वित हो रहे हैं। शत्रु हमारे खिलाफ जितना भी दुष्प्रचार करे, जनता जानती है कि हम सच्चे देशभक्त हैं और देश के लिए प्राणों की

बाजी लगाने वाले हैं। इसलिए हम किसी से भी भयभीत नहीं हैं। हमारे खिलाफ शत्रु का जो भी आक्रमण हो, वह चाहे इमरजेंसी लगाये या जो भी प्रतिबन्ध लगाये, दुनिया की कोई ताकत अब इस भारतीय क्रान्ति को रोक नहीं सकती। यदि कोई इसे रोकने का असफल प्रयास करेगा तो वह केवल अपने हाथ ही जलाएगा। किसानों का मुक्ति संग्राम शुरू हो गया है, यह आगे बढ़ रहा है और बढ़ता और विकसित होता रहेगा। भारत का मजदूर वर्ग भी गतिमान है। 1970 में एक से तीन मिलियन मजदूरों ने हड़तालों में भागीदारी की। मजदूर वर्ग के उभार का मूल्यांकन इस तथ्य से किया जा सकता है कि देश में कुल 4.6 मिलियन फैक्ट्री मजदूरों का तिहाई हिस्सा 1970 की हड़तालों में शामिल था।

1973 में औद्योगिक विवादों के कारण 21 मिलियन श्रम दिवसों की हानि हुई और 1972 में 19 मिलियन कार्य दिवसों की हानि हुई थी। यह प्रतिक्रियावादी सरकार थरथर काँप रही है और इसकी पुलिस और अर्धसैनिक बल मजदूरों पर रोज-ब-रोज आक्रमण कर रहे हैं। यह अपनी अन्तिम ताकत का प्रयोग कर रही है। भारत के ट्रेड यूनियन आन्दोलन का कचरा संशोधनवादी, अवसरवादी नेता और ट्रेड यूनियन नौकरशाही शासक वर्ग को मजदूर संघर्षों की लपटों से बचाने में लगी हैं। अभी-अभी ए. आई. टी. यू. सी., आई. एन. टी. यू. सी., एच. एम. एस. और अन्य यूनियनों ने नयी दिल्ली में एक मजदूर विरोधी समझौते पर हस्ताक्षर किये। इसके अनुसार सरकार जिन उद्योगों और संस्थानों को संवेदनशील कहती है, वहाँ हड़ताल स्थगित रहेगी। इस समझौते का स्वागत केवल विश्वासघातियों ने ही किया। मजदूर वर्ग का संघर्ष आगे बढ़ रहा है और सर्वहारा वर्ग किसान संघर्षों में अपने महत्त्व को आत्मसात कर रहा है।

इससे पूर्व हिटलर, मुसोलनी, जार, चाङ्काई शेक ने अपना खेल खेला, परन्तु जनता ने इन सबको सत्ता से उखाड़ फेंका। भारत की प्रतिक्रियावादी सरकार के लिए कोई भी अवसर नहीं है। भारतीय जनता की जनवादी क्रान्ति इसे भी उखाड़ फेंकेगी।

हम मार्क्सवादी-लेनिनवादी सभी चीजों का द्वन्द्वात्मक विश्लेषण करते हैं। माओ ने कहा था "केवल नंगी आँखें पर्याप्त नहीं हैं। हमें राजनीतिक और सैनिक मामलों में सूक्ष्मदर्शी की भी आवश्यकता पड़ती है।" मार्क्सवाद-लेनिनवाद और माओ विचारधारा हमारे सूक्ष्मदर्शी और दूरदर्शी हैं। लेनिन ने कहा था कि "साम्राज्यवाद की एक विशेषता प्रभुत्व के लिए अति महाशक्तियों के बीच प्रतिद्वंद्विता है।"

आइए, अपने सूक्ष्मदर्शी और दूरदर्शी के द्वारा इसका निरीक्षण करें।

झगड़े और समझौते के भूमंडलीय खेल में दो अति महाशक्तियाँ आमने-सामने हैं और पूरी दुनिया को दो टुकड़ों में बाँट लेना चाहती हैं। भारत के अन्दर चल रहे इन दोनों महाशक्तियों के बँटवारे के खेल में दूसरी महाशक्ति (रूस) पहली महाशक्ति पर (अमेरिका से) भारी पड़ती है। लेकिन इसका यह भी मतलब नहीं कि उसने अमेरिका को भारत से बाहर कर दिया है। भारत सरकार के अपने विस्तारवादी हितों ने उसे सामाजिक साम्राज्यवाद की ओर खींचा है तथा रूस के हितों ने भारत में उसकी रुचि और गहरी कर दी है। इस उपमहाद्वीप का ताजा इतिहास निर्विवाद रूप से यह सत्य उद्घाटित करता है कि भारतीय विस्तारवाद और सोवियत सामाजिक साम्राज्यवाद दोनों एक-दूसरे के हितों की पूर्ति करते हैं, जैसा कि इतिहास में पहले कभी नहीं देखा गया। भारत और रूस के बीच 9 अगस्त 1971 को हुआ समझौता वास्तव में एक सैनिक समझौता है। भारत में सी. पी. आई. ने इन्दिरा सरकार का चोगा पहन लिया है। एक बच्चा भी समझ सकता है कि ऐसा क्यों है? कम्युनिस्ट पार्टी ऑफ इंडिया का नाम वास्तव में कम्युनिस्ट पार्टी ऑफ इन्दिरा लगता है। सामाजिक साम्राज्यवाद के रक्षा कवच में भारतीय विस्तारवाद घमंड से चूर हो रहा है और सुरक्षा के साथ सीमा से पार अपना शासन स्थापित करने का इच्छुक है। संसद में भ्रमित करने वाला बहुमत होने के बावजूद यह सरकार अपने को कमजोर महसूस करती है। संसद में 2/3 बहुमत भी इसके चौतरफा संकटों को दूर नहीं कर सका।

इन्दिरा सरकार जर्जर जहाज है। सामाजिक साम्राज्यवाद से संकट का सन्देश आ चुका है। एक बार 1971 में पूर्वी पाकिस्तान (बंगलादेश) के विभाजन के समय उसने बेड़ा भेजा था। दुबारा इसने सिक्किम को हड़प लिया। अब यह भूटान, श्रीलंका, नेपाल या पाकिस्तान को हड़पना चाहती है। भारत के अन्दर यह राजनीतिक, आर्थिक और सामाजिक संकटों के भँवर जाल में फँसी हुई है। भारतीय क्रान्ति की मुख्य धारा का प्रवाह दिन-पर-दिन तेज हो रहा है। यदि वह धारा में नीचे जाती है तो समुद्र में जाएगी और यदि ऊपर जाएगी तो शीघ्र ही थक जाएगी। वह (इन्दिरा गाँधी) धारा के विरुद्ध जाने का प्रयास कर रही है। इमरजेंसी ने उसे प्रतिक्रान्तिकारी हिंसा की ताकत दी है। उसका कपटपूर्ण गढ़ा गया नारा 'गरीबी हटाओ', राष्ट्रीयकरण, भूमिसुधार, बीस सूत्री कार्यक्रम इसकी मांसपेशियाँ हैं। जब विप्लवी धारा का प्रवाह तेज होगा तो उसकी नसें निष्क्रिय होने लगेंगी और कोई बाहरी ताकत उसको डूबने से नहीं बचा सकती, यहाँ तक कि सामाजिक साम्राज्यवाद की सहायता भी उसे नहीं बचा सकेगी, क्योंकि हम ''ऐसे युग में हैं जहाँ साम्राज्यवाद, सामाजिक साम्राज्यवाद अपने

पूर्ण विनाश की ओर जा रहा है और क्रान्ति विश्व विजय की ओर अग्रसर है।''

इन्दिरा सरकार राजनीतिक तनाव, आर्थिक संकट और सामाजिक उथल-पुथल से छुटकारा पाने के लिए अपनी सैन्य शक्ति के बल पर कुछ भी कर सकती है। वह इमरजेंसी में सारे प्रतिबन्ध लगा सकती है, पड़ोसी देशों से युद्ध कर सकती है और भी बहुत कुछ कर सकती है। वह जितना ही इन संकटों से निकलने के लिए छटपटाएगी उतना ही अपने द्वारा निर्मित दलदल में और धँसती चली जाएगी। भारत के अन्दर प्रतिक्रान्तिकारी गृहयुद्ध और भारत के बाहर विस्तारवादी युद्ध इस सरकार का आखिरी अवलंब है। भारत सरकार ने देश के अन्दर जनता के न्यायपूर्ण आन्दोलन के खिलाफ प्रतिक्रान्तिकारी सैनिक आक्रमण छेड़ दिया है और बाहर पड़ोसी देशों से युद्ध छेड़ सकती है। भारतीय जनता युद्ध का विरोध करती है और शान्तिप्रिय है। हम युद्ध समाप्त कर शान्ति स्थापित करना चाहते हैं, परन्तु विस्तारवादी और साम्राज्यवादी युद्ध चाहते हैं। उनका चरित्र नहीं बदलेगा।

जैसा कि कामरेड माओ ने कहा, युद्ध के प्रति हमारा रवैया है कि ''युद्ध मनुष्यों के बीच एक-दूसरे की हत्या का राक्षसी कृत्य है, इसका अन्त मानव समाज के विकास के साथ ही होगा, परन्तु यह दो भिन्न-भिन्न तरीकों से नहीं हो सकता। परन्तु इसकी समाप्ति का केवल एक ही तरीका है और वह है युद्ध का विरोध युद्ध से, राष्ट्रीय प्रतिक्रान्तिकारी युद्ध का विरोध राष्ट्रीय क्रान्तिकारी युद्ध से, प्रतिक्रान्तिकारी वर्ग युद्ध का विरोध क्रान्तिकारी वर्ग युद्ध से और इस प्रकार समाज जब ऐसे स्तर तक विकसित हो जाता है, जहाँ वर्ग और राज्य समाप्त हो जाएँगे तब कोई न वर्ग युद्ध होगा, न क्रान्तिकारी युद्ध, न प्रतिक्रान्तिकारी युद्ध, न न्यायपूर्ण न अन्यायपूर्ण कोई युद्ध होगा वह युग पूर्ण शान्ति का युग होगा। युद्ध के बारे में हमारे अध्ययन का उद्देश्य सभी प्रकार के युद्धों को समाप्त करना है। यहीं पर कम्युनिस्टों और शोषकों के बीच फर्क है।'' (दिसम्बर 1936)

वर्तमान युग साम्राज्यवाद, सामाजिक साम्राज्यवाद के पतन का युग है। वे अपने अस्तित्व के लिए अन्तिम युद्ध स्टार युद्ध कर सकते हैं। उनका युद्ध मानवता के विकास के लिए नहीं बल्कि मुनाफे के लिए होता है, उनका युद्ध अन्यायपूर्ण है और अल्पसंख्यक शोषकों की सत्ता बनाये रखने के लिए है। हम कम्युनिस्ट सभी अन्यायपूर्ण युद्धों का विरोध करते हैं। किसी भी अन्यायपूर्ण युद्ध के खिलाफ हम न्यायपूर्ण युद्ध का समर्थन करते हैं। हम कम्युनिस्टों ने इतिहास से सीखा है कि प्रथम विश्वयुद्ध के बाद 200 मिलियन

आबादी वाले सोवियत यूनियन का जन्म हुआ, दूसरे विश्वयुद्ध के बाद 900 मिलियन आबादी वाले समाजवादी कैम्प का उदय हुआ। और हमें पूरा विश्वास है कि यदि एक और युद्ध हुआ तो और कई मिलियन लोग समाजवादी कैम्प में शामिल होंगे और तब इस दुनिया में साम्राज्यवादी प्रभुत्व के लिए अधिक जनता नहीं बचेगी। और साम्राज्यवाद का पूर्ण साम्राज्य ताश के पत्तों की तरह ढह जाएगा। सभी साम्राज्यवादी युद्ध शान्ति विरोधी हैं जबकि क्रान्तिकारी युद्ध शन्ति के लिए होते हैं।

आइए, हम साम्राज्यवाद के पूर्ण पतन की राजनीतिक व्याख्या को समझें। सी. पी. सी. की दसवीं पार्टी कांग्रेस में कामरेड चाउ एन लाइ द्वारा 24 अगस्त को दिये भाषण में, (जिसे 28 अगस्त 1973 को पारित किया गया) सही ही कहा गया है कि "अमेरिका साम्राज्यवाद का पतन कोरिया के खिलाफ युद्ध में हार से शुरू हुआ। इसने स्पष्ट रूप से स्वीकार किया कि वह निरन्तर ह्रास की ओर जा रहा है। इसने अपने को वियतनाम से बाहर निकाल लिया।"

1950 में अमेरिका द्वारा कोरिया के खिलाफ आक्रमण करने से भारी घाटा उठाना पड़ा। इस घाटे से उबरने में इसे दस वर्ष लगे। वास्तव में इसने इस बोझ को अमेरिकी करदाताओं और एन. ए. टी. ओ. (नाटो) सहयोगियों पर डाल दिया। उनको यह बोझ यूरोप में अमेरिकी सेना बनाये रखने, और अमेरिका को आर्थिक संकट से उबारने के लिए उठाना पड़ा। इसके बाद ही यह दूसरे देशों को माल निर्यात द्वारा शोषण कर सका। वियतनाम युद्ध के साथ यह चक्र पुनः दोहराया गया। 1965 में जानसन ने उत्तरी वियतनाम पर योजनाबद्ध ढंग से बमबारी करने का आदेश दिया और अमेरिका का सैनिक बजट आसमान छूने लगा, यह 30,000 मिलियन डॉलर तक बढ़ गया। परिणामस्वरूप अमेरिका के सुरक्षित सोने का भंड़ार बिल्कुल समाप्ति पर पहुँच गया। यह 1938 की आर्थिक मंदी के समय से भी नीचे पहुँच गया। अमेरिकी मुद्रा को प्रभावित करने के लिए यूरोप ने नाटो का समर्थन किया और इस प्रकार डॉलर का प्रवाह यूरोप की ओर हो गया। इससे अमेरिका में संकट और गहरा हो गया। अमेरिका द्वारा वियतनाम युद्ध पर खर्च, 1968 में एक बार फिर बढ़ाकर 23,000 मिलियन डॉलर कर दिया गया, परिणामस्वरूप बजट घाटा 9,000 मिलियन डॉलर हो गया। डॉलर के सोने का मानक असंयमित हो गया। डॉलर में निर्धारित सोने के मूल्य ने 'स्वतन्त्र' सोने के मूल्य की दर का रास्ता पकड़ लिया।

1969 में निक्सन ने भारत-चीन युद्ध को बढ़ावा दिया, अतः युद्ध का खर्च 29,000 मिलियन डॉलर हो गया जो एक रिकार्ड था। वर्ष 1968-69 में

बजट घाटा 25,000 मिलियन डॉलर की सीमा पार कर गया। यह अमेरिकी इतिहास की पहली घटना थी। 1970 में अमेरिका के सुरक्षित सोने की मात्रा और घट गयी और यह घटकर 11,000 बिलियन डॉलर रह गयी, जो उस वर्ष अमेरिका द्वारा भारत-चीन युद्ध में किये गये खर्च का चौथाई भाग भी नहीं थी। अन्तर्राष्ट्रीय मुद्रा बाजार में डॉलर का मूल्य घट गया। 1971 में पहली बार अमेरिका को 2,000 मिलियन डॉलर का व्यापार घाटा हुआ। 1973 में अमेरिका में बेरोजगारों की संख्या बढ़कर 5 मिलियन हो गयी। डॉलर का असंतुलन जारी रहा। अमेरिका द्वारा आयात शुल्क पर लगाये गये अधिभार का जापान ने विरोध किया। स्विट्जरलैंड ने अधिकृत दर पर डॉलर लेने से इनकार कर दिया। अमेरिकी राष्ट्रपति निक्सन ने वियतनाम की युद्धबन्दी की घोषणा के 15 दिन बाद 13 फरवरी 1973 को डॉलर के 10 प्रतिशत अवमूल्यन की घोषणा की। अमेरिकी साम्राज्यवाद की मध्य-पूर्व की नीति ने अरब जगत के तेलवाहक जहाजों पर घाटबन्दी का अवरोध लगाकर विवाद खड़ा कर दिया। इससे अमेरिका को आर्थिक संकट बढ़ाने वाला झटका लगा और मुद्रास्फीति और बढ़ गयी।

वास्तव में युद्ध पूर्व के वर्षों में विश्व स्तर पर डॉलर की कमी होने से डॉलर मजबूत हुआ। अमेरिका ने कर्ज और ग्रांट के द्वारा डॉलर की कमी को खूब बढ़ाया। इसने 1949 के शरदकाल में बहुत से देशों को डॉलर की तुलना में अपनी मुद्रा का काफी अवमूल्यन करने को बाध्य किया। डॉलर की तुलना में पाउंड, स्टर्लिंग आदि मुद्राओं का 30.5 प्रतिशत तक अवमूल्यन हुआ।

1958 के बाद से अमेरिका को भुगतान घाटा होने के कारण डॉलर कमजोर होने लगा। प्रारम्भ में यह राशि काफी कम थी, परन्तु अमेरिकी सरकार की साम्राज्यवादी युद्ध नीति के कारण 1962 के बाद से इसकी मात्रा बढ़ती गयी। अमेरिका ने अपने भुगतान घाटे को देखते हुए, तत्काल सोने के भंडारण में कमी की। डॉलर के सोने का मूल्य, 35 डॉलर प्रति आउंस हो गया जो 1934 की दर के बराबर था। अमेरिका में 1957 में सोने का भंडार 22.86 विलियन डॉलर था जो 1961 के अन्त में घट कर 16.95 बिलियन डॉलर हो गया। इसके साथ ही साथ अमेरिका की बाहरी नकदी जिम्मेदारी 15.82 बिलियन डॉलर से बढ़कर 22.94 बिलियन डॉलर हो गयी या फिर अमेरिका द्वारा अधिक सोने के भंडारण का मतलब अमेरिका द्वारा अल्पकालिक जिम्मेदारियों को पूरा करने में भी अयोग्य था। सोने के मूल्य में निरन्तर वृद्धि के कारण उक्त मामला धीरे-धीरे मजबूत होता गया।

अमेरिकी अधिकारियों ने अपने स्वर्ण भंडार में सोना रोकने के अनेक कार्यसाधक उपाय किये और डॉलर के विनिमय मूल्य को अक्षुण्ण बनाए रखने का प्रयास किया। उन्होंने फेडरल रिजर्व बैंक और दूसरे सेंट्रल बैंकों के बीच परस्पर विनिमय की व्यवस्था भी बनाई। इसके द्वारा अमेरिका को दूसरी मुद्राओं में थोड़ा स्थान मिला, जिससे विनिमय बाजार में डॉलर को कुछ सहायता मिली। यह सारी व्यवस्थाएँ यू. के. को भी सहायक थीं, क्योंकि करीब 25 वर्षों से पाउंड स्टर्लिंग भी संकट का सामना कर रहा था। अमेरिका द्वारा डॉलर को बचाने के लिए किये गये अन्य उपायों में रोजा बांड के नाम पर अमेरिकी डॉलरों में विदेशी मुद्रा को एकत्र करना भी था। यह रोजा बांड, अमेरिकी अंडर सेक्रेटरी राबर्ट वी. रोजा के नाम पर थे। रोजा बांड और अन्य उपायों ने आंशिक राहत प्रदान की और इससे अमेरिकी डॉलर की विदेशी स्थिति में सुधार हुआ, अन्यथा अमेरिका द्वारा कर्ज अदा कर पाने की स्थिति पर भी शंका होने लगी थी।

अगस्त 1971 में निक्सन ने डॉलर की रक्षा के लिए आपातकालीन और निर्णायक उपाय किये, परिणामस्वरूप 1971 के उत्तरार्ध में सोने का बाजार भाव फिर बढ़ गया। डॉलर के साथ सोने की अदला-बदली स्थगित कर दी गयी और विश्व अस्थायी विनिमय दर की राह पर चल पड़ा। दिसम्बर 1971 में अमेरिका ने फ्रांस, यू. के., जर्मनी, जापान आदि दस देशों कें साथ स्मिथ सोनियन समझौता किया, जिसके अनुसार अमेरिका ने सोने का मूल्य 38 डॉलर प्रति आउंस (अर्थात 8.157 प्रतिशत) तक बढ़ा दिया, अर्थात् डॉलर का अवमूल्यन कर दिया। विनिमय दर व्यवस्था फिर निश्चित विनिमय दर पर वापस आ गयी। एक मूल्यांकन था कि पाउंड, स्टर्लिंग सहित अनेक मुद्रा प्रणालियाँ कुछ हल करेंगी, परन्तु उक्त समझौता मुद्राओं की अनिश्चितता और सट्टेबाजी को नहीं रोक सका। 7 जून 1972 से पाउंड स्टर्लिंग पर भारी दबाव डाला गया और 23 जून 1972 को उसका स्तर निर्धारित किया गया। अस्थायी विनिमय दर व्यवस्था को अगस्त 1971 से पूर्व के स्तर (एक पाउंड = 2.40 डॉलर) पर निर्धारित किया गया। स्पेशल ड्राइंग राइट (एस. डी. आर.) के लागू होने के थोड़े ही समय बाद (1970-72) तीन वर्षों में 9.3 बिलियन डॉलर राशि निकाल लेने से देशों ने दबाव बनाया और फिर एस. डी. आर. को सीमित कर दिया गया।

अमेरिका पर करीब 50 बिलियन डॉलर की विदेशी भारी भरकम जिम्मेदारी और सुरक्षित सोने का भंडार केवल 10 बिलियन डॉलर होने के कारण, डॉलर सर्वशक्तिमान नहीं रह गया। डॉलर का प्रभाव समाप्त होने के साथ ही साथ अति महाशक्ति पतनशील हो गयी।

सोवियत यूनियन ने मुनाफा प्रेरित, बाजारोन्मुख, बोनस प्रेरित, एकाधिकारी, नौकरशाह पूँजीवादी अर्थ-व्यवस्था के अनुकूल अपना राजनीतिक विस्तार किया। अन्धराष्ट्रवाद, प्रभुत्ववाद और अन्तर्राष्ट्रीय पुलिस मैन की तरह कार्यवाही, चेकोस्लोवाकिया और चीन की सीमाओं के अतिक्रमण की अभिव्यक्तियों के साथ सामाजिक साम्राज्यवाद सक्रिय है और दिन-पर-दिन पतन की ओर जा रहा है।

इस युग में जब साम्राज्यवाद और सामाजिक साम्राज्यवाद समाप्ति की राह पर आगे बढ़ रहे हैं, तो सर्वहारा क्रान्ति विश्व विजय की ओर अग्रसर है। कम्बोडिया में खमेर रूजों की विजय, दक्षिण वियतनाम में वियतकांग, और लाओस की बहादुर *पीपुल्स आर्मी* ने साम्राज्यवाद और उपनिवेशवाद के खिलाफ जनता के क्रान्तिकारी संघर्षों को गति प्रदान की है। कोरिया की जनता द्वारा संचालित युद्ध ने एकता की नयी राह ली है। इजराइल के यहूदीवाद के खिलाफ फिलिस्तीनियों और अन्य अरब जनता का संघर्ष, अंगोला, मोजम्बिक, गिना बिसाउ की अफ्रीकी जनता का संघर्ष और लैटिन अमेरिकी देशों के संघर्ष दिन-पर-दिन तेज हो रहे हैं। इन देशों के संघर्ष एक-दूसरे का समर्थन, सहयोग और उत्साहवर्धन करते हैं।

11.11.1975 को अंगोला स्वतन्त्र हो गया परन्तु दोनों अति महाशक्तियाँ, एफ. एन. एल. ए., एम. पी. एल. ए., और यू. एन. आई. टी. ए. तीनों प्रतिद्वन्द्वी गुटों के माध्यम से वहाँ सैनिक अतिक्रमण कर रहे हैं। परन्तु आज "देश स्वतन्त्रता चाहते हैं, राष्ट्र मुक्ति चाहते हैं, और जनता क्रान्ति चाहती है। यह अप्रतिरोध ऐतिहासिक प्रवृत्ति है।"

"चारों समुद्र उफना रहे हैं
बादल गरज-बरस कर प्रकोप दर्शा रहे हैं
पाँचों महाद्वीपों में असन्तुलन है
तमाम बाधाओं को दूर करती हुई हमारी शक्ति अजेय है।"

—माओ-त्से-तुंग

कामरेड माओ ने 1962 में शानदार तरीके से, सच्चे मार्क्सवादियों-लेनिनवादियों को भविष्य की राह दिखाते हुए और प्रेरित करते हुए कहा : "आज से आगे के पचास या सौ साल का युग विश्व की सामाजिक व्यवस्था में रेडिकल परिवर्तनों का बड़ा युग होगा, पूर्व के किसी भी ऐतिहासिक समय से भिन्न, विश्व को झकझोरनेवाला युग होगा। ऐसे युग में रहते हुए हमें बड़े संघर्षों में भागीदारी के लिए तैयार रहना होगा।" और कामरेड माओ ने आगे कहा : "स्वतन्त्र चीन की

ही तरह स्वतन्त्र भारत भी एक दिन सोशलिस्ट और *पीपुल्स* डेमोक्रेटिक परिवार के सदस्य के रूप में उभरेगा। वह दिन मानवजाति के इतिहास से साम्राज्यवाद की समाप्ति का समय होगा।''

उन्होंने और भी कहा : ''भारत एक महान राष्ट्र है। भारतीय जनता महान है। भारतीय प्रतिक्रियावादी उसके शासक हैं। अमेरिकी साम्राज्यवाद और सामाजिक साम्राज्यवाद कागजी बाघ हैं। भारतीय जनता अपने संघर्षों के बल पर विजय हासिल करेगी।''

कम्बोडिया, लाओस और वियतनाम के जनयुद्धों ने यह प्रमाणित कर दिया है कि जनयुद्ध की राह पर चल कर छोटे देश बड़े देशों को और कमजोर देश शक्तिशाली देशों को पराजित कर सकते हैं। हम आज कमजोर हैं, कल हम शक्तिशाली होंगे। शत्रु आज शक्तिशाली है, जैसे-जैसे हम मजबूत होंगे, शक्तिशाली होंगे, शत्रु कमजोर होगा और एक दिन उसकी समाप्ति होगी। यह सब जनता और केवल जनता पर भरोसा करने से ही सम्भव होगा।

हम जानते हैं कि ''जनता और केवल जनता ही इतिहास की निर्माता है। नेता इतिहास नहीं रचते हैं बल्कि जनता ही नायकों को निर्मित करती है। नायक और गुलाम मिलकर इतिहास निर्मित नहीं करते बल्कि 'गुलाम' संघर्षों के द्वारा इतिहास का और साथ ही साथ नायकों (हीरो) का निर्माण करते हैं। यही ऐतिहासिक भौतिकवाद का सार है।'' (11 जून 1972 को *पीपुल्स डेली* में प्रकाशित लेख से)

क्रान्ति की सफलता के लिए, जनता के हीरो, हमारे सैकड़ों प्रिय कामरेडों ने अपने प्राण न्यौछावर किये हैं। हम उनके रक्त से रंजित लाल झंडा लेकर, उनके द्वारा आलोकित पथ पर अग्रसर हैं।

हम बढ़ते जाएँगे
हम बढ़ते जाएँगे, बढ़ते जाएँगे, बढ़ते जाएँगे
हमारे सैनिकों के चेहरे पर है
सूरज की रोशनी
कदमों तले है
धरती मादरे-वतन की
पीठ पर लदी है आशा अपने देश की।

(जापान के खिलाफ प्रतिरोधी युद्ध के समय यह गीत चीन के कामरेड गाते थे। कविता का अनुवाद—संजय कुंदन)

शहीदों का रास्ता हमारा रास्ता है; हम इस रास्ते पर आगे बढ़ते जाएँगे, हमारे

मार्ग पर शत्रु अनेक बाधाएँ खड़ी करेगा, और बर्बर दमन भी करेगा; फिर भी हम आगे बढ़ते जाएँगे। शत्रु संकट में है और वह इससे पार नहीं पा सकता। उसका कोई भविष्य नहीं है और वह रसातल को ही जाएगा। क्रान्ति के मार्ग में हमारे सामने भी कठिनाइयाँ हैं, परन्तु हम उन पर विजय प्राप्त कर सकते हैं, क्योंकि "हम नयी और उदीयमान शक्ति हैं और हमारा भविष्य उज्ज्वल है।"

पूरे देश में, मजदूर वर्ग के नेतृत्व में किसान हथियारबंद कृषि क्रान्ति का संघर्ष संचालित कर रहे हैं। काफी देर से अखबारों के माध्यम से हमें पता लगा कि बिहार एक ज्वालामुखी में परिवर्तित हो गया है और उसके विस्फोटों की आवाज भोजपुर जिले से आ रही है। वहाँ उत्पीड़ित जाति, शोषित वर्ग, उच्च जाति के शोषक सामन्तों के श्वेत आतंक का बहादुरी से मुकाबला कर रहे हैं, दृढ़ता के साथ सशस्त्र कृषि क्रान्ति संचालित कर रहे हैं। वे सामन्तों और सशस्त्र पुलिस और गुंडों के प्रति क्रान्तिकारी दमन का डटकर जवाब दे रहे हैं और अनेक वीरतापूर्ण शहादतों के साथ ही संघर्ष जारी है।

पत्र-पत्रिकाओं और अखबारों के माध्यमों से मिलने वाली खबरों में ताजा खबर मराची जनसंहार की है। मराची गाँव, नालंदा जिले के हिल्सा ब्लाक का दो सौ जनसंख्या वाला छोटा गाँव है। वहाँ पर एक महंत के पालतू गुंडों ने चार महिलाओं—कातिर देवी (22), चमेली देवी (50), सरस्वती (14) और एक अन्य की हत्या कर दी। यह घटना 27 नवम्बर 1975 की है (विस्तृत जानकारी के लिए 6 दिसम्बर 1975 का *इकॉनॉमिक एंड पॉलिटिकल वीकली*, पृ. 1862 देखें। *'मराची मसेकर'* बिहार)

"नये कार्यों में हमेशा कठिनाइयाँ आती हैं और विकास के रास्ते में धक्के का भी सामना करना पड़ता है। बगैर कठिनाइयों, असफलताओं, और कठिन कठोर प्रयास किये बगैर समाजवाद का रास्ता सीधा, सपाट और सरल विजय प्राप्त करने वाला है, ऐसा सोचना केवल कल्पना लोक में विचरण करना है।" *(माओ,* 27 फरवरी 1951)

हमें धक्के लगे हैं। हम कम्युनिस्ट जनता के सामने अपनी गलती स्वीकार करने से डरते नहीं हैं। हमने गलतियाँ की हैं। परन्तु एक मार्क्सवादी-लेनिनवादी होने के कारण हम अतीत की गलतियों से शिक्षा लेते हैं, गलती सुधारते हैं और आगे बढ़ जाते हैं। क्रान्ति कोई बोझा नहीं होती, यह स्थायी नहीं है। यह एक गतिशील शक्ति है जो इस जन-समुद्र को उद्वेलित करेगी, शत्रुओं को समाप्त कर जनता की विजय हासिल करेगी। हमने शहीदों का बहुमूल्य खून बहाया है। हम अतीत की गलतियाँ नहीं दोहराएँगे। परन्तु फिर भी गलतियाँ हो सकती हैं,

फिर भी हम आगे बढ़ने से विचलित नहीं होंगे। भारतीय क्रान्ति प्रसव पीड़ा में है और एक लाल पुत्र का जन्म होगा—

हम गाते हैं—
माँ प्रसव पीड़ा में है
रक्त सरोवर में छटपटाती
जीवन के प्रकाश में
सृजन के लिए
लाल सूर्य जन्मा है
आसमान में खून
समुद्र में खून
क्षितिज तक पीड़ा
जीवन का प्रकाश
लाल सूरज जन्मा है
भारत माँ गर्भवती है
खून से सनी कराहती
देश में क्रान्ति छिड़ी है
जीवन का प्रकाश
एक लाल बेटा
लाल सूरज
जन्म लेगा।

—*नाग भूषण,* अनुवाद—संजय कुंदन

हमें मालूम है, लाल सूरज अवश्य उदय होगा। हमारा रास्ता टेढ़ा-मेढ़ा और चक्करदार है। शत्रु श्वेत आतंक बरपा करेगा। शत्रु वही करेगा जो उसके पूर्ववर्ती हिटलर, जार, चाङकाई शेक, लोननोल और थ्यू ने किया, वह जनता और क्रान्तिकारियों पर फासिस्ट दमन करेगा। इन पंक्तियों को लिखते समय तक शत्रु ने गुंटूर, चित्तूर और अनन्तपुर में अनेक कामरेडों की हत्या कर दी है। विगत कई वर्षों से हमारे हजारों कामरेडों को जेल में बन्दी बनाया गया है, उनको लम्बी-लम्बी सजाएँ सुनाई गयी हैं, कई को आजीवन कारावास की सजा दी गयी है और कुछ को फाँसी की सजा दी गयी है। हम घुटनों के बल झुक कर जीने के बजाये अपने पैरों पर खड़े होकर मरेंगे। इतिहास ने हमें हर कठिनाई का दृढ़ता से सामना करने की शिक्षा दी है और अन्त में विजय हमारी ही होगी।

हमने आने वाले समय के लिए कल भी शहादत दी है और आज भी दे रहे हैं। हमारा भविष्य सबसे सुन्दर और उज्ज्वल है। उनका आज अन्धकारमय है। उनका कोई भविष्य नहीं है। भविष्य हमारा है।

हमें याद है कि 1927 में जब माओ-त्से-तुंग ने पहाड़ों से किसान विद्रोह का प्रारम्भ किया था, तो उन्होंने आवाहन किया था। हम नये आसमान पर चाँद के पास चले जाएँ या समुद्रों की गहराई में समा जाएँ। हम जोरदार गीतों और हँसी के बीच फिर आएँगे। यदि तुम शिखर पर जाना चाहो तो दुनिया में कुछ भी कठिन नहीं है।

हम निश्चय ही सफलता के अन्तिम पड़ाव तक जाएँगे। क्रान्ति को सफल करनें के लिए, क्रान्तिकारी सिद्धान्त और विचारधारा से लैस एक क्रान्तिकारी पार्टी आवश्यक है। हम भली प्रकार जानते हैं कि ग्रुप क्रान्ति का नेतृत्व नहीं कर सकते और उनके द्वारा क्रान्ति की सफलता तो बहुत दूर की बात है। इसलिए एक सच्ची, एकताबद्ध मार्क्सवादी-लेनिनवादी पार्टी की आवश्यकता है। ऐसी पार्टी मार्क्सवाद-लेनिनवाद, माओ-त्से-तुंग विचारधारा को अपना सैद्धान्तिक आधार मानने वाली पार्टी सी. पी. आई. (एम. एल.) है। इस प्रचंड अव्यवस्था के समय में आज देश की तमाम क्रान्तिकारी शक्तियों को कार्यवाही, संगठन और विचारों की सुदृढ़ एकता के साथ इस अर्द्ध-सामन्ती, अर्द्ध-औपनिवेशिक भारतीय राज्य को परास्त करने के लिए दृढ़ता से आगे बढ़ना होगा। इस विषय में हमें कामरेड माओ का विचार अपने दिलों में बिठा लेना होगा। माओ की इस शिक्षा को ध्यान में रखते हुए हमें एकता के कठोर प्रयास करने होंगे, "दुनिया में हर वस्तु दो में विभक्त है और यह पार्टी के लिए भी सही है। जब तक समाज में वर्ग संघर्ष और पार्टी के अन्दर दो लाइन का संघर्ष चलता रहेगा, तब तक पार्टी में भी एकता और विभाजन की प्रक्रिया चलती रहेगी। पार्टी के अन्दर ग्रुप मौजूद हैं और पार्टी के बाहर पार्टियाँ उपस्थित हैं। यह हमेशा ही होता रहा है।" (*रेड फ्लैग* का नवाँ अंक, 1973)

"मार्क्सवाद पर अमल करो, संशोधनवाद पर नहीं; फूट मत डालो, एकताबद्ध हो, खुला मन और स्पष्ट विचार रखो और छल-कपट और षड्यन्त्र मत करो।"

हम इतिहास से शिक्षा लेते हैं और हमारा शत्रु इतिहास से शिक्षा नहीं लेता। हमारे और उसके बीच यही फर्क है। आइए, इस विषय में हम इन्दिरा गाँधी के बारे में जानें।

उसने गीता, बाइबिल या मेनकैम्फ से जो भी सीखा, उसने दो इमरजेंसी लगाई। दूसरी राजनीतिक पार्टियों के साथ हमारी भी पार्टी को प्रतिबन्धित कर

दिया, हजारों लोगों, क्रान्तिकारियों, जनवादी लोगों को गिरफ्तार किया, सरकार द्वारा की जा रही हत्याओं की संख्या दिन-पर-दिन बढ़ती जा रही है। सभी बुनियादी मानवाधिकारों की समाप्ति के लिए उसने निश्चय ही हिटलर की आत्मकथा से शिक्षा ली है। फासिस्ट हिटलर ने कहा था : "मार्क्सवाद का यहूदी सिद्धान्त अभिजात तंत्र के सिद्धान्त को अस्वीकार करता है और उसके स्थान पर बहुमत के संख्या बल की शक्ति को शाश्वत कहता है। बहुमत कभी भी एक व्यक्ति का (हिटलर का) स्थान नहीं ले सकता, जैसे सैकड़ों मूर्ख एक बुद्धिमान व्यक्ति नहीं बना सकते, एक शानदार निर्णय सैकड़ों लोगों की भीड़ द्वारा नहीं हो सकता।"

हिटलर लोकतांत्रिक व्यवस्था को "गंदगी और आग की विरूपता, वायदे, समझौते और सन्धियाँ मूर्खता है, वे केवल तोड़ने के लिए ही बने हैं, लोकतंत्र एक भ्रष्ट और तार-तार हो चुकी घृणित मौत की घरघराहट है" कहता था।

यह फासीवादी, मार्क्सवाद के विज्ञान को 'यहूदी सिद्धान्त' कहते हैं। फासिस्ट लोग बल और शक्ति की सुविधा को किसी दैवी शक्ति की देन बताते हैं। यह तानाशाह जनता के बहुमत को मात्र एक निर्जीव भार समझता है।

वह अव्यावहारिक रूप से कायरों के बीच एक हीरो को और एक आदमी को (हिटलर को) अपराजेय और बुद्धिमान समझता है और उसे बहुसंख्यक जनता से ऊपर समझता है। लोकतंत्र के बारे में फासिस्ट अवधारणा की व्याख्या आवश्यक है। इन्दिरा गाँधी एक भारतीय ब्रांड की हिटलर हैं। इस पर आगे टिप्पणी करना व्यर्थ है।

वह अपने हृदय में हिटलर, जार, चाङ्काई शेक, थ्यू, और लोननोल बनने की इच्छा समेटे हुए हैं। वह राजनीतिक रूप से अपनी समाप्ति तक कभी भी बुद्ध नहीं हो सकतीं। इतिहास के कूड़ेदान में उनका स्थान सुरक्षित है।

वह याद करेंगी कि भारत (इंडिया) इन्दिरा नहीं है। भारत जनता का है और इन्दिरा जन-विरोधी है। इसलिए इन्दिरा इंडिया (भारत) नहीं है, परन्तु इन्दिरा जन विरोधी है। उसे दीवार पर लिखी हमारी चेतावनी अवश्य पढ़नी चाहिए, यह जनता की चेतावनी है, इतिहास की शिक्षा है–

क्या बादल छिपा सके हैं
सूरज को हमेशा के लिए
क्या हिटलर झुका पाया
दुनिया को अपने सामने
क्या जार का अस्तित्व बचा
लेनिन की क्रान्ति के बाद

क्या च्यांग टिका रह सका
माओ की धरती पर?
तुम हत्यारे
इन बन्दूकों और गुर्गों के दम पर
क्या दबा सकते हो
कई कंठों से निकली आवाज?
मूर्खों की कोई जगह नहीं होती
जब इतिहास बदलता है
घटनाएँ आगे बढ़ती हैं
और करवट लेता है संसार
तुम बेवकूफ!
अपने उसी ढर्रे से चिपके रहो
सच से मुँह मोड़ लो
अवश्यंभावी से अनजान रहो
लिपटे रहो अपने झूठे दंभ में
तुम्हारी जगह सुरक्षित है
इतिहास के कूड़ेदान में
तुम्हारे कारागार
तुम्हारे हथियार
आसमान छूती अटालिकाएँ
जुल्म और ताकत
जो सच लगते हैं अभी सारे
कागजी शूर हैं सिर्फ
सच्चाई के जंगल में
इतिहास बना रहे हैं लोग
सुनो यह शोर यह आवाहन
फूट रहा है ज्वालामुखी
पढ़ो दीवार पर लिखी इबारत

तमाम हिटलरों, जारों, च्यांगों को
हमारी चेतावनी है
"तुम्हारा खेल खत्म हो चुका है

तुम्हारी मौत की घंटी बज चुकी है
बादल छँट रहे हैं बिखर रहे हैं
और सूरज निकल रहा है
यह इतिहास का सबक है
इसे तुम्हें सीखना ही होगा।''

(*नागभूषण,* अंग्रेजी से हिन्दी अनुवाद—संजय कुंदन)

हाँ, मिस्टर जज!

मैं अपना बयान समाप्त करता हूँ, अब मैं इन्तजार करूँगा। हम फैसले का इन्तजार करेंगे। हम जनता के फैसले का इन्तजार करेंगे। हम इन्तजार करेंगे इतिहास के फैसले का और हमें इसका परिणाम भी मालूम है, इसका परिणाम विजय है, हमारी विजय, जनता की विजय और भारतीय क्रान्ति की विजय। हमें मालूम है कि जनता और इतिहास वास्तविक अपराधियों, शत्रुओं और तानाशाहों पर अभियोग लगायेंगे और उनको दंडित करेंगे। जनता का फैसला सर्वोपरि है। यह सभी फैसलों को रद्द कर देता है, और जनता के खिलाफ रचे गये इस षड्यन्त्र (कांस्पिरेसी) का पर्दाफाश करेगा।

हमारा जुर्म क्या है—षड्यन्त्र—नहीं, क्रान्ति!

शहीदों को सलाम!

शहीदों का रास्ता हमारा रास्ता है!

सी. पी. आई. (एम. एल.)—जिन्दाबाद! भारतीय क्रान्ति—जिन्दाबाद! भारतीय किसानों का मुक्ति संघर्ष—जिन्दाबाद!

नव जनवादी क्रान्ति—सफल हो—
महान गौरवपूर्ण, निर्मूल,
चीन की कम्युनिस्ट पार्टी जिन्दाबाद!

विश्व क्रान्ति—जिन्दाबाद!

सोशलिस्ट-चीन—जिन्दाबाद!

दुनिया की तमाम मुक्ति क्रान्तियाँ—जिन्दाबाद!

दुनिया के मजदूरो एक हो!

सी. पी. आई. (एम. एल.) के और बाहर के तमाम क्रान्तिकारियो, एक हो! भारत की सभी क्रान्तिकारी शक्तियो, एक हो! मार्क्सवाद—लेनिनवाद! जिन्दाबाद! माओ-त्से-तुंग विचारधारा—कामरेड माओ-त्से-तुंग—जिन्दाबाद वह चिरायु हो!

परिशिष्ट

परिशिष्ट-1

लार्ड माउंटबेटन को प्रधानमंत्री का हिदायती पत्र

10 डानिंग स्ट्रीट
व्हाइट हाल, मार्च 1947

प्रिय माउंटबेटन,

भारतीयों को सत्ता-हस्तान्तरण के सन्दर्भ में आपकी नियुक्ति की घोषणा के समय जिन सिद्धान्तों और सरकारी नीतियों को लागू करने का बयान जारी हुआ था, उन्हें लागू होना चाहिए।

कैबिनेट मिशन के हमारे सहयोगियों और मैंने आपके समक्ष भारत में उत्पन्न होने वाली समस्याओं पर, सामान्य रुख के बारे में, आपसे विचार-विमर्श किया था। मैं समझता हूँ परिस्थिति का सामना करते समय आपको कुछ प्वाइंट दिमाग में रखना लाभदायक होगा और उनका रिकार्ड भी रखना चाहिए। इसलिए मैं यहाँ पर कुछ प्वाइंटों का उल्लेख कर रहा हूँ।

हिज मैजिस्टी सरकार का निश्चित लक्ष्य है कि यदि सम्भव हो तो ब्रिटिश के सामान्य नियन्त्रण, संविधान सभा के ढाँचे और कैबिनेट मिशन की योजनानुसार संचालित ब्रिटिश भारत और भारतीय रियासतों की एक एकीकृत सरकार हो और आप अपने अधिकार का प्रयोग कर, सभी पार्टियों को साथ लाकर इसे अन्तिम रूप दें। आपको इस दिशा में हुए विकास और अपने सुझाव से भी हिज मैजिस्टी सरकार को अवगत कराना है ताकि इस दिशा में परिस्थिति के अनुसार क़दम उठाए जा सकें।

ब्रिटिश भारत के सम्बन्ध में यह योजना प्रमुख पार्टियों के साथ समझौते से ही व्यवहार्य है। किसी भी प्रमुख पार्टी पर इसे स्वीकारने के लिए दबाव नहीं डालना चाहिए।

यदि एक अक्टूबर तक आप विचार कर लें कि भारतीय रियासतों के सहयोग

करने या न करने की स्थिति में भी ब्रिटिश भारत की एकीकृत सरकार की कोई सम्भावना नहीं है तो आपको, हिज मैजिस्टी सरकार को, निश्चित तारीख पर सत्ता-हस्तान्तरण के लिए अपने सुझावों से अवगत कराना चाहिए। ब्रिटिश भारत में जिन भारतीय शक्तियों को सत्ता-हस्तान्तरित होनी है, उनके साथ भारतीय रियासतों का सामंजस्य बनाना वास्तव में महत्त्वपूर्ण है। परन्तु कैबिनेट मिशन से जैसा स्पष्ट होता है कि हिज मैजिस्टी सरकार अपने प्रभुत्व में, किसी भी उत्तराधिकारी सरकार को अपने अधिकार और दायित्व देने के इच्छुक नहीं है। सत्ता-हस्तान्तरण की अन्तिम तारीख से पूर्व वह प्रभुता की व्यवस्था को अन्तिम रूप देने के इच्छुक नहीं हैं। परन्तु यदि आप उचित समझें तो प्रत्येक रियासत से भी, ब्रिटिश साम्राज्य से सीधे सम्बन्ध जोड़ने की बातचीत करने के लिए पूर्णतः अधिकृत हैं।

भारतीय रियासतों के शासकों को उनकी रियासत में, जिस किसी प्रकार की जनवादी सरकार का जो भी राजनीतिक विकास दिखता हो, उसे गति देने के लिए आप उन्हें समझा सकते हैं। आप ब्रिटिश भारत के नेताओं से उन रियासतों के साथ भावी सम्बन्धों में स्पष्ट और उचित समझौतों के लिए भी सहमति बनाने में सहायता और सहयोग कर सकते हैं।

सत्ता-हस्तान्तरण के लिए निर्धारित तारीख एक-दो माह पहले या बाद में हो सकती है, परन्तु आप 1 जून 1947 को सत्ता-हस्तान्तरण की प्रभावी तारीख का लक्ष्य रखें।

आपकी अन्तरिम सरकार, वायसराय द्वारा 30 मई 1946 को कांग्रेस पार्टी के अध्यक्ष को दिये गये पत्र और 13 मार्च 1947 को हाउस ऑफ लार्ड्स में भारत के सेक्रेट्री ऑफ स्टेट्स के बयान के सामान्य नियमों के आधार पर चलेगी। इस बयान से यह स्पष्ट है कि अन्तरिम सरकार को वैसे ही अधिकार नहीं होंगे, जैसे हिज मैजिस्टी सरकार के प्रभुत्ववाली भारत सरकार को देश में दिन-प्रतिदिन का शासन चलाने की स्वतन्त्रता और परामर्श का अधिकार था।

यह आवश्यक है कि ब्रिटिश सत्ता से हस्तान्तरण पाने वाले भारतीय नेताओं के साथ सभी प्रकार से पूर्ण सहयोग किया जाए ताकि हस्तान्तरण की प्रक्रिया, यथासम्भव तीव्र गति से आगे बढ़ाई जा सके। इसलिए हमारे प्रशासन का महत्त्वपूर्ण बिन्दु भारतीयों के साथ घनिष्ट सहयोग होगा, और आपको देश के सभी सेक्रेट्री ऑफ स्टेट्स की सर्विस के लोगों को यह बता देना चाहिए कि सत्ता-हस्तान्तरण को सफलतापूर्वक सम्पन्न करना उनका दायित्व है।

आपको भारत की समस्त रक्षा आवश्यकताओं की पूर्ति सहित आसन्न

भारत के सत्ता-हस्तान्तरण को महत्त्व देते हुए हर सम्भव अवसर को काम में लगाना चाहिए। सर्वप्रथम आप भारतीय नेताओं को अखिल भारतीय स्तर पर भारत की सुरक्षा के लिए आवश्यक भारतीय सेना और नौसेना के सांगठनिक ढाँचे में किसी भी प्रकार की दरार न पड़ने के महत्त्व को सर्वाधिक प्रभावशाली तरीके से समझाएँ; ताकि हर सम्भव टकराहट से बचा जा सके। दूसरा भारतीय समुद्री सीमाओं की रक्षा के लिए दोनों देशों के बीच एक समझौते को कायम रखने के महत्त्व को समझाएँ, जिसके बारे में दोनों देशों के बीच समझौते की व्यवस्था की जा सकती है। एक उचित समय पर हिज मैजिस्टी सरकार बातचीत में सहयोग देने के लिए सैनिक विशेषज्ञों को भेजने की व्यवस्था करेगी ताकि इस प्रकार के समझौते की शर्तों को समझा जा सके।

आप, इस पत्र की अन्तर्वस्तु से सभी प्रान्तीय गवर्नरों को अवगत कराएँगे, इसकी पूरी आशा है।

भवदीय

एस. डी./सी. आर. अतीब

एडमिरल दि राइट ऑनर दि विस्काउट माउंटबेटन ऑफ बर्मा

के. जी, जी. सी. आई. ई., जी. सी. वी. ओ., के. सी. बी., डी. एस. ओ.

परिशिष्ट-2

1948 में भारत में विदेशी पूँजी, भारत में 1948 में विदेशी पूँजी से सम्बन्धी यह आँकड़े कम्प्राडोर बुर्जुआ की शक्ति को दर्शाते हैं।

उद्योग	सम्पूर्ण पूँजी में विदेशी पूँजी का प्रतिशत
पेट्रोलियम	97
रबर मैन्यूफैक्चर	93
लाइट रेलवे	90
माचिस	90
जूट	89
चाय	86
खदान (कोयला के अतिरिक्त)	73
कोयला	62
रबर बागान	54
वित्तीय उद्योग	46
बिजली	43
कॉफी	37
इंजीनियरिंग	33
भोजन	32
पेपर	28
चीनी (शक्कर)	24
सूती कपड़ा	20
सीमेण्ट	05

परिशिष्ट-2-ए

वित्तीय वर्ष 30 जून, समाप्ति	विश्वबैंक स्वीकृत राशि	आई.डी.ए. खर्च	कुल स्वीकृत	खर्च राशि	स्वीकृत	खर्च राशि
			मिलियन डॉलर में			
1963	449	620	260	56	709	676
1964	310	559	283	124	593	683
1965	1023	606	309	222	1332	828
1966	839	668	284	267	1123	935
1967	777	790	353	342	1130	1132
ए 5 वर्ष का योग	3398	3243	1489	1011	4887	4254
1968	847	772	107	319	954	1091
1969	1399	762	385	256	1784	1018
1970	1580	754	606	143	2186	897
1971	1921	915	584	235	2505	1150
1972	1966	1182	1000	261	2966	1443
बी 5 वर्ष का योग	7713	4385	2682	1214	1039	5559
ए की तुलना में बी की % में वृद्धि	97.87	35.21	80.12	20.08	94.30	31.62

परिशिष्ट-3

विभिन्न राज्यों में प्रति माह प्रति व्यक्ति आय (रुपयों में)

राज्य का नाम		प्रति व्यक्ति आय 1960-61	प्रति व्यक्ति आय 1969-70	वृद्धि	कमी
1	आन्ध्र प्रदेश	314	290		24
2	असम	349	285		64
3	बिहार	216	216		
4	गुजरात	380	375	5	
5	हरियाणा	359	448	81	—
6	जम्मू-कश्मीर	267	314	47	—
7	केरल	288	297	09	—
8	मध्य प्रदेश	274	255	—	19
9	महाराष्ट्र	419	410	—	09
10	मैसूर	292	381	09	—
11	उड़ीसा	226	249	23	—
12	पंजाब	334	470	87	—
13	राजस्थान	271	270	—	01
14	तमिलनाडु	344	385	41	—
15	उत्तर प्रदेश	244	253	09	—
16	पश्चिम बंगाल	386	326	—	60
17	सम्पूर्ण भारत	304	339	35	—

तत्कालीन उपभोक्ता मूल्य पर वृद्धि, प्रतिशत में

1	आन्ध्र प्रदेश	314	513	6.338%
2	असम	349	545	5.616%
3	बिहार (1968-69)	216	402	9.57%
4	गुजरात	380	567	5.484%
5	हरियाणा	359	788	11.945%
6	जम्मू-कश्मीर	267	513	10.265%
7	मध्य प्रदेश	274	569	10.401%
8	महाराष्ट्र	419	731	7.351%

9	मैसूर	292	515	7.637%
10	उड़ीसा (1967-68)	226	325	5.474%
11	पंजाब	383	945	15.468%
12	राजस्थान	271	480	7.712%
13	तमिलनाडु	344	616	7.907%
14	उत्तर प्रदेश	244	506	10.737%
15	पश्चिम बंगाल	386	562	4.559%
सम्पूर्ण भारत		304	589	9.375

परिशिष्ट-4

विभिन्न देशों में प्रति व्यक्ति आय सन् 1971 में आर्गेनाइजेशन ऑफ इकनॉमिक्स कार्पोरेशन एंड डेवलपमेंट (ओईसीडी) के अनुसार

यू.एस.ए	$ 3230
कनाडा	$ 2450
स्वीडन	$ 2390
स्विट्जरलैंड	$ 2230
पश्चिम जर्मनी	$ 1910
फ्रांस	$ 1870
आइसलैंड	$ 1867
बेल्जियम	$ 1810
लक्जमबर्ग	$ 1790
आस्ट्रेलिया	$ 1780
जापान	$ 1230

परिशिष्ट-5

1971 में विभिन्न देशों में प्रति व्यक्ति दूध की उपलब्धता

भारत	113	ग्राम प्रति	दिन
स्वीडन	706	”	”
डेनमार्क	700	”	”

नीदरलैंड	682	”	”
आस्ट्रेलिया	618	”	”
कनाडा	638	”	”
फ्रांस	607	”	”
पश्चिम जर्मनी	558	”	”
इटली	418	”	”
यू. के	600	”	”
यू. एस. ए	665	”	”

परिशिष्ट-6

मूल्य वृद्धि (आधार वर्ष 1961-62 = 100)

वर्ष	सभी सामान	खाद्य पदार्थ	चावल	गेहूँ	मूँगफली
1965-66	131.6	144.6	137	149	142
1966-67	149.9	171.1	169	178	188
1967-68	167.3	207.3	200	214	165
1968-69	165.4	196.9	196	204	149
1969-70	171.5	196.2	196	215	199
1970-71	181.1	203.9	201	209	215
1971-72	188.3	210.0	205	208	198

इकनॉमिक टाइम्स 1961-62 = 10

परिशिष्ट-6-ए

थोक मूल्य सूचकांक

आधार	1961-62	100
अप्रैल	1972	198.3
मार्च	1973	219.9
अप्रैल	1973	222.7
मई	1973	231.3

यह आँकड़े दर्शाते हैं कि अप्रैल 1972 से अप्रैल 1973 की एक वर्ष की अवधि में वस्तुओं के थोक मूल्य में 24.4 प्वाइंट की वृद्धि हुई और इसके बाद एक माह में ही 8.6 प्वाइंट की वृद्धि हुई।

अखिल भारतीय उपभोक्ता मूल्य सूचकांक

आधार	1961	100
अप्रैल	1972	187
मार्च	1973	213
अप्रैल	1973	221

यह आँकड़े दर्शाते हैं कि पुनः एक वर्ष में 34 प्वाइंट की वृद्धि हुई।

परिशिष्ट-7

भारत में निजी पूँजी करोड़ रु. में

क्र.सं.	निजी पूँजी संगठन	निजी पूँजी इनक्वायरी कमेटी 1964-65	औद्योगिक लाइसेंसिंग पॉलिसी इनक्वायरी 1966	1967-68	प्रतिशत वृद्धि 1963-64 की तुलना में 1967-68
1	टाटा	417.77	505.36	584.63	39.9
2	बिरला	297.72	457.84	575.6	96.6
3	मार्टिन ब्रू	149.61	153.06	174.29	16.5
4	बन्धू	77.91	164.31	124.88	60.3
5	व्री.सी.सी.	77.36	39.8	105.84	36.8
6	थापर	71.9	98.8	103.3	43.7
7	सुबू जैन	67.69	58.75	79.68	17.7
8	वर्ड हेटजिबस	60.1	68.62	78.62	30.8
9	सिंघानिया	59.2	66.84	78.75	30.0
10	सुजूरल नागोडिअल	57.37	95.62	107.34	87.1
11	वाज चाँद	55.17	81.11	86.24	54.7
12	श्रीराम	54.68	74.13	107.41	96.4
13	सिंधिया	46.96	55.98	65.44	39.4
14	गोएनका	46.95	65.34	64.55	37.5
15	मफतलाल	45.91	92.78	135.87	195.9
16	सोनाभाई	43.16	56.71	72.58	68.2
17	अंद्रगोस्ट	41.89	46.75	54.12	29.2

18	कीलिक	41.5	51.07	52.10	49.6
19	आई.सी.आई.	36.89	50.06	51.11	38.5
20	किलाचंद	35.13	37.22	39.22	13.1
	योग	1779.82	2310.07	2752.02	54.6

परिशिष्ट-7-ए

निजी पूँजी 1971-72

	करोड़ रु. में
टाटा	701.83
बिरला	496.94
मफतलाल	234.84
मार्टिन बूम	168.42
आई.सी.आई.	136.94
थापर	129.46
ए.सी.सी.	128.35
श्रीराम	113.36
जे.के. सिंघानिया	109.08

इसके अतिरिक्त 123 बड़ी-बड़ी स्वतंत्र कम्पनियाँ हैं, जिनकी कुल परिसम्पत्ति रु. 296.69 करोड़ है।

परिशिष्ट-8
राज्यों में बेरोजगारों की संख्या

राज्य या केन्द्रशासित प्रदेश का नाम	सरकारी वार्षिक सांख्यिकी के अनुसार बेरोजगारों की संख्या		बेरोजगारी में वृद्धि (% में)		
	1970	1971	1969 की तुलना में 1971 में वृद्धि	1970 की तुलना में 1971 में वृद्धि	श्रमदिवस (लाख में)
आन्ध्र प्रदेश	2,78,679	2,36,151	28.9	20.6	79.73
असम	64,923	78,982	17.3	21.7	4.581
बिहार	3,18,706	4,19,668	10.8	31.7	24.33
गुजरात	1,51,654	1,70,964	20.2	10.5	3.80
हरियाणा	82,780	99,315	40.2	20.0	9.20
हिमाचल प्रदेश	44,334	45,274	12.9	2.1	24.07
जम्मू और काश्मीर	14.375	25,394	79.2	76.7	—
केरल	2,98,754	3,57,381	21.7	21.7	22.85
मध्य प्रदेश	2,47,503	4,30,056	8.6	31.1	6.11
महाराष्ट्र	3.28,017	4,30,056	8.6	31.1	14.47
मैसूर	2,40,731	2,70,073	14.2	12.2	19.62

उड़ीसा	1,50,063	1.85,132	22.4	23.4	7.16
पंजाब	93,748	1,18,869	11.9	26.8	2.37
राजस्थान	1,28,097	1,39,800	54.9	9.2	2.34
तमिलनाडु	4,00,276	4,59,654	13.6	14.8	50.46
उत्तर प्रदेश	4,25,718	5,31,701	33.2	24.9	61.65
पश्चिम बंगाल	5,85,258	8,68,121	17.9	48,3	5.88
चंडीगढ़	12,921	19,216	21.5	52.9	0.76
दिल्ली	2,32,721	1,39,220(-)	4.8	4.9	0.24
गोवा	7,258	10,557	43.4	45.5	—
लक्षद्वीप	908	1,360	120.3	33.3	0.34
मणिपुर	29,117	37,665	27.1	29.4	0.57
पुड्डुचेरी	8,143	9,403	6.1	15.5	2.43
त्रिपुरा	25,776	29,892	19.3	16,0	0.58
अन्य द्वीप	—	—	—	—	0.33
मिजोरम	—	—	—	—	0.02
सम्पूर्ण भारत कुल योग	**40,68,554**	**50,99,919**	**18.3**	**25.3**	**344.09**

नागालैंड और मेघालय की गणना नहीं प्राप्त हो सकी।

परिशिष्ट-8-ए

शिक्षित बेरोजगार

लाख में

वर्ष	दसवीं कक्षा पास	बी.ए. से कम शिक्षित	स्नातक और इससे ऊपर
1966	6.19	2.04	0.94
1967	7.14	2.62	1.21
1968	8009	3.24	1.75
1969	9.10	4.01	2.15
1970	11.01	4.44	2.77
1971	12.97	6.05	3.94
1972	17.35	9.35	6.03

परिशिष्ट-8-बी

एम्प्लायमेंट एक्सचेंज में रजिस्ट्रेशन अनुसार शिक्षित बेरोजगारों की संख्या में वृद्धि

- महाराष्ट्र — जून 1972 के अन्त तक रजिस्टर्ड बेरोजगारों की संख्या 2, 16, 071 थी। गत वर्ष 1971 में यह संख्या–16,246 थी। गत वर्ष हाईस्कूल पास बेरोजगार 1, 36, 171 थे, जबकि इस वर्ष इनकी संख्या 1,80,848 थी; गत वर्ष डिप्लोमा होल्डर-1910 और ग्रेजुएट 7,109 थे, जबकि इस वर्ष इनकी संख्या क्रमशः 2543 और 23529 थी।
- मैसूर — 1961-62 में 145,006 बेरोजगार थे जो 1 अक्टूबर 1972 को बढ़कर 2,24,942 हो गये। इसमें ग्रेजुएट 3535, इंजीनियर सहित 28,163 ग्रेजुएट और 2393 पोस्ट ग्रेजुएट, 5438 डिप्लोमा होल्डर और 1,36,632 हाईस्कूल पास थे।
- उड़ीसा — गत वर्ष 1971 में 188,000 शिक्षित बेरोजगार थे जो बढ़ कर इस वर्ष 216,000 हो गये। यहाँ विगत पाँच वर्षों में शिक्षित बेरोजगारों में 129% की वृद्धि हुई है।
- बिहार — 1971 में शिक्षित बेरोजगारों की संख्या 4,68,638 थी जो 1972 में 5,36,927 हो गयी। इसमें से 42% से अधिक

ग्रेजुएट हैं। 1969 की तुलना में बेरोजगारी में 43.4% की वृद्धि हुई है। बिहार के 27 एम्प्लायमेंट एक्सचेंज दफ्तरों में 1971 में – 10,075 और 1972 में – 11537 बेरोजगार महिलाओं ने पंजीकरण कराया।

- पंजाब — सितम्बर 1971 में शिक्षित बरोजगार 19,352 थे, जो 1972 में बढ़कर 23,480 हो गये। गत वर्ष यह वृद्धि 21% थी और 1966 की तुलना में इसमें 138% शिक्षित बेरोजगार बढ़े हैं।
- आन्ध्रप्रदेश — 1971 में शिक्षित बेरोजगारों की संख्या 324, 797 थी जो सितम्बर 1972 में बढ़कर 360, 662 हो गयी। इसमें 25,830 अनुसूचित जाति, अनुसूचित जनजाति के लोग थे और 36,143 महिलाएँ थीं। फिजिक्स, केमेस्ट्री और बाटनी हर विषय में 30-30 पीएच.डी. डिग्री प्राप्त बेरोजगार थे जबकि 2996 ग्रेजुएट, 23 मेडिकल पोस्ट ग्रेजुएट, 1519 मेडिकल ग्रेजुएट; 70 कृषि में पोस्ट ग्रेजुएट, 719 कृषि ग्रेजुएट, और 29 पशु चिकित्सा विज्ञान के ग्रेजुएट थे।
- राजस्थान — 1972 में शिक्षित बेरोजगारों की संख्या 1,70,199 थी जो 1971 में 139,825 और 1970 में 128,095 थी।
- मध्य प्रदेश — जून 1971 में इनकी संख्या 2,88,240 थी जो 1972 में 341, 807 हो गयी। इसमें ग्रेजुएट और पोस्ट ग्रेजुएट बेरोजगार शामिल नहीं हैं।
- तमिलनाडु — सितम्बर 1972 में 497, 468 शिक्षित बेरोजगार थे। इसमें 2711 इंजीनियर ग्रेजुएट, 4196 डिप्लोमा होल्डर, 16554 अन्य टेक्निकल बेरोजगार थे।
- हरियाणा — जून 1972 में 1,19,514 शिक्षित बेरोजगार थे। एक वर्ष पूर्व इनकी संख्या 93,771 थी। इनमें 9,939 ग्रेजुएट और 1711 पोस्ट ग्रेजुएट की डिग्रियाँ प्राप्त कर चुके थे।
- त्रिपुरा — 1972 में बेरोजगारों की संख्या 31,466 थी। इसमें 64 ग्रेजुएट इंजीनियर, 79 साइंस और आर्ट के पोस्ट ग्रेजुएट भी शामिल हैं।
- केरल — 1971 में, 1,66,252 शिक्षित बेरोजगार थे और 1972 में इनकी संख्या 160,672 हो गयी। इनमें 1700 इंजीनियरिंग

ग्रेजुएट, 3800 इंजी. डिप्लोमा ग्रेजुएट और 505 मेडिकल ग्रेजुएट शामिल हैं।

- दिल्ली — फरवरी 1972 में 18,990 शिक्षित बेरोजगार महिलाओं सहित कुल 1,43,765 शिक्षित बेरोजगार थे, जबकि 1971 में इनकी कुल संख्या 1,39,220 थी।

परिशिष्ट-9

उपभोक्ता सामग्रियों के उत्पादन में वृद्धि

1	रेफ्रीजरेटर–	1960-61 से 1970-71 की दस वर्षों की अवधि में छह गुना वृद्धि हुई।
2	रेडियो–	1950-51 से 1970-71 के बीस वर्षों में 35 गुना वृद्धि हुई।
3	रिकार्ड प्लेयर–	1965-66 से 1970-71 के बीच 5 वर्षों के समय में 37 गुना वृद्धि हुई।
4	विद्युत पंखे–	1950-51 और 1970-71 के बीस वर्षों की अवधि में 8 गुना उत्पादन हुआ है।
5	बासिकिल–	1950-51 से 1970-71 के बीस वर्षों के दौरान 20 गुना वृद्धि हुई।
6	सिलाई मशीन–	1950-51 से 1970-71 की बीस साल की अवधि में 20 गुना वृद्धि हुई।
7	स्कूटर, मोटर साइकिल–	1960-61 से 1970-71 की दस वर्षों की अवधि में 4.5 गुना वृद्धि हुई।
8	सिंथेटिक कपड़ा–	1955-56 से 1970-71 के 15 वर्षों के दौरान सात गुना वृद्धि हुई।
9	डिटर्जेंट– (कपड़ा धोने का पाउडर)	1960-61 से 1970-71 के दस वर्षों में सैंतीस गुना वृद्धि हुई।
10	फ्लोरेसेंट ट्यूब–	1958-59 से 1970-71 के 12 वर्षों के समय में 10 गुना से अधिक वृद्धि हुई।
11	नाश्ते की वस्तुएँ– (कार्नफ्लेक्स-मक्का और गेहूँ से निर्मित)	1958-59 से 1970-71 की 12 वर्षों की अवधि में दस गुना से अधिक वृद्धि हुई।
12	एल्कोहलवाले पेय पदार्थ–	1958-59 और 1970-71 के बीच 12 वर्षों के समय में 6 गुना से अधिक वृद्धि हुई।

परिशिष्ट-10

तीसरी पंचवर्षीय योजना में सार्वजनिक क्षेत्र में निवेश

(करोड़ रुपयों में)

विभाग	केन्द्र सरकार	राज्य सरकारें	केन्द्र शासित राज्य	कुल
कृषि	1948	2717	67	4732
सिंचाई	140	2515	26	2681
बिजली	738	5343	109	6190
खदान और मैन्युफैक्चरिंग	8180	741	17	8938
निर्माण	25	—	—	25
परिवहन और संचार माध्यम	5727	1297	91	7115
व्यापार और भंडारण	194	11	—	205
गृह निर्माण और रियल स्टेट	237	338	25	600
बैंकिंग और बीमा	90	—	—	90
पब्लिक एडमिनिस्ट्रेशन और डिफेंस	60	30	8	98
शिक्षा	484	1155	87	1726
स्वास्थ्य	253	517	26	796
परिवार नियोजन	516	—	—	516
पुष्टाहार	70	330	—	400
शहरी विकास	252	272	19	543
पेयजल आपूर्ति	16	924	82	1022
समाज कल्याण	200	26	3	229
पिछड़ा वर्ग कल्याण	55	167	4	226
श्रमिक वर्ग कल्याण	15	38	4	57
साइंस और टेकनोलॉजी	92	151	32	275
पहाड़ी और आदिवासी क्षेत्र	419	—	500	919

परिशिष्ट-10-ए

योजना का आधार और लक्ष्य

वस्तुएँ	1972-73 का लक्ष्य	1978-79 का लक्ष्य
खाद्यान्न	114 मिलियन टन	140.0 मिलियन टन
स्टील (तैयार)	544	9.40 ”
पावर	72 बिलियन कि. वाट	120 बिलियन कि. वाट
कपड़ा	78.18 मिलियन मीटर	10.28 मिलियन मीटर
रेलवे वैगन और कोयला ढोने वाले वैगन	14,450	41,700
आटोमोबाइल प्राइवेट कारें और व्यापारिक वाहन–	90,000	1,70,000
बच्चे और स्कूल	87.3 मिलियन	109.0 मिलियन
डॉक्टर	138000	176000
नर्सें	88000	1,23,000
रेडियो	3,400,000	5,400,000

परिशिष्ट-10-बी

रुपये और डॉलर की विनिमय दर में रुपये का अवमूल्यन

जनवरी 1974 के प्रथम और दूसरे सप्ताह में डॉलर के विक्रय मूल्य रु. 8.4026 की तुलना में क्रय मूल्य में गिरावट आयी और वह रु. 2.03977 रहा। जब से रुपये और डॉलर के बीच विनिमय को सम्बद्ध किया गया है, यह सबसे कम दर रही है।

1972 के अन्तिम शुक्रवार को रुपए और डॉलर के बीच विनिमय 8.08 रु. था। धीरे-धीरे रुपए की दर बढ़ने लगी और मार्च 1973 में यह रु. 7.66 की स्थिति में पहुँचा। परन्तु जुलाई 1973 से रुपए की कीमत गिरने लगी और सितम्बर 1973 के अन्त तक डॉलर की तुलना में इसका मूल्य रु. 7.84 हो गया और दिसम्बर 1973 में रुपए का करीब 12% अवमूल्यन हुआ और इसके दो सप्ताह बाद 11 जनवरी 1974 को 7.4 प्रतिशत का और अवमूल्यन हुआ।

जनवरी के दूसरे सप्ताह में डॉलर और रुपए की विनिमय दर एक डॉलर = रु. 8.04 थी, अर्थात 1973 में डॉलर और रुपए की विनिमय दर में रुपए का 8 प्रतिशत अवमूल्यन हुआ। जनवरी 1974 के अन्त में विश्व की कई मुद्राओं की तुलना में भारत के रुपए का अवमूल्यन हुआ है।

रु. 100 = 57.5 फ्रैंक (फ्रांसीसी मुद्रा)

रु. 100 = 33.1 मार्क (जर्मनी की मुद्रा)

रु. 110 = 3360 मेन (जापानी मुद्रा)

यह आँकड़े जनवरी 1974 के अन्त में फ्रैंक की तुलना में 6 प्रतिशत और जर्मन मार्क की तुलना में 1 प्रतिशत रुपए के अवमूल्यन को दर्शाते हैं।

परिशिष्ट-11

सभी पंचवर्षीय योजनाओं में सार्वजनिक और निजी दोनों क्षेत्रों में हुए निवेश

योजना	कुल आउट ले	करोड़ रुपए में	
		सार्वजनिक क्षेत्र	निजी क्षेत्र
I	2069	1,035	1,034
II	6750	3,650	3,100
III	11280	7,180	4,100
IV	22,635	13,655	8,980
V	53,411	37,250	16,161

परिशिष्ट-12

चौथी पंचवर्षीय योजना के लक्ष्य और उपलब्धियाँ

वस्तुएँ	लक्ष्य	उपलब्धियाँ
खाद्यान्न	129 मिलियन टन	114 मिलियन टन
चावल	54 मिलियन टन	44 मिलियन टन
सीमेंट	18 मिलियन टन	16 मिलियन टन
चीनी	4.7 मिलियन टन	4.3 मिलियन टन
फर्टिलाइजर	3.4 मिलियन टन	1.51 मिलियन टन
पेट्रोलियम उत्पाद	26 मिलियन टन	21.5 मिलियन टन
पेट्रोलियम क्रूड	8.5 मिलियन टन	7.7 मिलियन टन
स्टील	8.1 मिलियन टन	5.4 मिलियन टन
वनस्पति तेल	8.25 मिलियन टन	5.75 मिलियन टन
अखबारी कागज	0.150 मिलियन टन	0.043 मिलियन टन
पावर (विद्युत)	86 बिलियन कि. वाट	72 बिलियन कि. वाट
व्यावसायिक वाहन	85,000	46,000

परिशिष्ट-13

पाँचवीं पंचवर्षीय योजना आधार और लक्ष्य

वस्तुएँ	1973-74 का लक्ष्य	1978-79 का लक्ष्य
खाद्यान्न	114 मिलियन टन	140.0 मिलियन टन
स्टील (तैयार)	8.4 मिलियन टन	9.40 मिलियन टन
पावर	72 मिलियन कि. वाट	120 मिलियन कि. वाट
कपड़ा	78.17 मीटर	10.027 मिलियन मीटर
रेलवे वैगन और कोयला वैगन	14,450	41,700
बच्चे और स्कूल	87.3 मिलियन	109.0 मिलियन
डॉक्टर	138000	176000
नर्सें	88000	1,32000
रेडियो	3,400,000	5,400,000

परिशिष्ट-14

प्लान आउटले पब्लिक सेक्टर (करोड़ रुपये में)

चौथा प्लान (1)	मद (2)	पाँचवाँ प्लान (3)
3729	खदान और आदमी	8939
3466	कृषि	4370
3887	परिवहन और संचार माध्यम	7115
2448	पावर	6190
853	शिक्षा	1726
529	शहरी विकास	543
251	हाउसिंग	600
315	परिवार नियोजन	516
193	पिछड़ा वर्ग की वेलफेयर	226
–	पुष्टाहार	400
140	साइंस एंड टैकनोलॉजी	419
31	अन्य विभिन्न	275
434	पब्लिक एडमिनिस्ट्रेशन और डिफेंस	98
–	चिकित्सा	796
–	सिंचाई	2681
–	पेय जल आपूर्ति	1022
–	पहाड़ी आदिवासी क्षेत्र	500
–	अन्य	400

परिशिष्ट-15

1931 की जनगणना के अनुसार जातियों की सूची

पी. वी. कन्ना की पुस्तक हिस्ट्री ऑफ धर्मशास्त्र, वाल्मय-2, पार्ट-1, पृ. 7 एफ. एफ. के अनुसार, 'पवित्र पुस्तकों' ('सेक्रेड बुक्स') में लिखे अनुसार जातियों की संख्या 172 है, परन्तु जनगणना की रिपोर्ट के अनुसार भारत के प्रत्येक भाषाई क्षेत्र में लगभग 200 जातियाँ और उनमें 2000 उपजातियाँ हैं और सम्पूर्ण भारत में इससे कहीं अधिक जातियाँ और 5000 छोटे-छोटे जाति समूह हैं।

संख्या की दृष्टि से सम्पन्न जातियों (शोषक वर्ग) की संख्या बहुत ही कम है, जबकि निम्न जातियों (शोषित वर्गों) की संख्या अधिक है और वे बहुसंख्यक जनता हैं। 1931 की जनगणना की निम्नलिखित सूची से यह स्पष्ट होता है।

स्थान	हिन्दू (मिलियन में)	ब्राह्मणों का प्रतिशत	राजपूतों का प्रतिशत	अन्य का प्रतिशत
असम	3.06	3.9	0.3	95.8
बंगाल	45.45	6.0	3.0	91.0
बॉम्बे	17.83	5.6	2.5	92.0
सेण्ट्रल प्राविंस	8.7	4.1	2.6	93.3
मद्रास	28.5	4.0	0.05	95.95
पंजाब	9.25	3.0	4.0	93.0
एन. डब्ल्यू.पी.	38.55	12.0	8.0	80.0
सेण्ट्रल इंडिया	7.8	12.0	10.4	77.6
राजपूताना	9.2	9.8	5.2	85.0
राजपूताना	9.2	9.8	5.2	85.0
भारत	188.0	7.0	3.8	89.2

1931 में भारत की सम्पूर्ण जनसंख्या में 14% अछूत जातियों के लोग थे और उस समय हिन्दू जनसंख्या में अछूतों की संख्या 21% थी।

नोट–1931 के भारत में वर्तमान का पाकिस्तान और बंगलादेश भी शामिल था। (अनुवादक)

परिशिष्ट-16

भारतीय भाषाएँ

1971 की जनगणना के अनुसार भारत में भाषाएँ और उनके बोलनेवालों की संख्या (यहाँ संख्या की दृष्टि से देश में अपनी मातृभाषा बोलने वालों को आरोही क्रम में लिखा गया है। 50,000 से कम संख्या वालों का उल्लेख नहीं किया गया है।)

क्र. सं.	मातृभाषा	जनसंख्या
1.	हिन्दी	153,729,062
2.	तेलुगू	44,707,697
3.	बंगाली	44,521,533
4.	मराठी	41,723,593
5.	तमिल	37,592,794
6.	उर्दू	28,600,423
7.	गुजराती	25,656,274
8.	मलयालम	21,917,430
9.	कन्नड़	21,575,019
10.	उड़िया	19,726,745
11.	भोजपुरी	14,340,564
12.	पंजाबी	13,900,202
13.	असमी	8,958,977
14.	छत्तीसगढ़ी	6,628,495
15.	मगही / मगधी	6,121,922
16.	मारवाड़ी	4,714,094
17.	संथाली	3,693,558
18.	कश्मीरी	2,421,760
19.	राजस्थानी	2,093,557
20.	मैथिली	6,121,922
21.	गोंडी	1,548,070
22.	कोंकणी	1,522,684
23.	डोंगरी	1,298,855
24.	गोरखाली/नेपाली	1,286,824

25.	गढ़वाली	1,277,151
26.	पहाड़ी	1,269,651
27.	भीली/भिलोदी	1,250,312
28.	कुरुष्क/उराँव	1,240,395
29.	कुमायुँनी	1,234,939
30.	सिंधी	1,204,939
31.	लामानी	1,203,338
32.	बागरी	1,055,607
33.	मेवाड़ी	817,974
34.	सादन/सादरी	807,184
35.	मुमडी	794,246
36.	मणिपुरी	780,871
37.	मुंडारी	770,916
38.	हो	644,032
39.	मालवी	5,36,271
40.	सुरगुज्जा	509,006
41.	बोडा / बोरा	749,793
42.	खोरथा	503,760
43.	बंजारी	471,853
44.	कच्छाघी	470,991
45.	अंगा / अंगिका	423,502
46.	गारो	411,532
47.	खासी	384,006
48.	बुंदेलखंडी	376,036
49.	कुई	350,396
50.	हलावी	346,259
51.	नागपुरिया	335,126
52.	हराउती	334,377
53.	गोरजी	33,0485
54.	कोरकू	284,002
55.	लुशाली/मिजो	270,312
56.	त्रिपुरी	268,942

57.	भिलाइली	246,724
58.	मानडिअली	241,443
59.	बघेलखंडी	231,231
60.	बारेल	230,034
61.	सावरा	221,712
62.	मुंडा	217,665
63.	कोया	211,,877
64.	मीकिर	198,973
65.	खोंडा	195,409
66.	इंगलिश	191,579
67.	सौराष्ट्र	181,289
68.	हिशिंग/मलरी	180,684
69.	पवारी	176,013
70.	पंचपरागनी	160,085
71.	सुराजपुरी	159,677
72.	धुनदारी	155,040
73.	कोकनी	152,987
74.	चौधारी	183,978
75.	अवधी	138,259
76.	गामती	136,209
77.	अहिरानी	132,522
78.	वारली	113,291
79.	बादागी	104,919
80.	भातरी	103,766
81.	खैरा	102,712
82.	भालफारिया	99,313
83.	मेवाती	94,687
84.	भागलपुरी	94,401
85.	खरिया	88,569
86.	कोल	82904
87.	पनार/सिंतेंग	82,493
88.	डांगी	80,533

89.	मरारी	78,832
90.	मारिया	78,495
91.	ढोंडिया	75,657
92.	रिअंग	74,931
93.	किसान	73,847
94.	कोन्याक	72,338
95.	कूरगी/कोडागू	72,085
96.	भरमाउरी/गाड्डी	70,217
97.	कर्नाली	69,620
98.	बज्जिका	69,070
99.	चकमा	68,711
100.	येरुकाला	67,552
101.	कोलामी	66,868
102.	विलासपुरी	66,118
103.	ए.ओ.	65,275
104.	सिमा	65,227
105.	कुलावी	63,716
106.	हरयाणवी	62,790
107.	गंगखुल	58,167
108.	कृष्णगंज्जिया	56,921
109.	लद्दाखी	56,737
110.	जौनसारी	56,556
111.	सिराजी	56,135
112.	बसावा	56,028
113.	कांगड़ी	55,386
114.	चम्बली	52,973
115.	गुरुमुखी	52,882
116.	राभा	51,129
117.	काबुली	48,600

परिशिष्ट-17

संशोधनवाद के खिलाफ कामरेड चारू मजूमदार द्वारा रचित ऐतिहासिक आठ दस्तावेज़

1. वर्तमान परिस्थिति और हमारे कार्य। –23-1-1965
2. संशोधनवाद के खिलाफ संघर्ष संचालित कर जनता की जनवादी क्रान्ति को सफल करें।
3. भारत में स्वतःस्फूर्त क्रान्तिकारी विद्रोह का स्रोत क्या है? –9-4-1965
4. आधुनिक संशोधनवाद के खिलाफ संघर्ष को गति दो।
5. 1965 किन सम्भावनाओं का संकेत देता है?
6. संशोधनवाद के खिलाफ समझौताहीन संघर्ष के द्वारा क्रान्तिकारी पार्टी निर्माण ही आज का प्रमुख कार्य है। –12-8-1966
7. इस सम्भावना को हाथ से न जाने दें।
8. संशोधनवाद के खिलाफ संघर्ष कर किसान संघर्ष संचालित करें। अप्रैल 1967

परिशिष्ट-18

कैबिनेट मिशन के समक्ष भारतीय कम्युनिस्ट पार्टी का ज्ञापन

आजादी की घोषणा : समस्त भारतीयों की सबसे प्रबल इच्छा उनके लिए राजनीतिक गुलामी और आर्थिक पतन का कारण ब्रिटिश शासन की तत्काल समाप्ति है। ब्रिटिश शासन के दो सौ वर्षों के भीषण दमन और उत्पीड़न से प्रत्येक भारतीय इस बात से सहमत है कि भारत से ब्रिटिश राजशाही की समाप्ति के बगैर, सम्मानजनक जीवन सम्भव नहीं है। ब्रिटिश सरकार ने एक के बाद एक निरन्तर और निःसंकोच अपने वायदों को तोड़ा है और इसलिए भारतीय जनता उनके सत्ता-हस्तान्तरण की इच्छा पर विश्वास नहीं करती। ब्रिटिश सरकार ने भारतीयों के विश्वास को तार-तार कर दिया है।

इसलिए कम्युनिस्ट पार्टी कैबिनेट मिशन के व्यवहार के आधार पर उसे परखेगी, उसकी विश्वसनीयता का पहला प्रमाण भारत की आजादी और सम्प्रभुता के लिए सुस्पष्ट और असंदिग्ध स्वीकृति की घोषणा है।

इसकी विश्वसनीयता का दूसरा प्रमाण ब्रिटिश सरकार द्वारा भारत की सभी सीमाओं और राज्यों से छह माह में ब्रिटिश सैनिकों की वापसी को दृढ़ता से लागू करना होगा।

भारत की राजनीतिक पार्टियों ने अपने अन्तर्विरोध हल किये हों या नहीं, इसके बावजूद उक्त घोषणा होनी चाहिए। भारत की एकता का प्रश्न आन्तरिक है और इसे भारतीय जनता खुद हल करेगी। इसे ब्रिटेन द्वारा सत्ता-हस्तान्तरण का बहाना नहीं बनाया जा सकता। भारत की सम्प्रभुता की स्वीकृति और ब्रिटिश सैनिकों की वापसी प्रारम्भ होनी चाहिए और इसको पूरा करने के लिए निम्नलिखित उपाय करने होंगे।

सत्ता-हस्तान्तरण : मुख्य लोकप्रिय पार्टियों पर आधारित अन्तरिम सरकार की स्थापना; हमारी राय से कांग्रेस और लीग के बीच इस विषय पर समझौता सर्वोत्तम होगा। यह सरकार में बराबरी और अल्पसंख्याओं का उचित प्रतिनिधित्व भी होगा।

ब्रिटिश सरकार को प्रदान किये गये समस्त अधिकारों, राजा के साम्राज्य को प्रदत्त सर्वोपरि एकछत्र अधिकारों इसके साथ-साथ भारतीय राज्यों और वर्तमान भारत सरकार और गवर्नर तथा वायसराय को दिये गये विशेषाधिकारों को तुरन्त समाप्त किया जाए। केवल ऐसा होने से ही अन्तरिम सरकार को समानता प्राप्त होगी और तभी अन्तरिम सरकार भारतीय रियासतों के प्रश्न को हल कर सकेगी और भावी भारत में उनका स्थान निर्धारित होगा।

अन्तरिम सरकार के कार्य

(1) इस सरकार की स्थापना के छह माह के अन्दर संविधान सभा बुलाना इसका मुख्य कार्य होगा। इसे संविधान सभा के निष्पक्ष और जनवादी चुनाव को सुनिश्चित करना होगा।

(2) संविधान सभा के अस्तित्व में आने पर अन्तरिम सरकार निम्नलिखित के प्रति जिम्मेदार होगी। इस बीच में अन्तरिम सरकार को किसी भी देश के साथ राजनीतिक, आर्थिक या सैनिक संधि करने का अधिकार न होगा।

(3) अन्तरिम सरकार ब्रिटिश सरकार द्वारा शेष कोष के भुगतान, परस्पर व्यापार सम्बन्ध पर एक सन्धिपत्र तैयार करेगी, जिसे भारतीय संविधान सभा द्वारा किये गये संशोधन के बाद अन्तिम रूप में स्वीकार किया जाएगा।

संविधान सभा : भारतीय जनता को अपना संविधान निर्मित करने का पूर्ण अधिकार होगा और भारतीय जनता सम्पूर्ण सम्प्रभुता से सम्पन्न होगी।

ब्रिटिश सरकार द्वारा तय की गयी संविधान निर्मात्री समिति, अप्रत्यक्ष चुनाव और प्रान्तीय सभाओं के सदस्यों के प्रतिनिधियों से निर्मित होगी, अतः यह गैर-जनवादी होगी। वर्तमान प्रान्तीय समितियाँ सीमित मताधिकार पर आधारित हैं, अतः यह व्यापक जनता को चुनाव के अधिकार से वंचित करती है।

आत्म-निर्णय : संविधान सभा के प्रश्न पर कांग्रेस और लीग के बीच गम्भीर मतभेदों को केवल आत्मनिर्णय के सिद्धान्त को लागू कर हल किया जा सकता है।

हमारा सुझाव है कि अन्तरिम सरकार को अपने-अपने स्वदेश की प्राचीन प्राकृतिक सीमाओं के आधार पर पुनः सीमा निर्धारण के लिए एक सीमा आयोग गठित करने की जिम्मेदारी देनी चाहिए, ताकि पुनः सीमा निर्धारित किये गये प्रान्तों की जीवन्त सामाजिक और सांस्कृतिक समांग राष्ट्रीय इकाई निर्मित हो सकेगी। उदाहरणस्वरूप, सिंध, पठानलैंड, बलूचिस्तान, पश्चिमी पंजाब आदि। इस प्रकार निर्मित इकाइयों की जनता को बन्धनमुक्त आत्मनिर्णय का अधिकार होगा। अर्थात् उनको स्वतन्त्र रूप से भारत गणतन्त्र, या किसी अलग सम्प्रभु राज्य या किसी अन्य भारत गणतंत्र में जुड़ने का निर्णय लेने का अधिकार होगा।

इसलिए संविधान सभा का चुनाव इस बुनियादी अधिकार के आधार पर होना चाहिए। चुनाव के दौरान राजनीतिक पार्टियों द्वारा जनता के सामने गणतन्त्र से अलग होने के प्रश्न को पेश करना चाहिए। प्रत्येक राष्ट्रीय इकाई के बीच से निर्वाचित प्रतिनिधि बहुमत से निर्णय करेंगे कि वे ***भारत गणतन्त्र के निर्माण के लिए*** अखिल भारतीय संविधान सभा में शामिल होंगे या बाहर रह कर एक अलग सम्प्रभु राज्य निर्मित करेंगे और भारत गणतन्त्र में शामिल होंगे या नहीं।

कम्युनिस्ट पार्टी स्वतन्त्र स्वैच्छिक जनतांत्रिक भारतीय गणतन्त्र की सम्प्रभु इकाई की पक्षधर है। हमारा दृढ़ विश्वास है कि भारतीय जनता का सर्वाधिक हित एक साथ एक गणतन्त्र, सामान्य भाईचारे के साथ रहने में है। इस प्रकार वह सबका सहयोग पाएँगे, स्वतन्त्रता की रक्षा कर सकेंगे और गरीबी की समस्या हल कर सकेंगे। जैसा कि ऊपर कहा गया है, यह केवल आत्मनिर्णय के अधिकार को लागू कर ही किया जा सकता है और देश की एकता की रक्षा की जा सकती है।

राज्य : भारत के एक तिहाई भूभाग पर स्थापित राजाओं के निरंकुश शासन को समाप्त करने के लिए भारतीय जनता दृढ़प्रतिज्ञ है। यदि भारत को इस मध्यकालीन निरंकुशता के जुए तले दबा रहना पड़ा तो भारतीय स्वतन्त्रता और लोकतन्त्र हमेशा खतरे में रहेगा और इसका कोई अर्थ नहीं होगा। यह रजवाड़े वास्तव में ब्रिटिश सरकार की देन है। अतीत में और आज भी ब्रिटिश सत्ता ने इनको एक मजबूत स्तम्भ के रूप में बनाये रखा है। भारत इस प्रकार के तथाकथित बन्धनों और सन्धियों को भारतीय जनतन्त्र के खिलाफ एक षड्यन्त्र (कांस्पिरेसी) मानता है, इसलिए अन्तरिम सरकार में भागीदारी के लिए

इन रजवाड़ों को बुलाने, उनको संविधान सभा के निर्णयों में भागीदार बनाने का प्रश्न ही नहीं उठता।

नागरिक स्वतन्त्रता : सामान्य रूप से जब किसी देश की स्वतन्त्रता पर विमर्श हो तो उसकी पूर्व शर्त, नागरिक स्वतन्त्रता की पूर्ण रूप से बहाली और सरकार द्वारा समस्त राजनीतिक बन्दियों की सजा माफी और रिहाई होना चाहिए। कम्युनिस्ट पार्टी ने नोट किया है कि इस विषय में होनेवाली कार्यवाही संकोचपूर्ण और भेदभावपूर्ण है। इसलिए कम्युनिस्ट पार्टी माँग करती है–

(1) आतंकवादी कार्यवाहियों के अभियोग में सजा भोग रहे राजनीतिक बन्दियों सहित समस्त राजनीतिक बन्दियों की तत्काल रिहाई और विशेष रूप से बंगाल के पुनर्गठन के पूर्व से, 15 वर्षों से भी अधिक समय से जेलों में बन्द लोगों की रिहाई की माँग करती है।

(2) सेना, नेवी और वायुसेना के समस्त लोगों को, जिनको ताजा हड़तालों के सन्दर्भ में दंडित किया गया है या जेलों में बन्दी बनाया गया है, उनको तत्काल रिहा किया जाए।

(3) आजाद हिन्द फौज (इंडियन नेशनल आर्मी) और सशस्त्र बलों के उन तमाम सैनिकों को जिनको विगत 6 वर्षों में राजनीतिक गतिविधियों के अभियोग में सजा दी गयी है या बन्दी बनाया गया है, तुरन्त जेलों से रिहा किया जाए।

(4) समस्त राजनीतिक पार्टियों (जैसे, कांग्रेस-सोशलिस्ट पार्टी, फारवर्ड ब्लाक आदि) जिनको आज भी गैर-कानूनी करार दिया गया है, उन पर से प्रतिबन्धों को पूर्णतः समाप्त किया जाए। समस्त जनता की नागरिक स्वतन्त्रता की तत्काल बहाली। राजनीतिक कार्यकर्त्ताओं की गिरफ्तारी की समाप्ति, अखबारों की सुरक्षा, विशेष रूप से कम्युनिस्ट पार्टी के अखबारों और सदस्यों पर हमलों पर तत्काल रोक।

निष्कर्ष : कम्युनिस्ट पार्टी का मत है कि उक्त माँगपत्र में प्रस्तुत माँगों के आधार पर यदि ब्रिटिश सरकार कदम बढ़ाएगी तो भारतीय जनता और ब्रिटिश जनता के बीच समानता के आधार पर एक स्थायी और जनवादी समझौता सम्भव होगा। इस प्रकार विश्व जनता की शान्ति और सुरक्षा की एक अत्यन्त गम्भीर समस्या का हल सम्भव है।

भारतीय जनता के मतभेदों का लाभ उठाने, देश पर कोई निरंकुश बँटवारा थोपने, और ब्रिटिश दानवता को बनाये रखने के लिए रजवाड़ों-रियासतों को कायम रखने के किसी भी प्रयास का भारतीय जनता अपनी पूरी शक्ति से प्रतिरोध करेगी।

परिशिष्ट-19
भारत को प्राप्त विदेशी कर्ज और सहायता

करोड़ रुपयों में

	कर्ज	सहायता
यू.एस.ए. (गैर-खाद्यान्न मद में कर्ज)	751.9	140.6
यू.एस.ए. पीएल 480 एवं 665 (खाद्यान्न मद में कर्ज)	800.7	387.5
यू.एस.ए. राकफेलर फाउंडेशन द्वारा (खाद्यान्न मद में कर्ज)	-	23.9
यू.एस.ए., आईआरबीडी और आईडीए	490.5	
यू.एन. स्पेशल फंड	4.8	
ग्रेट ब्रिटेन	249.3	0.9
फ्रांस	77.8	–
पश्चिमी जर्मनी	664.8	2.1
इटली	21.4	–
जापान	70.5	–
स्विट्जरलैंड	12.0	–
नीदरलैंड	0.2	–
कनाडा	27.6	112.8
आस्ट्रेलिया	–	16.0
न्यूजीलैंड	–	3.4
नार्वे	–	3.5
कुल	**3166.7**	**695.5**

भारत को 1959 में विदेशी कर्ज पर रु. 120 करोड़ ब्याज और रु. 34 करोड़ मुनाफा अदा करना था।

परिशिष्ट-20

सहयोगी कम्पनियाँ

वर्ष	सहयोगी कम्पनियों की संख्या	वर्ष	सहयोगी कम्पनियों की संख्या
1957	81	1962	293
1958	103	1963	403
1959	150	1964	242
1960	380	1966	261
1961	403	1967	111 (जून तक)

1957 से 1967 तक कुल 2730 कम्पनियाँ

देशवार विवरण निम्नलिखित है–

देश	1957	1964	1967
यू.के.	17	574	749
यू.एस.ए.	6	337	749
पश्चिम जर्मनी	2	294	407
फ्रांस	2	71	98
इटली	4	56	74
जापानी	1	161	236
स्विट्ज़रलैंड	-	96	129
कुल	81	2015	2730

परिशिष्ट-21

पूँजी और परिसम्पत्तियों के साथ भारत की कुल कम्पनियाँ 1963-64

इनके नियंत्रण में	कम्पनियों की संख्या	प्रदत्त पूँजी	परिसम्पत्तियाँ
ए. सरकारी या नौकरशाह पूँजी	176	960.75	
बैंकिंग	240	33.87	
बी. 75 एकाधिकारी परिवार	416	994.62	
सी. 16 बहुत बड़ी कम्पनियाँ (मुखतः विदेशी)	16	199.30	
डी. अन्य बड़ी-छोटी कम्पनियाँ	24109	819.14	2746.89
कुल	26097	2460.08	5552.14

परिशिष्ट-22

1931 की जनगणना रिपोर्ट में भारतीय मजदूर वर्ग की गणना का अलग से उल्लेख नहीं है।

संगठित क्षेत्र और भारत में वे ब्रिटिश कम्पनियाँ जिनमें कम्पनी ऐक्ट लागू होता था, उनमें काम करने वाले मजदूरों की संख्या 1,553,169 की गणना की गयी है जो भारत की सम्पूर्ण जनसंख्या के अनुपात में काफी कम है।

भारत की खदानों, बागानों और उद्योगों तथा परिवहन में 1921 में कार्यरत मजदूरों की कुल संख्या 24,239,555 थी, जिसमें से 2,685,909 मजदूर उन संगठित उद्योगों में कार्यरत थे, जिनमें 10 से अधिक मजदूर कार्यरत थे।

इन्हीं उद्योगों में 1931 में कार्यरत कुल मजदूरों की संख्या 26,187,689 थी। यदि इन उद्योगों में इसी अनुपात में मजदूरों की संख्या में वृद्धि हुई तो मजदूरों की संख्या 2,901,776 हो जाती। यह आँकड़े प्रतिदिन कार्यरत मजदूरों की औसत दर को दर्शाते हैं। इस प्रकार पिछले दशक में 30 प्रतिशत की वृद्धि हुई, अब मजदूरों की सम्भावित संख्या 3,500,000 होगी, जिसे 1931 में 5,000,000 मजदूरों की संगठित संख्या मानना अनुचित न होगा। (1931 की जनगणना, वाल्यूम-1, पार्ट-1, पृ. 285)

भारत की मतदान सम्बन्धी कमेटी के परिणामों के अनुसार 1931 में 56.5 मिलियन मजदूर थे। इस प्रकार कुल मिलाकर भारत में उजरती मजदूरों की संख्या 60 मिलियन की गणना की जा सकती है।

1921 की जनगणना के अनुसार भारत में खेत-मजदूरों की संख्या 21.5 मिलियन थी और 1931 की जनगणना में इनकी संख्या 31.5 मिलियन से अधिक प्रदर्शित की गयी है। 1931 की मताधिकार कमेटी की रिपोर्ट में 23 मिलियन लोगों को 'मजदूरों' के रूप में बताया गया है, जबकि खेत-मजदूरों के अतिरिक्त कुल मजदूरी करनेवालों की भारत में संख्या 25 मिलियन लिखी है। इस प्रकार भारत के विभिन्न पेशों में कार्यरत 154 मिलियन जनसंख्या में लगभग 56.5 मिलियन उजरती मजदूर (वेतनभोगी मजदूर) थे। दूसरे शब्दों में कहें कि विभिन्न क्षेत्रों में जीविकोपार्जन के लिए कार्यरत जनता में मजदूरी पर निर्भर लोगों की संख्या 56.5 मिलियन थी। (आई.एल.ओ. रिपोर्ट, 1938, 'इंडस्ट्रियल लेबर इन इंडिया', पृ. 30)

परिशिष्ट-23

सर्वहारा की संख्या में वृद्धि

वर्ष	फैक्ट्रियों की संख्या	प्रति दिन कार्यरत मजदूरों की औसत संख्या
1894	815	349,810
1902	1,555	541,634
1914	2,936	950,973
1918	3,436	1,122,922
1922	5,144	1,361,002
1926	7,251	1,518,391
1930	8,148	1,528,302
1935	8,831	1,610,932
1936	9,321	1,652,147
1938	9,743	1,737,755
1939	10,466	1,751,137
1943	13,209	2,436,310
1944	14,071	2,522,753

परिशिष्ट-24

औद्योगिक विवादों की संख्या

वर्ष	लाक आउट, हड़तालों की संख्या	हड़तालों में शामिल कार्यरत मजदूरों की संख्या	नुकसान हुए कार्य दिवसों की संख्या
1921	396	600,351	6,984,426
1922	278	433,434	3,972,727
1923	213	301,044	5,05,704
1924	133	312,462	8,730,918
1925	134	270,423	15,578,129
1926	128	186,811	1,097,478
1927	129	131,655	2,019,970

1928	203	506,951	31,647,404
1929	141	532,016	12,165,691
1930	148	193,301	2,261,731
1931	166	203,008	2,408,123
1932	118	128,099	1,922,437
1933	146	164,938	2,168,961
1934	159	220,808	4,775,559
1935	145	114,217	973,457
1936	167	169,029	2,358,062
1937	379	647,801	8,982,000
1938	399	401,075	9,198,708
1939	406	409,189	4,992,795
1940	322	452,539	7,577,281
1941	359	291,054	3,330,503
1942	694	772,653	5,779,965
1943	716	525,088	2,342,306
1944	658	550,015	3,447,306
1945	848	782,192	3,340,892

परिशिष्ट-25

ट्रेड यूनियनों की संख्या में वृद्धि

वर्ष	ट्रेड यूनियनों की संख्या	रजिस्टर्ड सदस्यता संख्या
1938	188	563,450
1940	195	374,256
1941	182	337,695
1942 (फरवरी)	191	269,403
1943	259	332,079
1944	515	509,084

परिशिष्ट-26

भारत का रक्षा व्यय

मिलियन रुपयों में

वर्ष	आन कैपिटल एकाउंट	आन रेवेन्यू एकाउंट	कुल
1939-40		495.4	495.4
1940-41		736.1	736.1
1941-42		1039.3	1039.1
1942-43	525.1	2146.2	2671.3
1943-44	374.6	3584.0	3958.6
1944-45	628.3	3954.9	4583.2
1945-46	149.3	3764.2	3913.5
कुल	**1677.3**	**15720.1**	**17397.4**

रिजर्व बैंक ऑफ इंडिया की रिपोर्ट आन करेंसी एंड फाइनेंस, 1945-46, रिवाइज्ड इस्टीमेट।

रजनी पाम दत्त की पुस्तक 'इंडिया टुडे', पृ. 149

परिशिष्ट-27

भारत, पाकिस्तान और ईरान की सैन्य शक्ति

	सेना	टैंक	विमान	हेलिकॉप्टर	नेवी
ईरान	1.60 लाख	950+74	210	42 + 70	3 विध्वंसक 4 लड़ाकू
पाकिस्तान	2.73 लाख	850	248	12	1 माल वाहक 4 विध्वंसक 2 लड़ाकू 3 सब मैराइन
भारत	8.26 लाख	1,700	842	180	1 वायुयान वाहक 2 माल वाहक 9 विध्वंसक 9 लड़ाकू 4 सब मैराइन

परिशिष्ट-27-ए

यू.एस.ए. और यू.एस.एस.आर. के हथियार और सशस्त्र सेनाएँ

वर्ष 1973 के मध्य तक सोवियत यूनियन ने 1616 आई.सी.बी.एम. लांचर तैयार कर लिए थे और आगे निर्माण जारी था, वह शीघ्र ही साल्ट-1 (स्ट्रेटिजिक आर्म्स लिमिटेशन राक्स-1) द्वारा निर्धारित सीमा तक पहुँच जाएगा। अमेरिका ने 1972 में ही 1054 लांचर तैयार कर लिए थे।

यू.एस.ए. ने 656 लड़ाकू पनडुब्बियाँ पहले से ही समुद्र में डाल रखी हैं, जबकि इसकी तुलना में सोवियत यूनियन की नेवी के पास 580 पनडुब्बियाँ (सब मैराइन) तैयार हैं और शीघ्र ही वह और अधिक तैयारी कर रहा है।

अमेरिका के पास 565 बमवर्षक जहाज हैं, उसने इनकी संख्या 531 तक सीमित की है, जबकि रूस के पास 140 भारी बमवर्षक जहाज हैं। रूस ने एक नये बमवर्षक जहाज का परीक्षण किया है जो अमेरिका के लिए बड़ा खतरा है। यह विचार अमेरिका के रक्षामंत्री मेलविन लेपर्ड ने व्यक्त किये।

अमेरिका के पास टैक्निकल न्यूक्लियर युद्ध के लिए यूरोप में 7000 हेड हैं, जबकि यू.एस.एस.आर. के पास केवल 3500 हैं।

मध्य यूरोप में अमेरिका के डेढ़ लाख सैनिक तैनात हैं और इसके अतिरिक्त उसके पास 4 लाख और सैनिक हैं, जबकि सोवियत रूस के पास 4 लाख सैनिक और 3.5 लाख अन्य सैनिक हैं।

शान्ति के समय सोवियत यूनियन के पास जमीनी सेना की शक्ति 2,200,00 के अतिरिक्त 3 मिलियन और सैनिक थे जो शीघ्र ही थोड़ी तैयारी के साथ 160 डिवीजन सेना के रूप में तैयार हो जाएगी। रूस के पास 4,500 टैक्निकल वायुयान हैं, जिनमें 1/4 चीन की तरफ और आधे से अधिक यूरोप की ओर मुँह किये तैयार हैं।

अमेरिका के पास एक मिलियन की सक्रिय पैदल सेना है और इसके साथ ही 700,000 संगठित रिजर्व सैनिक हैं और 7,500,000 भर्ती की तैयारी में हैं।

परिशिष्ट-28

वर्ष	कुल, रक्षा खर्च	जी.एन.पी. (वर्तमान मूल्यों के आधार पर)	जी.एन.पी.के प्रतिशत के रूप में रक्षा बजट
1960-61	280.94	14028	2.0
1961-62	312.4914848	2.1	
1962-63	437.91	15800	3.0
1963-64	816.12	18045	4.5
1964-65	805.80	21166	3.8
1965-66	884.76	21847	4.1
1966-67	908.59	25299	3.6
1967-68	968.43	29983	3.3
1968-69	1033.19	30107	3.4
1969-70	1100.88	33494	3.3
1970-71	1199.28	36319	3.3
1971-72	1525.34	NA	*3.8 (Estimated) आकलित
1972-73	1599.76 (Revised Estimate)	NA	*3.7 (Estimated) "
1973-74	1600.00	NA	*3.8 (Estimated)"

इस अनुमान के आधार पर कि वर्तमान स्थिर मूल्यों के आधार पर जी.एन.पी. की वृद्धि 8 प्रतिशत प्रति वर्ष की दर से होगी, हालाँकि स्थिर मूल्यों के आधार पर 1971-72 और 1972-73 में वृद्धि केवल 2 प्रतिशत थी, जबकि इससे पूर्व 6 वर्षों में जी.एन.पी. की वृद्धि 6 प्रतिशत रजिस्टर्ड की गयी थी।

परिशिष्ट-29

भारत का रक्षा पर राजस्व व्यय–1973-74

क्र. सं.	आइटम	धनराशि करोड़ रुपयों में
1.	भंडार और उपकरण	634.53
2.	वेतन और भत्ता	566.95
3.	परिवहन और अन्य	93.05
4.	भवनों का रख-रखाव आदि	52.13
5.	पेंशन	58.16
6.	अनुसन्धान और विकास	28.51
7.	अनुसन्धान और विकास (अतिरिक्त)	3.0
8.	नेवी के नये उपकरणों की खरीद	54.45
9.	भंडारण और छोटे जहाज (नेवी)	45.69
10.	एयर फोर्स	215.65

रक्षा पर कुल राजर्स्व खर्च (1973-74) - 1752.12

परिशिष्ट-30

आन्ध्र प्रदेश में शहीद हुए कामरेडों की सूची

क्र. सं.	कामरेड का नाम	आयु	निवासी	शहादत की तारीख
1.	अनिका रांजिम	—	गंगना दोरा बालका	जनवरी 1969
2.	रेड्डी अप्पल स्वामी	37	नारायनापुरम्	17.3.1969
3.	पंचाद्री कृष्ण मूर्ति (स्त्री)	33	बेलागाम	27.5.1969
4.	टामडा चिन्नाबाबू	16	बोड्डापाडू	27.5.1969
5.	नेयाला नारासिम्हुलू	40	लक्कावारा	27.5.1969
6.	तुमालूरी ब्रह्मारेड्डी	21	विजयवाड़ा	27.5.1969
7.	दुन्ना गोपाला राव	18	बोड्डापाडू	—
8.	कामरेड कोमारु	50	ताडीपाईगुडा पेडागुडा	—
9.	कामरेड नुकान्ना			
10.	गुमाडी लक्ष्मीमाया (स्त्री)	40	कोमारती	1970
11.	चगान्ती भास्कर राव	—	पारचुरु	नवम्बर 1969
12.	टमाडा गनपति	36	बोड्डापाडू	नवम्बर 1969
13.	सुब्बाराव पाणिग्रही	38	सोनपेटा	दिसम्बर 1969
14.	रमेशचंद्र साहू	28	बरहमपुर	दिसम्बर 1969
15.	कामरेड निरंजन	15	बरहमपुर	दिसम्बर 1969
16.	पंचाद्री निर्मला (स्त्री)	28	कावली	दिसम्बर 1969
17.	गोरकला अंकरमा	26	राजम	दिसम्बर 1969
18.	तेलुकला सरस्वती	16	बोड्डापाडू	दिसम्बर 1969
19.	एम.वी. रामना मूर्ति	—	—	

20.	डॉ. देविनी मल्लिकार्जू नायडू (स्त्री)	27	अत्माकुरु	30.7.1970
21.	तेबुली नायडू	68	तुलासी गुड्डा	—
22.	बैनापल्लीपापा राव	18	बोड्डापाडू	नवम्बर 1969
23.	गेडेला लोकनाधम	18	बोड्डापाडू	नवम्बर 1969
24.	गोरकाला संन्यासी	22	चिन्ना नीलामी	नवम्बर 1969
25.	जूतू उमापति	22	चिन्ना नीलामी	जुलाई 1970
26.	पुचेचा अप्पला स्वामी	35	चिन्ना नीलामी	नवम्बर 1970
27.	उरलाम मालेश्वर राव	22	पेडा नीलामी	जुलाई 1970
28.	द्रुमू अपला स्वामी	15	कोरीट्टारू	जुलाई 1970
29.	मूरी पिंटी बल्लव राव	28	बोड्डा पुड्डू	30.11.1960
30.	चिल्लीरु उमापति	14	राजम	दिसम्बर 1969
31.	अदीबातला कैलासम	45	कारीवलासा	10.7.1970
32.	पोंडाला बालाकृष्णा	27	रीता पाडू	8.9.1971
33.	राजाराम रेड्डी	27	कानापारतिया	9.2.1973
34.	मांगी रेड्डी नारायना रेड्डी	24	अभ्मागुंतादू	नवम्बर 1970
35.	रेड्डी चिन्नाम नायडू	32	पार्वतीपुरम्	—
36.	बी. सी. रमप्पा		चंदाना	16.6.1970
37.	वीरांकी राजगोपाला राव	—	इलूरु	—
38.	कोरसापती बाली रेड्डी	27	गोदलुरु	—
39.	बिक्की रामुलू		मोला कालूरु	11.9.1970
40.	गोरंकला कोटेश्वर राव	—	11.9.1970	
41.	गुंडामेडा जन्नाधन	55	गुंडमेला	—
42.	गोडटिन्नी वीरप्पा	71	तुरलापाडू	2.9.1970
43.	कोदाली चक्रवर्ती		मुलपुरु	15.8.1970
44.	दसारी वेंकटारमन	—		10.6.1970

45.	दसारी वेंकटारमन	—		2.8.1970
46.	रबूरी स्याम	—	गुंटूरु	9.8.1970
47.	बटूला वेंकटेश्वर राव	—	माधिरा	29.9.1969
48.	इला रेड्डी	—	गुडूरु	6.6.1969
49.	पी.एल. नारासया	40	एला गड्डा	23.10.1972
50.	वीरा बोइना मुट्टाया	32	माडेगुडेम	23.10.1972
51.	कामरेड गोपाल	27	अंचागुडेम	23.10.1972
52.	कामरेड लक्ष्मी माया	20	—	23.10.1972
53.	कामरेड वीरा स्वामी	12	रामागुंडाला	23.10.1972
54.	कामरेड पेड्डा गोपन्ना	73	मुस्तीकुंतला	23.10.1972
55.	बोमिदा सम्माया	23	वेंकटापुरम	अगस्त 1972
56.	कामरेड प्रकाश	19	कोनारावू पेट्टा	जून 1971
57.	कोल्लीपारा नरसिम्हा राव	43	देन्दुलूरु	11.5.1972
58.	कामरेड सम्माया	—	निकट वेंकटापुरम	—
59.	कामरेड पेडान्ता (डारला वेंकटाराव)	—	ईस्ट गोदावरी	24.7.1972
60.	कोकिलागाडडा सूर्यनारायरा	—	इलीचेट्टी डिब्बा	—
61.	जगदीश	—	तमिलनाडु	—
62.	वेम्पटाऊ सत्यनारायना	—	बुर्जुवालसा	11.7.1970
63.	पोथानापल्ली अप्पाराव	27	बोड्डापाडू	30.8.1970
64.	पाइला भीमडू	37	मोन्डिम खालू	26.5.1969
65.	कुरंगी मल्लइया	35	गदिदापाई	11.1.1970
66.	पथिका चुंचुलू	30	नीलकांता पुरम्	11.12.1969
67.	सबरा जमाडू	35	बोदेना बुडग्गू	—
68.	कामरेड सत्यनारायन	38	पुत्रापल्ली	—

69. वीरंकी राजगोपालराव	50	इलूरु	26.6.1970
70. मदनाला दुष्यन्तू	26	वोड्डापाडू	—
71. गाबा माधवाराव	26	दुन्नरु	29.11.1969
72. कोरांगी सुंदारी	3	गदिदापई	—
73. अददा कुला चिरंजीवलू	—	अन्तीकोन्डा	—
74. कोण्डागोरी संगामेसू	—	सरवल	11.1.1970
75. बिदिका अब्वइया	—	रूखल	11.1.1970
76. मंडली संगमेसू	—	गमपेटा	—
77. राबरा सुक्कू	40	अन्तीकोण्डा	5.8.1969
78. पंडी जगन्नायाकू	31	नरायनापुरम	20.8.1969
79. जगथीबैरी	27	जिनकू बजरा	20.8.1969
80. निका वेंकटास्वामी	25	अंतीकोण्डा	5.8.1969
81. नितीमराक्का सुरय्या	35	अन्तीकोण्डा	—
82. निमक्का नायकम्मा	50	अन्तीकोण्डा	
83. कोण्डागोरी चंगय्या	—	कोण्डासिरीपुरी	5.8.1969
84. निमक्का सुकलू	—	उरुपिडी	24.3.1969
85. निमक्का गुडिया	—	—	
86. विदिकी जम्माडू	—	तुला	7.10.1969
87. नदाला जोगुलू	—	कोण्डाबालासा	9.10.1969
88. कोण्डा गोर्री कृष्णडू	—	—	
89. मंडंगी नीकांतम	—	—	— —
90. अरिका मनगडू	—	स्वादीगुडा	11.2.1969
91. अरिका ताट्डू	—	इतामनूगुडा	15.11.1969
92. कोण्डा गोरी मेरापन्ना	—	बोड्डामनगडा	11.12.1969

93. सल्ला मनगुडू	–	गदिदापाई	6.1.1970
94. रोन्डरापू रांगुडू	–	–	30.3.1969
95. कोरंकी जनाकिराम राजू	24	कपिलेश्वरम(कृष्णा-जिला)	12.6.1970
96. बिदिका अड्डई	–	चिंकला कोल्डी	13.7.1969
97. सोलू	29	अबिरी	– –
98. कोन्डा गोरी बंघाई	–	कोण्डा सेरिपी	5.8.1969
99. सवारा रामू	17	महेन्द्रा गिरी	36.6.1971
100. रोहिदा गुंडांगो	–	–	–30.6.1971
101. कामरेड धनंजया राव	18	पेड्डासना	19.7.1969
102. कामरेड जे. चिन्नाराव	19	मामिदीपल्ली	19.7.1969
103. " करिचालापू करिदानामूर्ति	34	नेद्रामारी	27.5.1969
104. " रामचन्द्र प्रदानो	32	सलेला पुटूगू	27.501969
105. " सुरु	–	–	11.1.1970
106. " कृष्ण रेड्डी	–	–	9.2.1973
107. " अरिका सोमुलू		श्रीकाकुलम	4.9.1973
108. सवारा सेनियासी	–	एण्टीकोण्डा	5.8.1969
109. का. रंगन्ना	–	वारंगलू	सितम्बर 1972
110. " मनीकयम (महन्ना)	–	कोटागुंडम (खम्माम जिला)	मई-जून 1972 1972
111. का. कृष्णा	–	करल्लिमा	सितम्बर 1972
112. " लत्तचन्ना	–	कोटिंगरम (वारंगल)	सितम्बर 1972
113. पपान्ना	–	मदिगाडेम	"
114. का. रमेश (देवय्या)	–	नालगोंडा	दिसम्बर 1973

परिशिष्ट-31

पश्चिम बंगाल और बिहार में जेल के अन्दर हुई घटनाएँ और मृत्यु (दिसम्बर 1970–जून 1972)

जेल का नाम	स्रोत	सरकारी आँकड़ों के अनुसार मृतकों की संख्या
मिदनापुर जेल 16 दिसम्बर 1970	स्टेट्समैन	10
मिदनापुर सेण्ट्रल जेल 6 फरवरी 1971	स्टेट्समैन 6 फरवरी 1971	1 1
बेहरमपुर जेल 24 फरवरी 1971	युगान्तर 25 फरवरी 1971	10
दमदम सेण्ट्रल जेल 14 मई 1971	स्टेट्समैन 15 मई 1971	16
बाँकीपुर जेल (पटना) 8 जुलाई 1971	टाइम्स ऑफ इंडिया 8 जुलाई 1971	2
अलीपुर स्पेशल जेल 12 जुलाई 1971	टाइम्स ऑफ इंडिया 12 जुलाई 1971	6
हजारीबाग जेल (बिहार) 25 जुलाई 1971	स्टेट्समैन 26 जुलाई 1971	16

अलीपुर सेण्ट्रल जेल 26 नवम्बर 1971	युगान्तर 27 नवम्बर 1971	6
आसनसोल स्पेशल जेल 5 अगस्त 1971	टाइम्स ऑफ इंडिया 6 अगस्त 1971	9
हुगली जेल 7 फरवरी 1972	स्टेट्समैन 8 फरवरी 1972	1
भागलपुर जेल 8 मई 1972	स्टेट्समैन 8 मई 1972	9
बर्दवान जेल 28 मई 1972	स्टेट्समैन 29 मई 1972	2

स्रोत : इकनॉमिक एंड पॉलिटिकल वीकली, 21-9-1974, पृ. 1617।

परिशिष्ट-32

पश्चिम बंगाल की जेलों में राजनीतिक बन्दियों की हत्या और यातनाएँ

क्र. सं.	जेल का नाम	दिनांक	जेल में की गयी हत्याएँ		घायलों की संख्या	
			सरकारी आँकड़े	गैर-सरकारी आँकड़े	सरकारी आँकड़े	गैर-सरकारी आँकड़े
1	मिदनापुर सेण्ट्रल जेल	17.12.1970	8	—	60	
2	कलकत्ता प्रेसीडेंसी जेल	4.2.1971	—	—	24	
3	मिदनापुर सेण्ट्रल जेल	4.2.1971	2	—	60	
4	बेहरमपुर जेल	21.2.1971	10	47	62	100
5	दमदम सेण्ट्रल जेल	14.5.1971	16	32	88	
6	हावड़ा जेल	16.5.1971	—	—	5	
7	सुरविटो जेल	7.6.1971	—	—	5	
8	अलीपुर स्पेशल जेल	31.6.1971	6	9	—	
9	अलीपुर सेण्ट्रल जेल	26.12.1971	6	60	200	
10	आसनसोल जेल	6.8.1971	9	—	—	21
11	हजारीबाग जेल	25.7.1971	17	—	60	
12	हुबली जेल	7.2.1971	1	—	—	24
13	बेहरमपुर जेल	26.2.1971	—	—	—	

14	जलपाइगुडी जेल	8.5.1972	7	—	160
15	भागलपुर जेल	28.5.1972	2	—	26
16	बर्दवान जेल	28.5.1972	—	—	
17	गया जेल	9.9.1972	—	4	55
18	बाँकीपुर जेल	9.9.1972	—	—	10
19	अलीपुर सेण्ट्रल जेल	1.10.1972	1	4	80
20	बेहरमपुर स्पेशल जेल	27.11.1972	—	—	65
कुल			**86**	**126**	**960**

स्रोत : इकनॉमिक एंड पॉलिटिकल वीकली, 27 जुलाई 1974

परिशिष्ट-32-ए

विदेशी कर्ज भुगतान (करोड़ रुपयों में)

वर्ष	ऋण भुगतान	ब्याज भुगतान	कुल कर्ज भुगतान
प्रथम पंचवर्षीय योजना	10.5	13.3	23.8
दूसरी पंचवर्षीय योजना	55.2	64.2	119.4
तीसरी पंचवर्षीय योजना	305.6	237.0	542.0
1966-67	159.7	114.8	274.5
1967-68	210.7	122.3	333.0
1968-69	236.2	138.8	375.0
1969-70	268.5	144.0	412.5
1970-71	289.5	160.5	450.0
1971-72	299.3	180.0	479.3
1972-73	327.0	180.4	507.4
1973-74	332.4	179.8	512.2

स्रोत : गवर्नमेंट ऑफ इंडिया इकनॉमिक सर्वे 1973-74

परिशिष्ट-32-बी

वर्ष	विदेशी कोलोबरेशन्स के स्वीकृत समझौतों की संख्या
1956	82
1957	81
1958	103
1959	150
1960	400
1961	405
1962	300
1963	301
1964	405

1965	242
1966	202
1967	183
1968	132
1969	135
1970	183
1971	245
1972	257

स्रोत : कामर्स रिसर्च ब्यूरो, बेसिक स्टैटिस्टिक्स रियल्टी टू इंडियन इकनॉमी नवम्बर-1973

परिशिष्ट-32-सी

पट्टे पर जमीन जोतने वाले परिवारों का प्रतिशत

राज्य	प्रतिशत
आन्ध्र प्रदेश	21.2
आसाम	37.9
बिहार	32.17
गुजरात	13.46
केरल	45.10
मध्य प्रदेश	19.79
तमिलनाडु	23.79
महाराष्ट्र	21.50
मैसूर	29.53
उड़ीसा	22.17
पंजाब और हरियाणा	48.34
राजस्थान	11.04
उत्तर प्रदेश	10.47
पश्चिम बंगाल	34.56
सम्पूर्ण भारत	**23.14**

स्रोत : सेंसस ऑफ इंडिया 1961

परिशिष्ट-32-डी

भारत के कुल मजदूरों में, गरीब किसानों, खेत मजदूरों और अन्य मजदूरों का प्रतिशत (1961 और 1971 की जनगणना के अनुसार)

	गरीब किसान		खेत मजदूर		अन्य मजदूर	
	1961	1971	1961	1971	1961	1971
कुल	52.78	43.34	16.71	26.33	30.01	30.33
ग्रामीण	60.32	51.59	18.87	30.71	20.81	17.70
शहरी	6.55	5.10	3.48	6.00	89.97	88.90

स्रोत : इंडिया लेबर स्टैटिस्टिक्स, 1973, लेबर ब्यूरो, मिनिस्ट्री ऑफ लेबर एंड रिहैबीलिएशन, गवर्नमेंट ऑफ इंडिया।

परिशिष्ट-32-ई

बाजार अर्थव्यवस्था के सर्वाधिक बड़े औद्योगिक कॉरपोरेशन देश और धनराशि के आधार पर
(बिक्री मिलियन डॉलर में 1971)

देश-बी	बिक्री के साथ कॉरपोरेशनों की संख्या-सी					
	10,000 से अधिक	5000 10,000	1000 4,999	500 999	300 499	कुल
यू.एस.ए	3	9	115	115	116	358
जापान	—	—	.16	31	27	74
यू.के.	—	1	14	22	24	61
फेडरल रिपब्लिक ऑफ जर्मनी	—	—	18	10	17	45
फ्रांस	—	—	13	9	10	32
कनाडा	—	—	02	7	8	17
स्वीडन	—	—	02	6	5	13
स्वीट्जरलैंड	—	—	04	2	5	11
इटली	—	—	04	2	-	06
नीदरलैंड	—	4	1	2	2	09
बेल्जियम	—	—	1	2	2	05
आस्ट्रेलिया	—	—	1	1	2	04

दक्षिण अफ्रीका	—	—	—	4	2	06
स्पेन	—	—	—	—	3	03
अर्जेण्टीना	—	—	—	—	2	02
आस्ट्रिया	—	—	—	—	2	02
भारत	—	—	—	1	1	02
ब्राजील	—	—	1	—	—	01
लक्समबर्ग	—	—	1	—	—	01
मैक्सिको	—	—	1	—	—	01
नीदरलैंड	—	—	1	—	—	01
जाहरे	—	—	—	—	1	01
जाम्बिया	—	—	—	—	1	01
नीदरलैंड यू.के.	—	—	1	1	—	02
यू.के., इटली	—	—	—	—	1	01
कॉरपोरेशन की कुल संख्या	3	14	196	215	231	659
कुल बिक्री (मिलियन डॉलरों में	76131	77807	382297	147703	86069	773007

ए–लेख में प्रयुक्त परिभाषा के अनुसार सूची में दिये गये अधिकांश देश बहुराष्ट्रीय कॉरपोरेशन हैं।

बी–सूचीबद्ध कॉरपोरेशनों की संख्या को अवरोही क्रम में लिखा गया है।

सी–बिक्री की राशि फारचून के साथ सम्बन्धित है, अतः कॉरपोरेशन द्वारा पेश की गयी राशि से इसकी समरूपता आवश्यक नहीं है।

स्रोत : युनाइटेड नेशन्स सेक्रेटेरियट के डिपार्टमेंट ऑफ इकनॉमिक एंड सोशल अफेयर्स के सेंटर फार डेवलपमेंट प्लानिंग प्रोजेक्शन एंड पालिसीज की फारचून की सूची पर आधारित जुलाई-अगस्त 1972, युनाइटेड स्टेट्स के अन्दर 500 बड़े औद्योगिक कॉरपोरेशन और इसके बाहर 300 औद्योगिक घराने हैं।

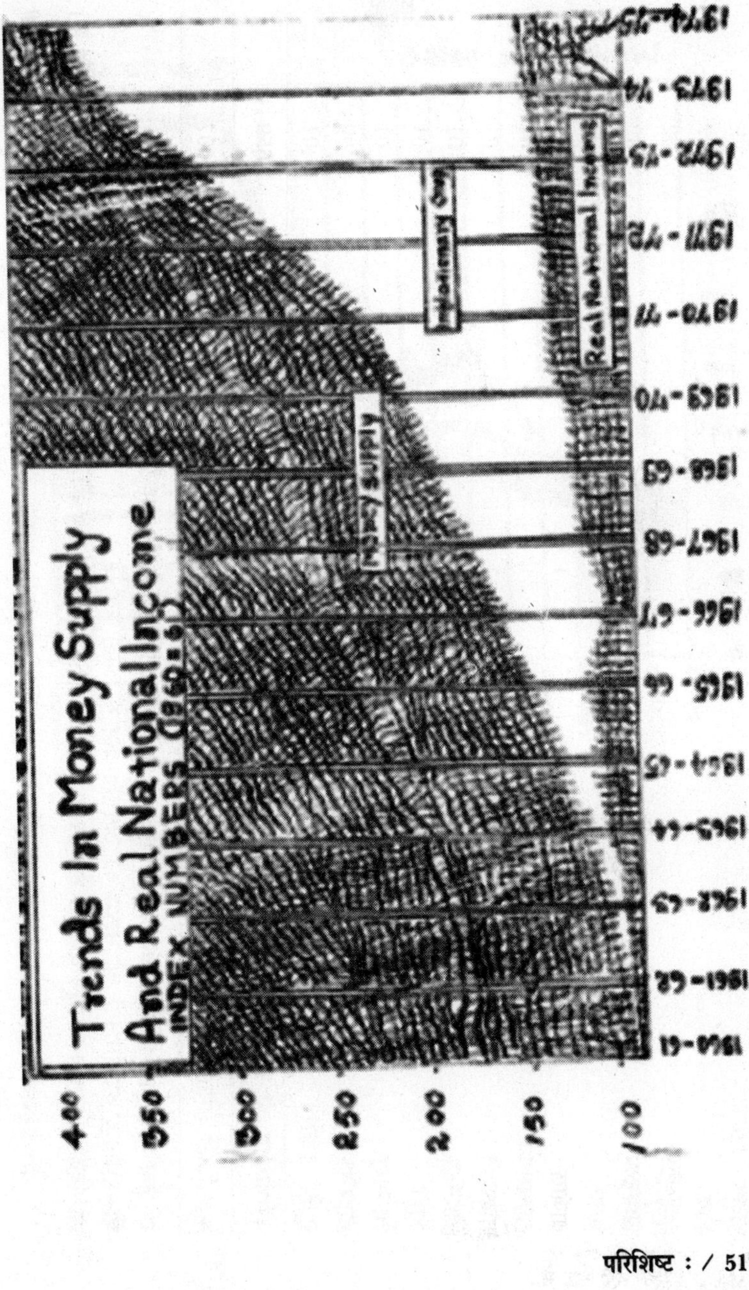
Trends In Money Supply
And Real National Income
Money Supply
Real National Income
400
350
300
250
200
150
100
1960-61
1961-62
1962-63
1963-64
1964-65
1965-66
1966-67
1967-68
1968-69
1969-70
1970-71
1971-72
1972-73
1973-74
1974-75

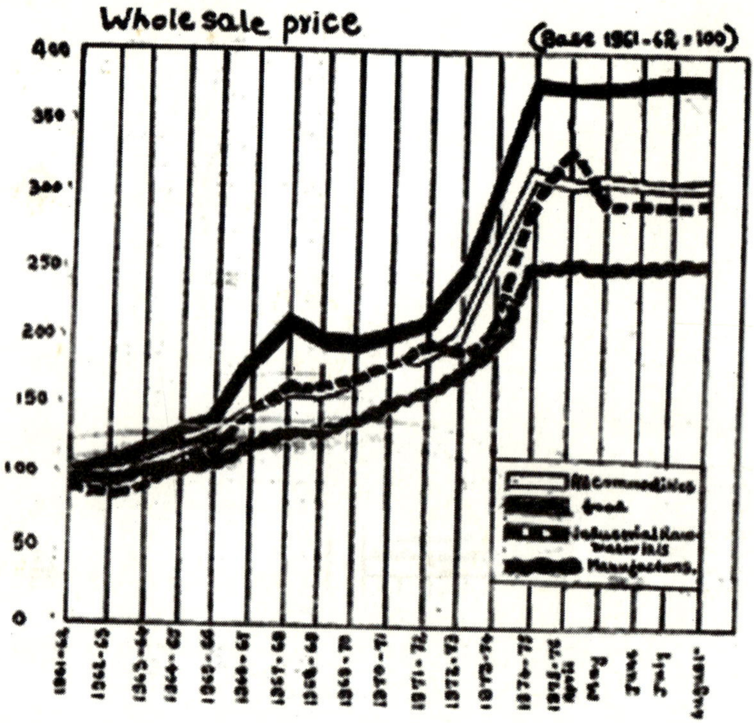
Whole sale price
(Base 1961-62 = 100)
400
350
300
250
200
150
100
50
0